Neuropsychologische Diagnostik

herausgegeben von Detlev Y. von Cramon,
Norbert Mai und Wolfram Ziegler

VCH

Neurologie

herausgegeben von
Bernhard Neundörfer, Klaus Schimrigk
und Dieter Soyka

Kopfschmerz
von Dieter Soyka

Polyneuritiden und Polyneuropathien
von Bernhard Neundörfer
mit Beiträgen von J. Michael Schröder und Detlef Claus

Multiple Sklerose
von Ewald Frick

Neurosyphilis
von Hilmar Prange

Klinische Neuroimmunologie
von Klaus V. Toyka
unter Mitarbeit von Hans-Peter Hartung und Reinhard Hohlfeld

Entzündliche Erkrankungen des ZNS
von Adolf Schrader, Albrecht Stammler und Helmut Stickl

Nerven- und Nervenwurzelläsionen
von Manfred Stöhr und Berhard Riffel

Zerebrale Gefäßkrankheiten
herausgegeben von Helmuth Lechner

Rückenmarkerkrankungen
von Johannes Jörg

Neuropsychologische Diagnostik
herausgegeben von Detlef Y. von Cramon, Norbert Mai und
Wolfram Ziegler

©VCH Verlagsgesellschaft mbH, D-6940 Weinheim (Bundesrepublik Deutschland), 1993

Vertrieb:

VCH, Postfach 101161, D-6940 Weinheim (Bundesrepublik Deutschland)

Schweiz: VCH, Postfach, CH-4020 Basel (Schweiz)

United Kingdom und Irland: VCH (UK) Ltd., 8 Wellington Court, Cambridge CB1 1HZ (England)

USA und Canada: VCH, 220 East 23rd Street, New York, NY 10010-4606 (USA)

Japan: VCH, Eikow Building, 10-9 Hongo 1-chome, Bunkyo-ku, Tokyo 113 (Japan)

ISBN 3-527-15520-1

Neuropsychologische Diagnostik

herausgegeben von Detlev Y. von Cramon,
Norbert Mai und Wolfram Ziegler

mit Beiträgen von
U. Arnold, D. Claros-Salinas, G. Mathes-von Cramon,
G. Goldenberg, G. Greitemann, I. Keller, G. Kerkhoff,
F. Kruggel, U. Schneider, U. Schuri

Herausgeber:
Prof. Dr. med. Bernhard Neundörfer
Neurologische Klinik mit Poliklinik
der Universität Erlangen/Nürnberg
Schwabachanlage 6
D-8520 Erlangen

Prof. Dr. med. Klaus Schimrigk
Univ.-Nervenklinik und
Poliklinik Neurologie
D-6650 Homburg/Saar

Prof. Dr. med. Dieter Soyka
Neurologische Universitätsklinik
Niemannsweg 147
D-2300 Kiel 1

Bandherausgeber:
Prof. Dr. med. Detlev Y. von Cramon
Städt. Krankenhaus München-Bogenhausen
Englschalkinger Straße 77
D-8000 München 81

PD Dr. phil. Dr. med. habil. Norbert Mai
Städt. Krankenhaus München-Bogenhausen
Dachauer Straße 164
D-8000 München 50

Dr. rer. nat. Wolfram Ziegler
Städt. Krankenhaus München-Bogenhausen
Dachauer Straße 164
D-8000 München 50

1. Auflage 1993

Lektorat: Silvia Osteen
Herstellerische Betreuung: Dipl.-Wirt.-Ing. (FH) Bernd Riedel

Die Deutsche Bibliothek-CIP-Einheitsaufnahme
Neuropsychologische Diagnostik / hrsg. von Detlev Y. von
Cramon ... Mit Beitr. von U. Arnold ... – 1. Aufl. – Weinheim ;
Basel (Schweiz) ; Cambridge ; New York, NY ; Tokyo : VCH,
1993
    ISBN 3-527-15520–1
NE: Cramon, Detlev von [Hrsg.]; Arnold, Ursula

Satz: Hagedornsatz GmbH, D-6806 Viernheim
Druck: betz-druck gmbh, D-6100 Darmstadt 12
Bindung: Verlagsbuchbinderei Georg Kränkl, D-6148 Heppenheim
Printed in the Federal Republic of Germany

Vorwort

Mit diesem Buch wenden wir uns in erster Linie an Fachkollegen, die in einem multidisziplinären Team an der neurologisch-neuropsychologischen Rehabilitation hirngeschädigter Erwachsener mitwirken. Die große Zahl neurologischer Erkrankungen mit klinisch relevanten neuropsychologischen Befunden verlangt unserer Meinung nach, daß sich gerade auch der Neurologe zumindest um Grundkenntnisse in der klinisch-neuropsychologischen Diagnostik bemüht. Wir denken dabei nicht daran, daß er die in diesem Buch vorgeschlagenen Verfahren in allen Einzelheiten beherrschen und diese Diagnostik selbst durchführen soll – hierfür wird er in jedem Fall die enge Kooperation mit einer Reihe nichtmedizinischer Experten benötigen. Der Neurologe sollte jedoch mit Hilfe dieses Buchs in der Lage sein, sich einen Überblick über die diagnostischen Daten zu verschaffen, die Befunden wie z. B. „Sprechapraxie" oder „Beeinträchtigung des problemlösenden Denkens" zugrunde liegen.

Bei der fast unüberschaubaren Vielfalt diagostischer Verfahren waren wir gezwungen, eine strenge und manchem vielleicht auch willkürlich erscheinende Auswahl zu treffen.

Unser Buch wendet sich vor allem an den in der neurologisch-neuropsychologischen Rehabilitation tätigen Praktiker. Mithin haben wir bei der Auswahl der Diagnostikinstrumente – von einigen Ausnahmen abgesehen – solche bevorzugt, die mit vertretbarem zeitlichem und sachlichem Aufwand im normalen Rehabilitationsalltag angewandt werden können. Wir haben daher auch auf eine umfassende Darstellung experimenteller Ansätze in der neuropsychologischen Diagnostik verzichtet.

Ferner beschäftigt sich das Buch überwiegend mit Problemen der Erkennung, Bewertung und Behandlung chronischer (stabiler) Hirnschädigungen. Es geht um die Diagnostik bei Patienten, bei denen die Voraussetzungen für eine zuverlässige Durchführung neuropsychologischer Diagnostikverfahren gegeben sind. Demgegenüber dürfte die Anwendung des von uns vorgestellten diagnostischen Instrumentariums in den ersten Wochen nach einer Hirnschädigung nur ausnahmsweise möglich und sinnvoll sein, wenngleich das jeweils nur im Einzelfall entschieden werden kann. Spezielle diagnostische Verfahren für diese frühe Phase der neurologisch-neuropsychologischen Rehabilitation werden in diesem Buch nicht behandelt.

Eine ähnliche Einschränkung betrifft den Schweregrad der zu diagnostizierenden Störungen. Wir haben uns die Aufgabe gestellt, in erster Linie die Diagnostik für solche Patienten zu beschreiben, bei denen eine soziale und berufliche Reintegration aussichtsreich erscheint. Demzufolge sind manche unserer Diagnostikverfahren für Patienten mit schwersten Hirnschädigungen, für die eine solche Perspektive nicht besteht, nicht einsetzbar oder nicht relevant.

In unserem Überblick über die neuropsychologische Diagnostik haben wir versucht, über die bloße Darstellung der Verfahren hinaus, diese auch einer Bewertung hinsichtlich ihrer Möglichkeiten und Einschränkungen für die therapeutische Arbeit zu unterziehen. Dabei kamen uns unsere Erfahrungen bei der täglichen therapeutischen Arbeit in unserer Rehabilitationseinrichtung im Krankenhaus München-Bogenhausen zugute.

Zu den Zukunftsaufgaben der neuropsychologischen Diagnostik gehört die Entwicklung eines eigenen Methodenstandards. Die Verfahren der klassischen psychometrischen Testtheorie, die zur Beschreibung der Variation eines Merkmals (z. B. der Intelligenz) in der Population entwickelt wurden, können nur sehr begrenzt übernommen werden, wenn es um die Abschätzung der individuellen Behinderung oder die Suche nach sensiven Indikatoren für therapeutische Veränderungen geht. Bei der Eingrenzung von neuropsychologischen Störungen ist die Beschreibung der Defizite und der Bedingungen, unter denen sie variieren bei weitem aussagekräftiger als ein standardisierter Testscore.

In vielen Bereichen verfügen wir derzeit über keine besseren Instrumente als Fragebogen oder Beobachtungslisten. Das gilt insbesondere für die genauere Erfassung der Behinderung in Beruf und Alltag, wozu in aller Regel nicht einmal eine allgemein akzeptierte Taxonomie vorhanden ist. Dennoch können wir auf solche Listen nicht verzichten.

Solange theoretisch, methodisch und inhaltlich befriedigende diagnostische Instrumente fehlen, kommt der Erfahrung des Diagnostikers (bzw. der Diagnostiker eines Teams) besondere Bedeutung zu. Wir stellen in diesem Buch zur Diskussion, welche Verfahren sich nach unserer gemeinsam erworbenen Erfahrung bewährt haben.

Eine allgemein akzeptierte Definition des Bereichs Klinische Neuropsychologie gibt es derzeit nicht. Vor dem Hintergrund der Bedürfnisse einer Rehabilitationseinrichtung für hirngeschädigte Patienten haben wir uns entschieden, neben den kognitiven auch affektive, sprachliche und (komplexe) sensomotorische Funktionsstörungen unter diesem Begriff zu subsumieren.

Die Diagnostik der **kognitiven Funktionsstörungen** wird in jeweils eigenen Kapiteln zur Aufmerksamkeit, zum Gedächtnis und zum problemlösenden Denken abgehandelt. Dabei sind wir uns der aus didaktischen Gründen zwar vertretbaren, inhaltlich aber problematischen Trennung dieser eng interagierenden Funktionsbereiche sehr wohl bewußt.

Der Darstellung der Diagnostik von **Wahrnehmungsleistungen** haben wir breiten Raum gegeben. Neben den in einer Patientenstichprobe chronisch Hirngeschädigter häufigen und vielfältigen zerebralen Sehstörungen sollte nach unserer Auffassung auch die Diagnostik der zweifellos selteneren und funktionell oftmals weniger bedeutsamen zentralen Hör-, Riech- und Geschmacksstörungen erörtert werden.

Die Diagnostik **sprachlicher Leistungen** wird eingeleitet von einem Kapitel über die Aphasien und die aphasischen Lese- und Schreibstörungen. Danach folgen 2 Kapitel über Störungen der Textverarbeitung und Beeinträchtigungen im Umgang mit Zahlen. Die deutliche Hervorhebung der beiden letzteren Bereiche rechtfertigt sich aus ihrer großen praktischen Bedeutung für die Arbeit mit Patienten, die auf die Wiedereingliederung in den Beruf vorbereitet werden sollen.

Unter den **sensomotorischen Funktionen**, deren Diagnostik wir in 3 Kapiteln behandeln, haben wir uns auf die Darstellung einiger wichtiger Bereiche beschränkt, die im Dienst „höherer" Hirnfunktionen wie Sprechen, Schreiben und sinntragende Gestik stehen. Diese Kapitel betonen die Wichtigkeit parametrischer Meßverfahren zur diagnostischen Erfassung von Bewegungsabläufen und deren Störungen.

Schließlich haben wir wegen der großen Bedeutung **organisch-psychiatrischer Störungen** auch diesem Bereich ein Kapitel eingeräumt, nicht ohne dabei auf die Schwierigkeit hinzuweisen, übliche psychiatrische „Meßinstrumente" bei dieser Patientengruppe anzuwenden. In einem abschließenden Kapitel werden Instrumente der psychotherapeutischen Diagnostik vorgestellt und dabei die durch die besonderen Bedingungen der Diagnostik hirngeschädigter Patienten motivierten Modifikationen klassischer psychotherapeutischer Verfahren diskutiert.

Die Herausgeber dieses Buchs haben einige Mühe darauf verwandt, die Heterogenität der Beiträge so vieler Autoren und so verschiedenartiger Themen abzumildern. Dennoch haben wir nicht um jeden Preis versucht, die unterschiedlichen Denk- und Sprachstile zu vereinheitlichen. Unterschiede in der Betrachtungsweise, im Wissensstand, in den Durchführungsbedingungen und im technologischen Standard werden ein multidisziplinäres Team immer kennzeichnen. Wir danken allen, die zu diesem Buch beigetragen haben, für ihre engagierte Mitarbeit und Ausdauer, wenn es darum ging, unsere wechselnden Vorschläge in ihre Beiträge zu integrieren.

D. Y. von Cramon
N. Mai
W. Ziegler

Inhalt

1   **Sehen**   1

Einführung und allg. Anamnese zerebral bedingter Sehstörungen .   1

1.1   **Sehschärfe und Kontrastsehen**   3
1.1.1   Anamnese   4
1.1.2   Screening-Verfahren   4
1.1.3   Apparative Verfahren   5
1.1.4   Begutachtung   5

1.2   **Hell- und Dunkeladaptation**   6
1.2.1   Subjektive Angaben   6
1.2.2   Screening-Verfahren   7
1.2.3   Ausführliche Testverfahren   8
1.2.4   Begutachtung   8

1.3   **Gesichtsfeldausfälle und -störungen**   9
1.3.1   Anamnese   9
1.3.2   Screening-Verfahren   10
1.3.3   Perimetrie   10
1.3.4   Begutachtung und Fahrtauglichkeit   15

1.4   **Visuelle Explorationsstörungen**   15
1.4.1   Subjektive Angaben und Verhaltensbeobachtung   15
1.4.2   Screening-Verfahren   16
1.4.3   Ausführliche Testverfahren   16

1.5   **Visuell bedingte Lesestörungen**   20
1.5.1   Subjektive Angaben   20
1.5.2   Untersuchungsverfahren   20
1.5.3   Apparative Verfahren   21

1.6   **Visuell-räumliche und räumlich-konstruktive Störungen**   22
1.6.1   Eigen- und Fremdanamnese, Verhaltensbeobachtung   22
1.6.2   Visuell-räumliche Untersuchungsverfahren   23

1.6.3   Detaillierte quantitative Verfahren zur
        Untersuchung visuell-räumlicher Wahrnehmungsleistungen 24
1.6.4   Räumlich-konstruktive Untersuchungsverfahren 26
1.6.5   Detaillierte quantitative Verfahren zur Untersuchung
        räumlich-konstruktiver Leistungen 28

1.7   Visuelle Gesichter- und Objektwahrnehmung 29
1.7.1   Subjektive Angaben und Anamnese 30
1.7.2   Untersuchungsverfahren 30
1.7.3   Begutachtung 34

1.8   Zerebrale Farbsinnstörungen 34
1.8.1   Subjektive Angaben 34
1.8.2   Screening-Verfahren 34
1.8.3   Ausführliche Untersuchungsverfahren 35
1.8.4   Begutachtung 35

2   Hören 39

        Einleitung 39

2.1   Untersuchungsmethoden 40
2.1.1   Hörschwellenbestimmung 40
2.1.2   Diskrimination von akustischen Reizen 40
2.1.2.1 Diskrimination nichtsprachlicher Reize 40
2.1.2.2 Diskrimination sprachlicher Stimuli 41
2.1.2.3 Dichotische Hörtests 42

2.2   Erkennen der Bedeutung von nichtsprachlichen akustischen Stimuli   44

2.3   Richtungshören – räumliche Analyse von Geräuschquellen . . . 45

2.4   Elektrophysiologische Untersuchungen 46

2.5   Vorgehensweise bei Verdacht auf zentrale Hörstörungen 47

3   Riechen und Schmecken 53

        Einleitung 53

3.1   Anamnese 53

3.2   Screening-Verfahren 54

3.3	**Testkonstrukte**	55
3.4	**Riechen**	55
3.4.1	Testverfahren	55
3.4.2	Kliniktaugliche Testsets (außer MGT)	56
3.4.3	Münchner Geruchstest (MGT)	57
3.4.3.1	Durchführung der Testaufgaben	58
3.4.3.2	Auswertung	59
3.5	**Schmecken**	60
3.5.1	Testverfahren	60
3.5.2	Kliniktaugliche Testsets	61
4	**Aufmerksamkeit**	65
	Einleitung	65
4.1	**Erfassung der Selbsteinschätzung**	68
4.2	**Kognitive Verarbeitungsgeschwindigkeit**	70
4.3	**Selektive Aufmerksamkeit**	73
4.4	**Geteilte Aufmerksamkeit**	75
4.5	**Beurteilung der Daueraufmerksamkeit**	78
4.6	**Beurteilung der Fahrtauglichkeit**	80
4.7	**Hinweise zur Anwendung der Tests**	81
4.8	**Das Problem der Einsicht (awareness)**	82
4.9	**Neglect**	85
5	**Gedächtnis**	91
	Einleitung	91
5.1	**Diagnostikbereiche**	93
5.1.1	Kurzzeit-/Arbeitsgedächtnis	93
5.1.1.1	Gedächtnisspannen für verbales Material	93
5.1.1.2	Gedächtnisspannen für visuell-räumliche Informationen	94
5.1.1.3	Gleichzeitiges Halten und Verarbeiten von Informationen	94

5.1.2   Kurzfristiges Behalten einfacher und komplexer Informationen   . .   95
5.1.2.1   Textinformationen   95
5.1.2.2   Geometrische Designs und Gesichter   96
5.1.3   Lernen   97
5.1.3.1   Paarassoziationen   97
5.1.3.2   Einzelinformationen   97
5.1.3.3   Räumliche Gegebenheiten und Wege   99
5.1.3.4   Textinformationen   100
5.1.4   Mittel- und längerfristiges Behalten neuer Informationen   100
5.1.5   Prospektives Gedächtnis   101
5.1.6   Implizites Gedächtnis   102
5.1.7   Altgedächtnis   103
5.1.7.1   Beeinträchtigungen des Welt- und domänspezifischen Wissens   . .   104
5.1.7.2   Störungen des autobiographischen Gedächtnisses   105
5.1.8   Orientierung   107
5.1.9   Alltagsanforderungen und -leistungen   107

5.2   **Assoziierte Hirnleistungsstörungen**   110

5.3   **Gedächtnis-Testbatterien**   113
5.3.1   Wechsler Memory Scale (WMS; Wechsler 1945)   113
5.3.2   Wechsler Memory Scale-Revised (WMS-R; Wechsler 1987)   . . .   113
5.3.3   Rivermead Behavioural Memory Test
          (RBMT; Wilson et al. 1985, 1989)   113
5.3.4   Lern- und Gedächtnistest (LGT-3; Bäumler 1974)   114

5.4   **Screening-Verfahren**   116

6   **Problemlösendes Denken**   123

6.1   **Begriffsdefinition**   123

6.2   **Diagnostik von Störungen des problemlösenden Denkens**   125
          – Introspektion zur Beobachtung von Lösungsprozessen   126
          – Abgestufte Hinweisreize zur Beobachtung von Lösungsprozessen   .   126
6.2.1   Schätzskalen zur Beurteilung von Störungen der
          Steuerungs- und Leitungsfunktionen   126
          – Executive Functions Behavioral Rating Scale (EFBRS)   128
          – Bogenhausener Ratingskala zur Beurteilung von Verhaltens-
          auffälligkeiten nach erworbener Hirnschädigung (BRBV)   . . .   128
          – Presbyterian Hospital Patient Competency Rating (PCR)   . . .   129
6.2.2   Induktives Denken   130
          – Analogien   130
          – Reihenergänzungsaufgaben   131
          – Matrizentests   132

– Kategorisierungs- und Konzeptbildungsaufgaben 133
– Modified Card Sorting Test (MCST) 133
– Goldenberg-Flexibilitätstest 134
– 20-Fragen-Test 135
– Wortfindungstest 136
– Metaphern und Sprichwörter 136
– Schätzaufgaben 137
6.2.3   Deduktives Denken 138
6.2.4   Divergentes Denken/Kreativität 138
– Formallexikalische Wortflüssigkeit 139
– Semantische Wortflüssigkeit 139
– Anagramme 140
– Uses of Objects Test/Alternate Uses Test 140
– Mittel-Ziel-Problemlösungsaufgaben 140
– Design Fluency Test 141
– Graphic Pattern Generation Test 141
– Gesture Fluency Test 141
6.2.5   Planen 142
– Labyrinthaufgaben 142
– Transformationsaufgaben (Turm von Hanoi/Turm von London) . 143
– Subject-Ordered Pointing Task (SOPT) 145
6.2.6   Alltagspraktische Planungsaufgaben 145
– The Six Elements Test (SE) 146
– Executive Route Finding Task 146
– Multiple Errands Test (ME) 147

6.3   Screening-Verfahren 147

7   Sprache 153

Einleitung 153

7.1   Ausführliche Aphasiediagnostik 153
7.1.1   Untersuchung der Spontansprache 154
7.1.2   Untertests des Aachener Aphasietests 158

7.2   Aphasiediagnostik in der Akutphase nach einem Schlaganfall . . 160

7.3   Orientierende Aphasiediagnostik 161

7.4   Verlaufsdiagnostik 161

7.5   Untersuchung der sprachlichen Kommunikationsfähigkeit
bei Aphasikern 162

7.6   **Diagnostik schriftsprachlicher Leistungen** 163

8   **Text** 169

               Einleitung 169

8.1   **Textverständnis** 170

8.2   **Textproduktion** 171

9   **Umgang mit Zahlen** 177

               Einleitung 177

9.1   **Bedside Test of Calculation Abilities** 177

9.2   **EC-301-Testbatterie** 178

9.3   **Münchner Akalkulieprüfung** 180
9.3.1   Anamnese 180
9.3.2   Untersuchung der Zahlenverarbeitung und Arithmetik 181
9.3.3   Alltagsbezogene Leistungen im Umgang mit Zahlen 184

10   **Sprechen** 187

10.1   **Zentrale Sprechstörungen: Definition und Ätiologie** 187

10.2   **Zentrale Sprechstörungen als Rehabilitationsproblem** 188

10.3   **Zielsetzungen und Methoden in der Diagnostik**
               zentraler Sprechstörungen 188
10.3.1   Pathophysiologische Aspekte zentraler Sprechstörungen
               (impairment) 189
10.3.2   Funktionale Beeinträchtigungen als Folge zentral bedingter
               sprechmotorischer Störungen (disability) 190
10.3.3   Individuelle psychosoziale und berufliche Konsequenzen zentraler
               Sprechstörungen (handicap) 192

10.4   **Komponenten einer orientierenden Diagnostik zentraler**
               Sprechstörungen 192
10.4.1   Medizinische Daten und Anamnese 192
10.4.2   Inspektive Untersuchung 194
10.4.2.1   Untersuchungsprinzipien und Untersuchungsziele 194

10.4.2.2   Apparative Voraussetzungen 194
10.4.2.3   Untersuchungstechnik und Befundungskriterien 195
10.4.3   Auditive Befundung 197
10.4.3.1   Sprechatmung 198
10.4.3.2   Stimme 200
10.4.3.3   Artikulation 202
10.4.3.4   Prosodie 206

10.5   **Gezielte Untersuchung spezifischer Störungsaspekte** 207
10.5.1   Analyse von Bewegungsparametern durch instrumentelle
           Meßverfahren 207
10.5.1.1   Sprechatmung 208
10.5.1.2   Stimme 208
10.5.1.3   Artikulation 209
10.5.2   Akustische Parameter 210
10.5.3   Untersuchung von Einflußfaktoren durch Variation der
           sprechmotorischen Anforderungen 213

10.6   **Diagnostische Erfassung der kommunikativen Relevanz
           zentraler Sprechstörungen** 215
10.6.1   Verständlichkeit 216
10.6.2   Para- und extralinguistische Aspekte sprechmotorisch bedingter
           Kommunikationsstörungen 218
10.6.3   Einschränkung kommunikativer Aktivitäten 219

10.7   **Gutachtensfragen** 220

11   **Handfunktionen** 225

11.1   **Fragestellungen** 225
11.1.1   Basale Leistungen (impairments) 226
11.1.2   Funktionsstörungen (disabilities) 228
11.1.3   Behinderung in Beruf und Alltag (handicap) 231

11.2   **Komponenten einer Standarduntersuchung** 232
11.2.1   Subjektive Angaben 232
11.2.2   Handpräferenz 233
11.2.3   Motorik der Hand / des Arms 235
11.2.4   Sensibilität 239
11.2.5   Funktionale Leistungen 241

11.3   **Hypothesengeleitete (experimentelle) Diagnostik** 242
11.3.1   Kontrolle der Fingerkräfte 244
11.3.2   Bimanuelle Leistungen 247
11.3.3   Schreiben 249

12   Praxie 259

12.1   Definition der Apraxie 259

12.2   Differenzierung der Apraxien 261
12.2.1   Differenzierung nach betroffenen Körperteilen 261
12.2.2   Differenzierung der gestörten Bewegungen 262
12.2.3   Differenzierung der Fehler 266

12.3   Klinische Untersuchung der Gliedmaßenapraxie 268
12.3.1   Summenscores 268
12.3.2   Imitation 269
12.3.3   Bedeutungsvolle Gesten 271
12.3.4   Objektgebrauch 272

12.4   Experimentelle und apparative Untersuchungen 273
12.4.1   Feinmotorische Koordination und Geschwindigkeit 273
12.4.2   Konzeptuelle Grundstörung bei ideatorischer Apraxie 276

12.5   Beobachtung des Alltagsverhaltens 276

12.6   Screening 279

13   Psychopathologische Diagnostik 287

13.1   Problemstellung 287

13.2   Probleme der Klassifikation 289

13.3   Klinisch-psychiatrische Exploration und Verhaltensbeobachtung . 295

**13.4   Psychopathometrische Verfahren und Instrumente zur Erfassung
           von Persönlichkeitsmerkmalen** 297
13.4.1   Durchführung der Verfahren 298
13.4.2   Akzeptanz der Verfahren 300
13.4.3   Interpretation der Skalenwerte 301
13.4.4   Probleme der Erfassung von Persönlichkeitsmerkmalen 304

14   Psychotherapeutische Diagnostik 311

14.1   Problemstellung und Zielsetzung 311

14.2   Diagnostik hirnorganisch bedingter Verhaltensstörungen 312
14.2.1   Verhaltenstherapeutisches Diagnoseschema 313

14.2.2   Untersuchungsverfahren 315
14.2.2.1   Verhaltenstherapeutisches Interview 316
14.2.2.2   Systematische Verhaltensbeobachtung 316

14.3   Diagnostik der Krankheitsverarbeitung 319
14.3.1   Verhaltenstherapeutisches Interview 322
14.3.2   Selbstbeobachtungs- und Ratingverfahren 324
14.3.2.1   Freiburger Fragebogen zur Krankheitsverarbeitung (FKV) 324
14.3.2.2   Fehlschlagangst- und Unsicherheitsfragebogen (FAF/UF) 325
14.3.2.3   Marburger Angsttagebuch 326
14.3.2.4   Goal Attainment Scaling (GAS) 326
14.3.2.5   Liste zur Erfassung von Verstärkern (LEV) 326

Verzeichnis der Autoren

Dr. U. Arnold
Abteilung für Neuropsychologie
Städtisches Krankenhaus Bogenhausen
Englschalkinger Straße 77
D-8000 München 81

D. Claros-Salinas
Abteilung für Neuropsychologie
Städtisches Krankenhaus Bogenhausen
Englschalkinger Straße 77
D-8000 München 81

Prof. Dr. med. D. Y. von Cramon
Abteilung für Neuropsychologie
Städtisches Krankenhaus Bogenhausen
Englschalkinger Straße 77
D-8000 München 81

PD Dr. G. Goldenberg
Neurologische Klinik
Währinger Gürtel 18
A-1090 Wien, Österreich

G. Greitemann
Abteilung für Neuropsychologie
Städtisches Krankenhaus Bogenhausen
Englschalkinger Straße 77
D-8000 München 81

Dr. I. Keller
Abteilung für Neuropsychologie
Städtisches Krankenhaus Bogenhausen
Englschalkinger Straße 77
D-8000 München 81

Dr. G. Kerkhoff
Entwicklungsgruppe
Klinische Neuropsychologie
Städtisches Krankenhaus Bogenhausen
Dachauer Straße 164
D-8000 München 50

Dr. F. Kruggel
Neurologische Klinik
Klinikum Rechts der Isar
Ismaninger Straße 22
D-8000 München 80

PD Dr. N. Mai
Entwicklungsgruppe
Klinische Neuropsychologie
Städtisches Krankenhaus Bogenhausen
Dachauer Straße 164
D-8000 München 50

G. Matthes-von Cramon
Entwicklungsgruppe
Klinische Neuropsychologie
Städtisches Krankenhaus Bogenhausen
Dachauer Straße 164
D-8000 München 50

U. Schneider
Abteilung für Neuropsychologie
Städtisches Krankenhaus Bogenhausen
Englschalkinger Straße 77
D-8000 München 81

Dr. W. Ziegler
Entwicklungsgruppe
Klinische Neuropsychologie
Städtisches Krankenhaus Bogenhausen
Dachauer Straße 164
D-8000 München 50

1 Sehen

G. Kerkhoff, U. Münßinger und C. Marquardt

Einführung und allgemeine Anamnese zerebral bedingter Sehstörungen

Zerebral bedingte Sehstörungen sind die häufige Folge einer erworbenen Hirnschädigung. Im folgenden berichten wir über die wichtigsten Störungen und die relevanten Diagnostikverfahren in diesem Bereich. Ausgeklammert werden die Bereiche Orthoptik, Okulomotorik sowie Neuroophthalmologie, da diese schon hinreichend und ausführlich an anderer Stelle beschrieben sind (vgl. Bredemeyer u. Bullock 1978; Brandt u. Büchele 1983; Leigh u. Zee 1983, Burde et al. 1989). Auch den rasch expandierenden Bereich der Untersuchung visueller Bewegungswahrnehmung werden wir nicht berücksichtigen, da zwar der experimentelle Aspekt in der Literatur großes Interesse findet, sie klinisch jedoch einen erheblichen Untersuchungsaufwand erfordert und der Stellenwert dieser Störungen derzeit noch nicht abschließend zu beurteilen ist.

Die Störungen, die im folgenden detailliert dargestellt werden, beruhen auf Erfahrungen an einer Stichprobe von 269 Patienten; Tabelle 1-1 faßt die wichtigsten klinischen Charakteristika dieser über 3 Jahre sukzessiv zusammengestellten Stichprobe zusammen.

Dabei handelt es sich im wesentlichen um Patienten mit zerebrovaskulärer oder traumatischer Hirnschädigung vom postakuten bis zum chronischen Stadium.

Da die allgemeine neurologische Anamnese die wesentlichen visuellen Beschwerden kaum erfaßt, die infolge einer Hirnschädigung auftreten können, haben wir zu diesem Zweck einen Fragebogen entwickelt und an unserer Stichprobe ausführlich evaluiert (vgl. Kerkhoff et al. 1990). Tabelle 1-2 gibt einen kurzen Überblick über die erfragten Beschwerden. Dieser Anamnesebogen existiert nunmehr in einer für die klinische Anwendung geeigneten Version (Details s. Kerkhoff 1991).

Diese Anamnese ist innerhalb von 5–10 min durchführbar und gibt dem Untersucher Hinweise auf notwendige weitere diagnostische Untersuchungen oder Therapieverfahren. Aufgrund der hohen Übereinstimmung zwischen den subjektiven Angaben im Anamnesebogen und den Resultaten in den entsprechenden Untersuchungsverfahren kann der Untersucher mit einer Sicherheit von 80–98 % (vgl. Kerkhoff et al. 1990) auf entsprechende Störungen schließen. Zu beachten ist, daß die subjektiven Angaben von Neglect-Patienten meist nicht valide sind; hier sollte eine entsprechende Fremdanamnese erfolgen.

Tabelle 1-1. Demographische und klinische Merkmale der Patientenstichprobe (SHT Schädel-Hirn-Trauma)

Alter (Jahre)	43,0 (11–73)
Geschlecht (m/w)	155/114
Zeit seit Läsion (Wochen)	43,0 (3–900)
Ätiologie	
– Zerebrovaskulär	171
– SHT	58
– Tumoroperation	16
– Sonstige	24
Läsionsseite	
– Links	84
– Rechts	75
– Diffus-disseminiert oder bilateral	110

Tabelle 1-2. Anamneseschema für die Befragung von Patienten mit zerebral bedingten Sehstörungen. (Details in Kerkhoff 1991)

Problembereich	Fragestellung
Veränderungen im Sehen	Ausschluß einer Anosognosie, -diaphorie
Visuelle Leseprobleme	Hemianopische Lesestörung; Differenzierung von aphasischen Lesestörungen
Anstoßen an Hindernisse; Übersehen von Personen und Hindernissen	Feststellen eines Gesichtsfeldausfalls und/oder Neglects
Probleme bei der Abschätzung von Treppenstufen; Vorbeigreifen unter visuellen Bedingungen	Gestörte Entfernungs- oder Distanzschätzung und/oder Minderung der Kontrastsensitivität
Gesichter unscharf oder unvertraut	Ausschließen einer verminderten Kontrastsensitivität; Feststellen einer „Prosopagnosie"
Verschwommensehen	Feststellen einer Reduktion der zeitlichen und/oder räumlichen Kontrastsensitivität
Farben verändert	Feststellen einer erworbenen zerebralen Farbsinnstörung
Visuelle Reizerscheinungen	Beruhigung und Information des Patienten über die Ursache und den Verlauf solcher Erscheinungen
Blendgefühl und/oder Dunkelsehen	Feststellen einer Hell- und/oder Dunkeladaptationsstörung

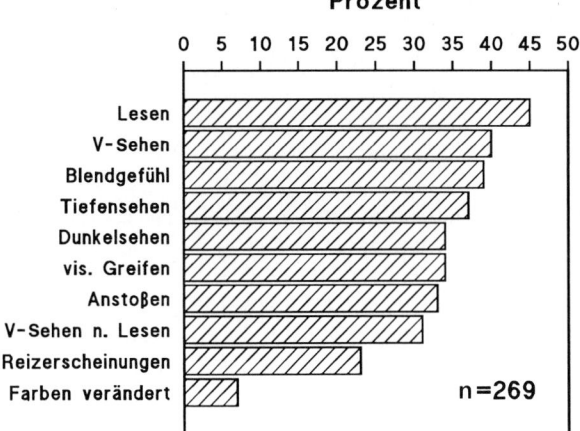

Abb. 1-1. Häufige visuelle Beschwerden bei 269 hirngeschädigten Patienten

Einen Überblick über die Häufigkeit entsprechender Beschwerden gibt Abb. 1-1. Demnach treten visuelle Leseprobleme, Anstoßen an Hindernisse sowie Verschwommensehen oft auf, während über visuelle Reizerscheinungen und Probleme in der Farbwahrnehmung eher selten berichtet wird.

1.1   Sehschärfe und Kontrastsehen

Pathologische Beeinträchtigungen der Sehschärfe, gemessen auf hochkontrastigen Tafeln, sind nach unilateraler Hirnschädigung nicht zu erwarten; nach bilateraler Hirnschädigung können jedoch trotz normaler vorderer Augenabschnitte sehr wohl Beeinträchtigungen auftreten (Frisén 1980). Störungen der Fixation, die im Sinne einer exzentrischen Fixation gelegentlich nach chronischer zerebraler Hypoxie auftreten, können indirekt auch zu einer deutlichen Reduktion der Sehschärfe führen, da die Sehschärfezeichen nicht mehr korrekt in der Fovea abgebildet werden. Über die Untersuchung der Sehschärfe mit Standardtafeln wird hier nicht berichtet, da dies in ophthalmologischen Lehrbüchern ausführlich dargestellt ist (z. B. Hollwich 1988).

Patienten mit erworbener Hirnschädigung leiden jedoch trotz intakter vorderer Augenabschnitte und weitgehend normaler Sehschärfe häufig unter Einbußen in der räumlichen Kontrastempfindlichkeit (vgl. Bodis-Wollner u. Diamond 1976; Bulens et al. 1989). Unter Kontrastempfindlichkeit versteht man hierbei die Fähigkeit, periodisch sich wiederholende schwarz-weiße Streifenmuster auf einem homogenen Untergrund unterscheiden zu können. Dabei gibt es die Möglichkeit, die Streifenbreite, auch als Ortsfrequenz bezeichnet, und den Kontrast zwischen den hellen und dunklen Streifen systematisch zu variieren.

Kontrastempfindlichkeit und Sehschärfe sind prinzipiell voneinander unabhängige Leistungen, die selektiv gestört sein können. Daraus ergibt sich die Notwendigkeit, beide Leistungen bei hirngeschädigten Patienten routinemäßig zu untersuchen.

1.1.1   Anamnese

Patienten mit einer Einbuße der räumlichen Kontrastempfindlichkeit klagen darüber, daß sie seit ihrer Hirnschädigung verschwommen oder unscharf sehen, meist im gesamten Gesichtsfeldbereich. Darüber hinaus geben einige Patienten an, daß sich nach kurzer visueller Tätigkeit (etwa Lesen oder Bildschirmarbeit) Verschwommensehen einstellt, so daß die Tätigkeit nicht mehr oder nur noch sehr fehlerhaft und mit großen Schwierigkeiten ausgeübt werden kann. Darüber hinaus führt dieses Verschwommensehen dazu, daß Entfernungen nur schwer abzuschätzen sind, schwach gesättigte Farben häufig verwechselt (s. 1.9.1) sowie Gesichter oder Objekte bei ungünstigen Kontrast- oder Beleuchtungsbedingungen u. U. nicht erkannt werden (Owsley u. Sloane 1987).

1.1.2   Screening-Verfahren

Da die Untersuchung der räumlichen Kontrastempfindlichkeit mit Hilfe aufwendiger Apparaturen zwar sehr genau aber auch sehr zeitaufwendig ist, haben verschiedene Autoren entsprechende Screening-Verfahren entwickelt, die preiswerter und rascher durchführbar sind. Tabelle 1-3 gibt einen Überblick über 4 der bekanntesten Verfahren.

Cambridge Low Contrast Grating Test. Dieser von Robson und Wilkins (1984) entwickelte Test mißt die räumliche Kontrastempfindlichkeit mit Streifenmustern, die sich aus einem homogenen Punktemuster zusammensetzen. Der Test eignet sich nach unserer Erfahrung sehr gut als Screening-Test, überprüft jedoch nur eine räumliche Frequenz. Normwerte wurden von Wilkins et al. (1988) mitgeteilt.

Vistech-Tafeln. Von diesem Test, der mit unterschiedlich orientierten Streifenmustern arbeitet, gibt es 3 Parallelversionen für Nähe und Ferne. Nach unserer Erfahrung eignet sich dieser Test aufgrund der vergleichsweise hohen Testzeit und der Meßwertvariabilität nur bedingt für klinische Zwecke.

Regan-Tafeln. Dieser aus 3 Tafeln bestehende Test untersucht die Kontrastempfindlichkeit mit Buchstabentafeln, auf denen der Kontrast bei vergleichbar großen Sehschärfezeichen von Tafel zu Tafel abnimmt (Tafel A: 97 %; Tafel B: 11 %; Tafel C: 4 %). Aus dem Vergleich der Leistungen bei den 3 Tafeln kann geschlossen werden, ob eine Beeinträchtigung der Kontrastempfindlichkeit vorliegt (Regan 1988). Auch dieser Test ist recht zeitaufwendig und kann von aphasischen Patienten nicht bearbeitet werden.

Pelli-Robson-Test. Die 2 Parallelversionen dieses Tests (Pelli et al. 1988) kombinieren ebenso wie die Regan-Tafeln die Untersuchung anhand von gleichbleibend großen Sehschärfezeichen mit der Messung der Kontrastempfindlichkeit, hier jedoch in einer einzigen Tafel.

Tabelle 1-3. Vergleich 4 verschiedener Screening-Verfahren zur Untersuchung der räumlichen Kontrastempfindlichkeit bei hirngeschädigten Patienten. (Bezugsquellen: 1 Fa. Fronhäuser, W-8000 München-Unterhaching, 2 Fa. bon-Optic, Moislinger Allee 222, W-2400 Lübeck)

Parameter	Cambridge	Vistech	Regan	Pelli-Robson
Stimulusmuster	Streifen	Streifen	Buchstaben	Buchstaben
Testzeit (min)	5–10	30	20–30	10–12
Test für Ferne	Ja	Ja	Ja	Ja
Test für Nähe	Nein	Ja	Nein	Nein
Preis (ca. DM)	250	1600	400	560
Normwerte?	Ja	Ja	Nein	Nein
Transportabel?	Leicht	Mittel	Mittel	Leicht
Testabstand (m)	6 m	Ferne: 3 m Nähe: 30 cm	1–3 m	1 m
Geschätzte Haltbarkeit (Jahre)	> 3	> 3	> 3	2–3
Bezugsquelle	1	2	1	1

Wie aus Tabelle 1-3 zu ersehen ist, eignet sich wohl der Cambridge-Test am ehesten zu Screening-Zwecken, während die anderen Testverfahren zeitaufwendiger oder aus anderen Gründen problematisch sind, dabei aber kaum ausreichende quantitative Ergebnisse liefern. Derzeit kann noch nicht abschließend beurteilt werden, ob die Untersuchung mit Buchstaben oder Streifenmustern zu vergleichbaren Ergebnissen führt oder unterschiedliche Störungsformen aufdeckt.

1.1.3 Apparative Verfahren

Ausführlicher, jedoch sowohl zeitlich als auch finanziell aufwendiger, ist die Messung der Kontrastsensitivität an Bildschirmen, auf denen entsprechende Muster dargeboten werden. Der Vorteil dieser Messungen ist die größere Genauigkeit sowie die Möglichkeit, neben der räumlichen auch die zeitliche Kontrastsensitivität zu bestimmen. Darüber hinaus können die relevanten Parameter (z. B. Kontrast, Streifenbreite, zeitliche Modulation) frei variiert werden. Entsprechende Methoden mit der notwendigen Hard- und Software sind in Bodis-Wollner und Diamond (1976) sowie in Bulens et al. (1989) beschrieben.

1.1.4 Begutachtung

Bei der Begutachtung zerebral sehgestörter Patienten sollte eine Einbuße an räumlicher Kontrastsensitivität genauso bewertet werden wie eine unkorrigierbare Reduktion der Sehschärfe, da sie sich für den Patienten in Alltag und Beruf vergleichbar behindernd auswirkt (Owsley u. Sloane 1987). Patienten mit solchen Einbußen sind an Bildschirmarbeitsplätzen beeinträchtigt, da zur reduzierten Kontrastsensitivität noch die sonstigen Belastungen der Bildschirmtätigkeit kommen, wie erhöhte optische Ermüdbarkeit, Augendruck und Verminderung der Akkommodation.

1.2   Hell- und Dunkeladaptation

1.2.1   Subjektive Angaben

Patienten mit einer durch Hirnschädigung erworbenen Störung der Helladaptation (Umstellung von einer dunkleren Beleuchtung auf eine hellere) klagen über unangenehmes Blendgefühl, wenn sie sich in „normal" beleuchteten Räumen (ca. 400 lx Raumbeleuchtung) oder im Freien bei Sonnenschein aufhalten. Sie berichten weiter, daß sie seit der Hirnschädigung weniger Licht zum Lesen benötigen, als dies vorher der Fall war. Viele dieser Patienten meiden deshalb Sonnenschein, wechseln die Glühbirnen in den Beleuchtungskörpern ihrer Wohnung gegen schwächere aus, ziehen – entgegen früherer Gewohnheit – die Vorhänge tagsüber zu und berichten über eine erhöhte Tränenproduktion sowie über das Bedürfnis, sich häufiger die Augen zu reiben.

Patienten mit einer Störung der Dunkeladaptation (Umstellung von einer helleren Beleuchtung auf eine dunklere) berichten, daß ihnen seit der Hirnschädigung die Umgebung dunkler vorkommt oder daß sie für bestimmte Tätigkeiten, wie etwa Lesen, mehr Licht benötigen als vor der Hirnschädigung. Diesen Patienten ist also helle Lichteinstrahlung angenehm. Sie sehen subjektiv und objektiv um so besser, je mehr Licht ihnen zur Verfügung steht. Patienten mit isoliertem Dunkelsehen klagen in der Regel kaum über ein Tränen der Augen, berichten allerdings, daß sie bei Dämmerung oder diesig-nebligem Wetter nicht mehr so scharf sehen wie vor der Hirnschädigung.

Patienten mit einem gleichzeitigen Verlust der Hell- und Dunkeladaptation klagen sowohl über Blendgefühl als auch über Dunkelsehen. Einerseits bevorzugen sie eher weniger Licht, da es dann nicht zum Blendgefühl kommt, andererseit sehen sie bei einer derart gewählten Beleuchtung nicht ausreichend scharf. Bei der Befragung dieser Patienten sollte auf folgende Aspekte geachtet werden:
1) Gibt es in der Beschreibung der Beschwerden einen eindeutigen Bezug zum Zeitpunkt der Hirnschädigung? Wenn nicht, sollte eruiert werden, ob der Patient schon vorher „lichtempfindlich" war oder eine Erkrankung der vorderen Augenabschnitte vorliegt.
2) Wird das Blendgefühl oder Dunkelsehen bei beiden Augen als gleich stark beschrieben? Wenn nicht, sollte die ophthalmologische Diagnostik nach einer Erkrankung des überwiegend betroffenen Auges suchen.
3) Gibt es in der Krankengeschichte Hinweise auf Migräneanfälle, die schon vor der Hirnschädigung mit Blendgefühl kombiniert auftraten? Nach unseren Erfahrungen klagen Migränepatienten zwar während des Anfalls und kurz danach

über Blendgefühl, sonst jedoch nicht. Patienten mit einer zerebralen Helladaptationsstörung klagen immer dann über Blendgefühl, wenn die Lichteinstrahlung einen bestimmten kritischen Wert übersteigt.

4) Alkoholgenuß, bestimmte Medikamente und Schlafmangel können ebenfalls Blendgefühl (sowie Verschwommensehen) verursachen. Diese Defizite sind jedoch innerhalb kurzer Zeit reversibel und unterscheiden sich somit von einer zerebralen Adaptationsstörung. Über eine vergleichbare Induzierung von Dunkelsehen ist uns nichts bekannt.

1.2.2 Screening-Verfahren

Beleuchtungseinstellung. Hierbei wird jeweils die Beleuchtung, die der Patient beim Betrachten eines schwarz auf weiß gedruckten Textes als „angenehm zum Lesen", „zu dunkel zum Lesen" und „zu hell zum Lesen" bezeichnet, mit Hilfe eines Luxmeters gemessen (Zihl u. Kerkhoff 1990). Jeder Patient sollte sich vorher mindestens 5 min lang in einem Raum mit photopischer Beleuchtung (100–500 lx Raumbeleuchtung) aufgehalten haben, damit durch diese Voradaptation die Untersuchungsergebnisse der Patienten vergleichbar sind. Anschließend werden in aufsteigendem und absteigendem Meßverfahren je 3 Werte für die 3 oben genannten Bedingungen ermittelt. Als einzige Beleuchtungsquelle dient dabei eine Schreibtischlampe mit eingebauter Keramikfassung und einer 100-Watt-Birne (photocrescenta Philips PF 21), die in 80 cm Höhe über dem Testblatt angebracht ist. Die Helligkeit dieser Lampe wird mit einem portablen Dimmer stufenlos verändert, bis der Patient sich für eine bestimmte Einstellung entscheidet. Schwankungen von bis zu 100 lx pro Einstellung sind physiologisch, da das Auge sich während des Betrachtens der Testvorlage kontinuierlich an die unterschiedlichen Beleuchtungsstärken anpaßt. Die Beleuchtungswerte von 40 Normalpersonen sowie von hirngeschädigten Patienten mit und ohne Adaptationsstörung zeigt Abb. 1-2.

Man sieht, daß sich mit Hilfe dieses Verfahrens eine deutliche Trennung der Gruppen mit und ohne Adaptationsstörung ergibt. Darüber hinaus gibt es Hinweise darauf, ob es sich um den Verlust nur einer oder beider Adaptationsformen handelt.

Photostreßtest. Bei diesem von Glaser (1978) beschriebenen Test wurde ursprünglich die Zeit gemessen, die benötigt wird, um sich von einer 10 s andauernden direkten Blendung eines Auges mit einer Taschenlampe zu erholen. Vor und direkt nach der Blendung wird die Sehschärfe mit einer Standardsehschärfentafel ermittelt. Als relevante Variable wird die Zeit gemessen, die verstreicht, bis die zuletzt richtig gelesene Sehschärfenreihe wieder gelesen werden kann. Um die Sensitivität des Tests zu steigern, verwenden wir statt einer hochkontrastigen Sehschärfentafel eine niedrigkontrastige (11% Mitchelson-Kontrast) Tafel aus dem Regan-Test (Regan 1988) und zur Blendung eine mit einer 200-Watt-Birne versehene Lampe, die 30 cm von den Augen des Patienten entfernt für 20 s angeschaltet wird; dies entspricht einer Abstrahlung von 30 000 lx. Als abhängige Variable wird die Zeit gemessen, bis die 3 letzten richtig gelesenen Zeilen (richtig: mindestens 5 von 8 richtig identifizierte Zeichen pro Zeile) im Regan-Test wieder gelesen werden können.

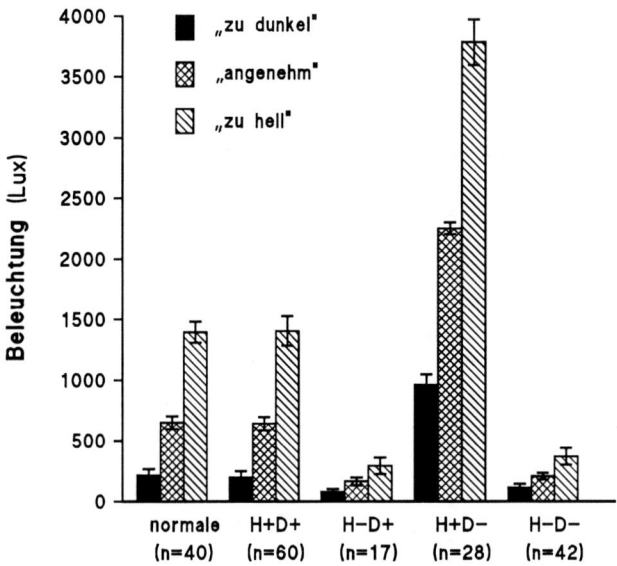

Abb. 1-2. Ergebnisse der Beleuchtungseinstellung bei verschiedenen Patientengruppen (H: Helladaptation; D: Dunkeladaptation; +: intakt; –: gestört)

1.2.3   Ausführliche Testverfahren

Adaptationsmessung. Die beiden vorher beschriebenen Verfahren liefern als Screening-Verfahren nur einen Hinweis auf die Auswirkungen der gestörten Adaptation, messen jedoch den Adaptationsvorgang selbst nicht. Ein mögliches Verfahren (unter vielen anderen) zur Messung dieses Verlaufs ist die Adaptationsprüfung am Perimeter (s. Aulhorn u. Harms 1972; Zihl u. Kerkhoff 1990 für eine ausführliche Beschreibung des Verfahrens). Im wesentlichen werden bei dieser Form der Adaptationsprüfung Entdeckungsschwellen auf dunklem Hintergrund ($0{,}00032$ cd/m^2) nach Blendung mit einem hellen Hintergrund ($3{,}2$ cd/m^2; Dunkeladaptation) bzw. nach 30minütiger Adaptation an einen dunklen Hintergrund ($0{,}00032$ cd/m^2) und anschließender Blendung mit einem hellen Untergrund ($3{,}2$ cd/m^2; Helladaptation) gemessen. Eine Messung des gesamten Adaptationsverlaufs dauert hierbei allerdings $50{-}60$ min.

1.2.4   Begutachtung

Für klinische Zwecke bieten sich die beiden Screening-Verfahren an, da sie schnell und leicht durchführbar sind. In gutachterlichen Fragen sollte aber immer eine vollständige Adaptationsprüfung durchgeführt werden, da viele der betroffenen Patienten sonst Gefahr laufen, aufgrund ihrer nur schwer konkret beschreibbaren Beschwerden (Blendgefühl, Dunkelsehen) beschuldigt zu werden, diese zu übertreiben oder zu simulieren. Nach unseren Erfahrungen (Zihl u. Kerkhoff 1990) leiden hirngeschädigte Patienten häufig unter Lichtadaptationsstörungen; diese dürfen jedoch nicht mit einem postkontusionellen Syndrom verwechselt werden. In den meisten Fällen bildet sich die Störung nicht zurück.

Weit verbreitet ist darüber hinaus auch die Ansicht, daß es erworbene zerebrale Adaptationsstörungen per definitionem gar nicht geben könne, da solche Störungen nur nach Schädigung der vorderen Augenabschnitte vorkämen. Dagegen spricht jedoch zum einen der plötzliche Beginn einer Adaptationsstörung zum Zeitpunkt der Hirnschädigung (Ullrich 1943), der „homonyme" Verlust dieser Leistung an beiden Augen (vgl. Zihl u. Kerkhoff 1990) sowie die Tatsache, daß bei vielen dieser Patienten die vorderen Augenabschnitte nachweislich vollkommen unauffällig sind. Beobachtungen aus experimentellen Untersuchungen sprechen deutlich für die Hypothese, daß nicht nur die Netzhaut, sondern auch zerebrale visuelle Areale an der Adaptation beteiligt sind (Kayama et al. 1979; Vassilev et al. 1989).

1.3   Gesichtsfeldausfälle und -störungen

Gesichtsfeld**ausfälle** bezeichnen den völligen Verlust aller Sehfunktionen in einem definierten Bereich des Gesichtsfeldes (Skotom), Gesichtsfeld**störungen** dagegen nur den Ausfall von Teilfunktionen (z. B. Verlust des Farb- und Formsehens bei weitgehend intakter Lichtwahrnehmung in einem Halbfeld). In Tabelle 1-4A sind die relevanten Parameter, die homonyme Gesichtsfeldausfälle beschreiben, zusammengefaßt.

1.3.1   Anamnese

Zur Anamnese nach Hirnschädigung sollte sowohl die Befragung des Patienten als auch die Befragung Dritter darüber gehören, ob Veränderungen im Sehen aufgetreten und welche Alltagsprobleme dadurch entstanden sind. Wird ein Gesichtsfeldausfall bemerkt, kann der Betroffene den Ausfall und die damit assoziierten Beschwerden im Alltag meist sehr genau beschreiben. Auch wenn – was oft der Fall ist – der Gesichtsfeldausfall auf eine Störung des ipsilateralen Auges projiziert wird, weist die Beschreibung einer konkreten Änderung der Größe bzw. Qualität des Sehfeldes sehr verläßlich auf einen Gesichtsfelddefekt hin. Veränderungen können hierbei im Sinne eines negativen oder eines positiven Skotoms beschrieben werden. Im ersten Fall werden die Patienten berichten, daß sie im Bereich des Skotoms „nichts" sehen: Das anope Feld ist zum nichtexistenten Sehbereich geworden. Im zweiten Fall wird der anope Gesichtsfeldbereich als helles, graues oder auch schwarzes Feld wahrgenommen. Beschwerden, die auf unklares Sehen in einem bestimmten Gesichtsfeldbereich hindeuten („Ich sehe auf einer Seite immer einen grauen Schleier, der sich mit dem Auge mitbewegt" oder „Ich habe das Gefühl, als ob ein Brillenglas ständig verschmiert ist"), weisen entweder auf einen relativen Gesichtsfeldausfall (zerebrale

Amblyopie) hin oder auf das Vorliegen einer amblyopen Übergangszone zwischen sehendem und blindem Teil des Gesichtsfelds bei einem Gesichtsfelddefekt.

Nimmt der Patient den Gesichtsfeldausfall nicht wahr, so sollte nach konkreten „visuellen" Alltagsbeschwerden gefragt werden. Wie aus Abb. 1-1 zu ersehen, wird hierbei häufig angegeben, daß er Personen oder Gegenstände übersieht bzw. gegen diese stößt, im Straßenverkehr unsicher ist, sich schlecht orientieren kann oder beim Lesen Schwierigkeiten hat. Auch nach visuellen Reizerscheinungen und Illusionen sollte im Rahmen der Anamnese gefragt werden. Visuelle Reizerscheinungen sind vorübergehende Eindrücke, die ohne externe Reize auftreten, also nicht der Wirklichkeit entsprechen (Zihl u. von Cramon 1986). Man unterscheidet einfache visuelle Reizerscheinungen wie Lichtblitze, leuchtende Linien, Nebel oder komplexe Erscheinungen, bei denen der Patient vielfältige Muster, Gegenstände, Tiere, Menschen oder ganze Szenen wahrnehmen kann. Oft werden diese im Bereich des ausgefallenen Gesichtsfelds wahrgenommen, in manchen Fällen auch im gesamten Gesichtsfeld. Meist werden sie nur innerhalb eines kurzen Zeitraums nach Eintreten der Hirnschädigung erlebt. Obwohl die Patienten in der Regel die irreale Natur dieser Erscheinungen klar erkennen, muß bei der Frage nach solchen Erlebnissen behutsam vorgegangen werden, da viele Patienten Hemmungen haben, darüber spontan zu berichten.

1.3.2 Screening-Verfahren

Konfrontationstests. Der Untersucher sitzt dem Patienten in einem Abstand von ½ m gegenüber und fordert diesen auf, seine Augen – bei monokularer Prüfung das zu untersuchende Auge – auf die Nase seines Gegenübers zu richten und Augen und Kopf nicht zu bewegen. Zufällig variierend bewegt der Untersucher nun die Finger seiner linken oder rechten Hand, evtl. auch die Finger beider Hände. Der Patient soll dabei jedesmal verbal oder durch ein Zeichen angeben, auf welcher Seite er eine Bewegung der Finger wahrgenommen hat.

Bei einer Variante des Konfrontationstests bewegt der Untersucher einen Gegenstand (farbigen Stift oder Stift mit Formzeichen an der Spitze) langsam von außen in das Gesichtsfeld des Patienten. Üblicherweise werden zur Untersuchung Reize mit einem Durchmesser von 2,5 oder 10 mm in den Farbtönen Rot, Blau und Grün bzw. Blaugrün benutzt (Zihl u. von Cramon 1986).

Der Nachteil des Konfrontationstests besteht darin, daß er insbesondere bei inkompletten Gesichtsfeldausfällen wenig sensitiv ist, der wesentliche Vorteil ist der geringe Zeitaufwand sowie die Möglichkeit, ihn in Fällen anzuwenden, in denen keine quantitative Perimetrie durchgeführt werden kann.

1.3.3 Perimetrie

Mit Hilfe eines Projektionsperimeters (z. B. des Tübinger Perimeters) lassen sich sowohl die Ausdehnung des Gesichtsfelds für die Entdeckung eines Lichtpunkts (dynamische Perimetrie) als auch die Lichtsinnesempfindlichkeit in beliebigen

Gesichtsfeldbereichen (Profil- oder statische Perimetrie) unter standardisierten Reizbedingungen quantitativ bestimmen. Zusätzlich können die Gesichtsfeldgrenzen für verschiedene Sehschärfeformen (Kreis und Raute) und für farbige Testpunkte bestimmt werden (Aulhorn u. Harms 1972).

Im folgenden werden die wesentlichen Parameter bei der Gesichtsfeldmessung hirngeschädigter Patienten kurz zusammengefaßt. Ausführliche Erläuterungen zu spezifischen perimetrischen Verfahren, ihren Grundlagen und Grenzen finden sich in Aulhorn und Harms (1972) und Zihl und von Cramon (1986).

Dynamische Perimetrie. Tabelle 1-4 A, B gibt eine Übersicht über den Untersuchungsablauf bei einer Standarduntersuchung sowie die von uns verwendeten Testpunkte und relevanten Parameter.

In einem ersten Schritt wird die Gesichtsfeldgrenze für die Entdeckung von weißem Licht bestimmt. In den meisten Fällen wird die Messung binokular durchgeführt. Monokulare Gesichtsfeldbestimmungen sind u. U. notwendig bei der Frage nach Kongruenz/Inkongruenz der monokularen Gesichtsfelder, bei Patienten mit

Tabelle 1-4. Wichtige Parameter für die Beschreibung homonymer Gesichtsfeldausfälle (**A**) und die Untersuchung sowie den Untersuchungsablauf für die dynamische Perimetrie am Tübinger Perimeter (**B**)

A

Parameter	Beschreibungsbegriffe
Lage	Oben, unten, links, rechts; Meridian; Exzentrizität
Form	Quadrant, Halbfeld, Skotom
Ausdehnung	Komplett, inkomplett
Schweregrad	Absolut: Anopsie; Relativ: Amblyopie, Achromatopsie
Restgesichtsfeld	Gesichtsfeldrest zwischen Gesichtsfeldzentrum und Skotomgrenze auf relevanter Achse

B

Hintergrundhelligkeit	3,2 cd/m^2
Meßverfahren	Binokular; bei Verdacht auf prächiasmale oder chiasmale Läsion sowie zur Bestimmung der Kongruenz/Inkongruenz: monokular
Testpunkte	1. Weißes Licht, Kreis, 102 cd/m^2; Lichtsinnperimetrie
	2. Graues Licht, Kreis, 1,02 cd/m^2; Lichtsinnperimetrie
	3. Grünes Licht, 525 nm, Kreis, 320 cd/m^2; Farbperimetrie
	4. Weißes Licht, Raute, 320 cd/m^2; Formperimetrie
	5. Tachistoskopisch (<150 ms Darbietungszeit), Kreis, 102 oder 1,02 cd/m^2; Ausschluß kleiner Skotome

Doppelbildern, beim Verdacht auf einseitige Nervus-opticus-Läsion sowie bei vermuteter Chiasmaschädigung.

Das Restgesichtsfeld und die Bestimmung seiner Ausdehnung

Über die Existenz des sog. Restgesichtsfelds, d. h. des Gesichtsfeldrestes zwischen Fovea und Skotomgrenze, hat es in der Vergangenheit zahlreiche Debatten gegeben (vgl. Zusammenfassung in Zihl u. von Cramon 1986). Inzwischen kann jedoch als relativ gesichert gelten, daß es bereits in der Netzhaut eine Überlappung temporaler und nasaler Fasern entlang des Vertikalmeridians gibt (Bunt et al. 1977, Fukuda et al. 1989). Den Ergebnissen von Fukuda et al. (1989) zufolge erstreckt sich dieser bilateral repräsentierte Bereich auf ca. 0,6° in der zentralen Netzhaut beidseits der Fovea und verbreitert sich bis zu 15° in der oberen bzw. 5–9° in der unteren Peripherie des Gesichtsfelds entlang dem Vertikalmeridian. Huber (1970) beobachtete bei Patienten mit unilateraler okzipitaler Lobektomie Gesichtsfeldausfälle, die etwa diesem Muster entsprechen. Für die Perimetrie postchiasmatischer Gesichtsfeldausfälle bedeutet dies, daß das Restgesichtsfeld nicht nur im Bereich der Fovea, sondern auch entlang dem gesamten Vertikalmeridian in Abständen von 10° bestimmt werden sollte. Dabei ist besonders darauf zu achten, daß die Bewegung bei der dynamischen Perimetrie möglichst rechtwinklig zur Skotomgrenze verläuft.

Durchführung der Farb- und Formperimetrie

Hierbei ist folgendes zu beachten:

1) Die gemessenen Grenzen sind in hohem Maße abhängig von dem vom Patienten gewählten Entscheidungskriterium. Allerdings ist die absolute Ausdehnung des Farb- bzw. des Formgesichtsfelds nur von untergeordneter Bedeutung. Entscheidend ist, daß bei Normalpersonen die Grenzen für die Farb- und die Formerkennung im linken und rechten Halbfeld des binokularen Gesichtsfelds symmetrisch sind. Für die Diagnostik ist also interessant, ob es in der Ausdehnung des Farb- bzw. des Formgesichtsfelds Unterschiede zwischen den beiden Gesichtsfeldhälften gibt (Zihl u. von Cramon 1986).

2) Insbesondere bei einer Einschränkung des Farbgesichtsfelds auf einer Seite ist in einem weiteren Schritt zu prüfen, ob die reduzierte Farberkennung auf eine Verminderung der Lichtempfindlichkeit zurückzuführen ist. In solchen Fällen muß durch Prüfung der Lichtunterschiedsempfindlichkeit in beiden Halbfeldern – mit Hilfe der statischen Perimetrie – festgestellt werden, ob es sich um eine isolierte Störung der Farbwahrnehmung oder um eine zerebrale Amblyopie handelt. Bei letzterer sind sowohl Licht- und Farb- als auch Formwahrnehmung betroffen, bei einem selektiven Ausfall des Farbgesichtsfelds dagegen nur die Farbwahrnehmung (Zihl u. von Cramon 1986).

3) Da insbesondere kleine Skotome bei der dynamischen Perimetrie leicht übersehen werden, sollte abschließend noch geprüft werden, ob parazentrale Skotome vorliegen. Dazu wird ein kleiner Testpunkt mit hoher Leuchtdichte tachistoskopisch (Darbietungszeit < 150 ms) an zufällig gewählten Positionen im zentralen 30°-Gesichtsfeldbereich dargeboten. Nimmt der Patient in einem bestimmten Bereich diesen Reiz nicht wahr, läßt sich unter Verwendung derselben Reizmarke das Skotom mit Hilfe der dynamischen Perimetrie vom Skotominneren her vermessen.

4) Um zu erfassen, ob der sog. temporale Halbmond selektiv erhalten ist, muß man den Testpunkt vom Gesichtsfeldzentrum nach außen hin bewegen, damit man den blinden Gesichtsfeldbereich zwischen Zentrum und erhaltenem Halbmond quantitativ bestimmen kann. Bei Verdacht auf visuellen Neglect sollte eine periphere Einschränkung im linken Gesichtsfeldbereich nicht ohne weiteres als Gesichtsfeldausfall interpretiert werden. Diese könnte auch daraus resultieren, daß der Patient seine Aufmerksamkeit solchen Reizen, die sich – ohne Ankündigung – von der betroffenen Seite nähern, nur eingeschränkt zuwendet. Als differentialdiagnostische Untersuchung eignet sich hier folgende Variante: Das Gesichtsfeld wird von innen nach außen vermessen, jedoch soll der Patient, dessen Kopf fixiert ist, erst dann ein Signal geben, wenn der Testpunkt nicht mehr zu sehen ist. Verteilen sich bei dieser Messung die Erkennungsmarken in beiden Halbfeldern symmetrisch, liegt mit hoher Wahrscheinlichkeit kein Gesichtsfelddefekt vor. Neben diesem Verfahren gibt es noch eine Reihe anderer Hinweise, aufgrund derer sich Hemianopsie und Hemineglect relativ sicher differenzieren lassen (Tabelle 1-5).

Tabelle 1-5. Hinweise zur Unterscheidung von Hemianopsie und visuellem Hemineglect

Test / Parameter	Hemianopsie ohne Neglect	Neglect mit oder ohne Hemianopsie
Linienhalbierung horizontal	Abweichung der Mitte in Richtung Skotom	Abweichung der Mitte in Richtung ipsiläsionale Raumhälfte
Auslassungen von Reizen im betroffenen Halbfeld/Halbraum	Nur in der visuellen Modalität	Häufig multimodal
Zeichnen symmetrischer Figuren (z. B. Blümchen) aus dem Gedächtnis	Meist unauffällig, keine halbseitigen Auslassungen	In der Akutphase oft kontralaterale Auslassungen von Details, später oft nicht mehr
Läsionslokalisation	Entlang dem postchiasmatischen Verlauf der Sehbahn; jedoch am häufigsten okzipital	Vorwiegend parietal, Basalganglien, selten dorsolateral frontal, fast nie okzipital
Ätiologie	Posteriorinfarkt	Mediainfarkt
Hemisphärenasymmetrie	Keine	Häufiger, schwerer und schlechtere Prognose nach rechtshemisphärischer Läsion
Einsicht in Defizite	Bei unilateralen Hemianopsien: gut Bei bilateralen Hemianopsien: kann reduziert sein	In der Akutphase: keine Später: Patient berichtet über Störungen meist ohne eigenen Erlebnischarakter
Blickkontakt (spontan)	Patient sucht meist den Blickkontakt zum Untersucher	Seltener Blickkontakt, Patient schaut am Untersucher seitlich vorbei, auch im ipsiläsionalen Halbfeld

Statische Perimetrie. Eine statische Perimetrie ist indiziert,
1) wenn bei Gesichtsfeldausfällen der Abfall der Lichtempfindlichkeit vom sehenden zum blinden Bereich bestimmt werden soll,
2) wenn parazentrale Skotome und die Größe ihres amblyopen Umfeldes ausgemessen werden sollen,
3) wenn es unter DSS-Bedingungen (Doppelstimulation) zur Extinktion von Reizen in einem Halbfeld kommt,
4) zur Absicherung der Diagnose „Achromatopsie",
5) um einen eventuellen Gesichtsfeldzuwachs im Sensitivitätsprofil zu dokumentieren.

Insgesamt spielt die statische Perimetrie eine eher untergeordnete Rolle, da sie sehr zeitaufwendig ist und die meisten Formen von Gesichtsfeldausfällen durch eine dynamische Perimetrie erfaßt werden können. Detaillierte Beschreibungen der statischen Perimetrie sowie besonderer Anwendungen, wie etwa Sehschärfenprofilperimetrie, findet man in Aulhorn und Harms (1972) und Johnson et al. (1979).

Perimetrische Fehlerquellen. Bei der Untersuchung hirngeschädigter Patienten sollte nach jeweils 2 min Untersuchungszeit eine kurze Pause eingelegt und vor jeder neuen Meßperiode die Instruktion wiederholt werden. So wird der krankheitsbedingt rasch ermüdenden Aufmerksamkeit des Patienten sowie der mangelnden Kommunikation zwischen Untersucher und Patient entgegengewirkt. Diese beiden Faktoren sind die Hauptursachen für Ungenauigkeiten in der Gesichtsfeldmessung. Darüber hinaus ist zu bedenken, daß die Fixationstreue dieser Patienten oft ungenauer ist als bei Patienten mit peripher bedingten Gesichtsfeldausfällen.

Schließlich sollte der Untersucher beachten, daß der Testpunkt bei der dynamischen Perimetrie nicht zu schnell bewegt wird (ca. 2°/s), da sich sonst aufgrund der oftmals verlangsamten Reaktion des Patienten falsche, meist zu kleine Gesichtsfeldgrenzen ergeben. Ist keine Fixation möglich, so kann die quantitative Perimetrie nicht am Gerät durchgeführt werden. In solch einem Fall sollte die Messung am Perimeter auf einen späteren Zeitpunkt verschoben werden, man sollte aber versuchen, durch eine Fingerperimetrie wenigstens zu einer groben Schätzung des Gesichtsfelds zu kommen.

Andere Patienten können die Fixation nur halten, wenn lediglich der Fixationspunkt zu sehen ist. Wenn eine zusätzliche Reizmarke im peripheren Bereich auftaucht, kann jedoch eine Augenbewegung zu dieser Reizmarke nicht oder nur schwer unterdrückt werden. Soll lediglich die Außengrenze des Gesichtsfelds für weißes Licht bestimmt werden, stellt dies kein großes Hindernis dar. Stimmen nämlich Richtung der Augenbewegung (Kontrolle durch Okular) und Position der sich nähernden Testmarke bei der Messung entlang den verschiedenen Meridianen jeweils überein, kann davon ausgegangen werden, daß das Auftauchen der Reizmarke in der Gesichtsfeldperipherie die Augenbewegung auslöst, d. h. man wird den Zeitpunkt der Blickzuwendung hier als Kriterium für die Gesichtsfeldgrenze verwenden.

Zur Untersuchung des Farb- und Formgesichtsfelds bei Patienten mit unruhiger Fixation ist es sinnvoll, die entsprechenden Testreize jeweils sehr kurzzeitig im 30°-Gesichtsfeldbereich darzubieten (<200 ms), während der Patient fixiert, so daß der Testpunkt nach Beginn der Augenbewegung wieder verschwunden ist. Die Aufgabe des Patienten ist es, die Farbe bzw. Form des gezeigten Reizes anzugeben. Zufällig variierend werden korrespondierende Gesichtsfeldpositionen in der linken und rechten Gesichtsfeldhälfte getestet. Begonnen wird bei einer Exzentrität von etwa 30–35 Sehwinkelgrad. Treten viele Falschnennungen auf, werden die Reize schrittweise näher am Zentrum dargeboten. Interessant für die Diagnostik ist auch hier weniger die absolute Ausdehnung der Erkennungsgrenzen als vielmehr das Auftreten einer deutlichen Seitendifferenz.

1.3.4   Begutachtung und Fahrtauglichkeit

Bei gutachterlichen Fragestellungen ist es unabdingbar, das Gesichtsfeld am Perimeter zu messen. Man sollte bei einem Gesichtsfeldausfall nicht nur die Erkennungsgrenzen für weißes Licht sowie für Farb- und Formreize bestimmen, sondern in jedem Fall auch die Ausdehnung des Restgesichtsfelds ausmessen, da die Schwere alltagsrelevanter Beeinträchtigungen damit in engem Zusammenhang steht, insbesondere im Bereich des Lesens. Die Meßgenauigkeit der verschiedenen Perimeter, insbesondere des beschriebenen Tübinger Perimeters, ist für gutachterliche Fragestellungen ausreichend.

1.4   Visuelle Explorationsstörungen

Störungen der visuellen Exploration bezeichnen eine Beeinträchtigung oder den Verlust visueller Suchbewegungen in einem oder in beiden Gesichtsfeld- bzw. Raumhälften bei intakter Okulomotorik. Eine beeinträchtigte visuelle Exploration hat weitreichende Implikationen für die Bewertung diagnostischer Ergebnisse in anderen neuropsychologischen Untersuchungen. Da die meisten diagnostischen Untersuchungen, etwa zur Feststellung der kognitiven Leistungsfähigkeit oder von Aufmerksamkeitsleistungen, visuelles Material benutzen, ist es von zentraler Bedeutung bei der Beurteilung von Ergebnissen aus solchen Tests, das visuelle Explorationsverhalten richtig einzuschätzen. Nach Ehrenstein et al. (1982) kann jede Hirnschädigung zu einer Beeinträchtigung der visuellen Exploration führen.

1.4.1   Subjektive Angaben und Verhaltensbeobachtung

Bei der Untersuchung der visuellen Exploration muß zuerst eine systematische Anamnese erhoben werden. Besonderes Gewicht hat hierbei die Frage der Alltagsprobleme. Bei Patienten mit Gesichtsfeldausfällen kann mit weitgehend angemessenen und glaubwürdigen Antworten gerechnet werden. Besteht jedoch der Verdacht auf einen visuellen Neglect, ist es besonders wichtig, die Angehörigen zu befragen und das Verhalten des Patienten in der Untersuchungssituation genau zu beobachten. Ein Teil dieser Patienten wird subjektiv über keine bzw. nur geringfügige Probleme im Alltag berichten, während die Angehörigen oft markante Erlebnisse schildern, die auf eine beeinträchtigte visuelle Exploration schließen lassen.

In Tabelle 1-6 sind die am häufigsten geäußerten Alltagsbeschwerden von Patienten mit Gesichtsfeldausfällen und solchen mit visuellem Neglect aufgelistet.

Tabelle 1-6. Häufige Alltagsprobleme von Patienten mit visuellen Explorationsstörungen

Problem	Gesichtsfeldausfall[a] (n=200) [%]	Neglect[b] (n=40) [%]
Anstoßen an Hindernisse	90	75
Übersehen von Personen	92	80
Übersehen von Fahrzeugen	80	75
Orientierungsprobleme in Räumen, Gebäuden, auf Plätzen	89	80
Verlangsamtes Auffinden von Gegenständen auf einem Tisch, im Regal, im Supermarkt etc.	92	90

[a] Eigenanamnese
[b] Fremdanamnese über Angehörige

In der Untersuchungssituation selbst ist darauf zu achten, wie bzw. ob der Patient sich im Untersuchungsraum visuell orientiert, ob er an Einrichtungsgegenständen oder etwa den Türrahmen anstößt, ob er sich Ereignissen auf beiden Seiten zuwendet oder auffällig häufig nur zu einer Raumseite hin blickt.

1.4.2   Screening-Verfahren

In Tabelle 1-7 ist zusammenfassend dargestellt, mit welchen diagnostischen Verfahren visuelle Explorationsstörungen untersucht werden sollten und welches hierbei die wichtigsten Parameter sind.

Durchstreichtests. Bei diesen Aufgaben muß der Patient auf einer Vorlage, meist in DIN-A4-Format, aus einer großen Anzahl von Reizen alle vorher definierten Zielreize heraussuchen und anstreichen. Relevante Parameter sind die Dauer und Strategie der Bearbeitung sowie die Anzahl der Auslassungen. Die klassischen Durchstreichtests zur Erfassung der visuellen Explorationsleistung (Albert 1973) sind hierbei nur in der Frühphase sinnvoll, denn sie werden in der postakuten Phase (Zeit seit Läsion >6 Wochen) von vielen Patienten problemlos bewältigt, so daß dann komplexere Tests benutzt werden sollten.

Die Komplexität der Tests läßt sich steigern durch:
1) mehr Reize auf der Vorlage,
2) Vorgabe mehrerer Zielitems in der Aufgabenstellung (z. B.: „Streichen Sie alle ,3' und ,5' an"),

Tabelle 1-7. Übersicht über Diagnostikverfahren bei visuellen Explorationsstörungen

Untersuchungsverfahren	Wichtige Parameter
Blickfeldbestimmung	Ausdehnung in Grad
Durchstreichtests	Auslassungen links/rechts; Zeit; Strategie der Suche
Großflächige Suchvorlagen	dto., jedoch genauere Aussagen über eventuelle Halbfeldunterschiede
Registrierung von Augenbewegungen	dto., jedoch Angaben über zeitliche Parameter der Bewegung
Linienhalbierung	Verschiebung ipsi- oder kontraläsional
Alltagsnahe Tests	Suchzeit, Auslassungen, Strategie in Quasialltagssituationen

3) unsystematische Anordnung der Reize (in Linien oder frei, seitenbündig oder eingerückt),

4) größere Ähnlichkeit zwischen Zielitems und Ablenkern.

Üblicherweise wird man aus der Verteilung der angestrichenen Items und der Verteilung der Fehler Schlüsse auf die Suchstrategie ziehen. Die Bedeutung der Durchstreichtests liegt darin, daß sie therapieleitende Informationen geben können: Treten z. B. bei der Bearbeitung solcher vergleichsweise einfachen Tests zahlreiche Fehler auf, dauert sie sehr lange oder geht der Patient deutlich unsystematisch vor, sollte in der Therapie daran gearbeitet werden, die visuelle Suche systematischer bzw. ökonomischer zu gestalten. Werden die Aufgaben problemlos gelöst, bedeutet dies aber noch nicht, daß diese Patienten im Alltag unauffällig sind. Durchstreichtests erfassen nur die deutlichsten klinischen Störungen.

1.4.3   Ausführliche Testverfahren

Blickfeldmessung am Tübinger Perimeter. Das Blickfeld im Skotom sollte bei allen Gesichtsfeldausfällen, insbesondere bei Halbseiten- und Quadrantenausfällen bestimmt werden (genaue Beschreibung s. Zihl u. von Cramon 1986).

Bei der Untersuchung gelten dieselben Bedingungen wie bei der dynamischen Perimetrie. Die Testmarke ist ein weißer Punkt (Größe 116 Bogenminuten; Helligkeit 102 cd/m^2), der vom Untersucher – wie bei der dynamischen Perimetrie – mit einer Geschwindigkeit von 2°/s vom Rand der Perimeterhalbkugel entlang den verschiedenen Meridianen in Richtung Zentrum bewegt wird. Die Aufgabe des Patienten ist es, auf Aufforderung mittels Augenbewegungen den Testpunkt zu suchen und die Reaktionstaste zu betätigen, sobald er ihn sieht. Blickfeldgrenzen sind die Positionen, an denen die Reizmarken auf den jeweiligen Meridianen entdeckt werden. Die Blickfeldmessung eignet sich besonders gut, um therapiebegleitend den Effekt von Behandlungsmaßnahmen zu kontrollieren, da sich kein Testwiederholungseffekt zeigt (vgl. Kerkhoff et al. 1992).

Großformatige Suchvorlagen. Sofern es – und das wird meist der Fall sein – nicht möglich ist, die Augenbewegungen bei der visuellen Suche mit Hilfe der Infrarot-technik oder der EOG zu messen, bleibt eine Untersuchungsmethode, die schon Poppelreuter (1917) angewandt hat und die später wiederholt Verwendung fand (Chédru et al. 1973) und auch als Papier-Bleistift-Test eingesetzt wird (Weintraub u. Mesulam 1988). Der Patient wird hierbei in einem Abstand von 50–60 cm vor eine großflächige Vorlage (z. B. projiziertes Diapositiv) gesetzt und soll mit einem Zeige-stab kritische Reize aus einer großen Anzahl verschiedener Reize auswählen. Die Vorlage sollte dabei so groß und der Beobachterabstand so gewählt sein, daß in jedem Halbfeld 30–40 Sehwinkelgrad abzusuchen sind. Wichtige Parameter zur Beurteilung der visuellen Explorationsleistung sind – ähnlich wie bei den Durch-streichtests – Dauer und Strategie der Suche sowie Anzahl und Ort der Auslas-sungen.

Kritisch anzumerken ist, daß alle beschriebenen Tests zwar klinisch leicht durch-führbar sind und qualitativ gute Hinweise liefern, jedoch nur indirekte Aussagen über die zugrundeliegende Störung ermöglichen, da sie über die entscheidende Variable „Augenbewegungen" keine Informationen geben.

Alltagsnahe Testverfahren. Um die im Alltag zu erwartenden Probleme einschätzen zu können, ist es unerläßlich, alltagsnahe Testverfahren einzusetzen (Halligan et al. 1991). Ein ganz entscheidendes Argument für solche Testverfahren ist, daß psycho-metrische Tests zwar in testtheoretischem Sinne reliabel und valide sein können, sich jedoch für die im Alltag zu erwartenden Probleme und damit für die Rehabili-tationsanforderungen oft keine Anhaltspunkte ergeben. Im folgenden soll daher kurz ein von uns entwickelter Test vorgestellt werden, der sich für die Diagnostik alltagsrelevanter visueller Explorationsstörungen gut bewährt hat und der mit relativ geringem Aufwand selbst hergestellt werden kann.

Man benötigt eine rechteckige, mit weißem Papier überzogene Karton- oder Holzplatte von 100 · 80 cm Größe sowie 40 Alltagsgegenstände (Flaschenöffner, Anspitzer, Schlüssel etc.); 20 dieser Gegenstände müssen doppelt vorhanden sein und dienen als Targets. Die 40 unterschiedlichen Gegenstände werden so auf die Platte geklebt, daß in jedem Quadranten 10 Gegenstände liegen, 5 Targets und 5 Ablenker (Abb. 1-3).

Die 20 Doppel werden dem direkt vor dem Tischtest sitzenden Patienten nach-einander gezeigt, seine Aufgabe ist es, möglichst schnell die entsprechenden Gegen-stände auf dem Tisch zu suchen und ihre Position anzuzeigen. Als abhängige Variable wird die Suchzeit für jedes einzelne Objekt bestimmt, die Gesamtsuchzeit der einzelnen Quadranten ermittelt und miteinander verglichen.

Dieser Vergleich gibt Aufschluß darüber, ob die Suchzeiten insgesamt verlängert sind (Vergleich mit den Suchzeiten von Normalpersonen) oder ob nur in einem bestimmten Quadranten bzw. Halbfeld deutlich längere Suchzeiten zu verzeichnen sind (Vergleich zwischen einzelnen Quadranten, Halbfeldern).

In Abb. 1-4 werden die Suchzeiten von 13 Patienten mit homonymer Hemianop-sie zu unterschiedlichen Zeiten im Verlauf einer Behandlung sowie im Vergleich zu Normalpersonen gezeigt. Daraus geht hervor, daß dieser Test geeignet ist, Defizite der visuellen Exploration sensibel zu erfassen und entsprechende Veränderungen im Rahmen einer Behandlung zu dokumentieren.

Um zu verhindern, daß der Patient sich an die Lage der Gegenstände erinnert,

Tischtest

▲ Targets   O Nontargets

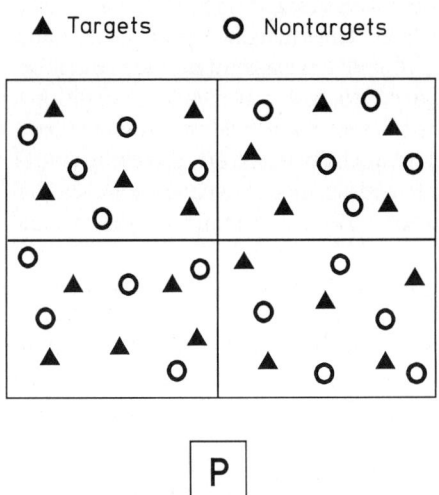

Abb. 1-3. Schematische Darstellung der Zielobjekte (Targets) und Ablenker (Nontargets) im Tischtest

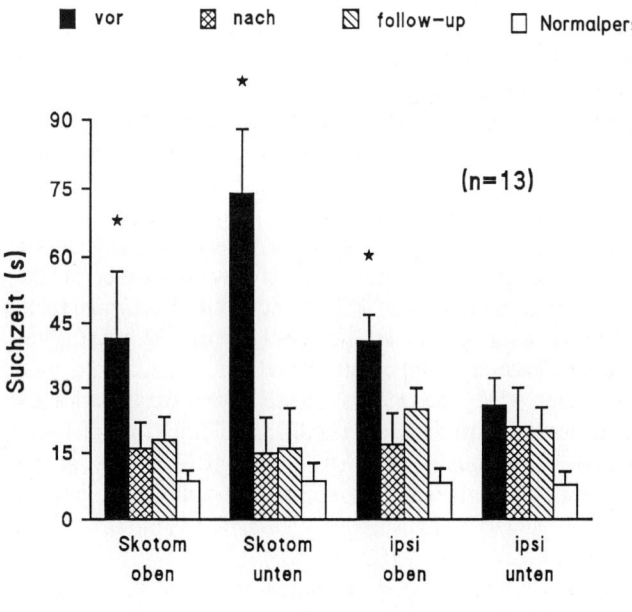

Abb. 1-4. Ergebnisse im Tischtest bei 13 Patienten mit homonymer Hemianopsie vor, nach und bei „follow-up" nach Behandlung sowie bei 20 Normalpersonen, (★: schwarze Säulen signifikant von restlichen 3 Säulen verschieden, p <0.05)

sollte der Test nur in längeren Zeitabständen vorgenommen werden; wird er um
180° gedreht, erhält man sehr einfach eine Paralleltestversion.

Registrierung von Augenbewegungen. Zusätzliche Informationen über die Natur
der visuellen Explorationsstörung könnte zweifellos die Aufzeichnung der Augenbewegungen (Infrarottechnik, EOG) geben. Variablen wie „Dauer der Fixation",
„Anzahl der Fixationen", Beschleunigungs- und Geschwindigkeitsparameter zwischen einzelnen Fixationen, die Verteilung der Augenbewegungen hinsichtlich ihrer
Dauer und räumlichen Ausdehnung sowie das Muster der Augenbewegungen bei
der Bearbeitung einer Aufgabe könnten wertvolle Indikatoren sein, um die visuelle
Explorationsleistung einzuschätzen. Sofern es möglich ist, sollte diese zusätzliche
Untersuchung vorgenommen werden.

1.5   Visuell bedingte Lesestörungen

Als visuell bedingte Lesestörungen bezeichnen wir alle Formen von Lesestörungen,
die nicht auf eine aphasische oder alektische Störung zurückzuführen sind, sondern
im weitesten Sinne durch visuelle Defizite bedingt sind. Die häufigsten Ursachen
solcher Lesestörungen sind bei diesen Patienten foveanahe Gesichtsfeldausfälle
(Wilbrand 1907), der visuelle Neglect (vgl. Behrman et al. 1990) sowie das zerebral
bedingte Verschwommensehen (vgl. 1.1).

1.5.1   Subjektive Angaben

Die Beschwerden dieser 3 Patientengruppen sind unterschiedlich. Bei hemianopischen Patienten mit foveanahen Ausfällen ist es die deutlich erhöhte Lesezeit (Wilbrand 1907), während Lesefehler aufgrund von Auslassungen für die Neglect-Patienten die größte Beeinträchtigung darstellen. Patienten mit Verschwommensehen klagen im wesentlichen darüber, daß sie immer nach kurzer Zeit aufhören müssen zu
lesen, weil sie nur noch verschwommen sehen. In Tabelle 1-8 sind die wichtigsten
Beschwerden dieser 3 Patientengruppen zusammengefaßt.

   Die Schwere der Lesestörung wird wesentlich durch das Restgesichtsfeld
bestimmt. Je kleiner dieses ist, desto mehr Fixationen muß der Patient beim Lesen
einer Zeile vornehmen und desto langsamer liest er; demgegenüber scheint die
Anzahl der Lesefehler bei hemianopischen Patienten kaum durch das Restgesichtsfeld beeinflußt zu werden.

1.5.2   Untersuchungsverfahren

Soweit wir wissen, gibt es im deutschen Sprachraum für hirngeschädigte Patienten
bisher keine standardisierten und parallelisierten klinischen Lesetests, die sich dazu
eignen, den Behandlungsverlauf zu überprüfen oder aus anderen Gründen wieder-

Tabelle 1-8. Die wichtigsten Symptome von Patienten mit visuell bedingten Lesestörungen (↓ leicht gestört; ↓ ↓ mittelgradig gestört; ↓ ↓ ↓ deutlich gestört; – normal)

Leistung	Rechtsseitiger Gesichtsfeld ausfall	Linksseitiger Gesichtsfeld ausfall	Linksseitiger Neglect	Verschwommen-sehen
Lesen von Wörtern, Silben	↓	↓	↓ ↓	–
Zeilenende aufsuchen	↓ ↓	–	–	–
Zeilenanfang aufsuchen	–	↓ ↓	↓ ↓ ↓	–
Zeilensprung	–	↓	↓ ↓	↓
Lesedauer	↓	↓	↓ ↓	↓ ↓ ↓

holt angewandt zu werden. Um dem abzuhelfen, haben wir einen linksbündigen gedruckten Lesetest konstruiert, von dem es 6 weitgehend parallele und normierte Versionen gibt. Die Auswertung dieses Lesetests liefert 3 wesentliche Parameter, nämlich Lesezeit, Anzahl der Lesefehler sowie Anzahl der ausgelassenen Zeilen. Bei Verdacht auf Neglect verwenden wir darüber hinaus analog der Entwicklung von Caplan (1987) einen links- und rechtsseitig eingerückt gedruckten Lesetest, der in 3 ebenfalls an 40 Normalpersonen erprobten Parallelversionen zur Verfügung steht. Mit diesem Test lassen sich insbesondere Patienten mit einem visuellen Restneglect sicherer erfassen, da sie häufig erst beim eingerückt gedruckten Lesetest Worte oder Silben am Zeilenanfang auslassen. Beide Testverfahren sind jedoch noch nicht abschließend erprobt und sind daher derzeit nicht kommerziell erhältlich.

Visuell bedingte Lesestörungen von aphasisch oder alektisch bedingten zu unterscheiden bereitet bei Patienten mit rechtsseitiger Hemianopsie infolge linksseitiger Hirnschädigung gelegentlich Probleme. Wir lassen in diesem Fall den Patienten 10 Einzelwörter (3–9 Buchstaben lang) lesen, die mit Hilfe eines Diaprojektors in 1 m Entfernung vertikal auf einer Projektionsfläche gezeigt werden. Kommt es hier bei einem Patienten, der keinen zusätzlichen vertikalen Gesichtsfeldausfall hat, zu mehr als einem Lesefehler, so sehen wir dies als Hinweis auf eine aphasich oder alektisch bedingte Lesestörung. Ist das Lesen in diesem Test normal, während das horizontale Lesen der oben geschilderten Lesetests fehlerhaft oder verlangsamt ist, so gehen wir von einer visuell bedingten Lesestörung aus.

1.5.3 Apparative Verfahren

Tachistoskopische Verfahren. Sensitiver, aber auch deutlich zeitaufwendiger ist es, das tachistoskopische Lesen einzelner oder zusammengesetzter Wörter am Bildschirm eines PCs oder mit Hilfe eines Tachistoskops zu prüfen. Insbesondere bei kurzen Darbietungszeiten (<1 s) fallen Patienten mit Neglect oder Restneglect dadurch auf, daß sie Buchstaben, Silben oder Wortteile am Beginn oder – seltener – am Ende des Wortes auslassen bzw. entsprechende Ratefehler zeigen (Behrman et al. 1990). Relevante Parameter wären hierbei die Anzahl der ausgelassenen oder falsch gelesenen Silben bzw. Wörter in jedem Halbfeld, abhängig von der gewählten Darbietungszeit.

Okulographische Registrierungsmethoden. Während alle obengenannten Methoden lediglich etwas über das falsche oder richtige Ergebnis des Lesevorgangs aussagen (Fehler, Zeilenverlust u. a. m.), gibt die detaillierte Registrierung der Augenbewegungen während des Lesevorgangs auch Aufschluß über die Qualität des Lesevorgangs an sich, also z. B. über die Anzahl der benötigten Fixationen, die Fixationsdauer, die Häufigkeit von Fixationsregressionen, den Beschleunigungsverlauf der Sakkaden zwischen einzelnen Fixationen u. a. m. Solche Verfahren (s. Beschreibungen in Mackensen 1962; Eber et al. 1988) eignen sich aufgrund ihrer Genauigkeit insbesondere zur genauen Therapieverlaufskontrolle sowie zur genaueren Differenzierung der einzelnen Einflußfaktoren beim Lesen, wie z. B. Komplexität des Textes, oder krankheitsbezogener Faktoren, wie Gesichtsfeldausfall oder Neglect. Allerdings erfordern diese Verfahren auch deutlich mehr Aufwand bei der Vorbereitung der Untersuchung, bei der notwendigen Technik sowie der Auswertung der erhobenen Ergebnisse. Standardisierte, allgemein verwendbare Verfahren gibt es in diesem Bereich nach unserem Wissen derzeit nicht, jedoch kann man für die Zukunft erwarten, daß es in der Preisklasse zwischen 10 000 und 20 000 DM leistungsfähige portable Meßsysteme für die Registrierung von Augenbewegungen geben wird. Die Blickstrategien mit solchen Technologien erfassen zu können erscheint nicht nur aus diagnostischen, sondern auch aus therapeutischen Gründen erfolgversprechend, denn sie sind herkömmlichen Methoden deutlich überlegen, da sie wichtige Hinweise auf die der Störung zugrundeliegenden Blickbewegungsmuster liefern, so daß dementsprechende Therapieprogramme entwickelt werden können.

1.6   Visuell-räumliche und räumlich-konstruktive Störungen

Als visuell-räumliche Leistungen bezeichnet man Wahrnehmungsfähigkeiten, die ohne manuelle Leistung des Patienten einen visuellen Vergleich räumlicher Reize erfordern. Im Gegensatz dazu verlangen räumlich-konstruktive Leistungen gerade diese manuell-konstruktive Komponente unter visueller Kontrolle.

1.6.1   Eigen- und Fremdanamnese, Verhaltensbeobachtung

Eine Eigenanamnese der Beschwerden im Bereich der visuell-räumlichen und räumlich-konstruktiven Störungen ist nach unseren Erfahrungen nur bei Patienten sinnvoll, die keinen visuellen Neglect und keine damit assoziierte Anosognosie oder Anosodiaphorie aufweisen. Patienten mit Läsionen des posterioren parietalen Kortex oder der parietookzipitalen Übergangswindungen beschreiben ihre Beschwerden oft genau und leugnen die Defizite meist nicht.

Für die Patientengruppe mit reduzierter Einsicht haben wir einen klinisch verwendungsfähigen Anamnesebogen zur Fremdanamnese entwickelt (Kerkhoff u. Blaut 1992), dessen wesentliche Bereiche in Tabelle 1-9 dargestellt sind.

Die Fremdanamnese anhand dieses Bogens sollte von Personen durchgeführt werden, die den betreffenden Patienten häufig und regelmäßig sehen, z. B. durch den/die Therapeuten, das Pflegepersonal und Angehörige. So sind alltagspraktische, im weitesten Sinne „räumliche" Fertigkeiten weit über die üblichen Items im ADL-Bereich hinaus einzuschätzen. Auch lassen sich die in Alltag und Beruf zu erwartenden Probleme genauer beurteilen, als dies lediglich aufgrund von Testergebnissen möglich wäre.

Tabelle 1-9. Häufige Alltagsprobleme von Patienten mit visuell-räumlichen und räumlich-konstruktiven Störungen (2-D, 3-D: 2- bzw. 3dimensionaler Raum)

Selbsthilfe	Ankleiden; Rollstuhlnavigation; schief im Rollstuhl und schief am Tisch sitzen; Zusammenfalten von Wäsche, Decken, Kleidung
Haushalt	Herdplatten verwechseln, Mengen abschätzen und aufteilen, Tisch decken, Servietten falten; Ordnen und Aufräumen von Gegenständen
Visuelles Greifen, Abstandsschätzung	Vorbeigreifen bei Tasse, Türklinke, Hand; Tiefe der Treppenstufen abschätzen, Entfernung von Autos einschätzen
Visuelle Orientierung im 2-D- und 3-D-Raum	Pläne (Stundenplan, Stadtplan) und Zeichnungen lesen, Formulare und Anträge ausfüllen, Zeilen und Spalten halten bei Schriftrechnen und Schreiben, Meßinstrumente ablesen (Thermometer, Uhr, Tachometer); Wege finden

1.6.2 Visuell-räumliche Untersuchungsverfahren

Eine Übersicht über die gebräuchlichsten visuell-räumlichen und räumlich-konstruktiven Leistungen gibt Tabelle 1-10.

Linienorientierung. Dieser von Benton et al. (1983) entwickelte und standardisierte Test existiert in 2 Parallelversionen. Er überprüft die Fähigkeit, unterschiedliche Neigungswinkel von Linien miteinander zu vergleichen. Nach unserer Erfahrung ist der Test leicht durchführbar, eignet sich zur Kontrolle von Behandlungseffekten und erfaßt eine Elementarleistung, ohne dabei – wie etwa der Mosaiktest – viele andere Leistungen indirekt mitzuuntersuchen.

Linienhalbierung. Die Linienhalbierung kann auch als elementarer visuell-räumlicher Test verstanden werden. Hierzu sollte ein Blatt mit einer horizontalen Linie von mindestens 20 cm Länge vor den Patienten hingelegt werden mit der Bitte, die Mitte dieser Linie zu markieren. Will man mehrere Parameter bei dieser Aufgabe variieren, wie z. B. Linienlänge, Linienbreite, Vorder- und Hintergrundfarbe, Beobachterabstand, Versuchsanzahl oder auch die horizontale oder vertikale Darbietungs-

Tabelle 1-10. Übersicht über visuell-räumliche und räumlich-konstruktive Testverfahren. L-P-S Leistungsprüfsystem, I-S-T Intelligenz-Struktur-Test

Visuell-räumliche Tests	Räumlich-konstruktive Tests
Linienorientierung	Mack- u. Levine-Test
Linienhalbierung	Mosaiktest
Untertests 7–10 im L-P-S	Postpaket
Untertests 7,8 im I-S-T	Kopieren perspektivischer Zeichnungen
Benton-Test	Rey-Osterrieth-Figur
	Benton-Test
	Zeichentest nach Grossmann (1988)

form der Linie, so bietet sich hierfür das von uns entwickelte computerunterstützte Verfahren VS (Marquardt u. Kerkhoff 1992) an, mit dem all diese Parameter variiert werden können. Patienten mit Hemineglect verschieben die Mitte in der Regel ipsiläsional, solche mit Hemianopsie ohne Neglect dagegen kontraläsional (Axenfeld 1894; Schenkenberg et al. 1980; Heilman et al. 1985; Kerkhoff 1989).

„Räumliche" Untertests in Intelligenztests. Die Untertests 7–10 im Leistungsprüfsystem nach Horn (1981) sowie die Aufgaben, Würfelabwicklungen und Punkte zu vergleichen, aus dem Intelligenz-Struktur-Test nach Amthauer (1970) erfassen visuell-räumliche Aspekte, sind jedoch leider Geschwindigkeitstests. Dies bedeutet, daß die erhobenen Werte nur sehr indirekt etwas über die Qualität visuell-räumlicher Wahrnehmungsleistungen aussagen und statt dessen viel über die Schnelligkeit der Verarbeitung. Da letztere bei vielen Patienten mit Hirnschädigung ohnehin reduziert ist, lassen die Ergebnisse keinen Rückschluß auf nur visuell-räumliche Leistungseinbußen zu.

Benton-Test. Die perzeptive Version des sog. „Benton-Tests" (Benton 1981) verlangt vom Patienten, einfache geometrische Figuren mit 4 ähnlichen Vorlagen zu vergleichen. Der Test ist normiert und im deutschen Sprachraum kommerziell erhältlich. Er wird klinisch sehr häufig verwendet, leidet jedoch nach unserer Ansicht wie viele andere derartige Verfahren darunter, daß er zahlreiche Einzelleistungen kombiniert testet. Aus diesem Grunde ist er auch für die Verlaufskontrolle von Behandlungsmaßnahmen nicht geeignet.

1.6.3 Detaillierte quantitative Verfahren zur Untersuchung visuell-räumlicher Wahrnehmungsleistungen

Detaillierte und umfassende Verfahren zur Untersuchung der wichtigsten Elementarleistungen in der visuellen Raumwahrnehmung sind uns nicht bekannt. Alle oben aufgelisteten Testverfahren untersuchen entweder nur einen spezifischen Aspekt oder eine Kombination vieler Aspekte. Weil es also offensichtlich an einem umfassenden, flexiblen und dabei nicht nur leicht zu bedienenden, sondern auch für den

Patienten zumutbaren Verfahren mangelte, haben wir ein eigenes computerunterstütztes Verfahren entwickelt, das all diese Kriterien erfüllt (Marquardt u. Kerkhoff 1992). Hiermit kann eine große Zahl visuell-räumlicher Elementarleistungen detailliert und mit vertretbarem Zeitaufwand untersucht werden. Über selbst programmierte Befehlsdateien können dabei einerseits Standarduntersuchungen mit beliebiger Testreihenfolge, freier Wahl von Testparametern und beliebiger Itemanzahl definiert werden; andererseits kann jeder Test auch einzeln aufgerufen und konfiguriert werden. Für die Auswertung steht ein numerischer und graphischer Datenausdruck zur Verfügung. Daher eignet sich dieses Programm sowohl für die Routinediagnostik als auch für die Untersuchung sehr spezieller experimenteller Fragestellungen. Ohne auf die Einzelheiten dieses Programms weiter einzugehen (Details in Marquardt u. Kerkhoff 1992), sollen die Anwendungsmöglichkeiten dieses Programms anhand von 2 Beispielen kurz demonstriert werden:

1) Abb. 1-5 a zeigt die Ergebnisse eines Patienten mit einer ausgeprägten visuellen apperzeptiven Agnosie infolge einer hypoxischen Hirnschädigung (Zeit seit Läsion: 6 Monate). Der Patient wies in zahlreichen Objektwahrnehmungstests (s. 1.7.2) erhebliche Einbußen auf trotz normaler Sehschärfe, normaler Kontrastsensitivität und unauffälligem Gesichtsfeld. Um der Frage nachzugehen, ob die visuelle Formunterscheidung ohne eine Identifikationsleistung (auch bekannt als die „Efron Shapes"; vgl. Warrington 1985b) bei diesem Patienten intakt war, untersuchten wir den Formvergleich mit 7 verschiedenen Aufgabenvarianten (20, 30, 40, 50, 60, 70 cm Quadratgröße; vgl. Abb. 1-5 a). Die vorgegebene Zielfigur ist jeweils ein Quadrat mit den angegebenen Seitenmaßen, die zu verändernde Figur eine Rechteckfigur mit gleicher Gesamtfläche wie das Quadrat. Die Aufgabe des Patienten ist es, jeweils die Form der zu verändernden Figur der Zielfigur soweit wie möglich anzunähern. Da die absolute Fläche immer gleichbleibt, kann sich der Patient nicht an der absoluten Lichtreflektion der beiden zu vergleichenden Formen orientieren. Wie in Abb. 1-5 a zu sehen ist, zeigte der beschriebene Patient mit der visuellen apperzeptiven Agnosie im deutlichen Unterschied zu einer gleichaltrigen Normalperson erhebliche Auffälligkeiten in allen 7 Teilaufgaben.

2) Abb. 1-5 b zeigt die Ergebnisse einer Patientin mit einer ausgeprägten Rotation der subjektiven visuellen Vertikalen, Horizontalen und Obliquen sowie mit deutlichen Problemen in der Distanzschätzung, Halbierungsschätzung und Positionsschätzung infolge einer linkshemisphärischen Hirnschädigung.

Bei der Untersuchung der subjektiven visuellen Vertikalen und Horizontalen sollte die Patientin einschätzen, ob eine am Bildschirm dargebotene Linie senkrecht bzw. waagerecht war. Bei der Einschätzung der Obliquen ging es darum, 2 gleich lange Linien exakt in dieselbe Orientierung (d. h. parallel) einzustellen. In der Längen- und Distanzschätzung sollte jeweils ein 8 cm langer Balken bzw. eine 8 cm messende Distanz gleich lang eingestellt werden. In der Halbierungsschätzung mußte die Mitte eines 24 cm langen Balkens angegeben werden; die Rechteckschätzung wurde bereits beschrieben (detaillierte Aufgabenbeschreibungen finden sich in Kerkhoff 1989 sowie in Marquardt u. Kerkhoff 1992).

Diese beiden Beispiele verdeutlichen, wie wichtig elementare Testaufgaben sind, um basale Störungen zu erfassen. Das hier nur kurz erwähnte Softwareprogramm erlaubt es, spezifische Fragestellungen rasch abzuklären, und vereint alle relevanten Aufgaben zur elementaren visuellen Raumwahrnehmung in einem Untersuchungsprogramm. Neben der raschen, fehlerfreien Auswertung und übersichtlichen graphischen Darstellung der Ergebnisse eignet sich dieses Meßsystem insbesondere für die Verlaufskontrolle bei der Behandlung und für die experimentelle Diagnostik.

1.6.4   Räumlich-konstruktive Untersuchungsverfahren

Die räumlich-konstruktive Diagnostik bietet ein uneinheitliches Bild. Es gibt zahlreiche Verfahren, die je nach verwendetem Material unterschiedliche Aspekte in der Untersuchung betonen. Die meisten dieser Verfahren sind für Verlaufsmessungen und experimentelle Diagnostik ungeeignet.

Freies Kopieren. Diese häufig verwendete, aber meist nicht standardisierte Methode verlangt vom Patienten, meist geometrische Vorlagen, z. B. Dreiecke, Quadrate, oder auch komplexere Figuren zu kopieren. Diese Methode hat durchaus klinisch-diagnostischen Wert, setzt allerdings ausreichende Erfahrung des Untersuchers voraus und bleibt in der Interpretation meist rein qualitativ und damit subjektiv.

Kopieren perspektivischer Zeichnungen. Interessante Zusatzergebnisse liefert nach unserer Erfahrung oft das Kopieren perspektivischer Zeichnungen, da das Fehlen obliquer Fluchtlinien in der Kopie – sie wirkt dadurch „flach" und nicht perspektivisch – den nicht seltenen Verlust der dreidimensionalen Perspektive erkennen läßt. Ansonsten gelten für diese Methode die gleichen Nachteile wie für das Kopieren einfacher Figuren.

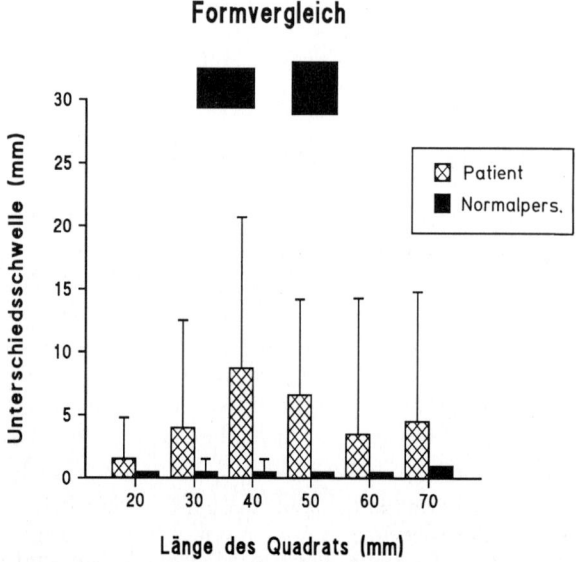

Abb. 1-5 a

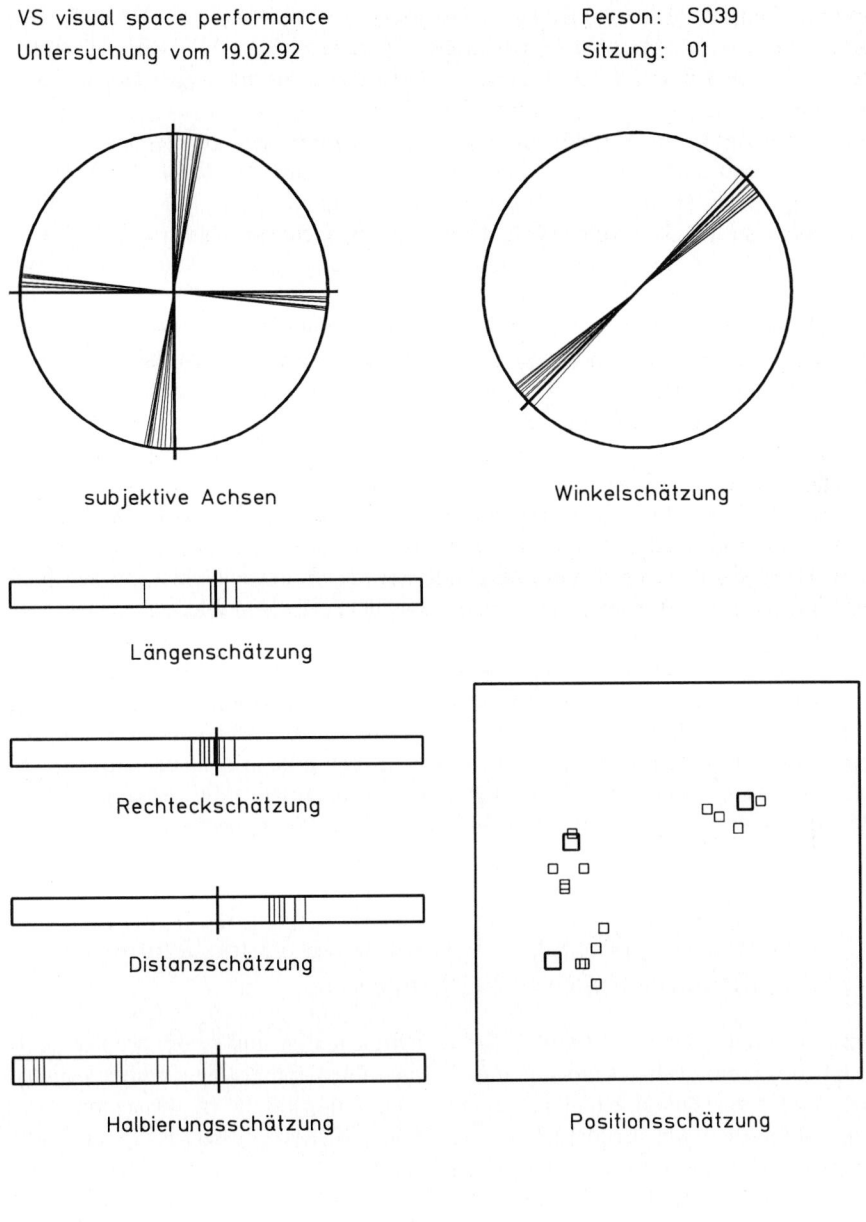

VS visual space performance

Untersuchung vom 19.02.92

Person: S039

Sitzung: 01

subjektive Achsen

Winkelschätzung

Längenschätzung

Rechteckschätzung

Distanzschätzung

Halbierungsschätzung

Positionsschätzung

1 cm

Abb. 1-5 b

Abb. 1-5. a Ergebnisse in der Formschätzung („Efron Shapes") bei einem Patienten mit visueller apperzeptiver Agnosie (gekreuzte Balken) und einer Normalperson (vertikale Balken: Streubreite). **b** Ergebnisse in 8 elementaren Aufgaben zur visuellen Raumwahrnehmung bei einer Patientin mit einer linkshemisphärischen Hirnschädigung (fette Linien: Vorgabe; dünne Linien: Einzelversuche der Patientin)

Benton-Test. Die visuokonstruktive Version dieses normierten Tests (Benton 1981) erfordert ebenfalls das Abzeichnen vorgegebener geometrischer Muster. Allerdings können hierbei die Kopien des Patienten mit Hilfe eines detaillierten Schlüssels ausgewertet werden.

Rey-Osterrieth-Figur. In diesem Test soll eine komplexe geometrische zweidimensionale Figur kopiert werden. Darüber hinaus kann das Reproduzieren der gezeigten Figur nach einem Intervall von 3 min verlangt werden; dies dient als figuraler Gedächtnistest (Osterrieth 1944; Lezak 1981). Deutsche Normwerte gibt es nach unserem Wissen nicht, jedoch findet man in Lezak (1981) amerikanische Quartilnormen.

Mosaiktest. Der Mosaiktest ist ein Untertest des Hamburg-Wechsler-Intelligenztests für Erwachsene (Hardesty 1988) und verlangt vom Patienten, rot-weiße geometrische Teile zu einer Gesamtfigur zusammenzusetzen, die verkleinert als Vorlage dargeboten ist. Klinisch besitzt der Mosaiktest eine hohe Sensitivität für räumlich-konstruktive Störungen, jedoch nur eine geringe Spezifität, da auch Patienten mit anderen Störungen (Problemlösen, Neglect) hierbei auffallen können. Darüber hinaus darf der Test erst nach 6 Monaten wiederholt werden, so daß er für wiederholte Messungen und Verlaufskontrollen ungeeignet ist.

Zusätzlich erfaßt der Mosaiktest indirekt so etwas wie die Fähigkeit zur Größentransformation, da die Vorlage genau ¼ der Größe der aus Würfeln zusammengefügten Figur hat.

Zeichentest nach Grossmann (1988). Dieser Test erfordert das freie Zeichnen von Objekten aus einer vorgegebenen Objektklasse, z. B. Obst. Ausgewertet werden die Zeichnungen nach den Kategorien Farbe, relative Größe, Form und spezifische Merkmale. Daraus wird auch ein sogenannter Erkennbarkeitsscore berechnet. Cut-off-Werte sind in Grossmann (1988) mitgeteilt. Dieser Test erfaßt visuell-konstruktive Defizite, darüber hinaus jedoch auch so etwas wie Ideenproduktion, Perseverationen und – etwa analog zur verbalen – „kognitiv-räumliche Flüssigkeit".

1.6.5 Detaillierte quantitative Verfahren zur Untersuchung räumlich-konstruktiver Leistungen

Alle vorgenannten visuokonstruktiven Testverfahren leiden mehr oder weniger darunter, daß der Untersucher (und der Patient ebenfalls) nur wenig darüber erfährt, wie der Patient zu seinem Ergebnis kommt. Das Endprodukt ist meist eine konstruierte Figur, die vom Untersucher mit einem Auswertungsschlüssel verglichen wird und dann einen dementsprechenden Punktwert erhält. Dieses Ergebnis gibt jedoch keinerlei Aufschluß darüber, wie es zu dieser Leistung gekommen ist. Dazu müßte der Reproduktionsvorgang auf ein digitales Speichermedium, z. B. ein Schreibtablett, aufgezeichnet werden. Dadurch wäre es beispielsweise möglich, sowohl detaillierte Angaben über die zeitlichen Bewegungsparameter (Geschwindigkeit und Beschleunigung) als auch über die räumlichen Parameter der Kopierleistung (Abweichungsfehler, relative Größe, Winkel) zu erhalten. So könnten auch unterschiedliche Kopierstrategien untersucht werden, was mit herkömmlichen Methoden nur nachträglich anhand des Endprodukts und daher sehr ungenau möglich ist.

1.7   Visuelle Gesichter- und Objektwahrnehmung

Störungen der visuellen Gesichter- und Objektwahrnehmung – in manchen Lehrbüchern auch als Prosop- und Objektagnosie bezeichnet (Warrington 1985a; Farah
1990) – kommen in der Routinediagnostik hirngeschädigter Patienten eher selten
vor. Dies hat folgende Gründe:

1) Deutliche alltagsrelevante Defizite treten im Vergleich zu anderen Störungen wie
   etwa Gesichtsfeldausfällen oder Neglect vergleichsweise selten auf (Farah 1990).
2) Es gibt nur wenige einheitliche Diagnostikstandards und kaum kommerziell
   erhältliche Testverfahren, insbesondere gilt dies für den Bereich der Objektwahrnehmung. Die meisten Kliniken oder Labors verwenden selbstkonstruierte Verfahren, die nicht allgemein zugänglich sind und für spezifische Zwecke entworfen
   wurden. Die Heterogenität der verwendeten Verfahren spiegelt dabei die unterschiedlichen theoretischen Grundannahmen und Agnosietheorien wider.

Drei wesentliche Unterscheidungen der visuellen Agnosien haben sich jedoch ein-
gebürgert: die apperzeptive und die assoziative Agnosie sowie die Prosopagnosie
(detaillierte Beschreibungen s. Farah 1990).

Bevor man eine visuelle Agnosie annimmt, sollte man basale Sehleistungen wie
Sehschärfe, Kontrast, Gesichtsfeld, visuelle Exploration, Formunterscheidung sowie
Farbsehen untersuchen. Liegen gravierende Einbußen in einem oder mehreren dieser Bereiche vor, sollte man Defizite in der Gesichter- und Objektwahrnehmung
nicht sogleich als agnostische Störungen bewerten, sondern lediglich detailliert
beschreiben und auf die Einbußen elementarer Sehleistungen verweisen.

Apperzeptive und assoziative Objektagnosie. Unter apperzeptiv-agnostischen Störungen werden Störungen in der Erkennung von Objekten bei normalen visuellen
Elementarleistungen (Lissauer 1890) verstanden. Nach Lissauer haben Patienten mit
einer solchen Störung die Fähigkeit eingebüßt, aus einzelnen visuellen Objektmerk-
malen ein Objekt „zusammenzusetzen". Demgegenüber sei bei Patienten mit einer
assoziativen Agnosie die Verknüpfung zwischen dem visuellen Objekt und den
semantischen sowie praktischen Assoziationen zu diesem Objekt (Beispiel: Apfel;
Eigenschaften: eßbar; relative Größe und Gewicht, Geschmack, Form, Farbe
u. a. m.) verlorengegangen (Lissauer 1890). Diesem Konzept zufolge können Patienten mit einer assoziativen Agnosie zwar beim Betrachten eines Objekts dieses noch
adäquat wahrnehmen, beschreiben und sogar korrekt abzeichnen, jedoch nichts
mehr über dessen Funktion aussagen. Nach Lissauers Definition beider Agnosiefor-
men müssen darüber hinaus die intellektuellen Leistungen eines Patienten mit Verdacht auf visuelle Objektagnosie intakt sein.

Prosopagnosie. Prosopagnosie bezeichnet nach Bodamer (1947) die Unfähigkeit,
Gesichter zu differenzieren oder vertraute Gesichter wiederzuerkennen, und muß
von der Objektagnosie unterschieden werden. Ob dies tatsächlich stimmt, ist allerdings fraglich. Zahlreiche klinische Berichte betonen zwar die Selektivität der Einbußen in beiden Bereichen (vgl. Zusammenfassungen in Farah 1990), hierbei muß
jedoch kritisch angemerkt werden, daß die Verfahren zur Prüfung der Objektwahr-
nehmungsleistungen häufig zu leicht waren (vgl. Zihl u. von Cramon 1986). Verwendet man ähnlich komplexe Testverfahren, wie sie zur Überprüfung der Gesich-

terwahrnehmung schon lange verwendet werden, finden sich gleich schwere Beeinträchtigungen in beiden Bereichen (Zihl u. Wohlfahrt-Englert 1986). Für den Kliniker bedeutet dies, daß er bei Verdacht auf visuell-agnostische Störungen zunächst immer damit rechnen sollte, daß sowohl die Erkennung von Objekten als auch die von Gesichtern gestört sein könnte.

1.7.1   Subjektive Angaben und Anamnese

Patienten, bei denen sich leichte bis mittelschwere Einbußen durch die entsprechenden Testverfahren diagnostizieren lassen, (s. 1.7.2) klagen nach unseren Erfahrungen selten oder gar nicht über Probleme in der Objekt- oder Gesichterwahrnehmung. Dies liegt vermutlich daran, daß Patienten mit solchen Einbußen ihre Defizite im Alltag leicht kompensieren können, da hier die Reize (Gesichter, Objekte) fast immer real und damit dreidimensional sowie oft in mehreren Modalitäten wahrnehmbar sind (Beispiel: Ansehen und Berühren von Alltagsobjekten). Patienten mit ausgeprägteren Störungen geben auf intensives Befragen folgende Probleme an:

1) Seit der Hirnschädigung sehen Gesichter (seltener Objekte) unscharf, verschwommen oder blasser aus.
2) Gesichter sehen unvertraut oder fremdartig aus, sie sind sozusagen ihres emotionalen Charakters beraubt.
3) Gesichter oder Objekte werden unter ungünstigen Licht- und Sichtverhältnissen (Dämmerung, Nebel, diesiges Wetter) später oder schlechter erkannt.
4) Halbtonphotographien von Objekten oder Gesichtern werden wesentlich schlechter erkannt.

Die unter 1, 3 und 4 genannten Beschwerden beruhen nach unseren Erfahrungen fast ausschließlich auf Einbußen basaler visueller Sehleistungen, wie z. B. der Sehschärfe, des Kontrastsehens oder der Dunkeladaptation, während das Erleben von Gesichtern als fremdartig oder unvertraut damit nicht zusammenhängt. Zusammenfassend läßt sich feststellen, daß Patienten oft über perzeptive Einbußen in der Erkennung von Objekten und Gesichtern klagen, jedoch ausgesprochen selten über kategoriale Einordnungsprobleme, wie sie bei der assoziativen Agnosie (s. 1.7.2) gefunden werden.

1.7.2   Untersuchungsverfahren

Tabelle 1-11 gibt einen Überblick über die im klinischen Setting häufig verwendeten Testverfahren, von denen jedoch nur wenige kommerziell erhältlich sind. Dies verdeutlicht, daß klinisch erprobte und im deutschen Sprachraum normierte Verfahren zur Objekt- und Gesichterwahrnehmung fehlen.

Teil-Ganzes-Vergleich. Dieser Test verlangt, Objekt- bzw. Gesichterteile vollständig abgebildeten Objekten bzw. Gesichtern auf Halbtonphotographien zuzuordnen (Zihl u. Wohlfahrt-Englert 1986). Bedauerlicherweise besteht dieser Untertest lediglich

Tabelle 1-11. Übersicht über verwendete Testverfahren im Bereich der Objekt- und Gesichterwahrnehmung

Apperzeptive Agnosie	Assoziative Agnosie	Prosopagnosie
Formvergleich (Efron Shapes)[a]	**Kategorisierung von:**	Facial Recognition Test[a]
Teil-Ganzes-Vergleich	– Belebt/nicht belebt	Teil-Ganzes-Vergleich
Unvollst. Figuren	– Relativer Größe	Blickrichtungsvergleich
Strichzeichnungen	– Eßbar/nicht eßbar	Gesichteridentität
Silhouettentest	– Nach Funktion	Mimikunterscheidung
Un-/conventional views	**Konvertierung:**	Geschlechterdifferenzierung
Gestalterfassung	– Visuell <–> verbal	Altersdifferenzierung
	– Taktil <–> visuell	
	– Visuell <–> akustisch	

[a] Kommerziell erhältlich und normiert

aus 6 Items, so daß er für eine Diagnostik unter psychometrischen Gesichtspunkten ungeeignet ist, dennoch aber als Screening verwendet werden kann.

Unvollständige Figuren. Dieser Test besteht ebenfalls aus 6 Items und verlangt vom Patienten die Benennung oder Funktionsbeschreibung von auf Schwarzweißphotographien unvollständig abgebildeten Objekten (Zihl u. Wohlfahrt-Englert 1986). Leider besteht dieser Test nur aus wenigen Items und ist derzeit nicht kommerziell erhältlich.

Strichzeichnungen. Auch dies ist ein häufig verwendeter Test, der jedoch fast ausschließlich in experimentellen Untersuchungen Verwendung findet. Zur Erstellung von Bildmaterial bietet sich das sehr umfangreiche Material von Snodgrass und Vanderwart (1979) an.

Silhouettentest. Der Silhouettentest besteht aus 15 Schwarzweißvorlagen im DIN-A4-Format, auf denen jeweils 4 Schattenrisse abgebildet sind. Diese Umrisse zeigen jedoch keinerlei räumliche Tiefe an. Einer dieser Schattenrisse stellt ein reales Objekt dar, während die anderen lediglich Phantasiefiguren sind. Diesen Test gibt es nunmehr als Multiple-choice-Version (Taylor u. Warrington 1991). Der Test eignet sich besonders gut für Patienten mit reduziertem Visus und reduzierter Kontrastsensitivität, da die Figuren vergleichsweise groß sind (5–18 cm) und einen hohen Kontrast aufweisen. Darüber hinaus können auch Patienten mit Benennungsproblemen untersucht werden, da das Objekt nicht benannt werden muß.

Gestalterfassung. Dieser Aufgabentyp, im Englischen mit „visual closure" bezeichnet, verlangt vom Patienten, Objekte zu erkennen, die aus entsprechend angeordneten Einzelteilen bestehen. Hierbei sollte jedoch geklärt werden, ob die visuellen Explorationsleistungen des Patienten ausreichend sind, um alle Elemente tatsächlich gleichzeitig sehen zu können. Im deutschen Sprachraum gibt es kein normiertes Verfahren dafür. Die Untertests 11 und 12 im Leistungsprüfsystem nach Horn (1981) bieten Aufgaben des Typs visual closure an, sind jedoch nach unseren Erfahrungen in der vorliegenden Form für zerebral sehgestörte Patienten ungünstig, da sie vergleichsweise klein (Untertest 11: 1,5 x 1,5 cm; Untertest 12: 0,3 x 2,0 cm) und sehr dicht angeordnet sind. Dadurch können geringfügige Einbußen der Sehschärfe und visuelle Explorationsstörungen zu fehlerhaften Ergebnissen führen, obwohl die Gestalterfassung an sich gar nicht gestört ist.

Unkonventionelle Blickwinkel. Die Wahrnehmung von Objekten aus unkonventionellen Blickrichtungen (engl. unconventional oder noncanonical views) ist ebenfalls ein häufig verwendeter Test (vgl. Warrington 1985a). Üblicherweise wird hierbei geprüft, ob Alltagsobjekte aus konventionellen sowie unkonventionellen und damit seltenen Blickwinkeln (Beispiel: Tasse von vorn oder direkt von oben) erkannt werden. Aus dem Vergleich der Leistungen in beiden Testvarianten läßt sich schließen, ob speziell das Erkennen von Objekten aus unkonventionellen Blickrichtungen gestört ist. Zu beachten ist hierbei, daß häufig eine gute Graustufenunterscheidung notwendig ist, um unkonventionell dargebotene Objekte zu erkennen. Patienten mit reduzierter Kontrastempfindlichkeit sind deshalb bei solchen Aufgaben beeinträchtigt. Uns ist für den deutschen Sprachraum kein normiertes Verfahren hierzu bekannt.

Werden mit den aufgelisteteten Verfahren Einbußen erkannt, können diese als Hinweis auf eine apperzeptive Erkennungsstörung verstanden werden. Hierbei ist jedoch folgendes zu beachten: Für die Bewertung dieser Testverfahren, mit Ausnahme des Silhouettentests, ist eine ausreichende Sehschärfe (0,80 oder mehr für die Nähe) ebenso notwendig wie gute Beleuchtung (400 lx Tageslicht oder Tageslichtbirne) und ausreichendes Kontrastsehen (mindestens Tafel 7–8 im Cambridge-low-contrast Grating-Test).

Um die assoziative Agnosie zu untersuchen, müssen intakte elementare visuelle Leistungen nachgewiesen und die Kategorisierungs- und Konvertierungsleistungen geprüft werden.

Kategorisierung. Hierzu wird dem Patienten eine größere Anzahl von Objekten (>20) vorgelegt, die er nachweislich richtig benannt hat oder deren Funktion oder Benutzung er umschreiben oder gestisch demonstrieren konnte. Die Aufgabe des Patienten ist es, diese Objekte spontan in sinnvolle Kategorien einzuordnen (z. B. nach Größe, Funktion, Gewicht etc.). Scheitert der Patient bei dieser Aufgabe, d. h. kann er keine eigenen Kategorien generieren oder Objekte solchen Kategorien zuordnen, wird ihm eine sinnvolle Kategorie vorgegeben, nach der er die Objekte sortieren soll. Eine Variante dieser visuellen Kategorisierungsaufgaben ist die Beurteilung von photographierten Objekten hinsichtlich Eßbarkeit – Nichteßbarkeit, Lebendigkeit – Nichtlebendigkeit oder ihrer tatsächlichen Größe. Patienten mit assoziativer visueller Agnosie zeigen typischerweise in der Beurteilung solcher semantischer oder praktischer Eigenschaften von Objekten Defizite, wenn die Zielobjekte visuell dargeboten werden. Uns ist derzeit kein Standarduntersuchungsverfahren zur visuellen Kategorisierung bekannt.

Konvertierungsleistungen. Die Untersuchung der Konvertierungsleistungen prüft, ob der Patient Objekte, die er visuell erkennen sollte, taktil aus einer kleinen Auswahl von Objekten auswählen kann. Umgekehrt kann überpüft werden, ob taktil dargebotene Objekte unter visueller Kontrolle aus einer Auswahl von Objekten korrekt herausgesucht werden können. Analog ist die Untersuchung der akustisch-visuellen bzw. visuell-akustischen Konvertierungsleistungen zu prüfen. Dem Patienten wird jeweils ein Objekt in der einen Modalität angeboten, das er dann in der jeweils anderen Modalität aus einer Reihe von Objekten nach dem Multiple-choice-Verfahren auswählen soll. Solche Konvertierungsleistungen zu prüfen ist sinnvoll, weil festgestellt werden kann, ob die funktionalen Verbindungen zwischen den einzelnen „Speichern", in denen die Objekteigenschaften getrennt nach Modalität abgelegt sind, intakt oder gestört sind.

Für die Untersuchung einzelner Gesichterwahrnehmungsleistungen (s. Tabelle 1-11) stehen mit Ausnahme des Facial-recognition-Tests nach Benton et al. (1983) lediglich experimentell verwendete Verfahren zur Verfügung.

„Facial-recognition"-Test nach Benton et al. (1983). Dieser Test untersucht die Gesichtererkennung über die Zuordnung von Gesichtern, so daß prinzipiell auch Patienten mit Benennungsstörungen untersucht werden können. In Teil 1 soll der Patient identische Frontalaufnahmen von Gesichtern vergleichen. In Teil 2 soll er Gesichter, die aus unterschiedlichem Blickwinkel dargestellt sind, vergleichen und in Teil 3 unterschiedlich ausgeleuchtete Gesichter. Für diese Tests sind neuere Normwerte von Benton et al. (1983) mitgeteilt worden. Zu bedenken ist bei der Testinterpretation, daß sich eine Reduktion der Kontrastsensitivität für den Patienten erschwerend auswirkt.

Darüber hinaus gibt es eine Reihe experimenteller Verfahren, die kurz erwähnt werden sollen.

Blickrichtungssensitivität. Insbesondere Patienten mit rechtshemisphärischen Läsionen haben Schwierigkeiten zu entscheiden, wann eine andere Person sie exakt fixiert und wann sie an ihnen vorbeischaut (Perrett et al. 1989). Diese Fähigkeit ist vermutlich auch im Alltag bedeutsam, da sie für die nonverbale, soziale Kommunikation zwischen Personen wichtig ist und den weiteren Verlauf von Interaktionen bestimmt (Martin u. Jones 1982). Campbell et al. (1990) konnten zeigen, daß prosopagnostische Patienten und Affen mit Läsionen im Bereich des oberen Schläfenlappens, der für die Gesichterwahrnehmung beim Primaten relevant ist, vergleichbare Probleme bei einer Aufgabe zur Blickrichtungssensitivität hatten. Demnach ist diese Leistung so wie die Unterscheidung der Mimik, des Geschlechts oder des Alters (s. unten) anhand von Gesichtern eine wichtige Subkomponente der Gesichterwahrnehmung. Viele, wenn nicht sogar alle diese Subkomponenten können vermutlich einzeln gestört sein, so daß sich daraus eine Vielfalt von Prosopagnosieformen ergibt. Für den Kliniker bedeutet dies, daß es viel wichtiger ist, die Defizite anhand der verwendeten Tests und Beobachtungen möglichst genau zu beschreiben als lediglich die Diagnose „Prosopagnosie" zu stellen.

Identitäts-, Mimik-, Geschlechts- und Altersdifferenzierung. Zur Untersuchung der Prosopagnosie gehört auch die Prüfung des mimischen Unterscheidungsvermögens. Häufig werden Fotos aus dem Buch von Ekman und Friezen (1975) verwendet, um die mimische Differenzierung zu beurteilen. Zihl und Wohlfahrt-Englert (1986) beschrieben eine Testvariante, mit der gleichzeitig die Personen- und die Mimikdifferenzierung getestet werden kann. Leider wird nach unserer Kenntnis keines dieser Verfahren kommerziell angeboten.

1.7.3   Begutachtung

Für die Begutachtung erworbener Objekt- und Gesichterwahrnehmungsstörungen ist die Bedeutung des festgestellten Defizits für Alltag und Beruf des Patienten maßgeblich. Tiere z. B. nicht mehr unterscheiden zu können, ist für die meisten Menschen eine eher geringfügige Behinderung, für einen Tierpfleger jedoch eine gravierende Einbuße, die möglicherweise über die Berufsunfähigkeit entscheidet.

1.8   Zerebrale Farbsinnstörungen

Ausgeprägte zerebral bedingte Farbsinnstörungen sind sehr selten. Wir fanden in unserer Stichprobe unter 269 Patienten lediglich einen (0,0037 %) mit vollständigem Verlust des Farbsehens, der sogenannten Achromatopsie. Häufiger sind Leistungseinbußen bei der Diskrimination schwach gesättigter Farben. Auf retinal bedingte Farbsinnstörungen, Ausfälle im Farbgesichtsfeld sowie farbagnostische Ausfälle wird hier nicht eingegangen.

1.8.1   Subjektive Angaben

Einen mehr oder weniger weitgehenden Verlust des Farbsehens erlebt der Patient wie das plötzliche Umstellen eines Farbfernsehers auf Schwarzweißbetrieb. Einbußen nur bei schwach gesättigten Farben wirken sich so aus, daß Farben blasser erscheinen, in seltenen Fällen jedoch auch greller (Kerkhoff et al. 1990). Farben, die im Spektrum relativ nahe beieinanderliegen, werden, insbesondere unter ungünstigen Licht- und Kontrastverhältnissen, verwechselt. So kann ein solcher Patient beispielsweise beim morgendlichen Ankleiden statt eines blauen einen dunkelgrünen Pullover aus dem Schrank nehmen.

1.8.2   Screening-Verfahren

Zur ersten Untersuchung des Farbsehens eignet sich nach unserer Erfahrung der D-15-Test nach Lanthony, bei dem der Patient 15 unterschiedliche Farbtöne in eine kontinuierliche Farbreihe bringen muß. Abweichungen von der korrekten Reihenfolge können ein Hinweis auf retinal bedingte Farbanomalien sein, wie Protanopie oder Deuteranopie. Entspricht die Abweichungsart nicht diesen beiden Mustern, so ist zu erwägen, ob eine zerebral erworbene Farbsinnstörung vorliegt. Dies kann jedoch nur eine ausführliche Untersuchung mit den weiter unten erläuterten Verfahren klären.

1.8.3   Ausführliche Untersuchungsverfahren

FM-100-Hue-Test. Dieser Test besteht aus insgesamt 85 allesamt hoch gesättigten Farbtupfern, die in 4 Kästen aufgegliedert sind (Farnsworth 1943). Die Aufgabe des Patienten ist es jeweils, bei vorgegebenem Anfangs- und Endpunkt innerhalb eines Kastens die Zwischenfarbtöne kontinuierlich richtig anzuordnen. Berechnet werden Fehlerwerte, die mit den Normwerten von Han und Thompson (1983) vergleichbar sind. Nach unserer Erfahrung sind diese Normwerte jedoch so konservativ, daß sie nur in seltenen Fällen überschritten werden. Bei Patienten mit Hemianopsien oder Halbseitenneglect sollte darauf geachtet werden, daß immer von der intakten Gesichtsfeld- oder Raumhälfte in Richtung der betroffenen Hälfte sortiert wird, da es im umgekehrten Fall zu scheinbar signifikanten Fehlern kommt, die jedoch ihre Ursache im mangelnden Überblick des Patienten und nicht in einer genuinen Farbsinnstörung haben (Zihl et al. 1988).
LM-70-Hue-Test. Dieser Test untersucht die Farbdiskriminationsleistung anhand unterschiedlich stark gesättigter Farbtupfer. Der Test enhält 4 Kästen mit je 15 Farbtupfern, deren Farbsättigungsgrad von Kasten zu Kasten abnimmt, jedoch innerhalb eines Kastens gleich ist. Darüber hinaus wird die Graustufendifferenzierung untersucht. Aus dem Vergleich der Leistung in den unterschiedlichen Kästen kann erkannt werden, ob etwa Fehlleistungen verstärkt bei den schwach gesättigten Kästen auftreten – dies deutet auf eine reduzierte Kontrastsensitivität hin – oder ob sie über alle Kästen gleichmäßig verteilt vorkommen –, dies ließe eine zerebrale Achromatopsie erwarten. Der FM-100-Hue-Test und LM-70-Test sind bei der Firma Fronhäuser Medizingeräte in 8025 Unterhaching bei München erhältlich.
Farbevozierte Potentiale. Eine selten genutzte, aber diagnostisch aufschlußreiche Methode ist die Ableitung visuell evozierter Potentiale, indem man farblich unterschiedliche, aber im Kontrast aneinander angeglichene Muster (isoluminante Farbmuster) zur Unterscheidung anbietet (Damasio et al. 1980; Victor et al. 1989). Patienten mit isolierten zerebralen Farbsinnstörungen sollten idealerweise bei schwarz-weißer Musterreizung normale Potentiale aufweisen und deutlich reduzierte bei isoluminanter Musterreizung.

1.8.4   Begutachtung

Erworbene Störungen der Farbsinnunterscheidung allein sind kein hinreichender Grund, einem Patienten die Fahrerlaubnis zu verweigern, da die Ampellichter auch aufgrund ihrer Position gedeutet werden können. Entscheidend für die Begutachtung ist hier, ob die zerebrale Achromatopsie – wie es meist der Fall ist – mit bilateralen, altitudinalen Gesichtsfeldausfällen der oberen Gesichtsfeldhälfte assoziiert ist. Bei Patienten, die im Beruf hochqualifizierte Urteile hinsichtlich Eignung und Auswahl von Farben abgeben müssen (z. B. Lackierer, Maler), kann eine gravierende Einbuße bei der Farbwahrnehmung ein hinreichender Grund für die Berufsunfähigkeit sein.

Literatur

Albert M (1973) A simple test for visual neglect. Arch Neurol Psychiatr 23:658–664

Amthauer R (1970) Intelligenz-Struktur-Test (IST). Hogrefe, Göttingen

Aulhorn E, Harms J (1972) Visual perimetry. In: D Jameson, L Hurvich (eds), Handbook of Sensory Physiology. Vol VII. Springer, Berlin, pp 102–145

Axenfeld D (1894) Eine einfache Methode, Hemianopsie zu constatieren. Neurologisches Centralblatt 13:437–438

Behrman M, Moscovitch B, Black SE, Mozer M (1990) Perceptual and conceptual mechanisms in neglect dyslexia. Two contrasting case studies. Brain 113:1163–1183

Benton AL (1981) Der Benton-Test. Huber, Bern

Benton AL, De Hamsher K, Varney NR, Spreen O (1983) Contributions to Neuropsychological Assessment. Oxford University Press, New York

Bodamer J (1947) Die Prosop-Agnosie (die Agnosie des Physiognomieerkennens). Arch Psychiat Nervenkr 179:6–53

Bodis-Wollner I, Diamond SP (1976) The measurement of spatial contrast sensitivity in cases of blurred visio associated with cerebral lesions. Brain 99:695–710

Brandt T, Büchele W (1983) Augenbewegungsstörungen. Fischer, Stuttgart

Bredemeyer H, Bullock K (1978) Orthoptik. De Gruyter, Berlin

Bulens C, Meerwaldt JD, Van der Wildt GJ, Keemink CJ (1989) Spatial contrast sensitivity in unilateral cerebral ischaemic lesions involving the posterior visual pathway. Brain 112:507–520

Bunt AK, Minckler DS, Johansson GW (1977) Demonstration of bilateral projection of the central retina of the monkey with horseradish peroxidase neuronography. J Comp Neur 171:619–630

Burde RM, Savino PJ, Trobe JD (1989) Neuroophthalmologie. Kohlhammer, Stuttgart

Campbell R, Heywood CA, Cowey A, Regard M, Landis T (1990) Sensitivity to eye gaze in prosopagnosic patients and monkeys with superior temporal sulcus ablation. Neuropsychologia 28:1123–1142

Caplan B (1987) Assessment of unilateral neglect: A new reading test. J Clin Exp Neuropsychol 9:359–364

Chédru F, Leblanc M, Lhermitte F (1973) Visual searching in normal and brain-damaged subjects (Contribution to the study of unilateral inattention). Cortex 9:94–111

Damasio AR, Damasio H, von Hoesen G (1980) Prosopagnosia: Anatomic basis and behavioral mechanisms. Neurology 32:331–341

Éber AM, Metz-Lutz MN, Strubel D, Betrano E, Collard M (1988) Étude électro-oculographique de la lecture chez les hémianopsiques. Rev Neurol 144:515–518

Ehrenstein WH, Heister G, Cohen R (1982) Trail making test and visual search. Arch Psychiat Nervenkr 231: 333–338

Ekman P, Friezen W (1978) Facial Action Coding System: A Technique for the Measurement of Facial Movement. Consulting Psychologists Press, Palo Alto CA

Farah M (1990) Visual Agnosia. MIT Press, Boston

Farnsworth D (1943) The Farnsworth-Munsell 100-hue and dichotomous tests of colour vision. J Opt Soc Am 33:568–578

Frisén L (1980) The neurology of visual acuity. Brain 103:639–670

Fukuda Y, Sawai H, Watanabe M, Wakakuwa K, Morigiwa K (1989) Nasotemporal overlap of crossed and uncrossed retinal ganglion cell projections in the japanese monkey (Macaca fuscata). J Neurosci 9:2353–2373

Glaser JS (1978) Neuroophthalmology. Harper & Row, Hagerstown (MD), New York, pp 8–10

Grossmann M (1988) Drawing deficits in brain-damaged patients' freehand pictures. Brain Cog 8:189–205

Halligan PW, Cockburn J, Wilson BA (1991) The behavioural assessment of visual neglect. Neuropsychol Rehab 1:5–32

Han DP, Thompson HS (1983) Nomograms for the assessment of Farnsworth-Munsell 100-hue test scores. Am J Ophthalmol 95:622–625

Hardesty (1988) Der Hamburg Wechsler Intelligenztest für Erwachsene. Huber Verlag, Bern

Heilman KM, Watson RT, Valenstein E (1985) Neglect and related disorders. In JAM Fredericks (ed), Handbook of Clinical Neurology, Vol 1 (45): Clinical Neuropsychology, pp 243–293. Elsevier Science Publishers, Amsterdam

Hollwich F (1988) Augenheilkunde. Kohlhammer, Stuttgart

Horn W (1983) Leistungsprüfsystem LPS. Hogrefe, Göttingen

Huber A (1970) Homonymous hemianopsia after removal of one occipital lobe. Excerpta Medica 222:1333–1338

Johnson CA, Keltner JL, Balestrery FG (1979) Acuity profile perimetry. Arch Ophthalmol 97:684–689

Kayama Y, Riso RR, Bartlett JR, Doty RW (1979) Luxotonic responses of units in macaque striate cortex. J Neurophysiol 42:1495–1517

Kerkhoff G (1989) Störungen der visuellen Raumwahrnehmung bei hirngeschädigten Patienten. Haag und Herchen, Frankfurt a. Main

Kerkhoff G (1991) Anamnese zerebral bedingter Sehstörungen. Anamnesebogen und Leitfaden zur Interpretation. EKN Materialien für die Rehabilitation, München

Kerkhoff G, Schaub J, Zihl J (1990) Die Anamnese zerebral bedingter Sehstörungen. Nervenarzt 61:711–718

Kerkhoff G, Blaut M (1991) Visuell-räumliche Alltagsprobleme. Anleitung zu einem Fremdbeurteilungsbogen. EKN Materialien für die Rehabilitation, München

Kerkhoff G, Münßinger U, Haaf E, Eberle-Strauss G, Stögerer E (1992) Rehabilitation of homonymous scotomata in patients with postgeniculate damage of the visual system: saccadic compensation training. Rest Neurol Neurosci 4:245–254

Leigh RJ, Zee DS (1983) The Neurology of Eye Movements. Davies, San Francisco

Lezak MD (1981) Neuropsychological Assessment. Oxford University Press, New York

Lissauer H (1890) Ein Fall von Seelenblindheit nebst Beiträge zur Theorie derselben. Arch Psychiat Nervenkr 21:222–270

Mackensen G (1962) Die Untersuchung der Lesefähigkeit als klinische Funktionsprüfung. Fortschr Augenheilk 12:344–379

Marquardt C, Kerkhoff G (1992) VS – Computerunterstützte Erfassung visuell-räumlicher Wahrnehmungsleistungen. EKN Materialien für die Rehabilitation, München

Martin WW, Jones RF (1982) The accuracy of eye-gaze judgment: A signal detection approach. Br J Soc Psychol 21:293–299

Osterrieth PA (1944) Le test de copie d'une figure complexe. Arch Psychol 30:206–353

Owsley C, Sloane ME (1987) Contrast sensitivity, acuity, and the perception of ‚real-world'-targets. Br Ophthalmol 71:791–796

Pelli DG, Robson JG, Wilkins AJ (1988) The design of a new letter chart for measuring contrast sensitivity. Clin Vis Sci 2:187–199

Perret DI, Mistlin AJ, Chitty AJ, Smith PAJ, Potter DD, Broennimann C, Harries M (1989) Specialized face processing and hemispheric asymmetry in man and monkey: evidence from single unit and reaction time studies. Behav Brain Res 29:245–258

Poppelreuter W (1917) Die psychischen Schädigungen durch Kopfschuß im Kriege 1914/1916. Vol. I: Die Störungen der niederen und höheren Sehleistungen durch Verletzungen des Okzipitalhirns. Voss, Leipzig

Regan D (1988) Low contrast letter charts and sinewave grating tests in ophthalmological and neurological disorders. Clin Vis Sci 2:235–250

Robson R, Wilkins AJ (1984) Cambridge Contrast Gratings. Cambridge, UK

Schenkenberg T, Bradford TC, Ajax ET (1980) Line bisection and unilateral visual neglect in patients with neurologic impairment. Neurology 30:509–517

Snodgrass JG, Vanderwart MA (1980) Standardised set of 260 pictures: Norms for name agreement, familiarity and visual complexity. J Exp Psychol 6:174–215

Taylor A, Warrington EK (1988) A new test of object decision: 2D silhouettes featuring a minimal view. Cortex 27:377–383

Ullrich N (1943) Adaptationsstörungen bei Sehhirnverletzten. Dt Z Nervenheilk 155:1–31

Vassilev A, Zlatkova M, Mitova L (1989) Length and width summation in human vision at different background levels. Exp Brain Res 74:421–426

Victor JD, Maiese K, Shapley R, Sidtis J, Gazzaniga M (1989) Acquired central dyschromatopsia: analysis of a case with preservation of color discrimination. Clin Vis Sci 4:183–196

Warrington EK (1985a) Agnosia: The impairment of object recognition. In: JAM Frederiks (ed), Handbook of Clinical Neurology. Vol 45, rev ser vol 1, pp 333–348. Elsevier, Amsterdam

Warrington EK (1985b) Visual deficits associated with occipital lobe lesions in man. In: C Chagas, R Gattass, C Gross (eds), Pattern Recognition Mechanisms, pp 247–261. Pontificia Academia Scientiarium. Springer, Berlin

Weintraub S, Mesulam MM (1988) Visual hemispatial inattention: stimulus parameters and exploratory strategies. J Neurol Neurosurg Psychiat 51:1481–1488

Wilbrand H (1907) Über die makulär-hemianopische Lesestörung und die von Monakow'sche Projektion der Makula auf die Sehsphäre. Klin Monatsbl Augenheilk 45:1–39

Wilkins AJ, Della Sala S, Somazzi L, Nimmo-Smith I (1988) Age-related norms for the Cambridge Low Contrast Gratings, including details concerning their design and use. Clin Vis Sci 2:201–212

Zihl J, von Cramon D (1986) Zerebrale Sehstörungen. Kohlhammer, Stuttgart

Zihl J, Wohlfahrt-Englert A (1986) The influence of visual field disorders on visual identification tasks. Europ Arch Psychiat Neurol Sci 236:61–64

Zihl J, Roth M, Kerkhoff G, Heywood C (1988) The influence of homonymous visual field disorders on colour sorting performance in the FM 100-Hue Test. Neuropsychologia 26:869–876

Zihl J, Kerkhoff G (1990) Foveal photopic and scotopic adaptation in patients with brain damage. Clin Vis Sci 5:185–195

2 Hören

U. Blaettner und G. Goldenberg

Einleitung

Anders als beispielsweise bei Seh- oder Sensibilitätsstörungen ist die Differenzierung zwischen zentraler und peripherer Ursache bei einer Hörstörung kein Bestandteil der üblichen neurologischen Untersuchung. Wenn Patienten schlecht hören, wird zumeist eine otologische Ursache angenommen. Der Verdacht auf eine zentrale Ursache der Hörstörung wird meist nur dann geäußert, wenn vom Patienten beklagte Hörminderungen mit einem normalen Audiogramm kontrastieren. Da zusätzliche periphere Hörstörungen und damit pathologische Audiogramme bei Patienten mit Hirnschädigungen häufig sind, weist diese Konstellation aber keineswegs regelmäßig auf zentrale Hörstörungen hin. Bei routinemäßiger Messung der akustisch evozierten Potentiale (AEP) verändert sich die Situation insofern, als diese auch Hirnstammläsionen als mögliche zentrale Ursache der Hörstörung anzeigen. Hörstörungen als Folge von Läsionen des Großhirns entgehen aber weiterhin häufig der Aufmerksamkeit des Untersuchers, und Verfahren, die geeignet sind, sie nachzuweisen, werden kaum routinemäßig eingesetzt.

Psychologisch können Hörleistungen auf mehreren Ebenen untersucht werden:

1) Es kann die Schwelle bestimmt werden, ab der ein akustischer Reiz überhaupt als solcher wahrgenommen wird.
2) Es kann die Diskrimination verschiedener Parameter (z. B. Lautstärke, Tonhöhe, zeitliche Struktur, phonematische Struktur) akustischer Reize geprüft werden.
3) Es kann das Verständnis für die Bedeutung von akustischen Reizen geprüft werden.

Bedeutungsvolle akustische Reize können sowohl sprachliche als auch nichtsprachliche Stimuli sein. Sprachliche Stimuli haben neben ihrer festgelegten linguistischen Bedeutung noch andere Bedeutungsaspekte, die über die Prosodie (Sprachmelodie) vermittelt werden, wie z. B. emotionaler Ausdruck oder syntaktische Variationen (z. B. die Markierung von Fragesätzen durch Anheben der Tonhöhe am Satzende). Die Bedeutung nichtsprachlicher Reize kann darin bestehen, daß sie für eine bestimmte Schallquelle charakteristisch sind (z. B. Tierlaute, Geräusche von Geräten und Maschinen), sie kann aber auch in experimentell schwieriger zu prüfenden emotionalen Wirkungen bestehen, die z. B. einen wesentlichen Bestandteil von Musik ausmachen.

Akustische Reize werden nicht nur inhaltlich verarbeitet; aus einem mit beiden Ohren wahrgenommenem akustischen Reiz läßt sich die Schallquelle auch lokalisieren. Physiologisch kann mittels ereigniskorrelierter Hirnpotentiale die zerebrale Lokalisation von Störungen der Verarbeitung akustischer Reize eingegrenzt werden.

Der Schwerpunkt dieses Kapitels liegt auf der Diagnostik zentraler Hörstörungen im engeren Sinne. Darunter werden Störungen der Wahrnehmung und Differenzierung akustischer Reize verstanden.

2.1   Untersuchungsmethoden

2.1.1   Hörschwellenbestimmung

Bei der Reintonschwellenaudiometrie werden über Luft- und Knochenleitung die Wahrnehmungsschwellen für reine Sinustöne in Oktavabständen von 125–8000 Hz gemessen. Abnorme Hörermüdung wird mit dem Schwellenschwundtest von Carhardt (1957) nachgewiesen. Es besteht weitgehend die Übereinstimmung, daß Reintonaudiogramme bei unilateralen telenzephalen Hörstörungen unauffällig bleiben (Matzker 1959; Jerger u. Jerger 1975; Cranford et al. 1982). Nur bei sehr ausgedehnten bilateralen Läsionen akustisch relevanter Großhirnareale wird eine vorübergehende Erhöhung der Reintonschwellen für hohe Frequenzen beobachtet (Baru u. Karaseva 1972; Graham et al. 1980). Typisch für derartige Läsionen sind fluktuierende Schwellenangaben sowie eine abnorme Hörermüdung im Carhardt-Test.

Telenzephale Läsionen lassen sich sensitiver diagnostizieren, wenn die zeitliche Hörschwelle bestimmt wird, d. h. die Dauer, bis ein Patient einen akustischen Reiz wahrnimmt; bei ausgedehnten linkstemporalen oder bitemporalen Läsionen ist diese Reizschwelle binaural erhöht (Albert u. Bear 1974; Motomura et al. 1986) und im Ohr kontralateral zur Läsion auch bei Patienten mit einseitigen (rechts- oder linkshirnigen) Läsionen telenzephaler Hörareale (Efron u. Crandall 1983).

2.1.2   Diskrimination von akustischen Reizen

2.1.2.1   Diskrimination nichtsprachlicher Reize

Die Diskrimination von Lautstärken wird in der audiologischen Diagnostik in den Frequenzbereichen, in denen ein Hörverlust vorliegt, mit unterschwelligen Hörtests geprüft (Lehnhardt 1978). Bei Hirnstammläsionen findet sich hierbei evtl. ein positives Recruitment (Luxon 1980).

Bei Patienten mit einseitigen telenzephalen Läsionen sind die Ergebnisse von Tests zur Diskrimination der Lautstärke und Tonhöhe nonverbaler Stimuli nicht notwendigerweise im pathologischen Bereich; bei der Untersuchung der Wahrnehmungsschwellen für Frequenz- und Intensitätsunterschiede langer Töne (Baru u. Karasewa 1972) ergaben sich für Patienten mit einseitigen Läsionen hörrelevanter telenzephaler Areale keine Abweichungen von der Norm. In der Literatur wurde auch immer wieder auf ein erhaltenes monaurales Diskriminationsvermögen für

Lautstärke- und Frequenzunterschiede bei einseitigen Läsionen kortikaler Hörareale hingewiesen (Lhermitte et al. 1971; Barraquer-Bordas et al. 1980). Bei Verkürzung der Stimulusdauer unter 200 ms zeigen Patienten mit Temporallappenläsionen jedoch erhöhte Unterschiedsschwellen für Änderungen der Tonhöhe (Cranford 1979). Bei bilateralen Temporallappenläsionen können schwere Störungen der Lautheitsdiskrimination auftreten, sie sind aber nicht obligat (Scherg 1988).

Telenzephale Läsionen lassen sich wiederum leichter mit Hilfe von Aufgaben diagnostizieren, die eine Diskrimination zwischen zeitlich verschieden strukturierten Lautfolgen verlangen. Solche Aufgaben sind z. B. die Bestimmung der zeitlichen Fusionsschwelle – d. h. des minimalen Intervalls, das nötig ist, um 2 aufeinanderfolgende Töne als getrennt wahrzunehmen (Efron et al. 1985) – oder die Unterscheidung zwischen verschiedenen zeitlichen Intervallen von ansonsten identischen Tonfolgen (Carmon u. Nachshon 1972; Karaseva 1972). Unabhängig von der Hemisphärendominanz finden sich hierbei Defizite jeweils in dem einer telenzephalen Läsion gegenüberliegenden Ohr (Teuber 1961; Efron et al. 1985), wobei besonders Patienten mit Temporallappenläsionen herabgesetzte Leistungen zeigen (Van Allen et al. 1966). Einen Zwischenbereich zwischen zeitlicher Hörwahrnehmung und akustischer Behaltensleistung erfassen Tests, in denen Unterschiede zwischen nacheinander dargebotenen tonalen Sequenzen identifiziert werden müssen (Zatorre 1985).

Während die bisher referierten Tests der Diskrimination elementarer akustischer Parameter Beeinträchtigungen im Ohr kontralateral zu telenzephalen Läsionen, unabhängig von der Hemisphärendominanz, zeigen, sind komplexe akustische Diskriminationsaufgaben überwiegend für rechtshirnige Läsionen sensitiv. Über Unterschiede zwischen den Ohren kann keine Aussage gemacht werden, da die einschlägigen Untersuchungen die akustischen Reize im freien Schallraum darboten. Milner (1962) untersuchte Patienten mit einseitigen Temporallappenläsionen mit dem Seashore-Test für musikalische Begabung. Der Test prüft die Detektion von Unterschieden in mehreren akustischen Kategorien (Tonhöhe, Klangfarbe, Rhythmus etc.) sowie die Behaltensleistung für tonales Material. Wie von einem Begabungstest zu erwarten, zeigt er große individuelle Unterschiede auch bei Normalpersonen. Im Gruppenmittel sind darin bei Patienten mit rechtshirnigen Temporallappenresektionen die Leistungen schlechter als bei solchen mit linkshirnigen Resektionen oder bei Kontrollpersonen. Faglioni et al. (1969) fanden in einer großen Gruppenstudie durchschnittlich schlechtere Leistungen bei rechtshirnig geschädigten Patienten in der Diskrimination zwischen komplexen Geräuschfolgen, die durch Mischen von vertrauten Geräuschen erzeugt worden waren.

2.1.2.2 Diskrimination sprachlicher Stimuli

Die gebräuchliche Sprachaudiometrie mit mehrsilbigen Zahlwörtern und einsilbigen Sachwörtern (Lehnhardt 1978) ist in erster Linie für periphere Hörstörungen sensibel. Zwar kann eine herabgesetzte Hörschwelle in der Sprachaudiometrie bei normaler Reintonaudiometrie auf eine zentrale Ursache der Hörstörung hinweisen (Scherg 1988), doch schließt eine normale Sprachaudiometrie eine zentrale Hörstörung nicht aus. Die mangelnde Sensibilität dieses Tests für zentral bedingte Diskriminationsstörungen liegt wahrscheinlich daran, daß die vertrauten und akustisch redundanten Stimuli auch bei herabgesetzter Diskriminationsleistung noch erkannt bzw. erraten werden können. Höhere Anforderungen an die akustische Diskrimination stellen Tests mit „sensibilisierter Sprache" (Überblick in Lehnhardt 1978; Pinheiro u. Musiek 1985; Musiek et al. 1987). Verschiedene Verfahren kommen zur Anwendung: Beschneidung des Frequenzgehalts (Jerger 1960; Korsan-Bengsten 1973), Beschleunigung der Sprache (Calearo u. Lazzaroni 1957; Korsan-Bengsten 1973; Quaranta u. Cervellera 1977; Baran et al. 1985) und Störung durch rhythmische Unterbrechungen (Calearo u. Antonelli 1963; Korsan-Bengsten 1973). Eine weitere Möglichkeit ist die Untersuchung von geräuschmaskierter Sprache, also der Spracherkennung vor weißem Rauschen (Noffsinger et al. 1972; Heilman et al. 1973; Olsen et al. 1975). Auch mit diesen Modifikationen ist jedoch die Sprachaudiometrie für den Nachweis zentraler Hörstörungen wenig geeignet. Am zuverlässigsten zeigt sich eine Reduktion bei schweren telenzephalen Hörstörungen, bei unilateralen leichten telenzephalen Hörstörungen werden inkonstant einseitige Einschränkungen kontralateral zur Läsion beobachtet, bei Hirnstammläsionen und Läsionen in dienzephalen Anteilen der zentralen Hörbahn ist der diagnostische Wert umstritten.

2.1.2.3   Dichotische Hörtests

Eine weitere Möglichkeit, die Anforderungen an die zentrale Integration und Diskriminierung akustischer Stimuli zu erhöhen, bieten dichotische Hörtests. Dabei werden beiden Ohren simultan unterschiedliche akustische Reize dargeboten. Es gibt mehrere Formen dichotischer Tests:
– Aufgaben, in denen das relevante Signal durch binaurale Integration erkannt werden soll
– Aufgaben, in denen Unterschiede zwischen den links und rechts simultan angebotenen Stimuli diskriminiert werden müssen
– Aufgaben, in denen über die von beiden Ohren simultan wahrgenommenen Reize berichtet werden soll
– Aufgaben, in denen bei binauraler Reizung nur auf den Reiz für eine Seite geachtet werden soll.
    Als sprachliche dichotische Stimuli wurden Zahlen (Broadbent 1954; Kimura 1961; Musiek et al. 1991), mehrsilbige Worte (Feldmann 1965; Baru u. Karaseva 1972), bedeutungslose Konsonant-Vokal-Folgen (Studdert-Kennedy u. Shankweiler 1970) und ganze Sätze (Jerger u. Jerger 1975) verwendet. Diese Tests sind größtenteils zur Untersuchung der Hemisphärendominanz für Sprache und andere kognitive Fähigkeiten entwickelt worden (Kimura 1961). Je nach der Charakteristik der Stimuli werden bei simultaner Darbietung Reize entweder vom linken oder vom rechten Ohr etwas besser wahrgenommen. Daraus wurde geschlossen, daß die dem Ohr gegenüberliegende Hemisphäre eine führende Rolle bei der kognitiven Verarbeitung des geprüften Materials hat (vgl. Efron 1990). Bei Rechtshändern werden sprachliche Stimuli i. allg. vom rechten Ohr besser erfaßt als vom linken.
    Eine weitere Anwendung finden dichotische Hörtests als akustische Variante des Paradigmas der „bilateralen sensorischen Stimulation" in der Diagnostik halbseitiger Aufmerksamkeitsstörungen. Bei Patienten mit halbseitiger Vernachlässigung kommt

es vor, daß Reize bei einseitiger Stimulation auf der vernachlässigten Seite wahrgenommen, bei simultaner bilateraler Stimulation aber mißachtet werden (s. 2.4).

Trotz dieser Sensitivität für Faktoren und Störungen, die nicht spezifisch die akustische Wahrnehmung betreffen, wurden dichotische Sprachuntersuchungen auch zur Diagnostik von Hörstörungen eingesetzt (Jerger u. Jerger 1975). Man findet nämlich in dichotischen Sprachtests und binauralen Interaktionstests bei Patienten mit einseitigen telenzephalen Läsionen, daß das kontralateral zur Läsion gelegene Ohr verbale Informationen nur eingeschränkt wahrnimmt. Läsionen in der linken Hemisphäre können aber auch zu einer paradoxen Auslöschung sprachlicher Information beim ipsilateralen linken Ohr führen (Sparks et al. 1970; Damasio u. Damasio 1977). Dies wird darauf zurückgeführt, daß Unterbrechungen intrazerebraler Faserverbindungen verhindern können, daß primär überwiegend zur rechten Hemisphäre projizierte Informationen zu den Sprachzentren in der linken Hemisphäre weitergeleitet werden. Bei Läsionen hörrelevanter Areale im Hirnstamm und im Dienzephalon wurden mit dichotischen Sprachtests inkonstante Asymmetrien festgestellt (Tobin 1985). Im deutschen Sprachraum hat sich der Feldmann-Test als klinisches Verfahren durchgesetzt (Feldmann 1965); er ist jedoch wegen der langsam gesprochenen 4silbigen Wortpaare bei Patienten mit Kurzzeitgedächtnis- oder Aufmerksamkeitsstörungen kaum durchführbar. Auch wenn eine Aphasie vorliegt, sind dichotische Sprachtests und binaurale Interaktionstests mit verbalem Stimulusmaterial nur sehr begrenzt anwendbar.

Die Ergebnisse dichotischer Tests mit einfachen tonalen Reizen ohne Bedeutungsgehalt sind weitgehend unabhängig von Hemisphärenasymmetrien für Sprachverarbeitung und andere kognitive Funktionen. Daher scheinen sie, wenn es um den Nachweis zentraler Hörstörungen geht, besser geeignet zu sein als dichotische Tests mit sprachlichem Material. Efron und Crandall (1983) führten dichotische Tests mit einfachen Tonmustern vor und nach Temporallappenresektionen durch und fanden einen Leistungsabfall des Ohres kontralateral zur Resektion.

Ein neuer dichotischer Test zur Messung der Diskrimination von Pegelunterschieden und zeitlichen Reizmustern ist von Blaettner, Scherg und von Cramon (1986a, 1989) entwickelt worden, um unilaterale telenzephale Hörstörungen mit nichtverbalem Material erfassen zu können. In diesem psychoakustischen Musterdiskriminationstest (PMDT) werden in Intervallen von 600 ms beiden Ohren simultan akustische Reize von je 200 ms Länge angeboten. In unregelmäßiger Folge erscheint in einem Ohr ein etwas veränderter Reiz; der Patient soll die Abweichung bemerken und durch Knopfdruck anzeigen. In einer Bedingung bestehen die akustischen Reize aus kontinuierlichen Geräuschen, in der anderen aus einer Folge von Klicktönen. In beiden Fällen sind auch die regelmäßig wiederholten Reize beim rechten und linken Ohr verschieden. Es ist daher nicht möglich, die Aufgabe „integrativ" für beide Ohren zu lösen, sondern die Abweichungen müssen mit jedem Ohr unabhängig vom anderen registriert werden. In beiden Bedingungen ergibt sich bei Patienten mit einer einseitigen Läsion im telenzephalen Höreal eine erhöhte Fehlerzahl für das Ohr kontralateral zur Läsion. Die im Reintonaudiogramm festgestellten Hörminderungen haben keinen Einfluß auf die Ergebnisse, so daß anzunehmen ist, daß der Test weitgehend robust gegen periphere Hörstörungen ist. Hingegen findet sich eine Hemisphärenasymmetrie insofern, als die kontralaterale

Leistungsminderung nach rechtshirnigen Läsionen ausgeprägter ist als nach linkshirnigen. Diese Asymmetrie könnte auf eine Sensibilität des psychoakustischen Musterdiskriminationstests für „höhere", im Gehirn asymmetrisch lokalisierte kognitive Leistungen hindeuten.

2.2   Erkennen der Bedeutung von nichtsprachlichen akustischen Stimuli

Die Unfähigkeit, richtig wahrgenommene Geräusche in ihrer Bedeutung zu erkennen, wurde von Kleist (1928) aus systematischen Überlegungen als mögliches Symptom einer Hirnschädigung erwartet: ‚Geräuschsinntaubheit wäre eine theoretisch zu erwartende, aber noch nicht erwiesene Form von Geräuschtaubheit, bei der die Verknüpfung der Gesamtgeräusche mit zugehörigen anderen Wahrnehmungen und Vorstellungen (z. B. Gebell – Hund) aufgehoben wäre.' In Untersuchungen, bei denen die Patienten zu einem vom Tonband vorgespielten Geräusch (z. B. Hundegebell) aus einer Auswahl das richtige Bild heraussuchen müssen (also einen Hund), fand man konsistent erhöhte Fehlerzahlen bei Patienten mit Aphasie (Spinnler und Vignolo 1966; Varney 1980). Mehrere Argumente sprechen dafür, daß die Fehler nicht in erster Linie Folge einer herabgesetzten akustischen Diskrimination sind, sondern Ausdruck einer Störung des semantischen Gedächtnisses aufgrund der Aphasie bzw. der linkshirnigen Schädigung (Goldenberg 1992): Während Diskriminationsstörungen nach Läsionen beider Hemisphären auftreten und, soweit überhaupt eine Asymmetrie besteht, nach rechtshirnigen Läsionen stärker ausgeprägt sind (s. oben), ist die Zuordnungsstörung auf Patienten mit linkshirnigen Läsionen und Aphasie beschränkt. Bei fehlerhaften Zuordnungen wählen diese Patienten oft Ablenker, die mit der tatsächlichen Schallquelle zwar semantisch verwandt, deren Geräusche aber akustisch stark unterschiedlich sind (z. B. ein Säbelduell zu einem Gewehrschuß). Es wurde für diese Zuordnungsstörung der Begriff der „auditorischen Agnosie" (Vignolo 1982) vorgeschlagen, der im wesentlichen dasselbe bedeuten würde wie Kleists „Geräuschsinntaubheit". Der Begriff der auditorischen Agnosie scheint aber wenig glücklich gewählt, da die Störung nur einen einzelnen Aspekt des Erkennens von Geräuschen, nämlich die Identifizierung der Schallquelle, betrifft, so daß dieser Begleitstörung der Aphasie sicherlich nicht dieselbe klinische Bedeutung zukommt wie der visuellen Agnosie.

2.3 Richtungshören – räumliche Analyse von Geräuschquellen

Da die Position einer Schallquelle weitgehend durch Verrechnung der Unterschiede zwischen der Geräuschempfindung des rechten und des linken Ohrs festgestellt wird (Scherg 1988), sind Aufgaben, bei denen eine räumliche Analyse der Herkunft von Schallreizen verlangt wird, eigentlich eine Erweiterung des dichotischen Paradigmas. Der Unterschied zu den oben referierten dichotischen Hörtests ist, daß der Patient nicht den Inhalt der Schalleindrücke beider Ohren, sondern ihre Lokalisation analysieren soll. Die einfachste Form solcher Aufgaben ist die simultane bilaterale akustische Stimulation, bei der akustische Reize in Zufallsfolge dem rechten Ohr, dem linken Ohr oder beiden Ohren dargeboten werden und der Patient sagen soll, mit welchem Ohr er etwas wahrnimmt. Bei binauraler Stimulation kann das Phänomen der Extinktion auftreten, bei dem nur einer der Reize, meist der zu einer zerebralen Läsion ipsilaterale, wahrgenommen und der andere gelöscht wird. In der klinischen Praxis kann dies einfach geprüft werden, indem vor beiden Ohren mit den Fingern geschnippt oder mit Zündholzschachteln gerüttelt wird. In der klinischen Erfahrung (z. B. Heilman 1972) wird Extinktion vor allem bei Patienten mit rechtshirnigen Läsionen und Neglect beobachtet und betrifft dann das linke Ohr. De Renzi et al. (1984) ersetzten das Fingerschnippen durch einfache Geräuschgeneratoren; sie fanden bei der Untersuchung einer großen Patientengruppe kontralaterale Extinktion bei Patienten mit rechts- wie auch linkshirnigen Läsionen, vor allem bei solchen, die dem CT nach die Hörbahn zur Heschl-Querwindung betreffen, aber auch bei Patienten ohne sonstige Zeichen einer halbseitigen Vernachlässigung. Eine komplexere Version der Untersuchung besteht darin, Geräusche aus verschieden weit nach rechts oder links verschobenen Schallquellen darzubieten und den Patienten zu bitten, dahin zu zeigen, wo er die Schallquelle vermutet. Dabei wird der Schallreiz über beide Ohren aufgenommen. Im Falle der mangelhaften Wahrnehmung oder Auslöschung des Schallreizes bei einem Ohr kommt es zu einer scheinbaren Verlagerung der Schallquelle auf die Gegenseite. Dabei können die Schallquellen im Raum aufgestellte Lautsprecher sein (Pinek et al. 1989), oder es kann die scheinbare Lokalisation eines stereophon über Kopfhörer dargebotenen Reizes durch Zeigen auf die jeweilige Seite signalisiert werden (Efron et al. 1983; Bisiach et al. 1984). Aber auch dieses Paradigma erlaubt keine klare Abgrenzung zwischen einer zur Läsion kontralateralen zentralen Hörstörung und einer systematischen Mißachtung oder Unterschätzung der gegenüberliegenden Raumhälfte bei Neglect. Das Erkennen von zeitlich strukturierten räumlichen Lautmustern wurde geprüft, indem in einer frontal angeordneten Batterie von Lautsprechern mehrere Schallquellen nacheinander in Form von geometrischen Figuren und Buchstaben aktiviert wurden (Ruff u. Perret 1983). Die Leistungen bei dieser Aufgabe sind nicht nur für unilaterale Hörstörungen und Neglect, sondern auch für supramodale Störungen der zeitlichen und räumlichen Integration anfällig.

2.4   Elektrophysiologische Untersuchungen

Die Messung des Steigbügelreflexes bei der Mittelohrimpedanzmessung ermöglicht es, die Funktion des Hörnervs und der Reflexbahnen im Hirnstamm zu überprüfen. So ist eine Aussage über die Seite der Schädigung bzw. über die Frage möglich, ob eine periphere oder eine zentrale Ursache vorliegt: Einseitiges Fehlen weist fast immer auf einen peripheren Hörverlust hin (Scherg 1988). Mit Hilfe der ERA (electric response audiometry) und der Elektrokochleographie läßt sich mit bis zu 96 %iger Treffsicherheit Diagnostik des Hörnervs betreiben (Lenarz 1988). Allerdings haben diese beiden Methoden angesichts der genaueren Aussagemöglichkeiten der frühen und späten akustisch evozierten Potentiale an Bedeutung verloren.

Die Messung der akustisch evozierten Potentiale des Hirnstamms (AEHP) und übergeordneter Anteile der Hörbahn bis zum Hörkortex (AEP) ist heute das wichtigste Verfahren in der topischen Diagnostik zerebraler Hörstörungen. Obwohl noch nicht restlos geklärt ist, wie die einzelnen Potentialwellen auf dem Skalp entstehen, können die frühen Komponenten I–V der AEHP den ersten 3 Neuronen der aufsteigenden Hörbahn im Hirnstamm zugeordnet werden (Oh et al. 1981; Rowe 1981). Eine periphere Hörstörung drückt sich durch Veränderungen der AEHP bei Welle I aus. Die frühen AEP erlauben eine objektive Kontrolle des peripheren Hörvermögens sowie die Abgrenzung der Störungen des Hörnervs (Veränderungen des Potentialmusters nach der Welle I oder II) von denen des unteren Hirnstamms (Veränderungen nach der Welle II; vgl. Moller u. Moller 1985; Scherg u. von Cramon 1985; Antonelli et al. 1987). Einseitige dienzephale Läsionen hörrelevanter Strukturen, also Läsionen des Corpus geniculatum mediale und der proximalen Radiatio acustica, lassen sich mit Hilfe der AEP mit mittlerer Latenz nachweisen (Kraus et al. 1982; Musiek et al. 1984). Einseitige Läsionen der distalen Radiatio acustica und hörrelevanter telenzephaler Areale zeigen normale AEHP, jedoch Amplitudenverminderung oder komplexe Veränderung des Potentialmusters in den mittleren und späten AEP-Komponenten (Knight et al. 1982; Glenn 1985). Die späten AEP fallen aber nur bei sehr ausgedehnten unilateralen oder bilateralen Läsionen komplett aus (Michel et al. 1980; Özdamar et al. 1982). Auch ist die läsionstopologische Aussage der mittleren und späten AEP-Komponenten nicht besonders präzise und stark von der Art der Ableitung abhängig (Peronnet et al. 1974; Kraus et al. 1982). Erst wenn die im Hörkortex links und rechts entstehende Summenskalpaktivität mit Hilfe eines geeigneten mathematischen Modells in Quellenaktivität der kortikalen Generatoren, die auf dem posterosuperioren Planum temporale und dem benachbarten akustischen Kortex in den Heschl-Querwindungen liegen, umgerechnet und räumlich getrennt wird, ist eine Zuordnung zu den einzelnen kortikalen akustisch relevanten Strukturen möglich (Scherg u. von Cramon 1986a,b; Picton u. Durieux-Smith 1988). Mögliche weitere Entwicklungen im Bereich der elektrophysiologischen Untersuchungen bei zentralen Hörstörungen könnten sich aus der Auswertung des akustischen ereignisbezogenen Potentials P 300 ergeben. Das P 300 wird als „kognitives Potential" bei der Diskriminierung eines Zielreizes vor akustischem Hintergrund interpretiert (Squires u. Hecox 1983). Eine Amplitudenreduktion oder Latenzverzögerung der P-300-Welle wäre als Defizit in der Spätphase der auditorischen Verarbeitung zu interpretieren und könnte mit einer Läsion in den akustischen Assoziationsarealen korreliert sein. Eine weitere Möglichkeit für die zentral-audiologische Diagnostik besteht in Zukunft möglicherweise im „brain mapping" und zwar durch Ableitung der EEG-Skalpaktivität nach dem Ten-twenty-System; in Voruntersuchungen wurde bei akustischer Stimulierung ein EEG-Amplitudenanstieg im Alphaband mit topischem Maximum über temporalen Hirnabschnitten beidseits festgestellt, also auch über dem akustischen Kortex (Duffy et al. 1981).

Einschränkend muß zu allen elektrophysiologisch erhobenen Daten gesagt werden, daß sie zwar Hinweise auf die Schädigung der zentralen Hörareale geben, jedoch bisher nur in besonderen Fällen eine Aussage über Art und Ausmaß der Beeinträchtigung der Patienten ermöglichen.

2.5 Vorgehensweise bei Verdacht auf zentrale Hörstörungen

Wenn Patienten Hörprobleme angeben, die nicht auf periphere Hörstörungen zurückzuführen sind, oder wenn Patienten mit bekannten neuropsychologischen Einschränkungen zusätzlich über Probleme beim Hören klagen, sollte eine neuroaudiologische Testbatterie zur Anwendung kommen, mit der zentrale Hörstörungen diagnostiziert und womöglich auch lokalisiert werden können. Anamnestisch ist das Leitsymptom zentraler Hörstörungen oft die erhebliche Schwierigkeit für die Patienten, Unterhaltungen zu folgen, wenn starke Hintergrundgeräusche herrschen oder wenn mehrere Personen durcheinandersprechen. Manche Patienten geben an, daß sie Geräusche, verglichen mit früher, verändert oder rechts und links qualitativ unterschiedlich wahrnehmen. Patienten mit Hirnstammläsionen klagen oft über einen Tinnitus, der schwer oder gar nicht zu maskieren ist und in der Frequenz nicht eindeutig festgelegt werden kann; Umweltgeräusche werden, wenn überhaupt, nur als Modulation des Eigengeräuschs wahrgenommen. Sehr schwere telenzephale Hörstörungen können zu einem weitgehenden Verlust der Sprachperzeption, der Geräuscherkennung und der Musikwahrnehmung führen. Akustische Reize, welcher Art auch immer, werden dann als gleichförmiges dumpfes Geräusch bezeichnet. Bemerkenswerterweise und im Gegensatz zu Patienten mit peripheren Hörstörungen können Patienten mit schweren telenzephalen Hörstörungen oft leise Geräusche besser diskriminieren als laute und verstehen auch bei leisem Sprechen besser (Lhermitte et al. 1971).

Bei einer neuroaudiologischen Testbatterie reichen meist wenige Tests zur Diagnostik aus: Unabdingbar ist eine Reintonschwellenaudiometrie zur Bestimmung des Grads der peripheren Hörstörung; eine normale oder wenig beeinträchtigte Reintonaudiometrie bei anamnestisch deutlichen Hörstörungen sollte auch in der audiologischen Routineuntersuchung den Verdacht auf eine zentrale Ursache der Hörstörung wecken. Wenn die evtl. noch vorhandenen neuropsychologischen Störungen es erlauben, empfiehlt sich die Durchführung eines dichotischen Sprachtests, wobei hier der Feldmann-Test am gebräuchlichsten ist. Ein psychoakustischer Test zur zeitlichen Integration, z. B. die Messung der Klickfusionsschwellen (Lackner u. Teuber 1973), kann zusammen mit dem dichotischen Sprachtest wohl die Mehrheit der zentralen Hörstörungen identifizieren. Als Alternative zu den beiden Tests, die bei Aphasie nicht anwendbar sind, große interindividuelle Streuungen aufweisen und z. T. nichtstandardisiertes Stimulusmaterial verwenden, bietet sich der neuentwickelte psychoakustische Musterdiskriminationstest an (Scherg u. von Cramon 1986; Blaettner et al. 1989), der unabhängig von peripheren Schwellenerhöhungen zentrale Hörstörungen zuverlässig nachweist. Mit elektrophysiologischen Testverfahren, vor allem den AEHP und AEP mit mittleren und späten Latenzen, lassen sich mit hoher Trefferrate Läsionen im Bereich des Hörnervs, des Hirnstamms sowie dienzephaler und telenzephaler Anteile der zentralen Hörbahn identifizieren; hierbei ist durch eine Rückrechnung der Skalpaktivität auf die Quellenpotentiale im Hörkortex eine differentielle Aussage über verschiedene kortikale Hörareale möglich.

Literatur

Albert ML, Bear D (1974) Time to understand. A case study of word deafness with reference to the role of time in auditory comprehension. Brain 97:337–384

van Allen M, Benton AL, Gordon C, Musetta C (1966) Temporal discrimination in brain-damaged persons. Neuropsychologia 4:159–167

Antonelli AR, Bellatto R, Grandori F (1987) Audiologic diagnosis of central vs eight nerve and cochlear auditory impairment. Audiology 26:209–226

Auerbach SH, Allard T, Naeser M, Alexander MP, Albert ML (1982) Pure word deafness analysis of a case with bilateral lesions and a defect at the prephonemic level. Brain 105: 271–300

Baran JA, Verkest S, Gollegly K, Kibble-Michel K, Rintelmann WF, Musiek FE (1985) Use of time compressed speech in the assessment of central nervous system disorders. Paper presented to the American Acoustical Society, Nashville

Barraquer-Bordas L, Pena-Casanova J, Pons-Irazazabal L (1980) Surdité centrale sans troubles aphasiques par lésion temporale bilatérale. Rev Neurol 136:377–380

Baru AV, Karaseva TA (1972) Disturbances of hearing due to lesions of the central parts of the auditory system (a review of the literature). In: Baru AV, Karaseva TA (eds.) The Brain and Hearing. New York, Consultants Bureau, pp 1–116

Bener MB (1977) Extinction and other patterns of sensory interaction. In: Weinstein EA, Friedland RP (eds.) Hemi-Inattention and Hemisphere Specialization. Raven Press, New York, pp 107–110

Bisiach E, Cornacchia L, Sterzi R, Vallar G (1984) Disorders of perceived auditory lateralization after lesions of the right hemisphere. Brain 107:37–52

Blaettner U, Scherg M, von Cramon D (1989) Diagnosis of unilateral telencephalic hearing disorders: evaluation of a simple psychoacoustic pattern discrimination test. Brain 112:177–195

Broadbent DE (1954) The role of auditory localization in attention and memory span. J Exp Psychol 47:191–196

Calearo C, Lazzaroni A (1957) Speech intellegibility in relation to the speed of the message. Laryngoscope 67:410–414

Calearo C, Antonelli AR (1963) „Cortical" hearing tests and cerebral dominance. Acta Otolaryngol 56:17–26

Carhardt R (1957) Clinical determination of abnormal auditory adaption. Arch Otolaryngol 65:32–34

Carmon A, Nachshon I (1972) Effect of unilateral brain damage on perception of temporal order. Cortex 7:410–418

Chiappa K (1983) Evoked Potentials in Clinical Medicine. Raven Press, New York

Cranford IL (1979) Detection vs discrimination of brief deration tones by cats with auditory cortex lesions. J Acoust Soc Am 65:1573–1575

Damasio A, Damasio H (1977). Studies in dichotic listening: contributions to neurophysiology. In: Rose FD (ed.) Physiological Aspects of Clinical Neurology. Oxford University Press, pp 295–303

De Renzi E, Gentilini M, Pattacini F (1984) Auditory extinction following hemisphere damage. Neurophysiologia 22:733–744

Duffy FH, Bartels PH, Burchfield IL (1981) Significance probability mapping: an aid in the topographic analysis of brain electrical activity. Electroenceph Clin Neurophysiol 51:455–462

Efron R (1963) Temporal perception, aphasia and déja vu. Brain 86:403–442

Efron R (1990) The Decline and Fall of Hemispheric Specialization. Lawrence Erlbaum Associates, Hillsdale, New Jersey

Efron R, Crandall PH (1983) Central auditory processing. II. Effects of anterior temporal lobectomy. Brain Lang 19:237–253

Efron R, Crandall PH, Koss B, Divenyi PL, Yund EW (1983) Central auditory processing. III: The „coctail party" effect and anterior temporal lobectomy. Brain Lang 19:254–263

Efron R, Yund E, Nicholas D, Crandall PH (1985) An ear asymmetry for gap detection following anterior temporal lobectomy. Neuropsychologia 23:43–50

Faglioni LA (1982) Auditory agnosia. Phil Trans Royal Soc London, B 298:49–57

Faglioni LA (1990) Non-verbal conceptual impairment in aphasia. In: Boller F, Grafman J (eds.) Handbook of Neuropsychology, Volume 2. Elsevier, Amsterdam, New York, Oxford, pp 185–207

Feldmann H (1965) Dichotischer Diskriminationstest, eine neue Methode zur Diagnostik zentraler Hörstörungen. Archiv für Ohren-, Nasen- und Kehlkopfheilkunde 184:294–329

Goldenberg G (1992) Aphasie und Gedächtnisstörungen. Sprache, Stimme Gehör 16:5–10

Graham J, Greenwood R, Lecky B (1980) Cortical deafness. J Neurol Sci 48:35–49

Gregory AH, Efron RR, Divenyi PL, Yund EW (1983) Central auditory processing. I. Ear dominance – a perceptual or an attentional asymmetry? Brain Lang 19:225–236

Halperin Y, Nachshon I, Carmon A (1973) Shift of ear superiority in dichotic listening to temporally patterned nonverbal stimuli. J Ac Soc Am 53:46–50

Hansen JC, Hillyard SA (1983) Selective attention to multidimensional auditory stimuli. J Exp Psychol: Hum Percept 9:1–19

Heilman KM, Valenstein E (1972) Auditory neglect in man. Arch Neurol 26:32–35

Heilman KM, Hammer LC, Wilder BJ (1973) An audiometric defect in temporal lobe dysfunction. Neurology 23:384–386

Jerger J (1960) Observations on auditory behaviors in lesions of the central auditory pathways. Arch Otolaryngol 71:797–806

Jerger J, Jerger S (1975) Clinical validity of central auditory tests. Scand Audiol 4:147–163

Karaseva TA (1972) The role of the temporal lobe in human auditory perception. Neuropsychologia 10:227–231

Karp E, Belmont I, Birch HG (1969) Unilateral hearing loss in hemiplegic patients. J Neuro Ment Dis 148:63–83

Kimura D (1961) Some effects of temporal lobe damage on auditory perception. Canad J Psychol 15:156–165

Kleist K (1928) Gehirnpathologische und lokalisatorische Ergebnisse über Hörstörungen, Geräuschtaubheiten und Amusien. Monatschr Psychiat Neurol 68:853–860

Korsan-Bengsten M (1973) Distorted speech audiometry, a methodological and clinical study. Acta Otolaryngol Sppl 310:1–75

Kraus N, Özdamar O, Hier D, Stein L (1982) Auditory middle latency responses in patients with cortical lesions. Electroenceph Clin Neurophysiol 54:275–287

Lassen N, Roland P (1983) Localization of cognitive function in cerebral blood flow. In: Kertesz (ed) Localization in Neuropsychology. Academic Press, New York, pp 141–152

Lauter JL, Hirsh IJ (1985) Speech as a temporal pattern: a psychacoustical profile. Speech Communication 4:41–54

Lehnhardt E (1978) Praktische Audiometrie. Thieme, Stuttgart

Lenarz T (1988) ERA bei retrocochleären Hörstörungen. Laryng Rhinol Otol 67:123–128

Lhermitte F, Chain F, Escourolle R, Ducarne B, Pillon B, Chedru F (1971) Etude des troubles perceptifs auditifs dans les lésions temporales bilatérales. Rev Neurol 124:329–351

Luxon LM (1980) Hearing loss in brainstem disorders. J Neurol Neurosurg Psychiatr 43:510–515

Lynn GE, Gilroy J, Taylor PC, Leiser RP (1981) Binaural masking – level differences in neurological disorders. Arch Otolaryngol 107:357–362

Matzker J (1957) Ein neuer Weg zur otologischen Diagnostik zerebraler Erkrankungen. Z Laryngol Rhinol Otol 36:177–189

Matzker J (1959) Two new methods for the assessment of central auditory functions in case of brain disease. Ann Otol Rhinol Laryngol 68:1185–1197

Maximilian VA (1982) Cortical blood flow asymmetries during monaural verbal stimulation. Brain Lang 15:1–11

Miceli G (1982) The processing of speech sounds in a patient with cortical auditory disorders. Neuropsychologia 20:5–20

Michel F, Peronnet F, Schott B (1980) A case of cortical deafness: clinical and electrophysical data. Brain Lang 10:367–377

Milner B (1962) Laterality effects in audition. In: Mountcastle VB (ed) Interhemispheric Relations and Cerebral Dominance. John Hopkins Press, Baltimore, pp 177–195

Miltenberger G, Dawson G, Raica N (1978) Central auditory testing with peripheral hearing loss. Arch Otolaryngol 104:11–15

Moller MB, Moller AR (1985) Auditory brainstem-evoked responses in diagnosis of eight nerve and brainstem lesions. In: Pinheiro ML, Musiek FE (eds.) Assessment of Central Auditory Dysfunction: Foundations and Clinical Correlates. Williams and Wilkins, Baltimore, pp 43–66

Motomura N, Yamadori A, Tamaru F (1986) Auditory agnosia. Analysis of a case with bilateral subcortical lesions. Brain 109:379–391

Müller G (1985) Monosyllabic procedures. In: Katz J (ed) Handbook of Clinical Audiology. Williams and Wilkins, Baltimore, pp 355–382

Musiek FE, Geurkink NA, Weider DJ, Donelly K (1984) Past, present and future applications of the auditory middle latency response. Laryngoskope 94:1545–1552

Musiek FE, Pinheiro M (1985) Dichotic speech test in the detection of central auditory dysfunction. In: Pinheiro M, Musiek FE (eds) Assessment of Central Auditory Dysfunction: Foundations and Clinical Correlates. Williams and Wilkins, Baltimore, pp 201–217

Musiek FE, Gollegly KM, Kibbe KS, Verkest-Linz SB (1991). Proposed screening test for central auditory disorders: follow-up on the Dichotic Digit Test. Am J Otol 12:109–113

Noffsinger D, Olsen WO, Carhart R, Hart CW, Sahgal V (1972) Auditory and vestibular aberrations in multiple sclerosis. Acta Otolaryngol Suppl 303:1–63

Noffsinger D, Martinez C, Schaefer A (1982) Auditory brainstem responses and masking level differences from patients with brainstem lesions. Scand Audiol Suppl 15:81–89

Özdamar Ö, Kraus N, Curry F (1982) Auditory brain stem and middle latency responses in a patient with cortical deafness. Electroenceph Clin Neurophysiol 53:224–230

Oh S, Kuba T, Soyer A, Choi I, Bonikowski F, Vitek J (1981) Lateralization of brainstem lesions by brainstem auditory evoked potentials. Neurology 31:14–18

Olsen WO, Noffsinger D, Kurdaziel S (1975) Speech discrimination in noise by patients with peripheral and central lesions. Acta Otolaryngol 80:375–382

Olsen WO, Noffsinger D, Carhart R (1976) Masking level differences encountered in clinical populations. Audiology 15:287–301

Peronnet F, Michel F, Echallier JF, Girard J (1974) Coronal topography of human auditory evoked responses. Electroenceph Clin Neurophysiol 37:225–230

Pickles JO (1985) Physiology of the cerebral auditory system. In: Pinheiro M, Musiek FE (eds) Assessment of Central Auditory Dysfunction: Foundations and Clinical Correlates. Williams and Wilkins, Baltimore, pp 67–85

Picton TW, Durieux-Smith (1988) Auditory evoked potentials in the assessment of hearing. Neurol Clin 4:791–808

Pinik B, Duhamel JR, Cavé C, Brouchon M (1989) Audio-spatial deficits in humans: differential effects associated with left versus right hemisphere parietal damage. Cortex 25:175–186

Quaranta A, Cervellera G (1977) Masking level differences in central nervous system diseases. Arch Otolaryngol 103:482–484

Rowe MJ III (1981) The brainstem auditory evoked response in neurological disease: a review. Ear and Hearing 2:41–51

Ruff RM, Perret E (1983) Deficits in auditory spatial integration of sequentially presented patterns due to cortical lesions. Neuropsychologia 21:535–542

Scherg M, von Cramon D (1985) A new interpretation of the generators of BAEP waves I-V: Results of a spatio-temporal dipole model. Electroenceph Clin Neurophysiol 62:290–299

Scherg M, von Cramon D (1986a) Psychoacoustic and electrophysiologic correlates of central hearing disorders in man. Eur Arch Psychiatr Neurol Sci 236:56–60

Scherg M, von Cramon D (1986b) Evoked dipole source potentials of the human auditory cortex. Electroenceph Clin Neurophysiol 65:344–360

Scherg M (1988) Hören. In: von Cramon D, Zihl J (eds) Neuropsychologische Rehabilitation: Grundlagen – Diagnostik – Behandlungsverfahren. Springer, Berlin Heidelberg New York, pp 132–150

Sinnot R, Petersen MR, Hopp SL (1985) Frequency and intensity discrimination in humans and monkeys. J Ac Soc Am 78:27–44

Sparks R, Goodglass H, Nickel B (1970) Ipsilateral vs contralateral extinction in dichotic listening resulting from hemisphere lesions. Cortex 6:249–260

Spinnler H, Vignolo LA (1966) Impaired recognition of meaningfull sounds in aphasia. Cortex 2:337–34

Squires KC, Hecox KE (1983) Electrophysiological evaluation of higher level auditory processing. Semin Hear 4:415–433

Studdert-Kennedy M, Shankweiler D (1970) Hemispheric specialization for speech perception. J Acoust Soc Am 48:579–594

Teuber HL (1962) Effects of brain wounds implicating right or left hemisphere in man: hemisphere differences and hemisphere interaction in vision, audition and somosthesis. In: Mountcastle VB (ed) Interhemispheric Relations and Cerebral Dominance. The John Hopkins Press, Baltimore, pp 131–157

Tobin H (1985) Binaural interaction tasks. In: Pinheiro M, Musiek FE (eds) Assessment of Central Auditory Dysfunction: Foundations and Clinical Correlates. Williams and Wilkins, Baltimore, pp 155–172

Varney NR (1980) Sound recognition in relation to aural language comprehension in aphasic patients. J Neurol Neurosurg Psychiat 43:71–75

Wale J, Geffen G (1986) Hemispheric specialization and attention: effects of complete and partial callosal section and hemispherectomy on dichotic monitoring. Neuropsychologia 24:483–496

Zatorre RJ (1985) Discrimination and recognition of tonal melodies after unilateral cerebral excisions. Neuropsychologia 23:31–41

3   Riechen und Schmecken

F. Kruggel

Einleitung

Riechen und Schmecken werden als die chemosensorischen Sinne bezeichnet. Bei ihnen ist – im Unterschied zu den anderen Sinnen – der Reiz eine chemische Substanz, die mit einer Rezeptorregion in Wechselwirkung tritt. Für den Riechsinn liegt diese in der bilateral angelegten Regio olfactoria am Dach der Nasenhöhle, für den Geschmackssinn in den Papillen der Zunge.

Das Riechen erfaßt als chemosensorischer Ferndetektor Geruchsinformationen, die innerhalb wie außerhalb der menschlichen Körpersphäre liegen können, und kann daher für die Früherkennung von Gefahren bedeutsam sein. Die bei Tieren ausgeprägte geruchliche Kommunikation, beispielsweise bei der Revierabgrenzung oder in der Mutter-Kind-Beziehung (Schleidt et al. 1989), hat auch für den Menschen noch nachweisbare Bedeutung. Sexualität, Appetenz und Affektivität werden durch den Geruchssinn moduliert (Steiner 1979). Der Geschmackssinn ergänzt den Geruchssinn bei der Nahrungsaufnahme und ist letztendlich Auslöser für die Speichelproduktion. Beide Sinne arbeiten eng zusammen; der „Geschmacksreichtum" unserer Nahrung ist die Folge eines differenzierten Synergismus zwischen Geruch und Geschmack (Murphy et al. 1980). Von daher ist es nicht verwunderlich, wenn sich Störungen dieses Systems für Patienten als „Geschmacksstörungen" darstellen.

Auf weiterführende Literatur zur Physiologie (Beets 1973; Stahl 1973), Anatomie (Price 1985; Nieuwenhuys 1988; Yamamoto 1987) und zur Pathophysiologie (Doty 1989; Eslinger et al. 1982; Meiselman et al. 1986; Plattig et al. 1980) sei an dieser Stelle hingewiesen.

3.1   Anamnese

Bei Patienten mit Geschmacks- oder Geruchsstörungen ist die Anamnese häufig unergiebig. Hierfür mag es vor allem 3 Gründe geben. Bei einer unilateralen zerebralen Schädigung (z. B. durch einen Hirninfarkt) tritt ein Funktionsausfall kaum in Erscheinung, da man im Alltag die Reize zumeist bilateral appliziert erhält. Zudem entwickeln sich Störungen oft so langsam (z. B. die altersbedingte Anhebung der Wahrnehmungsschwellen), daß sie den Patienten nicht bewußt werden. Es hat sich daher durchaus bewährt, die olfaktorische Anamnese ans Ende einer Untersuchung zu stellen. Durch die Untersuchung eingestimmt, ist der Patient wesentlich eher bereit, über einen Sinn zu sprechen, der gewöhnlich unbewußt arbeitet. Der Test macht den Probanden oft erst auf Probleme aufmerksam, die er dann durchaus mit Erfahrungen aus dem Alltag in Verbindung bringen kann (vgl. auch Gent et al. 1987).

Typischerweise werden Änderungen im Geruchsvermögen als Geschmacksstörung bezeichnet: Meist wird über „fades Essen" berichtet, „der Spaß am Essen" sei vergangen, es schmecke „alles gleich". Häufig hört man, die Nase sei verstopft. Fragt man den Patienten, ob er denn verschnupft sei, so reagiert er oft mit einem verwunderten „Nein". Bei Patienten mit Schädel-Hirn-Trauma sollte daran gedacht werden, nach Symptomen einer Parosmie zu fragen: „Haben Sie sich in der Zeit nach dem Unfall einmal darüber gewundert, daß etwas anders riecht oder schmeckt als Sie es gewohnt sind? Haben Sie evtl. eine Zahnpasta, ein Parfüm (Rasierwasser) gewechselt? Haben sich Ihre Eßgewohnheiten geändert? Haben Sie irgendwann einmal einen Geruch in der Nase gehabt, von dem Sie nicht wußten, woher er kommt?" Patienten, die zu Hause kochen, kann man nach Kritik von Angehörigen an ihrer Essenszubereitung befragen, da parosmische Patienten ihr Essen häufig „versalzen". Anosmien werden dagegen regelmäßig von den Patienten selbst bemerkt. Alle unsere Patienten empfanden die Anosmie als äußerst störend.

3.2   Screening-Verfahren

Keines der derzeit verfügbaren Testverfahren läßt sich als Screening in der klinischen Routine einsetzen. Als Hauptgrund ist die vergleichsweise große Varianz der Testleistungen in einer Normalpopulation zu sehen. Um eine ausreichende Selektionsgüte zu erzielen, muß eine größere Anzahl von Aufgaben gestellt werden, als im Screening praktikabel ist. Für das Riechen kommt eine Untermenge des UPSIT (University of Pennsylvania Smell Identification Test; Doty et al. 1984) trotz der hiermit verbundenen Probleme (vgl. Kruggel 1989) einem Screening am nächsten. Allerdings verbieten die hohen Kosten (etwa DM 40,– pro Testung) eine breite Anwendung. Sicherlich kann man eine orientierende Geruchsprüfung mit alltäglichen Materialien (z. B. Kaffee, Seife, Desinfektionsmitteln) vornehmen. Bei Verdacht auf eine Störung, einer positiven Anamnese oder im Gutachtensfall sollte jedoch stets eine ausführliche Testung angesetzt werden, die mit etwa 30 min Dauer durchaus als Routineuntersuchung zu betrachten ist, zumal sie auch von Assistenzpersonal durchgeführt werden kann.

3.3 Testkonstrukte

Für eine Testung ist es sinnvoll, eine chemosensorische Wahrnehmungsleistung in Dimensionen zu fassen, die sich experimentell untersuchen lassen. Dazu können Konstrukte herangezogen werden, die den Begriffen der Psychophysik anderer Sinne analog gehalten sind (Tabelle 3-1).

Für den Geschmackssinn spielen nur die Schwellenwahrnehmung und die Identifikation als Testkriterien eine Rolle. Weitere Testparadigmata wie Intensitätsdiskrimination und Diskrimination von Stoffmischungen sind derzeit Gegenstand psychophysischer Forschung und gehören noch nicht zur klinischen Routine.

Tabelle 3-1. Testkonstrukte

Schwellenwahrnehmung	
Wahrnehmungsschwelle	Die niedrigste Konzentration einer Substanz, bei der eine Empfindung ohne weitere Klassifikation eintritt
Erkennungsschwelle	Die niedrigste Konzentration, bei der zusätzlich eine Beschreibung der Qualität (z. B. fruchtig, sauer) möglich ist
Qualitätsdiskrimination	Die Fähigkeit, zwischen Geruchs- bzw. Geschmacksqualitäten zu unterscheiden
Olfaktorisches Gedächtnis	Die Fähigkeit, einen Geruchsstoff wiederzuerkennen
Hedonik	Hier: die Summe aller (nicht-semantischen) Assoziationen, die mit einem Geruchserlebnis verbunden sind, z. B. die Vertrautheit eines Geruchs, die Beurteilung seiner Qualität (angenehm/unangenehm) sowie seiner „Eßbarkeit"
Identifikation	Die Assoziation einer Wahrnehmungsqualität mit einem Begriff („sauer") oder einem Objekt („Banane")

3.4 Riechen

3.4.1 Testverfahren

Grundsätzlich sind 2 Methoden der Reizdarbietung zu unterscheiden: Bei Flaschentechniken wird der Riechstoff in einer verschlossenen Glas- oder Plastikflasche mit einem geruchlosen Lösungsmittel verdünnt aufbewahrt. Bei kleinen Riechstoffkonzentrationen enthält die Gasphase einen proportionalen Riechstoffanteil (Henry-Gesetz), der beim Öffnen der Flasche entweicht und vom Probanden wahrgenommen werden kann (Cain et al. 1983). Olfaktometrische Techniken verwenden eine Reizapparatur, die es ermöglicht, der Versuchsperson ein Quantum eines gasförmigen Riechstoffs unter Kontrolle von Mischungsverhältnis, Zeitdauer und Fließstärke darzubieten. Die Auswertung stützt sich auf Angaben des Probanden (subjektive

Methode) oder benutzt ein physiologisches Korrelat, z. B. evozierte Potentiale (Kobal 1981; Lorig 1989; Plattig 1989), die Pupillenweite oder den Hautwiderstand. Olfaktometrische Methoden bieten vom Standpunkt der Reizdarbietung aus zwar eindeutige Vorteile, sind aber wegen des großen apparativen und zeitlichen Aufwands für klinische Routineuntersuchungen nicht geeignet. Für die Ableitung von olfaktorisch evozierten Potentialen unter klinischen, psychophysiologischen oder elektrophysiologischen Gesichtspunkten sind sie dagegen unerläßlich. Die Rhinorheometrie mißt einen bei der Geruchswahrnehmung unwillkürlich auftretenden Atemreflex (Gudziol et al. 1987). Unter klinischen Gesichtspunkten sind derzeit nur subjektive Verfahren einsetzbar, von denen 3 standardisierte Verfahren vorgestellt werden sollen.

3.4.2   Kliniktaugliche Testsets (außer MGT)

Zur olfaktorischen Funktionsdiagnostik zieht man als Testparadigma meist entweder die Bestimmung von Schwellenwerten oder Identifikationsaufgaben heran. So verwendet man in Japan einen national eingeführten Test mit 5 Substanzen in einer dekadischen Verdünnungsreihe (Zusho 1983). Man bietet dem Probanden einen mit der Testlösung getränkten Filterstreifen an. Bewertet wird sowohl die Wahrnehmungs- als auch die Identifikationsschwelle; das Ergebnis wird in einem Diagramm festgehalten. Außer Antworten auf klinische Fragen wollte man mit der flächendeckenden Anwendung dieses Verfahrens Informationen darüber gewinnen, inwieweit sich die in Japan kritischen Umweltbedingungen auf das olfaktorische System auswirken.

Der UPSIT (Doty et al. 1984), derzeit sicherlich der am meisten verwendete Test, besteht aus einem Satz von 40 Testkärtchen. Jedes Kärtchen enthält auf der einen Seite ein Feld mit einem mikroverkapselten Geruchsstoff, auf der anderen eine Auswahl von 4 distinkten Begriffen. Der Proband soll das Riechstoffeld aufkratzen und den zutreffenden Begriff in der Liste auswählen. Dieser Test stützt sich auf eine große Erfahrungsbasis mit Identifikationsaufgaben und ist auf viele klinische Fragestellungen und auf Fragen zur Prävention angewendet worden. Grundsätzlich handelt es sich um einen reinen Identifikationstest, obwohl Korrelationen zu Schwellenwerttests bestehen und jede Identifikationsaufgabe natürlich auch eine Diskriminationsleistung beinhaltet.

Der UPSIT ist kommerziell erhältlich; sein hoher Preis von DM 40,– pro Set verhindert jedoch eine breite Anwendung. Problematisch erscheint auch, daß hier als Teststoffe artifizielle Aromata eingesetzt werden (z. B. bei den Items Kirsche, Pfirsich und Pizza), die in Europa bei weitem nicht so bekannt sind wie in Amerika. Zudem untersucht ein Identifikationstest die gesamte Funktionskaskade, hat somit zwar gute Ausleseeigenschaften, jedoch keine hohe Spezifität.

3.4.3 Münchner Geruchstest (MGT)

Auf der Basis der in (3.3) beschriebenen Testparadigmen wurde der MGT für den routinemäßigen Einsatz in neurologischen und HNO-Kliniken entwickelt und standardisiert (Kruggel 1989). Dieser Set wird derzeit in einer Art Feldversuch in 6 Kliniken mit gutem Erfolg eingesetzt. Er ist einfach zu handhaben, besitzt eine hohe ökologische Validität und ist zudem ökonomisch.

Der MGT besteht aus 5 Teilaufgaben, die in dieser Reihenfolge durchgeführt werden:
1) Qualitätsdiskrimination
2) Schwellenwertbestimmung
3) Olfaktorisches Gedächtnis
4) Hedonik
5) Identifikation

Als Träger für die Geruchsproben wurden „squeeze bottles" ausgewählt, flexible Plastikflaschen von 200 ml Inhalt mit einer Tülle als Verschluß, auf die während der Testung eine Olive als nasales Ansatzstück für den Probanden aufgesetzt wird. Die Flaschen enthalten einen Geruchsstoff, der in 40 ml eines geruchsfreien Lösungsmittels verdünnt ist. Bei einem kräftigen Druck strömen etwa 80 ml Luft aus der Flasche und gelangen direkt in den Nasenraum, ohne in den Testraum zu entweichen. So ist eine bequeme monorhine Testung möglich, ohne daß der Patient „schnüffeln" oder sich ein Nasenloch zuhalten muß. Zur Kennzeichnung tragen die Proben am Boden einen 4stelligen Code, so daß auch der Testleiter sie während des Tests nicht identifizieren kann.

Voraussetzungen für einen optimalen Erfolg sind: Der Geruchstest sollte in einem gut zu belüftenden Raum ohne ablenkende Geruchsquellen (z. B. Blumensträuße, Toilettenartikel, Essen, Desinfektionsmittel) durchgeführt werden. Eine Untersuchung dauert – je nach kognitivem und sensomotorischem Zustand des Patienten – zwischen 20 und 50 min. Bei jeder Aufgabe ist es dem Probanden freigestellt, wie schnell er arbeitet und wie oft er an der Flasche riecht. Im allgemeinen sollte eine Untersuchung einseitig, und zwar bei lokalisierten Störungen auf der ipsilateralen Seite, durchgeführt werden; im Einzelfall kann es auch sinnvoll sein, die Empfindung der einen Seite mit der der anderen zu vergleichen. Die Leistungsanforderungen an die Patienten sind sowohl auf kognitiver als auch auf sensomotorischer Ebene gering, so daß auch schwer gestörte hirngeschädigte Patienten mit dem Testset untersucht werden können. Im Befund ist aber zu berücksichtigen, daß Patienten mit einer Wernicke-Aphasie bzw. einer Globalaphasie bei der Identifikation meist nur ein unterdurchschnittliches Ergebnis erreichen. Ist das Instruktionsverständnis deutlich gestört, so muß man ggf. durch Demonstration oder Wiederholung der Instruktion zu erreichen versuchen, daß die Aufgabe verstanden wird. Bei Patienten mit einer starken Beeinträchtigung der motorischen Funktionen beider oberer Extremitäten muß man evtl. die Applikation der Proben selbst vornehmen. Beim Vorliegen einer (ideomotorischen) Apraxie wurde wiederholt beobachtet, daß die Patienten die Flaschen entweder unbewußt in den Mund nehmen oder beim Drücken über die Horizontale anheben. Letzteres ist problematisch, da sich der Patient so die Testflüssigkeit direkt in die Nase spritzen kann. Meist genügt hier ein wiederholter Hinweis auf die korrekte Durchführung. Berichtet ein Patient schon am Anfang der Testung, daß er „nichts rieche", so sollte trotzdem die gesamte Aufgabe durchgeführt werden. Dabei ist besonders auf die Wahrnehmung der trigeminalen Items, auch im Seitenvergleich, zu achten. Bestätigt sich der Verdacht auf eine Anosmie, so kann sofort eine Kontrolle mit den Proben der Hedonikaufgabe vorgenommen werden. Gibt der Patient eine Empfindung an, sollte er auch nach der Hedonik gefragt werden. Auch bei einer nur trigeminalen Restfunktion ist manchmal noch eine Einordnung gut/schlecht, beißend, kribbelnd möglich. Um ein „cheating" (Mogeln) auszuschließen, kann man ohne Vorwarnung die extrem intensiven Items wiederholt im Wechsel mit angenehmen Proben präsentieren.

3.4.3.1 Durchführung der Testaufgaben

Qualitätsdiskrimination. Die Diskriminationsleistung wird mit 8 Items aus je 3 Flaschen getestet. In 2 Flaschen befindet sich derselbe Geruchsstoff, in der dritten ein qualitativ anderer, in der Intensität jedoch angepaßter Stoff. Alle Proben sind überschwellig. Sie wurden nach zunehmender Schwierigkeit so geordnet, daß die Items möglichst wenig durch Kreuzeffekte beeinflußt werden.
Schwellenwahrnehmung. Für diesen Untertest wurden 2 Substanzen ausgewählt, die sich in Hedonik und Lipophilie deutlich unterscheiden. Damit werden Effekte ausgeglichen, die Schwankungen in der Mukuszusammensetzung der nasalen Schleimhaut hervorrufen können. Um Schwellenwertschwankungen in ihrer ganzen Breite zu erfassen, wurde eine geometrische Verdünnungsreihe mit 6 Flaschen angesetzt, die bei etwa 1/20 der publizierten Schwellenwerte beginnt und mit dem Faktor 5 einen Konzentrationsbereich von 1:3125 überstreicht. Die Aufgabe wird als 3-AFC-Task durchgeführt: Der Proband soll aus 3 Flaschen, von denen 2 mit Pufferlösung gefüllt sind, die geruchsstofftragende Flasche auswählen. Das Interstimulus- und Intertrialintervall hat keinen Einfluß, denn jeder Proband kann so schnell arbeiten, wie er möchte. Aufsteigende und absteigende Arbeitsweise ergeben keine statistisch signifikanten Unterschiede. Bei kognitiv stark beeinträchtigten Patienten oder bei anamnestischem Hinweis auf eine Schwellenwerterhöhung empfiehlt es sich jedoch, absteigend zu testen.
Olfaktorisches Gedächtnis. Dieser Untertest erfaßt als Wiedererkennungsaufgabe eine kurzfristige Behaltensleistung für Gerüche. Dazu stellt man in der Hedonikaufgabe dem Probanden die Frage, ob die Substanz in diesem Test schon vorgekommen ist. Das trifft für 4 der 8 Proben zu, die schon Bestandteil der Diskriminationsaufgabe waren. Positive wie negative Antworten werden auf einer Ratingskala gewertet. Somit wird hier inzidentielles Lernen und Wiedererkennen von Gerüchen getestet. Die Zeitspanne zwischen der 1. und der 2. Präsentation beträgt 10–20 min.
Hedonik und Identifikation. Diese Leistungen werden mit 8 Substanzen getestet, die im Hinblick auf Bekanntheit, Geruchsqualität, Eßbarkeit und Identifizierbarkeit ausgewählt wurden. Im Sinne eines halbstandardisierten Interviews gilt es dabei herauszufinden, ob ein Proband „gültige" Assoziationen zu einer Geruchsprobe formen kann. Hierzu werden für jede Substanz die Ratings für die Bekanntheit, Eßbarkeit und Hedonik erfragt und auf einer Skala notiert, die von –5 (extreme Ablehnung) bis +5 (volle Zustimmung) reicht. Jeder Zwischenwert ist möglich. Zur „Identifika-

tion" erhält der Proband eine Liste von 18 Adjektiven, aus der er das Wort auswählen soll, das ihm als das zum jeweiligen Geruch passendste erscheint. Die Liste enthält positive (fruchtig, süß), negative (verfault, fischig), neutrale (aromatisch, lackartig) Begriffe wie auch „Füllwörter" (muffig, moschusartig), die einem unspezifischen Geruchseindruck gerecht werden sollen.

3.4.3.2   Auswertung

Die Bewertung kann halbquantitativ schon im Anschluß an die Testung vorgenommen werden. Hierzu sind Rohwerte entsprechend den Angaben in Tabelle 3-2 zu bestimmen.

Tabelle 3-2. Semiquantitative Auswertung des MGT

Untertest	Bewertung	Normal
Schwelle	Mittelwert beider Substanzen	$\leq 4,0$
Diskrimination	Anzahl der gelösten Ausgaben	≤ 6
Wiedererkennen	Ratingsumme der „bekannten" Items minus Ratingsumme der „neuen"	> 0
Hedonik und Identifikation	Abschätzung, ob der Proband die Qualität eines Stoffes erkannt hat	–

Aus der Kombination dieser Werte kann ein erster Eindruck gewonnen werden, ob eine Funktionseinbuße vorliegt. Ist das der Fall, so sollte durch eine berufs- und alltagsbezogene Anamnese mit dem Patienten die Relevanz dieses Befundes geklärt werden; denn eine Anhebung von Wahrnehmungsschwellen oder eine Diskriminationsstörung ist für einen Koch oder Chemiker sicherlich eine schwerwiegendere Störung als z. B. für einen Architekten. Insbesondere sollte der Patient auf mögliche Gefahren aufmerksam gemacht werden, wenn der Geruchssinn seine Warnfunktion nicht mehr erfüllen kann. Ein Bauer beispielsweise, der eine posttraumatische Anosmie erleidet, darf nicht mehr in Jauchegruben steigen, da er eine Gasentwicklung nicht mehr erkennt. Alleinlebende Patienten müssen Nachbarn oder Angehörige bitten, nicht augenscheinlich verderbende Lebensmittelvorräte (z. B. Fleisch, Milchprodukte) regelmäßig auf ihre Qualität zu untersuchen. Für die exakte Auswertung und Befundung steht ein Computerprogramm zur Verfügung.

3.5   Schmecken

3.5.1   Testverfahren

Die Zunge erfaßt im wesentlichen 4 Geschmacksqualitäten: süß, sauer, salzig und bitter; daneben werden „metallisch" und „alkalisch" als Subqualitäten angesehen (Plattig 1989). Diese Qualitäten können auf verschiedenen Arealen unterschiedlicher Sensitivität hervorgerufen werden (Abb. 3-1).

Die vorderen ⅔ der Zunge werden über die Chorda tympani durch den N. facialis sensibel versorgt; das hintere Drittel durch den N. glossopharyngeus; ein kleines Areal an der Zungenbasis durch den N. vagus. Eine Geschmacksempfindung wird i. allg. durch Applikation von (gelösten) Geschmackssubstanzen auf die Zunge ausgelöst. Bei „manueller" Applikation wird der Proband gebeten, eine bestimmte Menge einer Testflüssigkeit in den Mund zu nehmen. Diese kann er, nachdem er sie getestet hat, schlucken (sip and swallow) oder ausspucken (sip and spit). Bei apparativen Verfahren (Gustometer) wird ein definiertes Probevolumen unter Kontrolle von Stimuluskonzentration, Fließgeschwindigkeit und Reizdauer auf ein Zungenareal gegeben (Meiselman et al. 1986). Auch die Reizung der Zunge mittels elektri-

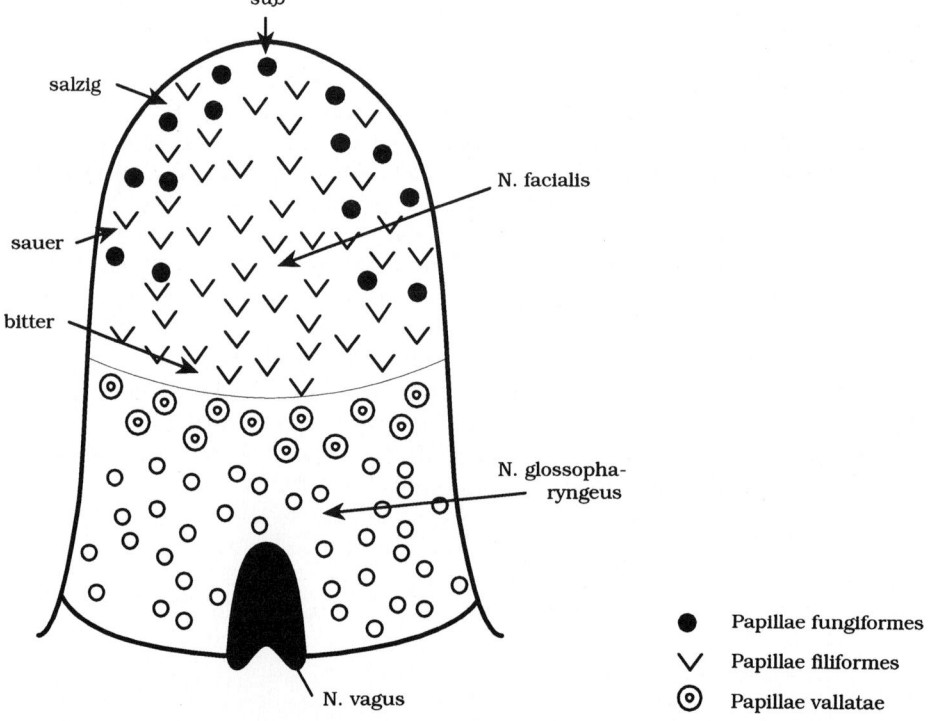

Abb. 3-1. Schema der Zungenoberfläche

schem Strom ruft eine Geschmacksempfindung hervor (Elektrogustometrie; vgl. Plattig 1989). In allen Fällen stützt sich die Auswertung hauptsächlich auf Angaben des Probanden (subjektive Methode). Die Ableitung von gustatorisch evozierten Potentialen befindet sich aufgrund der problematischen elektrophysiologischen Situation (Störungen durch Zungenbewegungen, schlechte Steuerung der Applikationsdauer) noch im experimentellen Stadium (Plattig 1989). Da eine seitengetrennte Geschmackstestung, wie sie bei Patienten mit fokalen Hirnschädigungen notwendig ist, nur schwer und nicht zuverlässig durchführbar ist und hohe Anforderungen an die Kooperationsfähigkeit des Patienten stellt, wird sie in unserer Klinik nicht routinemäßig durchgeführt.

3.5.2 Kliniktaugliche Testsets

Derzeit sind keine Testsets für den Geschmackssinn verfügbar, die unter psychometrischen Gesichtspunkten standardisiert wurden. Dennoch existieren zahlreiche formelle Vorschriften, nach denen eine Geschmackstestung vorgenommen werden kann (Kiefer et al. 1984). Wir verwenden ein Verfahren, das im Connecticut Chemosensory Clinical Research Center entwickelt wurde (Meiselman et al. 1986). Es werden Stammlösungen von 4 Standardsubstanzen angesetzt (Tabelle 3-3):

Zur Testung werden 5–10 ml einer Probe in einem Medikamentenbecher zum Trinken angeboten; nach der Testung wird die Probe in einen Abfallbehälter ausgespuckt. Die Aufgabe wird als 3-AFC-Task durchgeführt: Der Proband soll unter 3 Probenbechern, von denen 2 mit Pufferlösung und 1 mit Geschmacksstoff gefüllt sind, die Geschmacksstoff enthaltende Probe auswählen. Man beginnt jeweils mit den niedrigsten Konzentrationen. Kann der Proband auf einer Stufe 2mal sicher zwischen Geschmacksprobe und Wasser unterscheiden, wird diese als Wahrnehmungsschwelle notiert. Kann er – ggf. auf einer höheren Konzentrationsstufe – zusätzlich die Qualität angeben, so ist die Erkennensstufe erreicht. Zu achten ist insbesondere auf charakteristische mimische Reaktionen des Probanden (vgl. auch Stahl 1973). Zwischen den Testreihen kann der Proband den Mund mit Wasser reinigen. Wesentlich schwieriger durchzuführen ist eine regionenspezifische Geschmackstestung der Zunge. Hierzu können Filterpapierscheibchen von etwa 8 mm Durchmesser verwendet werden, die mit den oben angeführten Lösungen getränkt sind. Diese werden auf die zu untersuchenden Zungenareale gelegt; i. allg. wird man die Zunge in 4 Quadranten einteilen. Für diese Testung ist eine gute

Tabelle 3-3. Substanzen und Konzentrationen des Geschmackstests (wäßrige Lösung, in mMol)

Stufe	Natriumchlorid	Sucrose	Zitronensäure	Chinin-HCl
1	10	10	0,32	0,0032
2	32	32	1,00	0,010
3	100	100	3,20	0,032
4	320	320	10	0,10
5	1000	1000	32	0,32

Kooperationsfähigkeit des Patienten vonnöten. Zur Ökonomisierung empfiehlt es sich, vorher mit dem oben beschriebenen Verfahren die Schwellen zu bestimmen. Als Resultat werden die Schwellen, an denen die jeweiligen Qualitäten in den Zungenarealen erkannt wurden, festgehalten. Ein Verfahren, bei dem die Testlösung auf ein Zungenareal gesprüht wird, befindet sich derzeit in Evaluation.

Als Ergänzung hierzu kann die Elektrogustometrie eingesetzt werden. Bei Applikation eines konstanten elektrischen Stroms auf die Zunge wird eine Geschmacksstimulation hervorgerufen, die entweder als sauer (Anode) oder seifig (Kathode) beschrieben wird. Als Gegenpol wird eine Armelektrode eingesetzt. Mit Hilfe einer Stahlelektrode von 5 mm Durchmesser kann durch Variation der Stromstärke die Reizempfindlichkeit der Zunge regionenspezifisch untersucht werden. Die Schwellenströme liegen bei anodaler Reizung um 10 µA, bei kathodaler teilweise um den Faktor 10 höher. Die fungiformen Papillen des Zungenrands sind wesentlich sensitiver als die filiformen Papillen. Auf diese Weise erhält man eine „elektrische Sensitivitätskarte" der Zunge. Bei der Reizung mit Wechselstrom kann unter Kontrolle von Reizdauer und Frequenz durch direkte Wechselwirkung mit den Geschmacksnerven eine qualitätsspezifische Wahrnehmung hervorgerufen werden (Plattig 1989).

Literatur

Beets MGJ (1973) Olfactory response and molecular structure. In: Handbook of Sensory Physiology, Vol IV/1. Springer, Heidelberg

Cain WS, Gent J, Catalanotto FA, Goodspeed RB (1983) Clinical evaluation of olfaction. Am J Otolaryngol 4:252–256

De Michele G, Crisci C, Filla A, Grossi D (1977) Olfactory and gustatory discrimination in patients with monohemispheric brain damage. Acta Neurol 32:413–417

Doty RL (1979) A review of olfactory dysfunctions in man. Am J Otolaryngol 1:57–79

Doty RL, Shaman P, Dann M (1984) Development of the University of Pennsylvania Smell Identification Test: A standardized microencapsulated test of olfactory function. Physiol Behav 32:489–502

Eslinger PJ, Damasio AR, Van Hoesen GW (1982) Olfactory dysfunction in man: anatomical and behavioral aspects. Brain Cogn 1:259–285

Gent JF, Goodspeed RB, Zagraniski RT, Catalanotto FA (1987) Taste and smell problems: validation of questions for the clinical history. Yale J Biol Med 60:27–35

Gudziol H, Gramowski KH (1987) Respirations-Olfaktometrie – eine objektivierende Methode zur quantitativen Bewertung einer Hyposmie. Laryngol Rhinol Otol 66: 570–572

Kiefer SW, Leach LR, Braun JJ (1984) Taste agnosia following gustatory neocortex ablation: dissociation from odor and generality across taste qualities. Behav Neurosci 98:590–608

Kobal G (1981) Elektrophysiologische Untersuchungen des menschlichen Geruchssinns. Thieme, Stuttgart

Kruggel F (1989) Die Untersuchung des olfaktorischen Systems bei Patienten mit fokalen Hirnschädigungen. Dissertation Ludwig-Maximilians-Universität, München

Lorig TS (1989) Human EEG and odor response. Prog Neurobiol 33:387–398

Meiselman HL, Rivlin RS (1986) Clinical Measurement of Taste and Smell. McMillan Publishing, New York

Murphy C, Cain WS (1980) Taste and olfaction: independence vs interaction. Physiol Behav 24:601–605

Nieuwenhuys R, Voogd J, van Huijzen C (1988) The Human Central Nervous System. 3. Aufl., Springer, Berlin

Plattig KH (1989) Electrophysiology of taste and smell. Clin Phys Physiol Meas 10:91–126

Plattig KH, Kobal G, Thumfart W (1980) Die chemischen Sinne Geruch und Geschmack im Lauf des Lebens: Veränderungen der Geruchs- und Geschmackswahrnehmung. Z Gerontol 13:149–157

Price JL (1985) Beyond the primary olfactory cortex: olfactory-related areas in the neocortex, thalamus and hypothalamus. Chem Sens Flavour 10:239–258

Schleidt M, Hold B (1989) Human axillary odour: biological and cultural variables. In: Steiner JE (ed) Determination of Behaviour by Chemical Stimuli. IRL Press, London

Stahl WH (1973) Compilation of odor and taste threshold values data. ASTM Data Series DS 48, Philadelphia

Steiner JE (1979) Human facial expressions in response to taste and smell stimulations. Adv Child Dev Behav 13:257–295

Tagaki SF (1986) Studies on the olfactory nervous system of the old world monkey. Prog Neurobiol 27:195–210

Yamamoto T (1987) Cortical organization in gustatory perception. Ann N Y Acad Sci 510:49–54

Zusho H (1983) Olfactometry in Japan. Rhinology 21:281–285

4   Aufmerksamkeit

I. Keller und O. Grömminger

Einleitung

Broadbent (1958) definierte Aufmerksamkeit als einen Prozeß, bei dem eine Reaktion auf bestimmte, nach vorgegebenen Kriterien selektierte Reize erfolgt, während simultane Umgebungsreize unterdrückt werden. Diese Theorie wurde auch als „Flaschenhals- oder Filtertheorie" bezeichnet und impliziert, daß das Gehirn nur eine begrenzte Verarbeitungskapazität für eintreffende sensorische Informationen hat und folglich eine Auswahl treffen muß. Diesen Begriff der kapazitären Begrenzung der Aufnahme von Information griffen später Baddeley und Hitch (1974) wieder auf. In ihrem Modell bestimmt eine zentrale Verarbeitungsinstanz (zentrale Exekutive) die Menge der transient im Kurzzeitgedächtnis speicherbaren Informationen.

Es können also um so weniger Informationseinheiten pro Zeiteinheit verarbeitet werden, je geringer die Speicherkapazität der zentralen Exekutive ist. Diesen auf die Selektivität und Quantität der zu verarbeitenden Reize aufbauenden Theorien stehen Modelle gegenüber, die zwischen kontrollierter und automatischer Reizverarbeitung unterscheiden (Shiffrin u. Schneider 1977; Shallice 1982). Ein Beispiel für hochkontrollierte bewußte Verarbeitung von Reizen ist das Erlernen komplexer motorischer Tätigkeiten wie Auto- oder Skifahren. Kontrollierte Verarbeitung ist langsam, seriell, anstrengend und erfordert ein hohes Maß an Aufmerksamkeitskapazität. Automatisch ablaufende Informationsverarbeitung ist dagegen schnell, parallel und erfordert nur wenig Kapazität. Ein typisches Beispiel dafür ist ein geübter Autofahrer, der während des weitgehend unbewußten Vorgangs des Fahrens Nachrichten im Autoradio verfolgt.

Van Zomeren, Brouwer und Deelman (1984) integrierten das Konzept einer kontrollierten Verarbeitung von Informationen mit dem Begriff der Aufmerksamkeitsteilung. Nach ihrem Modell sollen kontrollierte und langsam ablaufende Prozesse insbesondere bei solchen Aufgaben von Bedeutung sein, die eine Teilung der Aufmerksamkeit erfordern. Dabei spielt es keine Rolle, ob die Aufmerksamkeit auf mehrere Einzelhandlungen oder mehrere mentale Operationen innerhalb einer Handlung verteilt werden muß.

Posner und Petersen (1990) verbinden in ihrem Modell die bereits erwähnten Begriffe Aufmerksamkeitsselektivität, Kapazitätsbegrenzung und kontrollierte Verarbeitung. Sie unterscheiden zwischen einem Orientierungs-, Selektivitäts- und Vigilanzsystem. Das Orientierungssystem gliedert sich wiederum in 3 anatomisch dis-

junkte Subsysteme: ein System, das eine Beachtung von Reizen bewirkt, ein zweites, das eine Orientierungsbewegung zum Reiz hin auslöst, und ein drittes, das eine
Abwendung vom Reiz bewirkt. Die Aufmerksamkeitsselektivität dient der Auswahl
der Reize nach präselektierten Kriterien (z. B. die Suche nach dem Schlüssel) –
allerdings besteht im Gegensatz zum ursprünglichen Ansatz von Broadbent nicht
nur ein Eingang (Filter) für alle eintreffenden Reize, sondern es sind mehrere, nach
Modalitäten getrennte Eingangskanäle vorhanden. Der Unterschied zu dem erwähnten Orientierungssystem ist, daß Selektionsprozesse hier bewußt ablaufen und in
ihrer Kapazität begrenzt sind. Das Vigilanzsystem sorgt für eine kontinuierliche
Fokussierung der Aufmerksamkeit, was insbesondere bei länger andauernden und
monotonen Tätigkeiten von Bedeutung ist.

Das Aufmerksamkeitsmodell von Sternberg (1969) schließlich ist auf die vom
Individuum auszuwählende Handlung hin orientiert. Sternberg unterscheidet in diesem Zusammenhang das Erkennen von Reizen, die Identifikation der relevanten
Reize, die Wahl der Reaktion und schließlich das Starten eines motorischen Programms als Reaktion auf den Reiz. Dieses Modell hat insofern praktische Relevanz,
als bei manchen hirngeschädigten Patienten die Reaktionsauswahl erst mit zunehmender Komplexität der Reize gestört ist. Patienten, die beispielsweise normale
Reaktionszeiten auf einen einfachen Stimulus zeigen, sind in ihren Reaktionen verlangsamt, wenn eine komplexere Auswahl von Reizen oder Reaktionsmöglichkeiten
vorhanden ist (Shum et al. 1990).

Wie das vorangegangene Beispiel demonstriert, versucht die klinische Neuropsychologie, die hier dargestellten verschiedenen theoretischen Aspekte auf die
Beschreibung hirnschädigungsbedingter Störungen (wie mangelnde Reaktionsselektion, kognitive Verlangsamung als Folge einer reduzierten Verarbeitungskapazität
oder verminderte Fähigkeit zur Teilung der Aufmerksamkeit) zu übertragen. Dabei
können die genannten Störungen einzeln oder – wie häufiger zu beobachten – in
Kombination auftreten. So wird ein Patient, der bei einer Einfachwahlreaktionsauf-
gabe verlangsamt ist, in der Regel auch bei einer Aufgabe, die eine Aufmerksamkeitsteilung erfordert, verlangsamt sein. Ungeachtet solcher Zusammenhänge zwischen den einzelnen Aspekten der Aufmerksamkeit hat es sich in der klinischen
Diagnostik dennoch bewährt, spezifische Leistungen zu trennen. Dabei sollte sich
der Untersucher jedoch immer bewußt sein, daß kein Test ausschließlich eine
bestimmte isolierte Aufmerksamkeitsfunktion erfaßt.

Neben der Schwierigkeit, verschiedene Leistungen spezifischen Teilaspekten zuzuordnen, stellt sich bei der Diagnostik von Aufmerksamkeitsstörungen häufig das
Problem assoziierter Defizite, die Einfluß auf das Testergebnis haben. Alle neuropsychologischen Methoden zur Untersuchung der Aufmerksamkeit setzen voraus,
daß der Patient bestimmte Fähigkeiten wie Lesen, Rechnen oder eine intakte
Motorik besitzt. Da oft einzelne oder mehrere dieser Voraussetzungen zur Durchführung eines Tests nicht gegeben sind, sollte der Untersucher stets vorsichtig interpretieren und den möglichen Einfluß anderer Störungen berücksichtigen. Ein typisches Beispiel ist der negative Einfluß einer Hemiparese auf die motorische Reaktionszeit.

Im Gegensatz zu anderen kognitiven Bereichen hat die Wiederholung eines Tests
nur einen geringen Einfluß auf die Testleistung. Wird ein Test häufig benutzt, wird

zwar ein Trainingseffekt erzielt, der eine allgemeine Leistungsverbesserung vortäuscht, bei Testung in größeren zeitlichen Abständen ist jedoch kein deutlicher Übungseffekt zu erwarten. Bestehen dennoch Unsicherheiten bei der Beurteilung einer bestimmten Leistung, empfiehlt es sich, einen zusätzlichen Test, der dieselbe Leistung prüft, durchzuführen.

Für eine minimale testpsychologische Beurteilung hat es sich nach unserer Erfahrung bewährt, Aspekte der kognitiven Verarbeitungsgeschwindigkeit, selektiven Aufmerksamkeit (Ablenkbarkeit) und Aufmerksamkeitsteilung zu prüfen. Für eine erweiterte und im Einzelfall von der Ätiologie abhängige Diagnostik sollten Untersuchungen zur Daueraufmerksamkeit (tonische „alertness") und kurzfristigen Aktiviertheit (phasische „alertness") berücksichtigt werden. Generell stehen 3 Arten von Testverfahren zur Verfügung: ein strukturiertes klinisches Interview zur Erfassung subjektiver Beschwerden, sog. Papier-Bleistift-Tests und apparative Verfahren. Außer den genannten Verfahren werden in der experimentellen Neuropsychologie auch elektrophysiologische Methoden wie beispielsweise evozierte Potentiale benutzt, um Aufmerksamkeitsprozesse zu untersuchen (Birbaumer 1990). Von diesen Verfahren wird die sog. kontingente negative Variation (CNV) am häufigsten eingesetzt. Sie repräsentiert eine langsame Negativierung des frontalen Kortex und ist mit der Erwartung eines Reizes sowie der Vorbereitung einer Reaktion assoziiert. Studien mit hirngeschädigten Patienten zeigen, daß die CNV häufig in ihrer Amplitude vermindert ist oder völlig inadäquat sein kann (Rizzo et al. 1978). Ein anderes Phänomen entdeckten Rugg et al. (1989) in einer Untersuchung an Schädel-Hirn-Traumatikern. Sie fanden, daß diese im Gegensatz zur Kontrollgruppe auch auf irrelevante Reize, auf die keine Reaktion gefordert war, eine CNV aufbauen. Letzteres Experiment ist ein Hinweis darauf, daß die untersuchten Patienten Schwierigkeiten hatten, relevante Reize von irrelevanten zu unterscheiden. Neben der CNV existieren auch klinische Studien zur P 300, einem Potential, das ca. 300 ms nach Präsentation von visuellen oder akustischen Stimuli auftritt, die gemäß einer vorgegebenen Instruktion als bedeutungsvoll eingestuft werden sollen. Papanicolau (1987) fand bei Patienten mit posttraumatischer Amnesie eine zeitliche Verzögerung dieser Komponente. Der Einsatz elektrophysiologischer Verfahren bietet sicherlich eine interessante Ergänzung bei der Beurteilung von Aufmerksamkeitsstörungen. Es ist bis heute jedoch noch unklar, inwieweit die bei Patienten gefundenen Veränderungen im evozierten Potential wirklich mit Aufmerksamkeitsprozessen korreliert sind. Erst wenn gesicherte Zusammenhänge zwischen elektrophysiologischen Daten und spezifischen Leistungen nachgewiesen werden, könnte diesen Verfahren eine größere Bedeutung in der Standarddiagnostik von Aufmerksamkeitsstörungen zukommen. Im folgenden wird daher zugunsten konservativer Methoden auf eine genauere Beschreibung elektrophysiologischer Methoden verzichtet.

Es hat sich bewährt, am Anfang einer Untersuchung der Aufmerksamkeit ein klinisches Interview durchzuführen. Ist der Patient nicht in der Lage, spontan Aussagen zu machen, können strukturierte Fragebögen hinzugezogen werden, die einen ersten Eindruck vermitteln, wie sich Aufmerksamkeitsstörungen im Alltag auswirken. Ein klinisches Interview sollte nach Möglichkeit eine Befragung der Angehörigen einschließen, da einige Patienten aufgrund einer veränderten Selbstwahrnehmung ihre Leistungsfähigkeit nicht oder nur unzureichend beurteilen können.

Erschwerend wirkt auch, daß nach einer Hirnschädigung die Anforderungen an die Aufmerksamkeit des Patienten nachlassen, so daß aufgrund mangelnder Erfahrung eine exakte Selbsteinschätzung oft nicht möglich ist.

Obwohl computergestützte Testverfahren eine immer größere Bedeutung in der neuropsychologischen Diagnostik i. allg. und bei der Erfassung von Störungen der Aufmerksamkeit im besonderen erlangen, haben Papier-Bleistift-Tests weiterhin ihre Berechtigung. Computergestützte Verfahren bieten im Vergleich zu den herkömmlichen Meßmethoden einige Vorteile. Zum einen haben sie eine höhere zeitliche Auflösung und erlauben beispielsweise eine exakte Bestimmung von Entscheidungs- und Reaktionszeiten, zum anderen besteht darüber hinaus die Möglichkeit, repetitive Reize in großer Zahl zu präsentieren, um beispielsweise die Leistungsfähigkeit eines Patienten in einer Monotoniesituation zu prüfen. Zum dritten wird durch den Einsatz computergestützter Methoden Zeit gespart und so letztendlich auch die Belastung des Patienten reduziert. Die Akzeptanz der Testgeräte ist in der Regel sehr hoch; dies wirkt leistungsmotivierend und verringert eine mögliche „Prüfungsangst". Zusammenfassend kann daher gesagt werden, daß eine erste Beurteilung der Aufmerksamkeitsleistung mittels Papier-Bleistift-Tests ausreicht. Für eine erweiterte Aufmerksamkeitsdiagnostik ist jedoch die Benutzung eines computergestützten Systems von Vorteil.

4.1   Erfassung der Selbsteinschätzung

Da nur wenige Patienten von sich aus Alltagssituationen beschreiben können, die einen isolierten Aufmerksamkeitsaspekt widerspiegeln, ist es in der Regel notwendig, dem Patienten Situationen vorzugeben und zu fragen, ob bei der geschilderten Situation Schwierigkeiten auftreten. Eine Übersicht über die einzelnen zu erfragenden Teilleistungen mit ausgewählten Alltagssituationen enthält Tabelle 4-1.

Sollte der Patient für die vorgegebene Situation keine Erfahrungen gesammelt haben, empfiehlt es sich, eine typische Situation exemplarisch zu nennen. Der Patient soll dann versuchen, für ihn relevante Alltagsleistungen zu finden, die den entsprechenden Aufmerksamkeitsaspekt enthalten. Ein Beispiel zur Verdeutlichung: Eine typische Alltagssituation, die eine Teilung der Aufmerksamkeit erfordert, ist das Autofahren. Der Fahrer bedient das Kraftfahrzeug, beobachtet den Straßenverkehr und unterhält sich möglicherweise mit dem Beifahrer. Da die meisten Patienten nach der Hirnschädigung nicht mehr Auto gefahren sind, können sie nicht beurteilen, ob sie jetzt Schwierigkeiten dabei hätten. Dennoch hilft die Vorgabe des Autofahrerbeispiels dem Patienten, die typischen Merkmale einer Anforderung zur Aufmerksamkeitsteilung zu erfassen und nach ähnlichen Beispielen aus seinen bisherigen Erfahrungen zu suchen.

Eine erweiterte Form des strukturierten Interviews ist der Fragebogen, mit dessen Hilfe man ermitteln kann, wie der Patient seine Leistungen in unterschiedlichen Aufmerksamkeitssituationen einschätzt. Ähnlich wie beim freien Interview besteht auch hier die Gefahr, daß die im Fragebogen genannten Beispiele nicht auf den

Tabelle 4-1. Überblick über einige Alltagsanforderungen, die ausgewählte Aspekte der Aufmerksamkeit repräsentieren

Aufmerksamkeitsaspekt	Anforderung
Kognitive Verarbeitungsgeschwindigkeit	Benötigte Zeit, um einen Gedanken zu fassen oder einem Gespräch zu folgen
Selektive Aufmerksamkeit (Ablenkbarkeit)	Lesen bei laufendem Radio oder Fernseher; sich in einer größeren Gesprächsrunde auf eine Person konzentrieren
Teilung der Aufmerksamkeit	Telefonieren und dabei Notizen machen; Kochen einer umfangreichen Mahlzeit
Daueraufmerksamkeit	Lesen, Fernsehen, Radio hören über längeren Zeitraum; Aufrechterhaltung der Aufmerksamkeit, auch bei monotonen Anforderungen

Patienten zutreffen und er diese deshalb nicht genau einschätzen kann. Wie bei Fragebögen üblich, kann es zusätzlich passieren, daß der Patient dazu neigt, sozial erwünschte Antworten zu geben.

Im deutschsprachigen Raum ist der Aufmerksamkeitsfragebogen **FEDA** (Fragebogen erlebter Defizite der Aufmerksamkeit) entwickelt worden (Zimmermann u. Fimm 1989). Der Patient hat die Aufgabe, die Häufigkeit bestimmter Ereignisse in seinem Alltag zu beurteilen. Ihm steht dazu eine 5fach abgestufte bipolare Skala von „sehr häufig" bis „nie" zur Verfügung. Die insgesamt 27 Items repräsentieren dabei typische Anforderungen an Daueraufmerksamkeit, kognitive Verarbeitungsgeschwindigkeit, Ablenkbarkeit, Ermüdbarkeit und Antrieb. Außer dem FEDA sind noch weitere Fragebögen zur Beschreibung kognitiver Fehler im Alltag entwickelt worden. Der bekannteste ist der **Cognitive Failures Questionnaire** (CFQ) von Broadbent et al. (1982), der insgesamt 12 Items mit typischen Handlungsfehlern wie „Ich stehe im Supermarkt vor einem Regal und sehe den Artikel nicht, den ich kaufen möchte" enthält. Der Nachteil dieses Fragebogens ist jedoch, daß er ausschließlich Fehlleistungen erfragt, die sich aus einer mangelnden Kontrolle der Aufmerksamkeit ergeben, und darüber hinaus Items enthält, die überwiegend Gedächtnisanforderungen repräsentieren. Dennoch ist dieser Fragebogen geeignet, relative Leistungseinbußen im oberen Anforderungsbereich zu erfassen. Nach unserer Erfahrung treten nämlich derartige Handlungsfehler auch lange nach einer Hirnschädigung gehäuft auf und sind Ausdruck mangelnder Konzentration oder erhöhter interner Ablenkbarkeit. Weitere empfehlenswerte Fragebogen zur Erfassung kognitiver Fehler im Alltag, die jedoch einen geringeren Zusammenhang mit Gedächtnisleistungen aufweisen als der CFQ, sind der **Slips of Action Inventory** (SAI) von Reason (1981) sowie der **Everyday Attention Questionnaire** (EAQ) von Martin und Jones (1984).

Abschließend kann festgestellt werden, daß ein gut geführtes Interview einem starren und schematischen Fragebogen vorzuziehen ist. Hilfreich können Fragebogen dann sein, wenn der Patient aufgrund assoziierter Störungen (z. B. schwere Sprechapraxie oder Aphasie) nicht in der Lage ist, eine mündliche Auskunft zu geben, oder wenn aus zeitlichen Gründen ein ausführliches Gespräch mit dem Patienten nicht möglich ist. In jedem Fall empfehlenswert ist es, die Angehörigen zu befragen, die die veränderten Verhaltensweisen oft besser beschreiben können als der Patient selbst.

4.2   Kognitive Verarbeitungsgeschwindigkeit

Dem Aspekt „kognitive Verlangsamung" kommt im Bereich Aufmerksamkeit eine zentrale Stellung zu. So ist bei einem recht hohen Prozentsatz hirngeschädigter Patienten die kognitive Verarbeitungsgeschwindigkeit beeinträchtigt. Dabei ist nicht eindeutig festgelegt, wann genau von einer sog. kognitiven Verlangsamung auszugehen ist. Kognitive Verlangsamung meint zunächst eine Reduktion der Schnelligkeit, mit der kognitive Prozesse jenseits von basalen motorischen Leistungen sowie Wahrnehmungsleistungen vollzogen werden können. Abzugrenzen ist sie damit einerseits von einer rein motorischen Verlangsamung, andererseits jedoch auch von einer Verlangsamung beispielsweise des Leseprozesses durch ein primäres visuelles Defizit wie Verschwommensehen oder reduziertes Kontrastempfinden. Folglich ist mit kognitiver Verlangsamung die verlangsamte Verarbeitung von Reizen (Wahrnehmung, Aufnahme, Verarbeitung, Speicherung, Abruf und Ausgabe) gemeint.

Eine kognitive Verlangsamung kann auf verschiedenen Ebenen zutage treten:

1) Der Patient kann – bei intakten basalen Motorik- und Wahrnehmungsprozessen – in einem oder mehreren der durchgeführten Testverfahren eine unterdurchschnittliche Leistung aufweisen, obwohl er im freien Gespräch nicht verlangsamt (z. B. im Sinne erhöhter Antwortlatenzen) wirkt.

2) Sowohl die Ergebnisse verschiedener formaler Tests als auch die Verhaltensbeobachtung können für eine Verlangsamung sprechen. Hier sind bei der Interpretation stets die assoziierten Hirnleistungsdefizite mit in Betracht zu ziehen. So kann es durchaus sein, daß selbst bei formal hochgradig unterdurchschnittlichen Testresultaten die eigentliche kognitive Verarbeitungsgeschwindigkeit nicht oder nur unwesentlich beeinträchtigt ist, weil das schlechte Testresultat in einer Aufgabe mit z. B visueller Reizvorgabe ausschließlich auf beeinträchtigte visuelle Wahrnehmungsleistungen (etwa bei Hemianopsie oder Neglect) zurückzuführen ist.

3) Der Patient kann – trotz formal unauffälligen Testergebnissen und trotz völlig adäquatem Reaktionsmuster (Verhaltensbeobachtung in verschiedenen Situationen) – im privaten wie beruflichen Alltag dadurch auffallen, daß er sowohl für Routine- als auch für Nichtroutinehandlungen z. T. erheblich länger braucht. Die wesentliche Schwierigkeit besteht hier wohl darin, verschiedene Handlungen miteinander zu verketten, wobei jede einzelne Handlung in sich möglicherweise normal schnell abgewickelt werden kann (dies würde zumindest die unauffälligen Ergebnisse solcher Tests erklären, bei denen der Patient eine konkrete Instruktion hat und diese im Rahmen einer in sich geschlossenen „Handlung" abarbeiten muß).

Die in der klinischen Neuropsychologie bewährtesten psychometrischen Testverfahren zur Erfassung kognitiver Verlangsamung sollen hier kurz mit ihren Vor- und Nachteilen dargestellt werden.

Der **Zahlenverbindungstest** (ZVT) von Oswald und Roth (1978a) besteht aus 4 Din-A4-Matrizen, auf denen unregelmäßig verteilt jeweils die Zahlen von 1–90 stehen. Diese Zahlen sollen vom Patienten so schnell wie möglich in aufsteigender Reihenfolge mit einem Bleistift miteinander verbunden werden. Dabei wird für alle 4 Matrizen, die in der Regel unmittelbar nacheinander zu bearbeiten sind, die jeweils benötigte Zeit gemessen. Der ZVT erhebt den Anspruch, die „kognitive Leistungs- und Verarbeitungsgeschwindigkeit" (Oswald u. Roth 1978b) zu messen.

Die Vorteile dieses bei den meisten neurologischen Patienten durchführbaren Verfahrens sind:

1) Geringer Zeitaufwand (insgesamt dauert der Test in der Regel mit Instruktion weniger als 10 min)
2) Einfache Instruktion, die von den weitaus meisten Patienten auf Anhieb verstanden wird
3) Einfache Aufgabenstellung
4) Verlaufsbeobachtung möglich (durch Vergleich der Zeiten für Matrix 1–4)
5) Differenzierte Normen (Altersbereich 8–60 Jahre) und gute testkritische Parameter (Validität, Reliabilität, Objektivität)
6) Rasche Auswertbarkeit

Folgende assoziierte Hirnleistungsdefizite schränken die Aussagefähigkeit des Verfahrens ein:

1) Motorische Defizite der rechten oberen Extremität (bei Rechtshändern, bei Linkshändern umgekehrt)
2) Beeinträchtigungen der peripheren oder zentralen visuellen Wahrnehmungsleistungen wie Hemianopsien, Zentralskotome, beeinträchtigtes Kontrastsehen, Verschwommensehen, visuelle Exploration, visueller Neglect
3) Aphasische Defizite (diese können – vermutlich, da sie eng verbunden sind mit einer Beeinträchtigung beim schnellen inneren Zählen – bereits bei leichter Ausprägung die Leistungsfähigkeit wesentlich mindern)

Ein weiterer Papier-Bleistift-Test, der ebenfalls rein visuelle Aufmerksamkeitszuwendung verlangt, ist der von Reitan (1958) eingeführte „Trailmaking"-Test (TMT). Er besteht aus 2 Teilen. Der 1. Teil (TMT/A) kann zur Beurteilung der kognitiven Verarbeitungsgeschwindigkeit eingesetzt werden und ist mit dem ZVT vergleichbar. Auf einem Blatt sind in randomisierter Anordnung Kreise mit Zahlen von 1–25 gedruckt, die möglichst schnell mit einem Bleistift zu verbinden sind.

Ein apparatives Verfahren bietet das **Wiener Determinationsgerät** (WDG) aus dem Wiener Testsystem (Fa. Schuhfried). Der Patient muß bei diesem Test auf 5 verschiedene Farbsignale jeweils mit entsprechendem Tastendruck, auf 2 weitere Lichtsignale mit Fußpedalen sowie auf einen hohen bzw. tiefen Ton mit entsprechenden Antworttasten reagieren. Dieser Test kann wahlweise reiz- oder reaktionsgesteuert durchgeführt werden. Bei einer Reizvorgabe mit festen Interstimulusintervallen ist es für die meisten Patienten jedoch schwierig, den Test durchzuführen, so daß eine reaktionsgesteuerte Vorgabe der Stimuli vorzuziehen ist. Auch dieser Test ist meist in relativ kurzer Zeit durchführbar. Für Patienten mit Halbseitenlähmung kann ein Fußpedal abgeschaltet werden. Die Durchführung des Tests mit der nicht-dominanten Hand oder bei Patienten mit Gesichtsfeldbeeinträchtigungen wirkt sich nach unserer Erfahrung nicht grob leistungsmindernd aus; diese Faktoren sollten jedoch je nach Schweregrad bei der Interpretation der Ergebnisse berücksichtigt werden.

Mit dem **Paced Auditory Serial Addition Task** (PASAT) von Gronwall und Sampson (1974) läßt sich außer der kognitiven Verarbeitungsgeschwindigkeit auch die Fähigkeit zur Teilung der Aufmerksamkeit beurteilen (vgl. 4.4). Es werden 60 randomisierte Ziffern zwischen 1 und 9 akustisch dargeboten. Der Patient wird auf-gefordert, jeweils 2 aufeinanderfolgende Zahlen zu addieren und das Ergebnis laut zu nennen. Hierbei muß er der Tendenz widerstehen, die Zahlen additiv zu kumu-lieren, denn er soll immer nur die jeweils aktuelle Ziffer mit der unmittelbar davor präsentierten addieren (z. B. dargebotene Ziffern: 3 – 6 – 2 – 5 – 8, Antworten: 9 – 8 – 7 – 13). Dieses Verfahren bietet im Vergleich zu den bisher genannten den Vorteil, daß es akustisch durchgeführt wird. Erfahrungsgemäß handelt es sich bei diesem Test jedoch um eine Methode, welche nur bei Patienten im höheren Lei-stungsbereich eingesetzt werden kann, da sie eine erhebliche kognitive Anforderung darstellt.

Das Wiener Testsystem in seiner neuesten Variante (PC/S, Version 1.13, Dezem-ber 1989, Fa. Schuhfried) bietet ebenfalls apparative Verfahren zur Beurteilung der kognitiven Verarbeitungsgeschwindigkeit. Der **kognitive Flexibilitätstest** (FAT) ist nach unserer Erfahrung am besten geeignet, die Verarbeitungsgeschwindigkeit zu erfassen. Hierbei sind geometrische Muster miteinander zu vergleichen, und der Patient muß so schnell wie möglich entscheiden, ob 2 vorgegebene Muster gleich sind oder nicht. Er reagiert mittels Tastendruck (der motorische Anteil der Reak-tion ist als sehr gering einzuschätzen). Der eigentliche Test (ohne Instruktion) dauert genau 7 min. Die Anzahl der bearbeiteten Reize dient als Maß für die Schnelligkeit. Darüber hinaus kann die Leistungsgüte durch die Anzahl der Fehler beurteilt werden.

Aus der an der Freiburger Universität entwickelten computergestützten Aufmerk-samkeitstestbatterie (Zimmermann u. Fimm 1989) erfaßt der Untertest **Alertness** die Reaktionszeit auf einen einzelnen visuellen Reiz. Der Patient muß immer dann so schnell wie möglich auf eine Taste drücken, wenn auf dem Bildschirm ein Kreuz erscheint. Während des gesamten Tests soll ein kleiner Stern im Zentrum des Bild-schirms fixiert werden. Es gibt 2 Bedingungen: Entweder erscheint das Kreuz, auf das reagiert werden soll, ohne Vorankündigung, oder ein Warnton kündigt dessen Erscheinen an. Gemessen wird in beiden Fällen die Zeit bis zur Reaktion. Außer um die einfache Reaktionszeit geht es auch um den Unterschied zwischen der Reaktionszeit auf Reize ohne und mit vorherigem Warnreiz, der eine kurzfristige Aktivierung (phasische alertness) auslöst. Der Test dauert weniger als 10 min.

Zur Feststellung einer eventuellen kognitiven Verlangsamung empfehlen wir auf-grund unserer Erfahrung folgendes diagnostisches Vorgehen:

Zunächst sollte der ZVT oder TMT/A durchgeführt werden. Ist der Patient in seinen visuellen oder motorischen Leistungen beeinträchtigt oder liegen Reste eines aphasischen Defizits vor, so scheint es uns sinnvoll, das WDG durchzuführen, da hierbei die Möglichkeiten zur sprachlichen oder visuellen Verarbeitung eine wesentlich geringere Rolle spielen als beim ZVT. Soll auch die motorische Komponente ausgeschlossen werden, empfiehlt es sich, den FAT durchzuführen.

Beim Urteil über kognitive Verlangsamung ist stets zu berücksichtigen, daß es bereits im normalpsychologischen Bereich heterogene Leistungsniveaus gibt und die individuelle Bedeutung einer in Tests erfaßten kognitiven Verlangsamung immer in Relation zum meist nur geschätzten prämorbiden Niveau zu beurteilen ist.

4.3   Selektive Aufmerksamkeit

Der Begriff der selektiven Aufmerksamkeit kann definiert werden als aufmerksamkeitsgesteuerte Auswahl von Reizen und Reaktionen. Das gebräuchlichste Beispiel zur Veranschaulichung der Selektivität bei der Wahrnehmung von Reizen ist das sog. Cocktailpartyphänomen (Moray 1970). Dieses Phänomen besteht darin, daß aus einer Vielzahl ankommender Reize bewußt oder unbewußt nur jene Reize wahrgenommen und verarbeitet werden, die bestimmte Reizeigenschaften haben. In einer größeren Gesellschaft kann dies der lauteste Sprecher oder der eigene Name sein. Eine Störung der selektiven Aufmerksamkeit kann daher auch als mangelnde Fokussierung auf einen Stimulus bei gleichzeitigem Ausblenden anderer Reize betrachtet werden. Insbesondere die Fähigkeit, unwichtige Reize auszublenden, kann bei hirngeschädigten Patienten gestört sein und wird subjektiv als erhöhte **Ablenkbarkeit** empfunden.

Neben der Selektion des wahrgenommen Reizes kann auch das Auswählen der in einer Situation erforderlichen Reaktion gestört sein, d. h. der Patient erkennt die Qualität des Reizes, hat jedoch Schwierigkeiten, adäquat zu reagieren. Patienten beschreiben dieses Phänomen oft als eine Art „Handlungsstarre", in der sie nicht in der Lage sind zu reagieren, obwohl sie in der Regel beschreiben können, was zu tun wäre.

Einer der am häufigsten benutzten Tests zur Erfassung selektiver Aufmerksamkeit ist der **Farb-Wort-Interferenz-Test** nach Stroop (1935; Stroop-Test). Der Test besteht aus 3 Aufgabenteilen: dem Lesen von Farbwörtern, dem Benennen von Farbstrichen und dem Benennen der Farbe, in der ein Farbwort gedruckt ist. In der letzten Aufgabe wird eine Interferenzbedingung eingeführt, indem die Farbe, in der das Wort gedruckt ist, nicht mit der Wortbedeutung übereinstimmt (z. B. ist das Wort „rot" in grüner Farbe gedruckt). Die Reduktion der Benennensleistung in der 3. Bedingung wird als Folge der Interferenz zwischen der automatisierten Tendenz, das Wort ohne Beachtung der Druckfarbe zu lesen, und der geforderten Leistung, die Wortbedeutung zu ignorieren, interpretiert. Zahlreiche Untersuchungen an verschiedenen Gruppen hirngeschädigter Patienten ergaben jedoch im Vergleich zu gesunden Kontrollpersonen – abgesehen von einer generellen Reduktion der kognitiven Verarbeitungsgeschwindigkeit – keine erhöhte Interferenzanfälligkeit, so daß dieses Verfahren in der klinischen Neuropsychologie an Bedeutung verloren hat (Perret 1974; Cohen et al. 1983; Stuss et al. 1985; van Zomeren und Brouwer 1987).

Ein anderes auf seine Meßgenauigkeit, Gültigkeit und Verläßlichkeit gut geprüftes Verfahren ist der im deutschen Sprachraum weitverbreitete **Aufmerksamkeits-Belastungs-Test** von Brickenkamp (1967; d-2-Test). Das Aufgabenblatt des d-2-Tests ist im Querformat mit 14 Testzeilen bedruckt. Insgesamt gibt es 16 verschiedene Zeichen, die aus der systematischen Kombination von 4 Elementen entstanden sind. Der Patient hat die Aufgabe, diejenigen „d" durchzustreichen, die mit 2 Strichen versehen sind. Für jede Zeile stehen ihm 20 s zur Verfügung. Die Testdauer beträgt insgesamt 4 min 40 s. Ausgewertet wird die Anzahl der richtigen und der fehlerhaften Durchstreichungen pro Zeile. Während unter dem Aspekt der Verarbeitungsgeschwindigkeit die Anzahl der richtig bearbeiteten Zeichen von Interesse ist, weist eine erhöhte Zahl falscher Streichungen auf eine mögliche Störung der Reizselektion hin. Obwohl der Test in vielen Bereichen (z. B. Berufsberatung, Pharmakopsychologie) Verwendung findet, existieren leider nur wenige systematische Untersuchungen mit neurologischen Patienten. Aufgrund der großen Ähnlichkeit der einzelnen Reize haben Patienten mit vermindertem Kontrastsehen oder Doppelbildern Schwierigkeiten, den Test durchzuführen.

Alternativ zu dieser Papier-Bleistift-Version kann auch der von der Fa. ZAK entwickelte **On-line-Konzentrationstest** (OKT) am Computer angewendet werden. Entsprechend dem d-2-Test muß der Patient eine Jataste betätigen, wenn ein „b" mit 2 Querstrichen auf dem Bildschirm erscheint. Alle anderen Reize werden durch Drücken einer Neintaste beantwortet.

Das Grundkonzept des d-2-Tests wurde aus dem ursprünglich von Bourdon (1895) entwickelten **Bourdon-Test** übernommen. In diesem Test hat der Patient ebenfalls die Aufgabe, bestimmte Reize (in diesem Fall Figuren) durchzustreichen. Im Gegensatz zum d-2-Test existiert für diesen Test jedoch weder eine standardisierte Testinstruktion noch eine Normwerttabelle, so daß eine Interpretation der Ergebnisse erheblich erschwert ist.

Das Testmaterial des **DR-2** aus dem Wiener Testsystem der Fa. Schuhfried (Bukasa u. Wenninger 1986a) besteht aus 48 optischen und/oder akustischen Signalen (rot, gelb, Ton, einzeln oder kombiniert dargeboten) sowie einer Ruhe- und einer Reaktionstaste. Die einzelnen Signale werden in einer festgelegten Reihenfolge präsentiert. Der Patient hat die Aufgabe, nur auf die Signalkombination „gelbes Licht mit gleichzeitigem Ton" zu reagieren. Gemessen werden die Anzahl der Entscheidungs- und Reaktionsfehler sowie die mittlere Entscheidungs- und Reaktionszeit. Es werden sowohl Mittelwerte als auch Prozentränge ausgegeben. Die Aufteilung nach Entscheidungs- und Reaktionszeit läßt in eingeschränktem Maße eine Trennung der kognitiven Verarbeitungsgeschwindigkeit von der Bewegungszeit zu. In 2 Validierungsstudien des Kuratoriums für Verkehrssicherheit in Wien konnten Beziehungen zwischen verlangsamten Entscheidungs- bzw. Reaktionszeiten und Problemen bei verschiedenen Verkehrssituationen (z. B. Einordnen, Überholen, Spurhalten) festgestellt werden. Unter dem Aspekt der selektiven Aufmerksamkeit stellt auch hier die Anzahl der Fehler ein Maß für die Ablenkbarkeit dar.

In ähnlicher Weise wie der DR-2 fordert der **„Go-/No-go"-Test** aus der Aufmerksamkeitstestbatterie von Zimmermann eine selektive Reaktion. Als Auswahl werden dem Patienten auf dem Bildschirm hintereinander 40 Kreuze dargeboten. Dabei können Kreuze in Form eines Pluszeichens oder in Form des Buchstabens X auftreten. Der Patient hat die Aufgabe, nur auf die X-Kreuze zu reagieren. Heubeck (1989) fand mit diesem Test Auffälligkeiten bei Patienten mit frontolateraler Läsion. Auch Braun et al. (1989) stellten unter ähnlichen Go-/No-go-Bedingungen eine erhöhte Anzahl Intrusionsfehler (Reaktion auf inadäquaten Reiz) bei einer Gruppe von Schädel-Hirn-Traumatikern fest.

Ebenfalls aus der Zimmermann-Testbatterie ist der **Inkompatibilitätstest** erwähnenswert. Als Testmaterial wird auf dem Bildschirm links oder rechts von einem Fixationspunkt ein Pfeil dargeboten. Für die Art der Reaktion ist die Richtung, in die der Pfeil zeigt, entscheidend. Zeigt er nach links, muß die linke, zeigt er nach rechts, die rechte Hand reagieren – und zwar unabhängig davon, ob sich der Pfeil auf der linken oder rechten Bildschirmseite (vom zentralen Fixationspunkt aus gesehen) befindet. Shum et al. (1990) fanden bei Schädel-Hirn-Traumatikern sowohl eine erhöhte Fehlerrate als auch eine verlängerte Reaktionszeit, wenn Bildschirmseite und Reaktionsseite nicht übereinstimmten. Die Autoren interpretieren dieses Ergebnis als eine Störung der Reaktionsselektion.

Alle zur Beurteilung der selektiven Aufmerksamkeitsfähigkeit vorgestellten Methoden sollten, wenn möglich, mehrfach durchgeführt werden. Es kommt nämlich häufig vor, daß eine erhöhte Fehlerrate in einem Test durch mangelnde Anstrengungsbereitschaft des Patienten oder durch das Bestreben, möglichst schnell zu reagieren, bedingt ist. Fehlerrate und Bearbeitungsgeschwindigkeit sollten daher immer im Zusammenhang betrachtet werden. Besteht der Verdacht, daß eine hohe Fehlerrate auf Kosten der hohen Bearbeitungsgeschwindigkeit geht, sollte der Test mit der Instruktion, so genau wie möglich zu reagieren, wiederholt werden. Dieser als „tradeoff" bezeichnete Zusammenhang zwischen Bearbeitungsgeschwindigkeit und Genauigkeit ist nach einer Untersuchung von Braun et al. (1989) bei Patienten im Vergleich zu Kontrollpersonen weniger eng.

4.4   Geteilte Aufmerksamkeit

Die Fähigkeit, seine Aufmerksamkeit auf mehrere Reize zu richten oder mehrere Tätigkeiten zur gleichen Zeit durchzuführen, ist alltäglich. Man denke an die Mutter, die während des Kochens ihr spielendes Kleinkind beobachtet, oder an den Autofahrer, der seinen Wagen in der Hauptverkehrszeit durch überfüllte Straßen lenkt und sich dabei mit dem Beifahrer unterhält. Treffen die Reize jedoch mit zu großer Geschwindigkeit auf unser Sinnessystem, sinkt die Leistung ab, und es kommt zu Fehlern. Ein Beispiel hierfür ist der ungeübte Skifahrer, dem es bei zu hoher Geschwindigkeit nicht mehr gelingt, seinen Körper und etwaige Hindernisse gleichzeitig zu beachten.

Da es nach einer Hirnschädigung in der Regel auch zu einer Verlangsamung mentaler Prozesse kommt, ist es nicht verwunderlich, daß viele Patienten bereits in einfacheren Situationen als der zuletzt genannten überfordert sind. Ist die Kapazität zur Verarbeitung sensorischer Reize reduziert, so wirkt sich die verminderte Verarbeitungsrate erst recht auf Leistungen aus, die die Aufmerksamkeit mehrfach beanspruchen, also eine parallele Informationsverarbeitung erfordern.

Eine Methode, die Fähigkeit zur Aufmerksamkeitsteilung zu erfassen, ist die Darbietung von Doppelaufgaben. Aus dem Wiener Testsystem (Fa. Schuhfried) bietet der **Test zur Erfassung peripherer Wahrnehmungsleistung** (PVT; Bukasa und Wenninger 1986b) die Möglichkeit, die Fähigkeit zur visuellen Aufmerksamkeitsteilung zu prüfen. Der Patient hat in diesem Test 2 Leistungen gleichzeitig zu erbringen. Die erste ist eine Spurverfolgungsaufgabe, bei der ein Lichtpunkt auf dem Monitor mittels eines Drehpotentiometers möglichst innerhalb einer Fahrspur gehalten werden muß. Geschwindigkeit und Breite der Fahrspur werden dabei konstant gehalten. In der zweiten, einer peripheren Wahrnehmungsaufgabe, muß der Patient ein Fußpedal betätigen, sobald er entdeckt, daß sich eines von 2 Lichtbändern aus der Peripherie nach innen bewegt. Als Reaktionsmaße für die Spurverfolgungsaufgabe werden Mittelwert und Streuung der Abweichung von der Fahrbahnmitte erhoben. Die periphere Entdeckungsleistung wird als Gesamtreaktionszeit sowie getrennt nach Reaktionszeit für das linke und rechte Gesichtsfeld ausgegeben. Zur Erleichterung der Interpretation wird außer den Rohdaten ein nach Alter und Geschlecht getrennter Normwertvergleich in Form von Prozenträngen ausgedruckt. Schwierigkeiten in der Durchführung und Interpretation dieses Tests ergeben sich bei Patienten mit eingeschränktem Gesichtsfeld und visuellem Neglect sowie bei Patienten, die aufgrund feinmotorischer Störungen den Drehknopf zur Steuerung des Lichtpunkts auf dem Monitor nicht optimal bedienen können. Nach Untersuchungen des Österreichischen Kuratoriums für Verkehrssicherheit läßt dieser Test auf das Verhalten im Straßenverkehr schließen (vgl. 4.6). In der klinischen Routine bietet der Test einige Vorteile. Er ist in 8–10 min durchzuführen und zeigt zusätzlich zur Leistung der visuellen Aufmerksamkeitsteilung Unterschiede zwischen der Beachtung der linken und rechten Raumhälfte, die mit anderen Methoden oft nicht nachweisbar sind.

Ein anderes, auch als einzelnes Analoggerät erhältliches System, ist das WDG, das unter 4.2 bereits ausführlich beschrieben wurde. Eine Teilung der Aufmerksamkeit ist gefordert, wenn der Patient außer auf die 5 verschiedenen Farbsignale auch auf 2 Lichtsignale mit Fußpedalen sowie auf einen hohen und tiefen Ton mit Antworttasten reagieren muß. Dieser Test kann wahlweise reiz- oder reaktionsgesteuert durchgeführt werden. Bei einer Reizvorgabe mit festen Interstimulusintervallen ist es für die meisten Patienten jedoch schwierig, ihn durchzuführen, so daß eine reaktionsgesteuerte Vorgabe der Stimuli vorzuziehen ist. Da die Reizdarbietung seriell erfolgt, verlangt das WDG keine parallele Informationsverarbeitung im eigentlichen Sinn. Der Patient ist jedoch gezwungen, seine Aufmerksamkeit auf mehrere mögliche akustische und optische Reizquellen zu richten, so daß zumindest eine simultan erhöhte Bereitschaft für verschiedene Reizreaktionsmuster erforderlich ist. Die große Anzahl möglicher Reize wirkt sich auf Patienten mit deutlich erhöhter Ablenkbarkeit leistungsmindernd aus.

Ein weiteres computergestütztes System zur Erfassung der Fähigkeit, Aufmerksamkeit zu teilen, bietet die Aufmerksamkeitstestbatterie von Zimmermann und Fimm (1989). Im Untertest **Teilung der Aufmerksamkeit** werden 2 Aufgaben kombiniert. In der 1. Aufgabe erscheinen auf dem Monitor abwechselnd mehrere Kreuze. Immer wenn 4 dieser Kreuze ein Quadrat bilden, muß der Patient eine Taste betätigen. Die 2. Aufgabe besteht darin, auf eine alternierende Tonfolge aus einem tiefen und einem hohen Ton zu achten und eine Taste zu drücken, wenn derselbe Ton 2mal hintereinander zu hören ist. Dieser Test hat gegenüber vielen anderen Verfahren, mit denen die Fähigkeit zur Aufmerksamkeitsteilung eingeschätzt werden kann, den Vorteil, neben einer optischen auch eine akustische Reizsituation vorzugeben, wie dies auch bei vielen Alltagsanforderungen der Fall ist.

Neben diesen apparativen Verfahren zur Erfassung von Störungen der Aufmerksamkeitsteilung existieren auch mehrere Papier-Bleistift-Tests. Aus dem Hamburg-Wechsler-Intelligenztest für Erwachsene (Wechsler 1964) ist in diesem Zusammenhang der **Zahlen-Symbol-Test** (ZST) zu nennen. Als Testmaterial werden ein Formblatt, eine Stoppuhr und ein Bleistift benötigt. Der Patient hat nach 5 Übungsbeispielen die Aufgabe, Zahlen nach einem vorgegebenen System in Symbole zu übersetzen. Dabei muß er sowohl auf die Zahlen-Symbol-Vorgabe als auch auf die zu übersetzenden Reihen von Ziffern achten. Nach 90 s wird die Anzahl richtig eingesetzter Symbole ausgezählt. Das Testergebnis kann für die jeweilige Altersgruppe anhand einer Normwerttabelle verglichen werden.

Ein weiterer Papier-Bleistift-Test, der ebenfalls eine rein visuelle Teilung der Aufmerksamkeit verlangt, ist der bereits beschriebene **Trailmaking-Test** (TMT). Während die A-Version unter dem Aspekt der kognitiven Verarbeitungsgeschwindigkeit von Interesse ist, ist die Anforderung an die Aufmerksamkeitsteilung im 2. Teil (TMT/B) höher zu bewerten. Hier enthalten 13 Kreise Zahlen von 1–13 und 12 Kreise Buchstaben von A–L. Zahlen und Buchstaben müssen im TMT/B in alternierender Reihenfolge (1-A-2-B-3-C usw.) verbunden werden. Diese Aufgabe belastet das Arbeitsgedächtnis doppelt. Der Patient muß sowohl die Zahlenfolge als auch das Alphabet in aufsteigender Reihe verfolgen.

Der TMT wird wesentlich häufiger benutzt als der ZST. Mehrere Untersuchungen haben im TMT eine verminderte Leistung bei Schädel-Hirn-Traumatikern gefunden (Eson u. Bourke 1982; Eson et al. 1978). Normative Daten für den TMT finden sich bei Lezak (1983) sowie in einer von Stuss et al. (1987) veröffentlichten Studie, in der die Autoren u. a. eine hohe Korrelation zwischen dem TMT und dem PASAT von Gronwall u. Sampson (1974) feststellen.

Der PASAT vereinigt 2 mentale Operationen in einer Aufgabe. Die Doppelaufgabe besteht darin, gleichzeitig eine Rechenoperation durchzuführen und eine Zahlenreihe zu verfolgen. Die Zahlen werden üblicherweise in 4 Geschwindigkeiten dargeboten (2,4/s, 2,0/s, 1,6/s und 1,2/s). Normative Daten finden sich bei Gronwall (1977), Gronwall u. Wrightson (1974) sowie bei Stuss et al. (1987, 1988). Die beste Trennung zwischen Patienten nach Schädel-Hirn-Trauma und Kontrollpersonen ergab sich nach Gronwall (1977) bei einem Interstimulusintervall von 2 s. Sowohl für den TMT als auch für den PASAT konnte eine Abhängigkeit des Ergebnisses von Alter und Bildungsgrad festgestellt werden (Stuss et al. 1987). Beide Variablen sollten daher bei der Beurteilung berücksichtigt werden. Positiv ist die Tatsache zu bewerten, daß die Reize in diesem Test im Gegensatz zu den meisten anderen Methoden ausschließlich akustisch präsentiert werden.

Zusammenfassend kann gesagt werden, daß die genannten apparativen Verfahren den Vorteil haben, beliebige getrennt voneinander ablaufende Reizreaktionsprozesse zu kombinieren. Die übrigen psychometrischen Verfahren erlauben im Vergleich dazu eher eine allgemeine Beurteilung der Aufmerksamkeitsteilung. Der Anforderungsgehalt wird in jedem Test durch das Ausmaß an Interferenz zwischen den verschiedenen Informationskanälen bestimmt. Je mehr gemeinsame Kapazität beansprucht wird, desto stärker muß die Aufmerksamkeit bewußt kontrolliert werden. Im PASAT ist die Anforderung an die Aufmerksamkeitskontrolle sicherlich am höchsten.

4.5   Beurteilung der Daueraufmerksamkeit

Eine weitverbreitete Form der Beeinträchtigung ist bei Patienten der klinischen Neuropsychologie die reduzierte Daueraufmerksamkeit. Diese ist dem Patienten in der Regel bewußt. Folglich sind auch die meisten Patienten recht verläßlich in der Lage, eine zutreffende Beurteilung ihrer Daueraufmerksamkeit, z. B. über den gesamten Tag hinweg, abzugeben. Gemeint ist hiermit neben der Fähigkeit, den ganzen Tag „wach" zu sein, ohne ein erhöhtes Schlafbedürfnis zu haben, auch die Fähigkeit, die Aufmerksamkeit gezielt und über längere Zeit auf bestimmte externe oder interne Reize zu fokussieren. Beispiele hierfür sind die kontinuierliche Beobachtung des Radarschirms durch einen Fluglotsen oder die Überwachung einer industriellen Anlage. In schwereren Fällen von reduzierter kognitiver Daueraufmerksamkeit bzw. von eingeschränkter Fähigkeit zu kontinuierlich-fokussierter Aufmerksamkeit kann es bei der Bearbeitung psychodiagnostischer Tests bereits nach wenigen Minuten zu einem Leistungseinbruch mit erhöhter Fehlerzahl und verringertem Arbeitstempo kommen. In diesem Zusammenhang spielt die Anstrengungsbereitschaft eine wichtige Rolle, d. h. eine motivationale Komponente, welche per se durch die Hirnschädigung beeinträchtigt sein kann. In diesem Fall wäre es durchaus möglich, daß der Patient über eine im wesentlichen unbeeinträchtigte Daueraufmerksamkeit verfügt und sich dennoch nicht auf eine ihm vorgelegte Aufgabenstellung konzentriert. Im Einzelfall kann es sehr schwierig sein, den Einfluß dieser beiden Variablen auf das Zustandekommen einer schlechten Leistung auseinanderzuhalten. Manchmal äußert auch der Patient selbst seine mangelhafte Motivation, einen bestimmten Test durchzuführen. Dies kann insbesondere bei mangelnder Einsicht in das durch die Hirnschädigung bedingte Leistungsdefizit (s. 4.8) der Fall sein. Eine weitere Variable, die zum Bild einer reduzierten kognitiven Daueraufmerksamkeit führen kann, ist die möglicherweise erhöhte Ablenkbarkeit, entweder durch störende Umgebungsreize (externe Ablenkbarkeit) oder durch häufiges inneres Abschweifen im Sinne erhöhter Neigung zu grübeln (interne Ablenkbarkeit).

Probleme mit der kognitiven Daueraufmerksamkeit gehören zu den nach Hirnschädigung mit Abstand am häufigsten auch spontan vom Patienten selbst berichteten Veränderungen. Dies ist vor allem in der Frühphase nach einer Hirnschädigung sowie besonders häufig nach Schädel-Hirn-Trauma der Fall. Hervorzuheben ist das sog. postkontusionelle Syndrom (PKS), bei dem die besonders nachhaltig reduzierte kognitive Daueraufmerksamkeit hohe Alltagsrelevanz erlangt. Solche Patienten klagen selbst mehrere Jahre nach ihrem Schädel-Hirn-Trauma noch über in Belastungssituationen einsetzende quälende Kopfschmerzen und andere leistungsbeeinträchtigende vegetative Symptome.

Formale Testverfahren zur Erfassung der kognitiven Daueraufmerksamkeit über längere Zeiträume sind aus ethischen Gründen nicht entwickelt worden. Hinweise auf eine Beeinträchtigung können jedoch Testverfahren geben, die zur Beurteilung des Konzepts tonische „alertness" bzw. Vigilanz dienen sollen.

Ein Beispiel hierfür ist der **Uhrentest** nach Mackworth (1950). Hier geht es darum, über ca. 25 min hinweg kontinuierlich ein Zifferblatt zu beobachten, auf dem ein Punkt etwa im Sekundentakt von Position zu Position springt. Der Patient hat die Aufgabe, auf selten auftretende „Doppelsprünge" sofort mit einem Tastendruck zu reagieren. Entscheidend ist die Anzahl der Fehler, wobei 2 Fehlertypen differenziert werden müssen: einerseits das Übersehen eines kritischen Reizes (falsch-negativ), andererseits das Reagieren auf einen irrelevanten Stimulus (falsch-positiv).

Ein ähnliches Verfahren ist der **Continuous Performance Test** (CPT) nach Rossvold et al. (1956). Es existieren 2 Serien, eine X- und eine A-X-Serie. Bei der X-Serie besteht die Aufgabe des Patienten darin, einen Knopf zu drücken, wenn ein Dia mit X erscheint. Bei der A-X-Serie ist nur auf ein X nach einem A zu reagieren. Die Signale sind randomisiert eingestreut in Nichtsignale, die beliebige andere Buchstaben bzw. Buchstabenkombinationen sind. Die Geschwindigkeit der Reizdarbietung kann variieren. Als richtig gilt eine Reaktion dann, wenn innerhalb von 0,69 s auf ein Signal reagiert wird. Rossvold benutzte einen 5-min-Test mit 60 und einen 10-min-Test mit 120 möglichen richtigen Reaktionen. Glosser und Goodglass (1990) fanden mit einer für den Computer entwickelten Kurzversion mit erhöhter Reizrate Auffälligkeiten bei Patienten mit frontalen Gewebsläsionen. Einschränkend muß jedoch gesagt werden, daß mit diesen Verfahren der Verlauf der Daueraufmerksamkeit nur schwer zu beobachten ist. Unter extremen Monotoniebedingungen werden – wie bereits erwähnt – die Testergebnisse zudem stark von der Motivation des Patienten beeinflußt, die bei der Interpretation eines schlechten Befundes mit in Betracht gezogen werden muß.

Insbesondere bei der Beurteilung der kognitiven Daueraufmerksamkeit ist man also im wesentlichen auf Aussagen des Patienten oder seiner Angehörigen angewiesen. Wesentlich leichter und eindeutiger mit Tests zu erfassen ist die kontinuierlich fokussierte Aufmerksamkeit; dabei kann man – wie bereits erwähnt – in schweren Fällen schon nach wenigen Minuten einen Leistungsabfall bei der Bearbeitung eines kognitiv fordernden Tests feststellen. Dies gilt z. B. für den Test d2 und dessen Computeranalogie OKT (vgl. 4.3), bei denen jeweils auch ein Maß für die Leistungsschwankung über die einzelnen Testabschnitte hinweg berechnet wird.

Auch der Untertest **Vigilanz** aus der Testbatterie von Zimmermann und Fimm (1989) bietet die Möglichkeit, die kontinuierlich-fokussierte Aufmerksamkeit über längere Zeiträume zu erfassen. Im Gegensatz zu den bisher genannten Methoden können hier die Testdauer, die Modalität der Reize (akustisch oder optisch) sowie deren Häufigkeit variiert werden. Dadurch erlaubt der Test einerseits eine Differenzierung der Leistungsfähigkeit nach verschiedenen Sinnesmodalitäten, andererseits kann zwischen hoher Anforderung an die Aufmerksamkeitskapazität und Monotoniesituation gewählt werden.

Schließlich ist der **Konzentrationsleistungstest** (KLT) nach Düker (1959) erwähnenswert. In diesem Test sind einfache Rechnungen durchzuführen, wobei jeweils die Ergebnisse zweier aufeinanderfolgender Rechnungen verglichen werden sollen. Ist das Ergebnis der 1. Rechnung größer als das der 2., so soll das 2. Ergebnis subtrahiert, im umgekehrten Fall addiert werden. Die Testdauer beträgt i. allg. 20 oder 30 min, läßt sich jedoch beliebig verlängern. Bewertet werden Leistungsmenge (Anzahl durchgeführter Rechnungen) und Fehlerprozentsatz. Dieses Verfahren eignet sich – außer bei Patienten mit Störungen der Zahlenverarbeitung – zur Beurteilung einer relativen Leistungseinbuße.

4.6   Beurteilung der Fahrtauglichkeit

Eine besonders schwierige Aufgabe ist die Beurteilung der Fahrtauglichkeit nach einer Hirnschädigung. Van Zomeren et al. (1988) stellten die wichtigsten Defizite, die Einfluß auf die Fahrleistung nehmen, zusammen. Diese sind:
1) visuell-räumliche Störungen,
2) visuomotorische Beeinträchtigungen,
3) kognitive Verlangsamung,
4) Persönlichkeitsveränderungen.

Störungen der visuell-räumlichen Wahrnehmung wirken sich im Straßenverkehr beispielsweise in einer fehlerhaften Distanzschätzung aus. Funktionen der räumlichen Wahrnehmung (s. Kap. 1) sollten daher bei der Fahrtauglichkeitsuntersuchung besonders beachtet werden.

Visuomotorische Defizite haben insbesondere Einfluß auf das Spurhalten des Fahrzeugs. Van Zomeren et al. (1988) fanden eine hohe Korrelation zwischen der mittleren Abweichung eines Fahrzeugs von der Geradeausfahrt auf einer Teststrecke und dem Ergebnis im **Minnesota Rate of Manipulation Test**. Dieser Test besteht aus einem Steckbrett, das 4 Reihen mit 15 Vertiefungen und ebenso vielen Holzsteckern enthält. Der Patient hat die Aufgabe, in 2 1minütigen Durchgängen möglichst viele Holzstecker in die Vertiefungen des Bretts zu stecken.

Die kognitive Verlangsamung eines Patienten schließlich wirkt sich im Straßenverkehr um so deutlicher negativ aus, je komplexer die Situation und je größer der Zeitdruck ist. Für die Beurteilung des Fahrverhaltens sollten daher insbesondere solche Tests angewendet werden, die eine Aufmerksamkeitsteilung erfordern oder ein hohes Maß an Streß induzieren. Nach Angaben des Kuratoriums für Verkehrssicherheit in Wien (Bukasa et al. 1990) besteht ein Zusammenhang zwischen dem Ergebnis im **PVT** (vgl. 4.4) und dem Verhalten in Kreuzungssituationen, dem rechtzeitigen Wahrnehmen anderer Verkehrsteilnehmer sowie dem Spurhalten, Spurwechseln und Überholen. Der PVT erlaubt neben der Beurteilung der Aufmerksamkeitsteilung zudem mittels der Spurverfolgungsaufgabe eine Beurteilung der visuomotorischen Fähigkeiten des Patienten.

Belastbarkeit und Streßresistenz können relativ gut mit dem **RST-3** (Bukasa und Wenninger 1986c; Wiener Testsystem) beurteilt werden. Dieser Test erfordert ähnlich wie das WDG eine Mehrfachwahlreaktion – mit dem Unterschied, daß die Reize in fixen Intervallen präsentiert werden. Hierbei wechseln sich Durchgänge mit lang-

sameren und schnelleren Reizraten ab. Insbesondere Durchgänge mit hoher Reizrate induzieren ein deutliches Ausmaß an Streß beim Patienten. Sollte ein Patient
jedoch bereits in einfacheren Tests zur Messung der kognitiven Verarbeitungsgeschwindigkeit (z. B. ZVT, einfache Reaktionszeit) auffällig sein, kann auf eine
weiterführende Diagnostik mit dem PVT und RST-3 verzichtet werden. Als forma-
les Kriterium für die Diagnostik gilt in unserer Klinik, daß in allen Tests mindestens
ein Prozentrang von 16 erreicht werden muß.

Die weitaus schwierigste Aufgabe bei der Fahrtauglichkeitsprüfung ist es jedoch,
festzustellen, ob die Fahrtauglichkeit aufgrund von Persönlichkeitsveränderungen
eingeschränkt ist. Kombiniert mit anderen Defiziten, wie beispielsweise einer kognitiven Verlangsamung, stellt ein Patient mit mangelnder Selbstwahrnehmung, gestör-
tem planerischem Denken oder erhöhter Risikobereitschaft eine besonders große
Gefahr im Straßenverkehr dar. Insbesondere Patienten mit einer frontalen Gewebs-
läsion zeigen einige oder mehrere dieser Beeinträchtigungen. Für die Beurteilung
der Fahrtauglichkeit sollten daher zusätzlich die beschriebenen Verfahren zur Beurteilung der Selbstwahrnehmung (s. 4.8) und des Problemlösens (s. Kap. 6) angewendet werden.

Abschließend kann jedoch gesagt werden, daß durch eine testpsychologische
Untersuchung das tatsächliche Verhalten im Straßenverkehr nur eingeschränkt zu
beurteilen ist. Eine Studie von Hannen et al. (1990) konnte zeigen, daß die Ergebnisse einer umfangreichen Fahrtauglichkeitsprüfung und einer praktischen Fahrprobe
stark voneinander abwichen. Die Autoren fanden, daß etwa die Hälfte aller Patienten trotz teilweise schlechter Leistungen in der testpsychologischen Untersuchung
ausreichend sicher fahren. Aphasische Sprachstörungen oder Halbseitenlähmungen
hatten, im Gegensatz zu Gesichtfeldausfällen, keinen besonderen Einfluß auf das
Fahrverhalten. Diese Resultate, unterstützt durch unsere persönlichen Erfahrungen,
zeigen, daß die Fahrtüchtigkeit eines Patienten letztendlich nur durch eine praktische Fahrprobe sicher beurteilt werden kann. Eine etwa 1stündige Fahrt mit wechselnden Anforderungen (Stadtverkehr, Autobahn etc.) erscheint ausreichend. Ähnlich wie bei der Führerscheinprüfung empfiehlt es sich dabei, die Fahrleistung
anhand eines Protokolls (z. B. Erfassung des Spurhaltens, Einfädeln in den fließen-
den Verkehr und Verhalten an Kreuzungen etc.) zu dokumentieren. Besteht keine
Möglichkeit, eine praktische Fahrprobe durchzuführen, sollten Patienten mit auffälligen Testleistungen an den jeweils zuständigen Technischen Überwachungsverein
(TÜV) verwiesen werden. Der Patient muß in diesem Fall jedoch darüber aufge-
klärt werden, daß der TÜV die Fahrerlaubnis einziehen kann.

4.7   Hinweise zur Anwendung der Tests

Alle bisher genannten Testverfahren lassen sich nach Screening-Verfahren, erweiterter Diagnostik und Methoden zur Beurteilung einer relativen Einbuße in dem
betreffenden Leistungsbereich (verglichen mit dem meist geschätzten prämorbiden
Leistungsniveau) unterscheiden. Als Screening-Verfahren sollen hierbei solche Tests

aufgefaßt werden, die einen schnellen Überblick über die geforderte Leistung geben. Der Sinn einer erweiterten Diagnostik besteht einerseits darin, besondere Fragestellungen wie beispielsweise das Vorliegen einer modalitätsspezifischen Störung zu erfassen, andererseits erlaubt eine erweiterte Diagnostik eine Leistungseinschätzung auf höherem Niveau. Während beispielsweise einfache Reaktionszeiten nur selten auffällig sind, findet man bei der Messung komplexer Mehrfachwahlreaktionszeiten häufig eine Störung. Schließlich erlauben kognitiv anspruchsvolle Tests wie der KLT im Bereich der Daueraufmerksamkeit ein Urteil darüber, ob eine relative Leistungseinbuße vorliegt. In der Regel sollten diese Tests jedoch nur angewendet werden, wenn Verfahren der erweiterten Diagnostik keine Auffälligkeiten ergeben haben. Entgegen dieser Vorgehensweise sollte allerdings der PASAT aufgrund seiner hohen ökologischen Validität bei Fragestellungen nach der Berufsfähigkeit nach Möglichkeit immer durchgeführt werden. Eine Übersicht über die verschiedenen Aufmerksamkeitstests unter dem Aspekt ihrer Einsatzmöglichkeit gibt Tabelle 4-2.

4.8   Das Problem der Einsicht (awareness)

Zu den als Folge einer Hirnschädigung auftretenden Leistungsminderungen können Probleme des Patienten bei der Bewertung seiner Defizite hinzukommen. Der Extremfall einer völlig fehlenden Einsicht in die eigene Leistungsfähigkeit wurde zuerst bei Patienten beschrieben, die, obwohl sie alle Zeichen einer kompletten Blindheit aufwiesen, sich dessen nicht bewußt waren. Diese Kombination aus Sehstörung und veränderter Selbstwahrnehmung wurde später von Anton (1899) auf eine Unterbrechung der Verbindungen des okzipitalen Kortex mit anderen Hirnarealen zurückgeführt. Babinski (1914) fand eine ähnliche Form der Störung bei Patienten mit linksseitiger Hemiplegie und führte als erster den bis heute noch gebräuchlichen Begriff Anosognosie ein. Dieses von Babinski ursprünglich als „Ignorieren" der Folgen einer Hirnschädigung bezeichnete Phänomen ist gebunden an die Unfähigkeit des Patienten, seine objektiv nachweisbaren Störungen verbal zu formulieren. Der aus dem englischen Sprachraum kommende Begriff der „unawareness" trifft das Charakteristische dieser Störung insofern genauer, als er die Tatsache der fehlenden Bewußtseinsfähigkeit hervorhebt. Deutlich abzugrenzen ist die Anosognosie von Begriffen aus dem allgemeinen psychologischen Sprachgebrauch wie Verleugnen oder Abwehren, die weniger mit dem Nichtwahrnehmen der Störung als mit deren kognitiver Verarbeitung korrelieren. Bis heute liegen zahlreiche Untersuchungen vor, die zeigen, daß eine Anosognosie bei fast allen Arten von einzelnen oder multiplen Defiziten auftreten kann (zusammenfassend: Säring et al. 1988; McGlynn und Schachter 1989). Die häufig aufgestellte These, daß eine Anosognosie nur bei rechtshirnig geschädigten Patienten zu beobachten sei, ist inzwischen widerlegt (Welman 1969; Beutler 1976; Cutting 1978; Green u. Hamilton 1976). Richtig ist jedoch, daß eine Anosognosie bei rechtshirniger Läsion häufiger auftritt, schwerer ausgeprägt ist und länger anhält als bei einer linkshirnigen Läsion. Eine

Tabelle 4-2. Tests zur Erfassung verschiedener Aspekte der Aufmerksamkeit, gegliedert nach Screening-Verfahren (I), erweiterter Diagnostik (II) und Tests zur Beurteilung einer relativen Einbuße (III). ZVT Zahlenverbindungstest; TMT Trailmaking-Test; d2 Aufmerksamkeits-Belastungs-Test nach Brickenkamp; PASAT Paced Auditory Serial Addition Task; ZST Zahlen-Symbol-Test aus dem Hamburg-Wechsler-Intelligenztest; OKT On-line-Konzentrationstest der Fa. ZAK; WDG, FAT, RST-3, DR-2, PVT Untertests aus dem Wiener Testsystem; Uhrentest: nach Mackworth (1950); TDA (Teilung der Aufmerksamkeit), Go-/No-go-Test, opt./akust. Vigilanz: Untertests aus der Aufmerksamkeitstestbatterie von Zimmermann; CPT Continuous Performance Test nach Rossvold (1956) oder Glosser u. Goodglass (1990); KLT Konzentrationsleistungstest nach Düker (1959)

	I	II	III
Kognitive Verarbeitungsgeschwindigkeit	ZVT, TMT/A Einfache Reaktionszeit	WDG FAT	RST-3 (PASAT)
Selektive Aufmerksamkeit	OKT Go-/No-go-Test	DR-2	d2
Geteilte Aufmerksamkeit	TMT/B ZST	PVT TDA	PASAT
Daueraufmerksamkeit	Uhrentest CPT	Opt./akust. Vigilanz	KLT

der schwersten Formen der Anosognosie findet man beispielsweise bei rechtshirnigen Läsionen mit Neglect (s. auch 4.9). Schachter (1990) betont zudem einen Zusammenhang zwischen frontalen Schädigungen und Anosognosie. Der Autor stützt seine These 1. darauf, daß das Frontalhirn funktionell mit der Selbstkontrolle und der Wahrnehmung komplexer mentaler Aktivitäten verbunden ist (Stuss u. Benson 1986), und 2. auf die Tatsache, daß viele amnestische Patienten die Fähigkeit zur Selbstwahrnehmung nur dann verlieren, wenn auch frontale Strukturen zerstört sind (McGlynn und Schachter 1989). Die Erfassung der Anosognosie verursacht jedoch methodische Probleme. Selbstbeurteilungen des Patienten mittels eines klinischen Interviews oder eines Fragebogens (vgl. 4.1) können zwar die Diskrepanz zwischen Selbstwahrnehmung und objektiv gemessener Leistung aufdecken, doch findet man auch bei der Befragung von Patienten mit ungestörter Selbstwahrnehmung Strategien des Ausweichens, Ablehnens und Verharmlosens. Beutler (1976) fand aber in einer Untersuchung, die 2 Gruppen hirngeschädigter Patienten mit einer Kontrollgruppe Gesunder verglich, daß die als anosognostisch klassifizierten Patienten im Unterschied zu den als nicht anosognostisch klassifizierten Patienten auf ihrer unzutreffenden Selbstbeurteilung beharrten und nicht bereit waren, ihre Aussagen zu korrigieren.

Außer zum vollkommenen Ignorieren eines bestehenden Defizits kommt es oft auch zu einer Art Sorglosigkeit über die Folgen der Hirnschädigung. Dieses im deutschen Sprachraum als Anosodiaphorie bezeichnete Phänomen tritt häufig als Verlagerung einer Anosognosie während der Störungsrückbildung auf. Ist der Patient vorher der Ansicht, keinerlei Defizit zu haben, ist jetzt ein begrenztes Störungsbewußtsein vorhanden. Dabei sind dem Patienten die gesamten realen Auswirkungen der Defizite nicht bewußt, und er ist der Meinung, er werde fortan in seinem privaten und beruflichen Alltag wieder zurechtkommen. Um diese Behauptung zu begründen, werden verschiedene Strategien angewendet. Einige Patienten versuchen, die bestehenden Störungen zu verharmlosen, indem sie ihre Defizite auf prämorbid vorhandene Schwächen zurückführen („Ich habe mir schon immer schlecht Namen merken können" oder „Das ist nicht so schlimm, das brauche ich nicht zu können"). Oft ist auch eine Art magisches Denken zu beobachten. Patienten beharren beispielsweise darauf, daß sie lediglich eine momentane Krise durchmachen und bald wieder ihren prämorbiden Status erreichen werden. Andere Patienten wiederum versuchen, sämtliche vorhandenen Beeinträchtigungen auf ein isoliertes Defizit zu beziehen. Dabei wird das für sie am ehesten akzeptable Defizit (z. B. die Sehstörung) als Ursache allen Übels herausgestellt. Die vorhandene Sorglosigkeit über die Folgen der Hirnschädigung tritt vor allem bei zusätzlicher frontaler Läsion auf (Stuss u. Benson 1986). Hier interagieren reduzierte Fähigkeit des Entwerfens von Handlungsplänen, inflexibles Verhalten und mangelnde Reflexion des eigenen Handelns mit einem allgemeinen Mangel an Interesse hinsichtlich der veränderten Lebenssituation. In die Beurteilung, ob eine Anosodiaphorie vorliegt, sollten 2 weitere Faktoren einfließen: Zum einen wird die Aussage des Patienten über bestehende Störungen durch die Art der Fragestellung beeinflußt, zum anderen sind die meisten Patienten aufgrund fehlender Konfrontation mit ihren Defiziten nicht in der Lage, diese zu beschreiben. Im klinischen Interview sollten daher allgemeine Fragen nach dem Befinden („Wie geht es Ihnen?" oder „Geht es Ihnen gut?") vermieden werden, da diese in der Regel im Sinne sozialer Erwünschtheit beantwortet werden bzw. bei der Beschreibung der tatsächlich vorhandenen Beschwerden zu einer Abschwächung führen. Der Aspekt fehlender Erfahrung mit dem Defizit ist insbesondere bei kognitiven Defiziten zu berücksichtigen. Der zeitweilige Ausstieg aus dem Berufsleben, gekoppelt mit einem häufig zu beobachtenden sozialen Rückzug, führt bei vielen hirngeschädigten Patienten zu einem drastischen Abfall kognitiver Anforderungen. Ohne eine realistische Erfahrung mit den Auswirkungen von Aufmerksamkeits-, Gedächtnis- oder Planungsdefiziten können diese logischerweise nur unzureichend beschrieben werden.

Ob eine Anosognosie bzw. Anosodiaphorie vorliegt, läßt sich daher in der Regel nur mit Hilfe Dritter (z. B der Angehörigen) feststellen. Dabei sollten Selbst- und Fremdanamnese voneinander unabhängig erhoben werden. Der Gebrauch standardisierter Selbst- und Fremdbeurteilungsbogen hat sich in diesem Zusammenhang bewährt. Eine Beschreibung verschiedener Fragebogen zur Beurteilung unterschiedlicher Störungsarten wurde von McGlynn und Schachter (1989) zusammengestellt. Neben der Erfassung von Selbst- und Fremdbeurteilungen hat es sich nach unserer Erfahrung bewährt, den Patienten einschätzen zu lassen, welches Ergebnis er in einem Test erreichen wird. Dieses Verfahren ist um so leichter anzuwenden, je näher der Test an einer alltäglichen Anforderung orientiert ist. So kann ein Patient mit einer mittelgradigen Gedächtnisstörung um eine Einschätzung gebeten werden, wieviele Informationen – ausgedrückt in Prozent des Inhalts – er unmittelbar nach dem Hören einer kurzen Geschichte wiedergeben kann. Überschätzt der Patient seine Leistung auch nach wiederholt schlechtem Testergebnis, besteht mit hoher Wahrscheinlichkeit eine gestörte Selbstwahrnehmung.

4.9   Neglect

Ein sehr komplexes Phänomen innerhalb der Neuropsychologie ist das der unilateralen Vernachlässigung, des Neglects. Damit ist gemeint, daß der Patient die der Hirnschädigung gegenüberliegende Seite des eigenen Körpers sowie des ihn umgebenden Raumes trotz intakten Gesichtsfelds nicht beachtet, also vernachlässigt. Am ehesten evident wird ein Neglect in aller Regel in der visuellen Modalität (und hier scheint er auch am häufigsten zu sein), er kommt jedoch auch in der auditiven, der motorischen, der somatosensiblen Modalität oder in mehreren Modalitäten zugleich (sog. multimodaler Neglect) vor.

Ein (vorwiegend visueller) Neglect äußert sich in schwereren Fällen im Alltag beispielsweise darin, daß Gegenstände vorzugsweise in der linken Raumhälfte übersehen werden und der Patient infolgedessen dort häufig anstößt. Daß die Vernachlässigung vorwiegend die linke Raumhälfte betrifft, ist darauf zurückzuführen, daß für diese Form von „räumlicher" Verarbeitung im wesentlichen die rechte Hemisphäre – und hier besonders der Parietallappen – verantwortlich zu sein scheint.

Es gibt verschiedene Theorien darüber, wie diese oft nachhaltige und in schweren Fällen außerordentlich therapieresistente Störung zustandekommt. Dabei ist umstritten, ob es sich primär um ein Problem der Aufmerksamkeit für die jeweils betroffene Raumhälfte (in der Regel die linke) handelt. In diesem Fall würde der Patient selbst bei intaktem Gesichtsfeld die linke Hälfte des Raumes (oder Teile davon) nicht beachten, so als wäre diese nicht existent. Es handelte sich dabei nicht primär um ein Problem mangelnder basaler visueller Leistungen (wie dies z. B. bei Gesichtsfelddefekten der Fall wäre), sondern um ein höhergeordnetes Problem der Nichtbeachtung dessen, was sich in der betroffenen Raumhälfte befindet.

Alternativ zur Hypothese, der Neglect sei vorwiegend eine Aufmerksamkeitsstörung, wird die Auffassung vertreten, daß das Nichtbeachten von Reizen auf der betroffenen Seite aus einer Beeinträchtigung der räumlichen Repräsentation resultiert. Diese Idee leitet sich u. a. von einer „klassischen" Untersuchung von Bisiach u. Luzzatti (1978) ab, die einen Patienten mit visuellem Neglect untersuchten und diesen den Domplatz in Mailand (den der Patient gut kannte) beschreiben ließen. Dabei sollte er sich den Platz zunächst von einer bestimmten Seite aus visuell-räumlich vorstellen. In der Beschreibung des Platzes durch den Patienten fehlten nahezu alle Gebäude auf der linken Seite. Danach wurde der Patient aufgefordert, sich denselben Platz aus der gegenüberliegenden Perspektive vorzustellen. Wiederum fehlten in der Beschreibung die Gebäude auf der aus dieser Perspektive gesehenen linken Seite, welche, aus der ersten Perspektive gesehen, auf der („intakten") rechten Seite gelegen hatten und folglich auch korrekt beschrieben worden waren. In der mentalen Vorstellung des Patienten fehlte dieser Untersuchung zufolge also jeweils die linke Hälfte des extrapersonalen Raums. Die Frage, ob es sich vorwiegend um ein Aufmerksamkeitsdefizit oder aber um ein Problem der mentalen Repräsentation des Raums handelt, ist nach wie vor nicht eindeutig beantwortet. Zunehmend kristallisiert sich jedoch die Erkenntnis heraus, daß es sich bei dem in der Literatur als Neglect bezeichneten Phänomen in Wahrheit um eine äußerst heterogene Gruppe von Störungen handelt, die – ähnlich wie beim psychiatrischen Begriff Schizophrenie – lediglich den Namen gemeinsam hat. Insofern ist es durchaus möglich, daß es sich bei manchen Neglectformen eher oder ausschließlich um ein Problem der räumlichen Repräsentation handelt, bei anderen wiederum eher um eines der Aufmerksamkeitszuwendung. Wieder andere Neglectformen könnten eine Mischung aus beiden sein.

Sicher scheint zu sein, daß Neglecte bevorzugt und in ausgeprägterer Weise auftreten, wenn es sich um eine Substanzschädigung des Hirns handelt, die den rechten Parietallappen betrifft. Neglecte nach linksparietaler Läsion sind wesentlich seltener und bei gleicher Läsionsgröße in der Regel deutlich weniger ausgeprägt. Es scheint nach bisheriger Erkenntnis ebenfalls zuzutreffen, daß schwere (und in der Regel weitgehend irreversible) Neglecte hauptsächlich bei älteren Patienten mit zerebrovaskulärer Ätiologie (Infarkt, Blutung) auftreten. Es handelt sich dabei häufig um sehr große rechtshirnige Substanzdefekte, deren Erscheinungsbild in der Regel durch ein deutliches motorisches Defizit sowie ausgeprägte Aufmerksamkeitsstörungen gekennzeichnet wird.

Diagnostisch zeigt sich ein ausgeprägter Neglect, wie erwähnt, bereits dadurch, daß Gegenstände auf der linken Seite (z. B. des Untersuchungstisches) systematisch übersehen werden, daß beim Essen der Teller nur rechtsseitig geleert wird, eine vom Patienten verfertigte Zeichnung eines beliebigen Gegenstands linksseitig defekt oder ausschließlich die rechte Seite des Gegenstands dargestellt ist etc.; entsprechend kommt es bei beliebigen Reizvorlagen (wie psychometrischen Tests) zu immer wieder auftretendem Übersehen der linksseitig angeordneten Stimuli. Außerdem leugnet oder bagatellisiert der Patient die Symptome oft. Insofern ist Neglect definitionsgemäß auch ein Defizit, welches eine unawareness (vgl. 4.8) für die eigene Störung hervorruft. In Extremfällen kann dies so weit gehen, daß gelähmte linke Extremitäten als nicht zum eigenen Körper gehörend angesehen und folglich geleugnet werden.

Leichtere Formen von Neglect oder sog. Restneglecte können diagnostiziert werden mittels doppeltsimultaner Stimulation (DSS) oder neueren computergestützten Programmen wie z. B. der Neglectprüfung aus der Aufmerksamkeitstestbatterie von Zimmermann. Im Falle der doppeltsimultanen Stimulation werden verschiedene symmetrisch angelegte Körperteile jeweils rechts und links an den entsprechenden Stellen gleichzeitig durch Druckreize oder Berührung stimuliert, und der Patient soll angeben, wo an seinem Körper er eine Berührung spürt. Bei leichteren Neglecten und Restneglecten, die im Alltag in der Regel nicht mehr auffallen, kommt es häufig vor, daß der Patient bei einer solchen doppelten Stimulation den linksseitigen Reiz durch die gleichzeitige rechtsseitige Bindung der Aufmerksamkeit nicht registriert. Eine weitere Form doppeltsimultaner Stimulation ist die von Karnath (1988) dargestellte Methode: Dabei werden tachistoskopisch entweder bilateral oder unilateral Stimuli (Farbphotographien von geometrischen Figuren) dargeboten. Es wird getestet, ob unilateral linksseitig dargebotene Reize im Gegensatz zu unilateral rechtsseitig dargebotenen seltener (bzw. in schweren Formen gar nicht) entdeckt werden oder ob es – bei bilateral-simultaner Darbietung – im Fall leichterer Formen von Neglect lediglich zu Extinktionsphänomenen auf der zur Hirnschädigung kontralateral gelegenen Gesichtsfeldseite (also in der Regel links) kommt.

In der Neglectprüfung aus der Aufmerksamkeitstestbatterie von Zimmermann befindet sich in der Mitte eines Bildschirms ein Quadrat, und auf dem gesamten

Schirm sind verschiedene Zahlen angeordnet. Innerhalb des zentralen Quadrats erscheint ein Buchstabe, der in unregelmäßigen Zeitabständen wechselt; dieser soll bei jedem Wechsel vom Patienten benannt werden. Während also durch diese Benennaufgabe die Aufmerksamkeit im Zentrum des Bildschirms gebunden wird, erscheinen zwischen den bereits vorhandenen in unregelmäßigen Zeitabständen für eine kurze Zeit neue Zahlen, die dadurch auffallen, daß sie – von 0–300 hochzählend – im Millisekundentakt flimmern. Auf das Erscheinen dieser Zahlen soll mittels Tastendruck möglichst schnell reagiert werden. Das Interessante an diesem Test ist, daß die Auswertung eine getrennte Analyse von 4 Gesichtsfeldanteilen (rechts und links, jeweils oben und unten) erlaubt. Es zeigt sich insbesondere bei leichteren oder Restneglecten, daß vor allem die mittlere Reaktionszeit auf Reize im linken unteren Gesichtsfeldquadranten, verglichen mit den anderen Gesichtsfeldanteilen, verlangsamt ist.

Andere gängige Testverfahren zur diagnostischen Abklärung eines Neglects sind:

1) Linien ausstreichen (Test of Visual Neglect; Albert 1973)

Die Vorlage hierbei ist ein Blatt Papier (im Original 20 x 26 cm), auf dem sich 40 Linien von je 2,5 cm Länge mit verschiedenen Steigungen befinden. Jeweils 18 Linien sind randomisiert auf der rechten wie auf der linken Seite der Vorlage verteilt und um 4 zentrale Linien gruppiert. Die Aufgabe des Patienten ist, Linien auszustreichen.

Albert (1973) berichtet, daß sich rechts- und linkshirnig geschädigte Patienten prozentual zwar nicht deutlich unterschieden (37 % der rechtshirnig geschädigten Patienten zeigten Vernachlässigungen von Linien, bei den linkshirnig geschädigten Patienten waren dies immerhin 30 %), jedoch dafür um so mehr in der Schwere der Vernachlässigung (Patienten mit rechtsseitiger Schädigung strichen etwa 7mal weniger Linien durch als Patienten mit linkshirniger Läsion). Ähnliche Verfahren erfordern das Ausstreichen von Zahlen, Buchstaben usw.

2) Linien halbieren (Diller et al. 1974; Kinsbourne 1974; Schenkenberg et al. 1980; Heilman et al. 1985)

Allen Tests dieser Art ist gemeinsam, daß auf einem Testbogen angeordnete, meist horizontale Linien unterschiedlicher Länge vom Patienten jeweils so genau wie möglich in der Mitte mit einem Kreuz oder Strich zu versehen sind. Es gibt in der Regel 2 Scores: 1. die Anzahl und Position der nichtmarkierten Linien, 2. der Grad der Abweichung von der Mitte, wobei die Linien links mit denen rechts und in der Mitte der Vorlage verglichen werden.

3) Zeichnen geometrischer Figuren aus dem Gedächtnis

Hier wird der Patient aufgefordert, z. B. eine Blume oder das Zifferblatt einer Uhr so genau wie möglich zu zeichnen. Bei Neglectpatienten kommt es dabei häufig vor, daß die linke Seite der Vorlage nur bruchstückhaft oder gar nicht dargestellt ist. Es ist allerdings anzumerken, daß es sich hierbei nicht um ein standardisiertes und normiertes Verfahren, sondern lediglich um eine grobe qualitative Entscheidungshilfe für oder gegen das Vorliegen eines Neglects handelt.

4) Kopieren von Figuren

Auch hier kann man bei Neglectpatienten in der Regel (wie beim freien Zeichnen aus der Erinnerung) auf der linken Seite des Gesichtsfelds Auslassungen oder unvollständige Darstellungen beobachten.

5) „Behavioural-inattention"-Test

Dieses von Halligan et al. (1991) entwickelte Verfahren zielt darauf ab, ein möglichst hohes Maß an ökologischer Validität zu erreichen. Es handelt sich um eine Testbatterie aus 6 konventionellen (Papier-und-Bleistift-)Tests sowie aus 9 „behavioural tests" (Verhaltensbeobachtungen in verschiedenen Alltagssituationen, z. B. Telephonieren, Lesen eines kurzen Zeitungsartikels, Kartenspielen etc.). Zur Validierung der behavioural tests wird vom jeweiligen Untersucher oder Therapeuten eine beschäftigungstherapeutische Checkliste (occupational therapist checklist) ausgefüllt, welche aus 11 Items besteht. Das Ausmaß des Neglects ergibt sich hierbei aus der Summe der Items, in denen der Patient als auffällig charakterisiert wird.

Literatur

Albert ML (1973) A simple test of visual neglect. Neurology 23:658–664

Anton G (1899) Über die Selbstwahrnehmung der Herderkrankungen des Gehirns durch den Kranken bei Rindenblindheit. Arch Psychiatr 32:86–127

Babinski J (1914) Contribution à l'étude des troubles mentaux dans l'hémiplégie organique cérébrale (Anosognosie). Rev Neurol 27:845–848

Baddeley AD, Hitch G (1974) Working memory. In: Brower GH (ed) The Psychology of Learning and Motivation (Vol. 8). Academic Press, New York

Beutler J (1976) Anosognosie. Med. Dissertation, RWTH Aachen

Birbaumer N (1990) Biologische Psychologie. Springer, Berlin

Bisiach E, Luzzatti C (1978) Unilateral neglect of representational space. Neuropsychologia 14:129–133

Bourdon B (1895) Observations comparatives sur la reconnaissance, la discrimination et l'association. Rev philos 40:153–185

Braun CMJ, Daigneault S, Champagne D (1989) Information processing deficits as indexed by reaction time parameters in severe closed head injury. Int J Clin Neuropsychol 11:167–176

Brickenkamp R (1967) Der Test d2. Verlag Hogrefe, Göttingen

Broadbent DN (1958) Perception and Communication. Pergamon, London

Broadbent DN, Cooper PF, Fitzgerald P, Parkes KR (1982) The Cognitive Failures Questionaire (CFQ) and its correlates. Br J Psychol 21:1–16

Bukasa B, Wenninger U (1986a) DR2 Test zur Erfassung des Entscheidungs- und Reaktionsverhalten (Testmanual). Kuratorium für Verkehrssicherheit, Wien

Bukasa B, Wenninger U (1986b) PVT Test zur Erfassung peripherer Wahrnehmungsleistungen bei gleichzeitiger Trackingaufgabe (Testmanual). Kuratorium für Verkehrssicherheit, Wien

Bukasa B, Wenninger U (1986c) RST3 Test zur Erfassung der reaktiven Belastbarkeit (Testmanual). Kuratorium für Verkehrssicherheit, Wien

Bukasa B, Wenninger U, Brandstätter C (1990) Validierung verkehrspsychologischer Testverfahren. Literas Universitätsverlag, Wien

Cohen R, Meier E, Schulze U (1983) Spontanes Lesen aphasischer Patienten entgegen der Instruktion. Nervenarzt 54:299–303

Cutting J (1978) Study of anosognosia. J. Neurol Neurochir Psychiatr 41:546–555

Diller L, Ben-Yishay Y, Gerstman LJ, Goodkin R, Gordon W, Weinberg J (1974) Studies in cognition and rehabilitation in hemiplegia (Rehabilitation Monograph No. 50). New York University Medical Center Institute of Rehabilitation Medicine, New York

Düker H (1959) Der Konzentrations-Leistungstest. Hrsg.: Lienert GA. Hogrefe, Göttingen

Eson ME, Bourke RS (1982) Assessment of long-term information processing deficits after serious head injury. In: Malatesha RN, Hartlage LC (eds) Neuropsychology and Cognition, Vol. 2. Artinus Nijhoff Publishers, The Hague, pp 129–141

Eson ME, Yen JK, Bourke R. S. (1978) Assessment of recovery from serious head injury. J Neurol Neurosurg Psychiatr 41:1036–1042

Glosser G, Goodglass H (1990) Disorders in executive control functions among aphasic and other brain-damaged patients. J Clin Exp Neuropsychol 12:485–501

Green J, Hamilton W(1976) Anosognosia for hemiplegia: somatosensory evoked potential studies. Neurol 26:1141–1144

Gronwall DMA, Sampson H (1974) The Psychological Effects of Concussion. Auckland University Press, Auckland

Gronwall DMA (1977) Paced auditory serial addition task: A measure of recovery from concussion. Percept Mot Skills 44:367–373

Gronwall DMA, Wrightson P (1974) Delayed recovery of intellectual function after minor head injury. The Lancet 14:605–609

Halligan PW, Cockburn J, Wilson BA (1991) The behavioural assessment of visual neglect. Neuropsychol Rehab 1:5–32

Hannen P, Hartje W, Pach R, Weber E, Willmes K (1990) Beurteilung der Fahreignung hirngeschädigter Patienten. Vortrag 30. bdp-Kongreß für Verkehrspsychologie, Rorschach

Heilman KM, Watson RT, Valenstein E (1985) Neglect and related disorders. In: Heilman KM, Valenstein E (eds) Clinical Neuropsychology, Second Edition. Oxford University Press, New York, pp 243–293

Heubeck E (1989) Computergestützte neuropsychologische Untersuchung von Personen mit Frontalhirnschädigung. Diplomarbeit, Universität Freiburg

Karnath H-O (1988) Deficits of attention in acute and recovered visual hemi-neglect. Neuropsychol 26:27–43

Kinsbourne M (1974) Lateral interactions in the brain. In: Kinsbourne M, Smith WL (eds) Hemispheric Disconnection and Cerebral Function. C. C. Thomas, Springfield/Ill

Lezak MD (1983) Neuropsychological Assessment. Oxford University Press, New York

Mackworth NH (1950) Researches in the measurement of human performance. MRC Special Report 268. In: Sinaiko HA (ed) Selected Papers on Human Factors in the Design and Use of Control Systems. Dover, London

Martin M, Jones GV (1984) Cognitive failures in everyday life. In: Harris JE, Morris PE (eds) Everyday Memory, Action and Absent-Mindedness. Academic Press, London

McGlynn SM, Schachter DL (1989) Unawareness of deficits in neuropsychological syndromes. J Clin Exp Neuropsychol 11:143–205

Moray N (1970) Attention. Academic Press, New York

Motoriktest aus dem psychologischen Computersystem. (1990) SimTest, Simbach/Inn

OKT Online-Konzentrations-Test. (1990) Unveröffentlichte Dokumentation. Fa. Ing. Bruno Zak, Simbach/Inn

Oswald W, Roth E (1978a) Der Zahlenverbindungstest. Hogrefe, Göttingen

Oswald WD, Roth E (1978b) Zusammenhänge zwischen EEG- und Intelligenzvariablen. Psychol Beitr 16:1–47

Papanicolau A (1987) Electrophysiological methods for the study of attentional deficits in head injury. In: Levin HS, Grafman J, Eisenberg HM (eds) Neurobehavioral Recovery from Head Injury. Oxford University Press, New York

Perret E (1974) The left frontal lobe in man and the suppression of habitual responses in verbal categorical behavior. Neuropsychol 12:323–330

Posner MI, Petersen SE (1990) The attention system of the human brain. Ann Rev Neurosc 13:25–42

Reason JT (1981) Lapses of attention. In: Parasuraman R, Davies R, Beatty JB (eds) Varieties of Attention. Academic Press, New York

Reitan RM (1958) Validity of the Trailmaking Test as an indication of organic brain damage. Percept Motor Skills 8:271–276

Rizzo PA, Amabile G, Caporali M, Spadaro M, Zanasi M, Morocutti C (1978) A CNV study in a group of patients with traumatic head injuries. Electroenceph Clin Neurophysiol 45:281–285

Rossvold HE, Mirsky AF, Sarason I, Bransome ED, Beck LH (1956) A continuous performance test of brain damage. J Consult Psychol 20:343–350

Rugg MD, Cowan CP, Nagy ME, Milner AD, Jacobson I, Brooks DN (1989) CNV abnormalities following closed head injury. Brain 112:489–506

Säring W, Prosiegel M, Cramon D von (1988) Zum Problem der Anosognosie und Anosodiaphorie bei hirngeschädigten Patienten. Nervenarzt 59:129–137

Schachter DL (1990) Toward a cognitive neuropsychology of awareness: Implicit knowledge and anosognosia. J Clin Exp Neuropsychol 12:155–178

Schenkenberg T, Bradford DC, Ajax ET (1980) Line bisection and unilateral visual neglect. Neurology 30:509–517

Shallice T (1982) Specific impairments of planning. In: Broadbent DE, Weiskrantz L (eds) The Neuropsychology of Cognitive Function. The Royal Society, London, pp 199–209

Shiffrin RM, Schneider W (1977) Controlled and automatic human information processing. II: Perceptual learning, automatic attending and a general theory. Psychol Rev 84:127–190

Shum DHK, McFarland K, Bain JD, Humphreys MS (1990) Effects of closed-head injury on attentional processes: an information-processing stage analysis. J Clin Exp Neuropsychol 12:247–264

Sternberg S (1969) On the discovery of processing stage. Acta Psychologica 30:276–315

Stroop JR (1935) Studies of interference in serial verbal reactions. J Exp Psychol 18:643–662

Stuss DT, Ely P, Hugenholtz H, Richard MT, Larochelle S, Poirer CA, Bell I (1985) Subtle neuropsychological deficits in patients with good recovery after closed head injury. Neurosurg 17:41–47

Stuss DT, Benson DF (1986) The Frontal Lobes. Raven Press, New York

Stuss DT, Stehtem LL, Poirer CA (1987) Comparison of three tests of attention and rapid information processing across six age groups. Clin Neuropsychol 1:139–152

Stuss DT, Stethem LL, Pelchat G (1988) Three tests of attention and rapid information processing: an extension. Clin Neuropsychol 2:246–250

van Zomeren AH, Brouwer WH (1987) Head injury and concepts of attention. In: Levin HS, Grafman J, Eisenberg HM (eds) Neurobehavioral Recovery from Head Injury. Oxford University Press, New York

van Zomeren AH, Brouwer WH, Deelman BG (1984) Attentional deficits: The riddles of selectivity, speed and alertness. In: Brooks DH (ed) Closed Head Injury. Oxford University Press, Oxford

van Zomeren AH, Brouwer WH, Rothengatter T, Snoek JW (1988) Fitness to drive a car after recovery from severe head injury. Arch Phys Med Rehabil 69:90–96

Wechsler D (1964) Der Hamburg-Wechsler-Intelligenz-Test für Erwachsene. Huber, Bern Stuttgart

Welman A (1969) Right-sided unilateral visual spatial anosognosia, asomatognosia and anosognosia with left hemisphere lesions. Brain 92:571–580

Wiener Testsystem PC/S Version 1.13 (1989) Unveröffentlichte Dokumentation. Schuhfried GmbH, Mödling/Wien

Zimmermann P, Fimm B (1989) Neuropsychologische Testbatterie zur Erfassung von Aufmerksamkeitsdefiziten. Psychologisches Institut der Universität Freiburg

5   Gedächtnis

U. Schuri

Einleitung

Lern- und Gedächtnisstörungen gehören zu den häufigsten Folgen einer erworbenen
Hirnschädigung und können zu erheblichen Behinderungen im beruflichen und
privaten Leben führen. Ihre Untersuchung ist daher ein wichtiger Bestandteil neuropsychologischer Diagnostik (Tabelle 5-1).

Je nach Ort und Ausmaß der Schädigung gedächtnisrelevanter Hirnstrukturen
(von Cramon u. Hebel 1989) variieren die Störungen hinsichtlich ihres Musters und
Schweregrades (Damasio et al. 1989; Delis 1989; Levin 1989; Petrides 1989; Shimamura 1989; Smith 1989; Butters u. Stuss 1989). Sie reichen von minimalen, durch
Tests schwer objektivierbaren Leistungseinbußen (wie leichten materialspezifischen
Störungen nach unilateraler Schädigung) bis hin zu schwersten Beeinträchtigungen,
wie sie beim amnestischen Syndrom (Parkin 1984) zu beobachten sind.

Gedächtnisprobleme treten selten isoliert auf, sondern sind in der Regel von
anderen Hirnleistungsstörungen (z. B. der Aufmerksamkeit oder der Sprache)
begleitet. Diese assoziierten Defizite können einerseits das Muster der Störungen
mitprägen und andererseits die Interpretation selbst scheinbar einfach zu deutender
Tests sehr erschweren. Ihrem Einfluß ist daher in diesem Kapitel ein eigener
Abschnitt (5.2) gewidmet.

Tabelle 5-1. Die bekanntesten Ursachen schwerer organischer Amnesien

– Schädelhirntraumen

– B_1-Avitaminose nach chronischem Alkoholmißbrauch

– Hirntumoren/Metastasen im oder in unmittelbarer Nähe des 3. Ventrikels

– Herpes-simplex-Enzephalitis

– Rupturierte Aneurysmen des Ramus communicans anterior

– Hirninfarkte im Versorgungsgebiet der A. cerebri posterior, der polaren Thalamusarterien
  sowie der proximalen A. cerebri anterior

– Globale zerebrale Ischämien (anoxisch-ischämische Enzephalopathie
  z. B. nach Herzstillstand)

– Primär-degenerative Hirnerkrankungen (z. B. vom Typ der Alzheimer-Erkrankung)

Eine differenzierte Diagnostik muß sowohl Prozesse der Informationsaufnahme bzw. Enkodierung (Einprägen, Lernen), des Behaltens neuer Informationen (kurz-, längerfristig) als auch des Abrufs (retrieval) neuer und alter Gedächtnisinhalte (freier Abruf, Abruf mit Hilfen, Wiedererkennen) berücksichtigen. Zu beachten ist auch, inwieweit das Lernen eines Materials die anschließende Aufnahme anderer Informationen stört (proaktive Interferenz) bzw. ob durch erneutes Lernen das Speichern des zuvor Aufgenommenen beeinträchtigt wird (retroaktive Interferenz). Es empfiehlt sich, als Material sowohl verbale als auch figurale Informationen zu verwenden. Gedächtnisleistungen sollten bevorzugt in der Form getestet werden, in welcher sie im Alltag vorwiegend gefordert sind. Berücksichtigt werden sollten neben dem bewußten expliziten Gedächtnis auch unbewußte, sog. implizite Gedächtnisleistungen (vgl. hierzu Richardson-Klavehn u. Bjork 1988). Im Rahmen neuropsychologischer Rehabilitation darf sich die Diagnostik nicht auf die formale Analyse von Gedächtnisfunktionen beschränken. Im Zentrum stehen vielmehr die konkreten Gedächtnisprobleme der Patienten im Alltag. Wo immer möglich, sollten außer der reinen Gedächtnisleistung auch die Vorgehensweise der Patienten und die spontan eingesetzten internen und externen Gedächtnishilfen (vgl. Schuri 1991) beobachtet werden.

Als Informationsquellen dienen zunächst objektive Leistungstests. In diesem Kapitel werden ausgewählte Verfahren diskutiert; Kriterien für die Auswahl waren deren Verbreitung und deren Brauchbarkeit im Rahmen klinischer Diagnostik. Neben den wenigen normierten deutschen Verfahren werden auch Tests bzw. experimentelle Techniken dargestellt, für die gegenwärtig keine umfangreichen Normdaten vorliegen. Auch einige der verfügbaren Tests aus dem englischen Sprachraum werden berücksichtigt; hierbei wird davon ausgegangen, daß die vorliegenden Vergleichswerte für figurale Tests auch in Deutschland als Orientierungshilfe verwendbar sind. Umfassende Darstellungen der im englischen Sprachraum gebräuchlichen Tests bzw. etablierter experimenteller Verfahren finden sich z. B. bei Erickson und Scott (1977), Puff (1982), Lezak (1983), Lewin (1986), Poon (1986) und Delis (1989). Spreen und Strauss (1991) geben eine genaue Beschreibung und Bewertung wichtiger Verfahren.

Wie später ausgeführt werden wird, decken die Leistungstests jedoch nicht alle relevanten Gedächtnisaspekte ab; zudem ist ihr Wert bei der Vorhersage von Alltagsverhalten aufgrund mangelnder ökologischer Validität vieler Verfahren bzw. aufgrund fehlenden Wissens über ihren Alltagsbezug eingeschränkt. Aus diesem Grund sind verhaltensorientierte Techniken wie Interviews, Fragebogen und Verhaltensbeobachtungen (Goldstein 1984; Wilson 1987) weitere wichtige diagnostische Informationsquellen. Sie haben ihre besondere Bedeutung im Rahmen der Therapie, wo sie nicht nur helfen, Alltagsprobleme zu identifizieren und die situativen Bedingungen zu klären, unter denen diese auftreten, sondern auch der Effektivitätskontrolle dienen.

5.1   Diagnostikbereiche

5.1.1   Kurzzeit-/Arbeitsgedächtnis

Nach gängigen Gedächtnistheorien (vgl. z. B. Baddeley 1990a) lassen sich verschiedene Gedächtnissysteme hinsichtlich der Dauer, wie lange Informationen gespeichert werden, unterscheiden:
1) Sensorisches Gedächtnis (wenige 100 ms)
2) Kurzzeitgedächtnis (einige Sekunden, bis zu 1 min)
3) Langzeitgedächtnis (Minuten bis zu Jahrzehnten)
Störungen des sensorischen Gedächtnisses sind im Rahmen von Wahrnehmungsbeeinträchtigungen abzuhandeln. Die in diesem Kapitel dargestellte Diagnostik richtet sich auf Kurz- und Langzeitgedächtnisleistungen.

Das Kurzzeitgedächtnis war in älteren Modellen (vgl. z. B. Atkinson u. Shiffrin 1968) als einheitliches System konzipiert, welches es erlaubt, eine begrenzte Menge von Informationen bis zu ihrem Abruf kurzfristig zu speichern. Nach der klassischen Arbeit von Miller (1956) waren dies 7 ± 2 Informationseinheiten (chunks of information). Eine weitere Funktion wurde dem Kurzzeitgedächtnis als Durchgangsstufe zum Langzeitgedächtnis zugewiesen. Neuere Konzeptionen, wie die eines „Arbeitsgedächtnisses" von Baddeley und Hitch (1974, vgl. auch Baddeley 1990b), gehen zum einen von unterschiedlichen Subsystemen aus, zum anderen betonen sie die Bedeutung des Kurzzeitgedächtnisses nicht nur für das Halten, sondern auch für das (gleichzeitige) Verarbeiten komplexer Informationen. Der letztere Gesichtspunkt ist insofern wichtig, als zahlreiche Alltagsaufgaben, wie Kopfrechnen oder das Verstehen eines Satzes, eine vorübergehende Speicherung von Informationen erfordern, während gleichzeitig andere verarbeitet werden.

Die klinische Untersuchung des Kurzzeitgedächtnisses beinhaltet traditionell die Testung von „Gedächtnisspannen" (im Englischen als „memory span" oder „span of immediate retention" bezeichnet), mit denen Aussagen zur **Kapazität** gemacht werden (vgl. Hirst 1982). Sie soll Hinweise auf die Menge der Informationen liefern, die eine Person kurzfristig speichern und damit im Überblick behalten kann.

Die Testung erfolgt i. allg. mit Hilfe der Methode des unmittelbaren seriellen Reproduzierens. Dabei wird eine Folge von Einzelinformationen im Sekundentakt dargeboten. Anschließend sollen die Items in derselben Reihenfolge reproduziert werden. Gelingt dies, so wird die Folge um ein Item verlängert. Der Test wird abgebrochen, wenn Sequenzen einer bestimmten Länge (jeweils mit neuen Items) mehrmals nicht korrekt erinnert werden. Als Maß für die Gedächtnisspanne gilt die Itemzahl der längsten noch richtig reproduzierten Folge. Aufgrund vorhandener materialspezifischer Effekte werden Gedächtnisspannen sowohl für verbale als auch für figurale Reize untersucht.

5.1.1.1   Gedächtnisspannen für verbales Material

Für verbale Informationen wird i. allg. die Zahlenspanne (digit span) geprüft, die uns als Bestandteil des HAWIE (Wechsler 1982) und der Wechsler Memory Scale

(WMS, Wechsler 1945; Böcher 1963) bzw. ihrer revidierten Form (WMS-R, Wechsler 1987) bekannt ist. Ein modifiziertes Vorgehen findet sich im Wilde-Intelligenztest (WIT; Jäger u. Althoff 1983), bei dem das Behalten von Zahlenfolgen, die unmittelbar nach mündlicher Darbietung niederzuschreiben sind, überprüft wird. Gedächtnisspannen für verbales Material können auch anhand von Buchstaben oder Wörtern untersucht werden. Interessant ist der Vergleich von Spannen für Wörter unterschiedlicher Länge und phonematischer Ähnlichkeit (Vorländer 1987), da er Hinweise auf spezifische Aspekte des Arbeitsgedächtnismodells von Baddeley (Baddeley 1990b) zuläßt. Um die Kapazität zu beurteilen, können außer den Leistungen beim unmittelbaren seriellen Erinnern auch die bei der freien Reproduktion von kurzen Wortlisten herangezogen werden. Der Test ist rasch durchführbar und eignet sich für eine schnelle orientierende Untersuchung. Wir benutzen z. B. eine Liste mit 10 konkreten und bildhaften Nomina, die nach einmaliger akustischer Darbietung in beliebiger Folge zu reproduzieren sind.

5.1.1.2   Gedächtnisspannen für visuell-räumliche Informationen

Zur Testung der Gedächtnisspanne für visuelle Reize wird heute häufig die Blockspanne nach Corsi (Milner 1971) ermittelt (zur Testbeschreibung vgl. auch Lezak 1983 und Smirni et al. 1983). Der Untersucher tippt dabei Holzblöcke, die auf einer Platte befestigt sind, in festgelegter Reihenfolge an. Diese Sequenz soll der Patient unmittelbar anschließend korrekt reproduzieren.

Analog konzipiert ist der Subtest „Visual memory span" der WMS-R (Wechsler 1987), bei dem kleine farbige Quadrate auf einer Bildvorlage in bestimmter Reihenfolge berührt werden müssen. Bei der Interpretation ist zu beachten, daß es sich bei diesen beiden Tests (aufgrund der Bewegungskomponente) streng genommen nicht um reine visuelle Kurzzeitgedächtnistests handelt.

5.1.1.3   Gleichzeitiges Halten und Verarbeiten von Informationen

Es gibt eine Reihe von Verfahren, die Anforderungen an das gleichzeitige Behalten und Verarbeiten von Informationen stellen. Hierbei gehen Gedächtnis- und Aufmerksamkeitskonzepte (Aufmerksamkeitskapazität und -teilung) fließend ineinander über.

Eine aufgrund ihrer Alltagsrelevanz (enger Zusammenhang mit Aspekten des Sprachverständnisses und des Lesens; vgl. Just u. Carpenter 1992) besonders interessante Aufgabe ist die von Daneman u. Carpenter (1980) entwickelte „reading span". Bei diesem Verfahren liest der Patient Sequenzen aus mehreren Sätzen und soll anschließend das letzte Wort eines jeden Satzes wiedergeben. Als reading span gilt die Anzahl von Sätzen, für die dies gelingt. Eine deutsche Version dieses Tests (Ems et al. 1991) sowie eine nach dem gleichen Prinzip aufgebaute computergesteuerte Version (Ehrhard u. Troppmann 1988) wurden in unserer Abteilung entwickelt. Differenzierte Normen liegen aber bislang nicht vor.

Beim Subtest „Arbeitsgedächtnis" der Testbatterie von Zimmermann u. Fimm (1988) erscheinen in kurzer Folge Zahlen auf einem Bildschirm. Der Patient hat immer dann eine Reaktionstaste zu drücken, wenn die jeweils vorletzte (bzw. in einer leichteren Version die letzte) Zahl wiederholt wird. Gemessen werden die Reaktionszeiten sowie die Anzahl der Fehler. Auch für dieses interessante Verfahren liegen noch keine Normdaten vor.

Hinweise auf Beeinträchtigungen beim gleichzeitigen Halten und Verarbeiten von Informationen kann auch das „Zahlennachsprechen rückwärts" aus dem HAWIE bzw. der WMS und WMS-R liefern, bei dem eine vorgesprochene Zahlensequenz in umgekehrter Reihenfolge wiedergegeben werden muß. Analog dazu wird für visuelle Informationen beim Subtest „Tapping backward" der WMS-R die umgekehrte Reproduktion einer Bewegungsabfolge geprüft.

Auch die zur Untersuchung von Kurzzeitvergessensprozessen entwickelte Brown-Peterson-Technik (Brown 1958; Peterson u. Peterson 1959) beinhaltet die Aspekte Halten und Verarbeiten von Informationen. Bei dieser Methode sollen sich die Probanden nach variablen Intervallen mit gezielter Ablenkung durch eine Distraktoraufgabe (wie Rückwärtszählen) an Reize (z. B. Konsonantentrigramme) erinnern.

Einschränkungen der Kapazität des Kurzzeitgedächtnisses bzw. beim gleichzeitigen Halten und Verarbeiten von Informationen setzen den Möglichkeiten der Informationsverarbeitung deutliche Grenzen. Besonders zu beachten sind globale (über verschiedene Materialien/Tests hinweg zu beobachtende) Beeinträchtigungen, wie sie nach diffus-disseminierter Hirnschädigung (z. B. globaler zerebraler Hypoxie) sowie bei primär-degenerativen Hirnerkrankungen auftreten. Solche Patienten können bei Konfrontation mit größeren Informationsmengen nur schwer den „Überblick" behalten und vergessen kurzfristige Vorhaben. Dies fällt im Alltag z. B in Gesprächssituationen auf. Auch Pläne unter Berücksichtigung vieler Einzelaspekte zu erstellen bereitet Schwierigkeiten.

5.1.2 Kurzfristiges Behalten einfacher und komplexer Informationen

In 5.1.2.1 und 5.1.2.2 werden Tests zum kurzfristigen Behalten einmalig dargebotener Informationen beschrieben, die nicht darauf abzielen, Aspekte des Kurzzeit-/Arbeitsgedächtnisses zu erfassen. Kurzfristiges Behalten soll hier bedeuten, daß die Testung unmittelbar oder kurz nach Reizdarbietung erfolgt.

5.1.2.1 Textinformationen

Ausgehend von den Alltagsanforderungen, erscheint die Prüfung der freien Reproduktion gehörter Texte besonders wichtig. Patienten, die hier Schwierigkeiten haben, sind im Alltag vielfältigen Einschränkungen unterworfen. Sie können Gesprächen nicht folgen und Rundfunk- und Fernsehinformationen nicht behalten.

Die international gebräuchlichsten Testbatterien (vgl. 5.3), die WMS/WMS-R (Wechsler 1945, 1987) und der Rivermead Behavioural Memory Test (RBMT; Wilson et al. 1985), prüfen daher die Erinnerungsleistungen für kurze narrative Texte. Wir benutzen einen längeren, sprachlich komplexeren Text mit 56 Informationseinheiten, der nach einmaligem Vorlesen frei reproduziert werden soll.

Die übliche Auswertung der Behaltensleistungen für Texte, welche nur die Anzahl reproduzierter Informationseinheiten berücksichtigt, ist nicht voll befriedigend. Wünschenswert wäre, u. a. die Relevanz der erinnerten Informationen sowie die erfaßten inhaltlich-logischen Zusammenhänge zu berücksichtigen (zur Problematik der Bewertung des Textgedächtnisses vgl. auch Loring u. Papanicolaou 1987).

5.1.2.2   Geometrische Designs und Gesichter

Kurzfristige Behaltensleistungen für visuelle Informationen werden zumeist durch die freie Reproduktion (free recall) bzw. das Wiedererkennen unterschiedlich komplexer geometrischer Muster untersucht. Das wohl bekannteste Verfahren ist der Benton-Test (Benton 1981). Er kann als Zeichenform (Reproduktion) mit 10 Reizvorlagen oder als Wahlform (Wiedererkennen aus 4 Reizmustern einer Multiple-choice-Vorlage) durchgeführt werden. In die Leistung bei der Zeichenform geht dabei auch die visuo-motorische Koordination ein. Für beide Testformen stehen Parallelserien zur Verfügung. Ferner existieren verschiedene Testinstruktionen. Die Standardinstruktion sieht eine Darbietung jeder Reizvorlage für 10 s vor und eine sich jeweils unmittelbar anschließende Prüfung der Erinnerungsleistung.

Der Subtest „Visual reproduction" der WMS-R (Wechsler 1987) erfaßt die freie Reproduktion von 4 geometrischen Mustern.

Der Rey-Osterrieth Complex Figure Test (vgl. Spreen u. Strauss 1991) ist schwieriger als die beiden oben beschriebenen Verfahren. Dieser Test, dessen erste Phase (Kopieren einer komplexen Abbildung) auch zur Untersuchung konstruktiver Leistungen herangezogen wird, stellt allerdings nicht nur hohe Anforderungen an das Gedächtnis, sondern auch an visuomotorische Fähigkeiten. Nähere Hinweise zu diesem Verfahren (Abbildung der beiden als Paralleltests benutzten Vorlagen von Rey und Taylor, Beschreibungen der Durchführung und der Auswertung, Grobnormen) finden sich bei Spreen und Strauss (1991) sowie bei Lezak (1983).

Zur Untersuchung der Rekognitionsleistung für geometrische Muster kann neben der bereits erwähnten Wahlform des Benton-Tests auch der aus 4 Items unterschiedlicher Komplexität bestehende Subtest „Figural memory" der WMS-R herangezogen werden.

Ein computergesteuertes Verfahren zur Prüfung der Rekognitionsleistung für geometrische Muster ist der GEMAT aus dem „Act-and-react"-Testsystem (Bukasa u. Wenninger 1986).

Solche Tests, die die Erinnerungsleistung (den freien Abruf und das Wiedererkennen) für geometrische Muster prüfen, können materialspezifische Defizite aufdecken und nach unseren Erfahrungen bei der schwierigen Frühdiagnostik primärdegenerativer Hirnerkrankungen eine Hilfe sein.

Das Gedächtnis für Gesichter hat im Alltag eine besondere Bedeutung. Es kann mit Hilfe des „Recognition-memory"-Tests von Warrington (1984) untersucht werden. Dabei werden 50 Photos unbekannter Gesichter für je 3 s dargeboten. Direkt anschließend wird die Rekognitionsleistung ermittelt, indem jedes Bild zusammen mit einem Distraktorreiz präsentiert wird. Für den Test liegen englische Grobnormen für den Altersbereich 18–70 Jahre vor.

Im Alltag spielt auch das Gedächtnis für komplexe räumliche Gegebenheiten eine Rolle. Hier werden Störungen beim Zurechtfinden in einer neuen häuslichen Umgebung, beim Einprägen von Wegen und beim Wiederfinden abgelegter Dinge beobachtet (s. 5.1.3.3).

5.1.3 Lernen

Um einen Eindruck zu gewinnen, wie gut ein Patient in der Lage ist, im privaten oder beruflichen Alltag bzw. im Rahmen rehabilitativer Maßnahmen neue (evtl. auch umfangreiche) Informationen aufzunehmen, reicht die Prüfung der bisher diskutierten Erinnerungsleistungen nach einmaliger, kurzfristiger Darbietung von Informationen nicht aus. Zum klinischen Standard gehören daher zusätzlich Lerntests, bei denen Informationen über längere Zeit oder wiederholt dargeboten werden. Bei letzterem Verfahren kann der Lernzuwachs nach jedem Durchgang geprüft werden. Werden die Informationen nur einmal dargeboten, so ergeben sich fließende Übergänge zu den in 5.1.2 beschriebenen Tests.

5.1.3.1 Paarassoziationen

Erickson und Scott (1977) sehen in den allgemein gebräuchlichen Paarassoziationstests die beste Möglichkeit, Lernprozesse zu testen. Bei diesen Verfahren werden assoziative Verknüpfungen zwischen jeweils 2 Einzelinformationen gelernt (Alltagsbeispiele: Vokabellernen, Personen-/Namenlernen). Die WMS enthält einen Wortpaarassoziationstest und die WMS-R einen weiteren Paarassoziationstest, bei dem die Verknüpfung zwischen Farben und abstrakten Strichmustern gelernt wird. Wir verwenden 3 Paarassoziationstests, die an anderer Stelle (Schuri 1988) genau beschrieben sind: Das Lernen von je 8 Wort-, Gesichter-Namen- und Objektpaarassoziationen. Die Verknüpfungen werden in jeweils 4 Durchgängen nach der Lern-Prüfmethode (vgl. Bredenkamp u. Wippich 1977) gelernt. Der Wortpaarassoziationstest ist schwieriger als die entsprechenden Tests aus der WMS bzw. WMS-R, da als Material ausschließlich „distante" Wortpaare dienen, d. h. solche, die kaum spontan miteinander assoziiert werden. Der Gesichter-Namen-Test wird deshalb durchgeführt, weil Patienten häufig über Schwierigkeiten beim Lernen neuer Namen klagen. Paarassoziationsaufgaben mit Alltagsbezug finden sich auch im Lern- und Gedächtnistest (LGT-3) von Bäumler (1974, vgl. 5.3): Gelernt werden sollen türkische Vokabeln und Telephonnummern verschiedener Anschlüsse. In einem weiteren nonverbalen Subtest sollen zu Firmenemblemen vorgegebene Umrandungen assoziiert werden. Die Tests stellen hohe Anforderungen, haben jeweils nur eine einzige kurze Lernphase, und die Prüfung des Aufgenommenen erfolgt (ebenfalls unter Zeitbegrenzung) erst nach der Bearbeitung anderer Testteile.

5.1.3.2 Einzelinformationen

Neben Paarassoziationsaufgaben gibt es Verfahren, die die Lernleistungen für größere Mengen isolierter bzw. mehr oder weniger inhaltlich assoziierter Einzelinformationen (Wörter, Bilder) prüfen. Bekannte Vertreter dieser Kategorie sind der Auditory Verbal Learning Test (AVLT) von Rey (vgl. Lezak 1983) und der California Verbal Learning Test (CVLT: Delis et al. 1987), bei denen 15 bzw. 16 Wörter in 5 Durchgängen nach Vorlesen frei reproduziert werden müssen. An diese Lerndurchgänge schließt sich die einmalige freie Reproduktion einer neuen Liste an, der die Prüfung der Erinnerungsleistungen für die zuerst gelernten Wörter folgt. Durch diesen Aufbau können beide Verfahren Hinweise auf pro- und retroaktive Interferenzwirkungen (vgl. „Einleitung") liefern. Für den California Verbal Learning Test liegt eine deutsche Version mit 2 Parallelformen und Vergleichsdaten gesunder Personen zweier Altersgruppen (19–35, 36–79 Jahre) vor (Ilmberger 1988). Interessant ist dieser Test auch deshalb, weil sich das Wortmaterial (Einkaufslisten) – anders als beim AVLT – nach semantischen Gesichtspunkten gruppieren (clustern) läßt. Mit dem Test kann der spontane Einsatz dieser wirksamen Gedächtnisstrategie geprüft werden. Der Test prüft auch mittelfristige Behaltensleistungen (vgl. 5.1.4) und liefert Hinweise, wie Informationen abgerufen werden (erfaßt werden der freie Abruf, der Abruf mit Hinweisreizen und die Rekognition). Schließlich gibt es noch einen Kennwert für das Auftreten von Intrusionen, wie sie z. B. bei Patienten mit Korsakow-Syndrom und solchen mit Alzheimerscher Erkrankung vermehrt auftreten (Butters 1985).

Eine interessante Variante des Listenlernens ist der Selektive Reminding Test von Buschke und Fuld (1974). Dabei wird die vollständige Wortliste nur einmal dargeboten, und in den anschließenden Lerndurchgängen werden nur jeweils diejenigen Items wiederholt, welche beim vorangegangenen Durchgang nicht reproduziert werden konnten. Es werden Kennwerte berechnet, die Aussagen zum Kurzzeitgedächtnis, Langzeitgedächtnis und Abruf von Informationen aus dem Langzeitgedächtnis erlauben sollen. Dabei ist die operationale Definition der unterschiedlichen Gedächtnisaspekte, vor allem die Unterscheidung zwischen „Langzeitgedächtnis" und „Abruf aus dem Langzeitgedächtnis", problematisch (vgl. Loring u. Papanicolaou 1987; Spreen u. Strauss 1991).

Beim Subtest „Merkaufgaben" des Intelligenz-Struktur-Tests (I-S-T) von Amthauer (1955) wird die Lern- und Behaltensleistung für Wörter untersucht. Innerhalb von 3 min sollen 20 Wörter, die nach Kategorien geordnet sind (Blumen, Werkzeuge, Vögel, Kunstwerke, Tiere) gelernt werden. In einer neueren Version des Tests (I-S-T 70; Amthauer 1973) sind es Wörter der Kategorien Sportarten, Nahrungsmittel, Städte, Berufe und Bauwerke. Die Testphase schließt sich unmittelbar an die Lernphase an. Dabei wird der Anfangsbuchstabe jedes Reizes vorgegeben, und das zu erinnernde Wort soll der Kategorie zugeordnet werden, in der es gelernt wurde. Bäumler (1974) weist darauf hin, daß das Resultat aufgrund der Aufgabenstellung, die den Probanden oft irreführe, am ehesten im Sinne einer inzidentiellen, d. h. beiläufigen Behaltensleistung interpretiert werden kann.

Der TME (Tempoleistung und Merkfähigkeit Erwachsener) von Roether (1984) enthält je einen Test zur Prüfung der Lern- und Behaltensleistung für visuelle und auditive Informationen. Das visuell dargebotene Material besteht aus 30 Kärtchen mit farbigen Abbildungen einfacher Gegenstände. Sie werden in Abständen von 2 s vorgelegt. Unmittelbar nach Reizdarbietung sollen (ohne Beachtung der Reihenfolge) die Gegenstände benannt werden, an die der Proband sich noch erinnert.

Das gleiche Vorgehen wird anschließend wiederholt. Das akustisch dargebotene Testmaterial besteht aus 20 2silbigen konkreten Begriffen, die vorgelesen werden. Der Test läuft wie der oben beschriebene ab. Die Reproduktionsmenge im 1. und 2. Durchgang wird jeweils gesondert ausgewertet und sodann ein Wert für die Gesamtleistung ermittelt.

Der „Recurring-figures"-Test von Kimura (1963) untersucht das Lernen figuraler Informationen. Er liegt auch in deutschen Bearbeitungen von Hartje u. Rixecker (1978) sowie Sturm (1990) vor. Bei diesem Test werden dem Probanden zunächst 20 teilweise schwer zu benennende Testfiguren der Reihe nach dargeboten. Anschließend werden 8 dieser Items zusammen mit jeweils 12 neuen Figuren in 7 Blöcken wiederholt dargeboten. Geprüft wird das Wiedererkennen der bekannten Vorlagen.

Stollmann (1990) entwickelte analog zum Recurring-figures-Test einen sprachlichen Gedächtnistest. Bei ihm besteht das Material aus Pseudowörtern, die auf Testkärtchen gedruckt sind. Für den Recurring-figures-Test und seine verbale Version liegen jeweils 2 Parallelformen und umfangreiche Normdaten vor. Beide Tests sind hinsichtlich ihres Aufbaus gut vergleichbar und eignen sich zur Objektivierung materialspezifischer Defizite.

Das „Diagnosticum für Cerebralschädigung" (DCS; Weidlich 1972; Lamberti 1978; Weidlich u. Lamberti 1980; Lamberti u. Baales 1991) ist ein weiterer Test, mit dem das Lernen visueller Informationen geprüft wird. Er fordert neben dem Behalten von Einzelinformationen auch die korrekte Wiedergabe ihrer Darbietungsfolge: Dem Probanden werden nacheinander 9 einfache (jeweils aus 5 Strichen bestehende) Reizmuster vorgelegt. Anschließend soll die gesamte Reizserie mit Hilfe von Stäbchen in der richtigen Reihenfolge nachgelegt, d. h. also frei reproduziert werden. Treten Fehler auf, wird die Darbietung bis zu 6mal wiederholt. Lamberti und Baales (1991) entwickelten eine Parallelform dieses Tests, wodurch seine Anwendbarkeit in der Verlaufsdiagnostik verbessert wurde. Bei der Interpretation der Ergebnisse ist die konstruktive Leistungskomponente des Tests zu beachten.

5.1.3.3 Räumliche Gegebenheiten und Wege

Muramoto (1984) hat die oben bereits beschriebene Methode des selektiven Erinnerns von Buschke und Fuld (1874) auf das Lernen einer Anordnung von Gegenständen (Schraube, Knopf etc.) übertragen, die vor dem Patienten unter Filmdöschen verborgen sind. Muramoto (1984) setzte diesen Test, der leichter ist als die verbale Version, bei der Untersuchung dementer Patienten ein.

Der Misplaced Objects Test (Crook et al. 1990) ist ein weiteres Untersuchungsverfahren zur Objektlokalisation. In seiner Computerversion legt der Patient 20 Haushaltsgegenstände in 12 unterschiedlich ausgestatteten Räumen ab. Das Tempo bestimmt er selbst. Hat er alle Objekte plaziert, stehen ihm 15 s zur Verfügung, um sich ihre Verteilung einzuprägen. Die Erinnerungsleistung wird nach 40 min geprüft (eine Differenzierung zwischen Enkodierungs- und Behaltensleistung ist damit nicht möglich). Der Test zielt auf die oft zu beobachtende Schwierigkeit, abgelegte Dinge wiederzufinden. Es erscheint jedoch fraglich, ob er eine gute Simulation dieses Alltagsproblems darstellt, bei dem Aufmerksamkeitsprozesse sicher eine entscheidende Rolle spielen.

Wegen ihrer Alltagsrelevanz sollten auch die Leistungen beim Lernen neuer Wege beurteilt werden. Die prädiktive Valenz einfach durchzuführender Tests – wie des Lernens einer Wegskizze, eines Labyrinths oder auch des im RBMT (Wilson et al. 1985) untersuchten Erinnerns eines Weges im Untersuchungsraum – erscheint dabei allerdings fraglich. Dies gilt umso mehr, wenn Störungen der visuellen Exploration vorliegen, welche die Gesamtübersicht des Patienten einschränken. Um auch in diesen Fällen das Verhalten im Alltag vorhersagen zu können, erscheint es sinnvoll, im jeweiligen Klinikbereich mehrere wenig benutzte „Teststrecken" festzulegen und Richtwerte für die Bewältigung solcher Wege zu erarbeiten.

5.1.3.4   Textinformationen

Zwei Tests, bei denen Informationen in Textform vorgelegt werden, entstammen dem WIT (Jäger u. Althoff 1983) sowie dem LGT-3 (Bäumler 1974):
- Beim Subtest „Bau" des LGT-3 sollen Details einer Baubeschreibung aus einem Testheft gelernt werden. Nach zwischengeschalteten anderen Aufgaben sind gezielte Fragen zum Text zu beantworten.
- Der WIT enthält einen alltagsnahen Subtest, bei dem biographische Angaben zu 2 Personen jeweils 3 min lang gelernt werden. Das Gedächtnismaterial besteht sowohl aus verbalen Informationen (Namen, Adressen, Telephonnummern etc.) als auch aus Porträtaufnahmen der Personen und wichtiger Bezugspersonen. Ebenfalls nach Zwischenschaltung anderer Tests sollen in einer 3teiligen Prüfphase nach etwa 1 h Einzelheiten der Lebensläufe und Photos wiedererkannt bzw. frei reproduziert werden. Die Ergebnisse dieses Subtests werden bei der Auswertung in einem Testwert zusammengefaßt; dies verhindert eine differenzierte Interpretation.

Beide Tests erfordern schnelles Lesen und lassen keine getrennte Beurteilung der Lern- und Behaltensleistung zu.

5.1.4   Mittel- und längerfristiges Behalten neuer Informationen

Neben der Untersuchung kurzfristiger Behaltensleistungen sollte auch das Erinnern neuer Informationen nach einem längeren Zeitraum Bestandteil klinischer Gedächtnisprüfungen sein. Gebräuchlich sind dabei Intervalle von 20–45 min (mittelfristiges Behalten), in unserer Abteilung wird auch das längerfristige Behalten nach 48 h geprüft. Mit der Forderung, das mittel- bzw. längerfristige Behalten zu prüfen, verbinden sich 2 Ziele: Zum einen sollen leichtere Behaltensprobleme, die bei einer Prüfung kurz nach Reizdarbietung nicht klar erkennbar sind, besser erfaßt werden. Zum anderen geht es um die wichtige Frage, ob Patienten mit Störungen der Lernfähigkeit das, was sie (evtl. unter großen Mühen) gelernt haben, auch längerfristig behalten.

Das Vergessen wird mit Hilfe formaler Tests sowie durch Befragen des Patienten zu Ereignissen des Tages bzw. vorangegangener Tage und Wochen beurteilt. Die Interpretation des Interviews wird dadurch erschwert, daß unklar ist, wie gut die erfragten Informationen erlernt wurden. In formalen Tests kann der Prozeß der

Informationsaufnahme dagegen kontrolliert werden, und es lassen sich „Vergessensscores" (z. B. Prozent behaltener Informationen; vgl. Lezak 1983) ermitteln.

Tests, die sowohl eine Untersuchung unmittelbarer als auch mittelfristiger Behaltensleistungen einschließen, sind neben dem RBMT und der WMS-R (vgl. 5.3) der California Verbal Learning Test (vgl. 5.1.3.2) und der Complex-figure-Test (vgl. 5.1.2.2).

Der LGT-3 (vgl. 5.3), der in 5.1.3.4 beschriebene Subtest des WIT sowie der Misplaced Objects Test (vgl. 5.1.3.3) erfassen ausschließlich mittelfristige Behaltensleistungen.

Nach unseren Erfahrungen sind nur knapp 10 % der Patienten mit Schlaganfall oder schwerem SHT, die bei der Prüfung des kurzfristigen Behaltens unauffällig waren, im längerfristigen Behalten (48 h) von Textinformationen, Gesichtern oder Gesichter-/Namen-Paarassoziationen auffällig (Schuri 1988). Deutliche Diskrepanzen zwischen kurz- und längerfristigem Behalten beobachteten wir bei einigen (jedoch nicht allen) Patienten mit einem Schlafapnoesyndrom (Guilleminault 1984).

5.1.5   Prospektives Gedächtnis

Die Gedächtnisdiagnostik sollte nicht auf die Untersuchung von Erinnerungen an Vergangenes (retrospektives Gedächtnis) beschränkt sein, sondern das auf die Zukunft bezogene Gedächtnis einbeziehen. Solche prospektiven Gedächtnisleistungen, wie das Erinnern wichtiger Termine und Vereinbarungen, haben im Alltag große Bedeutung, und viele Patienten klagen über Defizite in diesem Bereich. Die gedächtnispsychologische Beschäftigung mit diesem komplexen Problemkreis steckt noch in ihren Anfängen, erste Ansätze zur Klassifikation prospektiver Gedächtnisleistungen liegen aber bereits vor (vgl. Baddeley u. Wilkins 1984; Harris 1984; Cohen 1989).

Auch die standardisierte klinische Testung prospektiver Gedächtnisleistungen befindet sich noch in der Entwicklung. Informationen erhält man vor allem durch die Befragung des Patienten und seiner Bezugspersonen. Bei diesem Interview kann z. T. auf Items verschiedener Fragebogen (vgl. Herrmann 1982, 1984) zurückgegriffen werden. Erfaßt werden sollten dabei auch die situativen Bedingungen, unter denen Probleme auftreten. Darüber hinaus kann man prospektive Gedächtnisleistungen direkt testen und beobachten. Der RBMT (Wilson et al. 1985) enthält einige Aufgaben hierzu, die jedoch keinen hohen Schwierigkeitsgrad haben (vgl. 5.3). Das Prospective Memory Screening (PROMS; Sohlberg et al. 1985) prüft eine größere Zahl prospektiver Gedächtnisleistungen im Zeitbereich von 60 s – 24 h. Bei leichteren Störungen untersuchen wir auch das Erinnern an Abmachungen, die sich auf verschiedene Zeitpunkte folgender Untersuchungstermine beziehen (bestimmte Informationen zu Beginn des nächsten Untersuchungstermins abliefern; sich bei der Prüfung bestimmter Leistungen an etwas erinnern; sich am Ende des nächsten Untersuchungstermins an eine Terminabsprache erinnern u. a.).

5.1.6   Implizites Gedächtnis

Es gibt Lernleistungen, die selbst bei schweren Amnesien teilweise oder völlig erhalten sein können. Hierzu zählen das „prozedurale Lernen" wie der Erwerb visuomotorischer Fertigkeiten (z. B. Verfolgen einer sich unregelmäßig bewegenden Spur und Spiegelzeichnen, d. h. über ein Spiegelbild kontrolliertes Nachfahren von Figuren) und das Auftreten von „Priming-Effekten" (z. B. der Lernzuwachs beim wiederholten Identifizieren unvollständig dargebotener Bilder oder die Effekte im unten beschriebenen Wortkomplettierungstest; vgl. Shimamura 1989). Gemeinsam ist diesen Aufgaben, daß sie keine explizite Bezugnahme auf eine vorangegangene Episode (d. h. explizites Gedächtnis) erfordern und somit das implizite Gedächtnis betreffen. Die Struktur impliziter Gedächtnisleistungen befindet sich noch in der Diskussion (vgl. z. B. Richardson-Klavehn u. Bjork 1988 und Cermak 1989). Da es sich beim impliziten Gedächtnis vermutlich nicht um ein einheitliches Konzept handelt und vergleichende empirische Studien noch fehlen, kann gegenwärtig kein Untersuchungsverfahren ausdrücklich empfohlen werden. Auch ist die Bedeutung des impliziten Gedächtnisses für Alltagsleistungen und rehabilitative Maßnahmen nicht ausreichend klar, obwohl eine Störung bei amnestischen Patienten vermutlich ein schlechtes prognostisches Zeichen darstellt (vgl. Baddeley u. Wilson 1988).

Wir erproben für die Untersuchung impliziter Gedächtnisleistungen gegenwärtig folgende Verfahren:

1) Eine Lernaufgabe, bei der die auf einem Bildschirm dargebotenen Zahlen von 1–20 mit Hilfe eines Steuergerätes (Maus) so schnell wie möglich in aufsteigender Reihenfolge zu verbinden sind (Gatzweiler et al. 1990). Dabei wird die ausgeführte Bewegung auf dem Bildschirm genau gegenläufig dargestellt. Der Patient muß also eine ungewohnte visuomotorische Koordination lernen. Registriert wird die pro Durchgang benötigte Zeit.

2) Spiegelzeichnen (nach Hömberg 1990). In 10 Durchgängen soll ein Stern – über ein Spiegelbild kontrolliert – nachgezeichnet werden. Anschließend wird zur Prüfung von Transferwirkungen eine leicht veränderte Vorlage bearbeitet. Erfaßt werden Häufigkeit und Dauer des Abweichens von der Spur sowie der Zeitbedarf für das Nachfahren der Figur.

3) Gollin-Figuren (nach dem Vorbild von Gollin 1960, mit Materialien von Henke u. Markowitsch, eingereicht). Von 9 konkreten Objekten werden je 10 Strichzeichnungen (aufsteigend von einer nur bruchstückhaften Darstellung bis hin zum kompletten Bild) für je 10 s dargeboten. Die Aufgabe besteht darin, das Objekt zu identifizieren. Anschließend werden die Bilder zusammen mit 9 neuen (ähnlich schwer identifizierbaren) Abbildungen erneut dargeboten. Ermittelt wird, ob die zuvor bereits identifizierten Objekte auf einer früheren Fragmentstufe erkannt werden.

4) Einen Wortkomplettierungstest (Ems u. Schuri 1991) nach dem Muster des von Graf et al. (1984) beschriebenen Verfahrens. Als Testmaterial dienen dabei Wörter mit unterschiedlichem Anfang, der laut Duden jedoch bei jeweils mindestens 10 weiteren Wörtern vorkommt. Mit einem Teil der Wörter beschäftigt sich der Patient, indem er sie auf einer Ratingskala (von 1 = „gefällt mir sehr" bis 5 = „gefällt mir gar nicht") bewertet. Beim anschließenden Komplettierungstest sol-

len die 3 Anfangsbuchstaben von zuvor beurteilten und nichtbeurteilten Wörtern zum jeweils ersten in den Sinn kommenden Wort vervollständigt werden. Erfaßt wird die Anzahl von Komplettierungen zu vorher bewerteten Wörtern.

5.1.7 Altgedächtnis

Bei vielen Patienten gehen mit anterograden Gedächtnisstörungen – d. h. Schwierigkeiten, nach der Hirnschädigung neue Informationen zu erlernen bzw. zu behalten – auch Beeinträchtigungen der Erinnerung an Informationen einher, die vor Eintritt der Schädigung aufgenommen wurden. Eine solche retrograde Gedächtnisstörung tritt dagegen bei organischen Amnesien nur äußerst selten isoliert auf. Dies ist vielmehr ein Merkmal psychogener Amnesien. Bei relevanten retrograden Gedächtnisstörungen ohne begleitende anterograde Amnesie sollten daher immer psychogene Ursachen in Erwägung gezogen werden.

Die Gedächtnisinhalte sind bei retrograden Störungen i. allg. stärker in Mitleidenschaft gezogen, wenn sie erst kurz vor dem Eintritt der Schädigung erworben wurden, d. h. es sind vor allem die Gedächtniseindrücke aus der Zeit unmittelbar vor dem kritischen Ereignis betroffen, während ältere Informationen, beispielsweise aus der Kindheit und Jugend, besser erinnert werden. Hinsichtlich dieses „Zeitgradienten" sind Unterschiede zwischen verschiedenen ätiologischen Gruppen beschrieben worden (vgl. Squire u. Cohen 1982).

Der von der Störung betroffene Zeitbereich kann im Verlauf deutlich abnehmen. Dies ist bei gutachterlichen Stellungnahmen zu berücksichtigen. Die Veränderungen der retrograden Amnesie vollziehen sich beim Schädel-Hirn-Trauma im wesentlichen während der Phase der posttraumatischen Amnesie. Hierunter versteht man die Zeit nach einem Trauma, für die kein kontinuierliches Gedächtnis besteht (vgl. Schacter u. Crovitz 1977; Richardson 1990). Verschiedene Methoden zur Erfassung dieses spezifischen Aspektes, dessen Dauer als prognostischer Indikator diskutiert wird (vgl. z. B. Teasdale u. Brooks 1985; Richardson 1990), sind in der Monographie von Richardson (1990) dargestellt.

Auch bei Hirnschädigungen anderer Ätiologie ist ein „Schrumpfen" der retrograden Amnesie vor allem während der ersten Wochen nach der Schädigung zu beobachten, jedoch auch später noch möglich (vgl. z. B. Squire u. Slater 1983).

Retrograde Amnesien können die Erinnerung an Ereignisse, die Monate und Jahre zurückliegen, und das im Gedächtnis repräsentierte Wissen der Patienten betreffen. Die Erforschung dieses Altgedächtnisses ist durch die auf Tulving (1972) zurückgehende Unterscheidung zwischen dem „episodischen" und dem „semantischen" Gedächtnis stimuliert worden. Beim episodischen Gedächtnis handelt es sich um autobiographische Informationen, d. h. persönliche Erlebnisse, die zeitlich und räumlich geordnet sind. Warrington (1986) spricht in diesem Zusammenhang von einem „memory for events". Das semantische Gedächtnis umfaßt unser Wissen, das losgelöst von biographischen Bezügen repräsentiert ist. In der Literatur findet man hierfür auch Bezeichnungen wie „memory for facts" (Warrington 1986). Es ist vermutet worden, daß bei organischen Amnesien vor allem das episodische Gedächtnis gestört ist. Die Debatte, ob es sich beim episodischen und semantischen Gedächtnis um 2 funktional unterschiedliche Systeme handelt, wie dies z. B. Warrington (1986) annimmt, ist noch nicht abgeschlossen. Mehr und mehr setzt sich jedoch die Meinung durch, daß die episodisch-semantische Unterscheidung für die Charakterisierung amnestischer Defizite wenig hilfreich ist und daß Unterschiede der Erinnerungsleistungen eher mit dem Grad des Überlernens von Inhalten zusammenhängen (Markowitsch 1992).

5.1.7.1   Beeinträchtigungen des Welt- und domänspezifischen Wissens

Im Rahmen der neuropsychologischen Rehabilitation ist es besonders wichtig, Beeinträchtigungen des Weltwissens und vor allem des Wissens in verschiedenen Domänen (Schule, Beruf, Hobbies) zu erfassen. Ein substantieller Wissensverlust ist immer von einschneidender Bedeutung. Dabei ist zu berücksichtigen, daß das semantische Gedächtnis sowohl für den Erwerb neuen Wissens als auch als Grundlage für problemlösendes Denken wichtig ist. Selbst geringfügige Störungen der Verfügbarkeit schulischen oder berufsspezifischen Wissens können die Rehabilitation erheblich erschweren. Gerade diese leichten Beeinträchtigungen, wie sie z. B. nach einem SHT vorkommen können, werden in der Klinik oftmals übersehen und erst bei der Rückkehr an den Arbeitsplatz bemerkt. Sie führen dort unter anderem zu Behinderungen der Arbeitsabläufe, etwa durch die Notwendigkeit nachzufragen bzw. nach Informationen zu suchen.

Im englischen Sprachraum sind eine Reihe von Verfahren zur standardisierten Erfassung der Störungen von Weltwissen entwickelt worden (vgl. hierzu die Übersichten von Markowitsch 1992 und Squire u. Cohen 1982). Geprüft wird dabei die Erinnerung an Informationen aus verschiedenen Zeitabschnitten (z. B. Dekaden). Die Fragen beziehen sich meist auf bedeutende Ereignisse, auf Namen und Gesichter von Personen, die im jeweiligen Zeitabschnitt besondere Berühmtheit erlangt haben, und auf Fernsehsendungen. Besonderer Beliebtheit erfreut sich der sog. „Famous-faces"-Test, bei dem Personen, die in verschiedenen Zeitabschnitten Berühmtheit erlangten, anhand von Porträts aus dieser Periode benannt werden sollen. Der Test liegt in verschiedenen englischen Versionen vor.

Kritisch ist zu diesen Untersuchungsverfahren anzumerken, daß über die Bedingungen, unter denen die abgefragten Informationen erlernt wurden, wenig bekannt ist. (Wurden sie überhaupt erlernt? Wurden die Informationen aus verschiedenen Dekaden nur in dem jeweils kritischen Zeitbereich aufgenommen? War die Intensität des Lernens gleich?)

Eine von uns entwickelte deutsche Version des Famous-faces-Tests (Schuri 1988) bewährte sich in der klinischen Einzelfalldiagnostik vor allem bei der Objektivierung von Abrufproblemen für Namen, wie wir sie z. B. bei Patienten mit linksseitigen Posteriorinfarkten beobachten (vgl. von Cramon et al. 1988). Um einen Wissensverlust aus verschiedenen Zeitbereichen abzuklären, stützen wir uns vorwiegend auf Materialien aus den jährlich erscheinenden Übersichten des Chronik-Verlags. Wir können dabei individuelle Interessen und Wissensmerkmale berücksichtigen. Die hohe Spezifität des Wissens ist dabei immer wieder überraschend. Zwar kann im Rahmen der Diagnostik schon eine schlechte Leistung im Subtest „Allgemeines Wissen" des Hamburg-Wechsler-Intelligenztests für Erwachsene (HAWIE; Wechsler

1982) auf eine Störung des semantischen Gedächtnisses hinweisen, bei einem solchen Verdacht muß aber in jedem Fall eine Prüfung in individuellen Wissensbereichen erfolgen. Bei Schülern und Studenten kann das Schul- bzw. Studienwissen anhand von Ausbildungsunterlagen geprüft werden, bei Berufstätigen die berufsspezifischen Kenntnisse. Dabei gehen wir immer mehr dazu über, die Hilfe von Freunden/Berufskollegen des Patienten in Anspruch zu nehmen.

Im Rahmen der Eingangsdiagnostik kann aus Zeitgründen i. allg. nur eine orientierende Untersuchung vorgenommen werden. Ergeben sich dabei Hinweise auf eine Störung, sollte deren Ausmaß in jedem Fall genauer abgeklärt werden. Da die Patienten mit Altgedächtnisstörungen fast immer auch eine anterograde Amnesie haben und sich deshalb meist eine Therapie anschließt, kann diese spezifische Diagnostik therapiebegleitend fortgeführt werden. Dabei ist auch das prozedurale Gedächtnis (z. B. Bewegungsabläufe beim Spielen eines Musikinstruments) zu berücksichtigen.

5.1.7.2 Störungen des autobiographischen Gedächtnisses

Eine standardisierte Untersuchung des autobiographischen Gedächtnisses wird durch die Individualität der Lebensverläufe (der Variabilität äußerer Lebensbedingungen und der Anzahl hervorstechender Erlebnisse) erschwert. So gibt es Patienten, deren Lebensbedingungen sich nur wenig ändern (Adresse, Tätigkeit, Arbeitgeber, Reiseziele etc. bleiben gleich), während andere viele Veränderungen erleben. Vor allem wenn Umgebung und sonstige Gegebenheiten während langer Lebensphasen konstant geblieben sind, lassen sich Störungen nur schwer objektivieren. Für eine genaue Untersuchung müssen beim Verdacht auf Störungen des biographischen Gedächtnisses daher alle verfügbaren Vergleichsinformationen (Daten der Krankengeschichte und Informationen von engen Bezugspersonen) eingeholt werden. Die Anwesenheit eines Angehörigen kann die Untersuchung erheblich vereinfachen.

Um das biographische Gedächtnis zu untersuchen, wird in der Literatur oft die sog. Crovitz-Technik (Crovitz u. Schiffman 1974) empfohlen. Bei dieser auf Galton (1879) zurückgehenden Methode soll zu einer Reihe vorgegebener Wörter (z. B. Fenster, Vogel, glücklich) über je ein konkretes Erlebnis aus dem eigenen Leben berichtet werden. Die Angaben sind nur schwer zu überprüfen, und da der Zeitraum, aus dem die Berichte stammen, nicht festgelegt ist, kann zur Frage des Zeitgradienten nicht sicher Stellung genommen werden. Genauere Informationen über den Verlauf erhält man mit einer Variante der Crovitz-Technik, bei der Assoziationen aus verschiedenen vorher festgelegten Lebensabschnitten erfaßt werden (Conway u. Bekerian 1987).

Für den täglichen klinischen Gebrauch erscheinen strukturierte Interviews interessanter, wie sie von Kopelman et al. (1989) oder Borrini et al. (1989) entwickelt wurden. Dabei werden Fragen zu verschiedenen Lebensabschnitten bzw. zum familiären Hintergrund gestellt.

Das Verfahren von Kopelman et al. (1989, 1990) besteht aus 2 Teilen, dem Autobiographical Incidence Schedule und dem Personal Semantic Memory Schedule. Bei der Ereignisliste werden zu 3 Zeitbereichen (Kindheit, frühes Erwachsenenalter, das letzte Jahr) je 3 Fragen gestellt. Die Patienten werden ermutigt, über spezifische

Ereignisse zu berichten und möglichst genau anzugeben, wann und wo das Ereignis stattfand. Bleiben Antworten aus, werden Abrufhilfen gegeben. Anhand eines Ratings wird die deskriptive Vielfalt und die Genauigkeit der raum-zeitlichen Einordnung der Berichte bewertet. Beim persönlich-semantischen Test werden Fragen zum familiären Hintergrund gestellt (etwa nach dem Geburtstag und der Berufstätigkeit der Eltern) sowie zu Fakten aus den 3 obengenannten Lebensabschnitten (Namen von besuchten Schulen, Arbeitgebern und Bekannten sowie Adressen).

In unserer Abteilung hat sich für die Untersuchung des autobiographischen Gedächtnisses ein klinisches Interview bewährt, bei dem zunächst die retrograden Störungen erfaßt werden. Da – wie oben erwähnt – in der Regel davon ausgegangen werden kann, daß sie für den Zeitbereich unmittelbar vor dem Eintritt der Schädigung am deutlichsten sind, werden zunächst die der Krankheit oder dem Unfall direkt vorangehenden Ereignisse erfragt. Sofern der Patient sich klar daran erinnert, wird die Untersuchung retrograder Erinnerungsleistungen nach kurzer stichpunktartiger Prüfung vorangegangener Lebensphasen beendet. Zeigen sich dagegen Einbußen, so versuchen wir zunächst, den gestörten Zeitbereich grob abzuschätzen. Anschließend wird der Schweregrad der Störung für verschiedene Abschnitte abgeklärt (s. unten). Dann wird für den Zeitbereich nach dem Eintritt der Hirnschädigung analog verfahren, lediglich in bezug auf die Zeit kehrt sich die Untersuchungsrichtung (von der Vergangenheit zur Gegenwart) um. Bei Patienten ohne genau erkennbaren Krankheitsbeginn – wie z. B. bei einer primär-degenerativen Hirnerkrankung – gehen wir von der aktuellen Situation aus und versuchen, den Lebensweg zurückzuverfolgen. Bei der Beurteilung gestörter Erinnerung ist in diesen Fällen zu fragen, inwieweit sie Folge einer eventuell schon über einen längeren Zeitraum bestehenden Beeinträchtigung der Informationsaufnahme ist. Das Ergebnis der Untersuchung ergibt ein Bild des zeitlichen Verlaufs der Erinnerungsleistungen („time-line"; Squire 1986). Wir unterscheiden dabei 4 Grade gestörter Erinnerungsleistungen (Tabelle 5-2).

Das Ergebnis läßt sich (auch für den Patienten) sehr anschaulich graphisch darstellen. Weitere Vorzüge dieses Vorgehens sind seine Ökonomie und die Möglichkeit, die interindividuelle Variabilität der Lebensläufe zu berücksichtigen (und damit Art, Umfang und zeitliche Verteilung relevanter biographischer Informationen).

Tabelle 5-2. Störungen des autobiographischen Gedächtnisses

– Phasen mit kompletter Amnesie

– Phasen mit wenigen Erinnerungs-„inseln"

– Phasen, für die die wesentlichen Ereignisse grob erinnert werden, ohne daß die zeitliche Abfolge immer klar ist

– Phasen, für die die Ereignisse und in der Regel auch ihre Abfolge erinnert werden, aber ein Verlust an Details bzw. Schwierigkeiten der genauen zeitlich-kalendarischen Einordnung vorliegen

---

5.1.8   Orientierung

Zur Untersuchung schwer beeinträchtigter Gedächtnisfunktionen gehört auch die Beurteilung der Orientierung. Dabei wird in der Regel geprüft, ob basale Informationen zur Person (Namen, Alter etc.), zum örtlich-geographischen Umfeld (Stadt, genauer aktueller Aufenthaltsort) sowie zur zeitlich-kalendarischen Orientierung (Jahr, Wochentag etc.) verfügbar sind. Darüber hinaus werden meist Fragen zum allgemeinen Weltwissen (wie nach dem Namen des Bundeskanzlers) und teilweise zur aktuellen Situation („Warum sind Sie hier?" etc.) gestellt. Aufgrund der begrenzten Anzahl relevanter Fragen verwenden die vorhandenen Meßinstrumente weitgehend gleiche Items. Die beiden international gegenwärtig gebräuchlichsten Gedächtnistestbatterien, die WMS-R (Wechsler 1987) und der RBMT (Wilson et al. 1985), haben je einen Untertest mit Fragen zur Orientierung. Der Subtest „Information und Orientierung" der WMS-R besteht aus 14, der Untertest „Orientierung" der deutschen Version des RBMTs (Hempel et al., im Druck) aus 10 Fragen. Deutsche Meßinstrumente, die zur gezielten Prüfung von Orientierungsstörungen entwickelt worden sind, stammen von Druschky und Kinzel (1975) sowie von v. Cramon und Säring (1982). Wir benutzen den letzteren Test (mit je 5 Fragen zur personalen, situativen, örtlich-geographischen und zeitlich-kalendarischen Orientierung), bei dessen Konstruktion besonderer Wert auf einen engen Bezug zum aktuellen biographischen Standort des Patienten gelegt wurde. Darüber hinaus prüfen wir, ob der Patient sich in der Klinik (im eigenen Zimmer, auf der Station, außerhalb der Station sowie in der näheren Klinikumgebung) zurechtfindet.

5.1.9   Alltagsanforderungen und -leistungen

Sowohl für die Planung einer alltagsorientierten Therapie als auch für gutachterliche Stellungnahmen zu Einschränkungen der Leistungsfähigkeit ist ein differenziertes Wissen über die individuellen Gedächtnisanforderungen und -probleme im beruflichen bzw. privaten Alltag erforderlich. Um die individuellen **Anforderungen** zu ermitteln, werden in einem halbstandardisierten Interview zusammen mit dem Patienten und evtl. anderen über dessen Lebenssituation orientierten Personen (z. B. Arbeitskollegen) berufliche bzw. häusliche Abläufe genau analysiert (Tabelle 5-3).

Zur Beurteilung von Gedächtnis**leistungen** im Alltag bieten objektive Leistungstests keine ausreichende Grundlage. Dies liegt u. a. daran, daß die verfügbaren Tests keine sensitive Beurteilung aller Gedächtnisaspekte zulassen. So fehlen z. B Verfahren, die längerfristige prospektive Gedächtnisleistungen (Gedächtnis für Termine und längerfristige Vorhaben) differenziert erfassen können. Auch lassen sich Alltagsauffälligkeiten, die oft als Zerstreutheit bezeichnet werden (z. B: sich beim Verlassen des Raumes nicht mehr erinnern, was man vorhatte) oft schwer objektivieren. Darüber hinaus lassen sich selbst mit gut standardisierten Tests leichte relative Leistungseinbußen schwer messen, da das prämorbide Leistungsniveau nur grob abzuschätzen ist. Zur Erfassung von Gedächtnisproblemen im Alltag werden daher

Tabelle 5-3. Analyse der Gedächtnisanforderungen im Alltag

Welche Gedächtnisaspekte werden beansprucht?
- Altgedächtnis (Wissen, Fertigkeiten [skills], episodisches Altgedächtnis)

- Arbeitsgedächtnis/kurzfristiges prospektives Gedächtnis

- Aufnahme neuer komplexer Informationen/Lernen neuer „skills"

- Längerfristiges Behalten neuer Informationen (inkl. prospektiver Gedächtnisleistungen)

Unter welchen situativen Bedingungen sind die Leistungen zu erbringen?
- Zeitdruck

- Distraktoren (z. B. andere im Raum arbeitende Personen)

- Aufmerksamkeitsteilung (dual task)

Welche Möglichkeiten für Veränderungen situativer Bedingungen/der Umwelt sowie für den Einsatz externer Gedächtnishilfen gibt es?

---

häufig Fragebogen eingesetzt. Eine kritische Diskussion gängiger Verfahren findet sich bei Herrmann (1982, 1984) sowie bei Gilewski und Zelinski (1986).

Zur Erhebung von Selbsteinschätzungen ist folgende Vorgehensweise zu empfehlen:

Der Patient soll zunächst angeben, ob und wenn ja in welchen Situationen des privaten und – sofern bereits Erfahrungen vorliegen – des beruflichen Alltags er Veränderungen seiner Gedächtnisleistungen bemerkt hat. Nach seinem spontanen Bericht werden anhand eines Fragenkatalogs seine Gedächtnisleistungen in verschiedenen Alltagssituationen beurteilt. Wichtig erscheint dabei, daß die Fragen auf die Erfahrungen des Patienten nach der Hirnschädigung eingehen und sich nicht auf Leistungen in Alltagssituationen beziehen, die er seither nicht erlebt hat. Ausgehend von unseren klinischen Erfahrungen spricht die Befragung – sofern nicht bereits spontan erwähnt – immer die in Tabelle 5-4 angegebenen inhaltlichen Bereiche an.

Für die Patienten unserer Station schließt die Befragung eine Liste von 18 Items ein, die sich auf Erfahrungen in der Klinik beziehen. Bei der Untersuchung von Tagesklinikpatienten orientieren wir uns an Fragen der Memory Assessment Clinic Self-Report Scale (MAS-S) von Crook und Larrabee (1990; Kaschel 1991; Larrabee et al. 1991). Der Fragebogen besteht aus 21 Items zur Einschätzung von Gedächtnisfähigkeiten (ability scale), 24 Items zur Häufigkeit von Gedächtnisproblemen (frequency scale) und 3 allgemeinen Fragen. Zwei dieser übergreifenden Items vergleichen die aktuellen Leistungen mit den prämorbiden, eines bezieht sich auf die gegenwärtigen Sorgen des Patienten bezüglich seiner Gedächtnisleistungen. Abweichend von der Standarddurchführung untersuchen wir zusätzlich, ob der Patient im jeweils angesprochenen Bereich über aktuelle Erfahrungen verfügt und ermitteln für alle im Fragebogen angesprochenen Leistungsaspekte Veränderungen des prämorbiden Niveaus. An die Selbstbeurteilung der Art und des Ausmaßes von Störungen schließt sich eine differenziertere Bewertung der Defizite an, als in der MAC-S vorgesehen. Der Patient wird gefragt, ob die berichteten Probleme für ihn eine Bela-

Tabelle 5-4. Themenübersicht des Interviews zu Gedächtnisleistungen im Alltag

- Neue Namen

- Gesprächsinhalte und Informationen aus den Medien

- Neue Wege

- Vornahmen / Abmachungen im Sekunden- bis Minutenbereich

- Aufbewahrung von Gegenständen

- Kontrolle gefährlicher Geräte

- Termine und kalendarisch nicht festgelegte längerfristige Vornahmen

- Altgedächtnis (autobiographisches, domänspezifisches, topographisches) mit besonderer Berücksichtigung des Gedächtnisses für bekannte Namen und oft benutzte Telefonnummern

stung darstellen und welche Teilleistungsstörung (z. B. Namenlernen) ihn am stärksten behindert. Ferner versucht der Untersucher, sich einen Eindruck zu verschaffen, welchen Stellenwert unter den subjektiven Beschwerden Lern- und Gedächtnisstörungen für den Patienten haben.

Patienten sind jedoch nicht immer verläßliche Informationsquellen bei der Beurteilung ihrer Alltagsleistungen. Zum einen können sie Gedächtnisdefizite nicht immer klar von anderen Störungen (z. B. der Sprache oder Konzentration) abgrenzen, zum anderen – und dies ist für die neuropsychologische Rehabilitation von zentraler Bedeutung – kann die Einsicht in vorhandene Störungen und die adäquate Bewertung ihrer Auswirkungen im Alltag durch die Hirnschädigung beeinträchtigt sein (vgl. hierzu 5.2). Die ungenügende Berücksichtigung dieses Faktors ist unserer Ansicht nach ein zentraler Grund dafür, daß die Validität von Gedächtnisfragebogen bei Patienten – bei i. allg. hoher Reliabilität – oft als unbefriedigend beurteilt wird. Morris (1984) diskutiert eine Reihe weiterer Einflußgrößen, die hierzu beitragen können. Liegen Störungen der Selbsteinschätzung vor, so können zur Beurteilung von Alltagsleistungen Fremdeinschätzungen herangezogen werden. Dabei lassen sich die oben beschriebenen (entsprechend umformulierten) Verfahren anwenden.

Insgesamt bieten Selbst- und Fremdbeurteilungen mit Hilfe von Fragebogen und Interviews bei einer Eingangsdiagnostik vor allem erste, primär **qualitative** Informationen über die im Alltag beeinträchtigten Bereiche. Ihre Validität steigt mit dem Ausmaß an Alltagserfahrung, die der Beurteiler mit den Störungen sammeln konnte. Werden im Rahmen der Therapie genaue **quantitative** Angaben zu spezifischen Alltagsproblemen benötigt, so bieten sich andere verhaltensorientierte Meßtechniken (wie Verhaltensbeobachtungen, Checklisten und Gedächtnistagebücher) an. Mit ihnen kann das Zielverhalten (inkl. vorangehender situativer Merkmale und Konsequenzen) während einer Baseline-Phase, der Interventionsphase und im Anschluß daran quantifiziert werden.

5.2   Assoziierte Hirnleistungsstörungen

In der Regel treten Gedächtnisstörungen in der neuropsychologischen Praxis nicht
isoliert, sondern zusammen mit anderen Hirnleistungsstörungen auf. Bei der Bewertung von Ergebnissen objektiver Gedächtnistests und bei Alltagsproblemen sind
mögliche leistungsmindernde Effekte solcher assoziierter Defizite zu berücksichtigen. Sie können sowohl Prozesse der Aufnahme (Wahrnehmung, Verarbeitung) als
auch des Abrufs von Informationen behindern und erfordern spezifische therapeutische Maßnahmen. Tabelle 5-5 enthält eine Aufstellung relevanter assoziierter Hirnleistungsstörungen, die häufig auftreten bzw. deren Einfluß leicht übersehen wird.
Die Literatur liefert gegenwärtig nur wenige systematische Analysen des Zusam-
menhangs solcher Defizite mit Gedächtnisleistungen. Daher können die Effekte
dieser Variablen in der Klinik durch Prüfung von Basisleistungen (möglichst anhand
der verwendeten Testmaterialien) sowie Variation der Darbietungs- und Prüfbedin-
gungen (Zeit, Modalität etc.) nur grob abgeschätzt werden. Dies gilt insbesondere
für die leichteren assoziierten Defizite, die oft nur unter zeitkritischen Bedingungen
wirksam werden (wie z. B. eine reduzierte Lesegeschwindigkeit beim LGT-3 von
Bäumler 1974).

Störungen des visuellen Explorationsverhaltens beim halbseitigen Neglect und bei
Gesichtsfelddefekten können sich bei visuellem Testmaterial durch Auslassungen
bzw. schlechte Enkodierung von Bildanteilen im beeinträchtigten Halbfeld bemerk-
bar machen. Auch gut kompensierte Gesichtsfelddefekte wirken bei größeren
Testreizen sowie im Alltag durch fehlenden Überblick leistungsmindernd. Bei Störungen der visuell-räumlichen Wahrnehmung können reduzierte Gedächtnisleistungen durch eine verzerrte Wahrnehmung beeinträchtigt sein. In schweren Fällen
gelingt z. B. beim Benton-Test nicht einmal die richtige Zuordnung des Testreizes
zur Vorlage der Rekognitionsform. Reduzierte Behaltensleistungen für Gesichter
sind häufig von Beeinträchtigungen der Gesichter- und Objekterkennung begleitet.
Patienten mit Störungen der Kontrastwahrnehmung verblüffen teilweise durch
sicheres Wiedererkennen von Gesichtern im Alltag, während sie im Test durch
Schwierigkeiten bei der Wahrnehmung kontrastarmer Schwarzweißfotos auffällig
werden.

Offensichtlich sind die Zusammenhänge zwischen Aufmerksamkeits- und
Gedächtnisleistungen; vor allem die Konzepte des Arbeitsgedächtnisses und des
prospektiven Gedächtnisses überschneiden sich mit Aufmerksamkeitskonzepten wie
denen der Aufmerksamkeitskapazität und -teilung (vgl. Kap. 4). Aber auch Lernprozesse zeigen deutliche Zusammenhänge mit Aufmerksamkeitsaspekten wie der
Informationsverarbeitungsgeschwindigkeit (Gauggel et al. 1991; Kyllonen et al.
1991). Besondere Beachtung erfordert die erhöhte Ablenkbarkeit von Patienten,
denn sie kann die Aufnahme komplexer Informationen deutlich behindern.

Bei Patienten mit großen rechtshemisphärischen Läsionen (z. B. nach Mediain-
farkten bzw. intrazerebralen Blutungen) beobachten wir oft Schwierigkeiten beim
Einhalten von Terminen, obwohl sie sich an die Abmachungen selbst genau erinnern. In vielen dieser Fälle werden die prospektiven Gedächtnisleistungen durch
eine Störung der Zeitwahrnehmung beeinträchtigt.

Tabelle 5-5. Bei der Interpretation von Gedächtnisleistungen zu berücksichtigende assoziierte neuropsychologische Defizite

---

1) Zerebrale Sehstörungen

- Visuelle Exploration
- Kontrastwahrnehmung
- Visuell-räumliche Wahrnehmung
- Gesichter- und Objekterkennung

2) Aufmerksamkeitsstörungen

- Kognitive Verarbeitungsgeschwindigkeit
- Aufmerksamkeitsteilung
- Kontinuierliche Fokussierung der Aufmerksamkeit
- Dauerbelastbarkeit

3) Störungen der Zeitwahrnehmung

4) Störungen der Sprache/des Sprechens

- Wortfindung
- Textverständnis
- Sprechapraxie

5) Störungen der Zahlenverarbeitung

6) Störungen räumlich-konstruktiver Leistungen

7) Störungen des problemlösenden Denkens

- Selektives Enkodieren und Kombinieren
- Aktivierung und Anwendung von Wissen/Strategien
- Ideenproduktion
- „Monitoring" (Überwachen) des eigenen Verhaltens

8) Verhaltensauffälligkeiten

- Vorschnelles Handeln
- Hypobulie
- Mangelnde Anstrengungsbereitschaft
- Gestörte Selbsteinschätzung

Auch leichte Störungen der Sprache, des Sprechens oder der Zahlenverarbeitung können die Testergebnisse signifikant beeinflussen. Ergibt sich z. B. eine Reduktion der Zahlenspanne, so bedeutet dies nicht unbedingt eine generelle Reduktion der Kapazität des Kurzzeitgedächtnisses für verbale Informationen. Es ist u. a. zu prüfen, inwieweit material- bzw. strategiespezifische Effekte vorliegen. So kann eine reduzierte Zahlenspanne (bei normaler Wortspanne) durch eine spezifische Störung der Zahlenverarbeitung bedingt sein (vgl. Kap. 9). Ferner finden wir in der Praxis reduzierte Zahlenspannen beim Vorliegen einer Sprechapraxie (vgl. Kap. 10). In diesen Fällen kann vermutet werden, daß die bei dieser Aufgabe geläufige Strategie des schnellen internen Wiederholens von Informationen beeinträchtigt ist. Es ist interessant, daß Dysarthrien artikulatorische Kontrollprozesse offenbar nicht wesentlich behindern (Baddeley u. Wilson 1985; Vallar u. Cappa 1987). Reduktionen der Wortspanne und der Leistungen bei der freien Reproduktion kurzer Wortlisten beobachten wir (bei normaler Zahlenspanne) dagegen häufig kombiniert mit minimalen Wortfindungsstörungen. Hier scheint der schnelle Zugriff auf Inhalte des semantischen Gedächtnisses gestört zu sein. Verschiedene Kapazitätsmaße können also in Abhängigkeit von den assoziierten Hirnleistungsstörungen voneinander abweichen. Bei der Beurteilung unterdurchschnittlicher Textreproduktionsleistungen sind u. a. mögliche – oft nur leichte – Beeinträchtigungen des Textverständnisses zu beachten. Dabei kann es sich um restaphasische Symptome handeln oder auch um Folgen von Störungen des selektiven Enkodierens und Kombinierens von Informationen, wie sie bei Patienten mit „frontalen" Gewebsläsionen zu beobachten sind.

Die zuletzt angesprochene Patientengruppe (vgl. hierzu auch Petrides 1989) zeigt aufgrund einzelner oder mehrerer der unter Punkt 7 und 8 in Tabelle 5-5 angegebenen Auffälligkeiten auch in anderen Lern- und Gedächtnistests charakteristische Defizite: Die Informationsaufnahme ist häufig oberflächlich und zu kurz. Die zur Verfügung stehende Darbietungszeit wird nicht voll ausgenutzt, vorhandenes Wissen und gedächtnissteigernde Strategien (wie das Gruppieren von Einzelinformationen) werden nicht spontan aktiviert/benutzt. Neben diesem Mangel an (Anstrengung erfordernder) aktiver Manipulation des Gedächtnismaterials bei der Informationsaufnahme ist oft auch der Abrufprozeß wenig systematisch und wird vorschnell abgebrochen, bzw. „einschießende" Antworten werden nicht kontrolliert bzw. korrigiert. Eine hervorgehobene Stellung unter den zu beachtenden Verhaltensauffälligkeiten nimmt die unrealistische Überschätzung der eigenen Lern- und Gedächtnisleistung ein. Sie wird häufig nach Schädel-Hirn-Traumen beoachtet, ist aber auch ein typisches Symptom bei bipolaren vaskulären Thalamusläsionen (von Cramon et al. 1985), nach homologen bilateralen Posteriorinfarkten und gelegentlich nach schweren zerebralen Hypoxien. Diese Patienten, denen relevante Beeinträchtigungen ihrer Lern- und Gedächtnisleistungen nicht bewußt sind, zeigen nur eine geringe Therapiemotivation und sehen keine Notwendigkeit, im Alltag systematisch kompensatorische Strategien (interne und externe Gedächtnishilfen) einzusetzen. Die Selbsteinschätzung ist hier eine Schlüsselvariable für die realistische therapeutische Zielsetzung.

Gelegentlich beobachten wir auch Unterschätzungen der eigenen Leistungsfähigkeit im Rahmen depressiver Verstimmungen, z. B. bei Patienten mit unilateralen Posteriorinfarkten, die ansonsten in der Lage sind, sehr genaue Beschreibungen ihrer Defizite zu geben (von Cramon et al. 1988). Auch dieser Befund hat unmittelbare therapeutische Konsequenzen (vgl. Schuri 1988). Ob ein Patient seine Leistungen adäquat einschätzt, erfaßt man durch den Vergleich seiner Angaben mit den Resultaten in alltagsnahen psychometrischen Tests, Beobachtungen seines Verhaltens und – sofern vorhanden – Fremdeinschätzungen enger Bezugspersonen.

5.3 Gedächtnis-Testbatterien

5.3.1 Wechsler Memory Scale (WMS; Wechsler 1945)

Der international wohl am weitesten verbreitete klinische Gedächtnistest ist die von Wechsler 1945 erstmals vorgestellte WMS (vgl. Lezak 1983). Sie liegt auch in einer deutschsprachigen Version vor (Böcher 1963). Die Testserie besteht aus 7 Untertests, von denen die beiden ersten Fragen zur Orientierung enthalten. Der 3. Untertest „Mental control" besteht aus 3 Aufgaben: Rückwärtszählen, Aufsagen des Alphabets sowie kontinuierliches Addieren von Zahlen. Subtest 4 „Logical memory" prüft die freie Reproduktion von Textinformationen (2 Geschichten mit je 23 Informationseinheiten). In Subtest 5 wird das aus dem HAWIE bekannte Nachsprechen von Zahlenreihen (vor- und rückwärts) untersucht. Untertest 6 bezieht sich auf die Reproduktion geometrischer Muster. In Subtest 7 schließlich wird das Lernen von Wortpaarassoziationen überprüft.

Für den deutschen Test liegen Daten von 200 Personen im Alter von 18–85 Jahren vor (Böcher 1963).

Die Kritik an diesem Verfahren richtete sich zunächst gegen die Berechnung eines Gesamtscores. Die Problematik dieses Summenscores wird z. B. deutlich, wenn man sich vergegenwärtigt, daß beim amnestischen Syndrom das Nachsprechen von Zahlensequenzen grundsätzlich kein Problem bereitet. Ferner fehlt die Prüfung längerfristiger Behaltensleistungen. Eine eingehende Kritik der englischsprachigen Form findet sich z. B. bei Erickson und Scott (1977) oder Lezak (1983). Erfahrungen mit dieser Version, die der deutschen weitgehend entspricht, deuten an, daß sie vor allem Gedächtnisstörungen bei bilateralen, diffusen und linksseitigen Läsionen mißt.

5.3.2 Wechsler Memory Scale-Revised (WMS-R; Wechsler 1987)

Die revidierte Form der Wechsler Memory Scale berücksichtigt die Hauptkritikpunkte an der alten Version (Tabelle 5-6).

Die WMS-R ist eine methodisch deutlich verbesserte Testbatterie, die wesentliche Bereiche der Diagnostik abdecken kann. Weil weitere figurale Tests hinzugenommen wurden, erlaubt sie jetzt eine bessere Prüfung „rechtshirniger" Gedächtnisleistungen. Ihre Normen für die figuralen Tests dürften mit Vorbehalt auch bei uns anwendbar sein. Eine deutsche Version der gesamten Testbatterie ist in Vorbereitung (Deisinger u. Markowitsch, in Vorbereitung).

5.3.3 Rivermead Behavioural Memory Test (RBMT; Wilson et al. 1985, 1989)

Eine weiterer englischsprachiger Test, der gegenwärtig viel Beachtung findet, ist der RBMT von Wilson et al. (1985, 1989). Er wird in Kürze in einer modifizierten deutschen Version verfügbar sein (Hempel et al., im Druck). Der RBMT wurde ent-

Tabelle 5-6. Die in der WMS-R vorgenommenen wesentlichen Änderungen

---

1) Drei neue figurale Subtests

– Rekognition abstrakter Muster („figural memory")
– Lernen von Paarassoziationen (Farben/abstrakte Strichmuster; „visual paired associates")
– Unmittelbares freies Reproduzieren von Bewegungsabfolgen (Berühren einer Serie farbiger Quadrate; „visual memory span")

2) Prüfung mittelfristiger Behaltensleistungen (von Textinformationen, Farbe-Figur- und Wort-Paarassoziationen sowie von geometrischen Abbildungen nach ca. 30 min)

3) Verbesserte Auswertung

– Berechnung eines Scores für den Subtest „Information/Orientierung" und 5 verschiedener Kennwerte („general memory", „verbal memory", „visual memory", „attention /concentration", „delayed recall")
– Eigenständige Interpretierbarkeit aller Subtests; Normdaten für 9 Altersstufen (16–74 Jahre)
– Spezifikation der Auswertungskriterien

---

wickelt, um Gedächtnisstörungen im täglichen Leben aufzudecken und Veränderungen im Rahmen einer Therapie zu erfassen. Es wurde angestrebt, Testbedingungen analog zu solchen Alltagssituationen zu realisieren, die amnestischen Patienten Schwierigkeiten bereiten. Liegen Gedächtnisprobleme vor, werden in der Untersuchung eine Reihe standardisierter Hilfen gewährt.

Für jede der geprüften Leistungen wird ein Screening-Wert (0/1) und ein Profilwert (differenziertere Beurteilung) ermittelt. Anschließend werden diese Werte jeweils summiert. Der Test liegt in 4 parallelen Versionen vor, und es existieren grobe Normwerte für verschiedene Altersgruppen.

Hervorzuheben ist die Alltagsnähe der meisten Subtests (Tabelle 5-7) und die Berücksichtigung einer Reihe prospektiver Gedächtnisleistungen (Aufgaben 2, 3, 8). Der Test ist aufgrund seines geringen Schwierigkeitsgrades gut im unteren Leistungsbereich einzusetzen. Die in Vorbereitung befindliche deutsche Version ist etwas schwieriger und dürfte auch im Bereich mittelschwerer Störungen differenzieren. Der Test kann hier auch zu Verlaufsuntersuchungen herangezogen werden. Zur Beurteilung minimaler bis leichter Störungen dürfte er dagegen weniger beitragen.

5.3.4   Lern- und Gedächtnistest (LGT-3; Bäumler 1974)[1]

Der LGT-3 von Bäumler (1974) ist ein aus 6 Subtests bestehender Papier-und-Bleistift-Test. Er prüft die Fähigkeit, neue verbale und figurale Informationen rasch aufzunehmen und über einen Zeitraum von etwa 10–15 min zu behalten. Gelernt und

---

1) Ein weiterer deutscher Test, der zum Zeitpunkt der Manuskripterstellung noch nicht vorlag, ist der Berliner Amnesietest (BAT; Metzler et al. 1992).

Tabelle 5-7. Kurzbeschreibung der RBMT-Subtests

---

1) Behalten eines neuen Namens:
Dem Patienten wird anhand eines Photos eine Person mit Vor- und Nachnamen vorgestellt. Gegen Ende der Untersuchung sollen bei Vorlage des Bildes Vor- und Nachname
der Person erinnert werden

2) Erinnern eines versteckten Objekts:
Ein Gegenstand aus dem Besitz des Patienten (Stundenplan, Taschentuch etc.) wird
versteckt. Der Patient soll ihn bei Untersuchungsende zurückfordern und sich an das
Versteck erinnern

3) Erinnern einer Vereinbarung:
Der Patient bekommt den Auftrag, beim Ertönen eines akustischen Signals (20 min
später) eine bestimmte Frage zu stellen

4) Wiedererkennen von Bildern:
Strichzeichnungen von 10 bekannten Objekten werden für je 5 s nacheinander dargeboten.
Nach einer zwischengeschalteten Aufgabe (vgl. 5.) sollen sie aus 20 Vorlagen wiederer-
kannt werden

5) Reproduktion von Textinformationen:
Eine kurze, aus 21 Informationseinheiten bestehende Geschichte soll nach einmaliger aku-
stischer Darbietung frei reproduziert werden. Im späteren Untersuchungsverlauf wird die
Wiedergabe nochmals getestet

6) Wiedererkennen von Gesichtern:
Dem Patienten werden nacheinander 5 Gesichter auf Photokarten für je 5 s gezeigt. Die
Gesichter sollen nach einem gefüllten Intervall (Aufgaben 7 und 8) aus 10 Vorlagen
wiedererkannt werden

7) Erinnern eines kurzen Weges:
Im Untersuchungsraum soll eine aus 5 Abschnitten bestehende Wegstrecke nachgegangen
werden. Später in der Untersuchung wird die Erinnerung erneut geprüft

8) Erinnern an das Überbringen einer Nachricht:
Dazu wird registriert, ob ein Briefumschlag, der bei Aufgabe 7 einen Teil des Weges mit-
geführt wird, beachtet und am richtigen Platz abgelegt wird. Eine Nachtestung erfolgt im
späteren Untersuchungsverlauf

9) Orientierung (10 Fragen)

---

erinnert werden sollen eine Wegskizze, türkische Vokabeln, gezeichnete Gegenstände, Telephonnummern, eine Baubeschreibung sowie Zuordnungen von figuralen
Mustern. Der Test beginnt mit einer Lernphase, während der die Informationen
aller 6 Untertests aufgenommen (erlernt) werden; es folgt eine Testphase, während
der die Informationen reproduziert bzw. wiedererkannt werden sollen. Die Gesamt-
testung folgt dabei einem festen Zeitplan. Es werden T-Werte für die 6 Subtests, die

Gesamtgedächtnisleistung sowie für das „Figural"- und das „Verbalgedächtnis" berechnet.

Beim LGT-3 handelt es sich um eine gut ausgearbeitete Testbatterie. Der Test liegt in 2 Parallelformen vor mit Normen für Gymnasiasten (ab 16 Jahre), Abiturienten, Studenten und Jungakademiker (bis 35 Jahre). Hervorzuheben ist auch der Alltagsbezug des Verfahrens. Es gibt jedoch Gründe, die seine Anwendbarkeit im Rahmen der klinischen Diagnostik einschränken. Der wichtigste ist der hohe Schwierigkeitsgrad des Verfahrens. Ferner werden die Informationen ausschließlich visuell dargeboten. Sie erfordern eine intakte visuelle Wahrnehmung und schnelles Lesen. Darüber hinaus stellt das Nachzeichnen eines Weges (Subtest 1) Anforderungen an die Handmotorik. Auch ist es häufig schwierig, bei der Testung von Patienten die enge Zeitstruktur einzuhalten. Schließlich erlaubt der Test in seiner standardisierten Form keine Differenzierung zwischen Problemen beim Erfassen/Lernen und beim Behalten von Informationen. Trotz der genannten Einschränkungen kann der LGT-3 eine wertvolle Hilfe bei Beurteilungen im oberen Leistungsbereich sein. Darüber hinaus ist der Test in einer Version mit verlängerten Lern- und Erinnerungszeiten auch für einen größeren Patientenkreis nutzbar (der Arbeitskreis „Aufmerksamkeit/Gedächtnis" der Gesellschaft für Neuropsychologie erarbeitete hierfür Normwerte gesunder Personen im Alter von 16–72 Jahren; Meier 1987).

5.4   Screening-Verfahren

Nach den bisherigen Ausführungen dürfte klar sein, daß Störungen des komplexen multidimensionalen Gefüges von Lern- und Gedächtnisleistungen nicht mit Hilfe weniger oder gar eines Tests sicher aufzuspüren sind. Da jedoch ökonomische Gesichtspunkte eine Begrenzung der Testung erfordern, stellt sich die Frage, wie das Risiko, durch reduzierten Testaufwand relevante Defizite zu übersehen, möglichst gering gehalten werden kann. Das Kernstück organischer Gedächtnisstörungen ist die anterograde Amnesie, d. h. die Schwierigkeit eines Patienten, nach der Hirnschädigung neue Informationen zu erlernen bzw. zu behalten. Ein Screening muß daher in jedem Fall in diesem Bereich ansetzen. Da relevante isolierte Störungen des Arbeitsgedächtnisses und längerfristiger Behaltensleistungen nur selten zu beobachten sind (und in diesen Fällen in der Regel vom Patienten selbst erlebt werden), kann die Diagnostik darauf beschränkt werden, die Aufnahme komplexer Informationen und das Lernen zu untersuchen. Aus diesem Bereich haben wir für die orientierende Untersuchung ein „Minimalset" von 3 formalen Tests ausgewählt (Tabelle 5-8).

Test 1 und 3 haben eine offensichtliche ökologische Validität, aber auch das Wortpaarassoziationslernen (Test 2) wies in einer Studie von Sunderland et al. (1983) signifikante Zusammenhänge mit Alltagsleistungen auf. Mit Hilfe dieser Kurzdiagnostik gelingt es, grobe alltagsrelevante Gedächtnisdefizite aufzudecken und spezifischere diagnostische Hypothesen zu formulieren, so daß die Untersuchung gezielt fortgesetzt werden kann. Treten z. B. bei der Reproduktion von Textinformationen

Tabelle 5-8. Orientierende Untersuchung organischer Gedächtnisstörungen

Halbstrukturiertes Interview

– Selbsteinschätzung
– „Time-line" (s. Text)

Objektive Testung

– Freie Reproduktion von Textinformationen
– Wortpaarassoziationslernen
– Gesichter-Namen-Paarassoziationslernen

Spezifische Verhaltensbeobachtung (z. B. prospektiver Gedächtnisleistungen und des Wegelernens)

Schwierigkeiten auf, so schließen sich als nächstes Untersuchungen des Textverständnisses (um zu klären, ob ein primäres Gedächtnisproblem vorliegt), des Arbeitsgedächtnisses und des längerfristigen Behaltens (nach 48 h) an. Es wird in diesem Fall auch geprüft, ob eine Störung des Gedächtnisses für komplexe nonverbale Informationen (zunächst Gesichter) vorliegt.

Erweitert man das Testset um den CVLT (s. 5.1.3.2), so erhält man zusätzlich Hinweise zum Arbeitsgedächtnis, zum Lernprozeß, zur Stabilität und zum mittelfristigen Behalten gelernter Informationen und zum Informationsabruf.

Die Sensitivität der formalen Screening-Tests reicht nicht aus, um leichte Einbußen im oberen Leistungsbereich aufzudecken. Besteht ein solcher Verdacht (z. B. aufgrund der subjektiven Angaben des Patienten), so bietet sich die Testung mit dem LGT-3 an. Auch kann die Kurzdiagnostik keine materialspezifischen Defizite nach rechtshemisphärischen Läsionen aufdecken. Entsprechende Hypothesen lassen sich jedoch aufgrund der Informationen zur Ätiologie bzw. dem Ort der Hirnschädigung formulieren und anschließend gezielt prüfen (vgl. 5.1).

Literatur

Amthauer R (1955) Intelligenz-Struktur-Test, I-S-T. Hogrefe, Göttingen
Amthauer R (1973) Intelligenz-Struktur-Test, I-S-T 70. Hogrefe, Göttingen
Atkinson RC, Shiffrin RM (1968) Human memory: A proposed system and its control processes. In: Spence KW, Spence JT (eds) The Psychology of Learning and Motivation, Vol II. Academic Press, New York
Baddeley AD (1990a) Human Memory: Theory and Practice. Lawrence Erlbaum Associates, London
Baddeley AD (1990b) The development of the concept of working memory: implications and contributions of neuropsychology. In: Vallar G, Shallice T (eds) Neuropsychological Impairments of Short-Term Memory. Cambridge University Press, Cambridge, pp 54–73
Baddeley AD, Hitch GJ (1974) Working memory. In: Bower G (ed) Recent Advances in Learning and Motivation, Vol 8. Academic Press, New York, pp 47–90

Baddeley AD, Wilkins A (1984) Taking memory out of the laboratory. In: Harris JE, Morris PE (eds) Everyday Memory Actions and Absent-Mindedness. Academic Press, London Orlando San Diego, pp 1–17

Baddeley AD, Wilson B (1985) Phonological coding and short-term memory in patients without speech. J Mem Lang 24:490–502

Baddeley AD, Wilson B (1988) Frontal amnesia and the dysexecutive syndrome. Brain Cog 7:212–230

Bäumler G (1974) Lern- und Gedächtnistest LGT-3. Hogrefe, Göttingen

Benton AL (1981) Der Benton-Test (Handbuch). Huber, Bern

Böcher W (1963) Erfahrungen mit dem Wechslerschen Gedächtnistest (Wechsler Memory Scale) bei einer deutschen Versuchsgruppe von 200 normalen Vpn. Diagnostica 9:56–68

Borrini G, Dall'Ora P, Della Sala S, Marinelli L, Spinnler H (1989) Autobiographical memory. Sensitivity to age and education of a standardized enquiry. Psychol Med 19:215–224

Bredenkamp J, Wippich W (1977) Lern- und Gedächtnispsychologie, Bd II. Kohlhammer, Stuttgart

Brown J (1958) Some tests of the decay theory of immediate memory. Quart J Exp Psychol 10:12–21

Bukasa B, Wenninger U (1986) GEMAT Optischer Merkfähigkeitstest. Testmanual. Kuratorium für Verkehrssicherheit, Wien

Buschke H, Fuld PA (1974) Evaluating storage, retention, and retrieval in disordered memory and learning. Neurology 24:1019–1025

Butters N (1985) Alcoholic korsakoff's syndrome. J Exp Clin Neuropsychol 7:181–210

Butters N, Stuss DT (1989) Diencephalic amnesia. In: Boller F, Grafman J (eds) Handbook of Neuropsychology, Vol. 3. Elsevier Science Publishers B. V., Amsterdam, pp 107–148

Cermak LS (1989) Encoding and retrieval deficits of amnesic patients. In: Perecman E (ed) Integrating Theory and Practice in Clinical Neuropsychology. Lawrence Erlbaum Associates, Hillsdale, pp 139–154

Cohen G (1989) Memory in the Real World. Lawrence Erlbaum Associates, Hove and London UK

Conway MA, Bekerian, DA (1987) Organization in autobiographical memory. Brain Cogn 2:119–132

von Cramon D, Hebel N (1989) Lern- und Gedächtnisstörungen bei fokalen zerebralen Gewebsläsionen. Fortschr Neurol Psychiat 57:544–550

von Cramon D, Säring W (1982) Störungen der Orientierung beim hirnorganischen Psychosyndrom. In: Bente D, Coper H, Kanowski S (Hrsg) Hirnorganische Psychosyndrome im Alter. Springer, Berlin Heidelberg New York, S 38–50

von Cramon D, Hebel N, Schuri U (1985) A contribution to the anatomical basis of thalamic amnesia. Brain 108:993–1008

von Cramon D, Hebel N, Schuri U (1988) Verbal memory and learning in unilateral posterior cerebral infarction: A report on 30 cases. Brain 111:1061–1077

Crook TH, Larrabee GJ (1990) A self-rating scale for evaluating memory in everyday life. Psychol Aging 5:48–57

Crook TH, Youngjohn JR, Larrabee GJ (1990) The misplaced objects test: A measure of everyday visual memory. J Clin Exp Neuropsychol 12:819–833

Crovitz HF, Schiffman H (1974) Frequency of episodic memories as a function of their age. Bull Psychol Soc 4:517–518

Damasio AR, Tranel D, Damasio H (1989) Amnesia caused by herpes simplex encephalitis, infarctions in basal forebrain, Alzheimer's disease and anoxia/ischemia. In: Boller F, Grafman J (eds) Handbook of Neuropsychology, Vol. 3. Elsevier Science Publishers B. V., Amsterdam, pp 149–166

Daneman M, Carpenter PA (1980) Individual differences in working memory and reading. J Verb Learn Verb Behav 19:450–466

Deisinger K, Markowitsch HJ (in Vorbereitung) Der revidierte Wechsler-Gedächtnistest. Hogrefe, Göttingen

Delis DC, Kramer JH, Kaplan E, Ober BA (1987) California Verbal Learning Test (Manual). Psychological Corporation, New York

Delis DC (1989) Neuropsychological assessment of learning and memory. In: Boller F, Grafman J (eds) Handbook of Neuropsychology, Vol. 3. Elsevier Science Publishers B. V., Amsterdam, pp 3–33

Druschky K-F, Kinzel W (1975) Orientierungsstörungen bei Funktionspsychosen. Fortschr Neurol Psychiat 43:619–630

Ehrhard W, Troppmann N (1988) Reading Span – deutsche PC-Version. EKN-Materialien für die Rehabilitation, München

Ems M, Troppmann N, Schuri U (1991) Reading Span – deutsche Version. EKN-Materialien für die Rehabilitation, München

Ems M, Schuri U (1991) Wort-Komplettierungstest. EKN-Materialien für die Rehabilitation, München

Erickson RC, Scott ML (1977) Clinical memory testing: A review. Psychol Bull 84:1130–1149

Galton F (1879) Psychometric experiments. Brain 2:149–162

Gatzweiler B, Troppmann N, Keller I (1990) Visuomotorisches Lernen. EKN-Materialien für die Rehabilitation, München

Gauggel S, von Cramon DY, Schuri U (1991) Zum Zusammenhang zwischen Lern- und Gedächtnisleistungen und der Informationsverarbeitungsgeschwindigkeit bei hirngeschädigten Patienten. Neuropsychol 2:91–99

Gilewski MJ, Zelinski EM (1986) Questionnaire assessment of memory complaints. In: Poon LW (ed) Clinical Memory Assessment of Older Adults. American Psychological Association, Washington DC, pp 93–107

Goldstein G (1984) Methodological and theoretical issues in neuropsychological assessment. In: Edelstein BA, Couture ET (eds) Behavioral Assessment and Rehabilitation of the Traumatically Brain-Damaged. Plenum, New York

Gollin ES (1960) Developmental studies of visual recognition of incomplete objects. Percept Mot Skills 11:289–298

Graf P, Squire LR, Mandler G (1984) The information that amnesics do not forget. J Exp Psychol: Learn Mem Cog 10:164–178

Guilleminault C (1984) Diagnosis, pathogenesis and treatment of sleep apnea syndromes. In: Frick P, Harnack G-A, Kochsiek K, Martini GA, Prader A (Hrsg) Ergebnisse der inneren Medizin und Kinderheilkunde. Springer, Berlin Heidelberg New York, S 1–57

Harris JE (1984) Remembering to do things: a forgotten topic. In: Harris JE, Morris PE (eds) Everyday Memory Actions and Absent-Mindedness. Academic Press, London Orlando San Diego, pp 71–92

Hartje W, Rixecker (1978) Der Recurring-Figures-Test von Kimura. Normierung an einer deutschen Stichprobe. Nervenarzt 49:354–356

Hempel U, Deisinger K, Markowitsch HJ, Kessler J, Hoffmann E (im Druck) Alltagsgedächtnistest. Beltz, Weinheim

Henke K, Markowitsch HJ (eingereicht) Lateralized perception of subawareness words, faces, and pictures

Herrmann DJ (1982) Know thy memory: The use of questionnaires to assess and study memory. Psychol Bull 92:434–452

Herrmann DJ (1984) Questionnaires about memory. In: Harris JE, Morris PE (eds) Everyday Memory Actions and Absent-Mindedness. Academic Press, London Orlando San Diego, pp 133–151

Hirst W (1982) The amnesic syndrome: Descriptions and explanations. Psychol Bull 91:435–460

Hömberg V (1990) NTC-Mirror Tracking Device (Manual). Neurologisches Therapiezentrum, Universität Düsseldorf

Ilmberger J (1988) Deutsche Version des California Verbal Learning Tests. Institut für Medizinische Psychologie der Universität München

Jäger O, Althoff K (1983) Der Wilde-Intelligenztest (WIT). Hogrefe, Göttingen

Just MA, Carpenter PA (1992) A capacity theory of comprehension: Individual differences in working memory. Psychol Rev 99:122–149

Kaschel R (1991) Deutsche Version der Memory Assessment Clinic Self-Report Scale (MAC-S) von Crook & Larrabee. Universität Tübingen

Kimura D (1963) Right temporal lobe damage. Arch Neurol 8:264–271

Kopelman MD, Wilson BA, Baddeley AD (1989) The autobiographical memory interview: A new assessment of autobiographical and personal semantic memory in amnesic patients. J Clin Exp Neuropsychol 11:724–744

Kopelman MA, Wilson BA, Baddeley AD (1990) The Autobiographical Memory Interview. Thames Valley Test Company, Bury St Edmunds

Kyllonen PC, Tirre WC, Christal RE (1991) Knowledge and processing speed as determinants of associative learning. J Exp Psychol: General 120:57–79

Lamberti G (1978) Modifikation und Verbesserung des Diagnosticums für Cerebralschädigung (DCS) für den klinischen Gebrauch. Arch Psychiat Nervenkr 225:143–157

Lamberti G, Baales R (1991) Entwicklung, Erprobung und Evaluation einer Parallelform zum Diagnosticum für Cerebralschädigung (DCS). 2. Jahrestagung der Arbeitsgemeinschaft Neurologisch-Neuropsychologische Rehabilitation der Deutschen Gesellschaft für Neurotraumatologie und klinische Neuropsychologie, Mannheim (Poster)

Larrabee GJ, West RL, Crook TH (1991) The association of memory complaint with computer-simulated everyday memory performance. J Clin Exp Neuropsychol 13:466–478

Levin HS (1986) Learning and memory. In: Hannay HJ (ed) Experimental Techniques in Human Neuropsychology. Oxford University Press, New York Oxford, pp 309–362

Levin HS (1989) Memory deficit after closed head injury. In: Boller F, Grafman J (eds) Handbook of Neuropsychology, Vol. 3. Elsevier Science Publishers B. V., Amsterdam, pp 183–207

Lezak MD (1983) Neuropsychological Assessment, 2nd edn. Oxford University Press, New York Oxford

Loring DW, Papanicolaou AC (1987) Memory assessment in neuropsychology: theoretical considerations and practical utility. J Clin Exp Neuropsychol 9:340–358

Markowitsch HJ (1992) Das gestörte Altgedächtnis: Diagnoseverfahren bei Hirngeschädigten. Rehabilitation 31:11–19

Meier E (1987) LGT-3, Version der Gesellschaft für Neuropsychologie mit verlängerten Darbietungs- und Reproduktionszeiten. Unveröffentlichte Daten

Metzler P, Voshage J, Rösler P (1992) Berliner Amnesietest (BAT). Hogrefe, Göttingen

Miller GA (1956) The magic number seven plus and minus two: Some limits on our capacity for processing information. Psychol Rev 63:81–97

Milner B (1971) Interhemispheric differences in the localization of psychological processes in man. Br Med Bull 27:272–277

Morris PE (1984) The validity of subjective reports on memory. In: Harris JE, Morris PE (eds) Everyday Memory Actions and Absent-Mindedness. Academic Press, London Orlando San Diego, pp 153–172

Muramoto O (1984) Selective reminding in normal and demented aged people: Auditory versus visual spatial task. Cortex 20:461–478

Parkin AJ (1984) Amnesic syndrom: a lesion specific disorder. Cortex 20:479–508

Peterson LR, Peterson MJ (1959) Short-term retention of individual verbal items. J Exp Psychol 58:193–198

Petrides M (1989) Frontal lobes and memory. In: Boller F, Grafman J (eds) Handbook of Neuropsychology, Vol. 3. Elsevier Science Publishers B. V.. Amsterdam, pp 75–90

Poon LW (ed) (1986) Handbook for Clinical Memory Assessment of Older Adults. American Psychological Association, Washington DC

Puff CR (ed) (1982) Handbook of Research Methods in Human Memory and Cognition. Academic Press, New York London Paris

Richardson JTE (1990) Clinical and Neuropsychological Aspects of Closed Head Injury. Taylor & Francis, London

Richardson-Klavehn A, Bjork RA (1988) Measures of memory. Ann Rev Psychol 39:475–543

Roether D (1984) Tempoleistung und Merkfähigkeit Erwachsener. Psychodiagnostisches Zentrum, Berlin

Schacter DL, Crovitz HF (1977) Memory function after closed head injury: A review of the quantitative research. Cortex 13:150–176

Schuri U (1988) Lernen und Gedächtnis. In: von Cramon D, Zihl J (Hrsg) Neuropsychologische Rehabilitation: Grundlagen – Diagnostik – Behandlungsverfahren. Springer, Berlin, S 215–247

Schuri U (1991) Gedächtnis: Intervention. In: Perrez M, Baumann U (Hrsg) Lehrbuch Klinische Psychologie, Bd 2: Intervention. Verlag Hans Huber, Bern, S 202–212

Shimamura AP (1989) Disorders of memory: the cognitive science perspective. In: Boller F, Grafman J (eds) Handbook of Neuropsychology, Vol. 3. Elsevier Science Publishers B. V., Amsterdam, pp 35–73

Smirni P, Villardita C, Zappalà G (1983) Influence of different paths on spatial memory performance in the block-tapping test. J Clin Neuropsychol 5:355–359

Smith ML (1989) Memory disorders associated with temporal-lobe lesions. In: Boller F, Grafman J (eds) Handbook of Neuropsychology, Vol. 3. Elsevier Science Publishers B. V., Amsterdam, pp 91–106

Sohlberg MM, Mateer CA, Geyer S (1985) Prospective Memory Survey. Puyallup, WA: Association for Neuropsychological Research and Development

Spreen O, Strauss E (1991) A Compendium of Neuropsychological Tests. Administration, Norms and Commentary. Oxford University Press, New York

Squire LR (1986) The neuropsychology of memory dysfunction and its assessment. In: Grant I, Adams KM (eds) Neuropsychological Assessment of Neuropsychiatric Disorders. Oxford University Press, New York, pp 268–299

Squire LR, Slater PC (1983) Electroconvulsive therapy and complaints of memory dysfunction: A prospective three-year follow-up study. Br J Psychiat 142:1–8

Squire LR, Cohen NJ (1982) Remote memory, retrograde amnesia, and the neuropsychology of memory. In: Cermak LS (ed) Human Memory and Amnesia. Lawrence Erlbaum Associates, Hillsdale New Jersey, pp 275–303

Stollmann F (1990) Entwicklung eines sprachlichen Gedächtnistests und einer Parallelform in Analogie zum Recurring-Figures-Test von Kimura. Medizinische Dissertation, Universität Aachen

Sturm W (1990) Parallelform zum Recurring-Figures-Test von Kimura. Neurologische Abteilung der RWTH Aachen

Sunderland A, Harris JE, Baddeley AD (1983) Do laboratory tests predict everyday memory? A neuropsychological study. J Verb Learn Verb Behav 22:341–357

Teasdale G, Brooks DN (1985) Traumatic amnesia. In: Vinken PJ, Bruyn GW, Klawans HL (eds) Handbook of Clinical Neurology, vol 1 (45): Clinical Neuropsychology. Frederiks JAM (ed). Elsevier Science Publishers, Amsterdam New York, pp 185–191

Tulving E (1972) Episodic and semantic memory. In: Tulving E, Donaldson W (eds) Organisation of Memory. Academic Press, New York, pp 381–403

Vallar G, Cappa SF (1987) Articulation and verbal short-term memory: Evidence from anarthria. Cogn Neuropsychol 4:55–78

Vorländer T (1987) Konzeption eines klinischen Kurzzeitgedächtnis-Tests für hirngeschädigte Patienten. Diplomarbeit, Universität Trier

Warrington EK (1984) Recognition Memory Test. NFER-NELSON, Windsor

Warrington EK (1986) Memory for facts and memory for events. Br J Clin Psychol 25:1–12

Wechsler D (1945) A standardised memory scale for clinical use. J Psychol 19:87–95

Wechsler D (1982) Handanweisung zum Hamburg-Wechsler-Intelligenztest für Erwachsene (HAWIE). Huber, Bern Stuttgart Wien

Wechsler D (1987) WMS-R: Wechsler Memory Scale – Revised (Manual). The Psychological Corporation, San Antonio

Weidlich S (1972) DCS. Diagnosticum für Cerebralschädigung. Huber, Bern

Weidlich S, Lamberti G (1980) DCS. Diagnosticum für Cerebralschädigung (Handbuch). Huber, Bern

Wilson B (1987) Rehabilitation of memory. Guilford, New York

Wilson B, Cockburn J, Baddeley A (1985) The rivermead behavioural memory test. Thames Valley Test Company, Reading

Wilson B, Cockburn J, Baddeley A, Hiorns R (1989) The developement and validation of a test battery for detecting and monitoring everyday memory problems. J Clin Exp Neuropsychol 11:855–870

Zimmermann P, Fimm B (1988) Neuropsychologische Testbatterie. Psychologisches Institut der Universität Freiburg

6 Problemlösendes Denken

D. Y. von Cramon und G. Matthes-von Cramon

In diesem Kapitel geht es um Denkstörungen, wie sie nach substantieller Schädigung des Gehirns, insbesondere des Stirnhirns anzutreffen sind. Luria (1966) hat sie sehr treffend umrissen: „... sie [die Patienten] haben Schwierigkeiten, die Bedingungen eines Problems zu analysieren und wichtige Verbindungen und Beziehungen zu erkennen. Die Abfolge zielgerichteter Operationen erscheint in ihre Teile aufgelöst (desintegrated) und planlos; sie übergehen die Phase der vorbereitenden (preliminary) Untersuchung von Bedingungen und Beschränkungen eines Problems und ersetzen rein intellektuelle Operationen durch beziehungslose (unrelated), impulsive Handlungen.'

Während die Phänomenologie der Störungen des problemlösenden Denkens in den letzten Jahren zunehmend detaillierter beschrieben wurde (Fuster 1980; Stuss u. Benson 1986; Goldberg u. Bilder 1987; Perecman 1987; von Cramon 1988; Karnath 1991; von Cramon, Matthes-von Cramon u. Mai, 1992), sind diagnostische Instrumente für eine valide, reliable und ökonomische Messung dieser komplexen Hirnleistung(en) ausgesprochene Mangelware. Außer den gängigen Intelligenztests gibt es bis heute kein Testverfahren zur Diagnostik von Problemlöseleistungen, das allen Testgütekriterien standhalten könnte.

6.1 Begriffsdefinition

Problemlösendes Denken meint logisch-analytisches, zielgerichtetes Denken (Schaefer 1985); hierbei soll ein gegebener Ausgangs- oder Istzustand in einen anderen, erwünschten Zustand (End- oder Sollzustand) überführt werden. Im Gegensatz zur Lösung vertrauter Aufgaben ist bei der Bearbeitung eines Problems die Lösung nicht sofort evident; die Aufgabe des Probanden besteht darin, Lösungsbarrieren zu überwinden, die die unmittelbare Überführung des Ausgangszustands in den Zielzustand verhindern.

Probleme können allgemein danach klassifiziert werden, inwieweit Ausgangs- und Zielzustand festgelegt sind und in welchem Maße Informationen über mögliche und/oder zulässige Operatoren (d. h. Regeln, Vorschriften u. ä.) zur Lösung eines Problems vorliegen (Hussy 1984). Alltagsprobleme und Untersuchungsparadigmen zur Erfassung „komplexen Problemlösens" sind zumeist schlecht definiert (ill-defined problems). Ist uns beispielsweise die Aufgabe gestellt, die Lebensqualität für die Bürger einer Großstadt zu verbessern, so sind für dieses Problem zunächst weder Ausgangs- und Zielzustand eindeutig zu beschreiben, noch herrscht Klarheit über die Mittel, mit deren Hilfe dieses Ziels zu erreichen ist.

Psychometrische Tests dagegen verwenden zumeist eindeutig definierte Probleme (well-defined problems), bei denen dem Probanden ausreichende Informationen über Ist- und Sollzustand vorliegen und durch Instruktionen explizit auf erlaubte bzw. nichterlaubte Handlungsschritte hingewiesen wird.

Obgleich es bis jetzt keine allgemein anerkannte Taxonomie der Problemlöseprozesse gibt, werden doch in den heute vorherrschenden Informationsverarbeitungsmodellen die folgenden Komponenten angeführt (Rowe 1985; Sternberg 1985a):

1) Problemidentifikation und -analyse
2) Generierung von (alternativen) Hypothesen
3) Auswahl geeigneter Lösungsstrategien
4) Modifikation von Lösungsstrategien nach interner oder externer Rückmeldung
5) Bewertung der Effizienz des gewählten Lösungsverfahrens

Alle diese Komponenten stellen sog. metakognitive Prozesse dar, denen Steuerungs- und Kontrollfunktionen (executive functions/skills) innerhalb des Informationsverarbeitungsprozesses zukommen. Sternberg (1985a,b) unterscheidet diese als Metakomponenten (metacomponents) von Komponenten niederer Ordnung (z. B. den performance components), die zur Ausführung verschiedener Strategien bei der Problembearbeitung benötigt werden.

Solche Leistungskomponenten sind:

1) die Enkodierung von Reizen,
2) das Vergleichen und Kombinieren von Informationen,
3) die analoge Anwendung von Vorwissen auf neue Situationen.

Die Metakomponenten der Intelligenz werden gemeinhin als Frontalhirnfunktionen verstanden. Allerdings gibt es bis heute keine schlüssige Theorie zur Funktionsweise frontaler Nervennetze und demgemäß auch keine gut begründeten Vorstellungen über die strukturellen Grundlagen solcher Informationsverarbeitungskonzepte (Shallice 1988; Duncan 1986). Dennoch läßt sich vermuten, daß das menschliche Frontalhirn an folgenden mentalen Prozessen beteiligt ist:

1) Auswahl von Handlungszielen
2) Selektion von Informationen
3) Planen und Initiieren von Handlungen
4) Kontrolle und Selbstregulation eigener Handlungen
5) Lernen aus Rückmeldungen
6) Antizipation von Handlungskonsequenzen
7) Beenden intendierter Handlungen

6.2   Diagnostik von Störungen des problemlösenden Denkens

Der Diagnostiker sollte sich stets der Tatsache bewußt sein, daß es „den" Test zur Untersuchung des problemlösenden Denkens nicht gibt und angesichts der verwirrend großen Zahl von Aspekten des Denkens wohl auch nicht geben kann. Mithin ist es nach unserer Auffassung unzulässig, zumal in neuropsychologischen Gutachten, eine (formale) Denkstörung auf der Grundlage einer oder weniger Testaufgaben zu diagnostizieren oder auszuschließen. Ausreichende diagnostische Sicherheit ist nur durch „breites Untersuchen" und eine an alltagsrelevanten Problemlösesituationen orientierte systematische Verhaltensbeobachtung zu gewinnen (s. dazu auch Sohlberg u. Mateer 1989).

Ein Beispiel für die Schwierigkeit, Beeinträchtigungen exekutiver Funktionen testpsychologisch zu erfassen, stellt der von Eslinger und Damsio (1985) beobachtete Fall E. V. R. dar. Dem Patienten war ein großes orbitofrontales Menigeom und mit ihm ein beträchtlicher Teil beider Frontallappen operativ entfernt worden. Vor dem Eingriff sowohl im privaten als auch beruflichen Leben sehr erfolgreich, hatte der Patient innerhalb von 2 Jahren nach der Operation seine gesamten Ersparnisse in obskuren Geschäften eingebüßt und war in mehreren Arbeitsstellen wegen Unzuverlässigkeit und mangelnder Arbeitsorganisation gekündigt worden. Trotz offensichtlicher Störungen exekutiver Funktionen im Alltag, die ihn zunehmend daran hinderten, ein selbständiges Leben zu führen, erreichte EVR bei einer ausführlichen Testung im Verbalteil des WAIS einen IQ von 120, im Handlungsteil einen IQ von 108 (bei einer Kontrolltestung nach 6 Jahren waren die Werte sogar 125 bzw. 124). In verschiedenen neuropsychologischen Tests (Wisconsin Card-Sorting Test, Word Fluency Test, Category Test, Cognitive Estimation Task) lag er jeweils im durchschnittlichen Bereich.

Störungen des problemlösenden Denkens beeinflussen die Leistungen in den meisten diagnostischen Verfahren, die in der klinischen Neuropsychologie Verwendung finden. Eine unzureichende Aufgabenanalyse, vorschnelles Handeln, Ideenmangel oder verminderte Handlungs- und Plausibilitätskontrollen, um nur einige häufig vorkommende Störungsaspekte zu nennen, wirken sich in vielen neuropsychologischen Tests deutlich leistungsmindernd aus.

Man wird demzufolge mit den Auswirkungen gestörter Denkprozesse in den verschiedensten Bereichen der neuropsychologischen Diagnostik zu rechnen haben.

Um die Behandlungsaussichten eines Patienten abzuschätzen, ist es notwendig, die von verschiedenen Mitarbeitern des diagnostischen Teams in sehr unterschiedlichen Test- und Untersuchungssituationen gewonnenen Urteile formal zusammenzuführen und einen expliziten Konsens über die Einschätzung der Problemlösefähigkeiten eines Patienten herbeizuführen.

Praktisch nicht weniger relevant ist die Tatsache, daß das ohnehin kleine Repertoire von Aufgaben/Tests zur Überprüfung des problemlösenden Denkens durch bestimmte, häufig assozziierte Hirnleistungsstörungen (wie z. B. visuelle oder visuell-räumliche Wahrnehmungsstörungen) eingeschränkt wird. Der Diagnostiker muß im Einzelfall entscheiden, welche Verfahren es ihm bei gegebenen assoziierten

Hirnleistungsstörungen überhaupt noch erlauben, Leistung der jeweiligen Intelligenz- bzw. Problemlösekomponente hinreichend gut zu beurteilen.

Ein weiteres diagnostisches Problem entsteht dadurch, daß die Durchführungsobjektivität der Tests wegen notwendiger Wiederholungen oder Umformulierungen (Vereinfachungen) der Testinstruktionen oftmals nicht gewährleistet ist.

Introspektion zur Beobachtung von Lösungsprozessen

„Lautes Denken" ist ein häufig empfohlenes introspektives Verfahren, um Einsichten in den aktuellen Lösungsprozeß während einer Aufgabenbearbeitung zu gewinnen. Bei Hirngeschädigten wird dieses Verfahren nur im Einzelfall sinnvolle Ergebnisse liefern. Es ist bekannt, daß die durch lautes Denken gesteigerte Selbstwahrnehmung die zu beobachtenden kognitiven Prozesse beeinflußt. Gagné und Smith (1963) konnten bei Normalpersonen Verbesserungen beim Lösen des „Turm von Hanoi"-Paradigmas nachweisen, wenn sie die Probanden aufforderten, zielgerichtete Begründungen für ihre jeweiligen Handlungsschritte anzugeben.

Allerdings sind schon bei hirngesunden Probanden und mehr noch bei hirngeschädigten Patienten häufig Leistungsverschlechterungen zu gewärtigen, da begleitendes Verbalisieren zusätzliche Anforderungen an die Verarbeitungskapazität stellt. Das kann eine erhebliche Verlangsamung der Bearbeitung des Problems oder Veränderungen in der Struktur und im Ablauf des Lösungsprozesses und schließlich sogar eine unvollständige oder unzutreffende Erinnerung an die eigenen Gedanken während der Problemlösung zur Folge haben (Ericsson u. Simon 1980). Interessanterweise neigen hirngesunde Probanden unter der Bedingung des lauten Denkens eher dazu anzunehmen, sie könnten für ein gegebenes Problem keine Lösung finden, möglicherweise weil durch das explizite Darlegen von Gedanken ein Lösungsprozeß nach Versuch und Irrtum erschwert wird.

Abgestufte Hinweisreize zur Beobachtung von Lösungsprozessen

Einblicke in gestörte Lösungsprozesse bei hirngeschädigten Patienten ergeben sich indirekt auch aus Art und Umfang der benötigten Hilfestellungen. Der Schweregrad einer Störung läßt sich sehr gut daran ablesen, ob ein Patient schon von unspezifischen Hinweisreizen profitieren kann, die lediglich seine Aufmerksamkeit auf vorausgegangene oder nachfolgende Handlungsschritte lenken („Wie weit sind Sie bis jetzt gekommen?" „Was machen Sie als nächstes?"), oder ob nur unmittelbar zielführende Hilfen (wie z. B. Hinweise auf lösungsrelevante Informationen, Angabe von Zwischenergebnissen) zu einer Fortsetzung des Lösungsprozesses und zu einer Leistungsverbesserung führen.

6.2.1   Schätzskalen zur Beurteilung von Störungen der Steuerungs- und Leitungsfunktionen

Neben einer systematischen Verhaltensanalyse, auf die vor allem bei sozial störenden Verhaltensauffälligkeiten, wie sie nach erworbener Hirnschädigung beobachtet werden, nicht verzichtet werden kann (s. dazu Matthes-von Cramon, von Cramon u. Mai, in Druck), sind Schätzskalen brauchbare, wenngleich nicht voll befriedigende

Beurteilungsinstrumente, um Störungen des problemlösenden Denkens einzuschätzen.

Interessante Aufschlüsse ergeben sich schon aus dem Grad der Übereinstimmung oder Abweichung im Urteil, je nachdem, ob die jeweiligen Problembereiche vom Patienten selbst, von wichtigen Bezugspersonen (Angehörigen, Bekannten, Arbeitskollegen) oder von Mitgliedern des Rehabilitationsteams eingeschätzt werden. Durch die wiederholte, therapiebegleitende Vorgabe solcher Ratingskalen können Veränderungen bei allen Beteiligten im Laufe des Rehabilitationsprozesses auf sehr anschauliche Weise erfaßt werden.

Aus der Gegenüberstellung der Selbsteinschätzung und der Beurteilung durch Bezugspersonen und/oder das Rehabilitationsteam ergeben sich z. B. wichtige Hinweise auf Problembewußtsein bzw. Einsichtsfähigkeit des Patienten (zur Einsichtsfähigkeit/awareness hirngeschädigter Patienten s. den Übersichtsartikel von McGlynn u. Schacter 1989). Diese Frage diagnostisch gut herauszuarbeiten ist deswegen so bedeutsam, weil zwischen der Compliance der Patienten für therapeutische Maßnahmen sowie für evtl. in der Lebensumwelt erforderliche Veränderungen und der Einsicht in bestehende kognitive (und andere) Defizite ein enger Zusammenhang besteht. Während der frühen stationären Behandlung ist die Beurteilung der Einsichtsfähigkeit zumeist noch problematisch, da der von außen strukturierte Klinikalltag den Patienten nur wenig Spielraum für eigene Entscheidungen läßt und überdies noch kaum Erfahrungen mit der Bewältigung komplexer Probleme vorliegen können. Somit besteht die Gefahr, die Problemlösefähigkeiten der hirngeschädigten Patienten eher zu überschätzen, ein Fehlurteil, das sich nachteilig auf die Planung rehabilitativer Maßnahmen auswirken kann.

Angehörige haben vor allem im ersten Jahr nach einer Hirnschädigung häufig noch ein unrealistisches Bild von den Leistungsmöglichkeiten des Patienten (Brooks 1984). Aus diesem Grund ist es zweckmäßig, mit den Bezugspersonen, nachdem sie das Verhalten des Patienten auf der Ratingskala eingeschätzt haben, ein halbstandardisiertes Interview zu den einzelnen Items durchzuführen mit dem Ziel, sich die zur Leistungsbeurteilung herangezogenen Situationen möglichst genau schildern zu lassen und zu protokollieren, welche für das Problemlösen kritische Situationen überhaupt von den Bezugspersonen beobachtet wurden.

Durch das Befragen der Bezugspersonen können vor allem Leistungs- und Verhaltensänderungen im Vergleich zum prämorbiden Niveau beurteilt werden. Die diagnostische Bewertung leichterer Auffälligkeiten des problemlösenden Denkens sollte ausnahmslos vor dem Hintergrund gesicherter Erkenntnisse über das prämorbide Verhalten erfolgen, da Faktoren wie sozialer und kultureller Hintergrund, Ausbildung und berufliche Anforderungen innerhalb der Bevölkerung eine sehr große Variabilität gerade für diese Hirnleistung bedingen. Kritisch ist zu den bisher veröffentlichten Ratingskalen zur Beurteilung des problemlösenden Denkens sowie der Steuerungs- und Leitungsfunktionen anzumerken, daß die einzelnen Verhaltensaspekte noch nicht präzise genug operationalisiert werden konnten.

Im Klinikalltag helfen wir uns über diese Schwierigkeit hinweg, indem wir durch regelmäßige Fallbesprechungen die Beobachtungsgabe unserer Mitarbeiter für Verhaltensaspekte des problemlösenden Denkens fördern und ihr Urteil anhand prototypischer Beispiele zu „eichen" und aufeinander abzustimmen versuchen.

Ratingskalen, die die Beurteilung von Komponenten der Informationsverarbeitung verlangen und somit ein spezielles Fachwissen voraussetzen, sind ohne genaue Anleitung durch den Diagnostiker für die Leistungseinschätzung durch Laien (Patienten oder deren Bezugspersonen) nicht geeignet.

Falsche (d. h. zu negative) Beurteilungen resultieren nicht selten aus der Überbewertung einzelner „Episoden". So kann es vorkommen, daß insbesondere sozial störende Beeinträchtigungen der exekutiven Funktionen als schwerwiegend eingeschätzt werden, obwohl sie insgesamt nur sehr selten auftreten. Einzelne Beispiele vorschnell-unbedachten Verhaltens werden in der Regel immer erwähnt, wohingegen leichtere Grade mangelnder Plausibilitätskontrolle oft unentdeckt bleiben.

Executive Functions Behavioural Rating Scale (EFBRS)
Die von Sohlberg u. Mateer (1989) publizierte Ratingskala wurde zur klinischen Beurteilung kognitiver Steuerungs- und Leitungsfunktionen entwickelt. Sie beinhaltet 17 Items zu den Aspekten:
1) Auswahl und Ausführung kognitiver Pläne,
2) Zeitmanagement,
3) Selbstregulation.

Die Items sollen anhand des Alltagsverhaltens auf einer 5stufigen Skala eingeschätzt werden, an deren beiden Polen jeweils die Extremausprägung eines Verhaltensmerkmals beschrieben wird. Um dem Diagnostiker ausreichend Gelegenheit zu geben, das Verhalten eines Patienten zu beobachten, werden diesem zunächst Aufgaben übertragen, wie z. B. Einkäufe erledigen, eine Tasse heiße Schokolade zubereiten oder die unter 6.2.6 beschriebene Executive Route Finding Task lösen. Die Verhaltensbeobachtungen werden in vorstrukturierten Aufgabenprotokollen notiert und bilden so die Grundlage für die anschließende Einschätzung des Verhaltens auf der Ratingskala. Wenn irgend möglich, sollen Daten von einem zweiten Therapeuten oder auch durch Interviews mit wichtigen Bezugspersonen des Patienten gewonnen werden, um die Frage der Interraterreliabilität genauer klären zu können.

Nach unserer Erfahrung mit dieser Ratingskala bedarf es großer klinischer Erfahrung, um die vorgeschlagenen Items zuverlässig einschätzen zu können.

Bogenhausener Ratingskala zur Beurteilung von Verhaltensauffälligkeiten nach erworbener Hirnschädigung (BRBV)
Die von uns entwickelte BRBV (von Cramon, Matthes-von Cramon u. Mai 1992) umfaßt insgesamt 21 operationalisierte Verhaltensaspekte, darunter 8, die explizit Auffälligkeiten im Verhalten problemlösegestörter Patienten beschreiben (s. auch von Cramon, Matthes-von Cramon u. Mai 1991):
1) Fehlende oder ungenaue Problemanalyse
2) Unzureichendes Abwägen von Entscheidungen
3) Vorschnelles Handeln
4) Regelverstöße
5) Kognitive Inflexibilität
6) Perseverationen
7) Verminderte Plausibilitätskontrolle
8) Mangel an zielgerichteten Ideen

Die übrigen Items beziehen sich vor allem auf die Aspekte Einsichtsfähigkeit, Antrieb, Empathie, Aggressivität, Sozialverhalten und Umgebungsgebundenheit des Verhaltens.

Die Verhaltensaspekte werden anhand einer 3stufigen Skala beurteilt, wobei für Verhaltensweisen innerhalb der normalen Variation eine „0" markiert wird; „1" bezeichnet Auffälligkeiten, die eindeutig außerhalb der normalen Variation liegen, jedoch nur gelegentlich zu beobachten sind, während „2" für durchgängig zu beobachtende Verhaltensauffälligkeiten gegeben wird. Die Beschränkung auf eine 3stufige Skala resultiert aus (nicht veröffentlichten) Voruntersuchungen, die gezeigt haben, daß mit einer Erhöhung der Stufenzahl keine Verbesserung der Reliabilität zu erreichen ist. Unsere Mitarbeiter hatten, trotz eines vorausgegangenen Trainings mit der BRBV, zumeist große Schwierigkeiten, differenziertere Unterscheidungen hinsichtlich des Schweregrades der Verhaltensauffälligkeiten zu treffen.

Da man einerseits in einem interdisziplinär arbeitenden Rehabilitationsteam nicht von der Unabhängigkeit der einzelnen Rater ausgehen kann, andererseits aber nur Personen für ein Rating in Betracht kommen, die genügend Gelegenheit hatten, den Patienten in einschlägigen Situationen zu beobachten, haben wir es uns zur Regel gemacht, die Items der BRBV von den beteiligten Mitarbeitern (Therapeuten, Pflegepersonen) in Form eines „kollektiven Ratings" (Lienert 1969) gemeinsam beurteilen zu lassen (zu den Einzelheiten des von uns durchgeführten Ratingverfahrens s. von Cramon, Matthes-von Cramon u. Mai 1991).

Um einen ausreichenden Beobachtungszeitraum zu gewährleisten, erfolgt eine erste Einschätzung des Verhaltens frühestens 2–3 Wochen nach der Aufnahme. Während dieser Zeit sollte ein Patient mindestens 3 Alltagssituationen erlebt haben, in denen problemlösendes Denken erforderlich ist. Als Standardsituationen eignen sich beispielsweise die Planung eines Wochenendes, die Vorbereitung eines Gesprächs mit den Therapeuten und die Bearbeitung eines Zeitungsartikels.

Presbyterian Hospital Patient Competency Rating (PCR)
Um die Einsichtsfähigkeit (awareness) in die Folgen einer Hirnschädigung zu beurteilen, verwendeten Prigatano et al. (1986) eine Ratingskala, die den hirngeschädigten Patienten, ihren nächsten Bezugspersonen und den Mitgliedern des Rehabilitationsteams vorgelegt wurde. Die 5stufige Skala umfaßt insgesamt 30 Items, mittels derer die „Kompetenz" eines Patienten für die Bewältigung von Alltagsanforderungen eingeschätzt werden soll.

Diskrepanzen zwischen Selbst- und Fremdeinschätzung traten vor allem bei Patienten mit gravierenden Hirnleistungsdefiziten auf (Fordyce u. Roueche 1986). Vermutlich befand sich unter diesen Patienten eine größere Gruppe mit Störungen des problemlösenden Denkens. Ein Nachteil dieser Skala ist, daß im Einzelfall oft nicht mehr nachvollzogen werden kann, welche Hirnleistungseinbußen dem jeweiligen Problem zugrunde liegen. So kann ein Patient oder Angehöriger auf die Frage: „Sehen Sie Probleme beim Regeln finanzieller Angelegenheiten?" (Item aus der PCR) deutliche Beeinträchtigungen markieren, ohne daß ersichtlich ist, ob diese darauf beruhen, daß ein Patient unfähig ist, komplex formulierte Sachverhalte zu verstehen oder Formulare auszufüllen, daß er aufgrund von Gedächtnisstörungen Rechnungen verlegt oder aufgrund von Störungen des problemlösenden Denkens nicht in der Lage ist, Vor- und Nachteile von finanziellen Transaktionen abzuwägen. Nach unserer Erfahrung eignet sich die PCR jedoch gut als Grundlage für ein halb-standardisiertes Interview, in dem der Patient oder seine Bezugspersonen gebeten werden, eine möglichst detaillierte Beschreibung der in den fraglichen Situationen auftretenden Probleme zu geben.

6.2.2   Induktives Denken

Unter den kognitiven Komponenten der Intelligenz kommt dem induktiven Denken wohl die größte praktische Bedeutung zu.

Als induktives Denken wird die Fähigkeit des Menschen bezeichnet, aus spezifi-schen Erfahrungen allgemeine Regeln, Muster, Konzepte oder Gesetzmäßigkeiten abzuleiten und auf neue Ereignisse anzuwenden (Waldmann u. Weinert 1990).

In den im deutschen Sprachraum üblichen Intelligenztests finden sich überwie-gend Items/Aufgaben zum induktiven Schließen. Sie haben keine logisch eindeutige Lösung, obwohl es in der Regel eine Antwort gibt, die übereinstimmend als „die beste" angesehen werden kann. Typische Aufgaben sind:
1) Analogien,
2) Reihen ergänzen,
3) Matrizenaufgaben,
4) Klassifikations- und Konzeptbildungsaufgaben,
5) Wortfindungsaufgaben,
6) Metaphern und Sprichwörter,
7) Schätzverfahren.

Analogien
Die Fähigkeit zu induktivem Denken wird im Rahmen eines Komponentenansatzes der Intelligenz überwiegend mit Analogien untersucht.

Sternbergs Informationsverarbeitungsmodell (Sternberg 1986) beschreibt folgende Komponenten der Bearbeitung von Analogien:
1) Enkodierung,
2) Inferenzbildung,
3) Abbilden,
4) Anwendung,
5) Vergleich,
6) Rechtfertigung.

Analogien haben einen festen Platz in den heute üblichen Intelligenztests. So stehen beispielsweise mit dem Intelligenz-Struktur-Test (I-S-T 70) (Amthauer 1973) und dem Wilde-Intelligenztest (WIT) (Jäger u. Althoff 1983) standardisierte Analo-gieaufgaben zur Verfügung. Sie werden in der Regel als Multiple-choice-Aufgaben (A:B = C:? a,D b,E usw.) dargeboten.

Die Analogien des I-S-T 70 und des WIT bestehen aus Begriffen; in experimen-tellen Arbeiten finden sich darüber hinaus auch Analogien mit geometrischen oder bildhaften Figuren (s. Sternberg 1985).

Bei der Bearbeitung von Analogien wird der Diagnostiker zunächst die Aufmerksamkeit des Patienten auf das 1. Begriffspaar lenken und feststellen, ob relevante Attribute zu den Stimuli genannt werden (Überprüfung der Enkodierung). Sodann wird versucht, u. U. mit Hilfe abgestufter Hinweisreize, die Beziehung zwischen den Stimuli des 1. Paares herzustellen (Inferenzbildung). Danach wird der Patient aufgefordert, eine äquivalente Beziehung zum 1. Stimulus des 2. Paares zu überlegen (Anwendung). Schließlich soll die gefundene Lösung mit den Antwortalternativen verglichen (Vergleich) und die Alternative herausgesucht werden, die der gefundenen Ideallösung am nächsten kommt (Rechtfertigung). Es kann sehr wohl vorkommen, daß ein Proband, der die relevanten Attribute des 1. Stimuluspaares nicht selbständig entdecken konnte, nach entsprechender Hilfestellung durchaus Beziehungen zwischen den Stimuli herstellen und diese sogar richtig auf das 2. Stimuluspaar übertragen kann.

Daraus folgt, daß man bei Patienten mit schlechten Testwerten versuchen sollte, durch Nachtesten mit abgestufter Hilfestellung aufzudecken, welche Komponenten des Verarbeitungsprozesses gestört sind. Patienten mit Störungen des problemlösenden Denkens neigen bei der Bearbeitung verbaler Analogien dazu, keine Inferenz zwischen den ersten beiden Stimuli herzustellen. Stattdessen wählen sie Antwortalternativen, die eine assoziative Verbindung zwischen dem 3. und 4. Begriff herstellen. In dem Beispiel „Wüste: Oase = Meer:?" würde aus den Möglichkeiten a) Durst, b) Wasser, c) Insel der Begriff Wasser statt Insel ausgewählt. Bei vielen Patienten treten Fehler erst bei komplexeren Analogien auf. Wenn diese Patienten leichtere Aufgaben korrekt lösen konnten, sind ihre Fehler sicherlich nicht durch mangelndes Aufgabenverständnis erklärbar.

Nachteilig ist, daß in den Analogieaufgaben der obengenannten Intelligenztests teilweise Fremdwörter oder andere selten gebrauchte Wörter benutzt werden, so daß mangelhaftes Wissen um die Wortbedeutungen im Einzelfall zu niedrigen Testwerten führen kann, obwohl die Fähigkeit induktiven Denkens erhalten ist. Besondere Vorsicht ist hier bei Personen mit niedrigem Bildungsniveau geboten.

Reihenergänzungsaufgaben

Beim Reihenergänzen wird eine aus mehreren Teilen (Zahlen, Buchstaben oder figuralen Reizen) bestehende Reihe vorgegeben (z. B. 1 3 5 7 – ; a c e g –). Der Proband hat die Aufgabe, eine Beziehung (Relation) zwischen den einzelnen Gliedern der Reihe zu finden und eine Regel abzuleiten, nach der das nächstfolgende Glied ergänzt oder, wie beim Leistungsprüfsystem (L-P-S) (Horn 1983), das falsche Glied herausgestrichen werden kann. Der I-S-T 70 und der WIT enthalten ebenfalls Reihenergänzungsaufgaben, in denen die richtige Lösung im Multiple-choice-Verfahren gefunden werden muß.

Den Diagnostiker interessiert, ob ein hirngeschädigter Patient in der Lage ist, solche Relationen zu entdecken und Hypothesen darüber aufzustellen, nach welcher Gesetzmäßigkeit die Einzelelemente verknüpft sind. Bei Buchstabenreihen kommen dabei die Identität (Wiederholung von Stimuli, Groß-/Klein-Schreibung) oder die Bewegung nach vorne/rückwärts im Alphabet in Frage; bei Figuren müssen Spiegelungen, Drehungen und andere räumliche Veränderungen in Betracht gezogen werden. Zahlenreihen können beliebig schwierig konstruiert werden, wenn sie beispielsweise durch arithmetische Operationen wie Multiplikation, Division, Exponential-funktion oder eine Mischung aus verschiedenen Rechenoperationen verknüpft sind.

Gemäß Sternbergs triarchischer Theorie der Intelligenz (Sternberg 1985a) gehört das Entdecken von Relationen zur Klasse der Leistungskomponenten (performance components) und zwar des „Vergleichens und Kombinierens von Informationen".

Da die Schwierigkeit einer Aufgabe mit der Komplexität ihrer relevanten Merk-male und der Menge der Informationen wächst, die im Arbeitsgedächtnis gespei-chert werden müssen (Kotovsky u. Simon 1975), sollten für hirngeschädigte Patien-ten möglichst Reihenergänzungsaufgaben verwendet werden, bei denen zur Ent-deckung der Relation 2 Merkmale genügen. Aus diesem Grund haben sich bei uns die Untertests des Faktors „Denkfähigkeit" aus dem L-P-S bewährt; denn dort sind die ersten Reihen nach sehr einfachen Regeln aufgebaut.

Matrizentests

Die Standard Progressive Matrices (SPM) und Advanced Progressive Matrices (APM) von Raven (1956, 1965) haben weite Verbreitung gefunden und sind mittler-weile auch gut untersucht (Putz-Osterloh 1981; Carpenter et al. 1990). Ursprünglich als nonverbaler Intelligenztest zur Erfassung eines generellen intellektuellen Lei-stungsniveaus konzipiert, prüft der Raven-Test verschiedene Aspekte des induktiven Denkens und erfordert bei der Lösung der Aufgaben auch räumliches Vorstellungs-vermögen und Wahrnehmungsgenauigkeit (Putz-Osterloh 1981). Nach Carpenter et al. (1990) messen die APM vor allem „analytische" Intelligenz; dieser Test korre-liert hoch mit numerischen, verbalen und geometrischen Analogien, aber auch mit Reihenergänzungsaufgaben.

Bei den ersten Items kann die richtige Lösungsalternative noch hauptsächlich nach perzeptiven Gesichtspunkten gefunden werden; in der Folge müssen jedoch zunehmend komplexe Regeln herangezogen werden. Eine Auflistung der verwende-ten Regeln findet sich bei Mankwald (1987). Carpenter et al. (1990) fanden mittels verbaler Protokolle und der Ableitung von Blickbewegungen heraus, daß erfolg-reiche Probanden die Aufgaben in aufeinanderfolgende „Unterprobleme" gliederten und diese dann durch paarweises Vergleichen der Einzelelemente nacheinander zu lösen versuchten.

Für die Verwendung der SPM in der Diagnostik Hirngeschädigter spricht die Tat-sache, daß der Test ohne Zeitlimit durchgeführt werden kann. Der Diagnostiker muß jedoch damit rechnen, daß die SPM in der Regel eine sehr lange Bearbei-tungszeit (>1 h) erfordern. Patienten mit Störungen des problemlösenden Denkens wenden Instruktionen bei den einfacheren Items jeder Aufgabenreihe meist richtig an; bei den schwierigeren Items wird jedoch das komplexe „Vergleichen und Kombi-nieren von Merkmalen" durch vereinfachte und invariante Regeln ersetzt. Ein Grund dafür mag die reduzierte Fähigkeit dieser Patienten sein, eine größere Anzahl von Subproblemen im Arbeitsgedächtnis zu halten und gleichzeitig deren Abfolge genau zu kontrollieren (monitoring). Für die Auswertung der SPM kann die Tabelle von Peck (1970) herangezogen werden, die für die Altersgruppe der 25- bis 65jährigen eine Konvertierung der Rohwerte in Perzentile angibt.

Wegen der hohen Anforderungen, die der Progressive-Matrizen-Test an verschie-dene Hirnleistungen (Problemlösen, Arbeitsgedächtnis, räumliches Vorstellungsvermögen) stellt, ist bei der Feststellung eines allgemeinen Intelligenzniveaus Vorsicht geboten. Eine Interpretation der SPM speziell für die Problemlösefähigkeit sollte nur im Kontext mit anderen Aufgaben zum problemlösenden Denken erfolgen.

Kategorisierungs- und Konzeptbildungsaufgaben

Schon früh war erkannt worden, daß hirngeschädigte Patienten Beeinträchtigungen des Abstraktionsvermögens aufweisen (Goldstein 1953; Goldstein u. Scheerer 1941). Deswegen wurde in der Folgezeit eine Reihe von Kategorisierungs- und Konzeptbildungsaufgaben entwickelt, von denen vor allem die folgenden Tests in der klinisch-neuropsychologischen Diagnostik Verwendung gefunden haben:
1) Wisconsin Card Sorting Test (WCST) (Grant u. Berg 1948; Lezak 1983)
2) Halstead Category Test (HCT) (Halstead 1947)
3) Booklet Category Test (BCT) (Calsyn et al. 1980; De Fillipis u. McCampbell 1979)
4) Weigl Sorting Test (Weigl 1941; De Renzi et al. 1966)
5) Modified Vygotsky Concept Formation Test (MVCFT) (Wang 1984)

Der Leser sei für die Beschreibung dieser Testaufgaben zur Kategorisierung und Konzeptbildung auf die angegebene Literatur verwiesen.

Wang (1987) unterzog den HCT, den WCST und den MVCFT einer kritischen Betrachtung und beschrieb 5 Faktoren, die zur Bearbeitung von Konzeptbildungsaufgaben nötig sein sollen:
1) Fähigkeit, verschiedenartige Hypothesen zu generieren, die auf wenigen impliziten Informationen beruhen
2) Fähigkeit, Hypothesen in Übereinstimmung mit Rückmeldungen zu generieren
3) Fähigkeit, ein Konzept zu halten und sprunghafte Reaktionen/Antworten zu vermeiden
4) Fähigkeit, Bedingungsänderungen zu erkennen (shift of concepts) und das Antwortverhalten flexibel darauf einzustellen

Die Güte der Testleistung wird bei diesen Aufgaben über die Anzahl erkannter Kategorien und richtiger Zuordnungen sowie über die Fehlertypen bestimmt; dabei kommt den perseverativen Fehlern besondere Bedeutung zu. Sollte ein Patient nicht alle lösungsrelevanten Merkmale des Testmaterials erkennen, ist zu prüfen, ob das fälschliche Beibehalten einer Kategorie tatsächlich als perseveratorisches Verhalten zu interpretieren ist oder eine Einengung auf nur eine Information darstellt, d. h. ob der Patient keine weiteren Lösungsmöglichkeiten entdecken kann. Es empfiehlt sich, bei Patienten, die eine große Anzahl perseverativer Fehler machen, nach der Standarddurchführung eines Konzeptbildungstests noch einmal nachzutesten und zu untersuchen, ob ein Patient nach explizitem Hinweis auf die möglichen Kategorien in der Lage ist, den Test korrekt durchzuführen.

Modified Card Sorting Test (MCST)

Wir verwenden eine von Nelson (1976) modifizierte Version des WCST. Dem Patienten werden 4 Karten vorgelegt, auf denen entweder 1 rotes Dreieck, 2 grüne Sterne, 3 gelbe Kreuze oder 4 blaue Punkte zu sehen sind. Die Aufgabe besteht darin, diesen 4 Vorlagen 48 Stimuluskarten zuzuordnen. Der Patient erhält nur die Rückmeldung, ob seine Zuordnung richtig oder falsch war, ohne daß er auf die 3

Kategorien (Farbe, Form, Anzahl) des Stimulusmaterials hingewiesen wird. Der Untersucher verstärkt zunächst Kategorisierungen nach dem Merkmal „Farbe". Sobald der Patient diesem Merkmal 6 Karten in Folge richtig zugeordnet hat, kündigt der Untersucher an, daß sich nunmehr die Zuordnungsregel ändert. Danach werden Kategorisierungen nach der „Form" und nach weiteren 6 korrekten Zuordnungen in Folge Kategorisierungen nach der „Anzahl" als richtig bezeichnet. Die Sortierung nach Farbe, Form und Anzahl wird solange wiederholt, bis alle 48 Stimuluskarten zugeordnet wurden. Ausgewertet werden zum einen die Gesamtfehler, zum anderen die perseverativen Fehler, bei denen die Kategorie beibehalten wird, die unmittelbar zuvor als falsch bezeichnet wurde. Perseverative Fehler geteilt durch Gesamtfehler mal 100 ergeben den sog. „total error score". Auf der Grundlage der Untersuchung von 64 Patienten, die meist Hirntumoren (Gliome) aufwiesen, ergab sich ein „Cut-off"-Wert von mehr als 50, um frontale von nichtfrontalen Läsionen zu unterscheiden. Danach waren 38 % der Patienten mit frontalen Hirnläsionen beeinträchtigt, während in der Gruppe der Patienten mit nichtfrontalen Hirnläsionen nur 5 % als beeinträchtigt klasssifiziert wurden. Hirngesunde Kontrollpersonen lagen in keinem Fall über dem cut-off von 50.

Wir bevorzugen den MCST, weil er eine zuverlässigere Beurteilung der perseverativen Fehler ohne Abstriche bezüglich der Testsensitivität zuläßt. In dieser Version wurden zum einen alle ambiguen Karten des Originaltests entfernt, was eine eindeutige Zuordnung zu den Stimuluskarten gewährleistet; zum anderen werden die Patienten explizit auf den Wechsel der Kategorie hingewiesen, denn die Originalversion des WCST hat vor allem auch den Nachteil, daß Personen mit normalen Leistungen im problemlösenden Denken durch das Nichtankündigen des Kategorienwechsels einer Testsituation ausgesetzt werden, die stark an Diskriminationsaufgaben erinnert, wie sie in der Hilflosigkeitsforschung verwendet werden (Heckhausen 1989). Ein weiterer Vorteil des MCST besteht darin, daß als perseverative Fehler nur diejenigen Zuordnungen gelten, bei denen eine Kategorie beibehalten wird, die unmittelbar zuvor als falsch bezeichnet wurde. Dadurch läßt sich bei Patienten mit Gedächtnisstörungen, die sich u. U. schon nach kurzer Zeit nicht mehr daran erinnern, welche Zuordnungen als falsch bewertet wurden, eine Häufung von Perseverationen vermeiden.

Vorsicht ist hinsichtlich der lokalisatorischen Spezifität des WCST/MCST geboten. Milner (1964) betrachtete Perseverationen in diesem Test als Zeichen für fokale frontale, insbesondere links-dorsolaterale Gewebsläsionen. Andere Studien (z. B. Wang 1987) fanden keinen Seitenunterschied zwischen den Patientengruppen mit frontalen Läsionen; mehr noch, sie konnten zeigen, daß Patienten mit diffusen Hirnschädigungen ähnlich schlechte Leistungen erbrachten wie die Gruppe mit fokalen frontalen Schädigungen.

Daraus ergibt sich für den Diagnostiker, daß der WCST und übrigens auch der HCT nicht als spezifische „Frontalhirntests" anzusehen sind (Robinson et al. 1980; Heaton 1981).

Goldenberg-Flexibilitätstest
Dieser einfache assoziative Lerntest soll die kognitive Flexibilität prüfen, ohne besondere Anforderungen an „abstraktes Denken" und Kategorisierungsfähigkeit zu

stellen. Das Testmaterial besteht aus 2 Sets von je 9 Karten im Format von Spielkarten. Die Vorderseiten der Karten sind in beiden Sets identisch. Auf jeder Karte ist eine farbige geometrische Figur abgebildet (roter Stern, Halbkreis, graues Karo, schwarzes „Uhrglas", gelber Balken). Je 3 Karten haben einen schwarzen Punkt auf der Rückseite, wobei dies in beiden Sets verschiedene Karten sind.

Die Aufgabe des Patienten ist es, sich zu merken, welche Karten Punkte haben. Zunächst werden hintereinander die Vorder- und Rückseite der Karten des 1. Sets präsentiert. In 5 anschließenden Präsentationen soll der Patient beim Zeigen der Vorderseite der Karten angeben, ob er einen Punkt auf der Rückseite vermutet; durch Umdrehen der Karten zeigt sich, ob die Antwort richtig oder falsch war. Zwischen den Präsentationen werden die Karten immer neu gemischt. Im 2. Teil des Tests wird dasselbe Verfahren mit dem 2. Set durchgeführt, wobei der Patient vorgewarnt wird, daß nunmehr andere Karten als zuvor Punkte auf der Rückseite haben. Für die Berechnung eines Scores werden für jede richtige positive Antwort 2 Punkte gegeben, für jede falsche positive Antwort wird 1 Punkt abgezogen, so daß für jeden der beiden Durchgänge der Maximalscore 30 und der Zufallscore 0 ist. Wiederholt falsche positive Antworten zur selben Karte werden als Perseverationen gewertet. Patienten mit fokalen frontalen Läsionen, aber auch mit M. Parkinson (Goldenberg et al. 1989) und nach schweren Schädel-Hirn-Traumen (Goldenberg et al., in Druck) zeigen in beiden Durchgängen schlechtere Leistungen und eine höhere Anzahl von Perseverationen als Kontrollpersonen. Außerdem steigen die Leistungen von Kontrollpersonen – soweit sie nicht von Anfang an fehlerlos sind – vom 1. zum 2. Durchgang eher an, während insbesondere die von Patienten mit fokalen frontalen Läsionen abfallen. Das wird darauf zurückgeführt, daß die Patienten nicht fähig sind, die im 1. Durchgang gelernten Bewertungen auf den zweiten anzuwenden und ihre Gedächtnisbelastung zu verringern, indem sie das Wissen nutzen, daß Karten, die im 1. Durchgang einen Punkt hatten, im 2. möglicherweise keinen mehr haben. Beurteilt nach einem aus den Ergebnissen von 148 Kontrollpersonen abgeleiteten Bewertungssystem, lagen von 49 Patienten mit chronischen unilateralen fokalen frontalen Läsionen im 1. Durchgang 84 % und im 2. nur 55 % im altersentsprechenden Normbereich. Patienten mit linksseitigen Läsionen zeigten schlechtere Leistungen als solche mit rechtsseitigen, solche mit medialen Läsionen etwas schlechtere als solche mit lateralen.

20-Fragen-Test
Dem Probanden werden 42 Abbildungen bekannter Objekte auf Bildkarten im Format 6 x 7 cm vorgelegt. Die Objekte gehören verschiedenen Kategorien an (z. B. Werkzeuge, Nahrungsmittel, Tiere etc.). Der Versuchsleiter wählt eines der Objekte aus, ohne dem Patienten mitzuteilen, welches; dies soll der Proband durch einengendes Fragen herausfinden. Es dürfen maximal 20 Fragen gestellt werden, die vom Untersucher mit Ja oder Nein beantwortet werden müssen. Ausgewertet wird zunächst die Anzahl der Fragen, die zur Identifizierung des gesuchten Objekts benötigt werden. Zudem wird bewertet, ob die Fragen des Probanden eine Strategie erkennen lassen. Unterschieden werden
1) eingrenzende Fragen, mit denen eine Kategorie ein- oder ausgeschlossen werden kann (z. B. „Ist es ein Werkzeug?"),

2) scheinbar eingrenzende Fragen, die sich nur auf ein Item beziehen (z. B. „Hat der Gegenstand Schnürsenkel?"),
3) Raten (z. B. „Ist es die Lampe?").

Im Anschluß daran sollen sämtliche Objekte benannt werden. Ausgewertet werden Anzahl und Art der Fehlbenennungen (phonologische, semantische Fehler, Umschreibungen etc.).

Schließlich wird der Proband aufgefordert, jeweils 2 Items auszuwählen und das ihnen Gemeinsame zu bezeichnen. Ausgewertet werden 11 Sortierungsprinzipien (z. B. nach konkordanten perzeptuellen Merkmalen, Oberbegriffen etc.). Dieser von Olver und Hornsby (1966) entwickelte 20-Fragen-Test verlangt es, die konzeptuelle Natur der Aufgabe zu reflektieren, eine geeignete Strategie zu finden, um mehrere Alternativen mit möglichst nur einer Frage auszuschließen, sowie Feedback zu benutzen, um die nachfolgenden Fragen zu formulieren.

Goldstein und Levin (1991) fanden, daß schädel-hirn-verletzte Patienten im Vergleich zu neurologisch unauffälligen Probanden deutlich mehr Fragen benötigten, um das gesuchte Objekt zu ermitteln, und entsprechend weniger eingrenzende Fragen stellten.

Wortfindungstest
Der Word Finding Test (WFT) wurde von Reitan (1972) als zur Erfassung verbaler Problemlösefähigkeiten geeignetes Instrument vorgestellt. Zwanzig gebräuchliche Wörter sollen aus jeweils 5 Sätzen erschlossen werden, in denen anstelle des gesuchten Worts ein Nonsenswort („grobnik") steht. Ein Satz wird akustisch dargeboten und der Patient anschließend aufgefordert anzugeben, für welches Wort der Stellvertreter „grobnik" eingesetzt wurde. In der Studie von Pendleton et al. (1985) fanden sich für 165 hirngeschädigte Patienten signifikante Leistungseinbußen gegenüber Hirngesunden, allerdings wiederum keine spezifischen Effekte in bezug auf Art und Lokalisation der zugrundeliegenden zerebralen Läsion (Pendleton et al. 1985). Hingegen hatten der Schweregrad der neuropsychologischen Defizite sowie Alter und Bildungsstand des Patienten einen deutlichen Einfluß auf die Testleistung.

Eine ähnliche Wortfindungsaufgabe mit abgestuften phonematischen und semantischen Hinweisreizen verwendeten Miller und Milner (1985), um das kognitive Risikoverhalten bei Patienten nach frontaler Lobektomie abzuschätzen. Diese Patienten neigten dazu, ihre Lösung bereits nach der Darbietung der ersten Information zum gesuchten Wort zu nennen, ohne weitere Hinweise abzuwarten. Patienten mit linksfrontalen Schädigungen konnten zudem aus den gegebenen Informationen nicht die richtigen Schlüsse ziehen.

Metaphern und Sprichwörter
Auch das Verstehen von Metaphern und Sprichwörtern setzt induktives Denken voraus. Der Proband muß über den unmittelbaren, konkreten Wortlaut hinaus eine höhere (sprachliche) Abstraktionsebene erreichen, um den dahinterliegenden Sinn zu erfassen. In der klinischen Psychiatrie sind Sprichwörter schon seit langem in Gebrauch, um Hinweise auf Störungen der formalen Denkfähigkeit z. B. schizophrener Patienten zu erhalten (Benjamin 1944). Der Hamburg-Wechsler-Intelligenz-

Test und die Stanford-Binet-Skalen (vgl. Brickenkamp 1975) enthalten jeweils Aufgaben, in denen das Verstehen von Sprichwörtern verlangt wird.

Für den angelsächsischen Sprachraum liegt mit dem „Proverbs"-Test (Gorham 1956) ein normiertes Testinstrument in 3 äquivalenten Parallelformen mit jeweils 12 Sprichwörtern vor. In der Multiple-choice-Form wurden die Antwortalternativen so ausgewählt, daß sie neben dem Testwert Auskunft über den Grad der Abstraktionsfähigkeit des Probanden geben. Für den deutschen Sprachraum liegt kein vergleichbares Verfahren vor, da der Untertest „Sprichwörter" des WIT, der leider wenig gebräuchliche Sprichwörter enthält, keine qualitative Analyse der Antworten zuläßt.

Das Verstehen metaphorischer Ausdrücke erfordert gleichfalls die Fähigkeit, über die konkrete Wortbedeutung hinaus zu einer höheren (Abstraktions-)Ebene zu gelangen und Gemeinsamkeiten zwischen nicht verwandten „semantischen Feldern" zu erkennen. Winner und Gardner (1977) untersuchten hirngeschädigte Patienten anhand von syntaktisch äquivalenten Sätzen, die entweder sog. „Cross-sensory"-Metaphern, in denen ein Adjektiv aus einem sensorischen Bereich auf einen anderen angewendet wird („es war so eine bunte Musikmischung") oder „psychologisch-physikalische" Metaphern enthielten, in denen jeweils ein physikalisches Adjektiv dazu verwendet wurde, einen psychologischen Sachverhalt auszudrücken („schweren Herzens eine Entscheidung treffen"). Die Patienten sollten das jeweils passende Bild aus 4 Antwortalternativen auswählen. Die Ablenker enthielten z. B. eine konkrete Beschreibung des Satzes (eine Person, die ein großes Herz auf dem Rücken trägt) oder auch ein Objekt, das das Merkmal des Adjektivs (ein 500-Pfund-Gewicht) oder das Substantiv der Metapher (ein rotes Herz) darstellte.

Vor allem Hirngeschädigte mit rechtshirnigen und bilateralen Gewebsläsionen deuteten signifikant häufiger auf die konkretistischen Satzinterpretationen.

Schätzaufgaben

Um die Fähigkeit zu erfassen, aus erworbenem Weltwissen plausible Schlußfolgerungen zu ziehen, wurden Aufgaben entwickelt, in denen Probanden Alltagsobjekte und wohlbekannte Sachverhalte hinsichtlich bestimmter Merkmale einschätzen sollen (z. B. „Wieviele Einwohner hat München?" oder „Wie lang ist eine Krawatte durchschnittlich?"). Wir haben die von uns verwendeten Schätzaufgaben an dem Material orientiert, das Shallice und Evans (1978) publiziert haben; allerdings mußten einzelne Items ersetzt werden, weil sie für den deutschen Kulturraum nicht geeignet waren.

Nach Shallice und Evans (1978) geben Patienten mit frontalen Hirnläsionen unabhängig von ihrem allgemeinen Intelligenzniveau signifikant häufiger bizarre Antworten als andere Hirngeschädigte. Nach Meinung von Smith und Milner (1984), die ihre Patienten die Preise von Waren schätzen ließen, machen vor allem Patienten mit rechtshirnigen Läsionen dabei überdurchschnittlich viele Fehler.

6.2.3   Deduktives Denken

Unter Deduktion versteht man einen systematischen Denkprozeß, der von bestimmten Prämissen unter Verwendung logischer Regeln zu bestimmten Schlußfolgerungen führt (Waldmann u. Weinert 1990). Prototypische Aufgaben zum deduktiven Denken sind mathematische Beweise und Syllogismen.

Syllogismen können grundsätzlich in kategoriale, konditionale und lineare Aufgaben unterteilt werden. Wir verwenden zur Diagnostik vorzugsweise lineare Syllogismen, wie sie auch in der Intelligenzforschung am gebräuchlichsten sind. In einer von uns entwickelten computergestützten Version linearer Syllogismen werden bei den leichten Aufgaben jeweils nur 2, bei den schweren Aufgaben bis zu 5 Itempaare dargeboten, die in einer bestimmten Beziehung zueinander stehen. In den Sätzen werden Items wiederholt vorgegeben, so daß es zu einer inhaltlichen Überlappung kommt. Der Patient soll nun die Beziehung zwischen den nichtüberlappenden Items herausfinden. Aus den Prämissen „Hans ist größer als Peter", „Peter ist kleiner als Bernhard" und „Bernhard ist kleiner als Hans" soll beispielsweise das Größenverhältnis der Jungen logisch abgeleitet werden.

Die Intelligenzforschung hat verschiedene Theorien zur räumlichen, linguistischen und gemischt räumlich-linguistischen Repräsentation der Informationen bei Syllogismen formuliert (s. Sternberg 1985b). Gesichert ist derzeit nur, daß im Einzelfall unterschiedliche Lösungsstrategien eingesetzt werden.

Bei problemlösegestörten Patienten fällt auf, daß sie spontan keine Umstrukturierung der Informationen vornehmen. Zumeist wird auch versucht, selbst komplexe Aufgaben, die die Kapazität eines normalen Arbeitsgedächtnisses bei weitem übersteigen, „im Kopf" zu lösen, auch dann, wenn explizit auf die Möglichkeit hingewiesen wurde, sich Notizen oder Skizzen zu machen. Dabei werden die Prämissen wiederholt in der vorgegebenen Reihenfolge gelesen, ohne daß diejenigen, die das gleiche Item enthalten, selektiv miteinander kombiniert werden. Man muß den Patienten den linearen Syllogismus in eine räumliche Repräsentation „übersetzen", z. B. durch den Hinweis, die Namen entsprechend ihrer Größenbeziehungen nacheinander auf einer „Meßlatte" aufzutragen. Oft gelingt es ihnen danach, eine solche räumliche Strategie bei ähnlichen Aufgaben anzuwenden.

Kategoriale Syllogismen („Einige Künstler sind Imker" – „Alle Imker sind Chemiker" – „Einige Künstler sind Chemiker") und konditionale Syllogismen („Wenn Konrad, der Clown, auftritt, lachen die Leute" – „Konrad, der Clown, tritt auf" – „Die Leute lachen") können durchaus im Einzelfall zur Untersuchung des deduktiven Denkens mit herangezogen werden.

Es darf nicht unerwähnt bleiben, daß nach Untersuchungsergebnissen an Normalpersonen Syllogismen besonders hohe Anforderungen an das Arbeitsgedächtnis stellen (Sternberg 1985b).

6.2.4   Divergentes Denken/Kreativität

Eine Problemlösung wird als kreativ bezeichnet, wenn sie zugleich originell, zweckmäßig, nützlich, richtig und wertvoll für eine gegebene Aufgabe ist und die Vorgehensweise eher heuristisch als algorithmisch ist (Amabile 1983). Kreative Problemlösungen können in diesem Sinne vor allem bei offenen Problemen erwartet werden, für die es noch keinen festgelegten Lösungsweg gibt (zu den Merkmalen der Kreativität s. Hussy 1986). Ein bestimmendes Merkmal dieser Art des problemlösenden Denkens ist der „Ideenfluß", der vor allem durch Meßverfahren zum divergenten Denken erfaßt werden kann. Im Gegensatz zu den meisten Intelligenzaufgaben, bei denen es nur eine einzige Lösung pro Aufgabe gibt (konvergentes Denken), sollen in Aufgaben zur Ideenproduktion möglichst viele Lösungsalternativen entwickelt werden. Manche dieser Verfahren erfassen dabei neben der „Flüssigkeit" der Ideenproduktion auch die Flexibilität des Denkens und die Originalität der Lösungen.

Formallexikalische Wortflüssigkeit
In Tests zur Wortflüssigkeit soll der Proband innerhalb bestimmter Zeitgrenzen (z. B. 1 oder 5 min) so viele Wörter wie möglich nennen oder aufschreiben. Die Aufgabenstellung kann nach einem formallexikalischen Kriterium erfolgen wie beispielsweise im Untertest „6" des Faktors „Worteinfall" aus dem L-P-S (Horn 1983), bei dem Wörter mit bestimmten Anfangsbuchstaben aufgeschrieben, oder wie im Divergent Production Test (DPT) (Guilford 1967, zitiert nach Hussy 1986), bei dem Wörter mit festgelegten Anfangs- und Endbuchstaben gefunden werden sollen.

Bezüglich der lokalisatorischen Spezifität der formallexikalischen Wortflüssigkeit finden sich in der Literatur ziemlich uneinheitliche Ergebnisse. Während Milner (1964), Benton (1968) und Perret (1974) eine verminderte Produktionsrate vorwiegend bei linksfrontalen Läsionen vermuteten, berichteten Pendleton et al. (1982) über eine geringe Anzahl von Antworten auch bei diffus-disseminierten (nichtfrontalen?) Hirnläsionen.

Semantische Wortflüssigkeit
Tests, die die semantische Wortflüssigkeit untersuchen, geben semantische Kategorien vor, zu denen Einzelbeispiele gefunden werden sollen. Wir verwenden hierfür den sog. Supermarkttest in einer von Genzel (1991) in Anlehnung an den gleichnamigen Test aus der Dementia Rating Scale (DRS) (Mattis 1976) entwickelten Form. Bei diesem Test soll der Proband zunächst 1 min lang in freier Assoziation einzelne Artikel nennen, die man in einem Supermarkt kaufen kann. Sodann werden nacheinander die Kategorien „Obst, Gemüse, Käse und Wurst" vorgegeben, zu denen jeweils 20 s lang Einzelartikel benannt werden sollen. Die Antworten werden auf Kassette protokolliert. Ausgewertet werden die Anzahl der Kategorien bei freier Produktion, die Wörter pro Kategorie und das Verhältnis der Kategorienbezeichnungen zur Gesamtzahl der Produktionen. In einer Untersuchung an 54 hirngeschädigten Patienten (und 32 hirngesunden Kontrollpersonen) konnte Genzel (1991) zeigen, daß schlechte Problemlöser unter den Patienten deutlich weniger Kategorien nannten. Interessanterweise diskriminierte die Gesamtanzahl der Produktionen und die Verwendung interner Suchstrategien nicht zwischen guten und schlechten Problemlösern der Patientengruppe. Zwischen den Testwerten für die Reihenergänzungsaufgaben des L-P-S (Horn 1983) und der Anzahl der erreichten Kategorien im MCST ergab sich nur ein schwacher Zusammenhang.

Nach Joanette und Goulet (1986) ist die semantische Wortflüssigkeit besonders bei rechtshirnig geschädigten Patienten reduziert, unabhängig davon, ob das Stirnhirn mitbetroffen ist oder nicht.

Anagramme

Das Lösen von Anagrammen gehört zu den Anordnungsproblemen, bei denen Buchstabenkombinationen dargeboten werden, die durch Vertauschen von einem oder mehreren Buchstaben ein sinnvolles Wort ergeben sollen. Dabei muß das semantische Gedächtnis aktiviert werden, um möglichst viele Wörter zu finden, die einen gemeinsamen Buchstabenpool besitzen. Die Lösung fällt leichter, wenn das Zielwort sehr geläufig ist. Das Lösen von Anagrammen scheint nach der Versuchs- und Irrtumsmethode abzulaufen (Hussy 1984).

Für hirngeschädigte Patienten eignen sich 4- und 5buchstabige Anagramme, wenn die Kategorie angegeben wird, aus der das Zielwort stammt. Nach unserer Erfahrung können Patienten mit Beeinträchtigungen des problemlösenden Denkens zumeist nur hochfrequente Wörter einer Kategorie aufrufen, selbst wenn semantische Hinweisreize auf niederfrequentere Wörter angeboten werden.

Uses of Objects Test/Alternate Uses Test

Die von Getzels und Jackson (1962) bzw. von Guilford et al. (1978) eingeführten Aufgaben fordern den Probanden auf, originelle Lösungen zu finden, für die semantisches Wissen nicht nur abgerufen, sondern jeweils neu kombiniert werden muß. Für bekannte Gegenstände sollen beispielsweise neue Verwendungsmöglichkeiten überlegt werden. Ein Ziegelstein kann nicht nur als Baumaterial verwendet werden, sondern auch als Unterlegkeil, als Pflanzenbehälter oder auch als Speichermedium (Wärme- und/oder Nässespeicher).

Diese Aufgaben eignen sich vor allem zur Überprüfung der kognitiven Flexibilität (Lezak 1983). Patienten mit frontalen Hirnschäden nennen nach Zangwill (1966), entsprechend ihrer Tendenz zu konkretistischem Denken, meist nur den konventionellen Gebrauch der Objekte.

An dieser Stelle sollten wir noch auf vergleichbare Aufgaben aus der Kreativitätsforschung hinweisen. Hier werden Probanden beispielsweise gebeten, möglichst unterschiedliche und originelle Konsequenzen hypothetischer Veränderungen ihrer Lebensumwelt anzugeben, z. B. für den Fall, daß von Stund an alle Menschen mit 6 Fingern an jeder Hand geboren würden.

Mittel-Ziel-Problemlösungsaufgaben

Diese von Spivack et al. (1976) entwickelten Aufgaben (deutsche Version von Kemmler u. Borgart 1982) erfordern die Ergänzung zielführender Zwischenschritte, mittels derer ein festgelegter Endzustand, ausgehend von einer gleichfalls festgelegten Ausgangssituation, erreicht werden kann. Die Bewertung der vom Probanden produzierten (Zwischen-)Texte erfolgt nach den Kategorien relevante Mittel (die zielführende Handlungsschritte enthalten), irrelevante Mittel (die für das Erreichen des Ziels entweder nicht effektiv sind oder bei denen wichtige Handlungsschritte fehlen) und nicht vorhandene Mittel (die überhaupt keine Problemlösung anbieten). Nach unserer Erfahrung erreichen Patienten mit „leichteren" Störungen des problemlösenden Denkens im Durchschnitt einen Relevanzquotienten (RQ, Verhältnis der relevanten zu allen anderen Mitteln) von 0,7, während Patienten mit ausgeprägten Denkstörungen mit einem RQ von < 0,3 deutlich unter den Werten liegen, die für akut psychiatrische Patienten (RQ: 0,68; Platt u. Spivack 1975) und für Alkoholiker (RQ: 0,43; Kemmler u. Borgart 1982) ermittelt wurden.

Design Fluency Test
Diese Aufgabe wurde von Jones-Gotman und Milner (1977) als korrespondierender Test zur „verbal fluency" entwickelt, um ein Instrument zur Untersuchung der (beeinträchtigten) Ideenproduktion bei Patienten mit rechtshirnigen Läsionen zu gewinnen. Innerhalb von 5 min sollten möglichst viele unterschiedliche Nonsenszeichnungen produziert werden, die nicht an einen konkreten Gegenstand erinnern durften, und wenn möglich auch nicht zu benennen sein sollten. Kritzeln war nicht erlaubt. In einer 2. Aufgabe sollten 4 min lang Muster gezeichnet werden, die aus jeweils 4 Linien bestehen. Bei dieser Bedingung ergaben sich die meisten Perseverationen für Patienten mit rechtsfrontalen, rechts-frontotemporalen und linksfrontalen Läsionen. Der Einfallsreichtum nahm deutlich von anterioren zu posterioren Hirnschäden ab, insbesondere bei rechtshirnigen Läsionen.

Graphic Pattern Generation Test
Ausgehend von einer Untersuchung von Glosser und Goodglass (1990) über Störungen der „executive control functions" bei Aphasikern und anderen Hirngeschädigten, haben wir ein computergestütztes Verfahren entwickelt, das eine der „design fluency" vergleichbare Fähigkeit prüft (Troppmann 1991). In unserem Graphic Pattern Generation Test hat der Patient die Aufgabe, 5 vorgegebene Punkte auf dem Bildschirm mit 4 Linien so zu verbinden, daß ein geometrisches Muster entsteht. Auf einer Bildschirmseite werden jeweils 20 Kopien der Punktvorlage dargeboten. Bereits bearbeitete Muster bleiben sichtbar, so daß der Proband Wiederholungen durch Abgleichen vermeiden kann. Der Test besteht aus 4 Durchgängen mit jeweils verschiedenen Punktmustervorlagen, so daß insgesamt 80 Muster erzeugt werden sollen. Protokolliert werden die Perseverationen pro Bildschirmseite und die Bearbeitungszeit für jedes Muster. Die Patienten werden jedoch instruiert, ohne Zeitdruck zu arbeiten. Weil dieser Test derzeit noch in der Erprobungsphase ist, liegen keine ausreichenden Daten vor.

Gesture Fluency Test
Ein Test zur Untersuchung der Gestenproduktion wurde von Jason (1985) vorgestellt. Innerhalb von 2 min sollen die Finger einer Hand in möglichst viele unterschiedliche Positionen (Fingerhaltungen) gebracht werden. Bewegungs- und Handlungsfolgen auszuführen, war explizit nicht erlaubt. Eine zweite Bedingung verlangte die Produktion sinnvoller Gesten, wobei eine oder beide Hände benutzt werden durften. Beide Aufgaben sollten stets unter Videokontrolle durchgeführt werden.

Wiederholungen von Fingerpositionen kamen in allen untersuchten Patientengruppen vor und waren wegen des vorgegebenen Zeitlimits und bei fehlender Möglichkeit zum Abgleich mit den bereits gezeigten Positionen unvermeidbar. Überdies erweist sich die Unterscheidung ähnlicher Fingerpositionen, die möglicherweise nur in einem winzigen Detail differieren, als praktisch schwierig (s. dazu Jason 1985).

Perseverationen waren wiederum in der Gruppe der Patienten mit linksfrontalen Läsionen besonders häufig; diese produzierten im Verhältnis zu anderen Läsionsgruppen auch nur eine geringe Anzahl unterschiedlicher Fingerpositionen.

Was die sinnvollen Gesten angeht, waren Patienten mit rechts- und linksfrontalen Läsionen gleichermaßen deutlich beeinträchtigt. Für den klinischen Gebrauch scheint die Untersuchung der Gestenproduktion gerade auch bei Patienten mit leichten Aphasien, bei denen Aufgaben zur Wortflüssigkeit problematisch sind, besonders geeignet zu sein, die Ideenproduktion einzuschätzen.

6.2.5   Planen

Planen ist „Probehandeln", das nicht in der Realität, sondern in der Vorstellung, mit und ohne Hilfsmittel (z. B. Bleistift und Papier, Computer) geschieht. Planen bedeutet, einzelne Aktionen auf ihre Konsequenzen hin zu untersuchen und Einzelaktionen zu Handlungsketten zusammenzufügen, die ihrerseits wiederum auf mögliche Konsequenzen geprüft werden (Dörner 1990). In diesem Sinne umfaßt die „präaktionale" Planungsphase sowohl die Problemidentifikation und -analyse als auch das Generieren von Hypothesen, den Aufruf verschiedener Heuristiken und schließlich noch die Ausarbeitung der einzelnen Handlungsschritte. Mentales Planen stellt durch die Fülle der Informationen, die gleichzeitig gehalten und bearbeitet werden müssen, hohe kognitive Anforderungen, so daß es schon bei hirngesunden Probanden zur Überlastung durch Informationsüberangebot kommen kann. In der neuropsychologischen Diagnostik ist es deshalb geboten, Aufgaben zu wählen, in denen der Problembereich durch strategische Aufteilung in einzelne kleinere Subziele reduziert werden kann. Zudem sollte immer die Möglichkeit bestehen, die benötigten Informationen schriftlich oder zeichnerisch festzuhalten. Allerdings dürfen Aufgaben, die Hinweise auf das Planungsverhalten eines Patienten liefern sollen, auch nicht zu einfach sein. Damit Lösungsstrategien erkennbar werden können, braucht es Aufgaben, die mehrere aufeinanderfolgende beobachtbare Handlungsschritte verlangen. In Ergänzung zu den bisher dargestellten resultatorientierten Aufgaben stellen Labyrinthe und Transformationsprobleme lösungsorientierte Untersuchungsparadigmen dar.

Labyrinthaufgaben
Eine sehr gute Übersicht über die verschiedenen Labyrinthaufgaben zur Untersuchung mentaler Planungsprozesse findet sich bei Karnath (1991) und Karnath et al. (1991). Labyrinthaufgaben erfordern vor allem die Fähigkeit zur visuell-räumlichen Planung. Sie werden in der Regel als Lernparadigmen vorgegeben, wobei die Patienten jede Aufgabe bis zu einem fehlerlosen Durchgang bearbeiten sollen. Die gebräuchlichsten Labyrinthaufgaben stehen als Papier-und-Bleistift-Version (Porteus-Labyrinthe; Porteus 1950) oder in Form verdeckter Labyrinthe zur Verfügung. Bei letzteren wurde von Milner (1965) in Studien zur Planungsfähigkeit frontalhirnge-

schädigter Patienten das sog. „stylus-maze" eingeführt, ein Brett, auf dem Metall-
punkte in regelmäßiger Anordnung befestigt sind. Der Pfad durch das Labyrinth
soll schrittweise erschlossen werden, wobei die Berührung eines falschen Metall-
punkts durch ein akustisches Signal angezeigt wird.

Karnath et al. (1991) haben eine computergestützte verdeckte Labyrinthlernauf-
gabe entwickelt, bei der mittels Tastatursteuerung eine Maske über die Labyrinth-
vorlage geschoben werden kann. Auf diese Weise bleibt in der Maske nur ein kleiner Ausschnitt frei, mit dem das jeweilige Labyrinth Stück für Stück exploriert werden muß. Um die Aufgabe lösen zu können, sind die Patienten gezwungen, sich
mental einen Plan bzw. eine „kognitive Landkarte" des jeweiligen Labyrinths zu
erstellen. Patienten mit akuten frontalen (frontomedianen) Läsionen lernten die
Aufgabe signifikant langsamer als andere Hirngeschädigte und hatten überdies
mehr Fehlerperseverationen. Patienten mit chronischen frontalen Läsionen machten
dagegen eher Regelverstöße und zeigten deutliche Beeinträchtigungen bei antizipa-
torischen Entscheidungsprozessen.

Transformationsaufgaben (Turm von Hanoi/Turm von London)
In der klinischen Neuropsychologie wurden bislang vor allem Transformationsprobleme wie der „Turm von Hanoi" (Simon 1975) oder der „Turm von London" (Shallice 1982) angewendet. Beide Aufgaben erfassen komplexe Planungsprozesse, bei
denen eine Vielzahl möglicher Handlungsoptionen erkannt und in der Vorstellung
auf ihre Brauchbarkeit hinsichtlich des erwünschten Zielzustands geprüft werden
muß. Da sowohl Ausgangs- als auch Zielzustand in der räumlichen Anordnung von
Scheiben oder Kugeln bestehen, wirken sich vor allem Störungen des Arbeitsgedächtnisses für räumliche Informationen leistungsmindernd aus, selbst dann, wenn
die Kapazität des Kurzzeitgedächtnisses für visuell-räumliche Bewegungsfolgen nicht
beeinträchtigt sein sollte (Owen et al. 1990).

Patienten mit Störungen des problemlösenden Denkens benötigen in Transforma-
tionsaufgaben erheblich mehr Züge als Normalpersonen und Hirngeschädigte ohne
Denkstörungen (Shallice 1982; Owen et al. 1990; von Cramon u. Matthes-von
Cramon 1990).

Beim „Turm-von-Hanoi"-Problem liegen Scheiben in abnehmender Größe auf
einem Anfangsfeld (bzw. Anfangsstab) A übereinander. Die Aufgabe des Probanden
besteht darin, die Scheiben so über ein Zwischenfeld B auf ein Zielfeld (bzw. einen
Zielstab) C zu transferieren, daß sie wieder in derselben Anordnung liegen. Es darf
jeweils nur 1 Scheibe bewegt werden; eine größere Scheibe darf nicht auf eine kleinere zu liegen kommen; das Ziel soll mit möglichst wenigen Scheibenbewegungen
erreicht werden.

Aus Untersuchungen der Leistungen von Normalpersonen beim „Turm-von-
Hanoi"-Problem liegen Ergebnisse zur Strategieentwicklung und -veränderung vor
(Simon 1975). Werden mehr als 3 Scheiben vorgegeben, so finden Versuchspersonen
in der Regel nicht auf Anhieb die optimale Lösung, obgleich sie auch ohne Vorer-
fahrungen Ideen für zielführende Lösungsstrategien zu entwickeln vermögen (Karat
1982). Wird die Aufgabe mehrmals hintereinander durchgeführt, entwickeln sich
nach einer Orientierungsphase, in der ungeübte Probanden mehr oder minder
„chaotisches Anfangsverhalten" (Hussy 1984) zeigen, schrittweise lokale und globale

Strategien (Klix u. Rautenstrauch-Goede 1967). Die wachsende Erfahrung beim Lösen dieser Aufgabe bewirkt somit den allmählichen Übergang von verschiedenen Heuristiken zu einem Lösungsplan, der feste Zuordnungsregeln für die Abfolge der einzelnen Handlungsschritte enthält (Gediga u. Schöttke 1985).

Für die Untersuchung der Normalpersonen (meist Studenten) wurden i. allg. Versionen mit 5 oder 6 Scheiben ausgewählt. Nach unserer Erfahrung ist bei hirngeschädigten Patienten ein 4-Scheiben-Problem ausreichend komplex, zumal die unerwünschten Wirkungen assoziierter Hirnleistungsdefizite bei einer größeren Zahl von Scheiben zunehmend ins Gewicht fallen.

Wir verwenden eine computergestützte Version des „Turm-von-Hanoi"-Problems mit 4 Scheiben. Ihr wichtigster Vorteil ist, daß sie dem Testleiter erlaubt, insbesondere bei Patienten, die viele Regelverstöße begehen, durch die automatische Protokollierung sämtlicher (regelhafter und nichtregelhafter) Züge seine Aufmerksamkeit während der Testung ganz auf das Verhalten des Patienten zu richten. Die Einzelheiten der Durchführung und Protokollierung sind bei Matthes (1988) nachzulesen. Wir müssen allerdings noch erwähnen, daß Patienten mit und ohne Beeinträchtigungen des problemlösenden Denkens für die ersten 3 Durchgänge eine sehr hohe Fehlervarianz aufwiesen (Kriterium war die Anzahl der zur Lösung notwendigen Züge). Beide Gruppen ließen sich statistisch nicht voneinander unterscheiden. Im 4. und 5. Durchgang dagegen näherten sich die guten Problemlöser allmählich der optimalen Lösung (von 15 Zügen), während die schlechten immer noch sehr viele Züge benötigten und sich in der Regel sogar wieder verschlechterten. Wurden als Kriterium die Züge des 4. und 5. Durchgangs addiert, dann ergab sich für gute Problemlöser (Definition s. von Cramon u. Matthes-von Cramon 1990) im Durchschnitt eine optimale Lösung von 30 Zügen (Bereich: 30–42); schlechte Problemlöser hingegen benötigten im Durchschnitt 56 Züge (Bereich: 39–107).

Die Kritik von Shallice (1982) am „Turm-von-Hanoi"-Problem hat zur Entwicklung des „Turms von London" geführt. Mit Recht hatte der Autor darauf hingewiesen, daß der „Turm von Hanoi" keine systematische Variation des Schwierigkeitsgrades erlaubt.

Seine „Turm-von-London"-Version verwendet 3 verschiedenfarbige Kugeln auf 3 nebeneinander angeordneten Stäben von unterschiedlicher Länge. Auf den Stäben ist Platz für jeweils 3, 2 oder 1 Kugel. Der Proband soll von einer gleichbleibenden Startposition aus verschiedene vom Testleiter vorgegebene Endpositionen mit möglichst geringer Zugzahl erreichen. Dadurch ist der Schwierigkeitsgrad einfach zu variieren. Als nachteilig erweist sich allerdings, daß Fehler während der ersten Züge nur noch sehr schwer zu korrigieren sind, so daß häufig ein Neustart nötig wird. Demgegenüber kann beim „Turm von Hanoi" durch Entwicklung von Subzielen immer eine Lösung erzielt werden, allerdings zu Lasten einer höheren Zugzahl.

Den Befund, daß insbesondere Läsionen des linken Frontalhirns zu Beeinträchtigungen dieses Aspekts der Planungsfähigkeit führen sollen (Shallice 1982), konnten Owen et al. (1990) nicht bestätigen. Auch die Beobachtung einer längeren Planungszeit vor dem 1. Zug (Shallice 1982) konnte nicht repliziert werden, wenngleich eine deutlich längere Bearbeitungszeit für die nachfolgenden Züge festzustellen war (Owen et al. 1990).

Eine weitere Modifikation des „Turm-von-London"-Problems wurde von Röhrenbach (1989) und Röhrenbach et al. (1991) vorgestellt. Im Gegensatz zur Version von Shallice (1982) bleibt hier die Endposition unverändert, und die Anfangspositionen werden, um Handlungsroutine zu vermeiden, variiert. Patienten mit frontalen Hirnschäden zeigten gegenüber anderen hirngeschädigten Patienten signifikant schlechtere Leistungen beim „Turm von London" und im MCST, aber nicht in der Subject-Ordered Pointing Task (s. unten). Die schlechten Leistungen in den Problemlöseaufgaben wiesen einen engen Zusammenhang mit den SPM und mit einer Schätzskala zur Affektverflachung auf.

Subject-Ordered Pointing Task (SOPT)
Dem Probanden wird eine Anzahl von Stimuli (Bilder oder Wörter) mehrmals hintereinander in jeweils veränderter räumlicher Anordnung dargeboten. Er soll auf jeder Vorlage nur auf einen Stimulus deuten, wobei über die Vorlagen hinweg kein Stimulus mehrmals gezeigt werden darf. Es wurden insgesamt 4 Aufgaben verwendet, 2 mit verbalen, 2 mit nonverbalen Stimuli.

Diese von Petrides und Milner (1982) publizierte Aufgabe setzt die Fähigkeit voraus, eine Abfolge von Handlungen unter fortlaufender Kontrolle (monitoring) auszuführen. Die bereits ausgeführten Antworten müssen kontinuierlich mit denen verglichen werden, die noch auszuführen sind. Aus diesem Grund stellt die Aufgabe hohe Anforderung an die Aktivierung des Arbeitsgedächtnisses. Patienten mit linksfrontalen Läsionen waren über alle Aufgaben hinweg beeinträchtigt, Patienten mit rechtsfrontalen Hirnschäden zeigten dagegen nur in den nonverbalen Testaufgaben eine Leistungsminderung.

Eine modifizierte Form der SOPT wurde von Gutbrod et al. (1987) verwendet. In dieser Version erhielten die Patienten die Möglichkeit, ihr Arbeitsgedächtnis durch reduktive Enkodierungsstrategien (Kategorisieren) der Stimuli zu entlasten. Nach unserer Erfahrung können Patienten mit Störungen des problemlösenden Denkens und guten Gedächtnisleistungen in dieser Testversion auch ohne Kategorisieren normale Testwerte erreichen. Demgegenüber fanden wir bei gedächtnisgestörten Patienten trotz Anwendung reduktiver Enkodierungsstrategien schlechte Leistungen.

6.2.6 Alltagspraktische Planungsaufgaben

Wie eingangs erwähnt, lassen sich Beeinträchtigungen des problemlösenden Denkens am besten in möglichst unstrukturierten Situationen (ill-defined situations) beobachten, in denen der Patient selbst initiativ werden muß, um eine Problemlösung zu erreichen. Man kann dafür zum einen unstrukturierte Tests (Lezak 1983), zum anderen unmittelbar alltagsrelevante Aufgaben heranziehen, wie z.B. ein Essen kochen oder eine Geburtstagsfeier vorbereiten (s. dazu auch Sohlberg u. Mateer 1989). Das diagnostische Problem liegt derzeit darin, daß sowohl für unstrukturierte Testaufgaben als auch für Alltagsaktivitäten einheitliche Durchführungs- und Auswertungsrichtlinien fehlen, die eine interindividuelle Vergleichbarkeit garantieren und die subjektive Bewertung des Beobachters soweit wie möglich reduzieren könnten. Die Konstruktion solcher alltagsrelevanten Diagnostikverfahren mit standardisierter Erfassung wichtiger Parameter der Strategieentwicklung und -anwendung ist sicherlich ein Schritt in die richtige Richtung. In der neuropsychologischen Rehabilitation benötigen wir vor allem therapievorbereitende und therapiebegleitende Diagnostikverfahren, aus denen die funktionale Relevanz einer Hirnleistungsstörung auch im Einzelfall unmittelbar abgeleitet werden kann.

Im folgenden werden 2 Untersuchungsverfahren vorgestellt, die der Forderung nach ökologischer Validität gerecht zu werden versuchen.

The Six Elements Test (SE)

Mit dieser von Shallice und Burgess (1991) vorgestellten Aufgabe soll die Fähigkeit überprüft werden, die Bearbeitung von 6 einfachen, vom Umfang her jedoch unbegrenzten Aufgaben (Reisebericht diktieren, Namen von auf Bildkarten abgebildeten Gegenständen aufschreiben, Rechenaufgaben lösen) zeitlich zu planen und bei der Durchführung der einzelnen Aufgaben das gegebene Zeitbudget im Auge zu behalten. Die Patienten werden darauf hingewiesen, daß jede der 6 Aufgaben gleichwertig zu behandeln ist und ein optimales Ergebnis nur durch eine gleichmäßige Verteilung des Zeitbudgets auf alle Aufgaben erzielt werden kann. Die von den Autoren untersuchten 3 stirnhirngeschädigten Patienten beherrschten dieses Zeitmanagement nicht, sondern beschäftigten sich zu lange mit einzelnen Aufgaben und verharrten teilweise bei ineffizienten Vorarbeiten.

Executive Route Finding Task

Das Auffinden eines bestimmten Ortes bzw. Weges in unbekannter Umgebung erfordert geeignete Suchstrategien sowie die korrekte Auswertung und Integration verschiedenster Informationen. In der Executive Route Finding Task (ERFT) (Boyd et al. 1987; zitiert nach Sohlberg u. Mateer 1989) bekommen die Patienten die Aufgabe, ein bestimmtes Zimmer innerhalb eines mehrstöckigen Hauses (z. B. des Krankenhauses) zu finden, ohne daß der sie begleitende Untersucher ihnen irgendwelche Hinweise gibt. Ausgewertet werden, jeweils über definierte Abstufungen, das Instruktionsverständnis, die Strategien zur Informationssuche, das Behalten von Anweisungen, die Handlungskontrolle (monitoring), die Fehlerkorrektur und das zielgerichtete Verfolgen der Aufgabe (on-task behavior). Ergänzend wird die Abhängigkeit des Patienten von der Hilfestellung des Untersuchers beurteilt. Bei den mehr als 200 hirngeschädigten Patienten der Studie von Boyd et al. (1987) fanden sich 4 Performanztypen:

1) Planloses Umherwandern („Umherirren")
2) Vorgehensweise nach „Versuch und Irrtum", charakterisiert durch Raten und stufenweises Ausschließen falscher Wege
3) „Schritt-für-Schritt-Ansatz", bei dem die Patienten die Aufgabe systematisch in Subziele zerlegten und nur Informationen bis zur jeweils nächsten Landmarke erfragten, um ihr Gedächtnis nicht zu sehr zu belasten
4) Anwenden von Strategien höherer Ordnung, wie z. B sich einen Plan des Hauses besorgen oder Notizen machen

Multiple Errands Test (ME)

Die Probanden führen in einem ihnen unbekannten Geschäftsviertel (z. B. Fußgängerzone) eine Anzahl von Aufträgen aus, bei denen kleinere, unvorhergesehene Ereignisse auftreten können. Sie sollen kleinere Einkäufe tätigen, fixe Termine einhalten und verschiedene alltagsrelevante Informationen (z. B. Wechselkurse, Warenpreise, meteorologische Daten) einholen. Dabei sollen sie so wenig Geld wie möglich ausgeben und die Aufträge in kürzester Zeit erledigen. Shallice u. Burgess (1991) untersuchten 3 Patienten mit einer Schädigung des Stirnhirns und beschrieben folgende Fehlertypen:
1) Ineffektive Planungsstrategien
2) Regelverstöße (z. B. Verlassen eines Geschäfts, ohne zu bezahlen)
3) Mißverstehen von Instruktionen
4) Nicht oder unzureichend ausgeführte Aufträge

6.3   Screening-Verfahren

Nach der Erörterung der verschiedenartigen Aspekte des problemlösenden Denkens dürfte deutlich geworden sein, daß es zumindest problematisch ist, diese höchst komplexen Hirnleistungen im Screening-Verfahren diagnostizieren zu wollen. Dennoch zwingt der klinische Alltag zu ökonomischer Vorgehensweise. Zur Untersuchung des problemlösenden Denkens (z. B. für Gutachten) haben wir uns deshalb für folgendes diagnostische Vorgehen entschieden:
1) Erhebung einer genauen Anamnese über alltagsrelevante Problemlösefähigkeiten mit den Bezugspersonen (1 h)
2) Systematische Verhaltensbeobachtung durch die Mitglieder des Rehabilitationsteams (vor allem in den ersten 2–3 Wochen nach der Aufnahme)
3) Untersuchung des Patienten mit dem MCST, dem Turm-von-Hanoi-Problem (oder Turm-von-London-Problem) und einer alltagspraktischen Planungsaufgabe (2–3 h)
4) Überprüfung der praktischen Problemlösefertigkeiten während einer „Belastungserprobung" des Patienten oder während des therapeutischen Arbeitsversuchs.

Zweifellos gehört die Diagnostik der Störungen des problemlösenden Denkens zu den zeitlich aufwendigsten und am meisten erfahrungsabhängigen Untersuchungen in der klinischen Neuropsychologie. Ihre Bedeutung für die Einschätzung des Rehabilitationspotentials und für die realistische Planung der weiteren Maßnahmen zur sozialen und beruflichen Wiedereingliederung der Betroffenen rechtfertigt und verlangt nach unserer Auffassung diesen großen zeitlichen Aufwand.

Literatur

Amabile TM (1983) The Social Psychology of Creativity. Springer, New York

Amthauer R (1970) I-S-T 70 Intelligenz-Struktur-Test. Handanweisung. Hogrefe, Göttingen Toronto Zürich

Benjamin JD (1944) A method for distinguishing and evaluating formal thinking disorders in schizophrenia. In: Kasanin JS (ed) Language and Thought in Schizophrenia. University of California, Berkeley

Benton AL (1968) Differential behavioral effects in frontal lobe disease. Neuropsychol 6:53–60

Brickenkamp R (1975) Handbuch psychologischer Tests. Hogrefe Göttingen

Brooks N (1984) Head injury and the family. In: Brooks N (ed) Closed Head Injury: Psychological, Social and Family Consequences. Oxford University Press, Oxford New York Toronto, pp. 123–146

Calsyn DA, O'Leary MR, Chaney EF (1980) Shortening the Category Test. J Consult Clin Psychol 44:788–789

Carpenter PA, Just MA, Shell P (1990) What one intelligence test measures: A theoretical account of the processing in the Raven Progressive Matrices Test. Psychol Rev 97:404–431

Cramon D von, Matthes-von Cramon G (1990) Frontal lobe dysfunctions in patients: Therapeutical approaches. In: Wood RL, Fussey I (eds) Cognitive Rehabilitation in Perspective. Taylor & Francis, London New York Philadelphia, pp 164–179

Cramon D von, Matthes-von Cramon G, Mai N (1991) Problem-solving deficits in brain-injured patients: A therapeutic approach. Neuropsychological Rehabilitation 1:45–64

Cramon D von, Matthes-von Cramon G, Mai N (1992) The influence of a cognitive remediation programme on associated behavioural disturbances in patients with frontal lobe dysfunction. In: Steinbüchel N von, Pöppel E, Cramon D von (eds) Neuropsychological Rehabilitation. Springer, Berlin

De Fillipis NA, McCampell E (1979) The Booklet Category Test. Manual. Psychological Assessment Resources, Odessa/Florida

De Renzi E, Faglioni P, Savoiardo M, Vignolo LA (1966) The influence of aphasia and of the hemisphere side of the lesion on abstract thinking. Cortex 2:399–420

Dörner D (1990) Die Logik des Mißlingens: Strategisches Denken in komplexen Situationen. Rowohlt, Reinbeck bei Hamburg

Duncan J (1986) Disorganization of behaviour after frontal lobe damage. Cogn Neuropsychol 3:271–290

Ericsson KA, Simon HA (1980) Verbal reports as data. Psychol Rev 87:215–219

Eslinger PJ, Damasio AR (1985) Severe disturbance of higher cognition after bilateral frontal ablation: Patient EVR. Neurol 35:1731–1741

Fordyce DJ, Roueche JR (1986) Changes in perspectives of disability among patients, staff, and relatives during rehabilitation of brain injury. Rehab Psychol 31:217–227

Fuster JM (1980) The prefrontal cortex. Anatomy, physiology, and neuropsychology of the frontal lobe. Raven Press, New York

Gagné RM, Smith EC (1963) A study of the effects of verbalization on problem solving. J Exp Psychol 63:12–18

Gediga G, Schöttke H (1985) Zur Schätzung der automatischen, lokalen und globalen Anteile der Informationsverarbeitung beim Problemlösen. Arbeitsberichte Psychologische Methoden. Fachbereich Psychologie der Universität Osnabrück

Genzel S (1991) Der Supermarkttest. Diplomarbeit. Fachbereich Psychologie der Universität Eichstätt

Getzels JW, Jackson PW (1962) Creativity and Intelligence. John Wiley & Sons, New York

Glosser G, Goodglass H (1990) Disorders of executive control functions among aphasic and other brain-damaged patients. J Clin Exp Neuropsychol 12:485–501

Goldberg E, Bilder RM (1987) The frontal lobes and hierarchical organization of cognitive control. In: Perecman E (ed) The Frontal Lobe Revisited. The IRBN Press, New York, pp 159–187

Goldenberg G, Prodeka I, Müller C, Deecke L (1989) The relationship between cognitive deficits and frontal function in patiens with Parkinson's disease: an emission computerized tomography study. Behav Neurol 2:79–87

Goldenberg G, Oder W, Spatt J, Podreka I (in press) Cerebral correlates of disturbed executive function and memory in survivors of severe closed head injury – a SPECT study. J Neurol Neurosurg Psychiat

Goldstein FC, Levin HS (1991) Question-asking strategies after severe closed head injury. Brain Cog 17:23–30

Goldstein K (1953) Tests of abstract and concrete thinking. In: Weider A (ed) Contributions Towards Medical Psychology, vol. II. Ronald Press, New York, pp 702–730

Goldstein K, Scheerer M (1941) Abstract and concrete behavior: An experimental study with special tests. Psychol Monographs 53:239

Gorham DR (1956) A proverbs test for clinical and experimental use. Psychol Rep, Monograph Suppl 2:1–12

Grant DA, Berg EA (1948) A behavioral analysis of degree of reinforcement and ease of shifting to new responses in a Weigl-type card-sorting problem. J Exp Psychol 38:404–411

Guilford JP, Christensen PR, Merrifield PR, Wilson RC (1978) Alternate Uses: Manual of Instructions and Interpretations. Sheridan Psychological Services, Orange/Cal.

Gutbrod K, Cohen R, Maier T, Meier E (1987) Memory for spatial and temporal order in aphasia and right hemisphere damaged patients. Cortex 23:463–474

Heaton RK (1981) A Manual for the Wisconsin Card-Sorting Test. Psychological Assessment Resources, Odessa/Florida

Heckhausen H (1989) Motivation und Handeln. Springer, Berlin Heidelberg New York London Paris Tokyo Hongkong

Horn JL, Cattell RB (1966) Refinement and test of fluid and crystallized intelligence. J Educat Psychol 57:253–270

Horn W (1983) Leistungsprüfsystem L-P-S. Handanweisung. Hogrefe, Göttingen Toronto Zürich

Hussy W (1984) Denkpsychologie. Ein Lehrbuch, Bd. 1. Kohlhammer, Stuttgart Berlin Köln Mainz

Hussy W (1986) Denkpsychologie. Ein Lehrbuch, Bd. 2. Kohlhammer, Stuttgart Berlin Köln Mainz

Jäger AO, Althoff K (1983) Der Wilde-Intelligenztest. Ein Strukturdiagnostikum. Handanweisung. Hogrefe, Göttingen Toronto Zürich

Jason GW (1985) Gesture fluency after focal cortical lesions. Neuropsychol 23:463–481

Joanette Y, Goulet P (1986) Criterion-specific reduction of verbal fluency in right brain-damaged right-handers. Neuropsychol 24:875–879

Jones-Gotman M, Milner B (1977) Design fluency: The invention of nonsense drawings after focal cortical lesions. Neuropsychol 11:653–674

Karat J (1982) A model of problem solving with incomplete constraint knowledge. Cognit Psychol 14:438–559

Karnath HO (1991) Zur Funktion des präfrontalen Cortex bei mentalen Planungsprozessen. Zeitschr Neuropsychol 2:14–28

Karnath HO, Wallesch CW, Zimmermann P (1991) Mental planning and anticipatory processes with acute and chronic frontal lobe lesions: A comparison of maze performance in routine and non-routine situations. Neuropsychol 29:271–290

Kemmler L, Borgart J (1982) Interpersonelles Problemlösen. Zu einer deutschen Fassung des Mittel-Ziel-Problemlöseverfahrens (means-end problem-solving procedure) von Spivack, Platt & Shure. Diagnostica 28:307–325

Klix F, Rautenstrauch-Goede K (1967) Struktur- und Komponentenanalyse von Problemlöse-prozessen. Zeitschr Psychol 174:167–193

Kotovsky K, Simon HA (1973) Empirical tests of a theory of human acquisition of concepts for sequential patterns. Cog Psychol 4:399–424

Lezak M (1983) Neuropsychological Assessment (2nd edition). Oxford University Press, New York

Lienert GA (1969) Testaufbau und Testanalyse (3. Auflage). Julius Beltz Verlag, Weinheim Berlin Basel

Luria AR (1966) Higher Cortical Functions in Man. Tavistock, London

Mankwald B (1987) Prozeßanalysen bei Intelligenztestaufgaben. Centaurus-Verlagsgesell-schaft, Pfaffenweiler

Matthes G (1988) Der Einsatz des Turm-von-Hanoi Computerprogramms zur Diagnostik von Störungen des problemlösenden Denkens bei Patienten mit erworbenen Hirnschädigun-gen. Biomed J 19:10–13

Matthes-von Cramon D, Cramon D von, Mai N (in Druck) Verhaltenstherapie in der neuro-psychologischen Rehabilitation. In: Ziehlke M, Mark N (Hrsg) Handbuch der stationären Verhaltenstherapie. Springer, Berlin Heidelberg New York London Paris Tokyo

Mattis S (1976) Mental status examination for organic mental syndrome in the elderly patient. In: Bellack L, Karasu T (eds) Geriatric Psychiatry. Grune & Stratton, New York

McGlynn SM, Schacter DL (1989) Unawareness of deficits in neuropsychological syndromes. J Clin Exp Neuropsychol 11:143–205

Miller L, Milner B (1985) Cognitive risk-taking after frontal or temporal lobectomy-II. The synthesis of phonemic and semantic information. Neuropsychol 23:371–379

Milner B (1964) Some effetcs of frontal lobectomy in man. In: Warren JM, Akert K (eds) The Frontal Granular Cortex and Behaviour. McGraw-Hill, New York

Milner B (1965) Visually-guided maze learning in man: Effects of bilateral hippocampal, bilateral frontal and unilateral cerebral lesions. Neuropsychol 3:317–338

Nelson HE (1976) A modified card-sorting test sensitive to frontal lobe defects. Cortex 12:313–324

Olver RR, Hornsby JR (1966) On equivalence. In: Bruner JS, Olver RR, Greenfield P (eds) Studies in Cognitive Growth. Wiley, New York

Owen AM, Downes JJ, Sahakian BJ, Polkey CE, Robbins TW (1990) Planning and spatial memory following frontal lobe lesions in man. Neuropsychol 28:1021–1034

Peck DF (1970) The conversion of Progressive Matrices and Mill Hill Vocabulary raw scores into deviation IQ's. J Clin Psychol 26:67–70

Pendleton MG, Heaton RK, Lehman RAW, Hulihan D, Anthony WZ (1985) Word Finding Test performance: Effects of localization of cerebral damage, level of neuropsychological impairment, age, and education. J Clin Psychol 41:82–85

Perecman E (1987) The Frontal Lobes Revisited. The IRBN Press, New York

Perret E (1974) The left frontal lobe of man and the suppression of habitual responses in ver-bal categorical behaviour. Neuropsychol 12:323–330

Petrides M, Milner B (1982) Deficits on subject-ordered tasks after frontal and temporal-lobe lesions in man. Neuropsychol 20:249–262

Platt JJ, Spivack G (1975) Manual for the Means-Ends Problem-Solving Procedure (MEPS). A Measure of Interpersonal Cognitive Problem-Solving Skill. Department of Mental Health Sciences, Hahnemann Medical College and Hospital, Philadelphia

Porteus SD (1950) The Porteus Maze Test and Intelligence. Pacific Books, Palo Alto/Cal

Prigatano GP, Fordyce DJ, Zeiner IIK, Roueche JR, Pepping M, Wood BC (1986) Neuropsychological Rehabilitation after Brain Injury. The John Hopkins University Press, Baltimore London

Putz-Osterloh W (1981) Problemlöseprozesse und Intelligenztestleistung. Verlag Hans Huber, Bern Stuttgart Wien

Raven JC (1956) Standard Progressive Matrices, Sets A,B,C,D,E. HK Lewis, London

Raven JC (1965) Advanced Progressive Matrices, Set I and II. HK Lewis, London

Reitan RM (1972) Verbal problem solving as related to cerebral damage. Percept Mot Skills 34:515–524

Robinson AL, Heaton RK, Lehman RAW, Stilson DW (1980) The utility of the Wisconsin Card Sorting Test in detecting and localizing frontal lobe lesions. J Consult Clin Psychol 48:605–614

Röhrenbach C (1989) Der Turm von London als Verfahren zur Prüfung präfrontaler Funktionen. Diplomarbeit. Fachbereich Psychologie der Universität Konstanz

Röhrenbach C, Cohen R, Matthes-von Cramon G (1991) Kognitives Planungsdefizit und Negativsymptomatik bei Patienten mit erworbener Hirnschädigung. Zeitschr Neuropsychol 5:83–90

Rowe HAH (1985) Problem Solving and Intelligence. Lawrence Erlbaum Associates, Hillsdale New Jersey London

Schaefer RE (1985). Denken. Informationsverarbeitung, mathematische Modelle und Computersimulation. Springer, Berlin Heidelberg New York Tokyo

Shallice T (1982) Specific impairments of planning. Phil Trans Royal Soc London 298:199–209

Shallice T (1988) From Neuropsychology to Mental Structure. Cambridge University Press, Cambridge New York New Rochelle Melbourne Sydney

Shallice T, Burgess PW (1991) Deficits in strategy application following frontal lobe damage in man. Brain 114:727–741

Shallice T, Evans ME (1978) The involvement of the frontal lobes in cognitive estimation. Cortex 14:294–303

Simon HA (1975) The functional equivalence of problem solving skills. Cog Psychol 7:268–288

Smith ML, Milner B (1984) Differential effects of frontal lobe lesions on cognitive estimation and spatial memory. Neuropsychol 22:697–705

Sohlberg M, Mateer A (1989) Introduction to cognitive rehabilitation. Theory and practice. The Guilford Press, New York London

Spivack G, Platt JJ, Shure MB (1976) The Problem Solving Approach to Adjustment. Jossey-Bass, San Francisco

Sternberg RJ (1985a) Beyond IQ: A Triarchic Theory of Human Intelligence. Cambridge University Press, New York

Sternberg RJ (1985b) Cognitive approaches to intelligence. In: Wolman BB (ed) Handbook of Intelligence. Theories, Measurments, and Applications. John Wiley & Sons, New York Chichester Brisbane Toronto Singapore, pp 59–118

Stuss DT, Benson DF (1986) The Frontal Lobes. Raven Press, New York

Troppmann N (1991) A modified computer-assisted version of the executive functions control tests by Glosser & Goodglass. EKN-Materialien für die Rehabilitation. Entwicklungsgruppe Klinische Neuropsychologie, München

Waldmann M, Weinert FE (1990) Intelligenz und Denken. Perspektiven der Hochbegabungsforschung. Hogrefe, Göttingen Toronto Zürich

Wang PL (1984) Modified Vygotsky Concept Formation Test. Stoelting Company, Chicago/Ill.

Wang PL (1987) Concept formation and frontal lobe function: The search for a clinical frontal lobe test. In: Perecman E (ed) The Frontal Lobe Revisited. The IBRN Press, New York, pp 189–205

Weigl E (1941) On the psychology of so-called processes of abstraction. J Abnorm Psychol 36:3–33

Winner E, Gardner H (1977) The comprehension of metaphor in brain-damaged patients. Brain 100:717–729

Zangwill OL (1966) Psychological deficits associated with frontal lobe lesions. Int J Neurol 5:395–402

7 Sprache

G. Greitemann

Einleitung

Aphasien und andere Störungen sprachlicher Fähigkeiten sind ein Zentralbereich der neuropsychologischen Diagnostik und Rehabilitation, da sie die Kommunikationsfähigkeit in vielen Lebensbereichen behindern und damit die Selbständigkeit der Betroffenen oft dramatisch einschränken.

Bei einer Aphasie ist sowohl die Fähigkeit, sich sprachlich zu äußern, als auch die Fähigkeit, sprachliche Mitteilungen zu verstehen, beeinträchtigt; die Störung betrifft außerdem die Lautsprache (Sprechen/Hörverstehen) ebenso wie die Schriftsprache (Schreiben/Lesesinnverständnis).

Die Beeinträchtigung der Kommunikationsfähigkeit des Aphasikers in Alltag und Beruf hängt dabei aber nicht allein von Schweregrad und Ausprägung der Aphasie ab; sie ist wesentlich bestimmt durch das Störungsbewußtsein des Betroffenen und seine Fähigkeit, verbale und nonverbale Kompensationsmöglichkeiten zu nutzen. Bei gleichem Schweregrad einer Aphasie kann daher – in Abhängigkeit von prämorbider Persönlichkeit und assoziierten neuropsychologischen Defiziten – die Fähigkeit zur Kommunikation in sehr unterschiedlichem Maß eingeschränkt sein. Deshalb ist neben der Erfassung von Art und Schwere der Aphasie eine zusätzliche Untersuchung der Kommunikationsfähigkeit notwendig (vgl. 7.5).

7.1 Ausführliche Aphasiediagnostik

Um Schweregrad, Syndrom und spezifische Ausprägung einer Aphasie festzustellen, muß ein standardisierter und normierter Test eingesetzt werden. Der Aachener Aphasietest (AAT; Huber et al. 1983) erfüllt diese Kriterien und hat sich in den letzten Jahren bewährt. Neben dem AAT ist auch das Aphasieprüfverfahren (APV; Frühauf 1983) standardisiert. Es enthält neben sprachproduktiven und sprachrezeptiven Aufgaben auch nichtsprachliche Aufgabenstellungen, die dazu dienen sollen, Störungen der visuellen Wahrnehmung und der nichtsprachlichen Intelligenz abzuschätzen. Die Anzahl der Items in den jeweiligen Bereichen ist gering, und die Aufgaben sind sprachlich wenig differenziert. Für eine aussagefähige Diagnostik, wie sie in der systematischen Therapieplanung benötigt wird, ist das APV deshalb ebensowenig geeignet wie zur Erfassung von Leistungsdissoziationen, wie sie z. B. im Rahmen von Gutachten notwendig ist. Deshalb wird hier das APV nicht im Detail vorgestellt.

Der AAT besteht aus einem halbstandardisierten Interview sowie 5 Untertests. Der Zeitaufwand für die Durchführung beträgt im Durchschnitt $1\frac{1}{2}$–2 h, für die Auswertung sind bei einem erfahrenen Untersucher ca. 30 min zu veranschlagen.

Das Interview soll etwa 10 min dauern und neben der Anamnese die 3 Themenbereiche Ausbildung/Beruf, Familie und Freizeitinteressen berühren. Die Analyse erfolgt für 6 Beobachtungsebenen getrennt (Kommunikationsverhalten, Artikulation und Prosodie, automatisierte Sprache, semantische Struktur, phonematische Struktur und syntaktische Struktur).

7.1.1   Untersuchung der Spontansprache

Die Symptome der Aphasie bei der Sprachproduktion werden charakterisiert auf den linguistischen Ebenen
– Lautstruktur der Wörter (Phonematik oder Phonologie),
– Bedeutung von Wörtern und Sätzen (Semantik),
– Grammatik (Morphologie und Syntax).
Veränderungen der Lautstruktur der Wörter werden als **phonematische Paraphasien** bezeichnet. Es handelt sich dabei um Auslassung, Hinzufügung, Vertauschung oder Ersetzung von Lauten (Phonemen) innerhalb eines Wortes. Mehrere phonematische Paraphasien in einem Wort können dieses so stark verändern, daß es nicht mehr als Wort der Standardsprache zu identifizieren ist. Derartig entstellte Wörter werden als phonematische Neologismen bezeichnet. Bestehen die Äußerungen eines Patienten weitgehend aus solchen Neologismen, spricht man von phonematischem Jargon (Tabelle 7-1).

Als **semantische Paraphasie** bezeichnet man das Ersetzen eines Wortes durch ein anderes Wort der Standardsprache, das der intendierten Mitteilung aber nur unvollständig oder gar nicht entspricht. Unterscheiden lassen sich semantische Paraphasien nach der semantischen Nähe zum Zielwort (Tabelle 7-2).

Semantische Neologismen sind Wörter, die aus existierenden Wörtern oder Wortfragmenten der Standardsprache zusammengesetzt sind, aber in der gebrauchten Form nicht zum Wortinventar der Standardsprache gehören. Zu den semantischen Störungen werden außerdem die Wortfindungsstörungen gerechnet, die sich als Unterbrechung im Redefluß, durch Benutzung semantisch unpräziser Begriffe wie „Ding" oder durch Umschreibungen äußern, die Funktion, Aussehen o. ä. des Gegenstands beschreiben (s. Tabelle 7-2).

Veränderungen im Bereich der Grammatik betreffen zum einen die grammatische Struktur der Äußerungen (Syntax), zum anderen die Flexion der einzelnen Wörter, die den Satz konstituieren (Morphologie). Prototypisch lassen sich dabei **Agrammatismus** und **Paragrammatismus** unterscheiden.

Agrammatische Sprache ist gekennzeichnet durch kurze, grammatisch einfache Sätze, die oft nur aus Inhaltswörtern (Nomina, Verben, Adjektive) bestehen; Funktionswörter (Artikel, Präpositionen etc.) fehlen weitgehend. Die benutzten

Inhaltswörter werden darüber hinaus meist in nichtflektierter Form verwendet (Tabelle 7-3).

Beim Paragrammatismus werden dagegen komplexe Satzmuster benutzt, also Sätze, die aus Haupt- und Nebensätzen bestehen; diese werden aber fehlerhaft konstruiert. Häufig werden dabei 2 Sätze ineinander verschränkt, wobei ein Wort eines angefangenen unvollständigen Satzes zum Anfang eines neuen Satzes wird (im Beispiel in Tabelle 7-4 ist es das Wort „Sohn"). In anderen Fällen werden die Sätze nicht vollständig gebildet (Satzabbruch) oder einzelne Satzteile wiederholt. Im Unterschied zum Agrammatismus enthalten die Sätze zwar Funktionswörter; diese werden aber oft fehlerhaft gebraucht, und auch die Flexionsformen von Wörtern sind oft nicht korrekt gebildet (Tabelle 7-4).

In dem in Abb. 7-1 dargestellten Beispiel – es handelt sich um die Reaktion eines Wernicke-Aphasikers beim Beschreiben eines Situationsbildes aus dem AAT-Untertest „Benennen" – finden sich phonematische, semantische und syntaktische Fehler.

„Schlafft" und „gegrüht" sind phonematische Neologismen. „In" (in die Tafel) statt „an" oder „auf" und der Artikel „das" (das Mann) sind fehlerhaft gebrauchte

Tabelle 7-1. Beispiele für phonematische Paraphasien und Neologismen (in Klammern ist das jeweilige Zielwort bzw. der Zielsatz angegeben)

Auslassung:	Hepatiti (Hepatitis)
Hinzufügung:	Bensen (Besen) / Umleitnung (Umleitung)
Ersetzung:	Sürst (Fürst) / Dizarre (Zigarre)
Neologismus:	Schpils (Zwist) / Tepite (Hepatitis)
Phonematischer Jargon:	Der e. eene. der bodel .. von voll .. kott . hoben .. einen oben (Ein Mann bettelt.)

Tabelle 7-2. Beispiele für semantische Paraphasien und Neologismen

Semantische Paraphasie	(große Nähe zum Zielwort) Staubtuch (Staubsauger)
Semantische Paraphasie	(geringe Nähe zum Zielwort) Dübel (Kerze)
Semantischer Neologismus	Fußroller (Rollschuh) / Leinennadel (Sicherheitsnadel)
Umschreibung	Zum Aufmachen (Dosenöffner)

Tabelle 7-3. Beispiele für Agrammatismus

– Bettler ... tut ... betteln (Ein Mann bettelt.)

– Der Mann ... Baum ... wickeln (Vater und Sohn spielen Indianer.)

– Der Mann ... Sofa ... und Zeitung lesen (Der Mann liegt auf dem Sofa und liest Zeitung.)

Tabelle 7-4. Beispiele für Paragrammatismus

Falsche Funktionswörter:	Am Juni ... nee in Januar
Falsche Flexionsformen:	2 Kinders ... 2 Schwiegersohn
Verdopplung von Satzteilen:	Auch nicht ich selber kann mir da nicht helfen
Satzverschränkung:	Da is was passiert und da haben wir natürlich gleich was gemacht dagegen zu Hause und deswe gleich am nächsten in der Früh und ich hab noch geschlafen und bin dann mit meinem Sohn und ich wir sind dann gleich weg

Abb. 7-1. Beispiel aus dem AAT-Untertest „Benennen" (Huber et al. 1983); Reaktion eines Patienten mit Wernicke-Aphasie: *„Die Lehrerin.. hat eine aus.. eine außer.. schlafft in die Tafel gegrüht.. für das Mann".* (Mit freundlicher Genehmigung des Hogrefe-Verlags)

Funktionswörter. „Mann" ist eine semantische Paraphasie, korrekt wäre Mädchen oder Kind.

Neben den beschriebenen phonematischen, semantischen und syntaktischen Symptomen der Aphasie sind als weiteres Symptom die **sprachlichen Automatismen** zu nennen. Es handelt sich hierbei um Silben, Wörter oder längere Äußerungen, die in starrer Form entgegen der Intention des Sprechers geäußert werden (Tabelle 7-5). Bei schweren Formen von globaler Aphasie werden ausschließlich solche Automatismen produziert.

Tabelle 7-5. Beispiele für sprachliche Automatismen

---

1) (Auszug aus einem Gespräch mit einem Patienten mit schwerer Globalaphasie)

   Untersucher: „Wie heißen Sie?"
   Patient: „Da vorne ... da vorne"
   Untersucher: „Was ist Ihr Beruf?"
   Patient: „Da vorne ... da vorne ... da vorne"

2) „Ich muß bachen machen ... ich muß bachen machen"

3) „Jojojojojo"

Die beschriebenen sprachproduktiven Symptome lassen sich in der Spontansprache (z. B. in einem Anamnesegespräch oder während der ärztlichen Untersuchung) beobachten und können qualitativ und quantitativ beschrieben werden. Um möglichst umfangreiche Äußerungen des Patienten zu erhalten, die eine detaillierte Analyse der semantischen, phonematischen und syntaktischen Symptome erlauben, sollten – außer bei der Erhebung der Anamnese – keine Entscheidungsfragen („Haben Sie Kinder?"), sondern offene Fragen gestellt werden („Können Sie mir etwas über Ihre Kinder erzählen?").

Störungen im **Sprachverständnis** lassen sich in einem solchen Gespräch oft nicht genau erfassen. Der Grund dafür liegt im Wissen des Patienten über die Kommunikationssituation „ärztliche Untersuchung", in der bestimmte Fragen und Abläufe üblicherweise vorkommen. Darüber hinaus helfen nonverbale Kommunikationsmittel, die der Untersucher meist unbewußt sprachbegleitend einsetzt, dem Patienten, Aufforderungen und Fragen zu verstehen. Auch die explizite Frage nach Schwierigkeiten beim Sprachverständnis wird in der Regel, selbst bei schweren Aphasien, mit Nein beantwortet. Um dennoch Hinweise auf Sprachverständnisstörungen zu bekommen, ist es notwendig, nach Veränderungen von Kommunikationsgewohnheiten zu fragen. Gibt der Aphasiker z. B. an, daß er sich die Nachrichten im Fernsehen nicht mehr ansieht oder kein Interesse mehr an Spielfilmen im Fernsehen hat, kann das ein Hinweis darauf sein, daß er komplexere sprachliche Mitteilungen nicht mehr sicher versteht.

Eine genaue Bestimmung der Störung im Sprachverständnis ist aber nur durch geeignete Tests möglich.

Für die Untersuchung der Spontansprache auf aphasische Symptome ist in der Regel ein Gespräch von ca. 10 min ausreichend, das verschiedene Themen berühren sollte (z. B. Beruf, Familie, Hobbies). Es ist vor allem bei leichten aphasischen Störungen sinnvoll, das Gespräch auf Tonband aufzuzeichnen und die Äußerungen des Patienten erst nach Beendigung der Untersuchung zu analysieren.

Eine ausführliche Anleitung zur Analyse aphasischer Spontansprache findet sich bei Bayer (1985).

7.1.2   Untertests des Aachener Aphasietests

Der erste Untertest des AAT ist der „Token"-Test (Orgaß 1982), der aufgrund seiner hohen Sicherheit als Auslesetest in unveränderter Form in den AAT integriert wurde. Der Token-Test ist ein sprachlich-rezeptiver Test, der aus 5 Aufgabengruppen mit je 10 Aufgaben besteht. Der Patient muß auf lautsprachliche Aufforderungen des Untersuchers aus 10 bzw. 20 farbigen Kreisen und Vierecken (engl. token: Marke) 1 oder 2 tokens zeigen bzw. Manipulationen mit einzelnen tokens durchführen. Der Zeitaufwand beträgt im Durchschnitt 15 min. Bei der Auswertung werden nur die Fehler gezählt. Liegt die Summe der Fehler (alterskorrigiert) über 3, so ist mit großer Wahrscheinlichkeit eine Aphasie anzunehmen. Eine Fehlersumme zwischen 0 und 3 spricht gegen eine Aphasie.

Nach der Durchführung des Token-Tests wird die Nachsprechfähigkeit eines Patienten bei Aufgaben mit steigenden sprachlich-artikulatorischen Anforderungen geprüft (Einzellaute, einsilbige Wörter, Lehn- und Fremdwörter, zusammengesetzte Wörter, Sätze). Im Untertest „Schriftsprache" werden (in strikt parallelisierten Aufgaben) die Leistungen im lauten Lesen, im Schreiben nach Diktat und im Zusammensetzen (von Buchstaben- bzw. Wortkärtchen) nach Diktat geprüft. Die Parallelität der Aufgaben erlaubt es, Leistungsdissoziationen zwischen Lese- und Schreibleistung festzustellen.

Ein weiterer Untertest überprüft das Benennen von Gegenständen durch einfache Nomina bzw. Nominakomposita, das Benennen von Farben und das Beschreiben von Situationen und Handlungen.

Im letzten Untertest wird das Sprachverständnis geprüft. In getrennten Aufgabengruppen werden im Multiple-choice-Verfahren das auditive Sprachverständnis und das Lesesinnverständnis für Einzelwörter sowie für Sätze untersucht.

Die Reaktion des Patienten wird jeweils anhand einer vierstufigen Skala bewertet. Die Kriterien für die Auswertung sind im Handbuch beschrieben und an zahlreichen Beispielen erläutert.

Mit Hilfe des AAT können folgende Fragen beantwortet werden:
1) Liegt eine Aphasie vor?
2) Welches Aphasiesyndrom liegt vor?
3) Welchen Schweregrad hat die Aphasie?
4) Gibt es Leistungsdissoziationen zwischen einzelnen Untertests oder Gruppen von Untertests?
5) Gibt es Veränderungen gegenüber früheren Untersuchungen?

Für die diagnostische Entscheidung darüber, ob überhaupt eine Aphasie vorliegt, empfehlen die Autoren des AAT, die Ergebnisse des Token-Tests und des Untertests

„Schriftsprache" zu kombinieren. Darüber hinaus ist aber eine Untersuchung spontansprachlicher Äußerungen (lautsprachlich und schriftlich) anzuraten.

Der Schweregrad der Leistungsbeeinträchtigungen in den einzelnen Untertests des AAT kann (unter Berücksichtigung der jeweiligen Konfidenzintervalle) aus Tabellen im Handbuch abgelesen werden. Es werden 4 Schweregradstufen unterschieden: schwere, mittelschwere, leichte und minimale/keine Störung. Die in den einzelnen Untertests ermittelten Schweregrade können zum Gesamtschweregrad der aphasischen Störung zusammengefaßt werden.

Zur Syndromklassifikation der Aphasie bietet der AAT 2 Wege: Zunächst kann anhand der Analyse der Spontansprache geprüft werden, ob die für ein bestimmtes Syndrom typische Symptomkonfiguration besteht. Da es einige Symptome gibt, die bei allen Aphasien auftreten können (z. B. Wortfindungsstörungen oder phonematische Paraphasien) und deshalb zur Differenzierung der Syndrome wenig beitragen, ist eine Klassifikation nach Leitsymptomen sinnvoller. Die Leitsymptome für die Standardsyndrome sind in Tabelle 7-6 dargestellt.

Tabelle 7-6. Übersicht über die Leitsymptome der Standard-Aphasiesyndrome

Globale Aphasie:	Äußerungen bestehen nur oder weitgehend aus sprachlichen Automatismen
Wernicke-Aphasie:	Bei meist flüssiger Sprachproduktion und komplexem Satzbau treten paragrammatische Veränderungen der Syntax und Morphologie auf
Broca-Aphasie:	Bei meist unflüssiger Sprachproduktion und überwiegend einfachem Satzbau treten agrammatische Veränderungen von Syntax und Morphologie auf
Amnestische Aphasie:	Es treten Wortfindungsstörungen und semantische Paraphasien bei weitgehend unauffälliger Phonematik und Syntax auf

Darüber hinaus kann man die Syndromklassifikation mit Hilfe linearer Diskriminanzanalysen feststellen. Dabei wird auf der Basis der Ergebnisse der Spontansprachebewertung sowie der Rohwerte der 5 Untertests des AAT die Wahrscheinlichkeit für die Zugehörigkeit zu den 4 Standardsyndromen berechnet. Liegt die Wahrscheinlichkeit für ein Syndrom über 70 %, gilt die Aphasie als klassifiziert. Ergibt sich für kein Syndrom eine mindestens 70 %ige Wahrscheinlichkeit, so wird die Aphasie als nicht klassifizierbar bezeichnet.

Für die anderen oben erwähnten Fragestellungen sind die Methoden der psychometrischen Einzelfalldiagnostik (Huber 1973; Greitemann u. Willmes 1985) anzuwenden. Sie erlauben den Vergleich der Schweregrade der Störungen in einzelnen Untertests oder den Vergleich von Untertestgruppen. So können z. B. die Leistungen in den sprachrezeptiven Tests (Token-Test und Sprachverständnis) mit denjenigen in den sprachproduktiven Tests (Nachsprechen und Benennen) verglichen werden. Paarvergleiche für die 5 Untertests geben jeweils an, ob es einen signifikanten Leistungsunterschied gibt. Es lassen sich so relativ gut erhaltene sprachliche Modalitäten von deutlicher gestörten unterscheiden. Diese Leistungsdissoziationen können große Bedeutung haben, wenn es darum geht, Syndrome zu klassifizieren, die Fol-

160   *7 Sprache*

gen einer Aphasie für Beruf und Alltag zu beurteilen und eine Therapie zu planen. Darüber hinaus geben sie häufig Hinweise auf begleitende neuropsychologische Defizite.

Neben den Standardsyndromen, die durch Leitsymptome charakterisiert sind, gibt es noch Syndrome, zu deren Unterscheidung Leitsymptome nicht ausreichen. Zu diesen Nichtstandardsyndromen gehören die Leistungsaphasie und die transkortikalen Aphasien. Die Leistungsaphasie ist gekennzeichnet durch (im Vergleich zu den andern Untertests) besonders deutliche Defizite im Nachsprechen, während bei den transkortikalen Aphasien die Fähigkeit nachzusprechen um vieles besser erhalten ist als z. B. das Benennen oder die Schriftsprache.

7.2   Aphasiediagnostik in der Akutphase nach einem Schlaganfall

Standardisierte Aphasietests in der Akutphase nach einem Schlaganfall durchzuführen, kann aufgrund verminderter Aufmerksamkeit oder Belastbarkeit des Patienten bzw. aus praktischen Gründen (Untersuchung am Krankenbett) erschwert oder unmöglich sein. Um Patienten in der Akutphase dennoch untersuchen zu können, wurde der Aachener Aphasie-bedside-Test (AABT) (Biniek et al. 1991) entwickelt. Es handelt sich dabei um einen Kurztest von 15–40 min Dauer. Mit dem Test werden nicht nur die jeweiligen Leistungsgrenzen ermittelt, er soll auch Informationen darüber liefern, ob bestimmte Formen der Stimulation eine Leistung ermöglichen, die der Patient ohne Stimulation nicht erbringen kann. Beim Benennen von Objekten z. B. charakterisiert der Untersucher den zu benennenden Gegenstand mit Hilfe einer Geste, wenn das Benennen ohne derartige Stimulation nicht gelingt. Ist ein Benennen auch mit gestischer Unterstützung nicht möglich, erfolgen sprachliche Hilfen in 2 Stufen. Zuerst wird ein Wort aus dem semantischen Umfeld in einem Satzkontext angeboten (z. B. beim Benennen von „Tasse": nicht Teller, sondern ...). Die letzte Stimulationsstufe schließlich ist die Anlauthilfe (das ist eine Ta...).

Der Test besteht aus einem halbstandardisierten Spontanspracheinterview und 6 Untertests mit jeweils 10 Aufgaben.

Die sprachlichen Äußerungen des Patienten im Interview werden hinsichtlich des Auftretens verschiedener Wortarten, der durchschnittlichen Länge und Vollständigkeit der Äußerungen sowie bestimmter aphasischer Symptome ausgewertet. Durch diese quantitative Analyse, die mit Hilfe eines Computerprogramms durchgeführt wird, können Veränderungen sprachlicher Leistungen während der Akutphase gemessen werden. Sie erfordert allerdings erheblichen Zeitaufwand.

Die weiteren Untertests des AABT sind:
– Aufforderungen zu Blick- und Kopfbewegungen
– Aufforderungen zu Mundbewegungen
– Artikulationsschnelligkeit und Phonationsdauer
– Singen, Reihen- und Floskelsprechen
– Identifizieren von Objekten

– Benennen (von Strichzeichnungen)

Der AABT eignet sich zur wiederholten differenzierten Untersuchung der Rückbildung von Aphasien in der Akutphase. Der Verlauf der spontanen Rückbildung in dieser Phase kann Hinweise auf die Prognose der Aphasie geben.

7.3   Orientierende Aphasiediagnostik

Bei Patienten in der Postakutphase wird bei Verdacht auf Aphasie eine orientierende Untersuchung (Screening) durchgeführt. Diese sollte mindestens beinhalten: die Erhebung der Anamnese, eine Analyse der Spontansprache des Patienten und den Token-Test als Auslesetest (s. 7.1.2).

Beim Anamnesegespräch reicht es nicht, den Patienten bzw. Angehörige nach Veränderungen der sprachlichen Fähigkeiten zu fragen, weil Sprachstörungen häufig uminterpretiert werden. So werden Wortfindungsstörungen oft als Symptome einer Gedächtnisstörung angesehen und beschrieben, und auch die Differenzierung zwischen Sprach- und Sprechstörung ist für Laien oft nicht nachzuvollziehen. Deshalb ist es notwendig, konkret nach einzelnen Symptomen der Aphasie zu fragen (z. B.: „Fallen Ihnen Wörter nicht ein, obwohl Sie ganz genau wissen, was Sie sagen wollen?" oder: „Haben Sie manchmal Probleme mit den ‚kleinen Wörtern' wie der, die, das?").

Da die semantischen und vor allem die syntaktischen Regeln der Sprache beim Schreiben strenger angewandt werden als in der Lautsprache, empfiehlt es sich, nicht nur die Spontansprache zu untersuchen, sondern immer auch eine schriftliche Aufgabe zu stellen. Bewährt haben sich dabei Beschreibungen von Bildern, die mehrere Personen bei unterschiedlichen Handlungen zeigen. Texte von ca. 20 Zeilen reichen in der Regel aus, um aphasische Symptome aufzudecken, auch wenn diese in der Lautsprache nicht eindeutig festzustellen sind. Darüber hinaus können derartige Texte zur Beurteilung der textproduktiven Fähigkeiten benutzt werden (vgl. Kap. 8).

Als zusätzlicher Test bietet sich für orientierende Untersuchungen der einfach durchzuführende Token-Test an, der mit hoher Sicherheit Aphasiker von Nichtaphasikern trennt (vgl. 7.1.2). Eine alterskorrigierte Fehlersumme >3 im Token-Test und der Nachweis von aphasischen Symptomen in der Spontansprache reichen aus, um eine Aphasie zu diagnostizieren.

7.4   Verlaufsdiagnostik

Die Überprüfung von Leistungsänderungen gegenüber vorhergehenden Untersuchungen mit dem AAT dient vor allem zur Kontrolle von Therapieeffekten.

Für die 6 Ebenen der Spontansprachebewertung kann eine substantielle Verbesserung dann angenommen werden, wenn die Bewertung um mehr als einen Skalenpunkt differiert.

Bei den Untertests des AAT ergeben sich die zur Feststellung einer überzufälligen (signifikanten) Leistungsveränderung notwendigen Punktwertdifferenzen aus den Konfidenzintervallen des jeweiligen Untertests: Entspricht der Punktwertunterschied mindestens dem doppelten Konfidenzintervall, so kann man von einer signifikanten Veränderung der Leistung ausgehen.

7.5   Untersuchung der sprachlichen Kommunikationsfähigkeit bei Aphasikern

Es ist in der Regel nicht möglich und darüber hinaus methodisch schwierig, einen Aphasiker längere Zeit in natürlichen Kommunikationssituationen zu beobachten, um beurteilen zu können, welche durch die Aphasie bedingten Einschränkungen ihn in der Bewältigung dieser Situationen behindern. Deshalb wurden vor allem in den USA Verfahren entwickelt, die eine Untersuchung der Einschränkungen der Kommunikationsfähigkeit bei aphasischen Patienten erlauben (z. B. Holland 1980; Taylor Sarno 1969). Aufgrund der sprachlichen und kulturellen Unterschiede können aber solche Verfahren nicht ohne erneute Standardisierung und Normierung in andere Sprachen übernommen werden.

Ein deutschsprachiges Verfahren zur Erfassung der sprachlich-kommunikativen Fähigkeiten von Aphasikern – die deutsche Version des „Amsterdam-Nijmegen-every-day-language"-Tests (ANELT) (Blomert et al. 1987) – befindet sich z. Zt. noch in der klinischen Erprobung. Der Test, der zuerst in Holländisch erschienen ist, enthält 10 Aufgaben, in denen die sprachliche Bewältigung alltäglicher Kommunikationssituationen untersucht wird. Der Untersucher beschreibt dabei zuerst eine Alltagssituation, wobei teilweise reale Gegenstände benutzt werden. Der Patient soll anschließend die ihm zugewiesene Rolle übernehmen (Kunde, Verkäufer etc.). Bewertet wird nicht, ob die sprachlichen Äußerungen korrekt sind, sondern nur, ob sie verständlich und vollständig sind.

Aus der deutschen Version des ANELT sollen hier die Aufgabenstellung und ein Beispiel für die Beantwortung durch einen aphasischen Patienten zitiert werden (Tabelle 7-7):

Tabelle 7-7. Beispiel aus der deutschen Version des ANELT

Aufgabe:	„Sie stehen mit Ihren Einkäufen an der Kasse eines Supermarkts. Als das Fräulein alle Waren eingetippt hat und Sie zahlen müssen, merken Sie, daß Sie kein Portemonnaie dabei haben. Was sagen Sie?"
Antwort	eines Patienten mit leichter Broca-Aphasie: „Geld ... zu Hause ... bezahlen ... später ... bitte"

Die hier zitierte sprachliche Äußerung des Patienten ist zwar agrammatisch, kann aber trotzdem als kommunikativ ausreichend bewertet werden, da die Intention klar zu erkennen ist.

Nach den bisherigen klinischen Erfahrungen eignet sich der ANELT vor allem für Patienten mit mittelschweren Aphasien. Patienten mit nur leichten Aphasien haben kaum Probleme, sich in einfachen Alltagssituationen, wie sie im ANELT simuliert werden, verständlich zu machen. Sie erreichen ihre Leistungsgrenzen aber häufig dann, wenn beispielsweise in der Ausbildung oder im Beruf komplexere sprachliche Äußerungen gefordert sind oder die Verständigung zusätzlich erschwert ist. So fällt es Aphasikern generell schwerer, einem Gespräch zu folgen, an dem mehrere Personen beteiligt sind. Auch laute Umgebungsgeräusche können die Verständigung, die in einer ruhigen Umgebung problemlos möglich ist, erheblich behindern.

Um die Folgen einer Aphasie für berufliche Aufgaben abschätzen zu können, ist deshalb entweder eine Simulation dieser Aufgaben oder zumindest eine detaillierte Analyse der beruflichen Anforderungen nötig. Erfahrungen zeigen, daß bei oberflächlicher Erhebung solcher Daten die Auswirkungen einer Aphasie auf die berufliche Tätigkeit häufig unterschätzt werden.

Patienten mit schweren Aphasien können in der Regel die zur Bewältigung der im ANELT simulierten Alltagssituationen erforderlichen sprachlichen Äußerungen nicht hervorbringen. Sie müssen auf nichtsprachliche Äußerungsmittel wie Gesten, Zeichnen etc. zurückgreifen. Der Einsatz nonverbaler Mittel wird aber mit dem ANELT nicht erfaßt.

Ein Verfahren, mit dem die Kommunikationsfähigkeit umfassender, d. h. unter Einbeziehung nonverbaler Kommunikationsmittel wie Gestik, Mimik, Zeichnen, Imitieren von Geräuschen, untersucht werden kann, ist derzeit nicht verfügbar. Das Ausmaß an Kompensation, das Patienten mit schweren Aphasien durch den Einsatz nonverbaler Kommunikationsmittel erreichen können, hängt davon ab, welche Modalitäten sie einsetzen und wie flexibel sie darüber verfügen können. Bei der Beobachtung von Aphasikern in der Kommunikation sollte deshalb zuerst festgestellt werden, welche Mittel überhaupt eingesetzt werden. Dann wird darauf geachtet, ob ein flexibler Einsatz dieser Mittel möglich ist. Das ist zum einen an Kombinationen verschiedener Ausdrucksmittel zu erkennen; zum anderen zeigt es sich darin, daß der Aphasiker – falls es ihm zunächst mißlingt, eine Information zu übermitteln – dies in einer anderen Modalität versucht. Schließlich wird beurteilt, in welchem Maß die nonverbalen (oder kombinierten) Äußerungen verständlich sind.

7.6   Diagnostik schriftsprachlicher Leistungen

Störungen schriftsprachlicher Leistungen finden sich bei nahezu allen Aphasien. Häufig entspricht die Symptomatik beim Lesen und Schreiben derjenigen lautsprachlicher Äußerungen. Es gibt allerdings auch Dissoziationen zwischen laut- und schriftsprachlichen Leistungen; darüber hinaus können Störungen schriftsprachlicher Leistungen auch unabhängig von einer Aphasie auftreten.

Störungen des Lesens und Schreibens werden heute meist vor dem Hintergrund eines psycholinguistischen Modells der Verarbeitung von Schriftsprache dargestellt

(„dual route model"; vgl. Huber 1989). Dieses Modell postuliert, daß es 2 Verarbeitungswege für Schriftsprache gibt: einen analytischen und einen ganzheitlichen Weg. Beide Wege stehen einem hirngesunden Leser und Schreiber zur Verfügung und werden flexibel benutzt. Beim schnellen Lesen eines Textes werden die Wörter primär ganzheitlich verarbeitet. Ein analytisches Erfassen erfolgt immer dann, wenn z. B. ein unbekanntes oder wenig vertrautes Wort erscheint. Als Folge einer Hirnschädigung kann einer dieser Wege ausfallen oder die Fähigkeit, beide Wege flexibel zu benutzen, reduziert sein. Bei schweren Störungen ist weder das analytische noch das ganzheitliche Verarbeiten mehr möglich.

Orientierende Hinweise auf schriftsprachliche Leistungseinbußen kann der Untertest „Schriftsprache" des AAT geben (vgl. 7.1.2): Sowohl beim lauten Lesen als auch beim Schreiben bzw. Zusammensetzen nach Diktat lassen sich wortkategorielle oder von zunehmender Wortlänge abhängige Fehler entdecken.

Ausführliche standardisierte Untersuchungen für Störungen der schriftsprachlichen Leistungen gibt es derzeit nicht. In Vorbereitung ist die Publikation eines Supplements „Alexie" zum Aachener-Aphasietest (Klingenberg 1990). Es enthält folgende Aufgabengruppen:
– Lexikalisches Entscheiden (Entscheidung darüber, ob ein dargebotenes Wort zum Wortschatz der deutschen Sprache gehört)
– Lautes Lesen (Wörter und Neologismen)
– Artikel zeigen (zu einem Nomen den passenden Artikel zeigen)
– Ähnlichkeiten beurteilen (bei Wortpaaren phonematische oder semantische Ähnlichkeit erkennen)
– Bedeutung beschreiben (Bedeutung vorgegebener Wörter angeben)

Bei der ausführlichen Untersuchung des Lesens und Schreibens ist zu differenzieren zwischen verschiedenen Modalitäten und unterschiedlichem sprachlichem Material – beim Lesen z. B. zwischen lautem Lesen und Lesesinnverständnis, beim Schreiben zwischen Schreiben nach Diktat und Spontanschreiben.

Als Material für die Untersuchung von Lesen und Schreiben werden Einzelwörter unterschiedlicher Länge, unterschiedlicher Wortkategorie (Inhaltswörter vs. Funktionswörter) und unterschiedlicher semantischer Eigenschaft (bildhaft vs. nicht bildhaft) benutzt. Außerdem wird häufig die Fähigkeit überprüft, Pseudowörter (in der Standardsprache nicht vorkommende Lautfolgen, die den Silbenstrukturregeln des Deutschen entsprechen) zu lesen. Derartige Pseudowörter können nicht ganzheitlich gelesen werden, sondern verlangen eine analytische Leseweise. Ob diese dem Patienten zur Verfügung steht, kann daher mit Pseudowörtern erkannt werden.

Die meisten Symptome bei Lese- und Schreibstörungen werden in Analogie zu den Symptomen der Aphasie beschrieben.

Bei phonematischen Paralexien bzw. Paragraphien werden die korrekten Laute (beim lauten Lesen) oder Buchstaben (beim Schreiben) durch andere ersetzt, bei semantischen Paralexien bzw. Paragraphien dagegen ganze Wörter (z. B. Etikett anstelle von Eitelkeit). Beim Schreiben und Lesen finden sich, ähnlich wie in der Lautsprache, auch Neologismen.

Darüber hinaus gibt es aber noch einige für die Alexien oder Agraphien spezifische Symptome, die in der Spontansprache oder beim (mündlichen) Benennen nicht auftreten.

Bei Patienten mit einer „Wortformalexie" ist das buchstabierende Lesen (letter by letter reading) besonders auffällig. Diese Patienten identifizieren oft mühsam jeden einzelnen Buchstaben und versuchen so, das Wort zu erfassen. Ein schnelles ganzheitliches Lesen ist ihnen meist nicht möglich. Viele dieser Patienten haben außerdem eine homonyme Hemianopsie, die das Lesen zusätzlich erschwert.

Beim Lesen der einzelnen Buchstaben treten bei diesen Patienten zusätzlich Paralexien auf, die an die äußere Form der Buchstaben gebunden sind. Betroffen sind vor allem schwach markierte Buchstaben (z. B. l oder I) und formähnliche Buchstaben (s. Abb. 7-2).

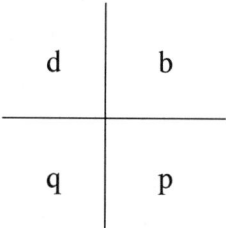

Abb. 7-2. Formähnliche Buchstaben

Wie bei den Alexien gibt es auch bei den Agraphien spezifische Symptome, die auf die im Deutschen oft nicht vollständige Übereinstimmung von Laut- und Schriftform eines Wortes zurückzuführen sind. Für die korrekte schriftliche Realisierung dieser Wörter ist deshalb orthographisches Wissen notwendig. So kann aus der Lautform des Wortes „Moor" nicht geschlossen werden, ob es als „Moor" oder „Mohr" geschrieben wird. Entsprechende Fehler werden als orthographische Paragraphien bezeichnet.

Bevor derartige Paragraphien als Symptome einer durch eine Hirnschädigung bedingten Agraphie angesehen werden können, ist anhand von eigen- oder fremdanamnestischen Angaben bzw. aufgrund von Schriftproben festzustellen, ob orthographische Fehler ähnlicher Qualität und Quantität bereits prämorbid aufgetreten sind. Häufig läßt sich die Akzentuierung einer bereits prämorbid vorhandenen Schwäche in der Rechtschreibung nachweisen.

Ähnlich wie bei den Aphasien können auch bei den Alexien und Agraphien anhand von Symptomkomplexen oder Leitsymptomen bestimmte Syndrome unterschieden werden. Im Unterschied zu den Aphasien gibt es noch keine allgemein akzeptierte Klassifikation. Nach de Langen (1988) lassen sich die in Tabelle 7-8 beschriebenen Alexiesyndrome aufgrund der dominierenden Fehlertypen beim lauten Lesen unterscheiden.

In ähnlicher Weise lassen sich die Agraphiesyndrome charakterisieren (Tabelle 7-9).

Um genügend differenzierte Beobachtungen hinsichtlich unterschiedlicher Fehlertypen bzw. hinsichtlich des Einflusses von unterschiedlichem sprachlichem Material machen zu können, sollte im Rahmen einer ausführlichen Lese-/Schreibuntersu-

Tabelle 7-8. Alexiesyndrome

Globale Alexie:	Lautes Lesen von Wörtern aller Wortkategorien mit Ausnahme einzelner kurzer Inhaltswörter nicht möglich
Tiefenalexie:	Fehler (unterschiedlicher Art) treten bei Funktionswörtern und abstrakten, nichtbildhaften Inhaltswörtern häufiger auf als bei konkreten, bildhaften Inhaltswörtern
Oberflächenalexie:	Fehler (unterschiedlicher Art) treten bei längeren Wörtern überproportional häufiger auf als bei kurzen; die Wortkategorie hat keinen Einfluß
Wortformalexie:	Buchstabierendes Lesen mit Paralexien, vor allem bei schwach markierten oder formähnlichen Buchstaben. Beim Lesen handschriftlicher Vorlagen (auch der eigenen Handschrift) treten noch mehr Fehler auf als bei gedruckten Vorlagen

Tabelle 7-9. Agraphiesyndrome

Globale Agraphie:	Schreiben selbst einfacher Wörter ist praktisch nicht möglich; die Fähigkeit, den eigenen Namen zu schreiben, kann erhalten sein
Wortkategorielle Agraphie:	Fehler (unterschiedlicher Art) treten bei Funktionswörtern und abstrakten, nichtbildhaften Inhaltswörtern häufiger auf als bei konkreten, bildhaften Inhaltswörtern
Phonologisch-lexikalische Agraphie:	Fehler (unterschiedlicher Art) treten bei längeren Wörtern überproportional häufiger auf als bei kurzen. Die Wortkategorie hat keinen Einfluß

chung das laute Lesen bzw. das Schreiben nach Diktat an jeweils mindestens 20 Funktions- und Inhaltswörtern überprüft werden. Soll außerdem der Einfluß der Konkretheit/Abstraktheit (bzw. Bildhaftigkeit) von Wörtern und der Wortlänge überprüft werden, so ist die Anzahl der Items entsprechend zu erhöhen.

Bei Verdacht auf Wortformalexie ist das Benennen der einzelnen Groß- und Kleinbuchstaben (in randomisierter Reihenfolge) zu überprüfen. Außerdem sollten dem Patienten handschriftliche Stimuli vorgelegt werden.

Bei Verdacht auf orthographische Agraphie oder Akzentuierung einer prämorbiden Schwäche der Rechtschreibung muß die Untersuchung um das Diktat von Wörtern ergänzt werden, deren Schriftform nicht aus der Lautform geschlossen werden kann. Entsprechende Aufgaben können Rechtschreibtests oder Aufgabensammlungen zum Training der Rechtschreibung entnommen werden.

Literatur

Bayer J (1985) Die linguistische Bewertung aphasischer Spontansprache. Eine Anleitung für die Praxis. In: Springer L, Kattenbeck G (Hrsg) Aphasie. tuduv, München, S 9–46

Biniek R, Huber W, Willmes K, Glindemann R., Brand H, Fiedler M, Annen C (1991) Ein Test zur Erfassung von Sprach- und Sprechstörungen in der Akutphase nach Schlaganfällen. Nervenarzt 62:108–115

Blomert L, Koster C, van Mier H, Kean ML (1987) Verbal communication abilities of aphasic patients: the everyday language test. Aphasiology 1:463–474

de Langen EG (1988) Lesen und Schreiben. In: von Cramon D, Zihl J (Hrsg) Neuropsychologische Rehabilitation. Springer, Berlin, S 289–305

Frühauf K (1983) Aphasie-Prüfverfahren (APV). Psychodiagnostisches Zentrum, Berlin

Greitemann G, Willmes K (1985) Einzelfalldiagnostik und Befundung mit dem Aachener Aphasie Test. In: Springer L, Kattenbeck G (Hrsg) Aphasie. tuduv, München, S 47–95

Holland A (1980) Communicative Abilities in Daily Living. University Park Press, Baltimore

Huber HP (1973) Psychometrische Einzelfalldiagnostik. Beltz, Weinheim

Huber W (1989) Alexie und Agraphie. In: Poeck K (Hrsg) Klinische Neuropsychologie. Thieme, Stuttgart New York, S 164–188

Huber W, Poeck K, Weniger D, Willmes K (1983) Aachener Aphasie Test. Hogrefe, Göttingen

Klingenberg G (1990) Zur Erfassung der Oberflächendyslexie mit Hilfe des AAT-Supplements „Dyslexie". In: Mellies R, Ostermann F, Winneken A (Hrsg) Beiträge zur interdisziplinären Aphasieforschung. Narr, Tübingen, S 31–45

Orgaß B (1982) Token-Test. Beltz, Weinheim

Taylor Sarno M (1969) The Functional Communicative Profile. New York University Medical Center, New York

8 Text

D. Claros Salinas

Einleitung

Textverständnis und Textproduktion erfordern komplexe rezeptive bzw. produktive Sprachleistungen. Um einen Text herzustellen oder zu verstehen, bedarf es aber nicht nur bestimmter semantisch-lexikalischer und syntaktischer Fähigkeiten, sondern ebenso auch kognitiver Fähigkeiten vor allem der Bereiche Arbeitsgedächtnis, schlußfolgerndes Denken oder Problemlösen und Planen (s. Kap. 5 und 6).

Hirnschädigungsbedingte Beeinträchtigungen von Textverständnis und Textproduktion können daher sowohl auf sprachliche als auch auf kognitive Defizite zurückzuführen sein.

Eine gesonderte Diagnostik möglicher Beeinträchtigungen von Textverständnis und Textproduktion ist aus verschiedenen Gründen erforderlich: Sprachliche Kommunikation ist vorwiegend textuell angelegt; der Anteil der auf die Wort- und Satzebene beschränkten Verständigung ist demgegenüber deutlich geringer. Daher kann die Beurteilung textrezeptiver wie -produktiver Fähigkeiten vor allem im Hinblick auf die Frage, inwiefern eine berufliche Rehabilitation möglich ist, von Bedeutung sein. Eine derartige Beurteilungsgrundlage liefern aber gängige Sprachtests wie der Aachener Aphasietest nicht, da dieser sprachrezeptive Fähigkeiten nur auf Wort- und Satzebene prüft und keine Aufgaben zur schriftsprachlichen Textproduktion enthält. Die im Aachener Aphasietest enthaltene Prüfung der Spontansprache kann zwar als mündliche Textproduktionsaufgabe verstanden werden, die AAT-Auswertungskriterien schließen aber keine Beurteilung der Textstruktur ein.

Gerade bei Patienten mit leichten oder Restaphasien, deren Sprachdefizit mit den Mitteln des Aachener Aphasietests ohnehin kaum mehr meßbar ist und deren berufliche Rehabilitation das Training komplexerer schriftsprachlicher Leistungen erfordert, ist aber eine gezielte Überprüfung textrezeptiver wie -produktiver Leistungen erforderlich.

8.1   Textverständnis

Da für den deutschen Sprachbereich keine textspezifischen Diagnostika verfügbar sind, entwickelten wir ein Screening-Verfahren (Claros Salinas 1991), das u. a. eingesetzt werden kann, um die Effektivität eines Textverständnis-Therapieprogramms zu kontrollieren.

Das Screening-Verfahren sieht das Lesen eines kurzen Sachtextes (Umfang: 152 Wörter) und die anschließende Bearbeitung von Verständnisaufgaben vor. Lesezeit und Dauer der Aufgabenbearbeitung werden protokolliert.

Die 6 Verständnisaufgaben sind im Multiple-choice-Verfahren konstruiert; jeweils 4 Lösungsmöglichkeiten sind vorgegeben, und diejenige ist auszuwählen, die am besten mit dem Informationsgehalt des Textes übereinstimmt.

Um eine interferierende Wirkung von Gedächtnisstörungen weitgehend auszuschließen, bleibt der zu bearbeitende Text einsehbar. Die Patienten werden instruiert, daß Textabgleichungen bei der Aufgabenlösung zulässig sind.

Die Textverständnisaufgaben sind unterschiedlich komplex. Die Fähigkeit, den Textinhalt global zu erfassen, wird überprüft anhand der Aufgabe, aus 4 möglichen Textüberschriften die passende auszuwählen.

In Form von Satzergänzungsaufgaben wird nach Einzelinformationen des Textes gefragt.

Aufgabenbeispiel eines Textverständnis-Screenings:

Textauszug:
Ein entscheidender Posten ist dagegen die Heizung. 75 % der Energie dienen dazu, die Wohnung in den kälteren Jahreszeiten zu erwärmen. Nicht mitgerechnet bei dieser Aufstellung des jährlichen Energieverbrauchs wurde der entsprechende Verbrauch eines Autos: 13 000 Kilowattstunden.

Aufgabenbeispiel:
In der Aufstellung des jährlichen Energieverbrauchs einer Familie ist der Energiebedarf eines Autos
– mit eingeschlossen,
– nicht enthalten,
– nur teilweise mit berechnet,
– prozentual enthalten.

In ähnlicher Form wird die Fähigkeit, unterschiedliche Textinformationen schlußfolgernd zu verknüpfen, geprüft.

Bei der Auswertung des Textverständnis-Screenings ist allgemein zu berücksichtigen, inwiefern das Lesen und exakte Verstehen von Texten schon prämorbid eine für den Patienten gewohnte Anforderung darstellte.

Weiterhin ist in die Bewertung der individuellen Textverständnisleistung einzubeziehen, daß Welt- oder Vorwissen die Verarbeitung von Informationen beeinflussen kann. Daher ist es nicht auszuschließen, daß die Textverständnisleistung eines Lesers von nur geringem Bildungsgrad auch unabhängig vom Einfluß einer Hirnschädigung qualitativ schlechter ausfällt als die entsprechende Leistung eines durchschnittlich gebildeten Lesers, zu dessen beruflicher Routine es gehörte, schriftliche Informationen zu erfassen.

Fehler bei der Bearbeitung von Verständnisaufgaben und die Textlese- wie Bearbeitungsdauer weisen auf eine eventuelle Beeinträchtigung der Textverständnisleistung hin.

Zur qualitativen Bewertung der fehlerhaft gelösten Verständnisaufgaben können Antworten des Patienten auf Fragen wie z. B. „Warum haben Sie diese Lösung gewählt?" beitragen. Aus den Reaktionen läßt sich nicht selten erkennen, ob Ungenauigkeiten beim Lesen, die als Symptome einer aphasisch oder visuell bedingten Lesestörung auftreten können, zu Verständnisfehlern führten oder Inferenzbildungen, die nur vage an Textinformationen anknüpfen und sich stattdessen auf individuelles Welt- oder Vorwissen stützen, für fehlerhafte Lösungen verantwortlich sind. Derart begründete Verständnisfehler finden sich häufig bei Patienten mit frontaler Hirnschädigung, die auch bei anderen kognitiven Aufgaben Beeinträchtigungen etwa des schlußfolgernden Denkens zeigen (s. Kap. 6).

Da es sich bei dem hier vorgestellten Textverständnis-Screening nicht um ein standardisiertes Verfahren handelt, können für Lese- und Bearbeitungsdauer keine verbindlichen Werte angegeben werden. Zur groben Orientierung mögen unsere bisherigen Beobachtungen dienen, wonach Patienten, die das Textverständnis-Screening fehlerlos bearbeiteten, zum Lesen des Textes zwischen 0,5 und 1,5 min und für dessen Bearbeitung nicht wesentlich länger als 2 min benötigten.

Einflußgrößen, die sich vor allem auf den Zeitbedarf auswirken können, sind zentrale Sehstörungen, die zu unsicherem und damit verlangsamtem Lesen führen können, sowie Störungen des Arbeitsgedächtnisses bzw. der Enkodierung, die die Bearbeitungsdauer erhöhen, weil zur Lösung jeder einzelnen Aufgabe der gesamte Text erneut gelesen werden muß.

Für die funktionelle Bewertung, inwieweit die Leistung „Textlesen" für berufliche Zwecke ausreichend ist, ist die Feststellung derartiger Einflußgrößen ebenso von Belang wie diejenigen Beobachtungen, die eine beeinträchtigte Textverständnisleistung aufgrund der oben beschriebenen sprachlich-kognitiven Defizite belegen.

8.2 Textproduktion

Wie im Falle der textrezeptiven Leistungen gibt es auch für die Diagnostik der Textproduktion derzeit keine standardisierten Verfahren.

Um die Leistung „Textproduktion" zumindest orientierend untersuchen zu können, wurde aus einer Reihe möglicher Aufgabenstellungen (wie freie Textproduktion, Nacherzählen oder Zusammenfassen vorgegebener Texte) die Aufgabe „Bildbeschreibung" ausgewählt.

Zwar entspricht die Aufgabenstellung „Bildbeschreibung" alltagsrelevanten Textproduktionsanforderungen weniger als etwa die Aufgabe, einen Text frei zu formulieren; eine enggefaßte Textproduktionsbedingung wie das Beschreiben eines Bildes vorzugeben, bietet aber bessere diagnostische Möglichkeiten. Da bei der Aufgabe, einen Text zu verfassen, eine beträchtliche interindividuelle Varianz zu erwarten ist, ermöglicht die Referenz auf eine engbegrenzte Produktionsbedingung immerhin eine gewisse Vergleichbarkeit der produzierten Texte.

Damit die geforderte Bildbeschreibung als eigenständiger Text angelegt wird, enthält die an den Patienten gerichtete Instruktion den Hinweis, den Text so zu formulieren, daß auch ein Leser, der das Bild nicht kennt, ausreichend informiert ist.

Die als Bildvorlage verwendete Schwarzweißzeichnung („Cookie Theft Picture"; Abb. 8-1), die einem amerikanischen Aphasietest (Boston Diagnostic Aphasia Examination; Goodglass u. Kaplan 1972) entnommen wurde, zeigt eine Szene mit 3 handelnden Personen, die mit Alltagstätigkeiten beschäftigt sind (eine Frau spült Geschirr, ein Junge hantiert an einem Schrank etc.).

Berücksichtigt man jedoch den Zusammenhang der einzelnen Handlungsdetails (die Frau trocknet ab, ohne zu bemerken, daß das Wasser im Spülbecken überläuft, und sie achtet nicht auf den Jungen, der gerade Kekse aus dem Schrank stiehlt; der Hocker, auf dem er steht, kippt etc.), ergeben sich pointierte Situationen. Die Darstellung derartiger Bildpointen ist dabei als wesentlich für eine adäquate Lösung der Bildbeschreibungsaufgabe zu werten. Wie eine amerikanische Untersuchung an hirngesunden und aphasischen Sprechern (Yorkston u. Beukelman 1980) zeigt, ist für das Cookie Theft Picture relativ genau vorherzusagen, welche inhaltlichen Einheiten für die Bildbeschreibung verwendet werden – allerdings wurde in dieser Studie nicht die schriftliche Textproduktionsleistung untersucht, sondern eine münd-

Abb. 8-1. Cookie Theft Picture. (Aus: H. Goodglass, E. Kaplan: Boston Diagnostic Aphasia Examination Booklet. Philadelphia, U.S.A., Lea & Febiger, 1983. Reprinted with permission)

liche Bildbeschreibung gefordert. Auch wenn man von möglichen sprachlich-kulturellen Unterschieden absieht, sind daher die Ergebnisse nicht ohne weiteres übertragbar. Man kann jedoch daraus schließen, daß bei der Beschreibung des Cookie Theft Picture eine relativ hohe interindividuelle Übereinstimmung thematischer Einheiten zu erwarten ist.

Für die Beurteilung der Textproduktion hirngeschädigter Patienten ist es zunächst notwendig, sprachliche Auffälligkeiten, die schon auf Wort- oder Satzebene zu beobachten sind, von möglichen Beeinträchtigungen, die nur die Textstruktur betreffen, zu trennen. Fehler, die auf aphasisch bedingte Beeinträchtigungen etwa der Wortsemantik (z. B. semantische Paraphasien) oder der Syntax (z. B. Paragrammatismus) bzw. auf eine Agraphie zurückgehen, können zwar bei schriftlicher Textproduktion verstärkt hervortreten, sind aber nicht als Textproduktionsstörungen im engeren Sinne zu werten (s. Kap. 7).

In die diagnostische Bewertung der strukturellen Qualität eines Textes können unterschiedliche Gesichtspunkte (z. B. Fragen nach Stilistik, nach syntaktischer Variabilität etc.) eingehen. Da aber in einer orientierenden Untersuchung ein möglichst zuverlässiges und rasches Urteil zu fällen ist, erscheint es sinnvoll, sich auf folgende Beurteilungskriterien zu beschränken:

1) Textkohäsion

Kohäsion eines Textes erreicht man durch diejenigen **grammatikalischen** Formen, die einen über Einzelsätze hinausgehenden Zusammenhang herstellen; das sind neben Konjunktionen vor allem „Pro-Formen" (z. B. Pronomina), die auf ein im Text vorausgehendes oder nachfolgendes Element hinweisen.

Zu bewerten ist, ob die kohäsiven Mittel im vom Patienten verfaßten Text eindeutige oder zumindest keine mißverständlichen Referenzen herstellen.

In dem als Bildbeschreibung erstellten Textbeispiel 1 verweist das Personalpronomen „er" eindeutig auf „der Junge". Demgegenüber ist im 2. Textbeispiel die Referenz des Pronomens „er" weniger eindeutig: „Er" kann sich auf den Jungen, den Schrank oder den Hocker beziehen. Ein Vergleich mit der Bildvorlage zeigt, daß der Hocker gemeint ist.

Fehler bei der Verwendung textkohäsiver Mittel sind vor allem bei Texten aphasischer Patienten zu erwarten (vgl. Kotten 1989).

Beispiel 1:

Der Junge macht sich am Schrank zu schaffen, seine Schwester schaut zu. Gerade streckt er die Hand nach den Keksen aus, als der Hocker kippt.

Beispiel 2:

Der Junge auf dem Hocker macht sich am Schrank zu schaffen, seine Schwester schaut zu. Ein Bein steht in die Luft, gleich kippt er.

2) Textkohärenz

Textkohärenz wird durch diejenigen **semantischen** Mittel erreicht, die den Sinnzusammenhang eines Textes über Satzgrenzen hinaus herstellen.

Als kohärenzbildend fungieren z. B. adverbiale Bestimmungen, die kausale, temporale oder sonstige Verknüpfungen explizit vermitteln, oder eine explizite Einführung neuer Sachverhalte bzw. handelnder Personen.

Der Kohärenzgrad eines Textes kann unterschiedlich sein, je nachdem welche Wissensvoraussetzungen oder Erwartungshaltungen der Textproduzent bei seinen

Lesern annimmt. Strukturiert der Produzent seinen Text eher wenig kohärent, ist er auf inferentielle Prozesse, in denen der Leser Verständnislücken durch eigene Schlußfolgerungen überbrückt, angewiesen, um adäquat verstanden zu werden.

Bei der Beurteilung der Textproduktion hirngeschädigter Patienten ist zu prüfen, ob die Kohärenz eines Textes für ein eindeutiges Verständnis des Inhalts ausreicht. Im 3. Textbeispiel – auch dies eine Bearbeitung der oben erwähnten Aufgabe „Bildbeschreibung" – erscheint der Text so inkohärent strukturiert, daß Mißverständnisse eines nicht informierten Lesers zu erwarten sind.

Beispiel 3:

Auf dem Bild sieht man eine Frau mit zwei Kindern in einer Küche.

Die Mutter steht, dem Betrachter zugewendet, vor einem Unterbauschrank, einen Teller in den Händen haltend, beim Abtrocknen. In der Mitte des Unterbauschranks läuft durch einen aufgedrehten Wasserhahn die Spüle über.

Über diesem Unterbauschrank sieht man durch ein großes Fenster, das durch einen Vorhang zum Teil verdeckt ist, einen Garten mit einem Weg und ein Teil eines Hauses.

Die linke Seite der Küche schließt der Unterschrank weiter an.

Darüber ist ein Hängeschrank angebracht, bei dem die mittlere Tür offensteht.

Vor diesen beiden Schränken steht ein Mädchen mit ausgestrecktem Arm.

Der Junge steht auf einem gerade umkippenden Hocker und nimmt sich aus einer Dose Kekse heraus.

Die Bildbeschreibung, die von einem Patienten mit einer Restsymptomatik einer Wernicke-Aphasie stammt, weist syntaktische und morphologische Fehler (leichter Paragrammatismus) auf, die als Ausdruck der aphasischen Sprachstörung zu werten sind. Darüber hinaus fällt auf, daß die besonderen Relationen der Bildinformationen nur ungenügend (z. B. kein expliziter Bezug von „spülende Mutter" auf „überlaufendes Wasser") oder mißverständlich (z. B. fehlende Verknüpfung von „Schrank" und „Kekse aus einer Dose nehmen") dargestellt werden.

3) Textumfang und Vollständigkeit

Auch der Umfang eines Textes, den ein Patient als Lösung der Aufgabe „Bildbeschreibung" verfaßt, kann Hinweise auf eine Beeinträchtigung sprachlich-kommunikativer wie kognitiver Fähigkeiten geben.

Das bei Patienten mit frontaler Hirnschädigung zu beobachtende Symptom eines Mangels an Ideen kann sich in einem unangemessen kurzen Text manifestieren (z. B. *„Die Mutter spült. Der Bub nimmt Kekse."*).

Seltener wirken sich die als Weitschweifigkeit oder Umständlichkeit bezeichneten kommunikativen Störungen, die sich ebenfalls bei Patienten mit frontaler Hirnschädigung zeigen können, auf den Umfang einer Textproduktion aus. Patienten, die sich spontansprachlich zu einem Gesprächsthema nur vage oder in umständlicher Annäherung zu äußern vermögen, tendieren in der schriftlichen Textproduktion zu wenig gegliederten, teilweise übermäßig detaillierten Beschreibungen, die oft eher Nebensächliches wiedergeben:

Beispiel 4:

Eine Mutter, ihre Tochter und ihr Sohn sind in der Küche.

Das Fenster zum Garten ist geöffnet. Die Mutter wäscht das Geschirr ab, das Was-

ser in dem Spülbecken läuft über, bis auf den Boden. Der Sohn steht auf einem Hocker vor einem Hängeschrank. Er will Kekse holen. Der Junge kippt mit dem Stuhl fast um. Seine Schwester hält die Hand hoch, sie möchte auch ein Plätzchen haben.

Vorhänge sind rechts und links an dem Fenster. Die Mutter trocknet einen Teller ab. Die Mutter hat, glaube ich, ein Dirndl an. Ihre Kinder Pulli und Hose und Schuhe.

Von dem überlaufenden Wasser aus dem Spülbecken ist schon eine Pfütze Wasser auf dem Boden. Die Mutter steht samt Schuhen in der Wasserpfütze, was sie wohl gar nicht bemerkt.

4) Leistung pro Zeit

Für den Zeitbedarf bei schriftlicher Textproduktion können keine festen Grenzwerte angegeben werden. Auch bei Hirngesunden dürfte dieser deutlich variieren und von Faktoren wie Bildungsvoraussetzungen und alltäglicher Routine abhängen.

Einen Hinweis darauf, daß sich Hirngeschädigte hinsichtlich des Zeitbedarfs bei der Aufgabenstellung „Bildbeschreibung" von Hirngesunden unterscheiden, enthält die Studie von Ehrlich (1988): Die untersuchten Schädel-Hirn-Traumatiker brauchten – bezogen auf das Maß „inhaltliche Einheiten pro Minute" – mehr Zeit, um das Cookie Theft Picture mündlich zu beschreiben, als die hirngesunde Kontrollgruppe.

Der Zeitaufwand für die Konzeption, Formulierung und Niederschrift eines Textes kann Hinweise zur funktionellen Bewertung textproduktiver Leistungen geben. Selbst wenn die Qualität individueller Textproduktion als unbeeinträchtigt beurteilt wird, kann ein hoher Zeitbedarf dennoch ein Hindernis für eine Berufsausübung sein. Dabei ergibt sich das Maß für erhöhten Zeitbedarf aus dem intraindividuellen Vergleich der prämorbiden mit der derzeitigen Leistung. Bei der Bewertung zeitlicher Aspekte der Textproduktion sind weiter besondere berufliche Bedingungen zu berücksichtigen, die beispielsweise das Schreiben von Geschäftsbriefen oder das Erstellen von Sitzungsprotokollen etc. innerhalb eines vorgegebenen Zeitrahmens erfordern.

Literatur

Claros Salinas D (1991) Texte verstehen: Materialien für Diagnostik und Therapie nach erworbener Hirnschädigung. EKN – Materialien für die Rehabilitation, München

Ehrlich JS (1988) Selective characteristics of narrative discourse in head-injured and normal adults. J Comm Dis 21:1–9

Goodglass H, Kaplan E (1972) Boston Diagnostic Aphasia Examination. Lea and Febiger, Philadelphia

Kotten A (1989) Textproduktion bei Aphasie. In: Antos G, Krings HP (Hrsg) Textproduktion. Niemeyer, Tübingen, S 463–482

Yorkston K, Beukelman D (1980) An analysis of connected speech samples of aphasic and normal speakers. J Speech Hear Disord 45:27–36

9 Umgang mit Zahlen

D. Claros Salinas

Einleitung

Hirnschädigungsbedingte Einbußen im Umgang mit Zahlen werden als „Akalkulie" bezeichnet. Obgleich Akalkulie schon seit den Anfängen neurologisch-neuropsychologischer Forschung vielfach beschrieben wurde (vgl. z. B. die Überblickdarstellung von Spiers 1987), ist nicht endgültig geklärt, inwiefern erworbene Beeinträchtigungen im Umgang mit Zahlen als eigenständiges neuropsychologisches Störungsbild gelten können. Für die Diagnostik der Akalkulie ist es daher entscheidend, die möglichen Einflüsse assoziierter neuropsychologischer Störungen zu erkennen und von den – selten auftretenden – Phänomenen einer „primären Akalkulie" zu trennen.

Da die Fähigkeit, mit Zahlen umzugehen, in gesteuerten schulischen Lernprozessen erworben wird, ist die Abgrenzung der Akalkulie von prämorbiden zahlenbezogenen Minderleistungen, die im Begriff der Entwicklungsdyskalkulie zusammengefaßt werden, eine notwendige Voraussetzung der Akalkuliediagnostik.

Bislang sind für die Diagnostik der Akalkulie nur wenige standardisierte und normierte Untersuchungsverfahren verfügbar. Im folgenden werden daher auch Verfahren beschrieben, deren Normierung und Prüfung auf die gängigen Testgütekriterien noch aussteht, die sich aber in der klinischen Praxis als ökonomisch und aussagekräftig erwiesen haben.

9.1 Bedside Test of Calculation Abilities

Eine der wenigen normierten Akalkulieuntersuchungen ist der von Boller und Faglioni (1978) entwickelte Bedside Test of Calculation Abilities (s. auch Boller u. Grafman 1985).

Diese Untersuchung enthält verschiedene Vortests, in denen die Fähigkeit, Ziffern (1–9) zu schreiben und Zahlen zu lesen sowie in ihrer Größenordnung zu erfassen, überprüft wird. Der Haupttest besteht aus 27 schriftlichen Grundrechnungsaufgaben.

Die Normierung dieses Tests an 303 Hirngesunden (Basso u. Capitani 1979) ergab einen kritischen Wert, der bei einer Irrtumswahrscheinlichkeit von 5 % erlaubt, Patienten mit Akalkulie von solchen ohne Akalkulie zu differenzieren.

Der Test hat zwar den Vorzug, normiert zu sein, ist aber aus folgenden Gründen ein unzureichendes diagnostisches Instrument: Der Bedside Test of Calculation Abilities eignet sich lediglich als Ausleseverfahren. Differenziertere Aussagen zu Art und Schweregrad der Akalkulie sind nicht zu erhalten.

Der Test beschränkt sich auf die schriftliche Modalität; eventuelle Leistungsdissoziationen zwischen mündlicher und schriftlicher Modalität, wie sie für bestimmte neuropsychologische Störungsbilder kennzeichnend sind (vgl. Claros Salinas 1988), können daher nicht ermittelt werden.

Das Verfahren, dem eigentlichen Rechentest eine Überprüfung der Zahlenverarbeitung voranzustellen, erlaubt es zwar, Fehler der Zahlenverarbeitung von solchen des Rechenvorgangs zu trennen; die Anforderungen sind aber zu wenig komplex, weil beispielsweise die Fähigkeit, Zahlen zu schreiben, nur auf der Ebene von Ziffern überprüft wird. Auch bei insgesamt schweren Störungen der Zahlenverarbeitung kann die Fähigkeit, einzelne Ziffern zu verarbeiten, relativ unbeeinträchtigt sein, während sich die Fähigkeit, mehrziffrige Zahlen zu verarbeiten, als deutlich gestört erweist.

9.2   EC-301-Testbatterie

Ein noch neues diagnostisches Instrument ist die EC-301-Testbatterie (franz. Originalversion: Deloche u. Seron 1989, deutsche Adaptation: Claros Salinas 1991). Diese Testbatterie zielt darauf ab, Patienten mit Akalkulie herauszufinden und dabei die unterschiedliche Beeinträchtigung von Subkomponenten zahlenbezogener Leistungen erkennbar zu machen.

Standardisierung und Normierung des Verfahrens sind noch nicht abgeschlossen. Die vorliegende Testbatterie wurde jedoch aufgrund der Leistungsergebnisse einer Stichprobe französischer Hirngesunder (n=180) bereits revidiert und enthält nunmehr nur noch solche Aufgaben, deren Fehlerquote 10 % nicht überstieg.

Überprüft werden vor allem solche zahlenbezogenen Leistungen, die unabhängig von Rechenoperationen, aber zumindest teilweise als deren Voraussetzung durchzuführen sind. Derartige Leistungen werden allgemein als Zahlenverarbeitung (number processing) bezeichnet. Innerhalb der EC-301-Testbatterie wird die Fähigkeit der Zahlenverarbeitung zunächst in verschiedenen Transcodierungsaufgaben geprüft.

Unter Transcodieren versteht man den kognitiven Vorgang der Überführung von Zeichen aus einem Quellencode in einen Zielcode. Zahlen können in 3 verschiedenen Codes wiedergegeben werden: Zahlen, die in der lautsprachlichen Modalität auftreten, sind in einem Phonemcode niedergelegt. Zahlen, die schriftlich vorliegen, können doppelt codiert werden: in einem Zifferncode, der aus ideographischen Zahlzeichen wie den arabischen Ziffern (1, 2, 3...) besteht, und in einem Buchstabencode, der Zahlwörter in graphematischer Form (eins, zwei, drei...) wiedergibt.

In der EC-301-Testbatterie umfassen die Aufgabenstellungen zur Zahlentranscodierung das Nachsprechen von Zahlen, das Schreiben von Zahlzeichen und Zahlwörtern nach Diktat, das Lesen von Zahlzeichen und Zahlwörtern, das Übertragen von Zahlen aus dem Buchstabencode in den Zifferncode und umgekehrt.

Weitere Aufgabenstellungen, die ebenfalls noch keine rechnerischen Leistungen im engeren Sinne fordern, sind der Tabelle 9-1 zu entnehmen, die neben einer Kurzbeschreibung aller Aufgabenstellungen des Testverfahrens auch eine Übersicht über die Anzahl der Aufgaben pro Untertest enthält.

Ein Aufgabenkomplex, der von der Zahlenverarbeitung zu rechnerischen Operationen überleitet, betrifft die Fähigkeit, mündlich wie schriftlich (hier getrennt nach Ziffern- und Buchstabencode) zu zählen.

Getrennt davon wird die Fähigkeit „Abzählen" überprüft: Abzuzählen sind die Elemente unterschiedlich strukturierter Punktmengen (differenziert nach verschiedenen Formen der Punktverteilung, z. B. regelmäßig vs. unregelmäßig oder gliederbar vs. nichtgliederbar).

Rechnerische Leistungen im engeren Sinne werden an insgesamt 22 Aufgaben überprüft, die sich in „Kopfrechnen" (mit mündlicher wie schriftlicher Vorgabe von

Tabelle 9-1. EC-301-Testbatterie

	Untertest	**Itemzahl**
Rechnen	**Kopfrechnen** $(+, -, x, :)$	
	Mündliche Aufgabenstellung	8
	Schriftliche Aufgabenstellung	8
	Schriftliches Rechnen $(+, -, x)$	6
	Schätzen von Rechenergebnissen (multiple choice)	8
Zahlen-	**Transkodieren**	
verarbeitung	Nachsprechen / Lesen / Schreiben	je 6
	Übertragen Zahlwort $\Longleftrightarrow$ Zahlzeichen	je 6
	Zahlenvergleich (aus 2 Zahlen die größere auswählen)	
	Zahlwörter	8
	Zahlzeichen	8
	Zahlen anordnen (auf vertikalem Zahlenstrahl eintragen)	10
	Anordnen von Rechenaufgaben (spaltenweise Addition/ Subtraktion)	2
	Perzeptives Schätzen (Anzahl, Höhe, Gewicht von Objekten)	6
	Kontextuelles Schätzen (Beurteilen von Mengenangaben)	5
	Exakte Zahlenkenntnis (Anzahl der Wochentage etc.)	6
Zählen/	**Zählen** (verschiedene Zählaufgaben, mündl. vs. schriftlich)	7
Abzählen	**Abzählen** (unterschiedlich strukturierte Punktmengen abzählen)	15
Rechenzeichen	**Benennen von Rechenzeichen** $(+, -, x, =)$	4
	Schreiben nach Diktat $(+, -, x, =)$	4

Aufgaben aus den 4 Grundrechenarten) und „schriftliches Rechnen" (begrenzt auf Addition, Subtraktion und Multiplikation) gliedern.

Die EC-301-Testbatterie eignet sich dazu, basale Fähigkeiten im Umgang mit Zahlen differenziert zu untersuchen. Da in der Aufgabenkonstruktion die dreifache Codierungsmöglichkeit von Zahlen in Ziffern-, Phonem- und Buchstabencode berücksichtigt ist, können vor allem linguistische Aspekte beeinträchtigter Zahlenverarbeitung überprüft werden. Da jedoch die Anforderungen an rechnerische Fähigkeiten sowohl von der Anzahl der Aufgaben als auch von deren Schwierigkeitsgrad her eher gering sind, läßt sich damit eine eigentliche Störung des Rechnens nur orientierend diagnostizieren.

Insgesamt liegen aber bislang zu wenige klinische Erfahrungswerte vor, um das Untersuchungsverfahren abschließend bewerten zu können.

9.3   Münchner Akalkulieprüfung

Ein klinisch erprobtes Akalkulieuntersuchungsverfahren, das versucht, Aspekte wie zeitliche Ökonomie, systematische Aufgabenkonstruktion und differenzierte, therapierelevante Diagnosestellung zu vereinbaren, ist die Münchner Akalkulieprüfung (Claros Salinas 1988). Ziel dieses Verfahrens ist es, den Einfluß assoziierter neuropsychologischer Störungen auf den Umgang mit Zahlen abzuklären, um die sog. sekundäre Akalkulie von der primären Akalkulie (vgl. Berger 1926) trennen zu können. Diese diagnostische Unterscheidung lenkt die Planung möglicher therapeutischer Intervention: Können Beeinträchtigungen im Umgang mit Zahlen auf Grundstörungen wie z. B. eine Aphasie oder eine räumlich-konstruktive Störung zurückgeführt werden, wird die Therapie sich zunächst auf die Beeinflussung der jeweiligen Grundstörung richten. Ist jedoch nicht klar zu erkennen, daß neuropsychologische Begleitstörungen den Umgang mit Zahlen erschweren, kann eine eigenständige Akalkulietherapie indiziert sein.

9.3.1   Anamnese

Die Akalkulieuntersuchung wird eingeleitet durch ein Anamnesegespräch, in dem der Patient nach seiner subjektiven Einschätzung möglicher Leistungsveränderungen im Umgang mit Zahlen befragt wird. Um eine prämorbide Rechenschwäche auszuschließen, wird zunächst erfragt, wie er seine Rechenleistung bis zum Beginn der Erkrankung einschätzte. Als Anhaltspunkt kann dabei die schulische Leistung (Schulnoten der Grundschuljahre) dienen.

Um möglichst differenzierte Angaben zu der nach der Hirnschädigung eingetretenen Veränderung zahlenbezogener Leistungen zu erhalten, wird nicht nur nach einer möglichen Verschlechterung der Rechenleistung gefragt, sondern ebenso danach, ob Zahlen schlechter verstanden, geschrieben oder gemerkt werden können.

Um die Schwerpunkte für eine anschließende Therapie setzen zu können, muß geklärt werden, welchen spezifischen Anforderungen der Patient in Beruf und Alltag gerecht werden muß, z. B. in welcher Größenordnung und in welchen Modalitäten Zahlen zu verarbeiten sind. Bei der Erhebung rechnerischer Leistungsanforderungen im Beruf ist neben Fragen nach speziellen Fachrechenkenntnissen oder besonderen Anforderungen – wie rasches überschlagsmäßiges Rechnen – vor allem zu ermitteln, inwiefern der Einsatz von Rechenautomaten üblich bzw. möglich ist.

9.3.2 Untersuchung der Zahlenverarbeitung und Arithmetik

Eine Akalkulieuntersuchung, die sekundär bedingte Störungen im Umgang mit Zahlen von primären Störungen zu trennen versucht, muß unterschiedlich konstruierte Aufgabenstellungen bei genügend hoher Itemanzahl enthalten. Damit jedoch die Akalkuliediagnostik möglichst wenig Zeit beansprucht, enthält die Münchner Akalkulieprüfung ein Screening-Verfahren, das einer ausführlichen Akalkulieuntersuchung vorausgeht und dessen Auswertung den Verdacht einer hirnschädigungsbedingten Beeinträchtigung im Umgang mit Zahlen ergeben kann.

Dabei folgt die Aufgabenkonstruktion des Screenings grundsätzlich den Aufbaukriterien der ausführlichen Untersuchung, prüft aber pro Aufgabengruppe nur eine Auswahl von Items.

Das Akalkulie-Screening gliedert sich in die Aufgabenbereiche „Zahlenverarbeitung" und „Arithmetik". Die Prüfung der Zahlenverarbeitung umfaßt Schreiben nach Diktat und lautes Lesen, wobei Größe und Form der zu verarbeitenden Zahlen nach festgelegten Konstruktionsprinzipien variieren. Tabelle 9-2 gibt einen Überblick über Aufgabentypen und Itemzahl einer ausführlichen Untersuchung der Zahlenverarbeitung.

Die rechnerischen Aufgaben des Akalkulie-Screenings beziehen sich auf Addition, Subtraktion, Multiplikation und Division und werden in unterschiedlichen

Tabelle 9-2. Münchner Akalkulieprüfung: Aufgaben zur Zahlenverarbeitung

Aufgabenstellung: Schreiben nach Diktat/Lesen

Aufgabentyp	Beispiel	Items [n]
1) Ziffern	0–9	10
2) Nichtkombinierte Zahlen > 10/< 20	11, 12	2
3) 2stellige Zahlen	42	10
4) 3–7stellige Z. (Endziffern: 0)	2000	5
5) 3–7stellige Z. (mit Zifferwiederholung)	4665	5
6) 3–7stellige Z. (ohne Zifferwiederholung)	4625	5
7) 3–7stellige Z. (mit eingebetteten Nullstellen)	1004	10
8) Dezimalbrüche	8,52	5
		52

Modalitäten zur Lösung angeboten (Kopfrechnen nach auditiver Vorgabe vs. Kopfrechnen nach visueller Vorgabe vs. schriftliches Rechnen). Der Schwierigkeitsgrad der Rechenaufgaben ist dabei durch Kriterien wie „Anwendung von Grundregeln" vs. „Anwendung von erweiterten Regeln" festgelegt.

Die Auswahl der Screening-Aufgabentypen aus der ausführlichen Untersuchung berücksichtigt sowohl einfache als auch komplexe Aufgaben, um die Leistungen schwer beeinträchtigter, aber auch leicht gestörter Patienten abschätzen zu können.

Bei jeweils 14 Aufgabenstellungen zur Zahlenverarbeitung und zum Grundrechnen benötigt man zur Durchführung des Akalkulie-Screenings etwa 10–15 min.

Bei der Auswertung des Akalkulie-Screenings sind nicht nur die Fehlerzahl, sondern auch die Qualität der Fehler sowie Verhaltensbeobachtungen einzubeziehen. So kann eine hohe Zahl von Fehlern zwar auf eine Akalkulie hinweisen, zusätzliche Klärung bringt aber eine Analyse der Fehlerqualität. Zu berücksichtigen ist z. B., ob das Resultat des Patienten nur leicht vom richtigen Ergebnis abweicht oder derart deutlich, daß die Größendimension verfehlt wird. Die Gewichtung derartiger dimensional abweichender Ergebnisse kann durch Verhaltensbeobachtungen erleichtert werden. Äußert der Patient bezüglich eines deutlich fehlerhaften Ergebnisses Unsicherheiten, ist zu prüfen, ob ihm das zur Aufgabenlösung erforderliche Regelwissen zur Verfügung steht. Gerade bei komplexerem Grundrechnen (schriftliche Multiplikation und Division) kann man die Unsicherheiten des Patienten beseitigen, indem man das Lösungsverfahren an einer gleichartigen Aufgabe demonstriert. Kommt der Patient dann mühelos zur korrekten Lösung, wird der anfängliche Verdacht auf eine hirnschädigungsbedingte Leistungseinbuße gegenstandslos.

Demgegenüber unterstützt die mangelnde Wahrnehmung und Kontrolle fehlerhaft berechneter Ergebnisse einen Verdacht auf Akalkulie. Vor allem Patienten, die eine frontale Hirnschädigung erlitten haben oder bei denen eine Beeinträchtigung des problemlösenden Denkens diagnostiziert wurde, akzeptieren auch dimensional

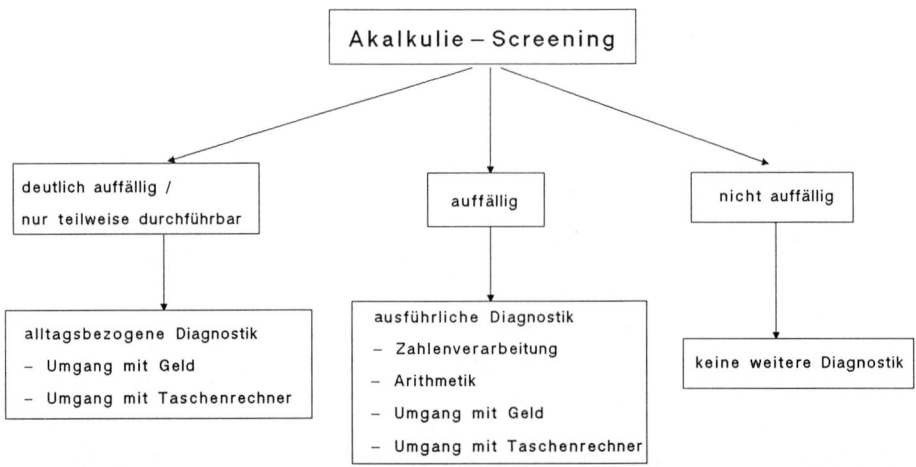

Abb. 9-1. Schematische Darstellung der Akalkuliediagnostik

deutlich abweichende Ergebnisse ohne Anzeichen von Unsicherheit und bezeichnen selbst bei Nachfrage des Untersuchers die fehlerhaften Ergebnisse als richtig.

Die Ergebnisse des Akalkulie-Screenings steuern das weitere diagnostische Vorgehen (Abb. 9-1).

Können die Aufgabestellungen des Akalkulie-Screenings – wenn auch unsicher und fehlerhaft – grundsätzlich bearbeitet werden, folgt eine ausführliche Untersuchung der Zahlenverarbeitungs- und Rechenleistungen, um die Art des Defizits zu spezifizieren (vgl. die Übersichtsdarstellung in Tabelle 9-3).

Die ausführliche Untersuchung enthält zusätzliche Aufgabenstellungen. Die Diagnostik der Zahlenverarbeitung wird um die Aufgabe, mehrere Zahlen spaltenweise anzuordnen (auditive vs. visuelle Vorgabe der Zahlen) erweitert, und im

Tabelle 9-3. Münchner Akalkulieprüfung: ausführliche Untersuchung

	Aufgabe	**Anzahl der Items**
1) Zahlenverarbeitung	Schreiben nach Diktat	52
	Lautes Lesen	52
	Spaltenweises Anordnen	10
		114
2) Verarbeitung von Rechenzeichen	Schreiben nach Diktat	5
	Benennen	5
3) Zählen	Zählen (Vorwärtszählen vs. Rückwärtszählen; Zahlenbereich < 100)	5
4) Grundrechnen	Addition	
	– Audit. Vorg. (Kopfrechnen)	12
	– Schriftl. Vorg. (Kopfrechnen)	14
	– Schriftl. Vorg. (schriftl. Rechnen)	11
	Subtraktion	
	– Audit. Vorg. (Kopfrechnen)	6
	– Schriftl. Vorg. (Kopfrechnen)	10
	– Schriftl. Vorg. (schriftl. Rechnen)	7
	Multiplikation	
	– Audit. Vorg. (Kopfrechnen)	10
	– Schriftl. Vorg. (Kopfrechnen)	10
	– Schriftl. Vorg. (schriftl. Rechnen)	9
	Division	
	– Audit. Vorg. (Kopfrechnen)	6
	– Schriftl. Vorg. Kopfrechnen)	10
	– Schriftl. Vorg. (schriftl. Rechnen)	6
		111
5) Schätzen	Schätzen v. Rechenergebnissen (audit. und vis. Vorgabe)	10

Bereich der Arithmetik werden die Screening-Aufgaben durch unterschiedlich komplexe Aufgaben zu „Zählen" und „Schätzen von Rechenergebnissen" ergänzt. Weiterhin wird die Kenntnis gängiger Rechenzeichen (Schreiben nach Diktat vs. Benennen) unabhängig vom rechnerischen Kontext überprüft.

Aufgrund der gegenüber der Screening-Untersuchung deutlich erhöhten Itemanzahl (114 Zahlenverarbeitungsaufgaben, 111 Grundrechnungsaufgaben, jeweils 10 Aufgaben zum Zählen und Schätzen von Rechenergebnissen) kann der mögliche Einfluß assoziierter neuropsychologischer Störungen zuverlässiger beobachtet und eine entsprechende Diagnosestellung abgesichert werden. So zeigt sich ein Einfluß aphasischer Störungen häufig in einer deutlichen Beeinträchtigung bereits beim Lösen einfacher Aufgaben zur Zahlenverarbeitung und in Leistungsunterschieden, die von der Vorgabemodalität abhängen. Räumlich-visuelle bzw. räumlich-konstruktive Grundstörungen können dagegen zu Anordnungsfehlern beim Aufschreiben von Zwischenergebnissen und bei den Aufgaben zum „spaltenweisen Untereinanderschreiben" sowie zu einer fehlerhaften Verarbeitung von Zahlen mit eingebetteten Nullstellen führen.

9.3.3   Alltagsbezogene Leistungen im Umgang mit Zahlen

Ergeben sich in der Screening-Untersuchung schwere Beeinträchtigungen (beispielsweise gekennzeichnet durch häufiges Abbrechen bei der Verarbeitung von Zahlen mit zwei und mehr Ziffern oder bei der Lösung derjenigen Grundrechenaufgaben, die über einfache Addition und Subtraktion hinausgehen), kann eine Akalkulie als wahrscheinlich angenommen werden. In der Regel sind die neuropsychologischen Einflußgrößen derart gravierender Leistungseinbußen erkennbar.

Bei Patienten mit schwerer sekundärer Akalkulie erweist sich eine weitere rechenspezifische Abklärung nur in Einzelfällen als sinnvoll, da die Behandlung der Grundstörungen im Vordergrund steht und für das Rehabilitationsziel die Leistungsminderung im Umgang mit Zahlen meist nur von nachgeordneter Bedeutung ist. Um jedoch zu prüfen, inwiefern alltagsbezogene Leistungen betroffen sind bzw. inwieweit die Kompensation rechnerischer Defizite möglich ist, wird untersucht, ob die Patienten mit Geldeinheiten umgehen und einen Taschenrechner bedienen können.

Um die Fähigkeiten eines Patienten, mit Geld umzugehen, prüfen zu können, wurde ein spezielles Untersuchungsverfahren mit einfachen, möglichst alltagsnahen Aufgabenstellungen entwickelt. Die Untersuchung „Umgang mit Geld" gliedert sich in 3 Aufgabenbereiche, deren Einzelaufgaben auditiv wie visuell vorgegeben werden (Tabelle 9-4).

Der 1. Aufgabenbereich betrifft das Identifizieren von Geldeinheiten. Aus den bekannten im Umlauf befindlichen Geldmünzen und -scheinen, die nach Größe geordnet vorgelegt werden, soll der Patient einzelne heraussuchen.

Im 2. Aufgabenbereich geht es um die Leistung „Abzählen von Geldbeträgen". Dabei sind die Beträge, die aus der vorgegebenen Geldmenge abzuzählen sind, unterschiedlich komplex und erfordern neben einfachen Abzählleistungen (pro Ziffer des geforderten Geldbetrags eine Münze, wie z. B. beim Betrag DM 1,10) auch

Tabelle 9-4. Münchner Akalkulieprüfung: Umgang mit Geldeinheiten

	Aufgabe	Items [n]
1) Identifizieren	Aus vorgegebenen Geldeinheiten einzelne Einheiten zeigen (aud. vs. vis. Vorg.)	10
2) Abzählen	Unterschiedliche komplexe Geldbeträge abzählen (aud. vs. vis. Vorg.)	15
3) Bezahlen	Aus vorgegebenen Geldeinheiten die zur Begleichung eines Rechnungsbetrags ausreichenden Einheiten auswählen; kein Abzählen möglich (aud. vs. vis. Vorg.)	5

rechnerische Leistungen (wie z. B. einfache Addition, um Beträge wie DM 16,70, in geeignete Geldeinheiten zerlegt, abzählen zu können).

Der 3. Aufgabenbereich überprüft die Möglichkeit des Patienten, einen Geldbetrag zu bezahlen, wenn dieser mit einer dem Patienten zugeteilten Auswahl von Münzen und Scheinen nicht einfach abgezählt werden kann. Dabei muß der Patient abschätzen, mit welcher Kombination der ihm zugeteilten Geldeinheiten die geforderte Summe abzudecken ist.

Die Untersuchung der Fähigkeit „Umgang mit einem Taschenrechner" erfolgt anhand schriftlich vorgegebener Grundrechnungsaufgaben, die den Einsatz der wichtigsten Taschenrechnerfunktionen erforderlich machen. Derartige Aufgaben sollten z. B. die Eingabe von Dezimalbrüchen vorsehen, die im Alltag in Form von DM- und Pfennigbeträgen häufig vorkommen. Ähnlich alltagsnah – und doch für hirngeschädigte Patienten nicht durchweg leicht zu bewältigen – sind Aufgabenstellungen, die das Verrechnen mehrerer Zahlenwerte (z. B. Addieren mehrerer Summanden) verlangen.

Literatur

Basso A, Capitani E (1979) Un test standardizzato per la diagnosi di acalculia: descrizione e valori normativi. Riv Appl Psicol 1:551–564

Berger H (1926) Über Rechenstörungen bei Herderkrankungen des Großhirns. Arch Psychiatrie Nervenkrankh 78:238–263

Boller F, Faglioni P (1978) A standard test of arithmetic calculation. Unveröff. Manuskript

Boller F, Grafman J (1985) Acalculia. In: Frederics JAM (ed) Clinical Neuropsychology (= Handbook of Clinical Neurology, vol I). Elsevier Science, B. V., Amsterdam

Claros Salinas D (1988) Zahlenverarbeitung und Arithmetik. In: von Cramon D, Zihl J (Hrsg) Neuropsychologische Rehabilitation. Springer, Berlin, S 306–318

Claros Salinas D (1991) Untersuchungsprotokoll zu Störungen des Rechnens und der Zahlenverarbeitung, EC-301. Deutsche Adaptation. KMB, München

Deloche G, Seron X (1989) Protocole de dépistage des troubles du calcul et du traitement des nombres, EC-301. Hôpital La Salpêtrière, Paris

Spiers P (1987) Acalculia revisited: current issues. In: Deloche G, Seron X (eds) Mathematical Disabilities. Lawrence Erlbaum Associates, Hillsdale, New Jersey, pp 1–25

10 Sprechen

W. Ziegler, M. Vogel und H. Schröter-Morasch

10.1 Zentrale Sprechstörungen: Definition und Ätiologie

Der Begriff der zentralen Sprechstörung umfaßt Störungen sprechmotorischer Funktionen bei Patienten mit Schädigung des zentralen Nervensystems. Dabei wird i. allg. unterschieden zwischen den **Dysarthrien** als den Störungen der Kontrolle von Kraft, Bewegungstempo und Bewegungsumfang bei der Ausführung von Sprechbewegungen und der **Sprechapraxie** als einer Störung der Programmierung von Sprechbewegungsabläufen.

Die Dysarthrien sind charakterisiert durch Veränderungen der Sprechatmung, der Stimme, der Artikulation sowie des „Sprechrhythmus" und der „Sprachmelodie" (Prosodie). Demgegenüber stehen bei der Sprechapraxie die Störungen der Artikulation und der Prosodie im Vordergrund, Stimm- und Sprechatmungsstörungen gehören dagegen nicht zu ihrem klinischen Bild (Vogel, Ziegler u. Morasch 1988; Ziegler 1991).

Zu den Hauptursachen dysarthrischer Störungen zählen traumatisch und zerebrovaskulär bedingte Hirnschädigungen sowie entzündliche oder degenerative Erkrankungen des zentralen Nervensystems. Relevante Schädigungsorte sind die kortikonukleären Bahnen zwischen motorischem Gesichtskortex und den entsprechenden Hirnnervenkernen im Hirnstamm, die polysynaptischen motorischen Etappenbahnen (extrapyramidales System) und das Kleinhirn (Hartman u. Abbs 1988; Ackermann u. Ziegler 1989, 1992a). Bei einseitiger telenzephaler Schädigung sind die Störungen wegen der bilateralen Organisation der Sprechmotorik meist transient. Dennoch können auch bei unilateralen Läsionen dysarthrische Störungen über Monate hinweg bestehenbleiben (Ziegler et al. 1990).

Das Syndrom der Sprechapraxie tritt demgegenüber fast ausschließlich als Folge zerebrovaskulär bedingter Läsionen der linken (dominanten) Hemisphäre auf, und zwar vermutlich bei Schädigungen im Kreuzungsbereich der absteigenden motorischen Bahnen mit den Faserverbindungen zwischen temporoparietalen Arealen und dem frontalen Operculum (Alexander, Naeser u. Palumbo 1990).

10.2   Zentrale Sprechstörungen als Rehabilitationsproblem

Zentrale Sprechstörungen stellen ein äußerst relevantes Problem in der Rehabilitation Hirngeschädigter dar. In einer Stichprobe von 400 Patienten einer Rehabilitationsklinik registrierte Prosiegel (1988) einen Anteil von nahezu 40 % mit zentralen Sprechstörungen. Unter den Patienten, die ein schweres gedecktes Schädel-Hirn-Trauma erlitten haben, sind etwa 30–50 % dysarthrisch. Diese Patienten scheinen aufgrund ihrer meist multiplen Funktionsausfälle eine besonders ungünstige Prognose zu haben (Gilchrist u. Wilkinson 1979). Auch Schlaganfallpatienten sind häufig dysarthrisch, allerdings fehlen hier bislang detailliertere epidemiologische Daten. Die schwersten Formen werden bei Infarkten und Blutungen im Bereich des Hirnstamms beobachtet.

Über die Häufigkeit der Sprechapraxie, die ein verbreitetes Begleitsymptom aphasischer Störungen – besonders der Broca-Aphasie – darstellt, gibt es vor allem wegen terminologischer Schwierigkeiten keine näheren Angaben.

Die Folgen zentraler Sprechstörungen durchdringen nahezu alle Alltagsbereiche der betroffenen Patienten. Sprechmotorische Störungen können zur teilweisen oder völligen Unverständlichkeit führen und damit die (mündlich-)sprachliche Kommunikationsfähigkeit erheblich vermindern. Dazu kommt, daß die mit dem Sprechen meist verbundene Anstrengung und die durch artikulatorische Verlangsamung oder durch Unflüssigkeit bedingte Reduktion des Sprechtempos die Beteiligung an Gesprächen erschweren kann. Stimmliche und prosodische Auffälligkeiten können darüber hinaus den Gesprächspartner zu Fehlassoziationen verleiten – ihn etwa eine kognitive Verlangsamung, eine depressive Verstimmung oder emotionale Indifferenz vermuten lassen. Dies kann zu einer Stigmatisierung der Betroffenen und zu einer Verminderung ihrer Kommunikationsbereitschaft führen.

Aufgrund solcher Beeinträchtigungen müssen Patienten mit zentralen Sprechstörungen nicht selten Einschränkungen in ihren beruflichen wie in ihren Freizeitaktivitäten und eine Reduktion sozialer Kontakte hinnehmen. Die Behandlung dieser Störungen erhält damit einen hohen Stellenwert im Rahmen der neurologisch-neuropsychologischen Rehabilitation Hirngeschädigter.

10.3   Zielsetzungen und Methoden in der Diagnostik zentraler Sprechstörungen

Folgt man einer taxonomischen Empfehlung der WHO für die Klassifikation von Krankheitssymptomen (vgl. Wade 1991), so lassen sich für die Diagnostik zentraler Sprechstörungen 3 unterschiedliche Ebenen bestimmen. Diagnostische Untersuchungen können zunächst der Charakterisierung pathophysiologischer Aspekte der sprechmotorischen Störung (impairment) dienen, sie können ferner zur Bestimmung der Art und des Ausmaßes der damit verbundenen funktionalen Beeinträchtigung (disability) beitragen und sie können schließlich eine Einschätzung der aus der Sprechstörung resultierenden individuellen Behinderung (handicap) liefern.

10.3.1 Pathophysiologische Aspekte zentraler Sprechstörungen (impairment)

Diese Ebene umfaßt die Beschreibung der einer zentralen Sprechstörung zugrundeliegenden basalen sprechmotorischen Leistungsdefizite und die Charakterisierung der wirksamen Pathomechanismen. In Analogie zur Extremitätenmotorik sind dabei Parameter wie Kraft, Tonus, Bewegungsumfang oder Bewegungsgeschwindigkeit der am Sprechen beteiligten Organe sowie sensorische Prozesse von Bedeutung. Die Beschränkung auf die motorische Aktivität des Sprechens bringt es mit sich, daß Abweichungen in den genannten Parametern in erster Linie dann relevant sind, wenn sie die Realisierung sprechmotorischer Ziele kritisch beeinträchtigen. Beispielsweise müssen Einschränkungen maximaler Verschlußkräfte oder feiner isometrischer Halteleistungen nicht notwendigerweise mit dem Ausmaß dysarthrischer Störungen korrelieren, sofern sie den für sprechmotorische Abläufe relevanten „Arbeitsbereich" nicht tangieren (DePaul et al. 1988).

Wesentliche Voraussetzung für die Planung einer Therapie ist es, basale sprechmotorische Störungen diagnostisch abzuklären. Wichtige Teilaspekte sind beispielsweise die Lokalisierung des Störungsschwerpunkts hinsichtlich der verschiedenen beteiligten Organe, die Charakterisierung der Bestimmungsgrößen eines veränderten Sprechtempos oder die Beschreibung des Muskeltonus. Solche diagnostisch ermittelten Schlüsselvariablen zu beeinflussen gilt als unmittelbares Behandlungsziel. Es erweist sich daher als günstig, über diagnostische Verfahren zu verfügen, die mit geringem Aufwand durchgeführt werden können und so eine rasche Überprüfung der Wirksamkeit und ggf. eine Modifikation des gewählten Behandlungsansatzes ermöglichen. Solche Verfahren erlauben auch eine gezielte Untersuchung der Bedingungen, unter denen die Störung zu beeinflussen ist.

Der direkten Messung der genannten Parameter sind allerdings – vor allem in der klinischen Diagnostik – enge untersuchungstechnische und methodologische Grenzen gesetzt. Die Erfassung elektrophysiologischer, dynamischer oder kinematischer Maße gestörter Sprechmotorik verlangt meist einen erheblichen technischen Aufwand und stellt hohe Anforderungen an die Patienten. Die Untersuchungen sind immer mit einem Eingriff in den beobachteten Bewegungsablauf verbunden. Dabei kann nicht ausgeschlossen werden, daß selbst geringfügige Störungen zu einer Änderung in der Organisation dieses hochadaptiven motorischen Systems führen.

Ein noch schwerwiegenderes Problem ergibt sich daraus, daß die Messung isolierter Bewegungsaspekte häufig nur in sehr eingeschränktem Maße etwas darüber aussagt, ob eine Störung vorliegt. So läßt sich beispielsweise aus Messungen der Amplitude von Lippenschlußbewegungen für bilabiale Verschlußlaute nicht zweifelsfrei ermitteln, ob der zustandegekommene Lippenschluß, um z. B. die Laute b oder p zu bilden, im phonetischen Sinn vollständig ist: Zum einen kann beispielsweise ein „Unterschießen" in der Bewegung von Unter- oder Oberlippe durch entsprechende

Anpassungen des Gesamtsystems von Lippen und Kiefer kompensiert werden, und zum andern ist – je nach den aerodynamischen Verhältnissen – ein vollständiger Verschluß für die Bildung eines „korrekten" Verschlußlauts gar nicht unbedingt erforderlich (Gracco u. Abbs 1985, 1989). Diese und eine Reihe ähnlicher Beobachtungen sprechen für eine hohe Flexibilität des sprechmotorischen Systems in der Erreichung artikulatorischer Ziele. Gesunde Sprecher nützen diese Flexibilität auch aus, so daß isolierte Bewegungsparameter erheblich variieren und die Interpretation der für Patienten gemessenen Daten erschwert wird (Ziegler, im Druck).

Aus den genannten Gründen ist die apparative Messung von Bewegungsparametern in der Diagnostik zentraler Sprechstörungen auf wenige Verfahren und auf die Beantwortung sehr spezifischer Fragestellungen beschränkt (vgl. 10.5). Bei der Aufklärung der einer Störung zugrundeliegenden Pathomechanismen ist der Untersucher daher weitgehend auf die Interpretation subjektiver (z. B. inspektiver oder auditiver) Befunde und auf indirekte Meßverfahren, z. B. akustische Analysen, angewiesen.

10.3.2   Funktionale Beeinträchtigungen als Folge zentral bedingter sprechmotorischer Störungen (disability)

Die Bewegungsstörungen von Lippen, Kiefer, Zunge und Gaumensegel sowie der pharyngealen, laryngealen und respiratorischen Muskulatur können in unterschiedlichem Ausmaß zu funktionalen Leistungsdefiziten führen. Auf einer ersten Stufe läßt sich die zu erbringende Leistung beschreiben durch die Anforderung, die Laute des Deutschen in einer der Norm entsprechenden Weise zu bilden sowie mit normalem Sprechtempo, mit angemessener Lautstärke, „natürlicher" Stimme und einer ebenso natürlichen Prosodie zu sprechen. Ob eine Äußerung unter den genannten Gesichtspunkten der Norm entspricht, wird in erster Linie anhand auditiv-phonetischer Kriterien bestimmt (10.4.3). Diese Stufe der Analyse funktionaler Leistungsdefizite ist noch sehr eng mit den basalen sprechmotorischen Funktionen verknüpft, und insbesondere der phonetisch geschulte Hörer vermag aus den gehörten Abweichungen mit einiger Sicherheit auf artikulatorische oder laryngeale Funktionsstörungen zu schließen.

Auf einer zweiten, komplexeren Stufe ist von Interesse, in welchem Maße die Sprechstörung auch kommunikative Funktionen beeinträchtigt. Als relevantester Parameter gilt hier die **Verständlichkeit**, die keineswegs aus einer phonetischen Beschreibung einzelner Störungskomponenten und noch viel weniger aus einer Analyse der Bewegungsstörung vorhergesagt werden kann (s. 10.6.1). Weitere Aspekte sind eine „unnatürliche" Sprechweise, wie sie sich als Gesamtprodukt der Störungen von Atmung, Stimme, Artikulation und Prosodie ergibt, sowie eine Minderung der Effizienz mündlich-sprachlicher Kommunikation (beispielsweise durch Verlangsamung) und eine Einschränkung kommunikativer Aktivitäten.

Die funktionalen Aspekte einer Sprechstörung in der klinischen Diagnostik zu charakterisieren ist erforderlich, um alltagsorientierte Behandlungsziele und -schwerpunkte zu definieren und die Wirksamkeit der Behandlung im Hinblick auf diese Ziele zu kontrollieren.

Tabelle 10-1. Aufgabensammlung für die Überprüfung nichtsprachlicher Bewegungen bei der inspektiven Untersuchung

Lippen/Kiefer	Zunge	Gaumensegel	Kehlkopf (endoskopisch)
1) Mund breit ziehen	1) Gerade herausstrecken	1) Bei weit geöffnetem Mund auf „a" phonieren	1) Phonation in mittlerer Tonlage auf „he"
2) Mund spitzen	2) Über O.-Lippe streichen	2) Wie 1, auf „a-a-a"	2) Leise/laut phonieren auf „he"
3) Mund weit öffnen	3) Über U.-Lippe streichen	**Endoskopisch:**	3) Hoch/tief phonieren auf „he"
4) Zähne aufeinanderbeißen	4) Über Lippen kreisen		4) Flüstern auf „he"
5) Auf Unterlippe beißen	5) In linken/rechten Mundwinkel stecken	3) Schlucken	5) Husten
6) Auf Oberlippe beißen	6) Im Mundvorhof kreisen	4) Einzellaute	6) Hauchen
7) Unterkiefer vorschieben	7) In linke/rechte Wangentasche stecken		7) Bei angehaltenem Atem leicht pressen
8) Unterkiefer seitlich verschieben	8) Am Gaumen von vorne nach hinten führen		
9) Unterkiefer rotieren	9) Schnalzen		
W1) 1, 2 im schnellen Wechsel	W1) 5 im schnellen Wechsel	W1) „schma" im schnellen Wechsel	W1) 2 im schnellen Wechsel
W2) 3 im schnellen Wechsel	W2) 7 im schnellen Wechsel		W2) 3 im schnellen Wechsel

Nachdem der Höreindruck letztlich über das Ausmaß der aus einer Sprechstörung resultierenden Beeinträchtigung entscheidet, sind es in erster Linie auditive Verfahren, die die funktionale Wertigkeit einer Störung erfassen. Ein Grundproblem der auditiven Diagnostik liegt allerdings in der oft mangelhaften Übereinstimmung verschiedener Untersucher (Sheard, Adams u. Davis 1991). Daher kann es sich als hilfreich erweisen, wenn akustische Parameter, d. h. objektiv bestimmbare Korrelate der relevanten auditiven Kategorien, ermittelt werden können.

10.3.3   Individuelle psychosoziale und berufliche Konsequenzen zentraler Sprechstörungen (handicap)

Die pathophysiologischen und funktionalen Aspekte einer Sprechstörung umfassen Parameter, die unabhängig von den individuellen Lebensumständen eines Patienten beschrieben und mit den Daten von anderen Patienten oder von Kontrollgruppen verglichen werden können. Die daraus für den jeweiligen Patienten resultierende Behinderung ist dagegen nicht mehr an allgemeinen Maßstäben zu messen, da sie an seine persönlichen Lebensbedingungen geknüpft ist. So kann beispielsweise eine relativ geringfügige dysarthrische Störung für einen Lehrer das berufliche Aus bedeuten, während sie einem Feinmechaniker durchaus die Fortführung seiner Berufstätigkeit gestatten würde.

Die Erfassung dieser – für den Patienten im Mittelpunkt seines Interesses stehenden – Störungsaspekte kann nur annäherungsweise durch Beobachtung in alltäglichen Situationen überprüft werden und muß sich in erster Linie auf eine Befragung des Patienten selbst und seiner Angehörigen stützen. In diesem Fall bedeutet die Subjektivität der gewonnenen Urteile keine methodische Einschränkung; sie drückt vielmehr das persönliche Erleben des durch die Störung bedingten Handicaps aus. Bei der Interpretation subjektiver Angaben ist jedoch zu berücksichtigen, daß die Urteile des Patienten aufgrund kognitiver oder psychischer Störungen oder wegen mangelnder Krankheitseinsicht nicht notwendigerweise mit den erhobenen Befunden kongruent sind.

10.4   Komponenten einer orientierenden Diagnostik zentraler Sprechstörungen

10.4.1   Medizinische Daten und Anamnese

Die diagnostische Abklärung einer zentralen Sprechstörung beginnt mit einem Anamnesegespräch. Themen dieses Gesprächs sollten sein:
1) die Beschwerden des Patienten und deren Veränderungen seit Erkrankungsbeginn,
2) die alltagspraktischen Auswirkungen der Sprechstörung und die damit verbundenen Einschränkungen in Beruf und Freizeit,

3) die bisherige Behandlung und mögliche eigene Anpassungsstrategien sowie
4) möglicherweise bereits prämorbid bestehende Sprech- oder Sprachentwicklungsstörungen.

Bei der Frage nach den Beschwerden des Patienten müssen neben den Symptomen der Sprechstörung auch andere körperliche Beschwerden berücksichtigt werden, die im Zusammenhang mit der sprechmotorischen Störung stehen können (z. B. Schluckstörungen, subjektives Empfinden von Sprechanstrengung etc.). Besonderer Wert ist auf **Veränderungsaspekte** zu legen, z. B. eine Veränderung der Sprechstimmlage, der Lautstärke, des Sprechtempos oder des Dialekts seit Erkrankungsbeginn, da diese Aspekte bei diskreter Ausprägung vom Untersucher selbst oft nicht beurteilt werden können. Ferner sollte nachgefragt werden, ob sich die Beschwerden unter bestimmten Bedingungen wie Müdigkeit, Aufregung oder bei reduzierter Aufmerksamkeit verstärken.

Die Fragen nach der Alltagsrelevanz sollten Kommunikationssituationen berücksichtigen, in denen besondere Anforderungen an Sprechfunktionen gestellt werden, wie Sprechen in lauter Umgebung (z. B. in Gaststätten, beim Fernsehen etc.), Rufen über größere Entfernungen oder Unterhaltungen in Gruppen. Anamnestisch relevante Fragen zur Sprechstörung sind in dem von Brust und Ziegler (1991) entwickelten Kommunikationsfragebogen enthalten. Beschwerden bei der Nahrungsaufnahme und beim Schlucken können nach einem von Schröter-Morasch (1992) entwickelten Protokoll erhoben werden.

Sind wichtige anamnestische Details vom Patienten nicht zu erfragen, so müssen diese Informationen von seinen Angehörigen eingeholt werden.

Eine weitere Informationsquelle stellen Verlegungsberichte sowie neurologische und neuropsychologische Befunde dar. Insbesondere bei Schädel-Hirn-Verletzten liegen häufig traumatische Läsionen peripherer Organe vor, die sich auf die Sprechfähigkeit auswirken können, so z. B. Frakturen der Schädelbasis mit Läsionen peripherer Nerven, Frakturen des Gesichtsschädels, die die Kieferbeweglichkeit einschränken und den Zahnstatus verändern können, oder Thoraxfrakturen, durch die die Sprechatmung behindert wird. Ebenfalls bei Unfallverletzten ist die Frage nach der Intubationsdauer und der Durchführung einer Tracheotomie relevant. Langzeitintubationen können zu einer Schädigung der Nasenschleimhaut mit nachfolgender Behinderung der Nasenatmung sowie zu Schäden am Kehlkopf (Granulome, Druckschädigung der Schleimhaut, der Muskulatur und des Krikoarytänoidgelenks mit eventueller Vernarbung) und in manchen Fällen an der Luftröhre (Knorpelerweichung, Segelbildung, Vernarbung mit Einengung des Lumens) führen. Auch bei tracheotomierten Patienten bestehen diese Möglichkeiten einer Trachealwandschädigung.

Darüber hinaus ist es wichtig, die Medikation des Patienten mit ihren möglichen Folgen für den Sprechbereich – etwa vermehrte oder verminderte Speichelbildung – zu kennen.

10.4.2   Inspektive Untersuchung

10.4.2.1   Untersuchungsprinzipien und Untersuchungsziele

In der orientierenden Diagnostik extremitäten- oder rumpfmotorischer Störungen, z. B. des Ganges oder der Handfunktion, spielt die visuelle Beobachtung von Bewegungsabläufen eine entscheidende Rolle. Bei der Untersuchung von Sprechbewegungsstörungen tritt die visuelle Modalität demgegenüber etwas in den Hintergrund – zum einen, weil sich die meisten der beteiligten Organe einer direkten Beobachtung entziehen, und zum anderen, weil unter funktionalen Gesichtspunkten nicht die sichtbaren Merkmale, sondern die hörbaren Auswirkungen von Sprechbewegungsabläufen relevant sind.

Dennoch bildet die Inspektion der am Sprechen beteiligten Organe und ihrer Funktionen einen wesentlichen Bestandteil der Differentialdiagnostik zentraler Sprechstörungen und der Charakterisierung zugrundeliegender Störungsmechanismen. Mit Hilfe inspektiver Verfahren können Symptome beschrieben werden, die im Sprachschall keinen Niederschlag finden, und es können Störungsursachen identifiziert werden, die aus auditiven oder akustischen Merkmalen nicht eindeutig zu erschließen sind. Schließlich können die beteiligten Organe nicht nur in Ruhe und bei intendierter Bewegung, sondern auch bei reflektorischer Aktivität beobachtet werden.

Aus diesen Gründen sind inspektive Verfahren in besonderem Maße geeignet, um

1) lokale Schädigungen der Sprechorgane aufzuklären (z. B. Verletzungen der Schleimhaut, der Muskeln oder Gelenke, Narbenbildungen oder Granulome),
2) Störungsanteile zu erfassen, die durch eine periphere Schädigung der beteiligten Hirnnerven (V, VII, IX, X, XII) und der Zervikalnerven C_{1-3} bedingt sind, sowie
3) zentrale Bewegungsstörungen nach den Merkmalen der Tonusänderung, der Bewegungseinschränkung und -verlangsamung, nach hyperkinetischen Zeichen und nach apraktischen Symptomen zu charakterisieren.

Darüber hinaus kann im Rahmen einer inspektiven Untersuchung auch die taktile und thermische Wahrnehmung orientierend überprüft werden.

10.4.2.2   Apparative Voraussetzungen

In den leicht zugänglichen Bereichen der Lippen, des Kiefers und der vorderen Mundhöhle kann die Inspektion ohne Instrumente bzw. lediglich mit Hilfe eines Spiegels und eines Spatels durchgeführt werden. Die Befunderhebung in den weniger zugänglichen Bereichen erfolgt mit Hilfe des Lupenlaryngoskops (zur Untersuchung des Larynx und Hypopharynx oder des Nasopharynx), des Stroboskops (zur Beobachtung der Stimmlippen während des Schwingungsvorgangs) und/oder des flexiblen Nasenendoskops (zur Beobachtung von Velum, Pharynx und Kehlkopf) durch einen Phoniater oder HNO-Arzt.

Die direkte Laryngoskopie mit dem **Lupenlaryngoskop** hat sich gegenüber der indirekten Kehlkopfspiegelung als vorteilhaft erwiesen, da die relevanten Strukturen mit dem Lupenlaryngoskop besser eingesehen und ausgeleuchtet werden können und in bis zu sechsfacher Vergrößerung darstellbar sind.

Die **Stroboskopie**, bei der die Stimmbänder durch elektronisch mit der Stimmtonfrequenz synchronisierte Lichtblitze ausgeleuchtet werden, zeigt wichtige Details des Schwingungsablaufs wie Amplitude, Randkantenverschiebung oder Glottisschluß. Ihre Durchführung erfordert allerdings eine hohe Kooperationsbereitschaft des Patienten und ein stabiles Tonhaltevermögen von mindestens 2–3 s, was von einer Reihe schwerer geschädigter Patienten unter den Bedingungen einer solchen Untersuchung nicht erwartet werden kann.

Bei der **transnasalen Endoskopie** wird eine flexible Fiberoptik unter Sicht entlang des knöchernen Nasenbodens bis zum Beginn des muskulären Nasenbodens (für die Velumbeobachtung) oder bis oberhalb des freien Randes der Epiglottis (für die Hypopharynx- und Larynxbeobachtung) vorgeschoben. Diese Technik hat den Vorteil, daß sie Bewegungsabläufe in der Mund- und Rachenhöhle nicht oder nur geringfügig beeinträchtigt und daher die Beobachtung von Velum, Pharynx und Larynx während des Sprechens oder Schluckens ermöglicht.

Die genannten Untersuchungsverfahren können zu Dokumentationszwecken, zur nachträglichen Befundsicherung, zur Verlaufsanalyse und ggf. für den Zweck einer Feedback-Therapie mit einer Videoaufzeichnung kombiniert werden. Zur Messung von Bewegungsparametern bei hoher zeitlicher Auflösung ist sogar eine Hochgeschwindigkeitsaufzeichnung denkbar (Hirose 1988), die allerdings mit erheblichem Auswertungsaufwand verbunden ist. Die Erfassung quantitativer Maße wird ferner durch die Nichtlinearität der endoskopischen Perspektive und durch Abstandsveränderungen während der Aufnahme erschwert (Karnell, Linville u. Edwards 1988).

10.4.2.3 Untersuchungstechnik und Befundungskriterien

Die Vorgehensweise bei der Untersuchung ist durch die zu untersuchenden Bewegungsorgane Lippen, Kiefer, Zunge, Gaumensegel, Pharynx und Kehlkopf und deren Freiheitsgrade bestimmt. Jedes Organ muß in Ruhe, bei reflektorischen Abläufen und bei intendierten Bewegungen beobachtet werden (vgl. Aronson 1985; Morasch, Joussen u. Ziegler 1987; Vogel et al. 1988).

Die Beobachtung in Ruhe umfaßt eine Beurteilung von Form, Lage und Oberflächenbeschaffenheit der Organe und erlaubt Rückschlüsse auf Tonusänderungen und lokale Schädigungen der Organe (Morasch et al. 1987). Faszikulationen (als Zeichen einer Schädigung des peripheren Neurons) und Hyperkinesen (z. B. Ruhetremor, Myoklonien) sind ebenfalls bei einer Beobachtung der Sprechorgane in Ruhe zu diagnostizieren. Das Verbleiben von Speiseresten oder die Bildung von Speichelseen in Valleculae, Sinus piriformes und Kehlkopfeingang liefert einen wichtigen diagnostischen Hinweis auf das Vorliegen sensomotorischer Störungen im oralen und pharyngealen Bereich. Diese Beobachtungen haben einen hohen Stellenwert in der Diagnostik von Schluckstörungen (Schröter-Morasch, im Druck).

Reflektorische Bewegungsabläufe können bei Auslösung des Palatalreflexes (Berührung des vorderen Gaumenbogens), des Pharyngealreflexes (Berührung des Zungengrundes oder der Rachenhinterwand) und des Hustenreflexes (vorsichtige Berührung der laryngealen Epiglottisfläche) beobachtet werden. Es ist auf die Auslösbarkeit der Reflexe zu achten sowie auf Ablauf, Tempo und Umfang der reflektorischen Bewegungen. Eine Einschränkung der Reflexauslösbarkeit kann Zeichen einer Schädigung des peripheren motorischen Neurons oder einer Störung der Reflexumschaltung im Hirnstamm sein oder durch eine Einschränkung oder Aufhebung der Berührungsempfindung zustandekommen. Umgekehrt ist die Beobachtung ungestörter reflektorischer Beweglichkeit ein sicheres Kriterium, um periphere Störungsanteile auszuschließen. In demselben Sinne können Beobachtungen uneingeschränkter Beweglichkeit bei emotionalen Äußerungen wie Lachen oder Weinen gewertet werden.

Das Auftreten oraler Reflexe (wie Ansperr-, Schnauz-, Schnapp-, Beiß- oder Saugreflex) bei Berührung der Lippen, des Gaumens oder der Zahnreihe ist Zeichen einer zerebralen Desintegration bei bilateraler Schädigung frontopontiner Strukturen oder Verbindungen (z. B. Broser 1981).

Bei der Untersuchung **intendierter Bewegungen** sind die einzelnen Organe entsprechend ihren Freiheitsgraden durch sprachliche und nichtsprachliche „Aufgaben" zu überprüfen. Eine überwiegend auf den Gesichtsbereich und die vordere Mundhöhle beschränkte Aufgabensammlung wurde von Kerschensteiner und Poeck (1974) vorgeschlagen; eine erheblich erweiterte Liste von Bewegungstypen ist in Tabelle 10-1 angeführt. Die Bewegungen werden in erster Linie nach den Kriterien Umfang und Geschwindigkeit sowie nach der Symmetrie beurteilt. Aus Beobachtungen der Form und Beschaffenheit der Organe während der Bewegung kann wiederum auf die Tonisierung geschlossen werden. Ferner können auch bei intentionaler Bewegung Hyperkinesen festgestellt werden (z. B. Intentionstremor, Myoklonien).

Ein wichtiger Aspekt der Überprüfung nichtsprachlicher Willkürbewegungen ist die Diagnostik der **bukkofazialen Apraxie**. Weil diese Fragestellung häufig bei aphasischen Patienten mit möglichen Sprachverständnisstörungen zu untersuchen ist, kann es erforderlich sein, die einzelnen Bewegungen nicht auf verbale Aufforderung, sondern imitatorisch zu überprüfen (vgl. dazu Kap. 12). Die Diagnose einer bukkofazialen Apraxie wird gestellt, wenn Parapraxien auftreten, das sind
1) Ersatzhandlungen (z. B. „Mund spitzen" anstelle von „Nase rümpfen" oder Reden statt Handeln),
2) Überschußsymptome (z. B. zusätzliche Bewegungen oder Geräusche),
3) Minussymptome (z. B. fragmentarische Bewegungen, Fehlen einer Bewegungskomponente) oder
4) andere Fehlhandlungen wie Annäherungssequenzen (conduites d'approche) oder Perseverationen (Kerschensteiner u. Poeck 1974).

Es ist allerdings darauf zu achten, daß einige dieser Fehlertypen auch im Rahmen elementarer Bewegungsstörungen auftreten können. So können beispielsweise Patienten mit einer spastischen Dysarthrie deutliche Mitbewegungen oder auch fragmentarische Bewegungen zeigen, die nicht als „Überschußhandlung" oder „Minussymptom" im Sinne einer bukkofazialen Apraxie gedeutet werden dürfen. Im Unterschied zu den Parapraxien sind diese elementar-motorisch bedingten Defizite jedoch meist durch eine hohe Konstanz gekennzeichnet, was die diagnostische Abgrenzung erleichtert.

Ferner kann es bei diskreten Ausprägungen Abgrenzungsprobleme gegenüber dem Normbefund geben (vgl. Ziegler u. von Cramon 1989).

Die orientierende Untersuchung sprechmotorischer Störungen muß eine Beurteilung sensibler Funktionen im Bereich des Untergesichts und der Mund- und Rachenhöhle einschließen. Störungen der taktilen Wahrnehmung können, wenn sie auch keine Minderung der Verständlichkeit verursachen, doch eine Veränderung artikulatorischer Abläufe herbeiführen (z. B. Hardcastle 1975). Ferner muß damit gerechnet werden, daß durch eine veränderte Berührungsempfindung das Wiedererlernen sprechmotorischer Funktionen erschwert ist. Kein Zweifel besteht daran, daß Sensibilitätsstörungen negative Folgen für die Nahrungsaufnahme und den Bolustransport beim Schlucken haben können (Logemann 1983).

Die Berührungsempfindung wird durch Reizung mit Hilfe eines Wattehärchens überprüft. Gereizt wird beidseitig an Lippen und Wangen, an der Schleimhaut der Wangeninnenseite, an den vorderen und mittleren Abschnitten der Zunge, am harten und weichen Gaumen, an den Gaumenbögen und der Rachenhinterwand. Der Berührungsreiz muß vom Patienten bei geschlossenen Augen lokalisiert und ein möglicher Seitenunterschied in der Intensität des wahrgenommenen Reizes angegeben werden.

Dieses Verfahren liefert allerdings nur sehr grobe Hinweise auf mögliche Störungen der oralen Sensibilität. Quantitative Methoden zur Bestimmung von Reizschwellen sind in ihren apparativen Voraussetzungen und in der Durchführung äußerst anspruchsvoll (z. B. Telage et al. 1988) und für die klinische Anwendung in der Diagnostik zentral bedingter Sprechstörungen bislang noch nicht geeignet (vgl. auch Kap. 11).

Die Überprüfung der am Sprechen beteiligten Organe in Ruhe, bei Reflexauslösung und bei Willkürbewegungen stellt auch ein Grundprinzip der „Frenchay Dysarthrie-Untersuchung" dar (Enderby 1991). Der Test enthält allerdings sowohl in der Aufgabenstellung als auch in der Formulierung der Beurteilungskriterien eine Reihe von Unschärfen (Vogel u. Ziegler, im Druck).

10.4.3   Auditive Befundung

Die strukturierte Erfassung **hörbarer** Merkmale zentraler Sprechstörungen in einem auditiven neurophonetischen Befund wird auch bei fortschreitender Entwicklung apparativer Meßverfahren das Kernstück in der Diagnostik der Dysarthrien und der Sprechapraxie bleiben. Die auditive Methode erlaubt es, umfangreiche und unter natürlichen Bedingungen gewonnene Sprechproben auf ökonomische Weise zu befunden und die funktional relevanten Aspekte einer Störung zu erfassen. Das Ohr des Therapeuten ist zugleich dasjenige „Instrument", das ohne jegliche technische Vorkehrungen jeden Übungsschritt während der Behandlung unmittelbar kontrollieren kann und Kriterien für eine sofortige Korrektur der Leistung des Patienten liefert.

Die Techniken der auditiven Befundung können sehr flexibel eingesetzt werden – das Spektrum der Möglichkeiten reicht vom einfachen Urteil des Laien bis zum phonetischen Transkript des Experten und von der Beurteilung unstrukturierter Sprechproben bis zum Wahrnehmungsexperiment mit hochstrukturiertem Stimulusmaterial (Ziegler u. Hartmann, im Druck). Dementsprechend können auditive Methoden nicht nur eingesetzt werden, um einen orientierenden Befund über einen breiten Bereich von Merkmalen zentraler Sprechstörungen zu gewinnen, sondern auch, um sehr spezifische Fragestellungen zu überprüfen (vgl. 10.5).

Die auditive logopädische Diagnostik beginnt mit einer Analyse spontansprachlicher Äußerungen des Patienten, z. B. auf der Grundlage des Anamnesegesprächs (s. 10.4.1). Darüber hinaus stützt sie sich auf eine Auswahl einfacher „Aufgaben", die dazu dienen, ein breites Spektrum sprechmotorischer Anforderungen abzudecken. Die gesamte Untersuchung wird in möglichst guter Aufnahmequalität auf Tonband oder mit einer Videokamera aufgezeichnet. Dies erlaubt es dem Therapeuten, sich auf den Untersuchungsgang und – bei Tonbandaufzeichnung – auf die Registrierung visueller Beobachtungen zu konzentrieren, da die auditive Befundung selbst im Anschluß an die Untersuchung anhand der aufgezeichneten Sprechproben durchgeführt wird.

Die Befundungskriterien werden üblicherweise nach den „Funktionskreisen" Atmung, Stimme und Artikulation gegliedert.

10.4.3.1 Sprechatmung

Die Beobachtung der **Sprechatmung** beinhaltet zunächst eine visuelle Beurteilung des Atmungstyps während der Spontansprache (Tabelle 10-2). Bei dysarthrischen Patienten ist die Atmung oft deutlich überwiegend kostal oder klavikular (bei proximal betonten Hemiparesen einseitig) geführt oder sogar durch paradoxe Atmungsbewegungen gekennzeichnet (d. h. thorakale Inspirationsbewegung bei gleichzeitiger abdominaler Exspirationsbewegung und umgekehrt). Der Augenschein erfaßt – zumal wenn der Patient angekleidet ist – lediglich die mittleren bis schweren Stö-

Tabelle 10-2. Merkmale zentraler Sprechatmungsstörungen

Pathologischer Atmungstyp

– Überwiegend kostal oder klavikular geführte Atmung

– Paradoxe Atmung

Verkürzte Exspirationsdauer

– Häufiges Einatmen

– Sprechen „auf Restluft"

– Inspiratorisches Sprechen

– Verkürzte Luftabgabedauer (s. Tabelle 10-3)

Beeinträchtigte Lautstärkekontrolle

– Zu leise oder zu laute Stimme

– Unkontrollierte Lautstärkeschwankungen

rungsformen. Etwas genauere Aussagen liefert der Tastbefund (Flanken, Schultern, Rücken, Bauchdecke und Brustkorb), während leichtere Störungen der Geschwindigkeit, des Rhythmus und der Koordination von abdominaler und thorakaler Volumenänderung nur durch instrumentelle Verfahren zuverlässig zu analysieren sind (vgl. 10.5).

Hörbare Hinweise auf das Vorliegen einer Sprechatmungsstörung ergeben sich aus einer erhöhten Einatmungshäufigkeit mit meist syntaktisch inadäquaten Atempausen oder einem Überziehen der Atemmittellage (Sprechen auf Restluft); in schweren Fällen kann es zu inspiratorischem Sprechen kommen. Die Einatmungshäufigkeit ist anhand spontansprachlicher Äußerungen oft schwer zu beurteilen, weil die Äußerungen hirngeschädigter Patienten in einem freien Gespräch vielfach nur sehr kurz und durch Pausen unterbrochen sind. Um längere, zusammenhängende Äußerungen zu erhalten, wird der Patient gebeten, laut von 1 bis 20 zu zählen (Enderby 1991). Gesunden Sprechern ist dies ohne Zwischenatmung möglich.

Die genannten Merkmale gestörter Sprechatmung können nicht nur eine zentrale oder periphere Störung der Respirationsmotorik anzeigen, sondern auch aus einer dysarthrisch bedingten Erhöhung des Luftverlusts bei der Stimmgebung bzw. der Artikulation resultieren oder durch eine Beeinträchtigung des Haltungs- und Bewegungsapparats (z. B. Hemiparese) verursacht werden. Umgekehrt äußert sich eine primäre Störung der Sprechatmung auch in Merkmalen, die üblicherweise der Stimmfunktion und der Artikulation zugeordnet werden (s. unten).

Um zumindest ansatzweise den Einfluß von Artikulation und Phonation auf die Dauer der Exspirationsphase zu erfassen, werden **Halteaufgaben** durchgeführt. Dabei soll der Patient die Vokale a und u sowie die stimmlosen Frikative f, s und ʃ so lange wie möglich anhalten. Normwerte für diese beiden Aufgabentypen sind in Tabelle 10-3 angegeben.

Tabelle 10-3. Normwerte für maximale Phonemhaltedauern. Median u. Bereich in Sekunden (Vokale: a, u; Frikative: f, s, ʃ)

16–60 Jahre (n = 36)	**61–85 Jahre** (n = 14)
V: 19 (10–50)	**V:** 12 (4–26)
F: 17 (10–40)	**F:** 10 (4–22)

Die maximale Haltedauer für Vokale und stimmlose Frikative wird in erster Linie durch die Einatmungstiefe und die Kontrolle der abdominalen und thorakalen Muskulatur zur Steuerung der Ausatmung bestimmt. Als weitere Einflußgröße kommt im Falle der Vokale die Kontrolle des Glottiswiderstands durch die Adduktion der Stimmbänder hinzu[1], während im Falle der stimmlosen Frikative die Kehlkopffunk-

---

[1] Die maximale Phonationsdauer auf a wird daher im Rahmen des Frenchay-Dysarthrietests (Enderby) den Variablen zur Beschreibung der Kehlkopffunktion zugeordnet. Die primären Anforderungen an die Kontrolle der Atmungsmuskulatur werden bei dieser Interpretation vernachlässigt.

tion eine untergeordnete Rolle spielt. Dagegen erfordert die Frikativaufgabe eine feine Abstimmung der artikulatorischen Konfiguration für die Unterlippe (f) oder die Vorderzunge (s), während solche supralaryngealen Faktoren die maximale Vokalhaltedauer kaum beeinflussen. Entsprechend diesen unterschiedlichen Anforderungen können sich bei der Überprüfung von Halteaufgaben daher auch differentielle Störungsmuster ergeben (Abb. 10-1a). Besonders beachtenswert ist der Einfluß, den eine Funktionsstörung des Gaumensegels auf die Phonemhaltedauer und damit auch auf die Einatmungshäufigkeit beim Sprechen hat. Bei ungenügendem Verschluß des Nasenraums durch das Gaumensegel kann der Luftstrom ungehindert durch die Nase entweichen. Wie groß dieser Einfluß ist, läßt sich – wie im übrigen bei allen Aufgaben zur Erfassung von Sprechatmungsstörungen – leicht durch die Verwendung einer Nasenklammer abschätzen. Bei Patienten, die infolge einer Veluminsuffizienz mit einer Gaumensegelprothese versorgt wurden, zeigt sich der Effekt dieser Maßnahme u. a. auch in einer Verlängerung der Exspirationsphase bei Phonemhalteaufgaben (Abb. 10-1b).

10.4.3.2 Stimme

Die Kriterien für eine auditive Befundung zentraler Stimmstörungen lassen sich unterteilen nach den Kategorien Sprechstimmlage, Sprechlautstärke, Stimmqualität und Stimmstabilität (Tabelle 10-4). Einen Extremfall stellt die generelle oder zeitweise Unfähigkeit zu stimmhafter Phonation dar (Vogel u. von Cramon 1982).

Tabelle 10-4. Auditive Merkmale zentraler Stimmstörungen

Veränderte Sprechstimmlage

– Zu tief – zu hoch

Veränderte Sprechlautstärke (s. Tabelle 10-2)

– Zu leise – zu laut

Veränderte Stimmqualität

– Rauh – behaucht – gepreßt

Verringerte Stimmstabilität

– Unkontrollierte Tonhöhenschwankungen

– Unkontrollierte Lautstärkeschwankungen (s. Tabelle 10-2)

– Stimmzittern

– Stimmabbruch, Stimmschwund, Entstimmung

Eingeschränkte Stimmleistung

– Eingeschränkter Tonhöhenumfang (< 13 Halbtöne)

– Eingeschränkter Lautstärkeumfang

Maximale Phonemhaltedauern

a Differentielle Sörungsmuster für Vokale und stimmlose Frikative

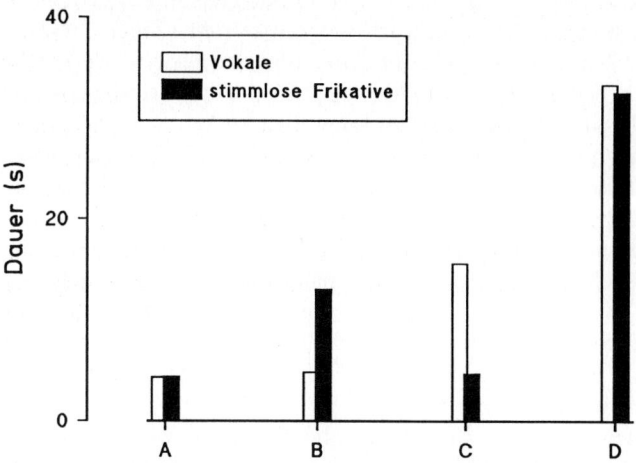

b Einfluß einer Gaumensegelprothese (GSP) auf die Frikativhaltedauer

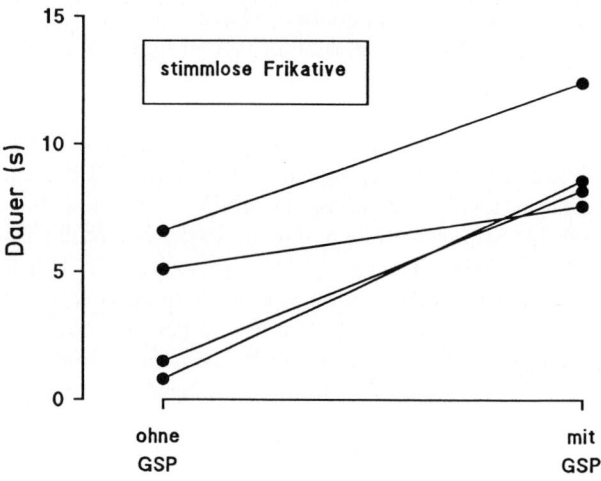

Abb. 10-1. Diagnostische Bedeutung der Phonemhalteaufgaben: **a** Differentielle Störungs-muster bei 4 dysarthrischen Patienten; **b** Verlängerung der Luftabgabedauern durch eine Gaumensegelprothese

Die zugehörigen Störungsmerkmale sind anhand der Spontansprache zu beurteilen; lediglich zur Überprüfung von Stimmstabilitätsstörungen sollten darüber hinaus die unter 10.4.3.1 erwähnten Vokalhalteaufgaben herangezogen werden.

Störungen der Lautstärkekontrolle – obwohl der Stimmdiagnostik zugeordnet – sind in erster Linie als Zeichen gestörter Sprechatmung zu werten (Ziegler u. von Cramon 1987). Ausführliche Hinweise für eine Interpretation der übrigen Merkmale im Hinblick auf zugrundeliegende laryngeale Bewegungsstörungen sind in Vogel (1987) sowie in Ziegler und von Cramon (1987) zu finden.

Zusätzliche Untersuchungen der **Stimmleistung** geben Aufschluß über die Fähigkeit des Patienten, Tonhöhe und Lautstärke willkürlich zu variieren. Bei der Überprüfung des Tonhöhenumfangs singt der Patient – ausgehend von einer ihm angenehmen „mittleren" Tonlage und in mittlerer Lautstärke – einen Gleitton oder eine Tonleiter nach oben und nach unten. Dabei sollen nach den üblichen Durchführungsvorschriften alle 3 Register („Strohbaß", Modalregister oder Bruststimme, Falsetto oder Kopfstimme) ausgenützt werden. Der maximal erreichbare Tonhöhenumfang kann dann mit Hilfe eines Musikinstruments oder mit einem Analoggrundfrequenzmeßgerät beurteilt werden.

Normale Versuchspersonen zeigen bei dieser Aufgabe eine hohe Variabilität; mit zunehmendem Alter schränkt sich jedoch der Bereich stark ein. Es ist zu bedenken, daß die Art der Durchführung (gleitende oder stufenweise Änderung der Tonhöhe) das Resultat der Aufgabe entscheidend beeinflußt (Reich et al. 1990). Ein weiteres methodisches Problem ist mit der Entscheidung verbunden, ob auch Realisierungen von nur kurzer Dauer und/oder schlechter Stimmqualität als gültige Versuche gewertet werden sollen.

Als konservative untere Grenze des physiologischen Tonhöhenumfangs für normale Versuchspersonen gilt eine Spanne von 13 Halbtönen (Kent, Kent u. Rosenbek 1987). In einer Ad-hoc-Stichprobe von 70 dysarthrischen Patienten mit überwiegend traumatischer und zerebrovaskulärer Ätiologie erreichten 35 Patienten (50 %) diesen Umfang nicht (Ziegler et al. 1990).

Die orientierende Beurteilung des Lautstärkeumfangs ist ohne akustische Hilfsmittel darauf beschränkt, die Fähigkeit zu leisem Sprechen und zu lautem Rufen zu überprüfen und auditiv zu bewerten (Ziegler u. von Cramon 1987).

Die auditiven Parameter zentraler Stimmstörungen sind in stärkerem Maße als andere Parameter durch eine hohe Variabilität der Urteile verschiedener Hörer gekennzeichnet (Ziegler et al. 1990). Die Verwendung von Referenzsprechproben („Ankerstimuli") könnte die Hörerübereinstimmung deutlich verbessern (Ahrndt u. Ziegler, im Druck). Darüber hinaus ist vor allem im Bereich der Stimmdiagnostik eine Unterstützung durch instrumentelle Verfahren von hohem Nutzen (vgl. 10.5.1.2, 10.5.2).

10.4.3.3   Artikulation

Die Überprüfung der Artikulation zielt in erster Linie auf eine Analyse der Sprechstörung nach den relativen Anteilen der Lippen, des Kiefers, der Zunge und des Gaumensegels an der Gesamtstörung (z. B. Enderby 1991). Eine weitergehende Differenzierung nach Bewegungen der Vorder- und Hinterzunge erweist sich als sinnvoll. Es ist naheliegend, abweichende Artikulationsbewegungen dieser Organe zunächst nach den Dimensionen „unterschießender" und „überschießender" Zielbewegungen zu charakterisieren. Auditive Korrelate dieser Abweichungen, bezogen auf die wichtigsten Lautklassen, sind in Tabelle 10-5 beschrieben. Dabei ist zu berücksichtigen, daß die Zeichen unterschießender Lautrealisierung nicht nur durch Artikulationsbewegungen mit verringerter Amplitude, sondern auch durch verminderte Verschlußkraft oder durch zu geringen intraoralen Druck zustandekommen können.

Wegen der hohen Anzahl von Freiheitsgraden zur Bildung von Frikativen, (z, s, ∫), Affrikaten (ts) und Liquiden (l, r) ist die **Verformbarkeit der Vorderzunge** als eigener Parameter zu beurteilen (s. Tabelle 10-5). Dieses Merkmal sollte vor allem dann bewertet werden, wenn die grobe Beweglichkeit der Zunge (z. B. zur Bildung

Tabelle 10-5. Auditive Merkmale zentraler Artikulationsstörungen

---

Unterschießende Lautrealisierung

– Plosive: Lenisiert (abgeschwächtes Verschlußlösungsgeräusch)
              Spirantisiert (durch Reibegeräusch überlagert)
              Vokalisiert (zu Halbvokal reduziert oder ausgelassen)

– Frikative: Mit schwachem oder fehlendem Reibegeräusch gebildet

– Vokale: Zentralisiert, entrundet

Überschießende Lautrealisierung

– Plosive: Fortisiert (verstärktes Verschlußlösungsgeräusch)

– Frikative: Affriziert (z. B. f ⇒ pf, s ⇒ ts, x ⇒ kx)
              „Gestoppt" (z. B. f ⇒ p, s ⇒ t, x ⇒ k)

Abweichende Artikulationsstelle

– Vorverlagerte Artikulation (z. B. interdentales s)

– Rückverlagerte Artikulation (z. B. pharyngalisiertes k)

Mangelnde Verformbarkeit der Vorderzunge

– Fehlartikulationen von s, z, ts, ∫, t∫, l oder apikalem r

Nasopharyngeale Insuffizienz

– Hypernasalität (näselnde Vokalbildung; b ⇒ m, d⇒ n etc.)

– „Nasaler Durchschlag" (nasales Luftstromgeräusch bei der Verschlußbildung)

Nasopharyngeale Dyskoordination

– Episodisches Auftreten von Hyponasalität

– Gestörte nasal-orale und oral-nasale Übergänge (z. B. m ⇒ mb, b ⇒ mb)

---

von Verschlußlauten) erhalten ist und eine relativ isolierte Störung der genannten Lautklassen vorliegt. Eine Möglichkeit, die artikulatorische Verformung der Vorderzunge mit apparativen Methoden genauer zu untersuchen, wird in 10.5.1.3 beschrieben.

Auditive Hinweise auf eine Störung der Luftstromsteuerung durch das Gaumensegel ergeben sich aus einer **Hypernasalität** (als Zeichen unvollständiger nasopharyngealer Verschlußbildung bei der Realisierung oraler Laute) oder einer **Hyponasalität** (meist als Zeichen einer gestörten Kontrolle der Gaumensegelfunktion bei der Absenkung des Gaumensegels). Eine Gaumensegelinsuffizienz im Sinne ungenügender Verschlußbildung zeigt sich auch dann, wenn bei der Bildung eines oralen Verschlusses (b, p, d, t, g, k) durch den ansteigenden intraoralen Druck die nasopharyngeale Enge „gesprengt" wird und die Luft dabei hörbar durch die Nase entweicht (nasaler Durchschlag). Die Interpretation dieser Merkmale im Sinne einer Störung der Gaumensegelmotorik stellt im übrigen eine Vereinfachung dar, da bei der Bildung eines nasopharyngealen Verschlusses eine Reihe von Muskelgruppen zusammenwirken (vgl. Ziegler, im Druck). Ein aerodynamisches Verfahren zur Messung dieser Funktion wird ebenfalls unter 10.5.1.3 beschrieben.

Die genannten Kriterien gestörter Artikulation treten, sofern sie überhaupt zutreffen, bei den meisten Dysarthriesyndromen in relativ konstanter Weise auf. Lediglich für die ataktische Dysarthrie bei zerebellären Läsionen werden **unregelmäßige Artikulationsstörungen** (irregular articulatory breakdown) beschrieben (z. B. Darley et al. 1975). Nach den Ergebnissen von Sheard, Adams und Davis (1991) ist dieses Merkmal aber offensichtlich zu unklar definiert, um befriedigende Hörerübereinstimmungen erzielen zu können. Es wird daher empfohlen, jedes der in Tabelle 10-5 beschriebenen Merkmale hinsichtlich seiner Konstanz zu bewerten.

Die Inkonstanz artikulatorischer Fehler stellt für die **Sprechapraxie** sogar ein konstituierendes und zur Abgrenzung gegenüber den Dysarthrien verwendetes Merkmal dar (Ziegler 1991). Patienten mit Sprechapraxie bilden die Sprachlaute in unvorhersagbarer Weise entweder fehlerhaft oder korrekt (Inkonstanz), wobei die für einen Laut beobachteten Fehler von Mal zu Mal variieren können (Inkonsistenz). Die Fehler auf Lautebene umfassen neben den „Entstellungen" im Sinne der für die Dysarthrien beschriebenen Abweichungen (Tabelle 10-5) auch „phonematische Fehler", d. h. nach auditiven Kriterien „wohlartikulierte" Lautersetzungen, Lautauslassungen und Lauthinzufügungen (Ziegler 1991).

Diese Symptomatik, insbesondere das Fehlen konstanter artikulatorischer Störungsmerkmale, hat dazu geführt, daß sich die Sprechapraxiediagnostik in sehr viel stärkerem Maße an der Realisierung einzelner Sprachlaute orientiert als die Dysarthriediagnostik. Anders als in der Dysarthriediagnostik ist es bei der Beschreibung sprechapraktischer Störungen sinnvoll, die Anzahl fehlgebildeter Laute innerhalb eines festgelegten Sprachmaterials als Maß für die Ausprägung der Störung heranzuziehen. Daher ist es für die Untersuchung sprechapraktisch bedingter Artikulationsstörungen notwendig, über repräsentatives Sprachmaterial zu verfügen, mit dem sich nicht nur das Lautinventar in An- und Inlauten von Wörtern überprüfen läßt, sondern auch die Einflußfaktoren der Wortlänge und der artikulatorischen Komplexität zu kontrollieren sind. Ferner ist wegen der häufigen Verbindung sprechapraktischer und aphasischer Störungen bei der Konstruktion des Untersuchungsmaterials auf den Einfluß von Wortklasse und Worthäufigkeit zu achten (Ziegler 1991).

Eine nach den genannten Kriterien aufgebaute, standardisierte Aufgabensammlung liegt für das Deutsche noch nicht vor. Auch über die Methode der Scorierung sprechapraktischer Fehler besteht noch keine Einigung. DiSimoni (1989) empfiehlt für die Auswertung des Comprehensive Apraxia Test (CAT) eine („enge") phonetische Transkription der Äußerungen des Patienten, wie sie auch in neueren Untersuchungen zur Sprechapraxie verwendet wird. Für dieses Verfahren steht mit dem Internationalen Phonetischen Alphabet ein weitverbreitetes und allgemein anerkanntes Zeicheninventar zur Verfügung, das in jüngerer Zeit durch geeignete Sonderzeichen (Diakritika) ergänzt wurde (Duckworth et al. 1990). Eine sichere und zuverlässige Transkription erfordert jedoch eine intensive phonetische Schulung. Eine („breite") phonologische oder gar orthographische Transkription erfüllt hingegen die Anforderungen der Sprechapraxiediagnostik nicht, da sie die Lautentstellungen nicht erfaßt und damit die differentialdiagnostische Abgrenzung gegenüber den aphasisch-phonologischen Störungen nicht erlaubt (Ziegler 1990). Eine in unserer Abteilung eingeführte Kompromißlösung sieht vor, bei einer vereinfachten phonologischen Transkription das Auftreten von Lautentstellungen durch ein Sonderzeichen zu markieren.

In der Diagnostik sprechapraktischer Störungen der Artikulation spielt neben der Analyse der Lautstruktur der produzierten Äußerungen auch die visuelle Beobachtung von **Suchbewegungen** – das sind ungezielte und häufig lautlose Bewegungen der artikulierenden Organe zu Beginn einer Äußerung oder während einer Sprechpause – eine Rolle. Dieses Symptom wird von einigen Autoren als konstituierendes Merkmal der Sprechapraxie angesehen. Seine Ausprägung kann allerdings erheblich variieren, und das Fehlen wahrnehmbarer Suchbewegungen sollte in keinem Fall als Kriterium für den Ausschluß einer Sprechapraxie dienen (Ziegler 1991).

Neben der Befundung spontansprachlicher und in Nachsprechtests überprüfter Äußerungen wird in orientierenden Untersuchungen der Artikulationsleistung meist auch die Fähigkeit geprüft, eine Silbe so rasch wie möglich mehrfach zu wiederholen. Mit den Silben pa, ta und ka werden dabei die Lippen, die Vorder- und die Hinterzunge selektiv untersucht. Zusätzlich kann die Velumfunktion durch Verwendung von tan oder tana mit einbezogen werden. Eine Erhöhung der Anforderungen kann durch einen Wechsel zwischen den Artikulatoren durch schnelle Wiederholung der Silbenfolge pataka erreicht werden. Das Maß für die Artikulationsleistung ist die Anzahl der in einer bestimmten Zeiteinheit realisierten Silben (Silbenwiederholungsrate). Die Prüfung wird mit Hilfe einer Stoppuhr durchgeführt. Bei komplexeren Silbenfolgen sind darüber hinaus auch Artikulationsfehler zu bewerten; dies kann allerdings die Interpretation der Befunde erheblich erschweren.

Tabelle 10-6 enthält Normwerte für schnelle Silbenwiederholungen, wie sie für eine Gruppe von 50 Erwachsenen ohne Sprechstörungen gewonnen wurden (Ziegler et al. 1990; vgl. auch Kent et al. 1987). Für eine Gruppe von 140 dysarthrischen Patienten ergaben sich in 88 % aller Fälle Wiederholungsraten, die unterhalb des Normbereichs lagen. Vor allem bei Patienten mit zerebellären Läsionen erwies sich die Silbenwiederholungsrate als sensitives Maß der dysarthrischen Störung.

Das Verfahren der auditiven Beurteilung stößt bei der Befundung dieses Aufga-

Tabelle 10-6. Normwerte für schnelle Silbenwiederholungen. Median und Bereich (in Silben pro Sekunde)

	16–60 Jahre (n = 36)	61 – 85 Jahre (n = 14)
pa	8,0 (6,2–9,1)	7,0 (5,8–8,5)
ta	8,0 (6,0–9,1)	6,8 (5,3–7,7)
ka	7,2 (5,8–8,4)	6,2 (4,9–7,7)

bentyps sehr schnell an Grenzen. Reduzierte Silbenwiederholungsraten können in unterschiedlicher Weise zustandekommen, beispielsweise durch eine generelle Verlangsamung von Artikulationsbewegungen oder durch „Unflüssigkeit" der Bewegungsfolge, z. B. durch verlängerte Haltephasen. Diese Details der Störung sind mit auditiven Methoden nicht zuverlässig zu bestimmen (vgl. 10.5.2).

10.4.3.4 Prosodie

Die Beurteilung prosodischer Merkmale unterscheidet sich von den bislang beschriebenen auditiven Parametern darin, daß sie nicht auf isolierte motorische Aktivitäten fokussiert ist, sondern die Realisierung prosodischer Funktionen unter Beteiligung des gesamten sprechmotorischen Systems beschreibt. Während also die auditive Diagnostik von Sprechatmung, Stimme und Artikulation indirekt auf eine Aufklärung zugrundeliegender Bewegungsstörungen zielt (impairment), ist die auditive Analyse prosodischer Störungen in erster Linie auf der Ebene der funktionalen Beeinträchtigung (disability) angesiedelt.

Zur Beurteilung prosodischer Störungen sollten, wenn möglich, die spontanen Äußerungen des Patienten herangezogen werden; denn für Sprechproben, die durch Nachsprechen oder Lesen erhoben werden, können natürliche prosodische Muster nicht ohne weiteres erwartet werden. Einen Sonderfall stellen Aufgaben zur „kontrastiven Akzentuierung" dar, in denen der Patient Äußerungen mit bedeutungsunterscheidendem Akzent (z. B., übersetzen vs. über'setzen) imitatorisch realisieren muß. Die zu beurteilenden Merkmale sind in Tabelle 10-7 zusammengefaßt.

Das bei weitem häufigste Merkmal ist das einer **Verlangsamung.** Verlangsamung kann durch vermehrte oder verlängerte Sprechpausen, durch verlangsamte Artikulationsbewegungen oder durch verlängerte artikulatorische Haltephasen bedingt sein. Innerhalb gewisser Grenzen können diese Komponenten auditiv differenziert werden. Eine detailliertere Analyse ist allerdings auf akustische oder physiologische Meßverfahren angewiesen (vgl. 10.5.2).

Ein zweites Merkmal, das bei vielen Dysarthrieformen beobachtet wird, ist die **monotone Sprechweise.** Der auditive Eindruck monotonen Sprechens wird in erster Linie auf eine reduzierte oder stereotype Modulation der Tonhöhe als Folge eingeschränkter Feinbeweglichkeit des Kehlkopfs zurückgeführt. Darüber hinaus tragen aber mit hoher Wahrscheinlichkeit auch andere Störungen, z. B. eine reduzierte Lautstärkemodulation oder eine Verlangsamung, zum Eindruck monotonen Sprechens bei.

Tabelle 10-7. Prosodische Merkmale zentraler Sprechstörungen

Verändertes Sprechtempo

– Verlangsamt – beschleunigt

Inadäquate Pausen

– Inspirationspausen

– Andere

Inadäquate Akzentuierung

– Silbisches Sprechen

– Akzentuierung von Nebensilben

– Nivellierte Akzentkontraste

Inadäquate Intonation

– Monotonie

Auch die Merkmale zur Beschreibung der **Akzentuierung** (linguistisch motivierte Hervorhebung von Silben innerhalb eines Wortes oder Satzes) sind meist nicht eindeutig spezifizierbar. Silbisches Sprechen (auch skandierendes Sprechen), wie es z. B. bei ataktischer Dysarthrie oder bei Sprechapraxie beschrieben ist, kann beispielsweise mit einer Betonung von Nebensilben, mit intersilbischen Pausen oder mit Silbenisochronie (Haupt- und Nebensilben haben gleiche Länge) einhergehen.

Die Komplexität der verwendeten Wahrnehmungskategorien bringt es wiederum mit sich, daß – mit Ausnahme der Urteile über Sprechtempo – die Beurteiler bei der Beschreibung prosodischer Merkmale relativ selten übereinstimmen (Ziegler et al. 1990). Eine Unterstützung des auditiven Befundes durch akustische Maße ist daher dringend erforderlich (10.5.2).

10.5 Gezielte Untersuchung spezifischer Störungsaspekte

10.5.1 Analyse von Bewegungsparametern durch instrumentelle Meßverfahren

Die unter 10.4.2 und 10.4.3 dargestellten Verfahren verwenden ausschließlich subjektive Urteile zur Beschreibung dysarthrischer oder sprechapraktischer Störungen. Es wurde bereits erwähnt, daß hierbei die Urteile vielfach stark differieren. Daher müssen in zunehmendem Maße auch instrumentelle Meßverfahren Eingang in die klinische Diagnostik finden. Die Stärke dieser Verfahren liegt vor allem darin, daß sie auch geringfügige spontane oder therapeutisch bedingte Veränderungen mit hoher Sensitivität erfassen können.

10.5.1.1 Sprechatmung

Eine der physiologischen Meßmethoden, die trotz der unter 10.3.1 formulierten Vorbehalte auch für den klinischen Einsatz empfohlen werden kann, ist die Atmungsuntersuchung mit dem **Pneumographen**. Dabei werden mit Hilfe von Dehnungsmeßstreifen bzw. mittels eines Magnetometers relative Änderungen des Umfangs bzw. des a.-p. Durchmessers von Thorax und Abdomen in Ruhe oder während des Sprechens gemessen (z. B. Murdoch et al. 1989). Durch Kalibrierungstechniken kann aus diesen Maßen der relative Beitrag von thorakaler und abdominaler Auslenkung zum Gesamtvolumenaustausch ermittelt werden (Reich u. McHenry 1990). Für diese Parameter liegen mittlerweile umfangreiche Normdaten für Populationen unterschiedlichen Geschlechts, Alters oder Körpertyps vor (z. B. Hoit, Hixon, Watson et al. 1990). Ferner ermöglicht die Pneumographie, Einatmungshäufigkeit und Einatmungstiefe zuverlässig zu erfassen.

Untersuchungen an dysarthrischen Patienten beschränken sich, abgesehen von einer Studie an 19 Parkinson-Patienten (Murdoch et al. 1989), bislang weitgehend auf Einzelfälle (Weismer 1985). Die aufgezeichneten thorakal-abdominalen Atmungsmuster werden dabei in erster Linie qualitativ analysiert und im Hinblick auf die Koordination von Atmungsbewegungen in Ruhe und beim Sprechen diskutiert.

10.5.1.2 Stimme

Weil bei der auditiven Beurteilung zentraler Stimmstörungen nur eine geringe Beurteilerübereinstimmung erzielt wird (vgl. 10.4.3.2), ist der Einsatz apparativer Meßverfahren in diesem Bereich besonders relevant. Die Messung von Parametern gestörter Kehlkopffunktion kann darüber hinaus die in 10.4.2 beschriebenen inspektiven Befunde objektivieren und quantifizieren.

Ein klinisch relevantes Verfahren zur Messung von Stimmbandschwingungen und Kehlkopfbewegungen beim Sprechen ist die Elektroglottographie (EGG) bzw. die Photoelektroglottographie (PGG).

Bei der **Elektroglottographie** werden mittels zweier Oberflächenelektroden, die auf der Höhe des Schildknorpels am Hals angebracht werden, die Änderungen des elektrischen Widerstands an der Glottis aufgezeichnet. Der gemessene Widerstand steht in reziprokem Verhältnis zur Kontaktfläche der beiden Stimmbänder und bildet vor allem zeitliche Aspekte des Verlaufs der Stimmbandschwingungen während stimmhafter Phonation ab (Abberton, Howard u. Fourcin 1989). Unter anderem erlaubt das Verfahren eine zuverlässige Messung von Grundfrequenzverläufen und Unregelmäßigkeiten der Stimmbandoszillationen als Korrelat einer rauhen Stimmqualität. Ward et al. (1989) empfehlen daher die Verwendung der Elektroglottographie zur Untersuchung zentraler Stimmstörungen. Dagegen zweifeln Childers et al. (1990) den diagnostischen Wert des EGG-Verfahrens an, da es relevante Störungsmuster – z. B. unvollständigen Glottisschluß – nicht sicher zu erfassen vermag.

Bei der **Photoelektroglottographie** mißt eine Photozelle, die unterhalb des Schildknorpels an der Oberfläche des Halses angebracht wird, die von einer durch die Nase eingeführten Lichtquelle abgestrahlte Lichtmenge. Der in der Photozelle induzierte Stromfluß wird durch die Ab- und Adduktionsbewegungen des Kehlkopfs und die Stimmbandschwingungen moduliert. Die Methode erlaubt es, Kehlkopfbewegungen während des Sprechens aufzuzeichnen und ihren zeitlichen Verlauf zu messen. Dabei können Änderungen im aufgezeichneten Signal durch eine Reihe von Artefakten verursacht werden, z. B. durch Positionsänderungen der Lichtquelle und der Photozelle oder durch Schattenbildung an der Epiglottis. Diese Artefakte können kontrolliert werden, wenn die PGG-Ableitung mit einer nasenendoskopischen Videoaufzeichnung kombiniert wird (Hanson, Gerratt u. Berke 1990). Auf diese Weise lassen sich Aspekte laryngealer Bewegungsstörungen erfassen, die im Sprachsignal keinen Niederschlag finden und daher weder mit perzeptiven noch mit akustischen Verfahren beschreibbar sind. Beispielsweise konnten Hoole, Schröter-Morasch und Ziegler (1990) mit diesem Verfahren bei einer Patientin mit Sprechapraxie frustrane Ab- und Adduktionsbewegungen des Kehlkopfs aufzeichnen, die als „laryngeale Parapraxien" interpretiert wurden.

10.5.1.3 Artikulation

Unter den Verfahren, die eine Registrierung von Artikulationsbewegungen ermöglichen, ist aufgrund bisheriger klinischer Erfahrungen die **Elektropalatographie** (EPG) besonders hervorzuheben (Hardcastle, Gibbon u. Jones 1991). Bei der EPG-Ableitung trägt der Patient eine speziell für ihn angefertigte Kunststoffgaumenplatte, in die eine Matrix von üblicherweise 62 berührungssensitiven Elektroden eingearbeitet ist. Über 2 durch die Mundwinkel herausgeführte Kabel sind die Elektroden mit einem Bildschirm verbunden, auf dem das Berührungsmuster der Zunge mit dem harten Gaumen im zeitlichen Verlauf (Abtastrate ca. 100–200 Hz) dargestellt werden kann (Abb. 10-2). Auf diese Weise ist es möglich, Änderungen der artikulatorischen Konfiguration der Vorderzunge während des Sprechens aufzuzeichnen. Das Verfahren eignet sich in erster Linie zur Erfassung zeitlicher und geometrischer Aspekte der Artikulation von alveolaren und alveopalatalen Konsonanten

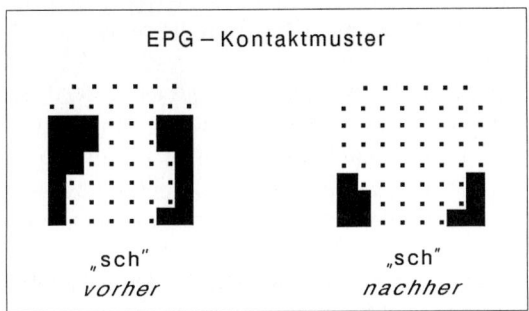

Abb. 10-2. Artikulationstraining mit dem Elektropalatographen: Korrektur einer Vorverlagerung der Artikulationsstelle für den Laut „sch" bei einem Patienten mit Dysarthrie

und zur Beantwortung von Fragen zur Koartikulation. Entsprechend spezifisch sind auch die Fragestellungen, die sich mit Hilfe der EPG-Diagnostik zur Aufklärung zentraler Sprechstörungen beantworten lassen. Insbesondere liegen Analysen artikulatorischer Aspekte von phonologischen, sprechapraktischen und dysarthrischen Störungen vor (vgl. Hardcastle et al. 1991). Ein besonderer Vorzug des Verfahrens liegt in der Möglichkeit zur therapeutischen Nutzung als Feedback-Gerät.

Einschränkungen für die klinische Anwendung der EPG-Methode ergeben sich in erster Linie aus der Notwendigkeit, für jeden Patienten einen speziell auf seine anatomischen Verhältnisse angepaßten „Meßaufnehmer" (künstlichen Gaumen) herzustellen. Der damit verbundene Aufwand erscheint nur dann gerechtfertigt, wenn auch die Indikation für eine EPG-Feedback-Therapie gegeben ist (Egger, Ziegler, Vogel u. Hoole, eingereicht). Aus der Unterschiedlichkeit der individuellen Gaumenabdrücke ergeben sich ferner Probleme für die Vergleichbarkeit der gewonnenen Daten.

Ein weiteres Verfahren, das die quantitative Erfassung artikulatorischer Parameter auch unter klinischen Bedingungen erlaubt, ist die (zweikanalige) **Pneumotachometrie**. Dabei wird mittels einer abgedichteten Gesichtsmaske über 2 getrennte Kanäle die Volumengeschwindigkeit des Luftstroms der Mund- und Nasenausatmung beim fortlaufenden Sprechen gemessen. Auf diese Weise läßt sich das Verhältnis von oraler und nasaler Luftströmungsrate bestimmen und beispielsweise der durch eine Gaumensegelinsuffizienz bedingte Luftverlust durch die Nase quantifizieren (Hoodin u. Gilbert 1989). Eine weitere Anwendung, mit der in der Diagnostik der ataktischen Dysarthrie oder der Sprechapraxie Koordinationsstörungen objektiviert werden können, ist die Messung zeitlicher Aspekte der Gaumensegelanhebung bzw. -absenkung beim Übergang zwischen nasalen und oralen Lauten.

10.5.2 Akustische Parameter

Akustische Diagnostikverfahren setzen, wie die auditive Methode, am Endprodukt des Sprachproduktionsprozesses, dem Sprachsignal, an. Daraus resultiert einerseits der Nachteil, daß die Anteile der einzelnen sprechmotorischen Komponenten am Zustandekommen dieses Resultats ohne zusätzliche Annahmen nicht mehr separiert werden können. Andererseits bergen diese Verfahren – anders als beispielsweise die kinematischen Methoden – nicht die Gefahr, funktionell irrelevante Details sprechmotorischer Aktivität zu bewerten.

Im Gegensatz zur auditiven Befundung liefern akustische Analysen – wie alle instrumentellen Verfahren – Daten, die nicht durch subjektive Wahrnehmungsprozesse gefiltert sind. Sie eignen sich daher zur Objektivierung auditiver Befunde, insbesondere in der Verlaufskontrolle, und zur Messung spezifischer Aspekte gestörter Sprachproduktion, die mit auditiven Methoden nicht zuverlässig erfaßt werden können.

Die Messung akustischer Parameter setzt eine Aufzeichnung der Äußerungen des Patienten mit hochwertigen Aufnahmegeräten (Mikrophon und analoges oder digitales Tonbandgerät) und unter gut kontrollierten Bedingungen (schallisolierter oder zumindest sehr ruhiger Untersuchungsraum) voraus. Die grundlegenden Meßparameter Schallintensität, Grundfrequenz und Spektrum können mit herkömmlichen Analoggeräten erfaßt werden. Mit der zunehmenden Verbreitung von Mikrocomputern werden sich in Zukunft jedoch auch digitale Analyseverfahren durchsetzen, die den Vorteil haben, relevante Methoden flexibler einsetzen zu können, und die außerdem geeignet sind, gewonnene Daten weiterzuverarbeiten (Ahrndt u. Ziegler, im Druck).

Akustische Parameter eignen sich zur differenzierten Beschreibung stimmlicher, artikulatorischer und prosodischer Merkmale. Ein in der Phoniatrie relativ weitverbreitetes Verfahren der **Stimmdiagnostik** ist beispielsweise die Messung des **Stimmfeldes** (Phonetogramm). Dabei hat der Patient die Aufgabe, einen möglichst tiefen Ton zunächst „möglichst leise" und dann auch „möglichst laut" auf a zu phonieren und dies mit schrittweise ansteigender Tonhöhe bis zur oberen Grenze des Tonhöhenumfangs zu wiederholen (Gramming 1988). Diese Untersuchung, bei der die Leistungsgrenzen der Kontrolle laryngealer und respiratorischer Vorgänge bei der Phonation erfaßt werden, wird bislang allerdings fast ausschließlich in der Diagnostik von Stimmstörungen bei Schädigung der Stimmbänder oder des peripheren Neurons und von psychogenen Stimmstörungen verwendet (Gramming 1988). Eine Anwendung in der Verlaufsanalyse zentraler Dysphonien bietet sich an. Allerdings ist es fraglich, ob die Untersuchung wegen der Komplexität ihrer Anforderungen bei Patienten mit schwerer Hirnschädigung durchgeführt werden kann.

Einfachere Anwendungen der Grundfrequenz- und der Schallintensitätsmessung sind die Bestimmung der mittleren Sprechstimmlage und der mittleren Sprechlautstärke und die Erfassung von Intonationskonturen zur Beschreibung prosodischer Defizite. Analysen der Variabilität dieser Parameter können ferner zur Beschreibung von Störungen der laryngealen Kontrolle eingesetzt werden (Ziegler et al. 1990; Ziegler u. Hartmann, im Druck).

Auch die Störungen der **Artikulation** lassen sich mit akustischen Methoden präziser analysieren als mit dem Ohr. Eine Reihe von Parametern zur Untersuchung der Qualität artikulatorischer Verschlüsse, der Fähigkeit zur Geräuschbildung bei der Artikulation von Reibelauten sowie der Fähigkeit, unterschiedliche Vokale ausreichend zu differenzieren, sind in Ziegler et al. (1990) beschrieben.

Eine Anwendung, in der sich akustische Maße als besonders hilfreich erwiesen haben, ist die differenzierte Beschreibung der silbischen Gliederung von Äußerungen durch artikulatorische Verschlußbewegungen. Als Grundparameter dieser Analysen dient die Kontur der Schallintensität im Verlauf einer mehrsilbigen Äußerung, die bei artikulatorischen Verschlüssen (b, p, d, t, g, k) gedämpft wird und während der Öffnung für einen nachfolgenden Vokal ein Maximum annimmt. Beispiele von Intensitätskonturen, wie sie bei schnellen Wiederholungen der Silbe ta entstehen, zeigt Abb. 10-3 (vgl. 10.4.3.3). Die in Abb. 10-3a dargestellte Kontur zeigt die schnellen und regelmäßigen Silbenfolgen eines gesunden Sprechers. Die Abb. 10-3b und c beschreiben die Realisierung derselben Aufgabe durch 2 Patienten mit rein zerebellärer Atrophie. Patientin 1 zeigt eine deutliche Verlangsamung in den schnellen Wechselbewegungen bei allerdings sehr regelhafter Durchführung, während Patient 2 z. T. sehr schnelle Öffnungs- und Verschlußbewegungen ausführt, dazwischen aber längere „Blockaden" im Bewegungsablauf zeigt. Diese Unterschiede können durch eine einfache Bestimmung der Silbenwiederholungsrate (vgl. 10.4.3.3)

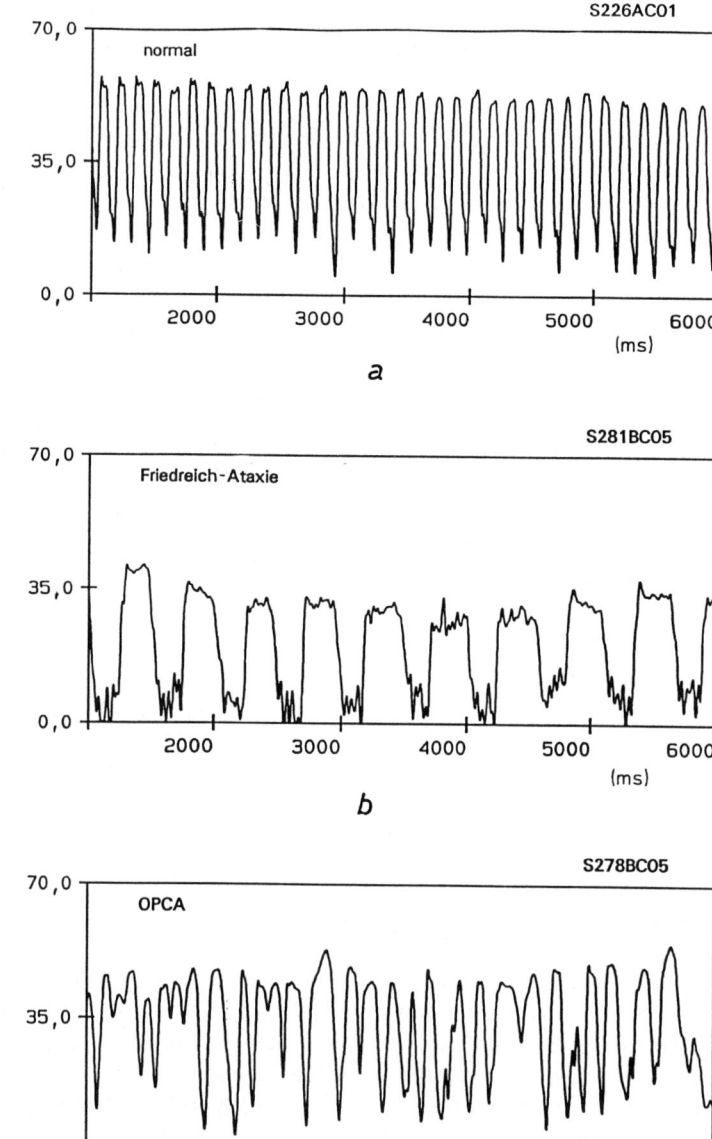

Abb. 10-3. Aufzeichnung der Intensitätskonturen für schnelle Wiederholungen der Silbe ta. **a** Normale Versuchsperson; **b** Patientin 1 mit Friedreich-Ataxie; **c** Patient 2 mit olivopontozerebellärer Atrophie

nicht erfaßt werden. Dagegen lassen sich aus den in Abb. 10-3 gezeigten Konturen Parameter extrahieren, die die relevanten Aspekte in der Realisierung solcher Aufgaben abbilden.

Weitere Anwendungen dieser Analysemethode sind die Bestimmung des Sprechtempos und die Differenzierung unterschiedlicher Aspekte verlangsamter oder beschleunigter Sprechweise sowie die Beschreibung des Sprechrhythmus in der Analyse prosodischer Störungen (Ackermann u. Ziegler 1992b; Ziegler et al. 1990; Ziegler u. Hartmann, im Druck; Egger et al., eingereicht).

10.5.3 Untersuchung von Einflußfaktoren durch Variation der sprechmotorischen Anforderungen

Ein wichtiges Mittel bei der Untersuchung motorischer Funktionen stellt die experimentelle Variation von motorischen Aufgaben und von Einflußgrößen dar. In der therapieorientierten Diagnostik zentraler Sprechstörungen können Methoden der Variation sprechmotorisch relevanter Bedingungen dazu dienen, spezifische Hypothesen zum Störungsmechanismus zu untersuchen und auszuloten, auf welche Weise die Störung zu beeinflussen ist.

Die einfachste Möglichkeit, Störungsvariable einzugrenzen, ist die gezielte Variation der „Aufgaben", d. h. des für die Untersuchung verwendeten Sprachmaterials. Die in Tabelle 10-8 dargestellte Wortliste kann beispielsweise dazu verwendet werden, Störungen der Gaumensegelfunktion in sehr spezifischer Weise zu untersuchen. Das Wortmaterial ist so aufgebaut, daß der Schwierigkeitsgrad der zu erbringenden artikulatorischen Leistung zunimmt. Das Gaumensegel muß im Übergang von einem nasalen zu einem oralen Konsonanten angehoben, im Übergang von einem oralen zu einem nasalen Konsonanten abgesenkt werden. Sind die beiden Konsonanten durch einen Vokal getrennt, so kann dieser Übergang langsamer erfolgen als im direkten Kontakt zweier Konsonanten. Eine zusätzliche „Erschwernis" ist gegeben, wenn synchron mit der Gaumensegelbewegung auch die Artikulationsstelle gewechselt werden muß.

Die Befundung nach solchen Wortlisten kann mit auditiven, mit akustischen oder mit anderen apparativen Verfahren durchgeführt werden. Im Beispiel von Tabelle 10-8 zeigen sich Störungen der Gaumensegelfunktion nach auditiven Kriterien in einer Nasalierung oraler Laute oder einer Denasalierung nasaler Laute. Besonders gut zu beurteilen sind dabei Störungen, die im unmittelbaren Kontakt oraler und nasaler Konsonanten auftreten.

Eine Sammlung von nach artikulatorischen Kriterien geordneten Wortlisten, die sich speziell für die therapieorientierte Diagnostik sprechapraktischer Störungen eignet, wurde von Ziegler und Jaeger (im Druck) erstellt.

Störungseinflüsse können auch durch gezielte Eingriffe in den Sprechbewegungsablauf spezifiziert werden. Eine Modifikation artikulatorischer Funktionen stellt etwa die Applikation eines „Beißblocks" dar. Dabei wird dem Patienten ein aus sterilisierbarem Material gefertigter Block von etwa 5–10 mm Höhe seitlich zwischen die Molaren geklemmt. Der Patient soll während des Sprechens den Beißblock festhalten; auf diese Weise wird der Unterkiefer bei der Artikulation fixiert,

Tabelle 10-8. Systematische Wortlisten zur Untersuchung der Gaumensegelfunktion
(C Konsonant, V Vokal)

		GS-Anhebung		GS-Absenkung	
		1silbig	2silbig	1silbig	2silbig
CVC-Übergang	Kein Wechsel des artikulierenden Organs	Mob	Mappe	Baum	Bäume
		Muff	Möwe	Ton	Tonne
		Not	Note	Sinn	Sahne
		naß	Nüsse	Lohn	Lehne
		Null	Nische	Gang	Junge
	Wechsel des artikulierenden Organs	matt	Mitte	Bein	Biene
		Moos	Messe	Fang	Wange
		Maul	Mühle	dumm	Dame
		Meer	Möhre	Schaum	Schemel
		Nepp	Nebel	Kahn	Kino
CC-Übergang	Kein Wechsel des artikulierenden Organs	Lump	Lampe	Schnee	Halbmond
		Hand	Hunde	Schnur	Kaufmann
		Gans	Gänse	schnell	Ätna
		Wunsch	Menschen	Schnitt	Meßner
		Bank	Bangkok	Köln	Kellner
	Wechsel des artikulierenden Organs	Hemd	Amsel	Schmuck	Kaschmir
		Samt	Imker	Film	Palme
		Wams	Anfang	Halm	atmen
		Senf	langsam	Knie	Schaffner
		Hanf	Engpaß	Knall	Rechnung

als primäre Artikulatoren fungieren nur noch Zunge und Lippen. Dies kann dazu dienen, den Störungsgrad der verschiedenen Artikulatoren differentiell zu erfassen. Insbesondere können Störungen diagnostiziert werden, die aus einer mangelhaften Koordination von Kiefer und Zunge resultieren. Mit der diagnostischen Erfassung solcher Details ist gleichzeitig ein Weg für die Behandlung der Störung vorgezeichnet.

Eine dritte Methode, sprechmotorische Anforderungen gezielt zu variiieren, besteht in der Durchführung sog. „Tracking"-Aufgaben. Diese Verfahren setzen voraus, daß sprechmotorisch relevante – physiologische, aerodynamische oder akustische – Parameter in Echtzeit gemessen und dem Patienten auf einem Bildschirm dargeboten werden können (Feedback). Zusammen mit dem Feedback seiner eigenen Leistung werden dem Patienten Zielvorgaben für die zu erbringende Leistung dargeboten.

Wichtige Aufgabentypen sind das Konstanthalten eines Sprechparameters oder die Durchführung einfacher Bewegungstypen wie Rampenbewegungen (lineare Veränderung im Wechsel mit Konstanthalten) oder sinusförmige Wechsel.

Die zu erbringende Leistung kann beispielsweise die Kontrolle von Lippenkräften betreffen (Barlow u. Burton 1990). Dabei werden Zielkräfte in einem sprechmotorisch relevanten Bereich (<2 N) vorgegeben und die vom Patienten aufgewendeten

Konstanz

Sinus

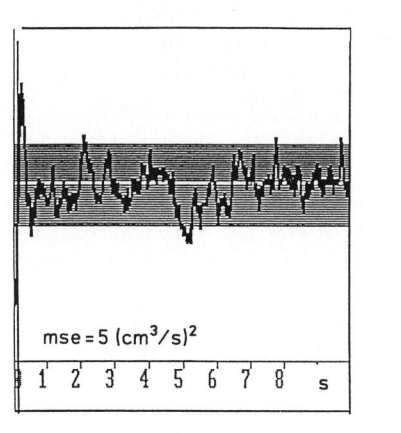
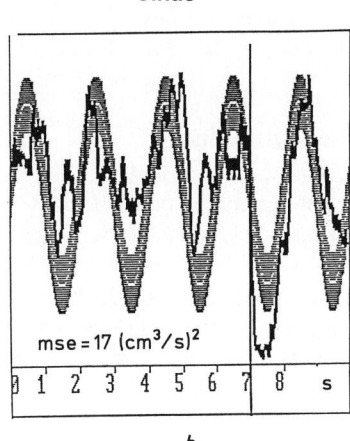

mse = 5 (cm³/s)²

mse = 17 (cm³/s)²

a

b

Abb. 10-4. Feedback-Kontrolle der Exspiration mit dem Pneumotachometer. **a** Aufrecht-erhalten einer konstanten Volumengeschwindigkeit; **b** „tracking" einer Sinus-Welle. mse: mean square error

Lippenkräfte mit Hilfe eines Kraftaufnehmers gemessen und als Feedback dargebo-ten. Eine Tracking-Aufgabe, die in der Diagnostik der Atmungskontrolle eingesetzt werden kann, verwendet als Meßparameter die orale Luftstromgeschwindigkeit, gemessen mit einem Pneumotachometer (vgl. 10.5.1.3; Finsterwald 1990). Der Patient hat dabei die Aufgabe, die über ein Mundstück abgeleitete Luftstromge-schwindigkeit so zu kontrollieren, daß sie über einen bestimmten Zeitraum in einem Zielintervall gehalten wird (Abb. 10-4).

Tracking-Aufgaben haben den Vorteil, daß sie auch als Trainingsaufgaben zur Verbesserung der jeweils überprüften Kontrollfunktion eingesetzt werden können. Sie verschränken Diagnostik und Therapie, so daß die Behandlungsschritte sehr flexibel geplant und kontrolliert werden können.

10.6 Diagnostische Erfassung der kommunikativen Relevanz zentraler Sprechstörungen

Die in den vorangegangenen Abschnitten beschriebenen Untersuchungsverfahren geben Aufschluß über sichtbare, hörbare und instrumentell meßbare Aspekte zen-traler sprechmotorischer Störungen mit dem Schwerpunkt auf einer zumindest approximativen Analyse der zugrundeliegenden Störungsmechanismen. Die Ergeb-nisse der instrumentellen und inspektiven Untersuchungen lassen dabei kaum Rück-schlüsse auf das Ausmaß der funktionalen Beeinträchtigung zu, und selbst der auditive logopädische Befund liefert nur indirekte Hinweise auf den Grad der durch die Sprechstörung bedingten kommunikativen Beeinträchtigung. Es ist daher erforderlich, diese Störungsaspekte mit Hilfe eigener Verfahren zu untersuchen.

10.6.1   Verständlichkeit

Eine Einschätzung der Verständlichkeit ist unerläßlicher Bestandteil eines jeden Dysarthriebefundes. Üblicherweise behilft sich der Therapeut mit Schätzungen, zumeist auf der Grundlage kurzer Sprechproben oder spontansprachlicher Äußerungen und unter Verwendung von Intervallskalen (z. B. Darley et al. 1975). Biniek et al. (1991) schlagen eine Auszählung der unverständlichen Äußerungen in einem halbstandardisierten Interview vor. Die im Frenchay-Dysarthrietest (Enderby 1991) enthaltene Verständlichkeitsprüfung verwendet 2 Listen von jeweils 10 Testwörtern, die vom Untersucher „blind" aus einer Auswahl von je 50 Stimuluskarten gezogen und vom Patienten laut vorgelesen werden. Der Verständlichkeitsscore errechnet sich aus der Anzahl der vom Untersucher richtig verstandenen Wörter.

Die genannten Verfahrensweisen haben erhebliche methodische Nachteile, da sie wesentliche Einflußgrößen nicht kontrollieren. Die Verständlichkeit einer Äußerung hängt von mehreren Faktoren ab, insbesondere von situativen oder sprachlichen Kontextbedingungen, von der Vertrautheit des „Hörers" mit dem gesprochenen Text und mit dem „Sprecher", d. h. dem Patienten und den besonderen Merkmalen seiner Sprechstörung. Bei der Beurteilung von Spontansprache (wie beispielsweise in dem von Biniek et al. (1991) vorgeschlagenen Verfahren) kann der situative Kontext und damit die Erwartung des Untersuchers hinsichtlich der Äußerungen des Patienten stark variieren und die Anzahl der verstandenen Äußerungen zusätzlich durch Unterschiede in der sprachlichen Redundanz beeinflußt werden (Ziegler 1992).

Bei der im Rahmen des Frenchay-Tests (Enderby 1991) erforderlichen Identifikation von Wörtern ist die Auswahlmenge von nur 50 Stimuli so gering, daß bei einiger Vertrautheit mit dem Material hohe Identifikationsraten selbst bei schweren Verständlichkeitsstörungen zu erwarten sind (Vogel u. Ziegler, im Druck).

Ein weiterer Nachteil der genannten Verfahren ergibt sich aus dem Umstand, daß die Befundung durch den Sprechtherapeuten selbst durchgeführt wird. Erfahrungsgemäß nimmt im Verlauf einer Behandlung der Grad der Vertrautheit des Therapeuten mit der Sprechweise des Patienten zu, so daß Verlaufsmessungen nicht mehr in zuverlässiger Weise durchgeführt werden können.

Die Entwicklung psychometrisch einwandfreier Verfahren zur Bestimmung der Verständlichkeit dysarthrischer Patienten erfordert eine Kontrolle der erwähnten Einflußfaktoren – in erster Linie der Redundanz des Testmaterials und der Vertrautheit des „Hörers" mit dem Patienten und dem verwendeten Material.

Ein Verfahren, das diesen Ansprüchen genügt, ist das Münchner Verständlichkeitsprofil (MVP) (Ziegler, Hartmann u. Wiesner 1992). Das Verfahren basiert auf Wortlisten, die nach phonetischen Kriterien erstellt sind: Jedes „Zielwort" gehört einem „Ensemble" von 6 Alternativwörtern an, die sich lediglich in einer Silbenposition (primärer Ziellaut) – dem Anlaut, dem Kern oder dem Auslaut einer Silbe –

unterscheiden. Darüber hinaus ist dem Zielwort ein zweites Ensemble von ebenfalls 6 Wörtern zugeordnet, die in einer weiteren Silbenposition (sekundärer Ziellaut) vom Zielwort abweichen (Beispiele s. Tabelle 10-9). Die Konsonanten und Vokale des Deutschen treten in einer fest vorgegebenen Verteilung als Ziellaute auf und ermöglichen eine Gruppierung der Testitems nach Variablen wie „nasal – oral", „labial – lingual" etc.

Tabelle 10-9. Alternativensembles für die Verständlichkeitsprüfung (Zielwörter halbfett)

– Beispiel 1: „Primärer Ziellaut": y; „sekundärer Ziellaut": f

| **fühlen** | füllen | fehlen | Fohlen | feilen | |
| Wahlen | Willen | wählen | wollen | Wellen | |

– Beispiel 2: „Primärer Ziellaut": b; „sekundärer Ziellaut": st

| **Bast** | Mast | Gast | Hast | Last | fast |
| blaß | Paß | As | Haß | naß | Faß |

Um den in einer Pilotversion des Verfahrens (Ziegler, Hartmann u. von Cramon 1988) aufgetretenen Deckeneffekt zu reduzieren, ist die Hälfte der Stimuluswörter einer Wortliste in semantisch und syntaktisch neutrale „Trägersätze" eingebettet.

Der Patient spricht die Testliste nach visueller Vorgabe der Items auf einem Bildschirm. Die gespeicherten Äußerungen werden anschließend einem „Hörer" – in der Regel einem Klinikangehörigen, der nicht mit der Sprechweise des Patienten vertraut ist – dargeboten. Der Hörer hat die Aufgabe, jedes der Zielwörter aus den 12 Wörtern der beiden Alternativensembles zu identifizieren.

Die Verwendung eines solchen „Multiple-choice"-Formats bei der Identifikation der vom Patienten produzierten Äußerungen hat gegenüber einem „freien" Antwortformat den Vorteil, daß die auftretenden Fehlidentifikationen nach den phonetischen Testvariablen klassifiziert werden können. Das resultierende „Verständlichkeitsprofil" kann dazu dienen, Behandlungsschwerpunkte zu bestimmen oder differentielle Behandlungseffekte nachzuweisen; Abb. 10-5 zeigt beispielsweise für 3 Patienten mit Gaumensegelinsuffizienz nach traumatischer Hirnschädigung, daß orale Konsonanten (offene Kreise) von den Hörern wesentlich schlechter identifiziert werden konnten als nasale Konsonanten (gefüllte Kreise). Nachdem die Patienten eine Gaumensegelprothese erhalten hatten, nahmen die Fehlerzahlen für die oralen Laute drastisch ab, für die nasalen Laute nahmen dagegen die Fehlerzahlen zunächst leicht zu (GSP 1) – vermutlich aufgrund der erschwerten Luftstromsteuerung durch die Nase. Erst nach einem Trainingsintervall erhöhte sich die Verständlichkeit bei allen 3 Patienten auch für diese Lautklasse (GSP 2).

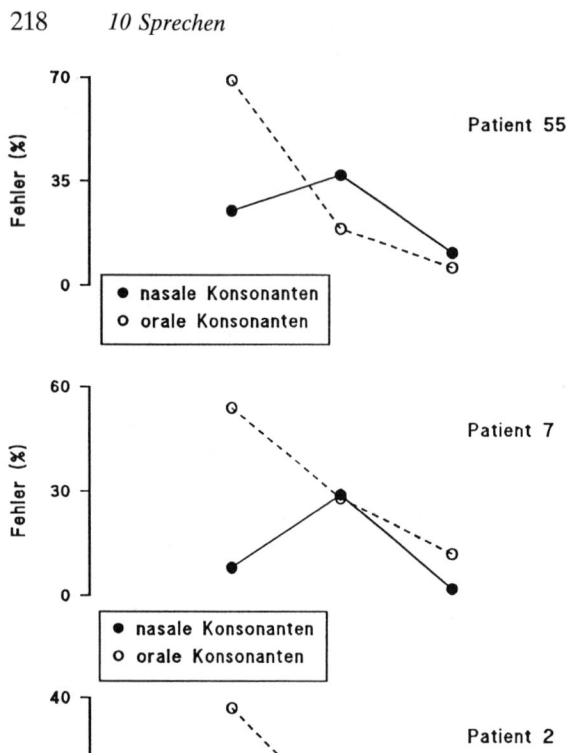

Abb. 10-5. Erhöhung der Verständlichkeit bei Anpassung einer Gaumensegelprothese (3 Fallbeispiele)

10.6.2   Para- und extralinguistische Aspekte sprechmotorisch bedingter Kommunikationsstörungen

Die Minderung der Verständlichkeit ist nicht der einzige Aspekt dysarthrischer oder sprechapraktischer Kommunikationsstörungen. Auch Patienten, die durchaus verständlich sprechen, können durch ihre von der Norm abweichende Sprechweise in Gesprächen deutlich auffallen. Der Grad dieser nicht notwendigerweise an die Verständlichkeitsminderung gekoppelten Auffälligkeit wird in klinischen Merkmalslisten mangels einer differenzierteren Terminologie unter dem Begriff des „unnatürlichen Sprechens" (bizarreness) erfaßt (Darley et al. 1975). Eine Operationalisierung dieses komplexen Konstrukts steht bislang noch aus. Man geht davon aus, daß die Störungen aller Funktionskreise (Atmung, Stimme, Artikulation) sowie die prosodischen Störungen gleichermaßen zur Auffälligkeit der Sprechweise eines Patienten beitragen können, ohne daß allerdings das Ausmaß der von einem Gesprächspartner wahrgenommenen „Unnatürlichkeit" aus den Beschreibungen dieser einzelnen Konstituenten vorhersagbar wäre.

Im Bereich der Stotterbehandlung gibt es Versuche, den Schweregrad der Störung anhand von Ratings auf einer „Natürlichkeitsskala" zu bewerten (Metz, Schiavetti u. Sacco 1990). Wegen der im Vergleich zu den Dysarthrien und zur Sprechapraxie sehr homogenen Symptomatik des kongenitalen Stottersyndroms sind diese Erfahrungen allerdings nicht ohne weiteres auf die zentralen Sprechstörungen übertragbar.

Eine Möglichkeit, das Konstrukt der Natürlichkeit etwas differenzierter zu erfassen, bietet das Konzept der „extralinguistischen" und „paralinguistischen" Information in der mündlichen Kommunikation. Danach enthalten mündliche Sprachäußerungen neben der linguistisch enkodierten Information immer auch Informationen über die körperliche Konstitution des Sprechers, sein Alter und Geschlecht, seine Persönlichkeit und seinen affektiven Zustand. Über ein Rating solcher Variablen anhand von Tonbandaufnahmen dysarthrischer oder sprechapraktischer Patienten läßt sich ermitteln, ob die Äußerungen dieser Patienten solche Informationen noch in ausreichendem Maße enthalten. Aus eigenen Erfahrungen wissen wir beispielsweise, daß Altersschätzungen für Patienten mit schweren Dysarthrien z. T. erheblich vom tatsächlichen Wert abweichen können (Ziegler u. Hartmann, im Druck). Pitcairn et al. (1990) haben auditive Ratings von Persönlichkeits- und Affektvariablen bei Parkinson-Patienten durchgeführt und deutliche Unterschiede gegenüber einer Kontrollgruppe herausgefunden. Solche Ratings sind allerdings als diagnostische Verfahren für klinische Anwendungen nicht geeignet, da stabile Urteile nur bei großen Hörergruppen zustandekommen und eine sichere Abgrenzung gegenüber der „Norm" vermutlich nicht gelingt.

10.6.3 Einschränkung kommunikativer Aktivitäten

Bedingt durch subjektive Beschwerden (z. B. Sprechanstrengung) oder als Reaktion auf ihre auffällige, unverständliche und/oder verlangsamte Sprechweise, beschränken sich Patienten mit zentralen Sprechstörungen häufig auf wenige und kurze Äußerungen und neigen dazu, bestimmte „Kommunikationssituationen" wie Sprechen in lauter Umgebung, Telefonieren oder Rufen über größere Entfernungen zu meiden. Diese Folgen dysarthrischer oder sprechapraktischer Störungen tragen erheblich zur Minderung der beruflichen Möglichkeiten der betroffenen Patienten und zu ihrer sozialen Isolierung bei.

Urteile über die genannten Aspekte gestörten Kommunikationsverhaltens lassen sich z. T. im klinischen Umfeld gewinnen, beispielsweise im Rahmen einer Gruppentherapie oder bei Telefongesprächen, die der Patient im Beisein des Untersuchers führt. Eine repräsentative Sammlung relevanter Aufgaben, die auf diese Weise überprüft werden können, und ein geeignetes Bewertungssystem liegen gegenwärtig nicht vor. Die in der Aphasiediagnostik verwendeten kommunikationsorientierten Tests (vgl. Hartley 1990) sind für den Bereich der zentralen Sprechstörungen nicht

Tabell 10-10. Richtlinien für die Begutachtung dysarthrischer Störungen (MdE Minderung der Erwerbsfähigkeit). (Nach Böhme 1983, Marx 1987, Wirth 1990)

Symptome	MdE in %
Artikulationsstörungen durch Lähmungen oder Defekte an Zunge und Gaumen (Dysarthrie, Dysglossie)	
– Mit gut verständlicher Sprache	10–20
– Mit schwer verständlicher Sprache	20–40
– Mit unverständlicher Sprache	40–50
Isolierte Fazialislähmung	
– einseitig	10–20 (10–30)
– beidseitig	20–40
Schwere Funktionsstörung der Zunge durch Gewebsverlust, narbige Fixation oder Lähmung	3o–4o
Einseitige Kehlkopflähmung	
– Paramedianstellung oder kompensiert mit guter Stimme	10–20
– Intermediärstellung mit Aphonie	30
Beidseitige Kehlkopflähmung	
– Je nach Atembehinderung und Stimmfunktion	30–50
– Mit Notwendigkeit, Dauerkanüle zu tragen	40–50
Stimmstörungen (bei geistig und körperlich Arbeitenden)	
– Mit Heiserkeit bei Belastungen	10
– Mit dauernder Heiserkeit	20
– Mit Aphonie	30
Stottern	10–30

geeignet, weil sie zu wenig auf die mündliche Sprachproduktion und eine Variation der sprechmotorischen Anforderungen fokussiert sind. Aus den im klinischen Umfeld erhobenen Befunden können darüber hinaus nur bedingt Schlüsse auf das Verhalten des Patienten im Alltag gezogen werden.

Dagegen kann eine Befragung des Patienten selbst oder seiner Angehörigen Aufschluß über die Einschränkung kommunikativer Aktivitäten geben. Der von Brust und Ziegler (1991) entwickelte Fragebogen zur kommunikativen Beeinträchtigung von Patienten mit zentralen Sprechstörungen enthält eine Auswahl relevanter Fragen zu diesem Thema.

10.7   Gutachtensfragen

Während beispielsweise bei der Begutachtung von Hörstörungen auf detaillierte Richtlinien Bezug genommen werden kann, muß die gutachterliche Beurteilung von Patienten mit Sprechstörungen bislang noch auf der Grundlage von sehr vagen

Bestimmungen für die Bewertung der verschiedenen Störungsaspekte durchgeführt werden. Lediglich für periphere Schädigungen liegen einigermaßen verbindliche Richtlinien vor. Dabei werden sowohl kosmetische Aspekte (z. B. bei Fazialisparese) als auch die funktionellen Auswirkungen einer Störung der Stimme (z. B. dauernde Heiserkeit oder Heiserkeit bei Belastung) und der Artikulation (eingeschränkte Verständlichkeit) bewertet. Tabelle 10-10 gibt einen Überblick über die für neurologisch bedingte Sprechstörungen relevanten Bewertungsrichtlinien (nach Böhme 1983; Marx 1987; Wirth 1990).

Ein offensichtlicher Mangel dieser Richtlinien besteht darin, daß sie weitgehend auf subjektiven Kriterien („gute Stimme", „unverständlich" etc.) beruhen. Zur objektiven Quantifizierung von Stimm- und Artikulationsstörungen oder Beeinträchtigungen der Verständlichkeit wird den in 10.5 und 10.6 beschriebenen Verfahren in Zukunft auch in Gutachtensfragen erhebliche Bedeutung zukommen.

Die bestehenden Richtlinien nehmen ferner nur unzureichend Bezug auf mögliche funktionelle Auswirkungen zentraler Sprechstörungen, z. B. eingeschränkte kommunikative Effizienz, geringe Belastbarkeit oder unnatürliche Sprechweise. Diese Aspekte müssen jeoch wegen ihrer weitreichenden Folgen für das berufliche wie private Leben unbedingt in die gutachterliche Gesamtbewertung einbezogen werden. Insbesondere bei Patienten mit Sprechberufen ist dabei größte Sorgfalt geboten.

Literatur

Abberton ERM, Howard DM, Fourcin AJ (1989) Laryngographic assessment of normal voice: a tutorial. Clin Linguist Phon 3:281–296

Ackermann H, Ziegler W (1989) Die Dysarthrophonie des Parkinson-Syndroms. Fortschr Neurol Psychiat 57:149–160

Ackermann H, Ziegler W (1992a) Die cerebelläre Dysarthrie. Fortschr Neurol Psychiat 60:28–40

Ackermann H, Ziegler W (1992b) Articulatory deficits in Parkinsonian dysarthria: an acoustic analysis. J Neurol Neurosurg Psychiat 54:1093–1098

Ahrndt T, Ziegler W (im Druck) Sprechen und Verstehen am Computer: Ein PC-basiertes Verfahren zur Verständlichkeitsprüfung mit dem ‚Münchner Verständlichkeitsprofil (MVP)'. Biomed J

Alexander MP, Naeser MA, Palumbo C (1990) Broca's area aphasias: Aphasia after lesions including the frontal operculum. Neurology 40:353–361

Aronson AE (1985) Clinical Voice Disorders. An Interdisciplinary Approach. 2nd Edition. New York: Thieme Inc

Barlow SM, Burton MK (1990) Ramp-and-hold force control in the upper and lower lips: Developing new neuromotor assessment applications in traumatically brain injured adults. J Speech Hear Res 33:660–675

Biniek R, Huber W, Willmes K, Glindemann R, Brand H, Fiedler M, Annen C (1991) Ein Test zur Erfassung von Sprach- und Sprechstörungen in der Akutphase nach Schlaganfällen. Aufbau und Durchführung. Nervenarzt 62:108–115

Böhme G (1985) Klinik der Sprach-, Sprech- und Stimmstörungen. Stuttgart: G. Fischer Verlag

Broser F (1981) Topische und klinische Diagnostik neurologischer Krankheiten. 2. Auflage. München: Urban & Schwarzenberg

Brust D, Ziegler W (1991) Beeinträchtigungen der Kommunikation als Folge zentraler Sprechstörungen. EKN – Materialien für die Rehabilitation, München

Childers DG, Hicks DM, Moore GP, Eskenazi L, Lalwani AL (1990) Electroglottography and vocal fold physiology. J Speech Hear Res 33:245–254

DePaul R, Abbs JH, Caligiuri M, Gracco VL, Brooks BR (1988) Hypoglossal, trigeminal, and facial motoneuron involvement in amyotrophic lateral sclerosis. Neurology 38:281–283

Darley FL, Aronson AE, Brown JR (1975) Motor Speech Disorders. Philadelphia: W. B. Saunders Company

DiSimoni FG (1989) Comprehensive Apraxia Test (CAT). Dalton: Praxis House Publishers

Duckworth M, Allen G, Hardcastle W, Ball M (1990) Extensions to the International Phonetic Alphabet for the transcription of atypical speech. Clin Linguist Phon 4:273–280

Enderby PM (1991) Frenchay Dysarthrie-Untersuchung. Stuttgart: Gustav Fischer Verlag

Finsterwald M (1990) Methoden zur Diagnose und biofeedbackgesteuerten Therapie sprech-motorischer Störungen. Dissertation. München: Universität der Bundeswehr

Gilchrist E, Wilkinson M (1979) Some factors determining prognosis in young people with severe head injuries. Arch Neurol 36:355–359

Gramming P (1988) The Phonetogram. Malmö: University of Lund

Hardcastle WJ, Gibbon FE, Jones W (1991) Visual display of tongue-palate contact: Electro-palatography in the assessment and remediation of speech disorders. Brit J Disord Commun 26:41–74

Hartley LL (1990) Assessment of functional communication. In: Tupper DE, Cicerone KD (Hrsg), The Neuropsychology of Everyday Life: Assessment and Basic Competencies (pp 125–169). Boston: Kluwer Academic Publishers

Hartman DE, Abbs JH (1988) Dysarthrias of Movement Disorders. Adv Neurol 49:289–305

Hirose H (1988) High-speed digital imaging of vocal fold vibration. Acta Otolaryngol (Stockh) 458:151–153

Hoit JD, Hixon TJ, Watson PJ, Morgan WJ (1990) Speech breathing in children and adolescents. J Speech Hear Res 33:51–69

Hoodin RB, Gilbert HR (1989) Parkinsonian dysarthria: An aerodynamic and perceptual description of velopharyngeal closure for speech. Folia Phoniat 41:249–258

Hoole P, Schröter-Morasch H, Ziegler W (1989) Disturbed laryngeal control in apraxia of speech (Abstract). Folia Phoniat 41:177

Karnell MP, Linville RN, Edwards BA (1988) Variations in velar position over time: a nasal videoendoscopic study. J Speech Hear Res 31:417–424

Kent RD, Kent JF, Rosenbek JC (1987) Maximum performance tests of speech production. J Speech Hear Res 52:367–387

Kerschensteiner M, Poeck K (1974) Bewegungsanalyse bei buccofacialer Apraxie. Nervenarzt 45:9–15

Logemann J (1983) Evaluation and Treatment of Swallowing Disorders. San Diego: College-Hill Press

Marx HH (1987) Medizinische Begutachtung. Stuttgart: Thieme

Metz DE, Schiavetti N, Sacco PR (1990) Acoustic and psychophysical dimensions of the perceived speech naturalness of nonstutterers and posttreatment stutterers. J Speech Hear Dis 55:516–525

Morasch H, Joussen K, Ziegler W (1987) Zentrale laryngeale Bewegungsstörungen nach schwerem, gedecktem Schädelhirntrauma und bei zerebrovaskulären Erkrankungen. Laryng Rhinol Otol 66:214–220

Murdoch BE, Chenery HJ, Bowler S, Ingram JCL (1989) Respiratory function in Parkinson's subjects exhibiting a perceptible speech deficit: a kinematic and spirometric analysis. J Speech Hear Dis 54:610–626

Pitcairn TK, Clemie S, Gray JM, Pentland B (1990) Impressions of parkinsonian patients from their recorded voices. Brit J Disord Commun 25:85–92

Prosiegel M (1988). Beschreibung der Patientenstichprobe einer neuropsychologischen Rehabilitationsklinik. In: Cramon D von, Zihl J (Hrsg) Neuropsychologische Rehabilitation. Grundlagen – Diagnostik – Behandlungsverfahren (S 386–398). Berlin: Springer Verlag

Reich AR, Frederickson RR, Mason JA, Schlauch RS (1990) Methodological variables affecting phonational frequency range in adults. J Speech Hear Disord 55:124–131

Reich AR, McHenry MA (1990) Estimating respiratory volumes from rib cage and abdominal displacements during ventilatory and speech activities. J Speech Hear Res 33:467–475

Schröter-Morasch H (im Druck). Klinische Untersuchung der am Schluckakt beteiligten Organe. In: Bartholome G et al. (Hrsg) Schluckstörungen bei neurologischen Erkrankungen. Stuttgart: G. Fischer Verlag

Schröter-Morasch H (in Vorbereitung). Kau- und Schluckstörungen nach Hirnschädigung. Ein Anamnesebogen. EKN – Materialien für die Rehabilitation, München

Sheard C, Adams RD, Davis PJ (1991) Reliability and agreement of ratings of ataxic dysarthric speech samples with varying intelligibility. J Speech Hear Res 34:285–293

Telage KM, Powell E, Courtney M, Denmeade P (1988) Lingual vibrotactile screening: an investigation of normal sensitivity based on multiple threshold determinations. Percept Motor Skills 66:343–353

Vogel M (1987) Einführung in die phonetische Beschreibung der Dysarthrophonien. In: Springer L, Kattenbeck G (Hrsg) Aktuelle Beiträge zur Dysarthrophonie und Dysprosodie (= Interdisziplinäre Reihe zur Theorie und Praxis der Logopädie, Bd 5) (S 25–58). München: Tuduv-Verlag

Vogel M, Cramon D von (1982) Dysphonia after traumatic midbrain damage: a follow-up study. Folia phoniat 34:150–159

Vogel M, Ziegler W (im Druck) Die Frenchay Dysarthrie-Untersuchung. Neurolinguistik

Vogel M, Ziegler W, Morasch H (1988) Sprechen. In: Cramon D von, Zihl J (Hrsg) Neuropsychologische Rehabilitation. Grundlagen – Diagnostik – Behandlungsverfahren (S 319–359). Berlin: Springer Verlag

Wade DT (im Druck). Evaluation of neuropsychological therapies: The importance of measurement. In: Steinbüchel N von, Cramon DY von, Pöppel E (Hrsg) Neuropsychological Rehabilitation (pp 88–95). Berlin: Springer Verlag

Ward PH, Hanson DG, Gerratt BR, Berke GS (1989) Current and future horizons in laryngeal and voice research. Ann Otol Rhinol Laryngol 98:145–152

Wirth G (1990) Sprachstörungen, Sprechstörungen, kindliche Hörstörungen. Köln: Deutscher Ärzteverlag

Ziegler W (1989) Aphasisch-phonologische Störungen der Sprachproduktion. Neurolinguistik 1:1–34

Ziegler W (1991) Sprechapraktische Störungen bei Aphasie. In: Blanken G (Hrsg) Einführung in die linguistische Aphasiologie. Theorie und Praxis (S 89–119). Freiburg: HochschulVerlag

Ziegler W (1992) Verständlichkeitsbewertung anhand von Spontansprache – ein zuverlässiges Verfahren in der Dysarthriediagnostik? Neurolinguistik 6:35–51

Ziegler W (im Druck). Assessment methods in neurophonetics: speech production. In: Blanken G, Dittmann J, Grimm H, Marshall JS, Wallesch C-W (Hrsg) Linguistic Disorders and Pathologies (= Handbücher zur Sprach- und Kommunikationswissenschaft). Berlin: De Gruyter

Ziegler W, Cramon D von (1987) Zentrale Stimmstörungen. In: Springer L, Kattenbeck G (Hrsg) Aktuelle Beiträge zur Dysarthrophonie und Dysprosodie (= Interdisziplinäre Reihe zur Theorie und Praxis der Logopädie, Bd 5) (S 59–79). München: Tuduv-Verlag

Ziegler W, Cramon D von (1989) Die Sprechapraxie – eine apraktische Störung? Fortschr Neurol Psychiat 57:198–204

Ziegler W, Hartmann E (im Druck). Perceptual and acoustic methods in the evaluation of dysarthric speech. Proceedings of the 1st ICPLA Conference

Ziegler W, Hartmann E, Wiesner I (1992) Dysarthriediagnostik mit dem ‚Münchner Verständlichkeits-Profil (MVP)'. Konstruktion des Verfahrens und Anwendungen. Nervenarzt 63:602–608

Ziegler W, Hartmann E, Cramon D von (1988) Word identification testing in the diagnostic evaluation of dysarthric speech. Clin Linguist Phon 2:291–308

Ziegler W, Hartmann E, Hoole P, Cramon D von (1990) Akustische Dimensionen dysarthrischer Störungsmerkmale. München: GSF

Ziegler W, Jaeger M (im Druck) Materialien zur Sprechapraxie-Therapie. EKN – Materialien für die Rehabilitation, München

11 Handfunktionen

N. Mai, M. Blaut und J. Hermsdörfer

11.1 Fragestellungen

Die menschliche Hand erlaubt eine Präzision von Bewegungen, wie sie bei keiner anderen Spezies vorkommt (Napier 1956, 1962). Die im Verlauf der Evolution erheblich gesteigerte Beweglichkeit des Daumens ermöglichte erst den Präzisionsgriff und damit den subtilen Gebrauch von Werkzeugen. Die Differenziertheit der Handfunktionen legt die Vermutung nahe, daß diese Leistungen auch besonders leicht gestört werden können. Tatsächlich gehören Störungen der Handfunktionen und insbesondere der feinmotorischen Leistungen zu den häufigsten Beschwerden von Patienten, die nach zerebralen Schädigungen in Rehabilitationskliniken behandelt werden. Bei der Auswertung einer Patientenstichprobe (n=400) unserer Klinik wurden Handfunktionsstörungen bei 65 % der Patienten, die zumeist an den Folgen eines Schädel-Hirn-Traumas oder einer zerebrovaskulären Erkrankung litten, registriert (Prosiegel, 1988). In einer detaillierteren Untersuchung der Handfunktionen bei einer neueren Stichprobe (n=200) derselben Klinik gaben 42 % der Patienten eine subjektive Beeinträchtigung, 25 % sogar eine schwere Beeinträchtigung beim Einsatz der Hände an. Störungen der Handfunktionen können unterschiedliche Leistungsaspekte, z. B. die Sensibilität, die Fingerbeweglichkeit oder die Koordination, betreffen, das Ausmaß der Störungen kann sehr stark variieren. Bei manchen Patienten sind durch die Einschränkungen im Gebrauch der Hände bereits einfache Selbsthilfeleistungen (z. B. An-/Ausziehen, Fleisch schneiden, Brot streichen) betroffen, bei anderen Patienten werden Defizite der Handfunktionen erst bei der Ausführung komplexer und in der Regel hoch automatisierter Bewegungen deutlich, z. B. beim Schreiben oder beim Spielen eines Musikinstruments. Die Bedeutung der jeweiligen Leistung für den Patienten – und damit das aus der Funktionseinschränkung resultierende Handicap – kann nur individuell unter Berücksichtigung der jeweiligen Lebensumstände abgeschätzt werden. Für die berufliche Rehabilitation eines Patienten ist es u. U. entscheidend, ob er mit der Hand schreiben kann oder nicht.

Gemessen an der Häufigkeit und praktischen Bedeutung zerebraler Störungen der Handfunktionen, werden solche Störungen in den Standardlehrbüchern und Fachzeitschriften der neuropsychologischen/neurologischen Rehabilitation überraschend selten behandelt. Differenzierte oder gar quantitative Aussagen dazu sind im klinischen Alltag kaum anzutreffen, und spezifische Rehabilitationskonzepte befinden sich bestenfalls im Entwicklungstadium (Mai 1988).

Die Diagnostik und Übungsbehandlung von Handfunktionsstörungen werden in den meisten Rehabilitationseinrichtungen von der Ergo- und Physiotherapie getragen, wobei selbst zentrale Fragen des therapeutischen Vorgehens derzeit wissenschaftlich nur unzureichend abgesichert sind. Die erheblichen Fortschritte in den letzten 15 Jahren bei der experimentellen Untersuchung der Handfunktionen (Goodwin u. Darian-Smith 1985; Phillips 1986; Freund 1987; Chao et al. 1989) sind bisher kaum in klinische Anwendungen umgesetzt worden, obwohl dies durch die technische Entwicklung zunehmend einfacher geworden ist.

Störungen der Handfunktionen sind, wie andere zerebral bedingte Defizite, nur durch eine Beschreibung auf mehreren Ebenen hinreichend zu charakterisieren. Folgt man dem Vorschlag der WHO (1980), können Angaben zu den pathophysiologischen Merkmalen als Beschreibung der Schädigung (impairments) zusammengefaßt werden. Bei Handfunktionen könnten als pathophysiologische Merkmale veränderte sensible Wahrnehmungsschwellen oder das Ausmaß der Lähmung in einzelnen Muskeln beschrieben werden. Angaben über pathophysiologische Merkmale erlauben allerdings nur sehr ungenaue Vorhersagen über die funktionalen Leistungen, die mit der gestörten Hand tatsächlich noch ausgeführt werden können. Eine direkte Prüfung funktionaler Leistungen, z. B. das Ergreifen kleiner Gegenstände oder das Schreiben, ist unabdingbar, um Defizite festzustellen und zu quantifizieren. Solche Defizite, die einen Verlust oder die Verminderung normaler Leistungen darstellen (disabilities), können noch ohne expliziten Bezug auf die individuellen Lebensbedingungen eines Patienten durch den Vergleich mit Normdaten beschrieben werden. Die Berücksichtigung der persönlichen Lebensumstände ist allerdings dann unverzichtbar, wenn die durch ein Funktionsdefizit bedingte Behinderung (handicap) des Patienten angegeben werden soll. Die tatsächliche Beeinträchtigung beruflicher und alltäglicher Aktivitäten ist für den Patienten die entscheidende Konsequenz einer Hirnschädigung, auf die sich alle rehabilitativen Bemühungen ausrichten müssen.

11.1.1   Basale Leistungen (impairments)

Die Untersuchung der Handfunktionen ist auf jeder der Beschreibungsebenen mit charakteristischen Schwierigkeiten konfrontiert. Auf der Ebene der pathophysiologischen Merkmale hat die Prüfung basaler sensibler Leistungen der Hand eine lange klinische Tradition, wobei die Arbeiten von Head und Holmes (1911) noch immer als ein schwer erreichbares Vorbild in der Neurologie gelten können. Zur Untersuchung der Sensibilität der Hand schlugen sie 18 verschiedene Verfahren vor, die z. B. die Prüfung der Wahrnehmung von Berührung, Schmerz, Temperatur, passiver Bewegung, Größe, Form- oder Texturunterschieden sowie die Lokalisation oder Diskrimination von 2 Reizpunkten einschlossen. Die Beschreibung der Dissoziationen sensibler Störungen bei unilateralen Hirnläsionen, die Head und Holmes (1911) vorgelegt haben, kann auch heute noch Gültigkeit beanspruchen. Seit der Entwicklung der Mikroneurographie kann die Sensibiltät bis auf die Ebene einzelner afferenter Neurone und deren sensorischer Endigungen, den Rezeptoren, verfolgt werden. Dadurch wurde zwar die langdauernde Spekulation beendet, welche Rezeptoren mit den bekannten psychophysischen Prüfungen der Berührungsschwellen (z. B. von Frey-Tasthaare) oder der räumlichen Auflösung (2-Punkt Diskrimination) tatsächlich geprüft werden (Vallbo u. Johansson 1984), aber für klinische Untersuchungen sensomotorischer Defizite wurden mikroneurographische Verfahren bislang kaum eingesetzt.

Selbst wenn die Funktionen einzelner Rezeptortypen durch psychophysikalische Schwellenbestimmungen präzise beschrieben werden, können die Leistungen bei komplexeren sensiblen Aufgaben kaum vorhergesagt werden. Beim aktiven Tasten wird die Hand als Sinnesorgan eingesetzt, und durch Abstimmung von Tastbewegung und sensibler Informationsverarbeitung wird die Identifikation des betasteten Objekts möglich (Kunesch et al. 1989). Die Tastleistungen können selbst bei veränderten Schwellen überraschend gut ausfallen (Moberg 1962).

Die quantitative Beschreibung basaler motorischer Leistungen ist eher noch schwieriger und von klinischen Anwendungen weiter entfernt als die Untersuchung sensibler Defizite, auch wenn es möglich ist, z. B. den Lähmungsgrad einzelner Muskeln durch EMG- oder Kraftmessungen zu bestimmen oder zumindest zu kategorisieren. Relativ weit verbreitet ist die klinische Einteilung des Lähmungsgrades einzelner Muskeln, die in der Fassung von Broser (1981) folgende Stufen vorsieht:

0 Fehlende Muskelaktivität (komplette Lähmung)
1 Sichtbare Kontraktion, aber ohne jeden Bewegungseffekt
2 Bewegung nur unter Ausschaltung der Schwerkraft des abhängigen Glied- oder Körperabschnitts möglich
3 Bewegung auch gegen Schwerkraft möglich
4 Bewegung bereits gegen mäßigen Widerstand möglich
5 Normale Kraftleistung

Zur Beschreibung der Leistungsfähigkeit der Hand ist dieses Vorgehen kaum geeignet; denn selbst eine differenzierte Bewertung der Muskeln, die an einer Bewegung der Finger beteiligt sind, erlaubt keine eindeutigen Rückschlüsse auf gestörte oder erhaltene Handfunktionen, wenn komplexere Leistungen betrachtet werden. Beim Halten eines Gegenstandes zwischen Daumen und Zeigefinger sind über 20 einzelne Muskeln involviert, und typischerweise werden antagonistische Muskelpaare gleichzeitig aktiviert (Kokontraktion). Die resultierende Haltekraft zwischen den Fingern ist daher keine einfache Funktion der Leistung weniger Muskeln, sondern eine komplexe Resultante aus den Zugkräften der einzelnen beteiligten Muskeln (Smith 1981; Johansson u. Westling 1988). Eine gleiche Kraft kann mit unterschiedlichen und von Durchgang zu Durchgang wechselnden Aktivitäten in einzelnen Muskeln produziert werden (vgl. Chao et al. 1989, S. 31 ff.).

Die Messung einzelner Bewegungstrajektorien oder die quantitative Bestimmung der Koordination oder Automation einer Bewegung ist derzeit noch auf experimentelle Studien beschränkt und in klinischen Studien kaum eingesetzt worden.

11.1.2   Funktionsstörungen (disabilities)

Angesichts der meßtechnischen Schwierigkeiten und der begrenzten Aussagekraft bei der Beschreibung pathophysiologischer Merkmale ist es naheliegend, eine Störung der Handfunktion durch die funktionalen Leistungen, die mit der Hand noch oder nicht mehr ausgeführt werden können, zu beschreiben. Die Schwierigkeit, eine Störung auf der Ebene der Funktionseinschränkungen (disabilities) zu beschreiben, liegt in der unüberschaubaren Zahl möglicher Funktionsprüfungen.

Derzeit fehlt eine akzeptierte Taxonomie motorischer Handfunktionen. Dieser Mangel wird besonders deutlich, wenn ein Untersucher festlegen soll, welche Griffarten zu prüfen sind. In Abb. 11-1 werden 4 Beispiele für unterschiedliche statische Griffarten gezeigt, die aber nur einen sehr kleinen Ausschnitt der Möglichkeiten darstellen.

Kakamura et al. (1980) haben in einer empirischen Untersuchung 14 Griffarten unterschieden, die sie den Oberkategorien Kraftgriff (power grip), Präzisionsgriff (precision grip) und einer Zwischenform (intermediate grip) zuordnen. Der Faustgriff und der Hakengriff in der Abb. 11-1 werden danach zu den Kraftgriffen und der Lateralgriff zu den Zwischenformen gerechnet. Mit Ausnahme der Oberkategorien besteht zwischen den verschiedenen Autoren kaum Übereinstimmung in der Benennung der Griffarten; entscheidender ist aber, daß empirische Daten über die Häufigkeit der einzelnen Griffarten als Indikator für ihre Bedeutung fehlen.

Noch schwieriger ist die Klassifikation der Bewegungen, die mit der Hand ausgeführt werden können. Derzeit besteht nicht einmal Einigkeit in bezug auf die Dimensionen, nach denen motorische Leistungen geordnet werden könnten. Auf Hughlings Jackson geht die Unterteilung von Bewegungen nach dem Ausmaß der Automation zurück (vgl. Phillips 1986). Einfache Reflexe gehören danach zu dem einen Pol „hoch automatisierter" Bewegungen, feinste willkürliche Bewegungen zum Gegenpol der „am wenigsten automatisierten" Bewegungen. Gelernte moto-

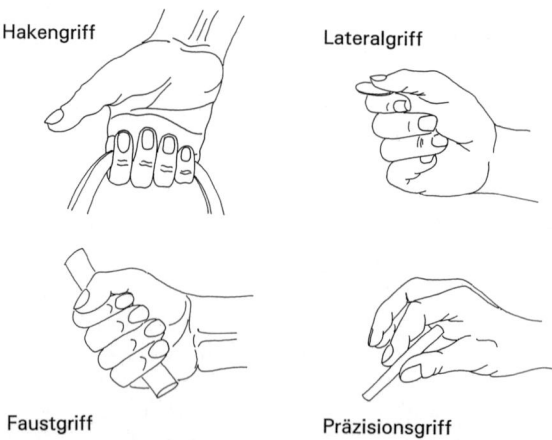

Abb. 11-1. Beispiele für unterschiedliche Handgriffe

rische Abläufe, wie das Schreiben mit der Hand, wären in mittlere Positionen dieser Skala einzuordnen. Unabhängig vom Grad der Automation wurden Bewegungen häufig nach ihrem zeitlichen Verlauf, insbesondere nach der Geschwindigkeit, unterteilt. Stetson und McDill (1923) klassifizierten sie in 3 Gruppen:

1) Fixation, bei der entgegengesetzt wirkende Muskelgruppen gegeneinander angespannt werden („this is the movement of holding still" [S. 18]).
2) Langsame Bewegungen oder „kontrollierte Bewegungen", die während des Verlaufs zu jeder Zeit geändert werden können.
3) Schnelle Bewegungen, die im Verlauf nicht jederzeit geändert werden können und in der Regel vollständig determiniert sind, bevor die Bewegung beginnt.

Bei den schnellen Bewegungen wurden nochmals 2 Arten unterschieden: a) Bewegungen, bei denen die opponierenden Muskelgruppen während der gesamten Bewegung angespannt sind, b) Bewegungen, bei denen die Kontraktion des Agonisten lange vor dem Ende der Bewegung aufhört. „This kind of movement was named... ‚ballistic' because the moving member is actually free from muscular tension in the middle of its course and is carried on by its own momentum" (Stetson u. McDill 1923, S. 19). Gerade der Begriff der ballistischen Bewegung wurde in der Folge uneinheitlich gebraucht und gelegentlich vorschnell gleichgesetzt mit einer vorprogrammierten (openloop) Steuerung, die unabhängig von der Kontrolle durch ein peripheres Feedback ist. Eine solche Unabhängigkeit von peripheren Signalen gilt zwar für große ballistische Bewegungen, bei denen große Muskeln aktiviert werden, nicht aber für kleine Bewegungen (vgl. Sanes u. Evarts 1983). Sanes und Evarts (1984) haben daher vorgeschlagen, Bewegungen außer nach der Dauer auch nach der Stärke der Muskelkontraktionen zu klassifizieren, da die Effekte afferenter Informationen selbst bei gleich lang dauernden Bewegungen mit der Stärke der Kontraktionen variieren.

Ein weiterer Ansatz zur Erstellung einer Taxonomie der willkürlichen Bewegungen, die bei zerebral bedingten Störungen untersucht werden sollten, leitet sich aus den Vorstellungen über die neuronale Kontrolle der Willkürbewegungen ab. Ausgehend von Hughlings Jackson, wurde die Idee einer hierarchischen Organisation der motorischen Kontrolle zu einem der beständigsten Konzepte der Hirnforschung. An der Spitze der Hierarchie steht nach dieser Vorstellung eine „Idee", ein „Bewegungsentwurf", der in einer Abfolge serieller Verarbeitungsschritte in untergeordneten Kontrollebenen in die eigentlichen Ausführungsbefehle übersetzt werden muß. Bereits sehr früh wurden die verschiedenen Ebenen auch speziellen Hirnregionen zugeordnet, wobei die höchste Ebene (der „Bewegungsentwurf") dem Assoziationskortex (frontal und parietal), die weitere Ausarbeitung (die „kinetische Formel") dem prämotorischen Kortex und die eigentliche Ausführung dem Exekutivorgan, dem Motorkortex, zugeschrieben wurde (von Monakow 1914). In wesentlichen Aspekten hat diese Vorstellung die inzwischen erhebliche Ausweitung der Kenntnisse über die Verschaltung des Motorkortex mit anderen kortikalen oder subkortikalen Regionen überlebt. Das von Brooks (1990) übernommene Schaubild (Abb. 11-2) macht dies deutlich, aber es zeigt auch häufige reziproke Verschaltungen, die eine isolierte Prüfung der Ebenen zumindest erheblich einschränken (Jeannerod 1990).

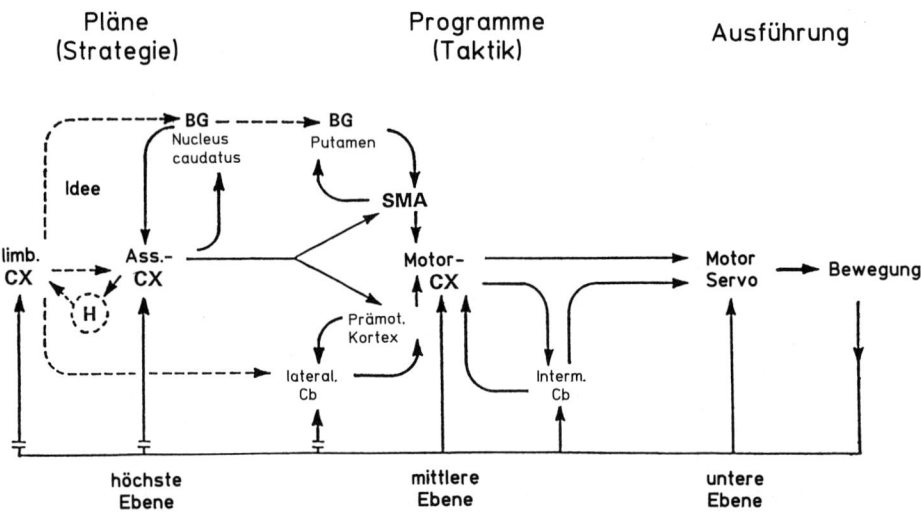

Abb. 11-2. Schematische Darstellung der Interaktionen zentraler Strukturen bei Willkürbe-wegungen. (Mod. nach Brooks 1990). BG Basalganglien, CX Kortex, H Hypothalamus; Cb Zerebellum, SMA supplementär-motorischer Kortex

Die hierarchische Vorstellung von der Kontrolle der Willkürbewegungen konkur-riert mit heterarchischen Modellen, die eine parallele Verarbeitung betonen, und mit Kombinationen beider Vorstellungen (vgl. Kelso u. Tuller 1981). Eine Reihe neuerer Befunde belegt die parallele Verarbeitung in kortikalen motorischen Zentren, wobei wir aber nach Wiesendanger (1990) noch weit davon entfernt sind, die Aufteilung der Arbeit und das Zusammenspiel zwischen den verschiedenen kor-tikalen motorischen Arealen zu verstehen.

Unter dem Aspekt einer hierarchischen Kontrolle motorischer Leistungen könn-ten die apraktischen Störungen (vgl. Kap. 15) als Zeichen einer höheren Störung von basaleren motorischen Defiziten, z. B. der Verlangsamung bei einer Bewegung, unterschieden werden. Aber das derzeitige Wissen über die Kontrollmechanismen kann nur wenig dazu beitragen, die große Zahl der vorgeschlagenen Prüfungen von Handbewegungen zu klassifizieren. Die Feststellung eines Leistungsdefizits durch den Vergleich mit normalen Leistungen bei einer komplexeren Aufgabe sagt aber in der Regel nicht mehr aus als das Ergebnis eines Screening-Verfahrens, also einer vorläufigen Untersuchung, deren Interpretation durch zusätzliche Untersuchungen eingegrenzt werden muß. Dies gilt insbesondere für die funktionalen Tests, bei denen als einziges Maß zur Leistungsbeschreibung die jeweils benötigte Zeit heran-gezogen wird (vgl. die Übersicht von McPhee 1987). Dabei bleibt offen, welches Funktionsdefizit die Verlangsamung bewirkt. Ein weiterer Vorbehalt gegen die motorischen Leistungstests, die im deutschen Sprachraum angeboten werden (Schoppe 1974), ist, daß die Aufgaben zumindest für Patienten mit zerebralen Läsionen häufig zu schwierig sind und nicht individuell angepaßt werden können (vgl. Mai 1988). Wenn mehrere Patienten eine Aufgabe nicht ausführen können, darf aber daraus nicht geschlossen werden, daß sie die gleichen Defizite haben. Die Bestimmung erhaltener (Rest-)Funktionen ist eine wesentliche Aufgabe der Diagnostik gestörter Handfunktionen, denn gerade erhaltene Leistungen könnten zum Ausgangspunkt eines Trainings gemacht werden.

Generell fehlen geeignete Geräte, um in der klinischen Routine Bewegungsparameter registrieren zu können. Die technische Entwicklung hat zwar eine immer weiter verfeinerte Registriertechnik ermöglicht, doch der Aufwand ist in der Regel viel zu hoch für den klinischen Einsatz. Hinzu kommt, daß eine Reihe von Ableitungstechniken als invasive Methoden klassifiziert werden müssen und deswegen als Untersuchungsverfahren für die klinische Routine ausscheiden. Die von uns entwickelten Verfahren zur Registrierung isometrischer Fingerkräfte (Bolsinger u. Mai 1985; Hermsdörfer et al. 1991) oder zur Erfassung von Schreibbewegungen (Mai u. Schreiber 1988) sind dagegen Beispiele für technisch hochentwickelte, aber klinisch leicht einsetzbare Methoden zur Untersuchung der Handfunktionen.

11.1.3 Behinderung in Beruf und Alltag (handicap)

Das individuelle Ausmaß der Behinderung durch Störungen der Handfunktionen läßt sich nur noch durch Beobachtungen in der alltäglichen Umgebung oder bei simulierten Aufgaben aus Beruf und Alltag des Patienten abschätzen oder durch Fragebogen erfassen. Standardisierungen solcher Alltagsaufgaben sind in der ergotherapeutischen Literatur vielfach vorgeschlagen worden (z. B. Wilson et al. 1984). Trotz der unbestrittenen Vorteile einer Standardisierung der Beobachtung ist eine Bewertung der Defizite schwierig. Soll festgehalten werden, ob ein Patient eine Aufgabe bewältigt, ganz gleich wie, oder soll registriert werden, welche Abweichungen von der „normalen" Durchführung der Aufgabe auftreten? Bei der Spannbreite möglicher Störungen der Handmotorik von der vollständigen Lähmung bis zur ausschließlichen Beeinträchtigung diffizilster Leistungen wie dem Klavierspiel wird die Auswahl der zu prüfenden Aufgaben immer willkürlich erscheinen.

Die möglichst weitgehende Reduktion der Behinderung in Beruf und Alltag ist zwar das übergeordnete Ziel aller Maßnahmen der Rehabilitation, und daher stellt die Evaluation im Alltag den letzten Prüfstein für alle Therapien dar; die Bewertung alltäglicher Leistungen ist aber nicht unbedingt die beste Information zur Entwicklung therapeutischer Strategien, da in der Regel komplexe Leistungen zumeist erst zu späteren Zeitpunkten der Behandlung oder gar erst in katamnestischen Erhebungen sinnvoll erfaßt werden können. Die Entwicklung therapeutischer Maßnahmen ist aber auf ein direkteres Feedback angewiesen, das in zeitlicher Nähe zur Durchführung eines Trainings erhoben werden kann und sensitiv genug ist, um Veränderungen während der Behandlung anzuzeigen. Bei therapeutischen Verfahren zur Verbesserung der Handfunktionen werden daher in der Regel funktionale Tests und direkte Registrierungen kinetischer oder kinematischer Parameter der Handbewegungen vorteilhafter sein. Je schneller ein Feedback für therapeutische Effekte zur Verfügung steht, umso leichter können Alternativen der Behandlung erprobt werden. Im Extremfall können sogar durch zufallgesteuertes Probieren (trial and error methods) effektive Behandlungen entdeckt werden, wenn die Effekte der Variationen sofort und zuverlässig zu beurteilen sind.

11.2   Komponenten einer Standarduntersuchung

Bisher hat sich in der Rehabilitation zerebral bedingter Störungen der Handfunktionen noch kein Untersuchungsstandard durchgesetzt. Bestenfalls für einzelne Teilbereiche haben Beurteilungsskalen oder formalisierte Tests einen etwas höheren Verbreitungsgrad gefunden. Die im folgenden dargestellten Komponenten einer Standarduntersuchung können sich daher nur auf sehr unterschiedliche Bewährungsdaten berufen und sind lediglich als ein pragmatischer Vorschlag zu einer orientierenden Untersuchung der Handfunktionen zu verstehen. Trotz aller Einschränkungen hätte die Einführung eines Untersuchungsstandards in der ergotherapeutischen Praxis eine erhebliche Bedeutung. Operationalisierte Standards für die Beobachtung und Dokumentation von Handfunktionsdefiziten erleichtern die systematische Einarbeitung neuer Mitarbeiter, ermöglichen die fortlaufende Qualitätssicherung und bilden die Grundlage für die fachübergreifende Kommunikation in einem multidisziplinären therapeutischen Team und mit anderen Behandlungseinrichtungen.

11.2.1   Subjektive Angaben

Vor der Untersuchung der Handfunktionen sollte jeder Patient möglichst detailliert über seine subjektiven Beschwerden befragt werden. Wenn er in der Lage ist, die Fragen zu verstehen und sich ausreichend verbal oder mit Gesten zu verständigen, kann der Untersucher wertvolle Hinweise zur Auswahl anschließender differenzierterer Untersuchungen gewinnen, gerade dann, wenn ein Defizit nicht offensichtlich ist. Zudem ist es nur durch Befragung möglich, etwas über die Einsicht des Patienten in seine Störung und die Bewertung der Behinderung für seine Lebensqualität zu erfahren.

In Tabelle 11-1 sind einige Fragen zur Erfassung der subjektiven Beschwerden zusammengestellt. Den meisten Patienten sind die Funktionseinschränkungen durch somatosensible oder motorische Defizite deutlich bewußt, aber es gibt auch gravierende Fehleinschätzungen der eigenen Behinderung. Im Extremfall bemerkt der Patient eine Halbseitenlähmung nicht oder leugnet sie sogar, selbst wenn ihm die Verhaltensdefizite demonstriert werden (Anosognosie; Babinski 1914). In weniger ausgeprägten Fällen wird z. B. eine Halbseitenlähmung nicht spontan erwähnt, und erst bei ausdrücklichen Fragen wird der Ausfall als eine Art Schwäche im betroffenen Arm beschrieben, oder Patienten zeigen ein auffallend geringes Interesse für ihre Funktionseinbußen und eine Tendenz, den Grad der Behinderung zu unterschätzen. Nach der Hypothese von Levine (1990) sind solche Vernachlässigungsphänomene eine Konsequenz des Zusammentreffens sensibler Ausfälle und kognitiver Defizite. Ein sensibler Ausfall, ganz gleich ob peripher oder zentral bedingt, ist nicht mit einem eindeutigen Wahrnehmungsinhalt gekoppelt und daher für einen Patienten phänomenologisch nicht unmittelbar präsent. Ein Patient muß vielmehr durch Beobachtungen und Schlußfolgerungen lernen, daß ein Defizit vorliegt. Diese Schlußfolgerungen sind in der Regel unabweisbar, wenn gravierende Erkrankungen

Tabelle 11-1. Fragen zu subjektiven Beschwerden beim Gebrauch der Hände

---

1) Welche Beschwerden haben Sie beim Gebrauch Ihrer Hände?

2) Bei welchen Tätigkeiten fallen Ihnen Schwierigkeiten besonders auf?
   (Was geht nicht mehr?)

3) Bei welchen Tätigkeiten können Sie Ihre Hände/Ihre Hand noch einsetzen?
   (Was geht noch?)

4) Haben Sie Schmerzen in den Armen oder Händen?
   (In Ruhestellung? Bei welchen Bewegungen? Wo? Wie stark und welcher Art sind die Schmerzen?)

5) Ist das Gefühl – die Sensibilität – in den Armen oder Händen verändert?
   (Wo? Können Sie die Veränderung genauer beschreiben?)

6) Ist die Kraft in den Händen eingeschränkt?
   (In einer Hand mehr als in der anderen? Bei welchen Tätigkeiten fällt Ihnen dies auf?)

7) Greifen Sie manchmal daneben oder zu kurz, wenn Sie einen Gegenstand ergreifen wollen?

8) Sind Sie manchmal ungeschickt, oder fallen Ihnen Gegenstände aus der Hand?

9) Haben Sie Schwierigkeiten beim Schreiben?

10) Haben Sie Probleme bei beidhändigen Tätigkeiten?

11) Verändert sich Ihre Leistung bei Tätigkeiten mit den Händen dann besonders auffällig, wenn Sie diese länger ausführen?

12) Wie stark würden die Schwierigkeiten beim Gebrauch der Hände Sie bei der Ausübung Ihres Berufs behindern?

(z. B. eine Hemiplegie) gravierende funktionelle Ausfälle bedingen, schwieriger dagegen, wenn die Funktionsausfälle einen geringeren Umfang haben. Kognitive Defizite können die Fähigkeit eines Patienten, Beobachtungen zu machen und die angemessenen Schlußfolgerungen zu ziehen, beeinträchtigen und deswegen zu einer verspäteten oder verzerrten Erkenntnis der gestörten Funktionen führen.

11.2.2   Handpräferenz

Angaben zur Handpräferenz oder Händigkeit eines Patienten sind in neuropsychologischen Dokumentationen außerordentlich häufig anzutreffen, wobei allerdings meist nur festgehalten wird, ob sich ein Patient als „Rechts-" oder „Linkshänder" bezeichnet. Differenziertere Angaben erhält man, wenn man nach der Handpräferenz bei verschiedenen Aktivitäten fragt oder den Patienten bei tatsächlich ausgeführten Aktivitäten beobachtet. Schließlich kann sich die Beurteilung der Handpräferenz auf die Messung der relativen Geschicklichkeit beider Hände bei feinmotorischen Aufgaben stützen (Benton et al. 1962). Die Klassifikation eines Individuums als Linkshänder – und in der Folge der Prozentsatz der Linkshänder in einer Population – variiert erheblich in Abhängigkeit von der Methode, mit der die Handpräferenz bestimmt wird (Salmaso u. Longoni 1985). Bereits die Auswahl der Aktivitäten, für die eine Handpräferenz erfragt wird, kann die Klassifikation der Händigkeit verändern (Provins et al. 1982; Salmaso u. Longoni 1983). Eine weitere Unsicherheit in der Definition von Links- und Rechtshändern beruht darauf, daß die Handpräferenz als ein Kontinuum angesehen wird (Annett 1970), das je nach dem gewählten Kriterium in 2 oder mehr Gruppen unterteilt werden kann. In der Regel werden als Rechtshänder die Personen klassifiziert, die mehr Aktivitäten mit der rechten als mit der linken Hand ausführen. Andere Autoren definieren dagegen nur solche Personen als Rechtshänder, die bei allen Aktivitäten die rechte Hand bevorzugen. Schließlich muß die Annahme, die Handpräferenz sei eine eindimensionale Eigenschaft, in Frage gestellt werden, da faktorenanalytische Untersuchungen mehrere voneinander unabhängige Händigkeitsfaktoren ergeben haben (Healey et al. 1986). Nach diesen Analysen müßten zumindest feinmotorische Leistungen der Hand von proximalen Arm- und axialen Rumpfbewegungen unterschieden werden. Nach wie vor trifft die Einschätzung von Geschwind und Galaburda (1985) zu, daß die bestehenden Händigkeitstests noch erhebliche Mängel aufweisen und daß Verfahren, die die Fortschritte im Verständnis der Lateralisierung von Funktionen berücksichtigen, erst noch entwickelt werden müssen.

Um im Rahmen der neuropsychologischen Diagnostik die Händigkeit zu bestimmen, kommen aus pragmatischen Überlegungen nur Fragen zur Handpräferenz bei verschiedenen Aktivitäten in Betracht. Direkte Verhaltensbeobachtungen sind bei Patienten mit motorischen Einschränkungen häufig nicht möglich, da die geforderten Aktivitäten nicht mehr ausgeführt werden können. Die einfache Selbsteinschätzung der Patienten als Links- oder Rechtshänder scheidet aus, da solche Angaben die kontinuierliche Ausprägung der Händigkeit nur unzureichend wiedergeben können. Deswegen schlagen die meisten Autoren die Berechnung von „Lateralitätsquotienten" (LQ) vor, die die Anzahl der vor der Erkrankung links und rechts bevorzugt ausgeführten Aktivitäten zueinander in Beziehung setzen.

Die am häufigsten zitierte Liste zur Bestimmung der Handpräferenz stammt von Oldfield (1971), der, ausgehend von 20 Items, 10 Aktivitäten zum Edinburgh Handedness Inventory zusammengestellt hat. Salmaso und Longoni (1985) kommen aufgrund ihrer Reanalyse der Items von Oldfield an einer italienischen Stichprobe zu einer etwas anderen Auswahl der 10 „besten" Items, die in Tabelle 11-2 wiedergegeben ist.

Sechs der Items (Nr. 1,2,4,5,6,9) sind in beiden Listen enthalten. Der wichtigste Unterschied ist, daß die Aktivitäten „Schreiben" und „Zeichnen" von Salmaso und Longoni (1985) nicht mehr ausgewählt wurden, da beide Aktivitäten in besonderem Maße kulturellen Einflüßen unterliegen und nach ihren Daten stark zur Dichtomisierung der Population tendieren, so daß sie wenig geeignet sind, die kontinuierliche Abstufung der Händigkeit zu erfassen. Aber auch diese Liste hat sich bislang nicht durchgesetzt. Immer noch ist es üblich, in empirischen Untersuchungen Modifikationen publizierter Listen zu verwenden, ohne diese Modifikationen im einzelnen zu begründen (z. B. Bryden 1989). Da unterschiedliche Items zu erheblich abweichenden Klassifikationen führen können (Geschwind u. Galaburda 1985), ist eine Konvergenz der Listen auf möglichst empirischer Basis dringend erforderlich.

Tabelle 11-2. Prüfung der Handpräferenz. Die Zahlen in den einzelnen Spalten geben in Prozent an, wieviele der untersuchten Personen die jeweilige Frage beantworten konnten (%), wieviele die jeweilige Tätigkeit ausschließlich links (L), ausschließlich rechts (R) oder mit jeder Hand ausführen (B). (Nach Salmaso u. Longoni 1985)

	Items	%	L	B	R
1	Werfen	99,6	5,5	25,3	69,2
2	Mit einer Schere Schneiden	99,8	4,3	18,8	76,9
3	Kämmen	99,4	4,7	34,6	60,7
4	Zähneputzen	99,3	4,9	19,8	75,3
5	Mit einem Messer Schneiden (ohne Gabel)	99,6	6,3	14,8	79,4
6	Mit einem Löffel Essen	99,4	5,2	15,2	79,6
7	Hämmern	99,6	5,7	12,4	81,9
8	Schrauben mit einem Schraubendreher(-zieher)	99,2	5,4	15,3	79,3
9	Zündholz anstreichen	98,8	5,5	25,3	69,2
10	Einfädeln (Faden auf die Nadel zubewegen)	96,5	8,3	16,1	75,6

11.2.3 Motorik der Hand/des Arms

In ihren neuesten Empfehlungen für klinische Messungen von Handfunktionen nennt die American Society for Surgery of the Hand (1990) lediglich 2 Verfahren: die Messung der Maximalkraft und der passiven Beweglichkeit der Gelenke. Alle anderen vorgeschlagenen Untersuchungen sind klinische Prüfungen einzelner Systeme (z. B. einzelner Muskeln oder Muskelgruppen), deren Ergebnisse nicht weiter quantifiziert werden. Immerhin können sich diese Empfehlungen auf zahlreiche methodische Untersuchungen bei Verletzungen oder Erkrankungen der Hand stützen, während vergleichbare Untersuchungen bei zentral bedingten Störungen der Handfunktionen noch weitgehend fehlen. Eine direkte Übernahme der Empfehlungen für die Untersuchung der Handmotorik im Bereich der neurologischen Rehabilitation ist jedoch wegen der Unterschiedlichkeit der Störungsbilder kaum praktikabel.

Wenn die Beweglichkeit eines einzelnen Gelenks durch eine Verletzung eingeschränkt ist und durch einen chirurgischen Eingriff korrigiert werden soll, hat die Messung der Beweglichkeit dieses Gelenks (range of movement, ROM) eine hohe Bedeutung für die Diagnostik und die Kontrolle eines Therapieeffekts. Es liegen Normwerte für die Beweglichkeit (z. B. Parry 1981) und zahlreiche Untersuchungen zur Meßgenauigkeit des Verfahrens (Gajdosik u. Bohannon 1987) vor. Die Genauigkeit der Messungen läßt sich zudem steigern, wenn die Kraft, mit der das Gelenk passiv bewegt wird, genau kontrolliert wird, und dazu stehen unterschiedlich aufwendig konstruierte Meßgeräte zur Verfügung (Breger-Lee et al. 1990). Ist ein Bewegungsdefizit aber nicht auf ein einzelnes Gelenk beschränkt, sondern sind alle Finger betroffen, z. B. weil infolge einer Hirnschädigung die selektive Ansteuerung der Finger beeinträchtigt ist, steht der Aufwand bei einer quantitativen Bestimmung der Beweglichkeit der einzelnen Gelenke in keinem Verhältnis zum diagnostischen Gewinn.

Die maximale Muskelkraft ist eine Variable, die in zahlreichen empirischen Untersuchungen an neurologischen Patienten miterfaßt wurde, möglicherweise weil die Messung relativ einfach ist. Mechanische, hydraulische oder pneumatische Dynamometer sind in den unterschiedlichsten Ausführungen erhältlich, und inzwischen werden auch mehrere Geräte, die elektronisch mit Hilfe von Kraftaufnehmern eine kontinuierliche Registrierung der Kraftproduktion erlauben, angeboten (z. B. EVAL: Fa. Greenleaf Medical, Palo Alto, CA; BTE Work Simulator: Baltimore Therapeutic Equipment Co, Hanover, MD). Umstritten ist allerdings, welche Aussagekraft die Messung der Muskelstärke bei Patienten mit zerebralen Läsionen besitzt. Zwar gehört die Muskelschwäche zu den klassischen Kennzeichen z. B. einer Pyramidenbahnläsion, aber der tatsächliche Beitrag einer Muskelschwäche zu den jeweils aktuellen funktionalen Defiziten kann erheblich variieren. Manche Patienten mit mittelgradigen oder auch schweren Paresen verfügen über offenbar erhaltene Restfunktionen, solange die Anforderungen an die beteiligten Muskeln unterhalb der verminderten Maximalkraft bleiben. Im Unterschied dazu sind bei anderen Patienten mit Paresen motorische Abläufe auch dann gestört, wenn die Kraftanforderungen unterhalb ihrer Maximalkraft liegen; in solchen Fällen besteht in der Regel ein ausgeprägteres Funktionsdefizit (Freund 1987). Selbst wenn bei der Prüfung einzelner Muskeln oder synergistischer Muskelgruppen keine oder nur eine geringe Schwäche nachweisbar ist, kann es zu erheblichen Krafteinbußen kommen, wenn die gleichen Muskeln in Abstimmung mit anderen z. B. beim Ergreifen eines Gegenstands koordiniert agieren müssen. Die bei einer koordinierten Aktivität auftretende Kraftminderung kann auf eine veränderte Aktivierung antagonistischer Muskeln zurückgeführt werden. Wenn statt der erforderlichen Hemmung der antagonistischen Muskeln diese koaktiviert werden, wird der Effekt der Aktivierung des Agonisten und damit die resultierende Kraft reduziert. Freund (1985) hat für diesen Befund die Bezeichnung „Subtraktionsparese" eingeführt, die von einer Parese, die durch eine verminderte Aktivierung der Agonisten bedingt ist, unterschieden werden muß. Die pathologische Grundlage der unterschiedlichen Pareseformen ist allerdings noch unbekannt. Schließlich können überdauernde und schwere funktionale Defizite auch ohne eine Reduktion der Maximalkraft beobachtet werden. Beispiele finden sich besonders bei Patienten mit zerebellären Läsionen (Mai et al. 1988; Mai 1990), bei denen eine Muskelschwäche lediglich bei akuten Läsionen auftritt und meistens rasch wieder verschwindet. Die komplexen Beziehungen zwischen der Maximalkraft und funktionellen Defiziten schränken die Aussagekraft einer Kraftmessung erheblich ein. Die eigentliche Kritik richtet sich aber gegen die Auswahl der Kraft als Zielgröße für eine Behandlung; denn ein isoliert auf die Steigerung der Kraft ausgerichtetes Training kann bei einer gestörten Koordination der Bewegungen zu einer deutlichen Verschlechterung der funktionalen Leistungen führen. Dies gilt insbesondere für hochautomatisierte feinmotorische Leistungen wie z. B. das Schreiben mit der Hand, die häufig durch zu hohe Kokontraktionen und den Einsatz zu hoher Kräfte behindert werden. Diese Einschränkungen, die bei einer Verwendung von Kraftmessungen bedacht werden sollten, können auch nicht durch die Befunde, die Bohannon (1989) als Argumente für die Messung der Muskelkräfte bei Patienten mit Hirnschädigungen zusammengetragen hat, entkräftet werden. In diesem Literaturüberblick werden ausschließlich Korrelationen zwischen

Kraftmessungen zu verschiedenen Zeitpunkten oder mit anderen Skalen zur Beurteilung der motorischen Leistung referiert, die allerdings selten mehr als 50 % der Varianz erklären. In heterogen Patientenstichproben, bei denen der Schweregrad der Schädigung stark variiert, muß allerdings grundsätzlich mit positiven Korrelationen zwischen allen Leistungsmaßen gerechnet werden, so daß der Informationsgehalt der Korrelationen deutlich eingeschränkt wird. Zumindest ist nicht belegt, daß aus der Kraftmessung qualifiziertere Vorhersagen über die Wiederherstellung funktionaler Leistungen abzuleiten sind als aus einer globalen Beurteilung des Schweregrads einer Schädigung. Generell spricht nichts gegen die Verwendung von Kraftmessungen zur Charakterisierung eines Leistungsdefizits bei Patienten mit Hirnschädigungen, aber die Klassifikation der Muskelkraft als einer zentralen Variablen bei der Beschreibung zerebral bedingter motorischer Defizite oder als eines bewährten Prädiktors für die Rückehr von Funktionen muß zurückgewiesen werden.

Unverzichtbarer Bestandteil einer Standarduntersuchung der motorischen Hand-/Armfunktionen ist die Prüfung elementarer Bewegungen. Allerdings unterscheiden sich die verschiedenen Vorschläge hierzu sehr stark in der Auswahl der zu untersuchenden Komponenten. Der Vorschlag der American Society for Surgery of the Hand (1990) legt z. B. den Schwerpunkt auf die Prüfung einzelner Handmuskeln, deren Funktion selektiv beeinträchtigt sein kann. Bei Patienten mit zerebral bedingten Funktionsdefiziten kommen aber selektive Ausfälle einzelner Handmuskeln praktisch nicht vor, daher müßte die Prüfung der Koordination von Bewegungen in den Vordergrund rücken. In den Tabellen 11-3 und 11-4 sind Grundkomponenten der Arm- und Handbewegungen zusammengestellt, die unter diesem Gesichtspunkt für eine Untersuchung zerebral bedingter Störungen der Handfunktionen ausgewählt wurden (Hermsdörfer et al., im Druck).

Zur Einschätzung von Handfunktionen muß die Beweglichkeit der gesamten oberen Extremität, die zur Beherrschung des Greifraums erforderlich ist, berücksichtigt werden. Darüber hinaus enthält aber jede Auswahl der Komponenten willkürliche Anteile, da sie sich nicht auf eine akzeptierte Taxonomie berufen kann. Auch wenn eine Unterteilung von Schweregraden schon mit sehr viel weniger Prüfungen als den in den Tabellen 11-3 und 11-4 aufgeführten möglich ist, ist eine differenzierte Erfassung vorzuziehen, um die Leistungen eines Patienten bei Alltagtätigkeiten, die unterschiedliche Kombinationen dieser Komponenten einschließen, abschätzen zu können.

Verschiedene Autoren haben versucht, die Prüfung solcher Grundkomponenten zu Indizes der motorischen Leistung zusammenzufassen (Fugl-Meyer et al. 1975; Demeurisse et al. 1980; Lindmark u. Hamrin 1988). Die differenzierteste Liste haben Lindmark und Hamrin (1988) vorgeschlagen, in der neben der aktiven Bewegung des Arms (8 Items), des Handgelenks (3 Items) und der Hand (8 Items) auch die Ausführung rascher Bewegungen (4 Items) und die passive Beweglichkeit der Arm- und Handgelenke (15 Items) geprüft wird. Bereits die additive Zusammenfassung dieser unterschiedlichen Aspekte erscheint problematisch, in ihren Gesamtindex (BL motor score) geht sogar noch die Prüfung der unteren Extremität ein. Es ist offensichtlich, daß die Aussagekraft solcher zusammengesetzter Indizes sehr beschränkt ist, da derselbe Skalenwert bei ganz unterschiedlichen Störungsmustern erreicht werden kann.

Tabelle 11-3. Prüfung elementarer Bewegungen

	Links	Rechts
1) Elevation (Arm gestreckt)	☐	☐
2) Außenrotation (Ellbogen flektiert und aufgestützt)	☐	☐
3) Innenrotation (Umkehrung von 2)	☐	☐
4) Ellbogenextension (Ausstrecken des Arms nach vorne, ohne Unterstützung)	☐	☐
5) Ellbogenflexion (Umkehrung von 4)	☐	☐
6) Supination (Ellbogen aufgestützt)	☐	☐
7) Dorsalextension im Handgelenk (Hand geöffnet, Unterarm unterstützt)	☐	☐
8) Differentielle Fingerbewegungen („Laufen" mit Zeige- und Mittelfinger)	☐	☐
9) Schnelle Pro- und Supination (Ellbogen aufgestützt)	☐	☐
10) Zeigefingertapping (Klopfen)	☐	☐

Bewertung:

0/1/2/3 Keine/leichte/mittlere/schwere Bewegungsstörung

Tabelle 11-4. Prüfung elementarer Handgriffe

	Links	Rechts
1) Hakengriff (zwischen Finger II–V, Interphalangealgelenke flektiert, ohne Beteiligung des Daumens, z. B. Koffer tragen)	☐	☐
2) Faustgriff (zwischen Daumen, Finger und Handinnenfläche, z. B. Halten eines schweren Hammers)	☐	☐
3) Lateralgriff (zwischen Daumen und radialer Seite des Zeigefingers, Finger II–V flektiert, z. B. Halten eines Blattes Papier)	☐	☐
4) Präzisionsgriff (zwischen den Endgliedern von Daumen und Zeigefinger, z. B. Halten eines dünnen Stabes)	☐	☐

Bewertung: 0 Keine Störung
1 Griff möglich, Haltekraft reduziert
2 Griff nicht exakt und/oder Haltekraft stark reduziert
3 Griff nicht möglich

11.2.4 Sensibilität

Ganz gleich welcher Aspekt der Sensibilität der Hand getestet werden soll, die Grundvoraussetzung für präzise Aussagen ist die Verfügbarkeit reproduzierbarer und eindeutiger Reizbedingungen. Dies gilt für die taktile Wahrnehmung genauso wie für die Wahrnehmung von Fingerbewegungen und Fingerpositionen oder für das aktive Tasten. Sind solche Reizbedingungen gegeben, erfordert die Bestimmung von Entdeckungs- oder Unterschiedsschwellen an einem bestimmten Reizort, z. B. der Fingerkuppe des Zeigefingers, wiederholte Messungen, deren Zahl und Abfolge je nach der eingesetzten psychophysikalischen Methode (vgl. Engen 1972) unterschiedlich aufwendig ist. In jedem Fall stellt die Bestimmung schon einer einzigen Entdeckungsschwelle, z. B. für einen Berührungsreiz mit Hilfe der von Frey-Tasthaare, hohe Anforderungen an die Konzentration und Aufmerksamkeit des Patienten und des Untersuchers. Mit einer einzigen Schwellenbestimmung an einem Reizort kann aber die sensible Leistung eines Patienten nicht hinreichend charakterisiert werden. Bei Patienten mit kortikalen Läsionen muß zudem mit ausgeprägten Fluktuationen der Leistung gerechnet werden, wie sie schon Head und Holmes (1911) beschrieben haben.

Die Schwierigkeit, eindeutige Reizbedingungen herzustellen, kann am Beispiel aktiver Tastleistungen verdeutlicht werden. In klinischen Prüfungen des aktiven Tastens wird häufig verlangt, daß ein Patient alltägliche Gegenstände nach einer Exploration in der Hand benennt. Sprachprobleme können als mögliche Ursache von Fehlern relativ leicht kontrolliert werden, wenn die getasteten Gegenstände nicht benannt, sondern in einem Ensemble gezeigt werden sollen. Selbst wenn stets der gleiche Satz von Gegenständen verwandt wird, ist die Eindeutigkeit der Reizbedingungen völlig unzureichend. Alltagsgegenstände unterscheiden sich in vielen Aspekten gleichzeitig, z. B. in Form, Größe, Oberflächenbeschaffenheit und thermischen Eigenschaften. Werden die Gegenstände richtig unterschieden, bleibt daher völlig offen, aufgrund welcher Eigenschaften die Unterscheidung erfolgte. Roland (1976) hat deswegen speziell konstruierte dreidimensionale Reize verwandt, die sich jeweils in nur einer Eigenschaft unterschieden; z. B. wurden Kugeln zur Untersuchung der Größendiskrimination eingesetzt, die sich nur im Durchmesser (20–50 mm in Schritten von 1 mm) unterschieden, während die Oberfläche und insbesondere das Gewicht bei allen Kugeln gleich waren. Die Reize zur Prüfung der Formunterscheidung waren speziell konstruierte Elliptoide und rechtwinklige Körper, die sich nicht im Gewicht und im Volumen unterschieden (vgl. Roland 1975). Selbst bei solchen eindeutigen Reizen bleibt die Schwierigkeit zu unterscheiden, ob ein beobachtetes Verhaltensdefizit Ausdruck einer gestörten sensiblen Informationsverarbeitung oder die Konsequenz motorischer Störungen bei der Exploration des Gegenstandes ist.

Um etwas über die Oberflächenbeschaffenheit (Textur) zu erfahren, bewegt man typischerweise die Finger mit leichtem Druck vor und zurück oder seitlich über die Oberfläche. Die Bewegung der Finger ist dabei offensichtlich wichtig, denn werden die Finger nicht mehr bewegt, verlieren sich die subtilen sensiblen Eindrücke sehr rasch. Die Details der Bewegung (z. B. die Richtung oder die Geschwindigkeit) spielen für die Wahrnehmung eine untergeordnete Rolle, da die Unterscheidung von Oberflächen für einen weiten Bereich unterschiedlicher Bewegungen gleich gut ist (Morley et al. 1983). Jede der zahlreichen Texturen, die wir durch Tasten unterscheiden oder sogar identifizieren können, z. B. ein Samtstoff, hat eine einzigartige Kombination physikalischer Eigenschaften, die allerdings nur sehr schwer präzise beschrieben werden kann. Entsprechend schwierig ist es, verschiedene Texturen, z. B. unterschiedliche Samtstoffe, herzustellen, bei denen nur ein Parameter systematisch variiert wird. Die Verwendung von Sandpapieren unterschiedlicher Rauigkeit (Korn) ist jedenfalls viel zu unpräzise, um Tastleistungen und kritische Einflußgrößen zu untersuchen. Dies wurde erst durch die Entwicklung von Reizen mit definierten geometrischen Eigenschaften und die Kontrolle der Kontaktbedingungen (z. B. Anpreßdruck, Bewegung der Oberfläche relativ zur Haut) möglich (Darian-Smith 1982; Loomis u. Lederman 1986).

Bislang stehen erst wenige Geräte zur kontrollierten Applikation sensibler Reize kommerziell zur Verfügung. Ein Beispiel ist das OPTACON (Fa. Telesensory systems INC, Palo Alto, CA) das aus einer Matrix von $6 \cdot 24$ Stiften (mit einem Durchmesser von ca. 0,25 mm) besteht, die computergesteuert einzeln vibrieren können (Bliss et al. 1970). Damit werden unterschiedliche Reizmuster generiert (Post u. Chapman 1991) oder Bewegungen auf der Haut simuliert (Palmer u. Gardner 1991). Geräte zur Untersuchung der Vibrationswahrnehmung (VIBRA Tester 100) und der Schmerz- und Temperaturwahrnehmung (PATH Tester MPI 100), die insbesondere bei peripheren Neuropathien erprobt wurden, sind inzwischen ebenfalls im Handel (Fa. PHYWE, Göttingen).

Der erforderliche apparative und methodische Aufwand schränkt die Bestimmung von Schwellen zur Prüfung der Sensibilität der Hand im Rahmen einer Standarduntersuchung in der neuropsychologischen Rehabilitation außerordentlich ein. Praktisch eingesetzt werden daher meist einfache klinische Verfahren, die nur eine grobe Klassifikation sensibler Defizite erlauben. Eine solche orientierende Prüfung sollte die Prüfung der 2-Punkt-Diskrimination an den Fingerkuppen des Daumens und des Zeigefingers, die beim Präzisionsgriff eingesetzt werden, einschließen. Statt der aufwendigen exakten Bestimmung der Unterschiedsschwelle genügt zur Abgrenzung pathologischer Leistungen die Prüfung, ob bei einem Reizabstand von 10 mm 2 Punkte unterschieden werden können. Wird ein solcher Reiz als 1 Punkt wahrgenommen, kann man von einer Störung der Sensibilität ausgehen. Die Wahrnehmung einer leichten Berührung kann klinisch einfach mit einem Pinsel oder Wattebausch geprüft werden, wobei der Patient besonders bei unilateralen Defiziten, nach Wahrnehmungsunterschieden in der betroffenen und nichtbetroffenen Hand befragt werden sollte. Die Wahrnehmung passiver Bewegungen, deren Störung bereits Head (1918) als eine Art Leitsyptom für kortikale Erkrankungen bezeichnet hat, kann klinisch geprüft werden, indem man den Patienten bittet, die Richtung anzugeben, in die ein Gelenk passiv bewegt wird. Zum Beispiel bewegt der Untersucher das hemiplegische Handgelenk in eine bestimmte Richtung, und der Patient soll mit dem intakten Handgelenk die Bewegung möglichst genau nachvollziehen. Solche und ähnliche Untersuchungen werden in fast allen Vorschlägen zur Untersuchung der Sensibilität aufgeführt, obwohl es offensichtlich ist, daß keines dieser Verfahren den Anforderungen an eine präzise Messung genügt, und vermutlich ist auch keines ausreichend, um Veränderungen aufgrund therapeutischer Maßnahmen genügend sensitiv zu erfassen. Wird dies gefordert, bleibt nur die Wahl der technisch aufwendigen psychophysikalischen Verfahren.

11.2.5   Funktionale Leistungen

Aufgrund von Ergebnissen einer Prüfung basaler motorischer und sensibler Leistungen kann nur sehr ungenau vorhergesagt werden, welche funktionalen Leistungen mit der betroffenen Hand noch möglich sind. Insbesondere die Handchirurgen haben auf der Suche nach Erfolgsmaßen bei rekonstruktiven Operationen schon sehr früh vorgeschlagen zu beschreiben, was ein Patient mit seiner Hand „tun kann" (Moberg 1958, 1962). Ein typisches Beispiel für diesen Ansatz ist der von Moberg entwickelte „Picking-up"-Test, bei dem eine Anzahl kleiner Gegenstände (Schrauben, Münzen, Papierklammern) vom Tisch aufgehoben und in einen Behälter gelegt werden soll. Registriert wird entweder nur, ob ein Gegenstand aufgehoben werden kann oder nicht, oder es wird zusätzlich die benötigte Zeit gemessen (Dellon 1981). Ähnliche funktionale Aufgaben wurden von verschiedenen Autoren zu Testbatterien zusammengestellt (Übersicht: McPhee 1987). Ein Beispiel ist der Handfunktionstest von Jebsen et al. (1969), der folgende 7 einhändig auszuführende Aufgaben umfaßt: Schreiben, Karteikarten umdrehen, Aufheben kleiner Gegenstände, simuliertes Essen, Bewegen leichter und schwerer Objekte (z.B. leere und gefüllte Dosen). Üblicherweise wird bei diesen Tests nur erfaßt, wieviel Zeit für die jeweilige Aufgabe benötigt wird. Die Dauer ist zwar leicht zu messen, reicht aber zur Charakterisierung der Handfunktionen kaum aus. Es bleibt meist unklar, welche Funktion durch einen Test gemessen wird, und der Grund einer verlängerten Bearbeitungszeit kann aus einem Testergebnis nicht abgeleitet werden. Die Aussage, ob eine bestimmte Handfunktion ausgeführt werden kann oder nicht, hat nur dann Bedeutung, wenn die geprüfte Leistung für alltägliche Funktionen repräsentativ ist.

Die Vielzahl unterschiedlicher Bewegungen, die mit der Hand ausgeführt werden können, legt die Frage nahe, ob es möglich ist, wenigstens Klassen von Bewegungen zusammenzufassen, die dann durch einzelne Tests repräsentiert werden können. Einen solchen Versuch der Strukturierung haben Fleishman und seine Mitarbeiter in einer Serie von Untersuchungen mit über 200 verschiedenen motorischen Aufgaben bei gesunden Versuchspersonen unternommen (Fleishman 1972). Aufgrund faktorenanalytischer Verfahren wurden schließlich 11 Faktoren extrahiert, die den Umfang feinmotorischer Leistungen angenähert repräsentieren sollten. Beispiele für solche Faktoren sind:

1) Arm-Hand-Stetigkeit (Tremor),
2) Handgelenk-Finger-Geschwindigkeit,
3) Präzision der Arm-Hand-Bewegungen,
4) Geschwindigkeit präziser Arm-Hand-Bewegungen,
5) Handgeschick beim Manipulieren größerer Objekte,
6) Fingergeschick beim Manipulieren besonders kleiner Objekte,
7) Koordination bei gleichförmigen Bewegungen (pursuit rotor).

Zur Messung dieser 7 Faktoren hat Schoppe (1974) einen Testapparat vorgestellt, der die von Fleishman entwickelten apparativen Tests zusammenfaßt (Motorische

Leistungsserie MLS, Fa. Apparatezentrum, Göttingen). Die meisten Aufgaben werden mit einem in der Hand gehaltenen Griffel ausgeführt, wobei z. B. der Stift möglichst ruhig innerhalb vorgegeber Grenzen gehalten, Linien nachgefahren oder Zielpunkte berührt werden müssen. Die Bewertung erfolgt je nach Aufgabe durch die elektronische Messung der Treffer, der Fehler oder der benötigten Zeit. Bei Patienten mit zerebral bedingten Störungen ist diese für gesunde Personen entwickelte Testbatterie nur sehr begrenzt bei geringen Ausprägungen einer Funktionsstörung einsetzbar. Die Schwierigkeit der Aufgaben kann nicht genügend variiert werden, um auch bei schwerer gestörten Patienten erhaltene Restfunktionen sensitiv zu erfassen.

Statt künstliche Testaufgaben zu prüfen, deren Zusammenhang mit relevanten Alltagsleistungen jeweils belegt werden muß, sind von vielen Autoren Listen mit alltäglichen funktionalen Leistungen vorgeschlagen worden (Activities of Daily Living, ADL-Skalen; Übersicht: Law u. Letts 1989). Die meisten dieser Listen beziehen sich verständlicherweise nicht ausschließlich auf Arm-/Handfunktionen, sondern umfassen viele unterschiedliche Leistungen, die als Voraussetzung zu einem selbständigen Leben angesehen werden (z. B. Lindmark et al. 1990). Ein Vorschlag zur speziellen Prüfung alltäglicher Arm-/Handfunktionen ist in Tabelle 11-5 wiedergegeben.

Jede Auswahl alltäglicher Aufgaben enthält natürlich willkürliche Elemente und berücksichtigt die individuellen Lebensumstände eines Patienten nur unzureichend. Bislang fehlen weitgehend Erhebungsinstrumente (Fragebogen), die eine systematische Dokumentation für spezifische funktionale Leistungen ermöglichen. Ein vorbildliches Beispiel jedoch ist die von Schultz-Johnson (1990) vorgelegte Analyse von Hebeleistungen, die zur Beurteilung der beruflichen Eingliederung eines Industriearbeiters entscheidend sein kann. Die Autorin hat dazu einen Fragebogen zur Charakterisierung der am Arbeitsplatz erforderlichen Hebeleistungen und einen Bogen zur Erfassung der Schwierigkeiten eines Patienten bei diesen Leistungen entwickelt. Der Vergleich des Anforderungsprofils mit den derzeitigen Fähigkeiten des Patienten bildet die Grundlage der Bewertung.

11.3   Hypothesengeleitete (experimentelle) Diagnostik

Die in 11.2 dargestellten Prüfungen der Handfunktionen erlauben in der Regel nur eine einfache Zuordnung zu den Kategorien „normale" oder „gestörte" Leistung. Die Zusammenstellung einzelner Untersuchungen zu einer umfassenden Standarduntersuchung (oder einer Testbatterie) ist immer wieder versucht worden, weil man hoffte, damit die Struktur einer Störung erfassen zu können. Tatsächlich sind aber Strukturaussagen nur sehr bedingt möglich. Eine festgestellte Verlangsamung bei der Prüfung der Diadochokinese erlaubt es zwar, eine Beeinträchtigung bei zeitkritischen Handleistungen vorherzusagen, aber aus der Kenntnis eines sensiblen Defizits, das bei der Prüfung der 2-Punkt-Diskrimination festgestellt wurde, kann kaum die Störung einer überlernten Bewegung (z. B. beim Schreiben) abgeleitet werden.

Tabelle 11-5. Funktionale Leistungen

Unimanuelle Tätigkeiten, Prüfung beider Hände	Links	Rechts
1) Elektrostecker ein- und ausstecken	☐	☐
2) Glas greifen und zum Mund führen	☐	☐
3) Gabel oder Löffel zum Mund führen	☐	☐
4) Münzen vom Tisch aufnehmen	☐	☐
5) Schreiben	☐	☐
Bimanuelle Tätigkeiten		
6) Handtuch zusammenlegen	☐	
7) Mit Lineal Strich ziehen	☐	
8) Mit Messer und Gabel schneiden	☐	
9) Mit der Schere Figur ausschneiden	☐	
10) Schleife binden	☐	

Bewertung: 0 Ohne Schwierigkeiten ausführbar
1 Mit geringen Schwierigkeiten
2 Mit großen Schwierigkeiten
3 Unmöglich

Könnten die Störungen der Handfunktionen auf einige wenige Mechanismen zurückgeführt werden, hätte eine Standarduntersuchung, die das Funktionieren dieser Mechanismen prüft, große Bedeutung. Ein solcher reduktionistischer Ansatz hat sich aber nicht bewährt, vielmehr wird immer deutlicher, daß Störungen der Handfunktionen von sehr vielen, oft subtilen Änderungen der Aufgabenparameter und damit von einer großen Zahl z. T. sehr spezifischer Mechanismen abhängen. Da bei den einzelnen Prüfungen Aufgabenparameter in der Regel nicht variiert werden, sind auch kaum Aussagen darüber zu machen, bei welcher Modifikation der Aufgaben eine sonst gestörte Leistung möglicherweise doch noch gelingt.

Nicht nur die Aufgabenparameter können variieren, sondern auch intraindividuelle Bedingungen. Aus der klinischen Erfahrung kennt jeder Untersucher das Phänomen, daß viele Leistungen bei Patienten mit zerebralen Schädigungen deutlich schlechter gelingen, wenn die Anspannung des Patienten nur geringfügig ansteigt, z. B. weil ein weiterer Beobachter im Raum ist. Ein Teil dieser intraindividuellen Bedingungen kann durch den Untersucher beeinflußt werden. Dies geschieht, wenn er durch seine Erklärungen eine „entspannte" Atmosphäre schafft, aber auch die direkte Korrektur einer inadäquaten Rumpfhaltung, die die zu prüfenden Handfunktionen beeinflussen könnte, ist ein Beispiel einer solchen positiven Einflußnahme.

Nur durch die systematische Variation der Bedingungen können Einflußgrößen identifiziert und für die Behandlung genutzt werden. Solche experimentellen Ansätze werden in der Klinik noch sehr selten systematisch eingesetzt, obwohl eine Eingrenzung der kritischen Bedingungen für die Entwicklung spezifischer Therapien unabdingbar erscheint. Sind kritische Bedingungen für eine interessierende Leistung bekannt (z. B. eine geringe Kokontraktion im Handgelenk für die Beweglichkeit der Finger), kann sich eine Therapie auf die Herstellung dieser Bedingung konzentrieren (z. B. durch die Rückmeldung der jeweiligen Kokontraktion).

Ein hypothesengeleitetes Vorgehen hängt von den Möglichkeiten zur Variation der Aufgaben und der Beobachtungssituation ab. In den meisten publizierten motorischen Tests ist aber eine solche Variation nicht vorgesehen. In den von uns entwickelten Verfahren zur Untersuchung der Fingerkräfte oder der Schreibbewegungen sind dagegen solche Variationsmöglichkeiten von vornherein eingeplant.

11.3.1   Kontrolle der Fingerkräfte

Ein alltägliches Beispiel für die präzise Kontrolle der Fingerkräfte ist das Halten eines Gegenstands zwischen Daumen und Zeigefinger. Bei zu geringer Kraft würde der Gegenstand aus den Fingern rutschen, zu viel Kraft könnte ihn beschädigen oder zumindest ein geschicktes Hantieren behindern. Bei den von uns entwickelten Verfahren zur Untersuchung der Fingerkräfte (Bolsinger u. Mai 1985; Hermsdörfer et al. 1991) hält ein Patient ein Manipulandum zwischen Daumen und Zeigefinger (Präzisonsgriff). Die zwischen Daumen und Zeigefinger produzierten Kräfte werden kontinuierlich registriert und können auf einem Bildschirm z. B. durch die Länge eines Balkens angezeigt werden. Eine typische Aufgabe ist das Einstellen und Halten einer konstanten Kraft. Ist die vorgegebene Zielkraft sehr gering (z. B. 2,5 N), ist dabei eine präzise Abstimmung erforderlich. Störungen dieser Leistung wurden bei Patienten mit zerebralen Läsionen und zerebellären Erkrankungen systematisch untersucht (Mai et al. 1988, 1989; Mai 1989, 1990). Dabei zeigten sich klare Dissoziationen zwischen Defiziten bei der konstanten Kraftproduktion und anderen feinmotorischen Störungen wie z. B. wiederholten schnellen Kraftwechseln zwischen 2 vorgegebenen Kraftniveaus, die mit der gleichen Apparatur registriert werden können.

In Abb. 11-3, a-c sind die Leistungen von 3 Patienten in unterschiedlichen Rückbildungsstadien nach einer Lähmung der rechten Körperhälfte dargestellt. Entsprechend der Schwere der klinischen Symptome sind die schnellen Kraftwechsel jeweils auf der rechten Seite verlangsamt. Trotz dieses Leistungsdefizits hatten die Patienten, selbst der am schwersten betroffene Patient (c), keine Schwierigkeit, eine Kraft von 2,5 N einzustellen und über 20 s konstant zu halten. Diese überraschende Leistung kann als erhaltene Restfunktion interpretiert werden (Mai 1989). Ein völlig anderes Störungsmuster zeigen die Patienten d und e. Die Kraftkurven in d wurden von einer Patientin mit Friedreich-Ataxie produziert. Obwohl sie die schnellen Kraftwechsel noch innerhalb normaler Grenzen ausführen konnte, war die Halteleistung grob gestört. Die Daten des Patienten (e) mit einer diffusen Atrophie des Kleinhirns zeigen gravierende Defizite sowohl bei den schnellen Kraftwechseln als

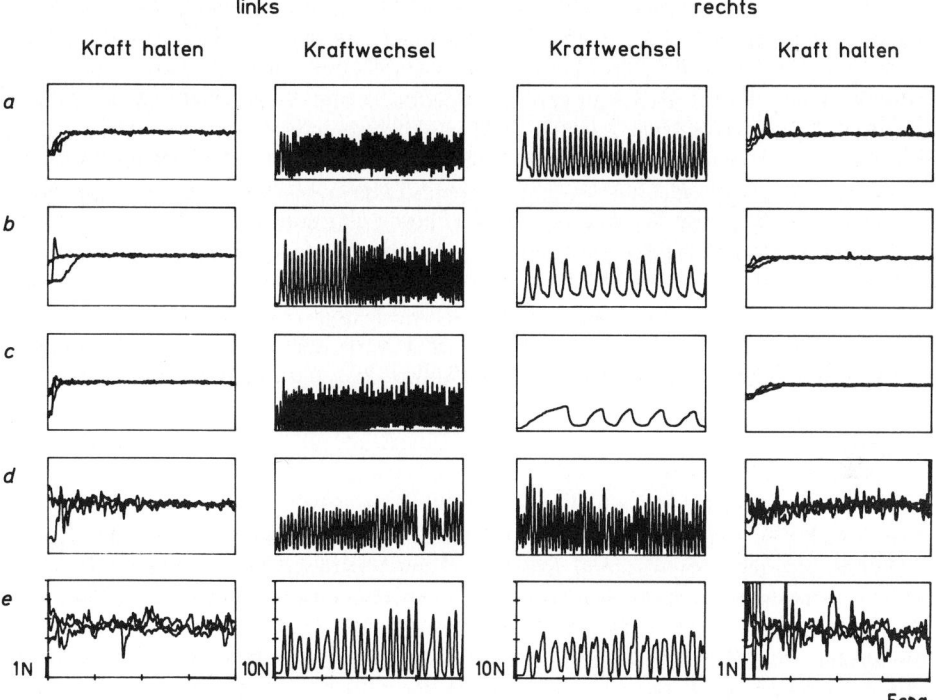

Abb. 11-3, a–e. Kontrolle isometrischer Fingerkräfte in der linken und rechten Hand bei Patienten mit zerebralen Läsionen. Bei der Aufgabe „Kraft halten" sollte eine Kraft von 2,5 N zwischen Daumen und Zeigefinger eingestellt und für 20 s gehalten werden. Bei „Kraftwechsel" sollten in derselben Griffanordnung in 20 s möglichst viele Kraftwechsel zwischen 6,25 und 18,75 N durchgeführt werden (weitere Erläuterungen s. Text)

auch bei der Halteleistung. Aus den Dissoziationen der Leistungen kann der Schluß abgeleitet werden, daß den Störungen nicht nur ein einzelner Faktor zugrunde liegen kann.

Einzelne Aufgabenparameter können die Leistung eines Patienten beim Halten einer konstanten Kraft nachhaltig beeinflussen (Mai et al. 1989; Mai 1990). Eine naheliegende Variationsmöglichkeit ist die Verfügbarkeit oder der Informationsgehalt des visuellen Feedbacks. Die Leistung eines Patienten beim Halten einer konstanten Kraft unter verschiedenen Bedingungen des visuellen Feedbacks zeigt Abb. 11-4.

In der 1. Bedingung (a) wurde der genaue Fehlerbetrag, d. h. die Abweichung der aktuellen Kraft von der Zielkraft, fortlaufend zurückgemeldet (kontinuierliches Feedback). In der 2. Bedingung (b) wurde dieses Feedback nach 10 s abgeschaltet, und die Kraft sollte für weitere 10 s konstant gehalten werden. Dies ist die übliche experimentelle Manipulation, um den Einfluß eines visuellen Feedbacks zu prüfen. In der 3. und 4. Bedingung (c und d) wurde der Informationsgehalt des Feedbacks verändert. Statt des genauen Fehlers wurde nur noch zurückgemeldet, ob die aktuelle Kraft „zu hoch", „zu niedrig" oder innerhalb des Zielbereichs (c: 2,5 N ± 0,1 N oder d: 2,5 N ± 0,3 N) lag (diskretes Feedback). Gesunde Versuchpersonen können unter allen 3 Bedingungen des Feedbacks die vorgegebene Kraft präzise konstant halten, wobei ein leichtes Driften der Kraftkurve nach der Abschaltung des Feedbacks normal ist (Mai et al. 1985). Der Entzug des visuellen Feedbacks hatte bei dem untersuchten Patienten keine Leistungsverschlechterung zur Folge (s. Abb. 11-4, a vs. b), woraus geschlossen werden könnte, daß das visuelle Feedback kein kritischer Faktor für die Leistung dieses Patienten war. Wurde aber der Informationsgehalt des visuellen Feedbacks auf die Mitteilung diskreter Zustände beschränkt, hatte derselbe Patient große Schwierigkeiten, die geforderte Kraft einzustellen und konstant zu halten (s. Abb. 11-4 c, d). Dies weist im Gegensatz zu ersten Befunden auf eine kritische Bedeutung des visuellen Feedbacks für die Leistung dieses Patienten hin. Die große, weit außerhalb der Norm liegende Fluktuation der Kraftkurven bei diskretem Feedback könnte bei diesem Patienten mit zerebellären Schädigungen als dysmetrische Reaktion auf die zurückgemeldeten Zustände („zu viel Kraft", „zu wenig Kraft") interpretiert werden. Für diese Interpretation spricht die deutliche Abnahme der Fluktuation bei einer Vergrößerung des Bereichs, für den der Zustand „richtige Kraft" zurückgemeldet wurde (s. Abb. 11-4 d). Bei einem größeren Toleranzbereich provozieren kleine spontane Fluktuationen der Kraft seltener die Kommandos, die eine Reaktion verlangen. Festzuhalten bleibt aber in jedem Fall, daß dieser Patient seine unter diskretem Feedback beob-

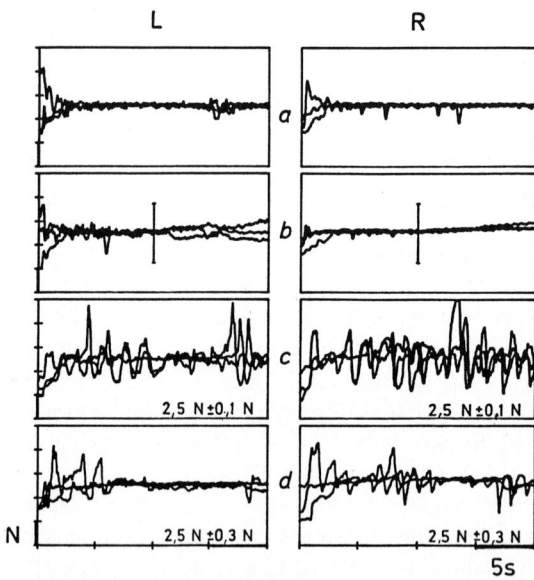

Abb. 11-4, a–d. Kontrolle konstanter Fingerkräfte mit der linken (L) und rechten (R) Hand bei unterschiedlichen Bedingungen des visuellen Feedbacks. Leistungen eines Patienten mit einer zerebellären Atrophie (weitere Erläuterungen s. Text)

achteten Schwierigkeiten bei einer Rückmeldung des präzisen Fehlerbetrags nahezu perfekt kompensieren konnte.

Nicht nur die Art des visuellen Feedbacks kann die Kontrolle feiner Fingerkräfte nachhaltig beeinflussen; als weitere Einflußgröße wurde z. B. die Art der Kraftproduktion identifiziert. Patienten können ganz unterschiedliche Defizite aufweisen, wenn die gleiche Kraft (z. B. 2,5 N) ohne Änderung der Muskellänge und damit ohne Fingerbewegung (isometrisch) oder mit Änderung der Muskellänge (anisometrisch) hergestellt werden soll (Mai et al. 1989). Dabei könnte eine Rolle spielen, daß unterschiedlich hergestellte, aber physikalisch gleiche Kräfte ganz verschieden wahrgenommen werden (Mai et al. 1991)

11.3.2 Bimanuelle Leistungen

Neben einhändigen Aktivitäten (z. B. Zähneputzen, Ball werfen) spielen beidhändige Aktivitäten im Alltag eine überragende Rolle. Dabei können die Hände asymmetrisch (z. B. beim Mischen von Spielkarten, Gitarrespielen) oder symmetrisch (z. B. beim Tragen einer Schüssel) eingesetzt werden. Bei genauerer Analyse erweist sich manche scheinbar einhändige Leistung als tatsächlich bimanuell, allerdings mit sehr unterschiedlicher (asymmetrischer) Beteiligung der Hände. Ein Beispiel ist das Schreiben mit der präferierten Hand. Dabei hat die andere Hand keineswegs nur eine Haltefunktion, sondern verschiebt das Blatt, auf dem geschrieben wird (Guiard 1987), entsprechend dem Verlauf des Schreibvorgangs. Unterbindet man diese Aktivität der nichtschreibenden Hand, sinkt die Schreibleistung deutlich ab.

Trotz der Bedeutung beidhändiger Aktivitäten sind experimentelle Untersuchungen, insbesondere asymmetrischer Handleistungen, überraschenderweise vernachlässigt worden. Nahezu alle Handfunktionstests beschränken sich auf einhändige Leistungen, und Patienten können häufig nur sehr ungenau über spezifische Störungen bei beidhändigen Leistungen berichten. Von einer spezifischen Störung beidhändiger Leistungen sollte gesprochen werden, wenn ein beobachtetes Defizit bei beidhändigen Aktivitäten nicht bereits durch Störungen bei einhändigen Aktivitäten erklärt werden kann.

Da das von uns entwickelte Meßsystem die gleichzeitige Registrierung von Fingerkräften in beiden Händen ermöglicht, konnten einhändige und beidhändige Leistungen unter kontrollierten Bedingungen verglichen werden (Avarello et al. 1988). Bei einer asymmetrischen Aufgabe sollte in der einen Hand eine isometrische Kraft von 2,5 N eingestellt und gehalten werden, und erst wenn diese Kraft konstant gehalten wurde, sollte die andere Hand beginnen, Kraftwechsel zwischen 0 und 12,5 N durchzuführen. Die Fragestellung war, ob die Kraftwechsel in der einen Hand die Präzision der Halteleistung der anderen beeinträchtigen.

Gesunde Versuchspersonen können die geforderte Zielkraft sehr präzise konstant halten, auch wenn die andere Hand gleichzeitig Kraftwechsel durchführt. Dies gilt sogar dann, wenn das visuelle Feedback für die Halteleistung nach 10 s abgeschaltet wird. Die Leistungen einer typischen Kontrollperson (CO) sowie die zweier Patienten nach einem linksseitigen Hirninfarkt zeigt Abb. 11-5. Bei Prüfung der einhändigen Halteleistung mit Entzug des visuellen Feedbacks nach 10 s unterscheiden sich

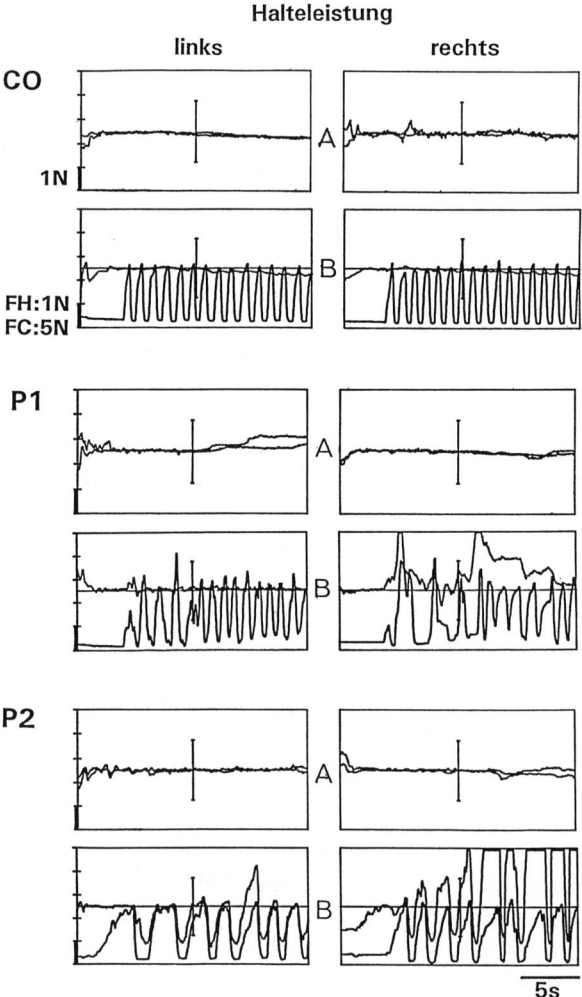

Abb. 11-5. Veränderung der Halteleistung durch Aktivitäten in der anderen Hand. Eine Normalperson (CO) kann eine Kraft von 2,5 N konstant halten, auch wenn die andere Hand gleichzeitig Kraftwechsel durchführt (Bedingung B). Die Patienten P1 und P2 konnten zwar bei Prüfung nur einer Hand eine Kraft konstant halten (Bedingung A, 2 übereinandergezeichnete Durchgänge), nicht aber wenn die andere Hand gleichzeitig Kraftwechsel durchführen sollte. Die Skalierung für die Halteleistung (FH) ist 1 N, für die Kraftwechsel (FC) 5 N (weitere Erläuterungen s. Text)

die Patienten nicht von der Normalperson (Bedingung A in Abb. 11-5). Bei der geforderten beidhändigen Aktivität (Bedingung B in Abb. 11-5) zeigen sich dagegen erhebliche Leistungsunterschiede. Der Patient P1 konnte mit der linken (nichtbeeinträchtigten) Hand die Halteleistung präzise kontrollieren, auch wenn die andere Hand Kraftwechsel ausführte. Wurden die Aufgaben zwischen den Händen ausgetauscht, hatte er aber große Schwierigkeiten, die Kraft mit der (beeinträchtigten) rechten Hand konstant zu halten, sobald die linke Hand mit den Kraftwechseln begann. Die entsprechende Kraftkurve ist durch überschießende Reaktionen und generelle Unregelmäßigkeiten gekennzeichnet, weist aber kaum Tendenzen zur Synchronisation mit den Kraftänderungen in der anderen Hand auf. Dieser Patient kann beide Hände unabhängig von einander einsetzen, aber die zum Hirninfarkt kontralaterale (beeinträchtigte) Hand wird durch Aktivitäten der anderen Hand deutlich und unsystematisch gestört.

Ein ganz anderes Störungsmuster zeigt Patient P2. Ganz gleich, welche Hand die geforderte Kraft konstant halten sollte, es kam immer zu einer Synchronisation mit den Kraftwechseln in der anderen Hand. Beim Halten mit der beeinträchtigten rechten Hand wurden nach Abschalten des Feedbacks zudem die Amplituden der Kraftwechsel in beiden Händen angeglichen, ein Effekt, der beim Austauschen der Aufgaben zwischen beiden Händen nicht auftrat.

Diese Beispiele zeigen deutlich die Differenziertheit der individuellen Störungen, die der freien Beobachtung ohne quantitative Meßverfahren mit großer Wahrscheinlichkeit entgehen würde.

11.3.3   Schreiben

Störungen der Schreibbewegungen sind eine häufige Konsequenz der Schädigung zerebraler Strukturen. Betroffen sind Patienten mit Resthemiparesen, mit Störungen der Somatosensibilität oder mit ataktischen Störungen der Bewegungsabläufe. Die einzelnen Aspekte der gestörten Bewegungen können allerdings aus dem Schriftbild nur sehr ungenau erschlossen werden, erst die direkte Registrierung der Schreibbewegung ermöglicht eine Differenzierung von Störungsmustern.

Zur Erfassung der Bewegungsabläufe beim Schreiben verwenden wir ein graphisches Tablett (TDS ZedPEN Modell LCA3) in Verbindung mit einem PC (386, 25 MHz). Geschrieben wird mit einem speziellen Stift, in den eine Kugelschreibermine eingebaut ist. Die Schreibhaltung und die Orientierung der Schrift können frei gewählt werden. Registriert wird der Ort der Schreibspitze mit einer x-y-Auflösung von 0,05 mm und einer zeitlichen Auflösung von 166 Datenpunkten pro Sekunde. Durch spezielle mathematische Verfahren (nonparametrische Kernschätzung) können aus den Ortskurven x (t), y (t) die Geschwindigkeiten (vx, vy) und Beschleunigungen (ax, ay) der Schreibbewegung berechnet werden (Mai et al. 1990).

Obwohl bei den meisten Patienten mit motorischen Schreibstörungen die Schreibleistung pro Zeiteinheit extrem vermindert ist, sind einfache Angaben über die benötigte Zeit kaum geeignet, die Störung zu beschreiben. In Abb. 11-6 werden 2 Beispiele für die Registrierung einer Schreibbewegung und den jeweils errechneten Zeitverlauf der Geschwindigkeit in der y-Richtung (vy[t]) gezeigt. Beide Patienten benötigen eine viel zu lange Zeit (über 23 s), um den Testsatz zu schreiben (normal sind 8–10 s). Erst die Analyse der Geschwindigkeiten zeigt, daß diese Verlangsamung durch völlig unterschiedliche Bewegungsstörungen bedingt ist. Der 1. Patient (LR29; Abb. 11-6, oben) mit einer diffusen zerebellären Atrophie erreichte nur noch unterdurchschnittliche Spitzengeschwindigkeiten, die des 2. Patienten

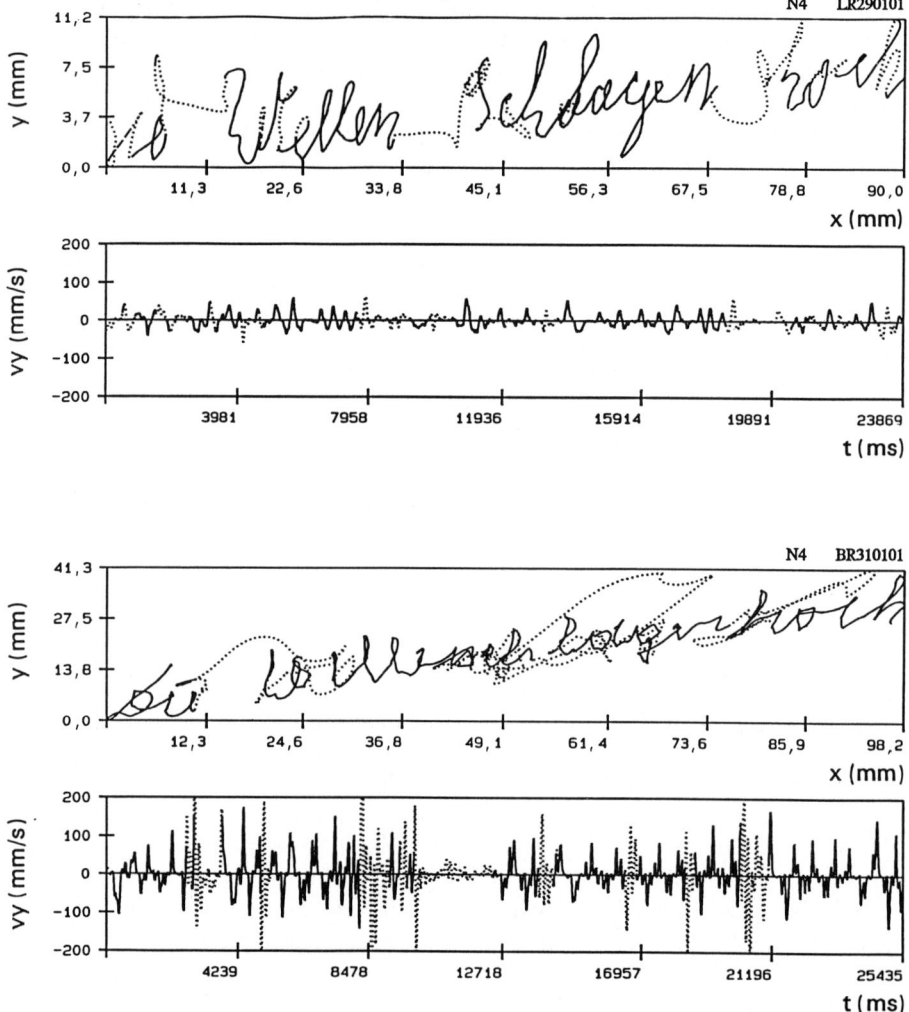

Abb. 11-6. Schriftproben zweier Patienten mit dem zugehörigen Verlauf der Geschwindigkeit in der y-Richtung (vy). Beide Patienten benötigten mehr als die dreifache Zeit normaler Kontrollpersonen. Die Geschwindigkeitskurven zeigen allerdings ganz unterschiedliche Muster (weitere Erläuterungen s. Text)

(BR31) mit einem seit Jahren bestehenden Schreibkrampf unklarer Genese liegen dagegen im Normbereich und erreichen gelegentlich sogar überdurchschnittliche Werte. Die Verlangsamung bei diesem Patienten ist daher nicht auf eine generell reduzierte Geschwindigkeit zurückzuführen, sondern in erster Linie auf Defizite in der Koordination der Bewegungen.

Mit der gleichen Meßanordnung können zusätzlich zur Schriftprobe auch Grund-komponenten der Schreibbewegung erfaßt werden. Beispiele sind schnelle alternierende Bewegungen im Handgelenk, das rasche Vor- und Zurückfahren der Finger oder die Kombination beider Bewegungen in Schleifenbewegungen. Ein Beispiel für massive Störungen in allen 3 Grundkomponenten, die man nach der Schriftspur kaum vermutet, stellt Abb. 11-7 dar. Die Störungen zeigen sich besonders deutlich am Verlauf der Beschleunigungskurven (ay [t]). Die erreichten Spitzenbeschleunigungen liegen weit unter den Normwerten (> 2000 mm/s^2) und sind durch einen

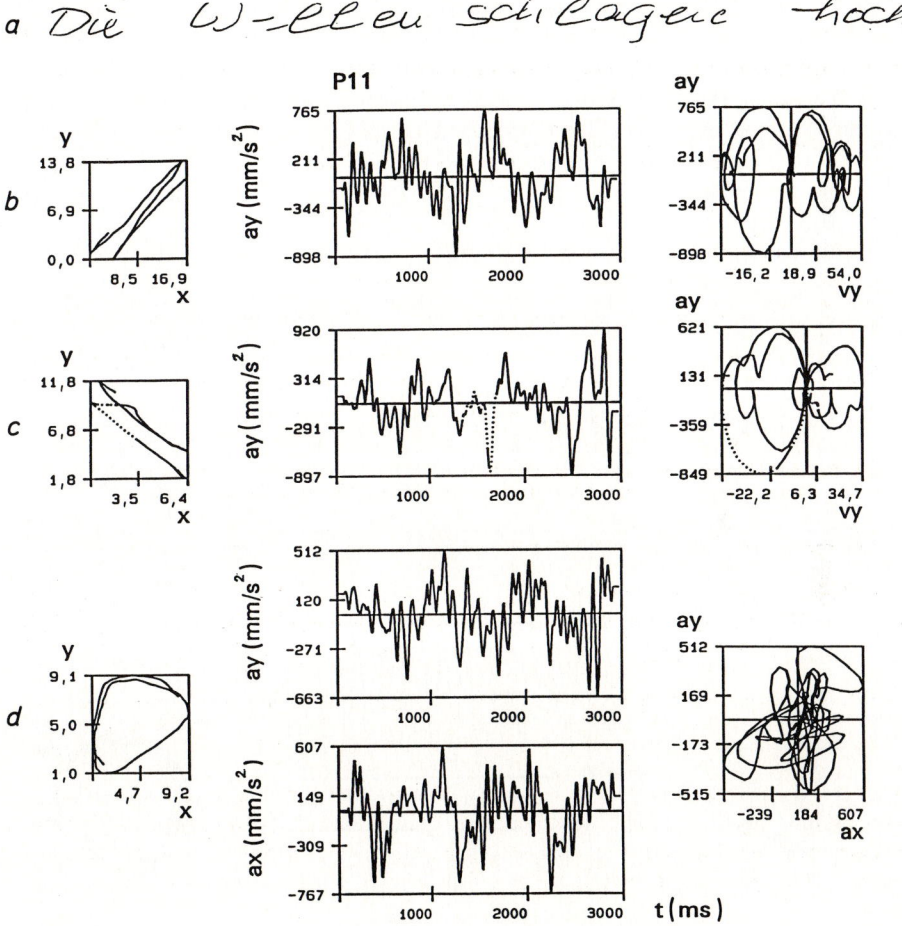

Abb. 11-7. a Schriftprobe einer Patientin mit zerebellärer Atrophie. Die Schrift erscheint wenig gestört, allerdings benötigte die Patientin die extrem lange Zeit von 1 min. Die Prüfung elementarer Bewegungungskomponeten (**b** alternierende Bewegungen im Handgelenk, **c** Vor- und Zurückfahren der Finger, **d** übereinandergeschriebene Kringel) zeigt deutliche Störungen des Beschleunigungsverlaufs, der durch zahlreiche Wechsel (Bremsen und Beschleunigen) gekennzeichnet ist. Die Phasendiagramme auf der rechten Seite zeigen für aufeinderfolgende Zeitpunkte die jeweiligen Werte der Beschleunigung (ay, ax) bzw. der Geschwindigkeit (vy)

völlig irregulären Verlauf mit zahlreichen Richtungswechseln gekennzeichnet. Tatsächlich benötigte diese Patientin (P11) mit einer zerebellären Atrophie fast 60 s, um den Testsatz zu schreiben.

Die aus dieser extremen Verlangsamung resultierende gravierende Schreibstörung kann durch die bereits bei den Grundkomponenten der Schreibbewegung gefundenen Defizite der Bewegungsabläufe erklärt werden. Allerdings sind Schreibstörungen keineswegs in jedem Fall auch mit Störungen der Bewegungsabläufe bei den Grundkomponenten verbunden. Dies demonstriert das folgende Beispiel.

Der Patient (BR14), dessen Schriftprobe in Abb. 11-8 wiedergegeben ist, klagte 20 Monate nach einem Kleinhirninfarkt noch über erhebliche Schreibstörungen, die eine Berufsausübung als Architekt unmöglich machten.

Der Vergleich der Handschrift mit Schriftproben vor dem Hirninfarkt zeigte deutliche Veränderungen bei der Form der Buchstaben, der Variation der Buchstabengröße und der Art der Anbindung zwischen den Buchstaben. Die Strichführung kennzeichneten nach der Hirnschädigung zahlreiche Unsicherheiten und Verzitterungen, zudem waren einzelne Buchstaben bis zur Unleserlichkeit verändert (vgl. in Abb. 11-8 das ch oder das a in dem Testwort „schlagen"). Im Gegensatz zu diesen

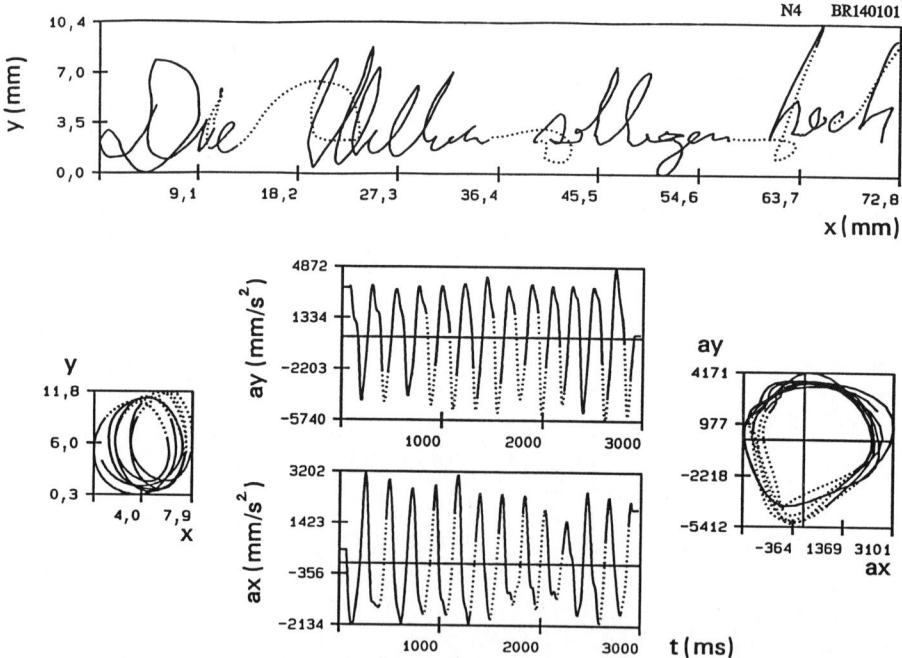

Abb. 11-8. Schriftprobe eines Patienten nach einem Kleinhirninfarkt. Dieser Patient klagte über eine gravierende Veränderung seiner Handschrift, zeigte aber normale Leistungen bei allen Grundkomponenten der Schreibbewegung. Dargestellt ist der jeweilige Beschleunigungsverlauf in der x- und y-Richtung beim Übereinanderschreiben von Kringeln und das zugehörige Phasendiagramm

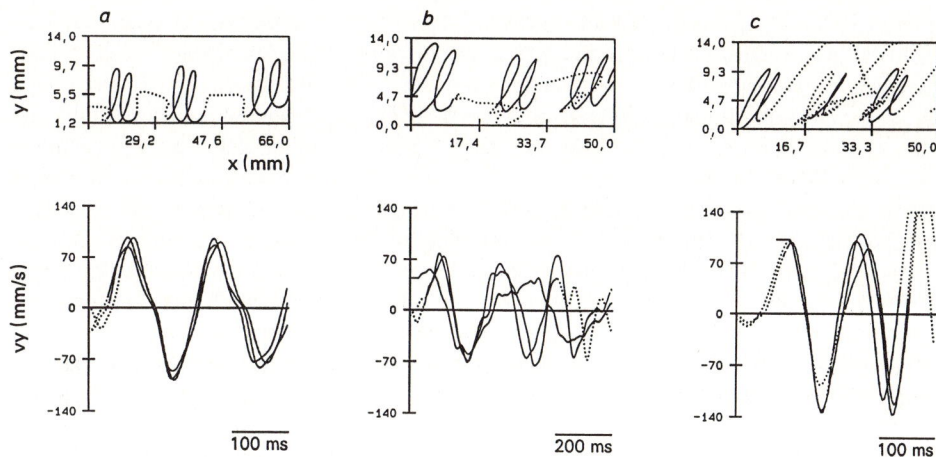

Abb. 11-9, a–c. Übereinandergezeichnete Geschwindigkeitskurven für nacheinandergeschriebene Doppelbuchstaben „ll". Die Geschwindigkeitskurven wurden auf das erste Minimum zentriert. **a** Präzise Replikation des Geschwindigkeitsverlaufs bei einer normalen Kontrollperson. **b** Deutliche Variationen der Kurven bei dem Patienten, dessen Schrift in Abb. 11-8 gezeigt wurde. **c** Leistung desselben Patienten nach einer Übungsbehandlung (weitere Erläuterungen s. Text)

offensichtlichen Störungen ergab die Analyse der Grundkomponenten völlig normale Leistungen. Dies zeigt sich besonders deutlich im regelmäßigen Verlauf der Beschleunigungskurven (s. Abb. 11-8, unten) beim Übereinanderschreiben einfacher Kringel. Das zugehörige Phasendiagramm veranschaulicht darüber hinaus die hohe Wiederholgenauigkeit der Bewegungsabläufe. Die einzelnen Kringel werden mit sehr ähnlichen Beschleunigungen produziert, was als Indikator für eine hohe Automation der Bewegung gewertet werden kann. Wenn derselbe Patient statt der einfachen repetitiven Bewegungen (Übereinanderschreiben von Kringeln) die Buchstaben „ll" wiederholt schreiben sollte, zeigten sich trotz der Ähnlichkeit der zugrundeliegenden Bewegungen große Schwierigkeiten.

In Abb. 11-9 wurden die Geschwindigkeitskurven für 3 nacheinandergeschriebene „ll" übereinandergezeichnet. Typisch für routinierte Schreiber ist die sehr genaue Replikation der Geschwindigkeitskurven bei der Wiederholung der Buchstaben (s. Abb. 11-9 a). Im Gegensatz dazu zeigte der Patient unregelmäßige Schwankungen und eine deutlich geringere Genauigkeit bei der Replikation des Geschwindigkeitsverlaufs (s. Abb. 11-9 b). Dieser Befund spricht für eine Störung der Automation der Bewegungsabläufe, die allerdings bei der verwandten Bewegung (dem Übereinanderschreiben der Kringel) nicht beobachtet wurde. Eine Erklärung für diesen überraschenden Unterschied in der Ausführung dieser vergleichbaren Bewegungen könnte in den unterschiedlichen „Intentionen" liegen, die der Patient mit beiden Bewegungen verband. Wenn der Patient versuchte, eine leserliche Schrift oder auch nur Buchstaben zu produzieren, kam es regelmäßig zu einer übermäßigen Kokontraktion im Handgelenk und einer unzweckmäßigen Versteifung der Fingergelenke. War dagegen der Patient nicht auf den Effekt der Bewegung (die leserliche Schrift) konzentriert, sondern abgelenkt und erfolgten die Bewegungen eher beiläufig oder spielerisch wie beim Malen sinnloser Figuren, waren die begleitenden Kokontraktionen im Handgelenk und in den Fingern deutlich geringer und die Bewegungsabläufe flüssiger. Dies legt die Hypothese nahe, daß das offensichtlich erhaltene Potential zur Ausführung automatischer Bewegungen durch eine zu starke Konzentration auf den Bewegungsablauf nachhaltig gestört wurde. Die nachfolgende Übungsbehandlung bei diesem Patienten war daher vornehmlich auf die Kontrolle der Intention und den Abbau der übermäßigen Kokontraktionen beim Schreiben ausgerichtet. Mit Hilfe dieses Trainings konnte die Schreibleistung des Patienten deutlich verbessert werden; Abb. 11-9 c zeigt die Verbesserung in der Reproduktion der Geschwindigkeitsabläufe beim Schreiben der Buchstaben „ll" nach 15 Trainingssitzungen.

Literatur

American Society for Surgery of the Hand (1990) Die Hand. Klinische Untersuchung und Diagnostik. Primärtherapie häufiger Erkrankungen und Verletzungen. Springer, Heidelberg

Annett M (1970) A classification of hand preference by association analysis. Br J Psychol 61:303–321

Avarello M, Mai N, Bolsinger P, von Cramon D (1988) Untersuchungen zur Interaktion der Hände bei bimanueller Kraftsteuerung. Abschlußbericht des DFG-Projekts MA 1031/1–1

Babinski MJ (1914) Anosognosie. Rev Neurologique (Paris) 22: 365–367

Benton AL, Meyers R, Polder GJ (1962) Some aspects of handedness. Psychiat Neurol 144:321–337

Bliss JC, Katcher MH, Rogers CH, Shepard RP (1970) Optical-to-tactile image conversion for the blind. IEEE Trans Man-Machine Systems 11:579–582

Bohannon RW (1989) Is the measurement of muscle strength appropriate in patients with brain lesions? A special contribution. Phys Ther 69:225–236

Bolsinger PP, Mai N (1985) A microcomputer system for the measurement of finger forces. J Biomed Engineer 7:51–55

Breger-Lee D, Bell-Krotoski J, Brandsma JW (1990) Torque range of motion in the hand clinic. J Hand Ther 3:7–13

Brooks VB (1990) Limbic assistance in task-related use of motor skill. In: Eccles JC, Creutzfeldt O (eds) The Principles of Design and Operation of the Brain. Springer, Heidelberg, pp 343–364

Broser F (1981) Topische und klinische Diagnostik neurologischer Krankheiten. Urban & Schwarzenberg, München

Bryden MP (1989) Handedness, cerebral lateralization and measures of „latent left-handedness". Intern J Neuroscience 44:227–233

Chao EYS, An K-N, Cooney WP, Linscheid RL (1989) Biomechanics of the Hand. A Basic Research Study. World Scientific, Singapore

Darian-Smith I (1982) Touch in primates. Annu Rev Psychol 33:155–194

Dellon AL (1981) Evaluation of Sensibilty and Re-Education of Sensation in the Hand. Williams & Wilkins, Baltimore

Demeurisse G, Demol O, Rolaye E (1980) Motor evaluation in vascular hemiplegia. Eur Neurol 19:382–389

Engen T (1972) Psychophysics. In: Kling JW, Riggs LA (eds) Woodworth and Schlosberg's Experimental Psychology. Methuen, London, pp 11–46

Fleishman EA (1972) Structure and measurement of psychomotor abilities. In: Singer RN (ed) The Psychomotor Domain. Lea & Febinger, Philadelphia, pp 78–106

Freund H-J (1985) The pathophysiology of central paresis. In: Struppler A, Weindl A (eds) Electromyography and Evoked Potentials. Springer, Heidelberg, pp 19–22

Freund H-J (1987) Abnormalities of motor behavior after cortical lesions in humans. In: Plum F (ed) Handbook of Physiology. Section 1: The Nervous System. Vol. V. Higher Functions of the Brain, Part 2. American Physiological Society, Bethesda, pp 763–810

Fugl-Meyer AR, Jääskö L, Leyman I, Olsson S, Steglind S (1975) The post stroke hemiplegic patient. I. A method for evaluation of physical performance. Scand J Rehab Med 7:13–31

Gajdosik RL, Bohannon RW (1987) Clinical measurement of range of motion: Review of goniometry emphasizing reliability and validity. Phys Ther 67:1867–1872

Geschwind N, Galaburda AM (1985) Cerebral lateralization. Biological mechanisms, associations, and pathology. I. A hypothesis and a program for research. Arch Neurol 42:428–459

Goodwin AW, Darian-Smith I (1985) Hand Function and the Neocortex. Springer, Heidelberg

Guiard Y (1987) Asymmetric division of labor in human skilled bimanual action: The kinematic chain as a model. J Mot Behav 19:486–517

Head H (1918) Sensation and the cerebral cortex. Brain 41:57–253

Head H, Holmes G (1911) Sensory disturbances from cerebral lesions. Brain 34:102–254

Healey JM, Liederman J, Geschwind N (1986) Handedness is not a unidimensional trait. Cortex 22:33–53

Hermsdörfer J, Mai N, Zahn W (1991) Gerät zur Untersuchung der Handfunktionen. Deutsches Patentamt, Offenlegungsschrift DE 39 29 636 A1

Hermsdörfer J, Mai N, Rudroff G, Blaut M (im Druck) Standarduntersuchung zerebraler Störungen der Handfunktion. EKN – Materialien für die Rehabilitation, München

Jeannerod M (1990) A hierarchical model for voluntary goal-directed actions. In: Eccles JC, Creutzfeldt O (eds) The Principles of Design and Operation of the Brain. Springer, Heidelberg

Jebsen RH, Taylor N, Trieschmann RB, Trotta MJ, Howard LA (1969) An objective and standardized test of hand function. Arch Phys Med Rehab 50:311–319

Johansson RS, Westling G (1988) Coordinated isometric muscle commands adequately and erroneously programmed for the weight during lifting tasks with precision grip. Exp Brain Res 66:141–154

Kakamura N, Matsuo M, Ishii H, Mitsuboshi F, Miura, Y (1980) Patterns of static prehension in normal hands. Am J Occupat Ther 34:437–445

Kelso JAS, Tuller B (1981) Toward a theory of apractic synomes. Brain Lang 12:224–245

Kunesch E, Binkofski F, Freund H-J (1989) Invariant temporal characteristics of manipulative hand movements. Exp Brain Res 78:539–546

Law M, Letts L (1989) A critical review of scales of activities of daily living. Am J Occup Ther 43:522–528

Levine DN (1990) Unawareness of visual and sensorimotor defects: A Hypothesis. Brain Cognit 13:213–281

Lindmark B, Hamrin E (1988) Evaluation of functional capacity after stroke as a basis for active intervention. Presentation of a modified chart for motor capacity assessment and its reliability. Scand J Rehab Med 20:103–109

Lindmark B, Hamrin E, Törnquist K (1990) Testing daily functions post-stroke with standardized practical equipment. Scand J Rehab Med 22:9–14

Loomis JM, Lederman SJ (1986) Tactual perception. In: Boff KR, Kaufman L, Thomas JR (eds) Handbook of Perception and Human Performance. Wiley, New York, Vol II, pp 1–41

Mai N (1988) Störungen der Handfunktionen. In: von Cramon D, Zihl J (Hrsg) Neuropsychologische Rehabilitation. Grundlagen – Diagnostik – Behandlungsverfahren. Springer, Heidelberg, pp 360–385

Mai N (1989) Residual control of isometric finger forces in hemiparetic patients. Evidence for dissociation of performance deficits. Neurosci Lett 101:347–351

Mai N (1990) Die Kontrolle isometrischer Fingerkräfte bei Patienten mit erworbener Hirnschädigung. Habilitationsschrift, Medizinische Fakultät der Ludwig-Maximilians-Universität, München

Mai N (1991) Warum wird Kindern das Schreiben schwer gemacht? Zur Analyse der Schreibbewegungen. Psychol Rundschau 42:12–18.

Mai N, Avarello M, Bolsinger P (1985) Maintenance of low isometric forces during prehensile grasping. Neuropsychologia 23:805–812.

Mai N, Bolsinger P, Avarello M, Diener H-C, Dichgans J (1988) Control of isometric finger force in patients with cerebellar disease. Brain 111:973–998

Mai N, Diener H-C, Dichgans J (1989) On the role of feedback in maintaining constant grip force in patients with cerebellar disease. Neurosc Lett 99:340–344

Mai N, Schreiber P (1988) Schreibtraining bei Patienten mit cerebralen Läsionen. prax ergother 1:180–186

Mai N, Schreiber P, Hermsdörfer J (1991) Changes in perceived finger force produced by muscular contractions under isometric and anisometric conditions. Exp Brain Res 84:453–460.

Mai N, Zahn W, Marquardt C (1990) Computerunterstützte Analyse der Bewegungsabläufe beim Schreiben. EKN – Materialien für die Rehabilitation, München

McPhee S (1987) Functional hand evaluation: A review. Am J Occupat Ther 41:158–163

Moberg E (1958) Objective methods for determining the functional value of sensibility in the skin. J Bone Joint Surg (Br) 40:454–466

Moberg E (1962) Criticism and study of methods for examining sensibility in the hand. Neurology 12:8–19

Morley JW, Goodwin AW, Darian-Smith I (1983) Tactile discrimination of gratings. Exp Brain Res 49:291–299

Napier JR (1956) The prehensile movements of the human hand. J Bone Joint Surg, 38B, 902–913.

Napier JR (1962) The evolution of the hand. Sci Amer 207:56–62.

Oldfield RC (1971) The assessment and analysis of handedness: the Edinburgh Inventory. Neuropsychologia 9:97–113

Palmer CI, Gardner EP (1991) Simulation of motion on skin. IV Responses of Pacinian corpuscle afferents innervating the primate hand to stripe patterns on the OPTACON. J Neurophys 64:236–247

Parry CBW (1981) Rehabilitation of the Hand. Butterworths, London

Phillips CG (1986) Movements of the Hand. Liverpool University Press, Liverpool

Post LJ, Chapman CE (1991) The effects of cross-modal manipulations of attention on the detection of vibrotactile stimuli in humans. Somatosen Mot Res 8:149–157

Prosiegel M (1988) Anhang: Beschreibung der Patientenstichprobe einer neuropsychologischen Rehabilitationsklinik. In: von Cramon D, Zihl J (Hrsg) Neuropsychologische Rehabilitation. Grundlagen – Diagnostik – Behandlungsverfahren. Springer, Heidelberg, pp 386–398

Provins KA, Milner AD, Kerr P (1982) Asymmetry of manual preference and performance. Percept Mot Skills 54:179-194

Roland PE (1975) Some principles and new methods of tactile stimulation. Behav Res Methods Instrument 7:333-338

Roland PE (1976) Astereognosis. Tactile discrimination after localized hemispheric lesions in man. Arch Neurol 33:543-550

Salmaso D, Longoni AM (1983) Hand preference in an Italian sample. Percept Mot Skills 57:1093-1042

Salmaso D, Longoni AM (1985) Problems in the assessment of hand preference. Cortex 21:533-549

Sanes JN, Evarts EV (1983) The regulatory role of proprioceptive input in motor control of phasic or maintained voluntary contractions in man. In: Desmedt JE (ed) Motor Control Mechanisms in Health and Disease. Raven Press, New York, pp 47-59

Sanes JN, Evarts EV (1984) Motor psychophysics. Hum Neurobiol 4:101-114

Schoppe K-J (1974) Das MLS-Gerät: Ein neuer Testapparat zur Messung feinmotorischer Leistungen. Diagnostica 20:43-46

Schultz-Johnson K (1990) Upper extremity factors in the evaluation of lifting. J Hand Ther 3:72-85

Smith AM (1981) The coactivation of antagonist muscles. Can J Physiol Pharmacol 7:733-747

Stetson RH, McDill JA (1923) Mechanisms of different type of movements. Psychol Monogr 32:18-40

Valbo AB, Johansson RS (1984) Properties of cutaneous mechanoreceptors in the human hand related to touch sensation. Hum Neurobiol 3:3-14

von Monakow C (1914) Die Lokalization im Grosshirn und der Abbau der Funktion durch kortikale Herde. Bergmann, Wiesbaden

WHO (1980) International Classification of Impairments, Disabilities, and Handicaps. World Health Organization, Geneva

Wiesendanger M (1990) Parallel and hierarchical processing in the motor system. In: Eccles JC, Creutzfeldt O (eds) The Principles of Design and Operation of the Brain. Springer, Heidelberg, pp 213-232

Wilson DJ, Baker LL, Craddock JA (1984) Functional tests for the hemiparetic upper extremity. Am J Occupat Ther 38:159-164

12 Praxie

G. Goldenberg

12.1 Definition der Apraxie

Der Begriff der Apraxie und ihre Einteilung in verschiedene Formen wurden von Liepmann (1905, 1908) im Anfang des Jahrhunderts geprägt. Liepmanns Definitionen und Interpretationen der klinisch beobachteten Phänomene bauten auf theoretischen Vorstellungen auf, die nur noch wenig mit dem heutigen Stand der Psychologie und Physiologie gemeinsam haben. Die beschriebenen Phänomene haben sich aber als beständig erwiesen. Nach klinischen Kriterien steht die Existenz von Apraxien außer Zweifel, doch ist es bis heute nicht gelungen, sie in einer zeitgemäßen Theorie befriedigend zusammenzufassen und zu erklären.

Definitionen der Apraxien sind noch von Liepmanns Vorstellungen über die hierarchische Organisation der Willkürmotorik geprägt und versuchen, das klinische Phänomen der Apraxie gegen Störungen der „höheren" und „tieferen" Ebenen der Handlungskontrolle abzugrenzen (Geschwind u. Damasio 1985). Ein in der Praxis besser anwendbarer und vor allem auch für Neuinterpretationen der klinischen Phänomene offener Weg ist, die Apraxien positiv durch Leitsymptome zu definieren (de Renzi 1990; Poeck 1986), deren Auswahl aber mangels einer allgemein anerkannten theoretischen Grundlage von den klinischen Erfahrungen und persönlichen Auffassungen der Autoren abhängt.

Wir meinen, daß man die Diagnose einer Apraxie einigermaßen verläßlich und im allgemeinen Konsens stellen kann, wenn man 2 Bedingungen beachtet:
1) Die Störung betrifft selektiv die Planung oder Ausführung von motorischen Aktionen.
2) Sie betrifft bei einseitigen Läsionen immer auch die zur Läsion ipsilaterale Seite des Körpers.

Eine Reihe von Störungen, die historisch als Apraxie bezeichnet wurden, erfüllen diese Bedingungen nicht.

Für die „konstruktive Apraxie" (Kleist 1934) und die „Ankleideapraxie" trifft die Selektivität der motorischen Störung nicht zu. Die konstruktive Apraxie, d. h. die Unfähigkeit 2- und 3dimensionale Gebilde richtig zu zeichnen oder nachzubauen, ist nur ein Teilsymptom einer allgemeinen Störung der Raumauffassung oder auch einer allgemeinen Störung des Problemlösens (s. Kap. 1 und 6). Schwierigkeiten beim Anziehen können verschiedene Ursachen haben, zu denen u. a. eine ideatorische und vielleicht auch eine ideomotorische Apraxie (s. unten) zählen. Sie können aber auch durch halbseitige Aufmerksamkeitsstörung und Störungen der räumlichen Auffassung und des räumlichen Denkens verursacht sein (s. Kap. 1 und 4). Sie unter dem Titel einer Apraxie zusammenzufassen, ist weder theoretisch gerechtfertigt noch für die Praxis der Rehabilitation hilfreich. Prinzipiell muß man allerdings anerkennen, daß die Selektivität der motorischen Störung eine „Nullhypothese" ist, deren Gültigkeit durch den Nachweis einer bisher unbeachteten nichtmotorischen Manifestation der Apraxien erschüttert werden könnte. Der Eindruck, daß die Apraxien selektiv die motorische Planung oder Ausführung betreffen, könnte daher kommen, daß Fähigkeiten, die an sich nicht nur die Motorik betreffen, nur mit Aufgaben geprüft werden, in denen sich ihre Störung in motorischen Fehlern manifestiert.

Liepmann selbst verwendete den Begriff der Apraxie auch für die zur Läsion kontralaterale „gliedkinetische Apraxie" (Liepmann 1905, 1908), bei der die Extremität nicht gelähmt, aber die räumliche und zeitliche Koordination ihrer Bewegungen gestört ist. Die gliedkinetische Apraxie soll danach durch die Zerstörung von „motorischen Engrammen" verursacht sein, die in beiden Hemisphären gespeichert sind und den Bewegungsablauf der kontralateralen Extremität steuern. Liepmann spricht von „motorischen Vorstellungen, welche die (kontralaterale) Extremität erworben hat" (Liepmann 1908, S. 76). In der Liepmann-Theorie steht die gliedkinetische Apraxie in einem Kontinuum zur ideomotorischen Apraxie, die durch die Unterbrechung der Verbindung zwischen dem Handlungsplan und den motorischen Engrammen der Extremitäten zustande kommt. Außerhalb dieser Theorie ist der Zusammenhang nicht einsichtig, und auch in der klinischen Realität handelt es sich um Störungen, die unabhängig voneinander auftreten. Koordinationsstörungen der kontralateralen Extremität können je nach Lokalisation der Läsion ganz verschiedene Charakteristika haben (Jeannerod 1988; Freund u. Hummelsheim 1985; Rondot et al. 1977), so daß der Wert eines sie vereinheitlichenden Überbegriffs fraglich ist. Als „magnetische Apraxie" (Denny Brown 1958) wurden Greifschablonen der zu einer frontalen Läsion kontralateralen Hand bezeichnet und als „Gangapraxie" (Gerstmann u. Schilder 1926) die Gangstörung von Patienten mit ausgedehnten frontalen Läsionen. Die Gangapraxie betrifft beide Beine und die Rumpfmuskulatur. Da sie nur bei bilateralen Läsionen auftritt, kann sie als Summation beidseitig kontralateraler Defekte verstanden werden.

Läsionen des vorderen Anteils des Corpus callosum können eine Apraxie der linken Hand verursachen, bei der die Apraxieprüfung der rechten Hand einen unauffälligen Befund zeigt (Bonhoeffer 1914; Geschwind u. Kaplan 1962; Goldenberg et al. 1985; Goldstein 1908; Hartmann 1907; Hécaen u. Gimeno-Alava 1960; Graff-Radford et al. 1987; Hoff 1931; Watson u. Heilman 1983; Klein u. Ingram 1958; Leiguarda et al. 1989; Maas 1907; Maa, 1910; Pineas 1924; Schott et al. 1969; Sine et al. 1984; Sweet 1941; Tanaka et al. 1990a; Tanaka et al. 1990b; van Vleuten 1907; Volpe et al. 1982; Wilson et al. 1977; Wilson et al. 1978; Yamodori et al. 1988; Zaidel u. Sperry 1977). Die Differenzierung zwischen ipsi- und kontralateraler Störung ist bei der Balkenapraxie nicht anwendbar, da die Läsion die Mittellinie des Gehirns betrifft. Die Balkenapraxie wird aber so interpretiert, daß sie durch eine Diskonnektion zwischen der für die motorische Kontrolle dominanten linken Hemisphäre und der motorischen Rinde der rechten Hemisphäre zustande kommt, so daß die

Fehler der linken Extremitäten in der Apraxieprüfung als Folge eines Mangels an linkshirniger und damit ipsilateraler Steuerung aufzufassen sind.

Als „diagonistische Apraxie" (Barbizet et al. 1978; Akelaitis 1945) wurden die bei Patienten mit Balkenapraxie beobachteten Konflikte zwischen beiden Händen bezeichnet, die den Eindruck erwecken, als würden beide Hände widersprüchliche Handlungsziele verfolgen (z. B. Goldstein 1908; Bonhoeffer 1914; Klein u. Ingram 1958; Barbizet et al. 1978; Goldenberg et al. 1985; Watson u. Heilman 1983; Wilson et al. 1977; Wilson et al. 1978; Akelaitis 1945; Poncet et al. 1978; Tanaka et al. 1990b; McNabb et al. 1988). Ein scheinbarer Konflikt zwischen den Bewegungsintentionen beider Hände kann auch durch willkürlich nicht zu unterdrückende Greifschablonen einer Hand bei kontralateraler frontaler Läsionen ausgelöst werden (Goldberg et al. 1981). Da Läsionen des Balkens oft auch den benachbarten medialen Frontallappen betreffen, ist es nicht immer klar, wieweit Greifschablonen bei Patienten mit Balkenläsionen auch kontralateral zu den widersprüchlichen Aktionen der Hände beitragen. Die Bezeichnung „intermanueller Konflikt" (Wilson et al. 1977) hat den Vorteil, das Symptom unmittelbar zu beschreiben und für verschiedene pathogenetische Möglichkeiten offen zu sein.

Nicht überprüfbar ist die Ipsilateralität der Apraxie bei bilateralen degenerativen Erkrankungen wie der Alzheimer-Erkrankung. Die Diagnose einer Apraxie rechtfertigt sich dadurch, daß das klinische Bild dem bei einseitigen Läsionen ipsilateral beobachteten entspricht.

Auch bei sorgfältiger Untersuchung kann die Diagnose der Apraxie unsicher bleiben und bei manchen Untersuchern Störungen umfassen, die von anderen ausgeschlossen werden. Der allgemeine Grundsatz der klinischen Neuropsychologie, daß eine exakte Beschreibung der Symptome und der Bedingungen ihres Auftretens mehr wert ist als ihre Klassifikation, gilt ganz besonders für die Apraxien. Man sollte sich immer vor Augen halten, daß Definition und Klassifikation der Apraxien letztlich auf Vorstellungen der Jahrhundertwende aufbauen, und in Betracht ziehen, daß der Begriff tatsächlich eine Gruppe von heterogenen Störungen umfaßt, deren wesentliche Gemeinsamkeit nur darin besteht, daß sie sich in der klinischen Apraxieprüfung als Fehler der Bewegungsausführung manifestieren und daß sie die genannten Bedingungen mehr oder minder gut erfüllen.

12.2   Differenzierung der Apraxien

12.2.1   Differenzierung nach betroffenen Körperteilen

Eine relativ klare Differenzierung der Apraxie ist die nach betroffenen Körperteilen. Die bukkofaziale Apraxie betrifft die Gesichts- und Mundmuskulatur, die Gliedmaßenapraxie Arme und Beine. Eine Reihe von Studien (Lehmkuhl et al. 1983; Kimura 1982; Kolb u. Milner 1981; de Renzi et al. 1966; Raade et al. 1991) haben belegt, daß bukkofaziale und Gliedmaßenapraxie voneinander unabhängig variieren und auch mit verschiedenen Lokalisationen der ursächlichen Läsion assoziiert sind. Die Apraxie der Mundmuskulatur kann auch das Sprechen behindern (vgl. Kap. 10).

Zwar besteht weitgehende Übereinstimmung darüber, daß Apraxien der oberen und unteren Extremitäten nicht unabhängig voneinander auftreten, doch meinen manche Autoren (Geschwind u. Damasio 1985; Heilman 1979), daß die oberen Extremitäten stärker von der Apraxie betroffen seien als die unteren und an den oberen Extremitäten die distalen Anteile mehr als die proximalen. Möglicherweise beruht dieser klinische Eindruck auf einem anatomisch bedingten Untersuchungsartefakt; denn Bewegungen der oberen Extremität, besonders der Hand, haben mehr Freiheitsgrade als die der unteren und bieten daher mehr Möglichkeiten für fehlerhafte Ausführungen. Da es sich aber in jedem Fall bestenfalls um quantitative Abstufungen einer qualitativ einheitlichen Störung handelt, kann sich die klinische Prüfung auf Bewegungen der oberen Gliedmaßen beschränken (Lehmkuhl et al. 1983; Poeck et al. 1982; Poeck 1986).

12.2.2   Differenzierung der gestörten Bewegungen

Komplizierter und oft mehrdeutig ist die Klassifizierung nach der Art der gestörten Bewegung und nach den Bedingungen, unter denen die apraktische Störung auftritt. Versuche, eine allgemeingültige Systematik normaler menschlicher Bewegungen und Gesten zum Ausgangspunkt für die Analyse der pathologischen Erscheinungen zu machen, haben zu keinen überzeugenden Resultaten geführt (z. B. Hécaen u. Lanteri-Laura 1983). Anders als bei der Sprache, deren linguistische Beschreibung Grundlagen für die Analyse der Aphasien bietet, handelt es sich bei Bewegungen nicht um ein geregeltes System, dessen Störungen eindeutig als Regelverletzungen erkannt und klassifiziert werden können. So bleibt als Grundlage

Tabelle 12-1. Möglichkeiten der Apraxieprüfung

Art der Geste	Art der Evokation der Geste			
	Imitation	Verbal	Zeigen des Objekts	Handhabung des Objekts
Bedeutungslos:				
– Fingerstellungen	+	+	–	–
– Handstellungen	+	+	–	–
– Bewegungssequenzen	+	–	–	–
Bedeutungsvoll:				
– Symbolische Gesten	(+)	+	–	–
Objektbezogene Tätigkeiten				
– Einzelnes Objekt	(+)	+	+	+
– Mehrere Objekte	–	–	–	+

der Klassifikation von Apraxien die Beobachtung der pathologischen Phänomene und der Bedingungen ihres Auftretens.

Tabelle 12-1 gibt einen Überblick darüber, welche Arten von Bewegungen auf welche Weise in der Apraxieprüfung untersucht werden können.

Symbolische Gesten sind solche mit einem konventionellen Bedeutungsgehalt, wie z. B. schwören, drohen, eine lange Nase zeigen, salutieren etc. Die Durchführung von objektbezogenen Tätigkeiten ohne Objekt ist gleich der „Pantomime des Objektgebrauchs" (Goodglass u. Kaplan 1963). Dabei soll der Patient zeigen, welche Bewegungen er ausführen würde, wenn er das Objekt benützen würde. Sowohl symbolische Gesten als auch die Pantomime von Objektgebrauch können in der Kommunikation eingesetzt werden. Sie sind aber zu unterscheiden von den spontanen kommunikativen Gesten, die die meisten Menschen zur Begleitung und Unterstreichung des sprachlichen Diskurses einsetzen. Diese Gesten haben zumeist keine eigenständige symbolische Aussagekraft, sondern erhalten ihre Bedeutung aus dem Kontext des sprachlichen Diskurses. Ihres spontanen Charakters wegen entziehen sie sich der klinischen Apraxieprüfung.

In der Tabelle nicht enthalten ist die Möglichkeit, dem Patienten die auszuführende Geste kinästhetisch durch die passive Bewegung der eigenen Gliedmaßen zu zeigen (Beauvois u. Lhermitte 1975; Goldenberg et al. 1985). Goldenberg et al. (1985) fanden bei einer Patientin mit Balkenapraxie keine wesentlichen Unterschiede zwischen der Ausführung von Gesten in Imitation und bei kinästhetischer Vorgabe, zudem deuten experimentalpsychologische Studien an Normalpersonen darauf hin, daß auch kinästhetisch vorgegebene Bewegungen im Gedächtnis nicht als motorische Aktionen, sondern als visuospatiale Konfigurationen gespeichert werden (Smyth, 1984; Johnson, 1982; Beauvois u. Lhermitte, 1975). Systematische Studien zur Frage, ob die Imitation von visuell und kinästhetisch vorgegebenen Bewegungen bei Apraxien verschieden betroffen sein könnte, liegen aber nicht vor.

Zwischen Art der Geste und Art der Evokation bestehen Wechselwirkungen. Einerseits sind bedeutungslose Bewegungen oder gar Bewegungssequenzen oft schwer verbal zu beschreiben, zudem kann die Umsetzung der verbalen Beschreibung einer bedeutungslosen Geste in eine adäquate Bewegung zu einer Aufgabe werden, die eher das Sprachverständnis als die Praxie prüft. Man vergleiche z. B. die Aufforderung „Halten Sie die flache Hand senkrecht mit der Handfläche nach vorne und mit abgespreiztem Daumen so vor das Gesicht, daß die Spitze des Daumens die Nase von unten berührt" mit der in Abb. 12-1 gezeigten einfachen Geste.

Andererseits kann die Frage, ob der Bedeutungsgehalt von symbolischen Gesten oder Pantomimen erfaßt wird, nur geprüft werden, wenn sie über ihre Bedeutung, also verbal oder im Falle der Pantomime von Objektgebrauch auch durch Zeigen des Objekts, evoziert werden. Zum Nachmachen einer Geste ist es nicht nötig, ihre Bedeutung zu verstehen, und die Imitation von bedeutungsvollen Gesten ist daher nicht anders zu bewerten als die von bedeutungslosen. Der Unterschied zwischen der Ausführung der Geste auf verbale Aufforderung und in Imitation ist also nicht bloß ein Unterschied des Schwierigkeitsgrades, sondern ein qualitativer, und es erscheint wenig sinnvoll, dieselben Gesten erst auf verbale Aufforderung und dann in Imitation zu prüfen und einen Summenscore zu addieren, in dem die korrekte Ausführung auf verbales Kommando mehr Punkte erhält als die in Imitation

Abb. 12-1. Beispiele für die Überprüfung der Imitation bedeutungsloser Handstellungen

(Borod et al. 1989; Raade et al. 1991; Rothi u. Heilman 1984). Auch läßt sich aus dem Ergebnis, daß aphasische Patienten mit Apraxie sowohl bedeutungslose als auch bedeutungsvolle Gesten bei verbaler Evokation schlechter ausführen als in Imitation (Lehmkuhl et al. 1983) nicht schließen, daß zwischen den beiden Arten von Gesten kein prinzipieller Unterschied besteht. Die zusätzliche Schwierigkeit der verbalen Evokation kann für beide Arten von Gesten ganz verschiedene Ursachen haben: bei bedeutungslosen Gesten mangelndes Verständnis für die sprachlich komplexen Beschreibungen und bei den bedeutungsvollen mangelhaftes Wissen über den Bedeutungsgehalt der Gesten.

Anhand von Tabelle 12-1 läßt sich die Unterscheidung von ideomotorischer und ideatorischer Apraxie diskutieren. Diese Klassifizierung wurde von Liepmann (1905, 1908) eingeführt und wird weiterhin allgemein anerkannt, jedoch von den Autoren verschieden interpretiert (de Ajuriaguerra u. Tissot 1969; de Renzi u. Luchelli 1988; Hécaen u. Lanteri-Laura 1983; Denny Brown 1958; Heilman 1973; Lehmkuhl u. Poeck 1981; Poeck 1982; Poeck 1983; Poeck u. Lehmkuhl 1980a; de Renzi 1990). Außer Frage erscheint die Zuordnung für die Imitation von Gesten und die Durchführung von Handlungen: Fehler bei der Imitation von Gesten sind sicher der ideomotorischen Apraxie zuzuordnen und Fehler in der Durchführung von Handlungen mit mehreren Objekten der ideatorischen Apraxie. Eine Reihe von Studien hat überzeugend nachgewiesen, daß zwar beide Arten von Störungen an Läsionen der dominanten Hemisphäre gebunden sind, daß sie aber unabhängig voneinander und auch unabhängig von der fast immer vorhandenen Aphasie variieren (de Renzi u. Luchelli 1988; de Renzi et al. 1982; Poeck u. Lehmkuhl 1980b; Poeck 1982; Poeck u. Lehmkuhl 1980a).

Manche Patienten begehen auch Fehler, wenn ihnen ein einzelnes Objekt in die Hand gegeben wird und sie seine Handhabung demonstrieren sollen (de Renzi u. Luchelli 1988). Wir sahen z. B. Patienten, die mit einem Hammer kreisende Bewegung auf der Tischplatte ausführten oder mit einem Föhn seitlich über die Wange strichen. Die Bewertung dieser Fehler hängt davon ab, wie die Grundstörung der ideatorischen Apraxie aufgefaßt wird. Geht man davon aus, daß die ideatorische Apraxie eine „Apraxie der Handlungsfolgen" ist (Liepmann 1908; Poeck 1983; Lehmkuhl u. Poeck 1981; Hécaen u. Lanteri-Laura 1983), bei der die Zusammensetzung von Einzelhandlungen zu einer koordinierten Aktion gestört ist, wären diese Fehler nicht als ideatorisch zu bewerten, sondern müßten der ideomotorischen Apraxie als Störung der korrekten Ausführung von Einzelbewegungen zugerechnet werden. Sieht man hingegen die ideatorische Apraxie als „agnosie de l'usage" (Moorlas, zitiert in de Ajuriaguerra u. Tissot 1969; de Renzi u. Luchelli 1988), also als Verlust der Kenntnisse über den richtigen Gebrauch von Gegenständen, fallen Fehler beim Gebrauch einzelner Werkzeuge ebenso darunter wie Fehler bei Handlungen mit mehreren Objekten.

Ebenfalls mehrdeutig ist die Zuordnung der Pantomime von Objektgebrauch. Manche Autoren untersuchen die Pantomime von Objektgebrauch nach verbaler Aufforderung (z. B. Goodglass u. Kaplan 1963; Haaland u. Delaney 1981) oder mit einem Summenscore aus verbaler Aufforderung und Imitation (Borod et al. 1989; Raade et al. 1991) als Indikator der ideomotorischen Apraxie, während andere strikt zwischen der verbalen Evokation von bedeutungsvollen und der Imitation von bedeutungslosen Gesten trennen und nur Fehler bei der Imitation als Nachweis der ideomotorischen Apraxie gelten lassen (Duffy u. Duffy 1989; de Renzi et al. 1980). Mit identischen Untersuchungsprogrammen fanden de Renzi et al. (1980; de Renzi u. Luchelli 1988) einmal eine Korrelation von 0,80 und ein andermal nur eine von 0,44 zwischen Pantomime von Objektgebrauch und Imitation von bedeutungslosen Gesten. Duffy und Duffy (1981) fanden eine Korrelation von 0,7 zwischen der Pantomime von Objektgebrauch und der Imitation von bedeutungslosen Bewegungen, die sich aber auf 0,38 reduzierte, wenn die Kovarianz mit der Schwere der Aphasie auspartialisiert wurde. Korrelationen um 0,4 sind für 2 in der gleichen Hemisphäre lokalisierte Funktionen trivial und sprächen gegen die Annahme, daß Imitation und Pantomime die gleiche Funktion prüfen. Jedenfalls unterscheidet sich die Pantomime von Objektgebrauch von der Imitation von Gesten grundsätzlich darin, daß sie Wissen über den richtigen Gebrauch des Objekts voraussetzt. Wenn ideatorische Apraxie als agnosie de l'usage verstanden wird, wäre die Pantomime des Objektgebrauchs als ein Test der ideatorischen Apraxie anzusehen, in dem zusätzlich zum Wissen über den richtigen Objektgebrauch die Fähigkeit verlangt wird, die damit verbundenen Finger- und Handstellungen aus dem Zusammenhang gelöst zu reproduzieren (Goodglass u. Kaplan 1963). Etliche Studien untersuchten die Fähigkeit, einem Objekt die richtige Bewegung zuzuordnen, indem sie von den Patienten verlangten, zu einer vorgezeigten Pantomime das Bild des passenden Gegenstands auszusuchen (Feyereisen et al. 1981; Duffy et al. 1975; Duffy u. Duffy 1981; Varney 1978; Varney u. Damasio 1987; Heilman et al. 1982; Rothi et al. 1985; Überblick bei Vignolo 1990). Aphasiker machen dabei mehr Fehler als Kontrollpersonen, wobei die Fehlerzahl mit der Schwere der Aphasie (Duffy et al. 1975; Duffy u. Duffy 1981) und mit der Störung des Lesens korreliert (Varney 1978; Varney u. Damasio 1987), aber nicht mit der Fähigkeit, Gesten zu imitieren (Duffy et al. 1975; Heilman et al. 1982).

Defizite beim Zeigen von symbolischen Gesten auf verbales Kommando werden traditionell der ideomotorischen Apraxie zugerechnet und erfüllen sicherlich keine der beiden alternativen Definitionen der ideatorischen Apraxie. Eine Studie, die das Verständnis für die Bedeutung dieser Gesten prüfte (Gainotti u. Lemmo 1976), fand keine signifikanten Korrelationen zwischen der Fähigkeit, einer gezeigten Geste ein passendes Bild zuzuordnen (z. B. dem Kreuzzeichen das Bild eines Priesters), und der Fähigkeit, Gesten zu imitieren. Hingegen ist das Verständnis für symbolische Gesten hoch korreliert mit dem Verständnis für Pantomimen von Objektgebrauch (Feyereisen et al. 1981). Die Unfähigkeit, Gesten ihren Bedeutungen zuzuordnen, ist am ehesten im Kontext der Schwierigkeiten zu verstehen, die Aphasiker allgemein im nichtsprachlichen Wissen und im Umgang mit Symbolen haben (Finkelnburg 1870; Vignolo 1990; Goldenberg 1991; Bertoni et al. 1991). Wahrscheinlich werden bei der motorischen Ausführung bedeutungsvoller Gesten u. a. auch Fähigkeiten verlangt, die für die Imitation bedeutungsloser Gesten nötig sind. Die Zusammenfassung der gestörten Evokation bedeutungsvoller Gesten mit der Störung des Imitierens bedeutungsloser Bewegungen zum Sammelbegriff der „ideomotorischen Apraxie" verschleiert aber wesentliche Unterschiede.

Die klassische Unterteilung in ideomotorische und ideatorische Apraxie ist also unscharf und erfaßt keineswegs alle Faktoren, die in der Apraxieprüfung die Leistung bestimmen. Mangels einer allgemein anerkannten Theorie, auf der eine bessere Klassifikation aufbauen könnte, erscheint es sinnvoller, die Aufgaben der Apraxieprüfung nach der Art der geforderten Bewegung und der Art ihrer Evokation zusammenzufassen, zumal eine solche Beschreibung eher direkte Schlüsse auf die mögliche Alltagsrelevanz von Fehlern erlaubt.

12.2.3   Differenzierung der Fehler

Eine weitere Differenzierung der Apraxien ist die nach der Art der Fehler in der Apraxieprüfung. Poeck und seine Mitarbeiter (Poeck 1986; Lehmkuhl et al. 1983) unterschieden in der Prüfung auf ideomotorische Apraxie Substitution (bedeutungsvolle Bewegungen werden durch eine andere bedeutungsvolle Bewegung oder durch eine verbale Äußerung ersetzt), Augmentation (die richtige Bewegung wird durch zusätzliche Bewegungselemente entstellt), Fragmentation (es werden nur Teile der Bewegung ausgeführt), „conduite d'approche" (die geforderte Endstellung wird erst nach mehreren Annäherungen korrekt erreicht) und Perseveration; in der Prüfung der ideatorischen Apraxie (Poeck 1983; Lehmkuhl u. Poeck 1981; Poeck 1982; Poeck u. Lehmkuhl 1980a) kommen noch Sequenzfehler dazu, bei denen Bewegungen und Handlungen, die an sich Teil der Gesamthandlung sind, zum falschen Zeitpunkt oder mit dem falschen Objekt ausgeführt werden. In ihrer Untersuchung der ideomotorischen Apraxie (Lehmkuhl et al. 1983) waren Perseverationen der bei weitem häufigste Fehlertyp, wobei zwischen der perseverativen und der perseverierten Geste manchmal mehrere korrekt durchgeführte Gesten lagen. Fehler in der Prüfung auf ideatorische Apraxie wurden durchweg als Sequenzfehler interpretiert. Haaland (1984a) unterschied bei der Imitation von Handbewegungen „interne" Fehler, bei denen die Konfiguration der Hand und ihrer Finger in sich fehlerhaft war, von „externen" Fehlern, bei denen entweder die räumliche Ausrichtung der Bewegung oder die Position der Hand relativ zum Körper falsch war. Weiterhin klassifizierte sie als „partielle Fehler" verlangsamte und unflüssige (less smoothy) Bewegungen und zählte auch, wie viele der Fehler als Perseverationen aufgefaßt werden konnten. Sie fand, daß die Proportion dieser Fehlertypen bei Patienten mit und ohne Apraxie gleich war, und meinte, daß Perseverationen insgesamt selten aufträten, wobei sie aber nicht angab, ob sie wie Lehmkuhl und Poeck auch entfernte Perseverationen nach dazwischenliegenden korrekten Gesten beachtete. Die Gruppe um Rothi und Heilman (Poizner et al. 1990; Raade et al. 1991) unterscheidet bei der Prüfung von bedeutungsvollen Gesten auf verbale Aufforderung inhaltliche Fehler, bei denen statt der verlangten eine andere bedeutungsvolle Bewegung durchgeführt wird, von Fehlern in der zeitlichen Sequenzierung oder räumlichen Orientierung der im Ansatz richtig erkennbaren Geste. Goodglass und Kaplan (1963), die bedeutungsvolle Gesten auf verbale Aufforderung untersuchten und die von der Fehleranalyse alle Patienten ausschlossen, bei denen die Geste völlig falsch oder unkenntlich war, hoben 2 Fehlertypen besonders hervor: den „verbal overflow", bei dem die Geste durch verbale Ausrufe und Kommentare begleitet wird (z. B. „Stopp", wenn ein Stoppzeichen gezeigt werden soll), und bei der Pantomime von Objektgebrauch die „Body-part-as-object"-(BPO-)Fehler, bei denen die Hand als Objekt gezeigt wird. Ein typischer BPO-Fehler ist, wenn sich der Patient bei der Pantomime des Zähneputzens mit dem Finger über die Zähne streicht oder bei der Pantomime des Hämmerns mit der Faust auf den Tisch schlägt.

Die pathologische Bedeutung von BPO-Fehlern ist nicht leicht zu beurteilen. Sie können nur bei der Pantomime von Objektgebrauch auftreten. Untersucht man diese Fehler, wie dies Goodglass und Kaplan taten, indem man den Patienten einfach auffordert zu zeigen, wie er ein Objekt benützt, sind sie auch bei Normalpersonen häufig (Duffy u. Duffy 1989). In einer eigenen Untersuchung (Goldenberg et al. 1986), bei der 6 Pantomimen von Objektgebrauch auf verbale Aufforderung geprüft wurden, machten von 37 Kontrollpersonen nur 12 keinen BPO-Fehler, während 4 Kontrollpersonen sogar bei der Hälfte der geprüften Pantomimen BPO-Fehler machten! In einem 2. Versuch, nach einer ergänzenden Instruktion in der Art von „Sie haben jetzt Ihren Zeigefinger als Zahnbürste gezeigt. Versuchen Sie zu zeigen, wie es aussähe, wenn Sie eine wirkliche Zahnbürste in der Hand hielten", machten immerhin noch 6 Personen bei einer Pantomime und 1 Person bei 3 Pantomimen BPO-Fehler. Es ist klar, daß bei einer derartigen Variabilität der Leistung gesunder Kontrollpersonen die diagnostische Aussagekraft im Einzelfall gering ist. Darüber hinaus fanden Duffy und Duffy (1989), die die Patienten nicht ausdrücklich auf die Vermeidung von BPO-Fehlern hinwiesen, überhaupt keinen Unterschied in der Häufigkeit von BPO-Fehlern zwischen Aphasikern, die als Gruppe in anderen Parametern der Apraxieprüfung durchweg signifikant geschädigt waren, rechtshirnig geschädigten Patienten und Kontrollpersonen. Die Häufigkeit der BPO-Fehler bei Patienten mit Aphasie war übrigens auch in der Untersuchung von Goodglass und Kaplan signifikant, aber keineswegs eindrucksvoll gegenüber den – ebenfalls hirngeschädigten – Kontrollpersonen (22 % vs. 15 %) erhöht. Die pathologische Bedeutung der BPO-Fehler ändert sich, wenn die Pantomime von Objektgebrauch in Imitation geprüft wird (Heilman 1979; Haaland 1984a; Raade et al. 1991). In dieser Bedingung dürften sie bei Normalpersonen sehr selten sein, normative Daten hierzu liegen allerdings nicht vor. In der schon erwähnten Untersuchung differenzierte Haaland (1984a) auch BPO-Fehler bei der Imitation der Pantomime von Objektgebrauch und fand, daß dies der einzige Fehlertyp war, der bei Patienten mit linkshirnigen Läsionen in größerer Proportion auftrat als bei den anderen Gruppen. Die Bedeutung der BPO-Fehler ist aber sicherlich bei Imitation ganz anders einzuschätzen als bei Evokation der Pantomime durch verbale Aufforderung oder Zeigen des Objekts. Ihr Auftreten bei der Imitation weist in erster Linie darauf hin, daß die Imitation von Finger- und Handstellungen gestört ist. Der BPO-Fehler braucht dann nichts weiter zu sein als ein Versuch, die verfehlte Imitation durch ein auch Normalpersonen geläufiges Muster zu ersetzen, und muß keine zusätzliche pathologische Bedeutung haben.

Sieht man von den in Bedeutung und Zuordnung zweifelhaften BPO-Fehlern ab, kristallisiert sich eine Unterscheidung zwischen „inhaltlichen" Fehlern in der Auswahl der zu einer gegebenen Bedeutung passenden Geste (Substitution, inhaltlicher Fehler, verbal overflow) und „formalen" Fehlern in der räumlichen und zeitlichen Konfiguration der Geste heraus. Dabei besteht eine Wechselwirkung zwischen der Art der Apraxieprüfung und der Art der möglichen und zweifelsfrei zu beurteilenden Fehler. Inhaltliche Fehler können nur bedeutungsvolle Gesten betreffen und treten auf, wenn die Geste über ihre Bedeutung, also verbal oder durch Zeigen eines Objekts, evoziert wird, während sie bei der Prüfung in Imitation durch die Möglichkeit, die Geste ohne richtige Kenntnis ihrer Bedeutung nachzumachen, verdeckt werden. Die Art der räumlichen und zeitlichen Fehler ist hingegen fast nur bei der Imitation zu klassifizieren, da nur da die räumliche und zeitliche Konfiguration der Geste genau vorgegeben ist und Ausführungsfehler weder durch Unsicherheiten in der Auswahl der zur Bedeutung passenden Geste vorgetäuscht, noch durch Strategien, die auf dem Bedeutungsgehalt der Geste aufbauen, verschleiert werden können. Die verschiedenen Systeme zur Klassifikation der räumlichen und zeitlichen Fehler zeigen wenig Übereinstimmung und sind auch selten zweifelsfrei definiert. In 12.4.1 wird auf die Möglichkeit eingegangen, durch kinematische Messungen zu objektiven und reproduzierbaren Beschreibungen apraktischer Fehler zu gelangen.

12.3 Klinische Untersuchung der Gliedmaßenapraxie

12.3.1 Summenscores

Rothi und Heilman (1984) publizierten einen Florida Apraxia Screening Test (FAST), in dem 15 bedeutungsvolle Gesten – 12 Pantomimen von Objektgebrauch und 3 symbolische Gesten – erst auf verbale Aufforderung, bei fehlerhafter Ausführung dann in Imitation und für die Pantomime schließlich auch mit dem wirklichen Objekt geprüft werden. Wie benotet wurde, ist aus der Publikation nicht klar ersichtlich. Zur Bestimmung eines „Cut-off"-Scores wurden 12 Patienten mit Aphasie untersucht, bei denen ein erfahrener Kliniker keine Apraxie gefunden hatte, und der schlechteste Score dieser Gruppe als Grenze zur Apraxie festgelegt. Der Subtest „Apraxie" der Western Aphasia Battery (Kertesz u. Ferro 1984) addiert Scores für Gesichtsbewegungen, für symbolische Gesten, für einfache Pantomimen (z. B. Zähneputzen) und für komplexe Pantomimen (z. B. ein Papier falten), wobei die Benotung einerseits nach der Qualität der Ausführung abgestuft wird, andererseits danach, ob die Geste auf verbale Aufforderung, in Imitation oder – im Fall der Pantomimen – nur mit dem wirklichen Objekt gelingt. Als Cut-off-Score wurden 2 Standardabweichungen unter dem Mittelwert von 21 Kontrollpersonen angenommen. Der Boston Apraxia Test (Helms-Estabrooks, zitiert in Borod et al. 1989) besteht aus 14 bedeutungsvollen Gesten, die zunächst auf verbale Aufforderung, dann in Imitation und schließlich nochmals verbal geprüft werden. Die Qualität der Ausführung wird jeweils mit 0–3 Punkten beurteilt und die Scores zu einem Summenscore addiert.

Poeck (1986) schlägt als Ergebnis einer umfassenden Studie (Lehmkuhl et al. 1983) zur Untersuchung der ideomotorischen Gliedmaßenapraxie die Prüfung von 10 bedeutungslosen und 10 bedeutungsvollen Bewegungen der oberen Extremität vor. Jede Bewegung soll sowohl auf verbales Kommando als auch in Imitation geprüft werden. Die quantitative Beurteilung soll ohne weitere Abstufung nach richtig oder falsch erfolgen, jedoch wird empfohlen, Fehler qualitativ zu klassifizieren (s. 12.2.3). Die bedeutungsvollen Gesten sind 4 Pantomimen von Objektgebrauch (z. B. eine Zigarette rauchen, die Haare kämmen, die Zähne putzen) und 6 symbolische Gesten (z. B. eine lange Nase zeigen, militärisch grüßen, mit der Faust drohen). Von den bedeutungslosen Gesten erfordern 8 statische Handstellungen (z. B. Hand auf kontralaterale Schulter, Handrücken auf die Stirn, Handfläche auf den Kopf) und 2 Bewegungen der oberen Extremität (ein Kreuz in die Luft zeichnen und einen Kreis in die Luft zeichnen). Es wurden zwar nur 10 gesunde Kontrollpersonen untersucht, doch boten diese durchweg völlig fehlerlose Leistungen (Lehmkuhl et al. 1983). Von 10 Kontrollpersonen mit einer rechtshirnigen Läsion waren 9 ebenfalls fehlerlos.

12.3.2 Imitation

An großen Kontrollgruppen wurde die Imitation von Gesten durch de Renzi et al. (1980; 1982; 1983; Barbieri u. de Renzi 1988) und in einer italienischen multizentrischen Studie (Spinnler u. Tognoni 1987) untersucht. De Renzi et al. untersuchten die Imitation von 12 bedeutungsvollen und 12 bedeutungslosen Gesten, von denen jeweils die eine Hälfte statisch und die andere Hälfte Bewegungssequenzen waren. Bei fehlerhafter Imitation im 1. Versuch wurde ein 2. und 3. Versuch durchgeführt und für die Ausführung 3, 2, oder 1 Punkt vergeben. Statistisch ließen sich keine Dissoziationen zwischen bedeutungslosen und bedeutungsvollen oder zwischen statischen und sequentiellen Gesten nachweisen. Der aus der Untersuchung von insgesamt 200 Kontrollpersonen abgeleitete Cut-off-Score war 53 bei einem Maximum von 72. Er klassifiziert über die Hälfte der Patienten mit linkshirnigen Läsionen, aber auch bis zu einem Drittel der Patienten mit rechtshirnigen Läsionen als apraktisch, wobei die Scores der rechtshirnig Geschädigten durchweg knapp unter denen der Kontrollpersonen lagen, während die der linkshirnig Geschädigten teilweise weit abwichen.

Die multizentrische italienische Studie (Spinnler u. Tognoni 1987) untersuchte die Imitation von 10 bedeutungsvollen Gesten durch 321 gesunde Kontrollpersonen. Bei einem Maximalscore von 20 (2 Punkte für korrekte Imitation im 1. Versuch, 1 Punkt für Erfolg bei Wiederholung) erreichte die Gruppe der 40- bis 49jährigen einen Mittelwert von 19,95, die der 85- bis 90jährigen immerhin noch 19,05. Die Mehrheit der normalen Kontrollpersonen war also ganz oder beinahe fehlerlos. Das Bildungsniveau hatte einen zwar signifikanten, aber im Ausmaß zu vernachlässigenden Einfluß auf die Leistung.

Luria (1980) schlug die Prüfung von Bewegungssequenzen vor, um bei Patienten mit frontalen Läsionen Perseverationstendenz und mangelnde Flexibilität der motorischen Kontrolle nachzuweisen. Bei der in der klinischen Praxis am meisten verwendeten Sequenz muß die Hand erst mit der geballten Faust, dann mit der ulnaren Handkante und schließlich mit der Handfläche den Tisch berühren. Kimura und Archibald (1974) (vgl. auch Kimura 1982) entwickelten eine Reihe von derartigen komplexen Bewegungssequenzen der oberen Extremitäten, die bei Kolb und Milner (1981) durch Illustrationen dargestellt sind. Studien, die die Imitation dieser und ähnlicher Sequenzen zur Apraxieprüfung verwendeten, fanden pathologische Ergebnisse bei linkshirnigen Läsionen (Kimura u. Archibald 1974; Kimura 1982; Kolb u. Milner 1981), rechtsfrontalen und rechtstemporalen Läsionen (Kolb u. Milner 1981; Canavan et al. 1989) und bei M. Parkinson (Canavan et al. 1989; Goldenberg et al. 1986).

Goldenberg et al. (1986) bewerteten die Imitation von 6 Fingerstellungen, 5 Handstellungen (eigentlich wurden 6 Handstellungen geprüft, doch wurde eine von mehr als der Hälfte der Kontrollpersonen falsch imitiert) und 6 Bewegungssequenzen in bis zu 2 Versuchen und gaben für korrekte Ausführung im 1. Versuch 2 Punkte und im 2. Versuch 1 Punkt. Für 37 Kontrollpersonen war der schlechteste Score bei den Handstellungen 8 von 10, bei Fingerstellungen 6 von 12 und bei den Sequenzen 4 von 12.

Allen angeführten Untersuchungen ist gemeinsam, daß der Patient mit der Ausführung der Geste erst beginnen durfte, wenn der Untersucher die Präsentation abgeschlossen hatte. Es wurde also der Abruf der Geste aus dem Arbeitsgedächtnis verlangt. Die Menge der zu speichernden Information ist bei Sequenzen von mehreren Handstellungen größer ist als bei einzelnen Gesten. Einige experimentelle Studien weisen darauf hin, daß diese Komponente wesentlich für die Entstehung apraktischer Fehler sein kann. Während Kimura und Archibald (1974) feststellten, daß es für Patienten mit linkshirnigen Läsionen schwieriger war, Bewegungssequenzen zu imitieren als einfache Finger- und Handstellungen, fanden de Renzi et al. (1983) keinen Unterschied zwischen Sequenzen und einfachen Gesten, wenn dem Patienten, während er die Sequenz ausführte, Fotos der einzelnen Positionen als Erinnerungshilfe vorlagen. Jason (1983) zeigte, daß linkshirnig geschädigte Patienten bei der Durchführung von Bewegungssequenzen sogar die gleiche maximale Geschwindigkeit wie Patienten mit rechtshirnigen Läsionen erreichen, wenn die Sequenzen gleichzeitig vom Untersucher demonstriert und vom Patienten durchgeführt werden. Dieselbe Studie zeigte allerdings, daß das Defizit bei Patienten mit linkshirniger Läsion zunimmt, wenn eine einfache motorische Tätigkeit zwischen Demonstration und Imitation von Handstellungen eingeschoben, das Arbeitsgedächtnis also mehr belastet wird. Beauvois und Lhermitte (1975) untersuchten sowohl das Arbeitsgedächtnis als auch die Lernfähigkeit für Handpositionen, indem sie die „Spanne" und das „supra-span learning" für Sequenzen von mehreren Handpositionen prüften. Dabei wurden nur Patienten untersucht, die eine Folge von 2 Handpositionen korrekt wiederholen konnten. Sowohl die maximale Zahl der Gesten, die unmittelbar nach der Demonstration wiederholt werden konnten, als auch der Lernerfolg bei mehrmaliger Demonstration einer längeren Sequenz von Gesten waren bei Patienten mit linkshirnigen Läsionen reduziert.

Es zeigt sich aus diesem Überblick, daß die Ergebnisse der Imitation von Bewegungen wesentlich von der Art der geprüften Bewegungen und den genauen Untersuchungsbedingungen abhängen. Wird die Imitation einfacher Handstellungen geprüft (auch die meisten bedeutungsvollen Gesten sind motorisch relativ einfach) und wird ohne Berücksichtigung von kleineren Ungenauigkeiten und Unsicherheiten nur nach richtig oder falsch gewertet, machen Kontrollpersonen kaum Fehler (z. B. Lehmkuhl et al. 1983; Goldenberg et al. 1986; Spinnler u. Tognoni 1987). Wenn ein Patient mit der Imitation einfacher Handstellungen überfordert ist, kann man wohl ohne weiteres eine Apraxie diagnostizieren. Prüft man hingegen kompliziertere und sequentielle Bewegungen und geht auch eine differenzierte Beurteilung der Flüssigkeit und Genauigkeit in den Score ein (de Renzi et al. 1980; de Renzi et al. 1983; Barbieri u. de Renzi 1988; Luria 1980; Kimura u. Archibald 1974; Kimura 1982; Kolb u. Milner 1981; Canavan et al. 1989; Goldenberg et al. 1986), wird die Abgrenzung zur Normalität problematisch; denn individuelle Unterschiede der manuellen Geschicklichkeit sowie unspezifische pathologische Faktoren wie mangelhafte Flexibilität der Kontrolle und Perseverationstendenz beeinflussen das Ergebnis. In 12.4 wird auf die Möglichkeit eingegangen, subtile Störungen der Bewegungskontrolle, die klinisch nur bei der Prüfung von komplizierten Bewegungen und Sequenzen manifest werden, apparativ exakter zu erfassen.

12.3.3 Bedeutungsvolle Gesten

Die Boston Diagnostic Aphasia Examination (BDAE) enthält als Prüfung der Apraxie 10 bedeutungsvolle Gesten, die auf verbale Vorgabe auszuführen sind, doch werden keine Normwerte angegeben.

De Renzi et al. (1982) zeigten den Patienten hintereinander 10 Objekte und forderten sie auf, den Gebrauch jeweils pantomimisch darzustellen, ohne das Objekt tatsächlich zu berühren. Für eine adäquate Pantomime wurden 2 Punkte gegeben, bei inadäquaten Bewegungen wurde die Instruktion wiederholt, und für einen erfolgreichen 2. Versuch wurde 1 Punkt gegeben. Bei einem Punktemaximum von 20 erreichte keine von 70 gesunden Kontrollpersonen weniger als 18 Punkte, während etwa die Hälfte der linkshirnig geschädigten, aber auch 13 % der rechtshirnig geschädigten Patienten schlechter abschnitten. Allerdings waren rechtshirnig geschädigte Patienten bestenfalls knapp unter dem Cut-off, während die mit linkshirnigen Schädigungen z. T. weit darunter abschnitten. In weiteren Untersuchungen (Barbieri u. de Renzi 1988; de Renzi u. Luchelli 1988) wurden die Pantomimen des Gebrauchs von 20 Objekten mit einem abgestuften Benotungssystem von 0–3 Punkten beurteilt. Bei BPO-Fehlern oder „etwas ungenauen" Pantomimen wurden 2 Punkte gegeben, bei falschen Bewegungen am richtigen Ort oder richtigen Bewegungen am falschen Ort (z. B. die Bewegung des Zähneputzens vor der Stirn ausgeführt) jeweils 1 Punkt. Es wurden mit jeder Geste 2 Versuche durchgeführt und die Punktzahlen addiert. Mit diesem Bewertungssystem reichte die Streuung bei 60 Normalpersonen von 101 bis zum Maximum 120, war also weit größer als bei der „Richtig-falsch"-Scorierung der vorherigen Studie. Unsere Erfahrung mit Normalpersonen läßt uns vermuten, daß die fehlerhaften Leistungen der Kontrollpersonen vorwiegend oder ausschließlich in die 2-Punkt-Kategorie fielen.

Goldenberg et al. (1986) prüften in der erwähnten Untersuchung auch die Ausführung von 6 symbolischen Gesten und 6 Pantomimen von Objektgebrauch auf verbale Aufforderung. Die Bewertung erfolgte wiederum mit 2 Punkten für einen erfolgreichen ersten Versuch und 1 Punkt für den Erfolg bei Wiederholung der Instruktion; BPO-Pantomimen wurden als fehlerhaft gewertet. Die untersuchten Kontrollpersonen erreichten dabei für die Pantomimen deutlich geringere Scores als für die symbolischen Gesten.

Zusammenfassend läßt sich feststellen, daß die Beurteilung von bedeutungsvollen Gesten wesentlich davon abhängt, welche Arten von Fehlern berücksichtigt werden. Wird nur danach gewertet, ob die Geste prinzipiell richtig und erkennbar ist, machen Normalpersonen kaum Fehler und ist die Abgrenzung apraktischer Fehler leicht. Werden hingegen auch Ungenauigkeiten der Ausführung und BPO-Fehler mit Punktabzug bestraft, wird die Streuung bei Normalpersonen größer und die Abgrenzung zu pathologischen Leistungen problematisch. Dabei neigt der Untersucher eher dazu, symbolische Gesten nur als richtig oder falsch zu beurteilen, weil diese Gesten konventionalisiert sind und die Konvention eine erlaubte Varianz festlegt, innerhalb derer die Geste allgemein verständlich ist und ihren kommunikativen Zweck erfüllt. Gesten, die in diesen Bereich fallen, werden intuitiv als richtig akzeptiert. Hingegen kann man Pantomimen des Objektgebrauchs danach beurteilen, wie exakt sie die Bewegungen beim tatsächlichen Gebrauch des Objekts wiedergeben, und eine Abweichung auch dann als pathologisch klassifizieren, wenn der Bedeutungsgehalt der Geste eindeutig ist und die Pantomime in einer Kommunikation ohne weiteres verstanden und akzeptiert würde. Tatsächlich sind ja gerade BPO-Gesten in der Kommunikation – z. B. bei mangelnder Kenntnis einer Landessprache – durchaus üblich und teilweise sogar mehr oder minder konventionalisiert.

12.3.4   Objektgebrauch

De Renzi et al. (1982) gaben dieselben 10 Objekte, für die sie zuvor die Pantomime des Objektgebrauchs geprüft hatten, den Patienten in die Hand und forderten sie auf, ihren Gebrauch zu demonstrieren. Die Bewertung erfolgte wie bei der Pantomime mit bis zu 2 Versuchen. Normalpersonen machten, auch wenn sie die linke Hand benutzten, kaum Fehler, der Durchschnittsscore der 60 Kontrollpersonen war 19,91 bei einem Maximum von 20, der niedrigste Einzelscore 18; 21% der Patienten mit linkshirnigen Läsionen fielen unter diesen Score.

In einer weiteren Untersuchung prüften de Renzi und Luchelli (1988) neben dem Gebrauch einzelner Objekte auch komplexe Handlungen mit mehreren Objekten (eine Kerze anzünden, ein Vorhängeschloß öffnen und schließen, ein Coca-Cola-Flasche öffnen und ein Glas einschenken, einen Brief kuvertieren und mit Marke versehen, einen Espresso zubereiten). Gesunde Kontrollpersonen wurden nicht untersucht.

Rechtshirnig geschädigte Patienten machten nur gelegentlich kleine Fehler, wie z. B. die Marke links statt rechts auf das Kuvert zu kleben, während bei aphasischen Patienten mit klinischen Hinweisen auf eine ideatorische Apraxie zahlreiche und grobe Fehler auftraten und sie teilweise völlig versagten. Bei 11 Patienten wurde auch der Gebrauch einzelner Objekte geprüft. Die Fehlerzahlen mit einzelnen Objekten und komplexen Handlungen waren hoch korreliert, und unter den 11 Patienten war auch kein Fall mit deutlich verschieden starken Störungen für einzelne Objekte und komplexe Handlungen.

Poeck und Lehmkuhl (1980c; vgl. auch Poeck 1983) untersuchten die Zubereitung von Instantkaffee und beschrieben eindrucksvoll die Fehler von Patienten mit ideatorischer Apraxie. Sie untersuchten keine Kontrollpersonen, aber die Art der beschriebenen Fehler liegt weit außerhalb dessen, was von Normalpersonen erwartet werden kann. Nach unserer Erfahrung hat sich das Lochen und Einheften eines Papiers in einen Ordner als eine Aufgabe erwiesen, die sehr sensibel für Störungen im Umgang mit Objekten ist.

Nach diesen Studien und der klinischen Erfahrung des Diagnostikers scheint es, daß bei der Prüfung des Objektgebrauchs zwar regionale Unterschiede in der Kaffeezubereitung und evtl. auch berufliche Erfahrungen des Patienten berücksichtigt werden müssen, darüber hinaus aber die Abgrenzung zwischen Apraxie und Normalität kaum Schwierigkeiten bereitet (s. 12.3.5 für widersprüchliche Beobachtungen). Die Daten der de-Renzi-Studie – obgleich nur an einer kleinen Anzahl von Patienten erhoben – würden dafür sprechen, daß die Prüfung mit einzelnen Objekten dieselbe Aussagekraft hat wie die mit komplexen Handlungen. Andererseits tritt mit komplexen Handlungen, die mehrere Objekte umfassen, die Störung besonders eindrucksvoll zutage.

12.4   Experimentelle und apparative Untersuchungen

12.4.1   Feinmotorische Koordination und Geschwindigkeit

Dem klinischen Eindruck nach führen Patienten mit ideomotorischer Apraxie Alltagshandlungen unbehindert aus. Ihre Störung wird erst in der Apraxieprüfung manifest. Das könnte daran liegen, daß bei der Imitation die Bewegungsziele nicht

– wie bei alltäglichen motorischen Leistungen – in bezug auf ein zu handhabendes Objekt, sondern relativ zum Körper definiert sind. Eine Reihe von Studien beschäftigen sich mit der motorischen Koordination objektbezogener Tätigkeiten bei Patienten mit ideomotorischer Apraxie. Kimura (1977) prüfte die Durchführung einer Bewegungssequenz, bei der zuerst ein Knopf mit dem Zeigefinger, dann ein Griff mit der ganzen Hand und schließlich ein Hebel mit dem Daumen bewegt werden mußte, und fand, daß Patienten mit linkshirnigen Läsionen und Aphasie die Bewegungssequenz langsamer erlernten und ausführten als solche mit linkshirnigen Läsionen ohne Aphasie, die wiederum langsamer als Patienten mit rechtshirnigen Läsionen waren. Die Interpretation dieser Studie ist insofern problematisch, als die geforderten Bewegungen zwar in bezug auf Objekte definiert waren, die expliziten Anweisungen jedoch Zielstellung der Hand betrafen. Außerdem wurde in dieser Studie der Zusammenhang mit der klinischen Diagnose einer Apraxie nicht untersucht. Pieczuro und Vignolo (1967) verglichen die Zeit, die Patienten mit links- oder rechtshirnigen Läsionen brauchten, um mit der zur Läsion ipsilateralen Hand 10 auf einem 45 cm breiten Brett befestigte Schrauben einzuschrauben, mit der Leistung der entsprechenden Hand von gesunden Kontrollpersonen. Sowohl links- als auch rechtshirnig geschädigte Patienten waren langsamer als diese, und das Ausmaß der Verlangsamung war in beiden Patientengruppen gleich. In der Gruppe der Patienten mit linkshirnigen Läsionen bestand eine signifikante, aber wenig eindrucksvolle Korrelation von 0,3 zwischen der Geschwindigkeit des Schraubens und der Imitation von Handbewegungen. In dieser Studie ist der Vergleich zwischen rechts- und linkshirnigen Läsionen insofern problematisch, als bei der breitflächigen räumlichen Verteilung der Objekte die Patienten mit rechtshirnigen Läsionen möglicherweise durch Störungen der räumlichen Exploration und halbseitige Vernachlässigung behindert waren. Haaland (1984b; Haaland et al. 1980; Haaland u. Delaney 1981) untersuchte linkshirnig geschädigte Patienten mit und ohne Apraxie mit Hilfe einer Batterie von motorischen Geschicklichkeitsaufgaben. Apraktische Patienten waren in einigen Tests schlechter als solche ohne Apraxie. Dabei erforderten die Tests, in denen die apraktischen Patienten schlechter abschnitten, Korrekturbewegungen als Reaktion auf ein akustisches Feedback-Signal. Die Autorin merkt an, daß die meisten ihrer apraktischen Patienten nichtflüssige Aphasien und damit vermutlich präzentrale Läsionen hatten. Die Unfähigkeit, auf Fehlermeldungen rasch und adäquat zu reagieren, könnte ein Symptom einer Frontallappenschädigung ohne unmittelbaren Bezug zur Apraxie sein. Jedenfalls bestand keine signifikante Korrelation zwischen den motorischen Leistungen und dem Ausmaß der Imitationsstörung. Heilman et al. (1975) verglichen den Lerneffekt über 5 Versuche, einen Rotor mit einem Griffel zu verfolgen, bei linkshirnig geschädigten Patienten mit und ohne Apraxie im Florida Apraxia Screening Test (s. 12.3.1). Die Gruppen unterschieden sich weder in der initialen Geschwindigkeit noch im Lerneffekt signifikant, aber wenn die Erhaltung des Lerneffekts nach einem Intervall von 15 min geprüft wurde, fiel die Leistung der Patienten mit Apraxie gegenüber der von Patienten ohne Apraxie signifikant ab.

Etliche Studien maßen die maximale Geschwindigkeit von Fingerklopfen mit der zur Läsion ipsilateralen Hand bei apraktischen Patienten. Eine dieser Studien (Heilman 1975) fand eine Verlangsamung in Abhängigkeit von der Schwere der Apraxie, während die anderen (Kimura 1977; Haaland 1984b; Haaland et al. 1980; Haaland u. Delaney 1981) darin übereinstimmen, daß diese elementare motorische Leistung nicht von der Apraxie beeinträchtigt wird.

Eine Studie, die über die bloß quantitative Erfassung der motorischen Geschicklichkeit hinausgeht, wurde von Haaland et al. (1987) durchgeführt. Dabei mußten die Patienten mit einem Stift in rascher Folge zwei 32,5 cm voneinander entfernte Ziele treffen. In einer Bedingung waren die Ziele 4 cm breit, in der anderen nur 1 cm. Nur in der – an sich leichteren – Bedingung des Zielens auf das 4 cm breite Ziel waren linkshirnig geschädigte Patienten gegenüber Patienten mit rechtshirnigen Läsionen und gesunden Kontrollpersonen verlangsamt. Die Breite des Ziels beeinflußt die Aufgabe insofern, als bei breitem Ziel ein größerer Anteil der Bewegung ballistisch im „open loop" durchgeführt wird, während mit der Einengung des Ziels der Bewegungsanteil unter Feedback-Kontrolle wächst. Das schlechtere Ergebnis der linkshirnig geschädigten Patienten bei dem breiten Ziel könnte darauf hinweisen, daß bei ihnen die prädiktive Open-loop-Kontrolle von Bewegungen selektiv gestört ist. Nach den von der Autorin angewandten klinischen Kriterien waren 4 der 10 Patienten mit linkshirnigen und einer der 9 mit rechtshirnigen Läsionen apraktisch, doch wurde der Einfluß der Apraxie auf die motorische Leistung nicht analysiert.

In Zusammenfassung dieser Befunde scheint es, als bestünde bei Patienten mit linkshirnigen Läsionen eine subtile Störung der ipsilateralen motorischen Kontrolle auch in objektorientierten Bewegungen. Diese Störung scheint aber doch sehr verschieden von den Fehlhandlungen zu sein, die Patienten mit ideatorischer Apraxie im Umgang mit Alltagsobjekten begehen. Ihr Zusammenhang mit den Fehlern bei der Imitation von Gesten ist zweifelhaft. Es handelt sich bei den apparativ untersuchten objektorientierten Bewegungen um Aufgaben, für die auch die Leistung von Normalpersonen stark streut, und obwohl die untersuchten linkshirnig geschädigten und apraktischen Patienten schwächere Leistungen als Kontrollpersonen boten, waren sie prinzipiell imstande, die geforderten Bewegungen richtig auszuführen. Es erscheint fraglich, ob die so nachgewiesene subtile motorische Störung das völlige Versagen bzw. die groben Abweichungen erklären kann, die bei manchen Patienten bei der Imitation von einfachen Gesten auftreten. Allerdings könnte sie zu einer Minderung des Scores in Untersuchungen beitragen, in denen die Qualität der Imitation nicht bloß nach richtig und falsch, sondern mit einem feiner abgestuften Punktesystem untersucht wird.

Die bloße Beobachtung und qualitative Klassifizierung der Fehler erlaubt nur sehr beschränkt Rückschlüsse darauf, über welche pathogenetischen Mechanismen Fehler in der Prüfung auf ideomotorische Apraxie zustande kommen. Eine quantifizierbare Aufzeichnung von Bewegungsparametern und eine kinematische Analyse der apraktischen Fehler könnten hier weiterhelfen. Eine rezente Studie von Poizner et al. (1990) ist unseres Wissens nach der erste Versuch, dies für die ideomotorische Apraxie durchzuführen. Mit einem aufwendigen, auf 2 simultanen Videoaufnahmen beruhenden System erstellten sie 3dimensionale Aufzeichnungen der verbal evozierten Pantomime von Objektgebrauch (z. B. Rupfen eines Truthahns, Aufkurbeln eines Autofensters) bei 2 Patienten mit ideomotorischer Apraxie. Die Analyse ergab, daß die Bewegungen nicht nur insgesamt räumlich falsch orientiert und verlangsamt abliefen, sondern auch die motorische Koordination der verschiedenen Bewegungskomponenten gestört war. Einerseits waren synergistische Bewegungen von proximalen und distalen Gelenken schlecht synchronisiert, andererseits fehlte die normale Kopplung zwischen Kurvenradius und Geschwindigkeit bei gekrümmter Bewegungsbahn (normalerweise wird die Bewegung bei engerem Radius langsamer).

12.4.2   Konzeptuelle Grundstörung bei ideatorischer Apraxie

In einer experimentellen Untersuchung zur ideatorischen Apraxie konnten Lehmkuhl und Poeck (1981) den klinischen Eindruck bestätigen, daß dieser eine konzeptuelle Störung des Objektgebrauchs und nicht bloß eine Störung der motorischen Realisierung zugrunde liegt. Sie gaben Patienten mit ideatorischer Apraxie Serien von Fotos, die Teile einer komplexen Handlung (z. B. eine Nummer aus dem Telefonbuch suchen, den Hörer abheben und wählen) zeigten, und baten die Patienten, die Fotos in die richtige Reihenfolge zu bringen. Die Patienten machten hier Fehler, während sie den Subtest „Bilderordnen" des Wechsler-Intelligenztests, der ebenfalls ein sequentielles Anordnen von Bildern fordert – die aber keine motorische Handlungssequenz darstellen – ebensogut lösten wie Kontrollpersonen. Die Schlußfolgerung, daß das Defizit der ideatorisch-apraktischen Patienten selektiv die sequentielle Anordnung der Komponenten komplexer Handlungen betrifft, ist allerdings insofern problematisch, als die auf den Bildern gezeigten Einzelhandlungen durchweg in sich korrekt dargestellt waren, so daß die Patienten gar keine Möglichkeit hatten, andere als Sequenzierungsfehler zu begehen.

12.5   Beobachtung des Alltagsverhaltens

Patienten mit ideatorischer Apraxie versagen im Umgang mit Objekten auch im Alltag. Daß Patienten mit ausgeprägter ideatorischer Apraxie bei Routinehandlungen versagen, läßt sie „dement" erscheinen; z. B. versucht ein Patient, sich zu waschen, ohne den Waschlappen zu befeuchten, oder führt statt der Zahnbürste die Zahnpasta zum Mund. Manche aphasische Patienten fallen durch subtilere Fehlhandlungen und „Ungeschicklichkeit" auf, wenn höhere Anforderungen an die Handlungsplanung gestellt werden, wie das z. B. der Fall ist, wenn sie zur Kompensation einer rechtsseitigen Hemiparese mit der linken Hand neue Fertigkeiten erlernen sollen. Einer Patientin mit amnestischer Aphasie und gutem Sprachverständnis fiel es z. B. enorm schwer zu begreifen, daß man, um mit einer Hand eine Dose aufzuschrauben, den Deckel nur mit Daumen und Zeigefinger erfassen darf, während die Hand die Dose hält. Immer wieder plazierte sie die Hand so, daß sie den Deckel relativ zur Dose fixierte[1]. Die Patientin war bei der Imitation von Finger-

---

[1] Ich danke Anne Jose van Rofsum für diese Beobachtung.

und Handstellungen sowie bei symbolischen Gesten und Pantomimen von Objektgebrauch nicht apraktisch, doch wurde der Umgang mit Objekten nur durch das
Anzünden einer Kerze und das Kuvertieren eines Briefes geprüft. Es könnten derartige Fehler aphasischer Patienten auch Ausdruck einer allgemeinen Störung der
Handlungsplanung (s. Kap. 6) sein. Systematische Studien über den Zusammenhang
zwischen ideatorischer Apraxie und Alltagsgeschicklichkeit gibt es unseres Wissens
nicht. Das liegt wohl daran, daß die meisten Untersucher von der Erfahrung der
Apraxieprüfung ausgehen und die Alltagsrelevanz der dabei auftretenden Beeinträchtigungen außer Zweifel steht. Nimmt man als Ausgangspunkt der Diagnostik
die Erfahrungen von Therapeuten mit dem Selbsthilfetraining hemiparetischer aphasischer Patienten, könnte sich die in 12.3.4 vertretene Meinung, daß die ideatorische
Apraxie ein stets eindrucksvolles und leicht nachzuweisendes Phänomen ist, als revi-
sionsbedürftig erweisen.

Um motorische Geschicklichkeit im Alltag über anekdotische Beobachtungen hinaus zu dokumentieren und zu messen, sind detaillierte Bewertungsskalen der Bewältigung häufiger motorischer Anforderungen nötig. Skalen zur Beurteilung der Hilfs-
bedürftigkeit in den Aktivitäten des täglichen Lebens (s. Christiansen et al. 1988;
für Überblick) beurteilen Funktionen wie persönliche Toilette oder Ankleiden, die
zwar u. a. auch durch eine Apraxie behindert werden könnten, aber doch in weit
stärkerem Maße von anderen motorischen und kognitiven Aspekten abhängen.
Skandinavische Studien (Bjorneby u. Reinvang 1985; Sundet et al. 1988), die mittels
Regressionsanalyse fanden, daß bei Patienten mit linkshirnigen Läsionen eine ideomotorische Apraxie der stärkste negative Prädiktor für die Selbständigkeit im täglichen Leben war, sind daher möglicherweise so zu interpretieren, daß bei den durchweg aphasischen Patienten der Studie die zusätzliche Apraxie ein Indikator für die
Größe der Läsion und damit für das Ausmaß der motorischen und kognitiven
Behinderungen war. Auch Skalen, die die Probleme bei definierten motorischen
Aktionen, z. B. beim Ankleiden, detaillierter bewerten, sind problematisch, weil
dieselbe Tätigkeit – z. B. das Anziehen einer Hose – in Abhängigkeit von der Verteilung und Schwere von Paresen unterschiedliche Schwierigkeiten bietet. Walker und
Lincoln (1991) beurteilten die Geschicklichkeit beim Anziehen, indem sie pro Kleidungsstück 2 Punkte für Selbständigkeit beim Anziehen, 1 Punkt für Selbständigkeit
mit verbaler Hilfe und 0 Punkte für Unselbständigkeit gaben. Sie fanden bei Patienten mit Hemiparese keine Korrelation zwischen der Geschicklichkeit beim Anziehen und dem mit der Western Aphasia Battery (s. 12.3.1) gemessenen Schweregrad
einer begleitenden ideomotorischen Aphasie, wobei sie allerdings in die Berechnung
der Korrelation auch Patienten mit rechtshirnigen Läsionen einbezogen, die i. allg.
keine ideomotorische Apraxie haben, aber beim Ankleiden durch die neuropsychologischen Folgen der rechtshirnigen Läsion behindert sind.

Fast alle Patienten mit Apraxie haben auch eine Aphasie. Pantomime und kommunikative Gesten wären eine Möglichkeit, die mangelnde sprachliche Kommunikation zu kompensieren. Die klinische Erfahrung zeigt aber, daß manche Patienten
mit Aphasie kommunikative Gesten fehlerhaft oder gar nicht einsetzen und sie auch
nicht besser verstehen als sprachliche Mitteilungen (Duffy et al. 1975; Gainotti u.
Lemmo 1976; Feyereisen et al. 1981; Borod et al. 1989; Blunk 1985; Varney 1978).
Borod et al. (1989) dokumentierten die spontane Verwendung kommunikativer

Gesten mit dem Nonvocal Communication Test. Darin wird vom Beobachter vermerkt, ob der Patient bestimmte Arten der nonverbalen Kommunikation spontan verwendet. Von ursprünglich 7 Beispielen der nonverbalen Kommunikation wurden 2 weggelassen, weil die Beurteiler bei ihnen schlecht übereinstimmten. Die verbleibenden Rubriken sind: „Verwendet Gesten, um zu grüßen oder die Aufmerksamkeit auf sich zu lenken", „Zeigt, indem er jemanden zu etwas hinführt", „Kommuniziert durch Zeigen", „Verwendet Pantomime oder Zeichnungen, um einzelne Gegenstände oder Aktionen zu zeigen", und „Verwendet verbundene, narrative Pantomimen oder Zeichnungen, um Geschichten zu erzählen". Für jede Rubrik werden je nachdem, ob sie „nie", „selten", „häufig", oder „regelmäßig" zutrifft, 0–3 Punkte vergeben und ein Summenscore addiert. Mit diesem Fragebogen wurden 41 aphasische Patienten, die sich in Sprachtherapie befanden, durch Sprachtherapeuten und Pflegepersonal beurteilt. Vorhandensein und Schwere einer begleitenden ideomotorischen Apraxie wurden mit dem Boston Apraxia Test (s. 12.3.1) gemessen. Die mit dem Nonvocal Communication Test gemessene Häufigkeit spontaner Gesten korrelierte positiv mit dem Score der Apraxieprüfung. Je schwerer die Apraxie war, desto weniger Gesten (und Zeichnungen) wurden in der spontanen Kommunikation verwendet.

Feyereisen et al. (1988) fertigten Videoaufnahmen von Aphasikern während der PACE-(Promoting Aphasics' Communicative Effectiveness)Therapie an. Bei dieser Therapie geht es darum, dem Kommunikationspartner unter Einsatz von Gesten und Sprache einzelne Begriffe zu übermitteln (Howard u. Hatfield 1987). Die Autoren maßen, zu welchem Prozentsatz die Patienten dabei Sprache oder Gesten zur Kommunikation einsetzten. Weiterhin legten sie Videoausschnitte der gestischen Kommunikationen mehreren gesunden Versuchspersonen vor und bewerteten, wie viele von ihnen den gemeinten Gegenstand identifizieren konnten. Zur Messung der Apraxie wurden verbal evozierte Pantomimen von Objektgebrauch auf Video aufgezeichnet, und dann wurde festgestellt, wie viele der Kontrollpersonen an Hand des stummen Videos das Objekt identifizieren konnten. Die Ergebnisse sind geeignet, die komplexe Wechselwirkung zwischen Apraxie, Aphasie und spontaner Gestenproduktion zu illustrieren. Die relative Häufigkeit der gestischen Kommunikation korrelierte negativ mit dem Score der Apraxieprüfung. Je schwerer die Apraxie war, desto mehr Gesten wurden in der Kommunikation verwendet. Dabei war die Erkennbarkeit der Gesten in spontaner Kommunikation und Apraxieprüfung nicht verschieden. Die von den apraktischen Patienten spontan eingesetzten Gesten waren also ebenso entdifferenziert und fehlerhaft wie in der Apraxieprüfung. Die Autoren erklären dieses paradoxe Ergebnis mit der Korrelation zwischen Schwere der Aphasie und Schwere der Apraxie. Bei den Patienten mit beeinträchtigter gestischer Kommunikation war die sprachliche Ausdrucksfähigkeit derartig eingeschränkt, daß der gestörte gestische Ausdruck immer noch effektiver war als die sprachliche Kommunikation.

Dem aufmerksamen Leser wird nicht entgangen sein, daß die Ergebnisse der beiden zuletzt referierten Studien einander widersprechen: Borod und Mitarb. fanden eine positive, Feyereisen et al. eine ebenso starke negative Korrelation zwischen dem Ergebnis der Apraxieprüfung und der Häufigkeit, mit der in der Kommunikation spontan Gesten eingesetzt werden. Der Widerspruch verweist auf das grundsätzliche Problem der Definition und Beobachtung des „spontanen" Verhaltens von sprachlich behinderten Patienten. Feyereisen und Mitarb. beurteilten es in einer Situation, in der die Patienten gezwungen waren, einen vorgegebenen Inhalt mitzuteilen, während bei Borod und Mitarb. die spontane Verwendung von Gesten im Alltag des Krankenhauses bewertet wurde. Es ist fraglich, welcher Ansatz eher geeignet ist, die Anforderungen widerzuspiegeln, die im Alltag außerhalb des therapeutischen Umfelds an den Patienten gestellt werden.

12.6   Screening

Die Voraussetzung für eine vernünftige und zielstrebige Screening-Untersuchung ist eine Vorstellung, welche Störungen man erwartet und für wichtig hält. Aus den bisherigen Ausführungen ist klar geworden, daß die Gliedmaßenapraxie mehrere voneinander mehr oder weniger unabhängige Störungen umfaßt. Wir meinen, daß man folgende mögliche Störungen aufzählen kann, die sich in der Apraxieprüfung manifestieren können:

1) Zur Läsion ipsilaterale Störung der feinmotorischen Koordination und Geschwindigkeit (s. 12.4.1)
2) Störung in der Imitation von Bewegungen, bei der vorgezeigte Bewegungsziele falsch aufgefaßt oder falsch umgesetzt werden (diese Störung manifestiert sich verstärkt, wenn die Bewegungsziele im Kurzzeitgedächtnis gespeichert werden müssen)
3) Perseverationstendenz und mangelhafte Flexibilität der Kontrolle, die bei der Durchführung von Bewegungssequenzen den Wechsel zwischen mehreren Bewegungszielen behindern
4) Mit der Aphasie verbundene verminderte Fähigkeit, symbolische Gesten ihrer Bedeutung zuzuordnen
5) Einschränkung der Fähigkeit, mit dem Gebrauch von Objekten verbundene Finger- und Handstellungen ohne tatsächliche Handhabung des Objekts aus dem Gedächtnis abzurufen
6) Selektive Störung des semantischen Gedächtnisses, die das Wissen über den richtigen Gebrauch von Gegenständen betrifft
7) Allgemeine Planungsstörung, die sich u. a. bei der Organisation und Durchführung komplexer Handlungen mit mehreren Objekten manifestiert

Man kann in der klinischen Untersuchung selten alle diese möglichen Aspekte erproben und differenzieren, hat aber wenig gewonnen, wenn man mit Aufgaben oder Aufgabensammlungen, die für alle oder mehrere dieser Störungen empfindlich sind, feststellt, daß irgendeine oder mehrere dieser Störungen vorliegen und daher die Diagnose „Apraxie" zutrifft. Das Screening sollte so differenziert sein, daß es erlaubt, Hypothesen darüber aufzustellen, wo genau die Störung liegt, die sich als Apraxie manifestiert. Es sollte daher aus Aufgaben bestehen, die möglichst selektiv einzelne Aspekte der Apraxie prüfen. Wir schlagen folgende Aufgaben zur Prüfung der oben angeführten Störungen vor:

ad 1) Klinische Tests der Feinmotilität und Koordination (z. B. Diadochokinese, Finger-Nasen-Versuch, „Klavierspielen") sind unserer Erfahrung nach nicht sensibel genug für diskrete Störungen der ipsilateralen motorischen Kontrolle. Wenn man an diesem Aspekt der motorischen Kontrolle interessiert ist, wird man nicht ohne apparative Untersuchungen von Zielbewegungen auskommen, wobei sowohl statische als auch dynamische Zielgenauigkeit, Geschwindigkeit von Folgebewegungen und motorische Reaktion auf Fehlermeldungen zu prüfen sind.

ad 2) Wie in 12.3.1 ausgeführt, ist die Imitation einfacher, bedeutungsloser Handstellungen am ehesten geeignet, Störungen des Imitierens verläßlich und selektiv nachzuweisen. Dabei sollte die Durchführung erst unmittelbar nach Abschluß der Demonstration gestattet werden. Um Probleme und Mißverständnisse bei der Rechts-links-Unterscheidung zu minimieren, erfolgt die Demonstration „wie im Spiegel": Wenn der Patient die Gesten mit der linken Hand ausführt, zeigt sie der gegenübersitzende Untersucher mit seiner rechten. Patienten mit Halbseitensymptomen sollten prinzipiell die zur Läsion ipsilaterale Hand benützen. Die Bewertung erfolgt am verläßlichsten mit 2 Punkten für korrekte Ausführung beim 1. Versuch und 1 Punkt, falls erst ein 2. Versuch Erfolg bringt. In Abb. 12-1 werden 5 Stellungen gezeigt, bei denen in einer Gruppe von 37 älteren Normalpersonen keine weniger als 8 Punkte erzielte. Eine ausführlichere Sammlung von Aufgaben dieser Art findet sich bei Poeck (1986).

ad 3) Die Prüfung von Bewegungssequenzen ist unserer Meinung nach fakultativ und nur mit gezielter Fragestellung sinnvoll. Für die Diagnose einer Apraxie ist eigentlich nur die fehlerlose Imitation von Bewegungssequenzen interessant, denn eine fehlerlose Leistung bei dieser anspruchsvollen Aufgabe schließt eine Imitationsstörung mit großer Sicherheit aus. Eine deutlich perseverative Entstellung von Sequenzen bei ungestörter Imitation von Einzelstellungen könnte als „frontales" Symptom gewertet werden. In diesem Fall wäre zu erwarten, daß die Imitation von Sequenzen auch gestört ist, wenn die Ausführung nicht nach der Demonstration, sondern gleichzeitig erfolgt. Zwischen diesen Extremen sicher ungestörter und sicher spezifisch gestörter Imitation von Bewegungssequenzen liegt ein ganzes Spektrum von mehr oder minder pathologischen Befunden, deren diagnostische Bewertung unklar ist. Sammlungen von Sequenzen finden sich bei Luria (1980), Kolb und Milner (Poeck 1982) und Goldenberg et al. (1986), wobei die letztgenannte Arbeit auch Werte von normalen Kontrollpersonen anführt.

ad 4) Symbolische Gesten sollten prinzipiell auf verbale Aufforderung geprüft werden. Wenn man bei fehlerhafter Ausführung auch noch die Imitation der Geste prüft, belegt eine fehlerfreie Imitation, daß die Störung tatsächlich die Evokation der Geste von ihrer Bedeutung her betrifft. Fehlerhafte Imitation ist aber kein Gegenbeweis, denn es kann eine Imitationsstörung zusätzlich zur Unfähigkeit, die Geste über ihre Bedeutung abzurufen, bestehen. Bei Patienten mit Aphasie kann es schwer sein, herauszufinden, ob sie die verbale Aufforderung verstanden haben. Eindeutig apraktisch sind Fehler, wenn die Patienten durch verbal overflow den Bedeutungsgehalt der Geste ausdrücken (z. B. „Du, du" statt einer Drohgeste, „Ich schwöre" statt schwören). Wenn die Beurteilung kategorial nach richtig oder falsch erfolgt, machen Normalpersonen praktisch keine Fehler. Typische Gesten sind „lange Nase", „einen Vogel zeigen", „schwören", „einem schlimmen Kind drohen", „salutieren".

ad 5) Die Prüfung der Pantomime von Objektgebrauch sollte über das Objekt evoziert werden, also entweder durch verbale Aufforderung („Zeigen Sie, wie man sich mit einer Zahnbürste die Zähne putzt") oder, wenn man bei aphasischen Patienten den Eindruck hat, daß sie diese Instruktion nicht verstehen, durch gleichzeitiges Zeigen des Objekts. Man muß sich aber im klaren sein, daß bei schweren Sprachverständnisstörungen das Zeigen des Objekts die Sprachstörung als Ursache einer Fehlreaktion nicht ausschließt, denn es ist keineswegs selbstverständlich und ohne sprachliche Vermittlung zu verstehen, daß das Zeigen eines Objekts die Aufforderung beinhaltet, seinen Gebrauch pantomimisch darzustellen. „Ungenauigkeit" und Body-part-as-object-Fehler sind unserer Meinung nach unspezifisch und bei Normalpersonen so häufig, daß sie nicht für die Diagnose einer Apraxie ausreichen. Patienten mit Apraxie machen Fehler, die bei Normalpersonen nie vorkommen; z.B. zeichnete ein aphasischer Patient bei der Aufforderung, den Gebrauch einer Schere zu demonstrieren, erst mit dem Finger eine Schere auf den Tisch und klopfte dann wiederholt mit 2 Fingern auf den Tisch, wobei er jedesmal „Schere" sagte. Zur systematischen Untersuchung und Quantifizierung könnte die von De Renzi et al. (1982) erarbeitete Liste von 10 Pantomimen verwendet und, wie dort angegeben, nach „richtig" oder „falsch" im 1. oder 2. Versuch mit 2 Punkten oder 1 Punkt bewertet werden (s. 12.3.2). Zur Differenzierung zwischen dem Verlust des Wissens über den richtigen Gebrauch des Objekts und der Unfähigkeit, den Objektgebrauch ohne Objekt zu demonstrieren, ist es sinnvoll, zumindest bei fehlerhaften Pantomimen auch den Umgang mit dem tatsächlichen Objekt zu prüfen (s. Punkt 6).

ad 6) Zur Prüfung des tatsächlichen Objektgebrauchs gibt man dem Patienten das Objekt in die Hand. Die Aufforderung, den Gebrauch des Objekts zu demonstrieren, ist aus dem Kontext und über nonverbale Kommunikation leicht zu vermitteln, so daß Sprachverständnisstörungen bei dieser Prüfung kein entscheidendes Hindernis sein sollten. Wenn die Pantomime von Objektgebrauch vorher geprüft wurde, kann man sich wahrscheinlich darauf beschränken, Objekte zu prüfen, für die die Pantomime fehlerhaft war. Es sollten Objekte gewählt werden, die mit einer Hand gebraucht werden können und für deren Gebrauch die normale Geschicklichkeit der nichtdominanten linken Hand ausreicht (de Renzi et al. 1982; s. auch 12.3.2), und – wie allgemein in der Apraxieprüfung – prinzipiell die zur Läsion ipsilaterale Hand untersucht werden. Um Fehler bei Patienten mit Läsionen der dominanten Hemisphäre beurteilen zu können, muß man unterscheiden, wie die Geschicklichkeit der nichtdominanten Hand bei Normalpersonen variiert. Mit entsprechender Erfahrung sollte es aber möglich sein, eine pathologische Verlangsamung, motorisches Suchen und Ungeschicklichkeit einigermaßen verläßlich zu diagnostizieren. Die Ausführung komplexer Handlungen mit mehreren Objekten kann z.B. mit Kaffeekochen oder mit Lochen und Einheften eines Papiers in einen Ordner geprüft werden. Vielfach werden dabei beidhändige Aktionen verlangt, die bei Patienten mit Paresen, insbesondere solchen der dominanten Hand, behindert sind. Da die dadurch verursachte Ungeschicklichkeit die Bewertung nicht beeinflussen darf, kann praktisch nur das erkennbare Ziel der Einzelhandlungen und ihre sequentielle Organisation als richtig oder falsch bewertet werden. Die Prüfung komplexer Handlungen kann daher die Prüfung des Gebrauchs einzelner Objekte nicht ersetzen. Auch wenn die Ergebnisse beider Prüfungen hoch korreliert sind, sollte

doch aus prinzipiellen Gründen und wegen der möglichen Alltagsrelevanz nachge-
wiesener Störungen beides geprüft werden.

ad 7) Der Verdacht, daß die fehlerhafte Durchführung komplexer Handlungen
auf eine allgemeine Störung der Handlungsplanung und des Problemlösens und
nicht auf eine Apraxie im eigentlichen Sinne zurückzuführen ist, liegt nahe, wenn
Patienten einzelne Objekte richtig gebrauchen und Fehlhandlungen vor allem bei
Aufgaben auftreten, die neu sind und vor der Erkrankung nicht zum Repertoire der
motorischen Fertigkeiten gehörten. Dies trifft auf das Selbsthilfetraining von Patienten mit Paresen der dominanten Hand zu. Standardisierte Aufgaben, die derartige
Anforderungen im Labor simulieren und meßbar machen, gibt es nicht, könnten
aber konstruiert werden. Ein effektiveres diagnostisches Mittel ist wahrscheinlich
die Beobachtung durch den Therapeuten, der das Selbsthilfetraining durchführt.
Untersuchungen, durch die eine über das motorische Handeln hinausgehende allgemeine Planungs- und Problemlösestörung nachgewiesen werden kann, sind in Kap.
6 beschrieben.

Literatur

Akelaitis AJ (1945) Studies on the corpus callosum IV: Diagonistic dyspraxia following par-
tial and complete section of the corpus callosum. Am J Psychiat 101:954–599
Barbieri C, de Renzi E (1988) The executive and ideational components of apraxia. Cortex
24:535–544
Barbizet J, Degos JD, Lejeune A, Leroy A (1978) Syndrome de dysconnection inter-hémi-
sphérique avec dyspraxie diagonistique au cours d'une maladie de Marchiafava-Bignami.
Rev Neurol 134:781–789
Beauvois MF, Lhermitte F (1975) Déficits mnésiques électifs et lésions corticales restreintes.
Rev Neurol 131:3–22
Bertoni B, Stoffel AM, Weniger D (1991) Communicating with pictographs: a graphic
approach to the improvement of communicative interactions. Aphasiology 5:341–353
Bjorneby ER, Reinvang ER (1985) Acquiring and maintaining selfcare skills after stroke.
The predictive value of apraxia. Scan J Rehab Med 17:75–80
Blunk R (1985) Möglichkeiten und Grenzen mimisch-pantomimischer Kommunikationshilfen
bei Aphasie. In: „Aphasie" L. Springer, G. Kattenbeck (eds) Tuduv Verlag, München,
pp 173–204
Bonhoeffer K (1914) Klinischer und anatomischer Befund zur Lehre von der Apraxie und
der „motorischen Sprachbahn". Monatschr Psychiat Neurol 35:113–128
Borod JC, Fitzpatrick PM, Helm-Estabrooks N, Goodglass H (1989) The relationship
between limb apraxia and the spontaneous use of communicative gesture in aphasia.
Brain Cog 10:121–131
Canavan AGM, Passingham RE, Marsden CD, Quinn N, Wyke M, Polkey CE (1989)
Sequencing ability in Parkinsonians, patients with frontal lobe lesions and patients who
have undergone unilateral temporal lobectomies. Neuropsychologia 27:787–798
Christiansen CH, Schwartz RK, Barnes KJ (1988) Self-Care: Evaluation and Management.
In: J DeLisa (ed) Rehabilitation Medicine – Principles and Practice, JB Lippincott,
Philadelphia, pp 95–115
de Ajuriaguerra J, Tissot R (1969) The apraxias. In: PJ Vinken, GW Bruyn (eds) Handbook
of Clinical Neurology, Vol 4, North Holland, Amsterdam, pp 48–66

Denny Brown D (1958) The nature of apraxia. J Nerv Ment Dis 126:9–32

de Renzi E (1990) Apraxia. In: F Boller, J Grafman (eds) Handbook of Clinical Neuropsychology, Vol 2, Elsevier, Amsterdam, New York, Oxford, pp 245–263

de Renzi E, Faglioni P, Lodesani M, Vecci A (1983) Performance of left brain-damaged patients on imitation of single movements and motor sequences. Frontal and parietal-injured patients compared. Cortex 19:333–344

de Renzi E, Faglioni P, Sorgato P (1982) Modality-specific and supramodal mechanisms of apraxia. Brain 105:301–312

de Renzi E, Luchelli F (1988) Ideational apraxia. Brain 111:1173–1185

de Renzi E, Motti F, Nichelli P (1980) Imitating gestures – A quantitative approach to ideomotor apraxia. Arch Neurol 37:6–10

de Renzi E, Pieczuro A, Vignolo LA (1966) Oral apraxia and aphasia. Cortex 2:50–73

Duffy RJ, Duffy JR (1989) An investigation of body part as object (BPO) responses in normal and brain-damaged adults. Brain Cog 10:220–236

Duffy RJ, Duffy JR (1981) Three studies of deficits in pantomimic expression and pantomimic recognition in aphasia. J Speech Hear Res 14:70–84

Duffy RJ, Duffy JR, Pearson KL (1975) Pantomime recognition in aphasics. J Speech Hear Disord 18:116–132

Feyereisen P, Barter D, Goossens M, Clerebaut N (1988) Gestures and speech in referential communication by aphasic subjects: channel use and efficiency. Aphasiology 2:21–32

Feyereisen P, Seron X, de Macar M (1981) L'interprétation de différentes categories de gestes chez des sujets aphasiques. Neuropsychologia 19:515–521

Finkelnburg (1870) Sitzung der Niederrheinischen Gesellschaft in Bonn. Medizinische Section. Berlin Klin Wochenschr 7:449–450, 460–462

Freund HJ, Hummelsheim H (1985) Lesions of premotor cortex in man. Brain 108:697–733

Gainotti G, Lemmo MA (1976) Comprehension of symbolic gestures in aphasia. Brain Lang 3:451–460

Gazzaniga MS, Bogen JE, Sperry RW (1967) Dyspraxia following division of the cerebral commissures. Arch Neurol 16:606–612

Gerstmann J, Schilder P (1926) Über eine besondere Gangstörung bei Stirnhirnserkrankungen. Wien Med Wochenschr 76:97–102

Geschwind N, Damasio AR (1985) Apraxia. In: JAM Frederiks (ed) Handbook of Clinical Neurology, Vol 1 (49): Clinical Neuropsychology. Elsevier: Amsterdam, New York. pp 423–432

Geschwind N, Kaplan E (1962) A human cerebral deconnection syndrome. Neurology 12:675–685

Goldberg G, Mayer NH, Toglia JU (1981) Medial frontal cortex infarction and the alien hand sign. Arch Neurol 38:683–686

Goldenberg G (1992) Aphasie und Gedächtnisstörungen. Sprache Stimme Gehör 16:5–10

Goldenberg G, Wimmer A, Auff E, Schnaberth G (1986) Impairment of motor planning in patients with Parkinson's disease: evidence from ideomotor apraxia testing. J Neurol Neurosurg Psychiat 49:1266–1272

Goldenberg G, Wimmer A, Holzner F, Wessely P (1985) Apraxia of the left limbs in a case of callosal disconnection: The contribution of medial frontal lobe damage. Cortex 21:135–148

Goldstein K (1908) Zur Lehre von der motorischen Apraxie. J Psychol Neurol 11:169–187, 270–283

Goodglass H, Kaplan E (1963) Disturbance of gesture and pantomime in aphasia. Brain 86:703–720

Graff-Radford NR, Welsh K, Godersky J (1987) Callosal apraxia. Neurology 37:100–105

Haaland KY (1984a) The different types of limb apraxia errors made by patients with left versus right hemisphere damage. Brain Cog 3:370–384

Haaland KY (1984b) The relationship of limb apraxia severity to motor and language deficits. Brain Cog 3:307–316

Haaland KY, Delaney HD (1981) Motor deficits after left or right hemisphere damage due to stroke or tumor. Neuropsychologia 19:17–27

Haaland KY, Harrington DL, Yeo R (1987) The effects of task complexity on motor performance in left and right CVA patients. Neuropsychologia 25:783–794

Haaland KY, Porch BE, Delaney HD (1980) Limb apraxia and motor performance. Brain Lang 9:315–323

Hartmann F (1907) Beitraege zur Apraxielehre. Monatschr Psychiat Neurol 21:97–118, 248–270

Hécaen H, Gimeno-Alava A (1960) L'apraxie unilatérale gauche. Rev Neurol 102:648–653

Hécaen H, Lanteri-Laura G (1983) Les functions du cerveau. Masson, Paris

Heilman KM (1973) Ideational apraxia – a re-definition. Brain 96:861–864

Heilman KM (1975) A tapping test in apraxia. Cortex 11:259–263

Heilman KM (1979) Apraxia. In: KM Heilman, E Valenstein (eds) Clinical Neuropsychology, Oxford University Press, New York, Oxford, pp 159–185

Heilman KM, Rothie LJ, Valenstein E (1982) Two forms of ideomotor apraxia. Neurology 32:342–346

Heilman KM, Schwartz HD, Geschwind N (1975) Defective motor learning in ideomotor apraxia. Neurology 25:1018–1020

Hoff F (1931) Balkentumor mit linksseitiger Astereognosis und Apraxie. Dt Zeitschr Nervenheilk 123:89–100

Howard D, Hatfield FM (1987) Aphasia Therapy – Historical and Contemporary Issues. Lawrence Erlbaum Associates, Hove, London, Hillsdale

Jason GW (1983) Hemispheric asymmetries in motor functions: I. Left hemisphere specialization for memory but not for performance. Neuropsychologia 21:35–46

Jeannerod M (1988) The Neural and Behavioural Organization of Goal-Directed Movements. Clarendon Press, Oxford

Johnson P (1982) The functional equivalence of imagery and movement. Quart J Exp Psychol 34A,349–365

Kertesz A, Ferro JM (1984) Lesion size and location in ideomotor apraxia. Brain 107:921–933

Kimura D (1977) Aquisition of a motor skill after left-hemisphere damage. Brain 100:527–542

Kimura D (1982) Left-hemisphere control of oral and brachial movements and their relation to communication. Phil Trans Royal Soc London. B. 298:135–149

Kimura D, Archibald Y (1974) Motor functions of the left hemisphere. Brain 97:337–350

Klein R, Ingram IM (1958) Functional disorganization of the left limbs in a tumor of the corpus callosum infiltrating the hemispheres. J Ment Sci 104:732–742

Kleist K (1934) Gehirnpathologie. Johann Ambrosius Barth, Leipzig

Kolb B, Milner B (1981) Performance of complex arm and facial movements after focal brain lesions. Neuropsychologia 19:491–503

Lehmkuhl G, Poeck K (1981) A disturbance in the conceptual organization of actions in patients with ideational apraxia. Cortex 17:153–158

Lehmkuhl G, Poeck K, Willmes K (1983) Ideomotor apraxia and aphasia: An examination of types and manifestations of apraxic symptoms. Neuropsychologia 21:199–212

Leiguarda R, Starkstein S, Berthier M (1989) Anterior callosal haemorrhage – a partial interhemispheric disconnection syndrome. Brain 112:1019–1037

Liepmann H (1905) Die linke Hemisphaere und das Handeln. Muench Med Wochenschr 52:2322–2326, 2375–2378

Liepmann H (1908) Drei Aufsätze aus dem Apraxiegebiet. Karger, Berlin

Luria AR (1980) Higher Cortical Functions in Man. Translation by Basil Haigh. Second Edition, revised and expanded. Basic Books, New York

Maas O (1907) Ein Fall von linksseitiger Apraxie und Agraphie. Neurol Centralbl 26:789–792

Maas O (1910) Fall von linksseitiger Apraxie mit bemerkenswerter Sensibilitaetsstoerung. Neurol Centralbl 29:962–967

McNabb AW, Carroll WM, Mastaglia FL (1988) „Alien hand" and loss of bimanual coordination after dominant anterior cerebral artery territory infarction. J Neurol Neurosurg Psychiat 51:218–222

Pieczuro A, Vignolo LA (1967) Studio sperimentale sull'aprassia ideomotorica. Sistema Nervosa 19:131–143

Pineas H (1924) Ein Fall von linksseitiger motorischer Apraxie nach Balkenerweichung. Monatschr Psychiat Neurol 56:43–46

Poeck K (1982) The two types of motor apraxia. Ital Arch Biol 120:361–369

Poeck K (1983) Ideatorische Apraxie. J Neurol 230:1–5

Poeck K (1986) The clinical examination for motor apraxia. Neuropsychologia 24:129–134

Poeck K, Lehmkuhl G (1980a) Das Syndrom der ideatorischen Apraxie und seine Lokalisation. Nervenarzt 51:217–225

Poeck K, Lehmkuhl G (1980b) Ideatory apraxia in a left-handed patient with right-sided brain lesion. Cortex 16:273–284

Poeck K, Lehmkuhl G (1980c) Das Syndrom der ideatorischen Apraxie und seine Lokalisation. Nervenarzt 51:217–225

Poeck K, Lehmkuhl G, Willmes K (1982) Axial movements in ideomotor apraxia. J Neurol Neurosurg Psychiat 45:1125–1129

Poizner H, Mack L, Verfaellie M, Rothi LJG, Heilman KM (1990) Three-dimensional computergraphic analysis of apraxia. Brain 113:85–101

Poncet M, Ali-Cherif A, Choux M, Boudouresques J, Lhermitte F (1978) Étude neuropsychologique d'un syndrome de disconnexion calleuse totale avec hémianopsie latérale homonyme droite. Rev Neurol 134:633–653

Raade AS, Rothi LJG, Heilman KM (1991) The relationship between buccofacial and limb apraxia. Brain Cog 16:130–146

Rondot P, de Recondo J, Dumas JLR (1977) Visuomotor ataxia. Brain 100:355–376

Rothi LJG, Heilman KM (1984) Acquisition and retention of gestures by apraxic patients. Brain Cog 3:426–437

Rothi LJG, Heilman KM, Watson RT (1985) Pantomime comprehension and ideomotor apraxia. J Neurol Neurosurg Psychiat 48:207–210

Schott B, Michel F, Michel D, Dumas R (1969) Apraxie idéomotrice unilatérale gauche avec main gauche anomique: Syndrome de déconnexion calleuse. Rev Neurol 120:359–365

Sine RD, Soufi A, Shah M (1984) Callosal syndrome: Implications for understanding the neuropsychology of stroke. Arch Phys Med Rehab 65:606–610

Smyth MM (1984) Memory for movements. In: MM Smyth, AM Wing (eds) The Psychology of Human Movement. Academic Press, London. pp 83–118

Spinnler H, Tognoni G (1987) Standardizzazione e Taratura Italiana di Test Neuropsycologici. Masson, Milano

Sundet K, Finset A, Reinvang I (1988) Neuropsychological predictors in stroke rehabilitation. J Clin Exp Neuropsychol 10:363–379

Sweet WH (1941) Seeping intracranial aneurysm simulating neoplasm. Syndrome of the corpus callosum. Arch Neurol Psychiat 45:86–104

Tanaka Y, Iwasa H, Obayashi T (1990a) Right hand agraphia and left hand apraxia following callosal damage in a right-hander. Cortex 26:665–671

Tanaka Y, Iwasa H, Yoshida M (1990b) Diagonistic apraxia: Case report and movement-related potentials. Neurology 40:657–661

van Vleuten CF (1907) Linksseitige motorische Apraxie – Ein Beitrag zur Physiologie des Balkens. Zeitschr Psychiat 64:203–239, 389

Varney NR (1978) Linguistic correlates of pantomime recognition in aphasic patients. J Neurol Neurosurg Psychiat 41:564–568

Varney NR, Damasio H (1987) Locus of lesion in impaired pantomime recognition. Cortex 23:699–704

Vignolo LA (1990) Non-verbal conceptual impairment in aphasia. In: F Boller, J Grafman (eds) Handbook of Clinical Neuropsychology, Elsevier, Amsterdam New York Oxford. pp 185–206

Volpe BT, Sidtis JJ, Holtzmann JD, Wilson DH, Gazzaniga MS (1982) Cortical mechanisms involved in praxis: Observations following partial and complete section of the corpus callosum in man. Neurology 32:645–650

Walker MF, Lincoln NB (1991) Factors influencing dressing performance after stroke. J Neurol Neurosurg Psychiat 54:699–701

Watson RT, Heilman KM (1983) Callosal apraxia. Brain 106:391–403

Wilson DH, Reeves A, Gazzaniga M (1978) Division of the corpus callosum for uncontrollable epilepsy. Neurology 28:649–653

Wilson DH, Reeves A, Gazzaniga M, Culver C (1977) Cerebral commissurotomy for control of intractable seizures. Neurology 27:708–715

Yamodori A, Osumi Y, Imamury T, Mitani Y (1988) Persistent left unilateral apraxia and a disconnection theory. Behav Neurol 1:11–22

Zaidel D, Sperry RW (1977) Some long term motor effects of cerebral commissurotomy in man. Neuropsychologia 15:193–204

13 Psychopathologische Diagnostik

U. Arnold und J. Pössl

13.1 Problemstellung

Das folgende Kapitel befaßt sich mit der Diagnostik bei Störungen des Erlebens, des Verhaltens und der Persönlichkeit, die nach einer erworbenen Hirnschädigung auftreten können. Auf die psychiatrischen Krankheitsbilder der Demenz und des amnestischen Syndroms wird dabei nicht eingegangen, da die Diagnostik kognitiver Beeinträchtigungen bereits in anderen Kapiteln (vgl. Kap. 4, 5, 6) behandelt worden ist (für weitere Informationen zu diagnostischen Problemen bei diesen Krankheitsbildern s. z. B. Lauter 1988).

In der neuropsychologischen Rehabilitation muß mit vielfältigen Auffälligkeiten des Erlebens und Verhaltens gerechnet werden. Diese Störungen können als direkte Folge der Hirnschädigung entstehen oder durch eine inadäquate Krankheitsverarbeitung verursacht werden. Oftmals liegen Kombinationen beider Einflußfaktoren vor. Zusätzlich können sich evtl. vorhandene Beeinträchtigungen der höheren Hirnleistungen, vornehmlich solche der Sprache und Kognition, auf die Bewältigung der Krankheitsfolgen auswirken. Schließlich ist bei der Befunderhebung auch eine bereits prämorbid bestehende psychopathologische Auffälligkeit in Betracht zu ziehen.

Bei der therapievorbereitenden und -begleitenden psychopathologischen Diagnostik müssen daher viele Aspekte sorgfältig untersucht und gegeneinander abgewägt werden. Ziel des vorliegenden Kapitels kann es deshalb nicht sein, fertige Rezepte für die Klassifizierung psychischer Störungen nach einer Hirnschädigung zu liefern, vielmehr soll eher Skepsis gegenüber allzu „glatten" und widerspruchsfreien diagnostischen Schemata geweckt werden.

Bei der psychopathologischen Befunderhebung muß stets berücksichtigt werden, daß psychiatrische und neurologische bzw. neuropsychologische Symptome/Beschwerden häufig phänomenologisch sehr ähnlich sind, so daß es schwierig ist, sie differentialdiagnostisch zu trennen. So berichtet ein hirngeschädigter Patient beispielsweise, seine Hand fühle sich „unförmig geschwollen" an oder der Arm erscheine ihm „wie abgespalten vom Rumpf", so daß er seine Bewegungen nicht mehr steuern könne. Kennt man die Vorgeschichte nicht, könnte man solche bizarren Schilderungen möglicherweise als eine zönästhetische Körpermißempfindung interpretieren, wie sie im Rahmen schizophreniformer Psychosen nicht selten vorkommen. Weiß man aber, daß bei dem Patienten eine Thalamusläsion besteht, so lassen sich die beschriebenen Sensationen als hirnschädigungsbedingte Metamorphognosien klassifizieren. In einem solchen Fall müßten die affektive Tönung, eventuelle Anzeichen einer wahnhaften Verarbeitung sowie Dauer, Frequenz und Seitenkonstanz der Beschwerden sorgfältig exploriert werden. Zudem muß man Ausmaß und Lokalisation der Hirnschädigung kennen, um ein möglichst zuverlässiges differentialdiagnostisches Urteil zu erhalten.

Bei den verschiedenen diagnostischen Verfahren, die uns zu einer möglichst umfassenden Beschreibung des psychopathologischen Befunds verhelfen sollen, handelt es sich nicht um inhaltlich voneinander unabhängige Informationsquellen. So ergeben sich z. B. zwischen dem klinischen Interview und der freien Verhaltensbeobachtung während der Rehabilitation vielfältige Überschneidungen. Bereits während der psychiatrischen Exploration bei der Aufnahme des Patienten spielen sich interaktive Prozesse ab, bei denen sich Verhalten beobachten und analysieren läßt. Dies heißt jedoch nicht, daß ein einmaliges Interview, wie es vielfach in der Gutachtenspraxis zur Grundlage weitreichender Beurteilungen gemacht wird, bereits verläßliche Aussagen über die Psychopathologie hirngeschädigter Patienten erlaubt. Unserer Erfahrung nach kommt es nicht selten vor, daß die diagnostischen Schlußfolgerungen, die aus dem psychiatrischen (Erst-)Interview gezogen werden, nach einer umfassenderen klinischen Verhaltensbeobachtung revidiert werden müssen. Umgekehrt müssen psychopathologische Auffälligkeiten, deren Beobachtung im Klinikalltag nur eingeschränkt möglich ist, anhand der anamnestischen Daten kritisch evaluiert werden, bevor sie diagnostisch eingeordnet werden können.

Zur Beurteilung des Schweregrads psychischer Störungen liefert die Psychopathometrie zwar einen wertvollen Beitrag, jedoch decken die standardisierten Testverfahren, von denen die wichtigsten in 13.4 vorgestellt werden, lediglich den bei neuropsychologischen Patienten verhältnismäßig schmalen Sektor der affektiven Befindlichkeitsstörungen (Depression und Angst) und der somatoformen Beschwerden ab. Andere Bereiche, wie der häufig vorkommende Symptom-Cluster des organischen Persönlichkeitssyndroms (aggressive Episoden, Apathie, mangelndes soziales Urteilsvermögen etc.), können bisher nur unzureichend erfaßt werden, weil keine validen Testinstrumente zur Verfügung stehen.

Welche psychischen Veränderungen bei einem Patienten durch die Hirnschädigung verursacht wurden, ist schließlich nur vor dem Hintergrund der prämorbiden Persönlichkeit zu beurteilen. Der Versuch, die Persönlichkeit vor und nach der Hirnschädigung mit psychometrischen Verfahren zu erfassen, stößt auf die Schwierigkeit zu entscheiden, welcher Grad von Abweichung zwischen prä- und postmorbiden Skalenwerten eine klinisch relevante Persönlichkeitsänderung bedeutet. Der Neurologe/Psychiater kann deshalb letztlich doch auf explorative Techniken nicht verzichten, um entscheiden zu können, ob eine psychische Alteration nach einer Hirnschädigung vorliegt oder ob diese auf dispositionelle Faktoren, möglicherweise sogar auf eine psychiatrische Erkrankung vor der Hirnschädigung (z. B. eine Neurose oder eine Persönlichkeitsstörung) zurückzuführen ist.

13.2   Probleme der Klassifikation

Um die Kommunikation in der Psychiatrie zu vereinfachen, wurden große Anstrengungen unternommen, Konventionen zur Verwendung psychopathologischer Begriffe zu vereinbaren, die eine möglichst umfassende und systematische Beschreibung psychischer Krankheitsbilder erlauben. Das Resultat dieser Bemühungen stellt das international weitverbreitete DSM-III-R (Diagnostic and Statistical Manual of Mental Disorders; American Psychiatric Association 1987) dar. Hierbei handelt es sich um ein multiaxiales Klassifikationssystem, das im Gegensatz zum ICD-9 (International Classification of Diseases; Degkwitz et al. 1980) weitgehend auf theoretische (z. B. psychodynamische) und ätiologische Erklärungsmodelle verzichtet. Stattdessen stehen Beschreibungen von klinischen Merkmalen bei der Definition psychiatrischer Krankheitsbilder im Vordergrund (bzgl. Einzelheiten der Abgrenzung dieser beiden Klassifikationssysteme s. Wittchen et al. 1985).

Ausnahmen bilden jedoch die organisch bedingten psychischen Störungen und die Anpassungsstörungen. Auf die daraus resultierenden diagnostischen Probleme wird im folgenden noch einzugehen sein.

Ein wesentlicher Vorteil des DSM-III-R-Systems gegenüber ICD-9 liegt darin, daß explizit angegeben wird, aufgrund welcher Merkmale (Kriterien) eine Diagnose erfolgen kann. Zusätzlich werden die zulässigen Kombinationen der Kriterien für eine Zuordnungsentscheidung bestimmt. Wichtig ist, daß nicht nur inhaltliche, sondern auch zeitliche Kriterien (über Beginn und Dauer, aber auch über die Frequenz einer Störung innerhalb eines bestimmten Zeitabschnitts) genau festgelegt sind, was besonders bei episodischen und rezidivierenden psychischen Auffälligkeiten (z. B. „Panikstörung" vs. vereinzelt auftretende „Panikattacken") hilfreich ist.

Die Einführung von diagnostischen Kriterien führte zu einer deutlichen Verbesserung sowohl der Reliabilität in der psychiatrischen Befunderhebung als auch der Vergleichbarkeit von Stichproben in empirischen Untersuchungen verschiedener Autoren. Bei der Anwendung des DSM-III-R auf Patienten mit einer erworbenen Hirnschädigung ist man allerdings mit dem Problem konfrontiert, daß die besonderen Merkmale psychischer Störungen, die bei diesen Patienten vorkommen können, bei der Konstruktion dieses Klassifikationssystems nicht ausreichend berücksichtigt wurden, da in der DSM-III-Kommission keine Experten für diesen Bereich beteiligt waren. Die resultierenden Schwierigkeiten werden im folgenden an 3 Beispielen von DSM-III-R-Diagnosen, die sich im Rahmen der neuropsychologischen Rehabilitation als relevant erwiesen haben, aufgezeigt:

Beispiel 1: Organisch bedingtes Persönlichkeitssyndrom

Nach der deutschen Bearbeitung des DSM-III-R (Wittchen et al. 1989) gelten folgende „diagnostische Kriterien des Organisch Bedingten Persönlichkeitssyndroms:

A) Eine überdauernde Persönlichkeitsauffälligkeit, die entweder lebenslang besteht oder eine Änderung oder eine Zuspitzung früherer charakteristischer Persönlichkeitszüge darstellt und wenigstens eines der folgenden Merkmale einschließt:

(1) Affektive Instabilität mit ausgeprägtem Wechsel von normaler Stimmung zu Depression, Reizbarkeit oder Angst;

(2) Wiederholte Aggressions- oder Wutausbrüche, die in krassem Widerspruch zu vorausgehenden psychosozialen Belastungsfaktoren stehen;

(3) Ausgeprägte Beeinträchtigung des sozialen Urteilsvermögens, z. B. sexuelle Indiskretionen;

(4) Ausgeprägte Apathie und Gleichgültigkeit;

(5) Argwohn oder paranoide Vorstellungen.

B) Aufgrund der Anamnese, des körperlichen Befundes oder technischer Zusatzuntersuchungen gibt es Hinweise auf einen spezifischen organischen Faktor (oder Faktoren), der einen ätiologischen Zusammenhang mit der Störung nahelegt.

C) Diese Diagnose ist bei einem Kind oder Jugendlichen nicht zu stellen, wenn sich das klinische Bild auf Zeichen beschränkt, die eine Aufmerksamkeits- und Hyperaktivitätsstörung (S. 78) charakterisieren.

D) Die Störung tritt nicht nur während eines Delirs auf und erfüllt nicht die Kriterien einer Demenz." (S. 155)

Die erste Schwierigkeit bei der Anwendung der zitierten DSM-III-R-Definition entsteht durch die Bezeichnung „überdauernde Persönlichkeitsauffälligkeit". Zur Dauer werden keine Angaben gemacht. Wie aus den Erläuterungen zum Verlauf zu entnehmen ist, kann die Verlaufsdauer aber auch „kurz" (S. 154) sein (z. B. bei einem Tumor). Letztendlich suggeriert der Begriff „überdauernde Persönlichkeitsauffälligkeit" jedoch eher eine längerfristige oder sogar bleibende Störung. Wie katamnestische Untersuchungen belegen, können sich gerade bei jugendlichen Schädel-Hirn-Traumatikern die psychopathologischen Störungen wieder zurückbilden, in Einzelfällen noch mehrere Jahre nach der Hirnschädigung. Bei der Diagnosestellung sollte deshalb unbedingt mitbedacht werden, welche Konsequenzen damit evtl. für den Patienten entstehen können.

Der zitierte DSM-III-R-Kriterienkatalog für das organisch bedingte Persönlichkeitssyndrom hat ferner den Nachteil, daß er sich in seiner Terminologie weitgehend an der traditionellen Psychiatrie orientiert, so daß viele der an Patienten mit einer erworbenen Hirnschädigung beobachtbaren Symptome gar nicht repräsentiert sind oder nur unscharf gefaßt werden.

Dies mag sich daraus erklären, daß der Terminus „organisches Persönlichkeitssyndrom" sich historisch aus dem von E. Bleuler (1983, 15. Auflage) entwickelten Begriff des hirnorganischen Psychosyndroms bzw. des psychorganischen Syndroms herleitet, der seinerzeit aus der Beobachtung an Patienten mit diffus-disseminierten (kortikalen) Hirnschädigungen mit vornehmlich chronisch-progredienter Verlaufsform entwickelt wurde. Bei dieser Begriffsbestimmung sind aber Persönlichkeitsauffälligkeiten und kognitive Defizite (wie z. B. Denkstörungen oder Gedächtnisstörungen) ununterscheidbar miteinander vermengt und entsprechen eigentlich einer bereits fortgeschrittenen Demenz, wie sie vor allem bei verschiedenen Alterserkrankungen des Gehirns zu beobachten ist.

Wenn wir dagegen die oben zitierten diagnostischen Kriterien bei Patienten mit einem Schädel-Hirn-Trauma anzuwenden versuchen, wird ihre Problematik deutlich. Bei der folgenden Diskussion werden die Kriterien 1–5 unter Punkt A gemäß unserer Erfahrung nach der Häufigkeit der Symptome geordnet. Allerdings wird dabei auf die unter Punkt 5 der DSM-III-R-Diagnosekriterien subsumierten Symptome „Argwohn oder paranoide Vorstellungen" verzichtet, weil zum einen paranoide Symptome bei Schädel-Hirn-Traumatikern relativ selten sind, zum anderen der Begriff „Argwohn" in seiner Unspezifität psychopathologisch kaum bedeutsam ist.

ad 4) Apathie und Gleichgültigkeit

In diese Rubrik lassen sich eine Reihe von Störungen einordnen, deren Differenzierung vor allem für die Therapie von entscheidender Bedeutung wäre, da eine Beeinflussung z. B. mangelnder Vitalität ein anderes therapeutisches Vorgehen verlangt, als es bei einer gestörten Intentions- oder Willensbildung angezeigt ist.

Synonym können auch Begriffe wie „Mangel an Eigeninitiative" oder „Mangel an selbstgeneriertem Verhalten" verwendet werden, und zwar wenn betont werden soll, daß der Patient in seinem Verhalten sehr stark von externen Anregungen abhängig ist. Verwendet werden auch Begriffe wie „Abulie" oder „Hypobulie".

Ebenso wie der Apathiebegriff erscheint der in der deutschen Version des DSM-III-R verwendete Ausdruck „Gleichgültigkeit" sehr vage, weil sich damit (noch) normales von psychopathologisch auffälligem Verhalten kaum eindeutig abgrenzen läßt. Dieser Terminus sollte unserer Ansicht nach durch den der „emotionalen Indifferenz" ersetzt werden, der in Anlehnung an das Empathiekonzept von Hogan (1969) eine mangelnde Anteilnahme bzw. eine mangelnde Fähigkeit zur Rollen- und Perspektivenübernahme bezeichnet. „Emotionale Indifferenz" betont stärker Aspekte der Interaktion, während sich die häufig noch synonym verwendeten Begriffe Affektarmut/Affektstarre im wesentlichen an Ausdrucksqualitäten wie Mimik, Gestik und Prosodie orientieren. Diese können im Einzelfall jedoch ausgesprochen vieldeutig sein (s. dazu auch 13.3). Die Ausführungen machen deutlich, daß eine stringentere Definition dieses Kriteriums dringend erforderlich wäre.

Schwierigkeiten können bei der Abgrenzung zur depressiven Antriebshemmung oder zu einer stark resignativen Krankheitsverarbeitung mit ausgeprägten Isolationstendenzen entstehen. In diesem Zusammenhang sollte ausführlich exploriert werden, inwieweit dem Patienten die Antriebsstörung bewußt ist und in welchem Maße er sich dadurch beeinträchtigt fühlt. Je mehr dies der Fall ist, desto eher kann man eine depressive Komponente vermuten. Der Umstand, daß der Patient an seiner Antriebsstörung nicht leidet, kann dagegen als Hinweis auf eine frontale Schädigungskomponente gelten.

ad 3) Beeinträchtigung des sozialen Urteilsvermögens

Dieses Kriterium ist insofern problematisch, als man ein gestörtes soziales Urteilsvermögen nicht direkt beobachten, sondern nur aus bestimmten Verhaltensaspekten erschließen kann. Beeinträchtigungen in dieser Hinsicht können in einem Mangel an Feinfühligkeit und Takt, in Distanzlosigkeit und Nichtbeachten sozialer Konventionen bestehen.

Auffälligkeiten im Sozialverhalten entstehen aber auch durch kognitive Defizite wie z. B. Schwierigkeiten, die Aufmerksamkeit zu fokussieren und im Gespräch aufrechtzuerhalten.

Soziale Konventionen können auch durch ein ausgeprägtes regressives Verhalten bzw. durch eine entsprechende Krankheitsverarbeitung verletzt werden, ohne daß eine Störung des sozialen Urteilsvermögens vorliegen muß.

Schließlich ist bei Patienten mit einer frontalen Schädigung häufig auch die sprachliche Kommunikationsfähigkeit gestört; hierbei muß bis jetzt noch offenbleiben, ob diese sui generis geschädigt ist oder eine Folge gestörten sprachlich-logischen Denkens darstellt. Erfahrungsgemäß beobachtet man bei linkshirnigen Läsionen eher eine Reduktion des Sprachantriebs bzw. eine Sprachverarmung (poverty of speech), bei rechtshirnigen Läsionen herrscht ein logorrhöischer oder weitschweifig umständlicher Sprach- und Denkstil vor, der auch zur Perseveration tendiert (Joseph 1990). Diese Phänomene, die gerade bei Schädel-Hirn-Traumatikern (mit bilateralen oder diffusen Hirnschädigungen) relativ häufig und gelegentlich sogar als vorherrschendes Symptom sozial auffälligen Verhaltens zu beobachten sind, werden im Rahmen der DSM-III-R-Diagnose „Organisch Bedingtes Persönlichkeitssyndrom" überhaupt nicht erwähnt.

ad 2) Aggressions- oder Wutausbrüche

Episodisch und unvermittelt auftretende Aggressionsausbrüche können verschieden stark ausgeprägt sein, dabei überwiegen verbale Aggressionen gegenüber Handlungsaggressionen. Da der Patient den aggressiven Ausbruch, der als Reaktion völlig inadäquat erscheint, willensmäßig nicht zu steuern vermag, ist der Versuch einer argumentativen Beeinflussung in der Regel aussichtslos und kann sogar die Erregung noch weiter stimulieren. Der Affektausbruch ebbt aber meist unvermittelt wieder ab.

Nicht verwechseln sollte man die Aggressionsausbrüche mit einer anderen Erscheinungsform gesteigerter Aggressivität nach Hirnschädigung, nämlich der erhöhten Reizbarkeit, verbunden mit einer verminderten Frustrationstoleranz und einer ausgeprägten Irritabilität gegenüber Umweltreizen. Beide Formen gesteigerter Aggressivität können auch gemeinsam vorkommen.

ad 1) Affektive Instabilität

Dieser Begriff umfaßt längst nicht alle bei hirngeschädigten Patienten vorkommenden Phänomene von Stimmungswechseln. Am häufigsten läßt sich eine Affektinstabilität oder eine Affektinkontinenz beobachten, die durch übermäßig starke Reaktionen auf emotionale Auslöser (Weinen bei geringen Anlässen) charakterisiert ist. Beide Erscheinungsformen sollten abgegrenzt werden vom „pathologischen Weinen und Lachen", das auch ohne emotionale Stimuli durch zufällige situative Signale ausgelöst werden kann und typischerweise schablonenhaft und ohne kongruente Affekte abläuft. Gelegentlich passen hirngeschädigte Patienten ihre emotionale Gestimmtheit auch völlig der Umgebung an. Ihr Erleben wird dabei vorwiegend durch außengeleitete Stimuli (fehl)gesteuert, ohne daß eine interne Steuerung möglich wäre.

Aus dem Gesagten wird deutlich, daß die Diagnose „organisch bedingtes Persönlichkeitssyndrom" eher auf Vorstadien einer Demenz in Verbindung mit bestimmten

Alterserkrankungen des Gehirns zutreffen kann. Bei Patienten mit einem Schädel-Hirn-Trauma suggeriert diese Diagnose eine nosologische Einheit, die den Verhältnissen nicht entspricht. Für Forschungszwecke ist diese Diagnose nicht brauchbar, da die damit gebildete Patientengruppe alles andere als homogen ist; denn von den Kriterien 1–5 unter Punkt A muß nur eines erfüllt sein! Somit ist auch der Informationswert dieser Diagnose ohne zusätzliche Erläuterungen äußerst gering.

Beispiel 2: Organisch bedingtes affektives Syndrom

Nach DSM-III-R gelten folgende „diagnostische Kriterien des Organisch Bedingten Affektiven Syndroms:
A) Ausgeprägte und anhaltende depressive, gehobene bzw. expansive Stimmung.
B) Aufgrund der Anamnese, des körperlichen Befundes oder technischer Zusatzuntersuchungen gibt es Hinweise auf einen spezifischen organischen Faktor (oder Faktoren), der einen ätiologischen Zusammenhang mit der Störung nahelegt.
C) Die Symptome treten nicht nur während des Verlaufs eines Delirs auf." (S. 152)
    Im DSM-III-R-Manual wird zur Charakteristik des organisch bedingten affektiven Syndroms lediglich erklärt, daß dieses Syndrom dem Krankheitsbild einer manischen oder einer typischen depressiven Episode ähnelt. Unklar bleibt, ob es sich insgesamt um eine phasisch verlaufende oder um eine persistierende psychische Störung handelt.
    Das Hauptproblem besteht jedoch darin, inwieweit bei einer Hirnschädigung anders als z. B. bei der Einnahme psychotroper Substanzen von einem „spezifischen organischen Faktor" auszugehen ist. Ebenso bleibt unklar, warum in diesen Fällen die wesentlich detailliertere Diagnose z. B. einer Major-Depression auszuschließen ist (vgl. Robinson und Starkstein 1990). Wie bereits erwähnt, wird hier unserer Ansicht nach der Umstand problematisch, daß im DSM-III-R bei den organisch bedingten Störungen von der rein deskriptiven Vorgehensweise abgegangen wird und statt dessen zur Diagnosestellung ätiologische Gesichtspunkte maßgebend sind.
    Folgerichtiger ist die Regel, die Diagnose einer affektiven Störung (z. B. Major-Depression) zu stellen, wenn der Hirnschädigung eine entsprechende Symptomatik bereits vorausging. Ähnliche Probleme ergeben sich bei der Einordnung manischer Symptome. Auf jeden Fall muß anamnestisch geprüft werden, ob es sich vielleicht um die Exazerbation einer bereits prämorbid bestehenden manisch-depressiven Erkrankung handelt. Nach unserer Erfahrung verläuft die manische Symptomatik nach einer Hirnschädigung milder als im Rahmen einer manischen Episode. Es wurde bei unseren Patienten niemals beobachtet, daß die sekundäre Manie (ohne anamnestischen Hinweis auf eine prämorbide bzw. prätraumatische Disposition) episodisch verläuft, wohl aber, daß die Schwere der Symptomatik wechselt. Jedoch werden hierzu in der Literatur auch gegenteilige Angaben gemacht (vgl. Starkstein et al. 1987; Cohen u. Niska 1980; Cummings u. Mendez 1984).
    Bei hirngeschädigten Patienten können sich Probleme bei der Unterscheidung zwischen dem organischen depressiven Syndrom und der Anpassungsstörung mit depressiver Stimmung ergeben. Ergebnisse von Verlaufsstudien bei Hirninfarktpatienten deuten allerdings darauf hin, daß depressive Symptome in den ersten

294   *13 Psychopathologische Diagnostik*

Wochen nach einer Hirnschädigung eher für ein organisch bedingtes affektives Syndrom sprechen. Eine Anpassungsstörung mit depressiver Stimmung entwickelt sich dagegen in der Regel mit einer Latenz von mehreren Wochen bis Monaten nach der Hirnschädigung (Robinson et al. 1984, 1987).

Beispiel 3: Anpassungsstörungen

Nach DSM-III-R gelten folgende „diagnostische Kriterien der Anpassungsstörung:

A) Eine Reaktion auf einen oder mehrere identifizierbare psychosoziale Belastungsfaktoren, die innerhalb von drei Monaten nach Einsetzen der Belastung(en) beginnt.
B) Die fehlangepaßte Form der Reaktion zeigt sich anhand eines der folgenden Merkmale:
(1) Beeinträchtigungen der beruflichen oder schulischen Leistungsfähigkeit oder der üblichen sozialen Aktivitäten oder der Beziehungen zu anderen;
(2) Symptome, die über eine normale und zu erwartende Reaktion auf einen oder mehrere Belastungsfaktoren hinausgehen.
C) Die Störung ist nicht einfach nur Ausdruck einer einmaligen Überreaktion auf eine Belastungssituation. Sie stellt auch nicht eine Verschlimmerung einer der vorher beschriebenen psychischen Störungen dar.
D) Die fehlangepaßte Reaktion besteht höchstens seit sechs Monaten.
E) Die Störung erfüllt nicht die Kriterien irgendeiner spezifischen psychischen Störung und stellt keine einfache Trauerreaktion dar." (S. 400)

Das DSM-III-R unterscheidet verschiedene Typen von Anpassungsstörungen, wie z. B. diejenige mit depressiver Stimmung (DSM-III-R: 309.00), mit ängstlicher Gestimmtheit (DSM-III-R: 309.24), mit gemischten emotionalen Merkmalen (DSM-III-R: 309.28) oder mit körperlichen Beschwerden (DSM-III-R: 309.82). Unter den bei Patienten mit erworbener Hirnschädigung auftretenden Anpassungsstörungen finden sich nach unserer Erfahrung vorwiegend solche mit depressiver Stimmung oder mit gemischten emotionalen Zügen, während Anpassungsstörungen mit ausschließlich ängstlicher Symptomatik eher selten sind.

Eine Schwierigkeit, die aufgeführten Kriterien bei Patienten mit einer erworbenen Hirnschädigung anzuwenden, liegt darin, daß sich eine fehlangepaßte Reaktion typischerweise nicht in den ersten 3 Monaten nach der Hirnschädigung zeigt. Die Mehrzahl der Patienten, bei denen die Diagnose einer Anpassungsstörung angebracht wäre, entwickelt eine Fehlanpassung erst, während sich bleibende Leistungseinbußen abzeichnen, also wenn die Rückbildungskurve immer flacher wird. Die Patienten realisieren dies nunmehr, ohne bereits flexibel genug zu sein, sich auf die veränderte Lebenssituation einzustellen. Dieser komplexe psychische Vorgang kann manchmal 1–2 Jahre dauern, wenn überhaupt eine befriedigende Anpassung gelingt.

Problematisch sind im Zusammenhang mit der DSM-III-R-Diagnose der Anpassungsstörung auch die Kriterien 1 und 2 für eine „fehlangepaßten Form der Reaktion". Beeinträchtigungen der Leistungsfähigkeit können bei einer Hirnschädigung auch durch kognitive, motorische oder sprachliche Defizite verursacht werden. Es ist deshalb kaum zu entscheiden, was als eine „normale und zu erwartende Reaktion" auf die Folgen einer Hirnschädigung anzusehen ist.

Faßt man die Erfahrungen aus diesen 3 Beispielen mit der Benutzung des DSM-III-R-Manuals zusammen, so läßt sich feststellen, daß das Klassifikationssystem bei Patienten mit einer erworbenen Hirnschädigung kaum anzuwenden ist. Die Einordnung psychischer Störungen, die nach einer Hirnschädigung zu beobachten sind, in die vorgegebenen Diagnosekategorien ist nur eingeschränkt und manchmal gar nicht möglich, da die diagnostischen Kriterien sehr unspezifische Begriffe enthalten, die den psychischen Auffälligkeiten dieser Patienten nicht gerecht werden. Ferner ist die Bildung möglichst homogener Patientengruppen nach diesen Kriterien für empirische Untersuchungen nicht möglich und der Informationswert der Diagnosen gering.

Nach unserer Auffassung müssen Konventionen entwickelt und vereinbart werden, die die Merkmale psychischer Störungen und die spezifischen Probleme von Patienten mit einer erworbenen Hirnschädigung, insbesondere nach einem Schädel-Hirn-Trauma, besser berücksichtigen. Solange solche diagnostischen Kriterien nicht vorliegen, sollten die derzeit zur Verfügung stehenden Klassifikationsschemata nur mit Vorbehalt angewendet werden.

13.3   Klinisch-psychiatrische Exploration und Verhaltensbeobachtung

Das unstrukturierte klinische Interview zur Erfassung und Dokumentation neuropsychiatrischer Störungsbilder birgt selbst für den erfahrenen Nervenarzt erhebliche diagnostische Schwierigkeiten. Bereits während des Aufnahmegesprächs kann deutlich werden, daß der hirngeschädigte Patient seine psychopathologischen Veränderungen aufgrund neuropsychologischer Defizite nicht zu reflektieren oder adäquat zu beschreiben vermag. Denn nicht selten haben hirngeschädigte Patienten Schwierigkeiten, ihre neuropsychologischen Störungen oder psychischen Veränderungen wahrzunehmen (vgl. McGlynn u. Schacter 1989). Eine gestörte Selbstwahrnehmung kann durch kognitive Defizite noch verstärkt werden, z. B. wenn ein Patient zu konkretistischem Denken neigt. Bei Patienten mit einer unzureichenden Einsicht in die Defizite können psychogene Mechanismen die Selbstwahrnehmung und Introspektionsfähigkeit im Sinne einer Verleugnung, Verdrängung oder Rationalisierung zusätzlich beeinflussen. Es ist unabdingbar, daß auch die Bezugspersonen befragt werden, ob der Patient möglicherweise schon prämorbid ein vermindertes Problembewußtsein oder eine mangelhafte Fähigkeit zur Konfliktbewältigung zeigte (s. Kap. 14).

Fremdanamnestische Exploration ist zudem erforderlich, um das Verhalten des Patienten in seiner gewohnten (z. B. familiären) Umgebung kennenzulernen. Diese erweist sich oft als wesentlich informativer als die Beobachtungen im Klinikalltag.

Bezugspersonen, die den Patienten regelmäßig sehen, können über sein Interaktionsverhalten auch in emotional belastenden Situationen Auskunft geben. Zu bedenken ist dabei allerdings, daß Bezugspersonen hirnschädigungsbedingte psychische Normabweichungen oft unrealistisch beurteilen, da sie – ebenso wie der Patient selbst – meist dazu neigen, Verhaltensauffälligkeiten im Prä-post-Vergleich zu konfundieren. Dies ist besonders problematisch, wenn es um Merkmale einer Persönlichkeitsänderung geht, da der Übergang zwischen normaler und abnormaler Persönlichkeit ohnehin fließend ist. Veränderungen werden häufig erst benannt, wenn sie als belastend erlebt werden (Brooks 1991). Geringere Störungen des Antriebsverhaltens und schwach ausgeprägtes indifferentes oder egozentrisches Verhalten werden von Bezugspersonen kaum problematisiert, zumal wenn sie subjektiven Erwartungen (z. B. „Er/Sie war schon immer etwas phlegmatisch /wenig kontaktfähig /konnte sich nicht in andere hineinversetzen") entsprechen.

Gelegentlich tritt aber erst bei der Befragung des Lebenspartners zutage, wie gravierend sich die emotionale Ansprechbarkeit des Patienten nach der Hirnschädigung geändert hat. Eine Ehefrau schildert beispielsweise, daß ihr Mann, der früher überaus fürsorglich gewesen sei, jetzt keinerlei spontane Wahrnehmung mehr dafür besitze, wenn sie selbst aus gesundheitlichen Gründen der Schonung bedürfe, da „sein Denken ständig nur um die eigene Person" kreise. Oder es wird berichtet, daß der Patient in Situationen, die ihn früher „bewegt" hätten, sich nicht mehr freuen, aber auch nicht mehr ärgerlich oder traurig sein könne, oder daß er eine gleichbleibend flach-gehobene Stimmung an den Tag lege, auch wenn seine Umgebung auf einen Vorfall (z. B. Krankheit oder Tod) betroffen reagiere.

Einer direkten Beobachtung am ehesten zugänglich ist aggressives Verhalten, zumindest wenn es in Form des episodischen Kontrollverlustes auftritt. Um zu beurteilen, ob es sich um eine organisch bedingte Form der Aggression handelt, müßte man das Bedingungsgefüge erfassen, in welchem sie auftritt, z. B. durch welche externen Auslöser die Aggression provoziert werden kann, ob sie steuerbar ist oder nicht und welche Verhaltenskonsequenzen (z. B. Reaktion der Umgebung) zu ihrer Verstärkung oder Abschwächung führen. Wir stoßen hier auf das bekannte Abgrenzungsproblem zur prämorbiden (durch frühere Lernprozesse konditionierten) Aggressionsbereitschaft, wobei die Differenzierung im Einzelfall sogar unmöglich sein kann.

Anders verhält es sich dagegen mit dem Verhaltensphänomen der Hypobulie, die – ebenso wie die emotionale Indifferenz – in abgeschwächter Ausprägung durchaus nicht immer klar und eindeutig erkennbar ist. So kann sich hinter einem von Angehörigen beklagten sozialen Rückzug eine Minderung des selbstgenerierten Verhaltens verbergen, die dadurch charakterisiert ist, daß der Patient scheinbar kein Interesse mehr an sozialen Aktivitäten hat oder nur noch reaktiv daran teilnimmt. Umgekehrt kann ein sozialer Rückzug aber auch als Hypobulie mißdeutet werden, obwohl eigentlich eine Depression mit Antriebshemmung und Isolationstendenz vorliegt. Auch das nonverbale Ausdrucksverhalten wird hier oft mißdeutet, da eine herabgesetzte Inzidenz von mimischen, gestischen und prosodischen Ausdrucksqualitäten oder auch eine mangelnde affektive Modulationsfähigkeit (im Sinne des „pseudodepressiven Syndroms" nach Stuss u. Benson 1986) auch bei hypobulen Patienten beobachtet wird. Darüber hinaus kann eine Affektstarre oder scheinbare Affektarmut natürlich auch dann vorliegen, wenn der hirngeschädigte Patient wegen mangelnder instrumenteller Voraussetzungen gar nicht in der Lage ist, seinen Gefühlen

Ausdruck zu verleihen. Mimische und prosodische Beeinträchtigungen treten z. B. nach zerebraler Hypoxie und nach schwerem Schädel-Hirn-Trauma auf.

Abgrenzungsschwierigkeiten zur sozialen Phobie können sich ergeben, wenn das Rückzugs- und Vermeidungsverhalten des Patienten in sozialen Situationen ungewöhnlich stark ist und in keinem nachvollziehbaren Verhältnis zu seiner (kommunikativen) Behinderung steht. Daneben werden gelegentlich auch Erscheinungsformen von unmittelbarem Fluchtverhalten beobachtet, die in keine der bekannten Taxonomien einzuordnen sind und meist in Situationen auftreten, die vom hirngeschädigten Patienten als bedrohlich und fremdartig empfunden werden oder in denen er sich durch die externen Reizbedingungen (z. B. Testsituationen, in denen keine ausreichende Reizabschirmung gewährleistet ist) überfordert fühlt. Diese Reaktion findet sich vor allem bei schwer gedächtnis- und orientierungsgestörten Patienten, die infolge ihres diskontinuierlichen Erlebens kein adäquates Situationsverständnis aufbauen können.

Bei der Begutachtung von psychopathologischen Störungen nach traumatischer Hirnschädigung ist unter versicherungsrechtlichem Gesichtspunkt vor allem zu klären, in welchem Ausmaß diese als organisch, d. h. als unmittelbare Folge der Hirnschädigung, oder als psychoreaktiv einzustufen sind. Dies wirft für eine Reihe affektiver Befindlichkeitsstörungen und psychovegetativer Beschwerden, wie sie im Gefolge eines (meist leichteren) Schädel-Hirn-Traumas oder einer HWS-Distorsion auftreten können, erhebliche differentialdiagnostische Probleme auf. Ein Standardproblem stellt dabei das sog. postkontusionelle Syndrom (zur Begriffsbestimmung s. Goldstein 1991) dar, das hinsichtlich des Ausmaßes und vor allem auch der Dauer der subjektiven Beschwerden unterschiedlich interpretiert werden kann. So wird in der Literatur überwiegend davon ausgegangen, daß bei der Entwicklung des postkontusionellen Syndroms grundsätzlich sowohl organische als auch emotionale Faktoren eine Rolle spielen, daß aber bei Persistenz der subjektiven Beschwerden über einen Zeitraum von mehr als 2 Monaten nach der Hirnschädigung eine neurotische Disposition und/oder eine Reaktion auf psychosoziale Belastung (z. B. Schuldzuweisung an den Unfallgegner, „Rentenbegehren") diskutiert werden sollten (vgl. Dodge u. Slagle 1990). In einem solchen Fall ist dann kritisch abzuwägen, ob das Beschwerdebild – vor allem, wenn auch andere, objektivierbare Hirnleistungsstörungen vorliegen – im wesentlichen als Traumafolge gedeutet werden kann oder ob eher eine inadäquate und nur mittelbar auf das Trauma zurückzuführende „Beschwerdenfixierung" unterstellt werden muß.

13.4   Psychopathometrische Verfahren und Instrumente zur Erfassung von Persönlichkeitsmerkmalen

Um die Objektivität und Reliabilität diagnostischer Befunde zu verbessern, werden in der psychiatrischen Forschung und Praxis neben strukturierten und standardisierten Interviews auch psychometrische Verfahren angewendet. Dabei handelt es sich zum einen um psychopathometrische bzw. klinische Tests, die unter Berücksichtigung der Testgütekriterien entwickelt wurden und die vor allem die Ausprägung bzw. den Schweregrad psychopathologischer Phänomene reliabel und valide erfassen sollen. Außer bei der Zustandsbeschreibung kommt diesem Aspekt auch dann eine besondere Bedeutung zu, wenn die Wirkung psychotherapeutischer und/oder pharmakologischer Interventionen zu beurteilen ist.

Ein weiteres Anwendungsgebiet psychometrischer Verfahren in der Psychiatrie stellt die quantitative Erfassung von Persönlichkeitsmerkmalen dar, die z. B. als mögliche Vulnerabilitätsfaktoren oder als für die Prognose relevante Variablen betrachtet werden (Reich und Green 1991). Im Gegensatz zu den klinischen Tests wurden diese Meßinstrumente hauptsächlich an Personen aus der Durchschnittsbevölkerung entwickelt und geeicht.

Es ist ein bedeutender Vorzug psychometrischer Testverfahren, die nach den Prinzipien der Testgütekriterien entwickelt wurden, daß Ergebnisse verschiedener Anwender verglichen werden können. Dies erleichtert die Kommunikation bei Gutachtensfragen und die systematische Zusammenfassung der Resultate wissenschaftlicher Studien.

Aus diesem Grund sollten auch in der psychopathologischen Befunderhebung bei hirngeschädigten Patienten bevorzugt Verfahren eingesetzt werden, die bereits in der psychiatrischen Praxis und Forschung erprobt sind und die die Testgütekriterien möglichst gut erfüllen. In Tabelle 13-1 ist eine Auswahl solcher Instrumente aufgelistet, über deren Anwendung bei neurologischen Patienten eigene oder fremde Erfahrungswerte vorliegen.

Ein weiterer Vorteil psychometrischer Verfahren, der vor allem für den klinischen Alltag relevant ist, liegt in der ökonomischen Anwendung und Auswertung, die nicht unbedingt von Spezialisten durchgeführt werden müssen. Eine unbedachte, schematische Anwendung dieser Verfahren bei hirngeschädigten Patienten kann jedoch wesentliche Schwierigkeiten mit sich bringen, die im folgenden diskutiert werden sollen.

13.4.1   Durchführung der Verfahren

Der Durchführung psychometrischer Verfahren, insbesondere der Anwendung von Selbstbeurteilungsskalen, wird in Forschung und Praxis in der Regel wenig Aufmerksamkeit geschenkt. Für hirngeschädigte Patienten mit ihren kognitiven, sprachlichen, visuellen und motorischen Beeinträchtigungen können jedoch gerade bei Selbstbeurteilungsbogen nicht zu unterschätzende Schwierigkeiten auftreten. Hauptsächlich in der Aufnahmediagnostik, bei der dem Untersucher noch keine ausreichenden Angaben zu den Defiziten des Patienten zur Verfügung stehen, können schwerwiegende Verzerrungen übersehen werden.

Der Untersucher muß z. B. sicherstellen, daß der Patient die Instruktion wirklich verstanden hat und keine Probleme hinsichtlich der visuellen Wahrnehmung bestehen. Unserer Erfahrung nach genügt es in vielen Fällen nicht, die Instruktion, wie in den meisten Testhandbüchern empfohlen, einfach vorzulesen oder dem Probanden den Bogen nur vorzulegen. Es ist ratsam, daß der Patient seine Aufgabe in eigenen Worten kurz wiederholt und die erste Frage zusammen mit dem Untersucher beantwortet.

Tabelle 13-1. Übersicht über die im Text besprochenen psychometrischen Verfahren

Bezeichnung	Autoren (Information zur dt. Version)	Gemessene Aspekte	Datenquelle	Richtwerte für den patholog. Bereich	Anwendung bei Patienten mit Hirnschädigung	Akzeptanzprobleme	Validitätsprobleme bei neurologischen Patienten
State-Trait Anxiety Inventory (STAI)	Spielberger et al. 1970 (CIPS 1986)	Allgemeine Ängstlichkeit (habituell) und Zustandsangst	Selbstbeurteilung	Rohwerte > 50	Altshuler et al. 1990	Inadäquat positiv formulierte Items	Erhöhung der Skalenwerte aufgrund des Krankenstandes
Hamilton Anxiety Scale (HAMA)	Hamilton 1959 (CIPS 1986)	Zustandsangst (psychische und somatische Symptome)	Interview (Kliniker)	Rohwerte > 10			Unterscheidung von Angstsymptomen und neurologischen Beschwerden
Beck Depression Inventory (BDI)	Beck et al. 1961 (Hautzinger 1991)	Depressive Symptome	Selbstbeurteilung	Rohwerte > 10 für leichte D. Rohwerte > 18 für deutl. D.	Dam et al. 1989 Heilbronner et al. 1989 House et al. 1991	Einige Items (s. Text)	Einfluß neurol. Beschwerden durch Antwortvorgabe etwas geringer
Self-Rating Depression Scale (SDS)	Zung 1965 (CIPS 1986)	Depressive Symptome	Selbstbeurteilung	Rohwerte > 50 für leichte D. Rohwerte > 65 für deutl. D.	Eastwood et al. 1989 Robinson et al. 1984	Einige Items (s. Text)	Überschätzung depr. Symptomatik durch neurol. Beschwerden (8 von 20 Items)
Hamilton Depression Scale (HAMD)	Hamilton 1967 (CIPS 1986)	Depressive Symptome	Interview (Kliniker)	Rohwerte > 10 für leichte D. Rohwerte > 20 für deutl. D.	Robinson et al. 1984 Stern et al. 1991		Unterscheidung depr. Symp. von neurol. Beschwerden (7 von 21 Items)
Beschwerden-Liste (B-L)	Zerssen v. 1976	Beeinträchtigung durch körperliche und Allgemeinbeschwerden	Selbstbeurteilung	Rohwerte > 25			
Paranoid-Depressivitäts-Skala (PD-S)	Zerssen v. 1976	Mißtrauenshaltung bzw. Realitätsfremdheit und depressive Gestimmtheit	Selbstbeurteilung	Rohwerte > 5 für P-S Rohwerte > 15 für D-S		P-Skala enthält viele befremdliche Items	
Münchner Persönlichkeitstest (MPT)	Zerssen v. et al. 1988	Persönlichkeitseigenschaften: - Extraversion - Neurotizismus - Frustrationstoleranz - Rigidität - Schizoidie	Selbst- oder Fremdbeurteilung	Prozentrangplätze für die Skalen s. Zerssen v. et al. 1988	Michael 1990	Fragen zur Persönlichkeit werden von einigen Patienten abgelehnt	Postmorbide Einschätzung der Persönlichkeit problematisch (Einfluß der Behinderung)

Bei Patienten mit visuellen Explorationsstörungen infolge eines Neglects oder eines Gesichtfeldausfalls ist damit zu rechnen, daß Antwortkategorien am Rande des Bogens nicht oder im Verlauf der Beantwortung nicht mehr wahrgenommen werden. Benutzt der Patient eine Wahlmöglichkeit während der Bearbeitung des Bogens nicht, sollte deshalb sicherheitshalber nachgefragt werden, aus welchem Grund er diese Kategorie nicht verwendet.

Bei umfangreichen Fragebogen und Interviewverfahren werden Aufmerksamkeits- und Konzentrationsprobleme vieler Patienten relevant. Dies ist ein Grund, warum der vor allem im angelsächsischen Raum bei neurologischen Patienten verwendete MMPI (Minnesota Multiphasic Personality Inventory; s. Spreen 1963) mit seinen 566 Items unserer Ansicht nach nicht zu empfehlen ist. Die in Tabelle 13-1 aufgeführten klinischen Tests umfassen etwa 20 Fragen, können also in einer akzeptablen Zeit bearbeitet werden. Auch der MPT mit seinen 51 Items ist im Vergleich zu den meisten Persönlichkeitsfragebogen ein noch ökonomisch anwendbares Verfahren.

Es ist grundsätzlich dringend zu empfehlen, die Bearbeitung eines Fragebogens durch den Patienten aufmerksam zu beobachten. Bei Patienten mit Störungen der Handfunktionen ist eine Hilfestellung beim Ausfüllen von Selbstbeurteilungsbogen ohnehin unumgänglich. Vom testtheoretischen Standpunkt aus kann dadurch die Durchführungsobjektivität beeinträchtigt werden. Dies sollte man jedoch in Kauf nehmen, da eine korrekte Bearbeitung die Grundlage jeder weiteren sinnvollen Verwendung der Testresultate ist.

13.4.2 Akzeptanz der Verfahren

Viele psychometrische Instrumente, die entweder für Personen aus der Durchschnittsbevölkerung oder für spezielle psychiatrische Patientengruppen entwickelt wurden, enthalten Items bzw. Fragen, die bei hirngeschädigten Patienten in ihrer schwierigen Situation u. U. Ablehnung, Ärger oder zumindest Mißfallen auslösen. Dies kann sich in einer schwer abschätzbaren Weise auf die gesamte Untersuchungssituation auswirken und damit die Ergebnisse beeinflussen.

Als Beispiele seien Items wie „Ich fühle mich wohl", „Ich bin vergnügt" oder „Ich bin froh" aus dem STAI (s. Tabelle 13-1), sowie „Ich tue Dinge, die ich früher tat, immer noch gern" aus der Zung-Depressionsskala (s. Tabelle 13-1) genannt.

Problematisch werden auch folgende Items von einigen Patienten aufgenommen: „Ich habe das Gefühl, daß es für andere besser ist, wenn ich tot wäre" (SDS) oder „Ich fühle, daß ich solche Schicksalsschläge verdiene" (BDI).

Auch hier empfielt es sich, den Bogen mit dem Patienten vor der Bearbeitung zu besprechen und darauf hinzuweisen, daß die Fragen in Zusammenhang mit anderen Erkrankungen oder für Probanden aus der Durchschnittsbevölkerung entwickelt wurden. In besonderem Maße gilt dies für die Paranoidskala der PD-S (s. Tabelle 13-1) mit ihren für Probanden aus der Durchschnittsbevölkerung doch sehr befremdlichen Items (z. B. „Es gibt Leute, die meine Gedanken und Ideen zu stehlen versuchen"). Diese Skala sollte auch nicht routinemäßig angewendet werden, sondern nur bei Verdacht auf paranoide Tendenzen.

Akzeptanzprobleme ergeben sich verständlicherweise auch bei Verfahren zur Persönlichkeitsbeurteilung. Der Münchner Persönlichkeitstest (s. Tabelle 13-1) wird deshalb zur Fremdbeurteilung dem Angehörigen nur mit Einwilligung des Patienten mitgegeben. Wir weisen darauf hin, daß der Bogen zwar vom Angehörigen alleine ausgefüllt werden sollte, es jedoch keine Bedenken gibt, daß dieser nachher die einzelnen Fragen mit dem Patienten bespricht, ohne die Antworten jedoch abzuändern. Inwieweit dies eingehalten wird, ist natürlich kaum zu beurteilen, doch haben wir mit diesem Verfahren hinsichtlich der Akzeptanz der Fremdbeurteilung gute Erfahrungen gemacht.

13.4.3 Interpretation der Skalenwerte

Wendet man standardisierte Instrumente bei hirngeschädigten Patienten an, werden Fragen oder Items, deren Inhalt Merkmale neurologischer Erkrankungen widerspiegelt, problematisch, weil eine Bejahung solcher Items entweder auf ein psychopathologisches Symptom, eine neurologisch bedingte Beeinträchtigung oder auch auf beides hinweisen kann. Dieses Problem entsteht sowohl bei der Selbst- als auch bei der Fremdbeurteilung und kann zu schwer interpretierbaren Skalenwerten führen.

Im angelsächsischen Raum wurde diese Problematik in letzter Zeit anhand des MMPI näher untersucht, nachdem aufgefallen war, daß gerade solche Skalen bei der Untersuchung neurologischer Patienten erhöhte Werte aufweisen, die auch den größten Anteil an sog. neurologischen Items enthalten. In der Untersuchung von Gass und Russell (1991) identifizierten neurologische Experten 42 Items des MMPI als „neurologische Items". Berücksichtigt man diese Items, dann lassen sich bei Stichproben mit hirngeschädigten Patienten vorkommende auffällige Werte folgender Skalen des MMPI nicht mehr eindeutig interpretieren: Hypochondrie (Hd), Depression (D), Hysterie (Hy), Psychasthenie (Pt) und Schizophrenie (Sc). Ähnliche Befunde hinsichtlich der Schizophrenieskala des MMPI berichten auch Bornstein und Kozora (1990).

In Tabelle 13-2 sind Items der Self-Rating Depression Scale (SDS, s. Tabelle 13-1) zusammengestellt, deren Beantwortung durch neurologisch bedingte Beschwerden (motorische und kognitive Beeinträchtigungen, leichte Ermüdbarkeit, erhöhte Reizbarkeit) beeinflußt werden kann. Insgesamt sind bei dieser Skala also 8 von 20 Items hinsichtlich ihrer Aussagekraft über depressive Phänomene nur schwer zu beurteilen.

Als mögliche Alternative kann das Beck Depression Inventory (BDI, s. Tabelle 13-1) betrachtet werden. Einen Vorzug dieses Verfahrens sehen wir darin, daß dem Probanden zu jedem depressiven Symptombereich (Traurigkeit, Versagensgefühle, Selbstvorwürfe etc.) explizit eine Reihe von Aussagen angeboten wird, die keine, eine leichte, eine mittelgradige und eine deutliche depressive Tendenz repräsentieren. Aus diesen Aussagen kann er diejenige auswählen, die seiner Meinung nach am ehesten auf ihn zutrifft. So wird eher deutlich, daß es um depressive Zustände geht, als bei den doch sehr kurzen Statements der Zung-Skala, die vom Patienten leichter in Richtung neurologischer Beschwerden mißinterpretiert werden können.

Tabelle 13-2. „Neurologische Items" der Self-Rating Depression Scale (SDS)

Item-Nr.	Itemformulierung
4	– Ich kann nachts schlecht schlafen
6	– Sex macht mir immer noch Freude
10	– Ich werde grundlos müde
11	– Ich kann so klar denken wie immer
12	– Die Dinge gehen mir so leicht von der Hand wie immer
15	– Ich bin gereizter als gewöhnlich
16	– Mir fällt es leicht Entscheidungen zu treffen
20	– Ich tue Dinge, die ich früher tat, immer noch gerne

Problematisch bleiben jedoch vor allem die Abschnitte O (Arbeitsunfähigkeit), Q (Ermüdbarkeit), K (Reizbarkeit), M (Entschlußunfähigkeit), P (Schlafstörungen) und U (Libidoverlust).

Die aufgezeigten Probleme treten nicht nur bei der Selbstbeurteilung ·auf, sondern auch bei der Fremdbeurteilung, z. B. anhand der Hamilton Depression Scale (HAMD, s. Tabelle 13-1). So kann der Interviewer bei den Fragen nach Schlafproblemen (Nr. 4–6) durch Nachfragen noch herausfinden, ob vorhandene Schlafschwierigkeiten hauptsächlich durch körperliche Beschwerden bedingt sind. Bei Frage Nr. 7 (Arbeit und sonstige Tätigkeiten; s. Tabelle 13-3) sind die Vorgaben zur Einschätzung des Schweregrades für neurologische Patienten im Krankenstand jedoch kaum anwendbar, denn diese werden ja nicht in erster Linie wegen einer depressiven Erkrankung stationär behandelt, auch wenn depressive Stimmungen deren Wiedereingliederung in das Berufsleben erschweren können.

Sehr schwierig ist es weiterhin, bei den Fragen Nr. 8 (depressive Hemmung), Nr. 9 (Erregung), Nr. 13 (körperliche Symptome – allgemeine), Nr. 14 (Genitalsymptome) und Nr. 15 (Hypochondrie) zu erkennen, was auf depressive Stimmungen zurückzuführen ist und was auf neurologische Beschwerden (Tabelle 13-3).

Dies hat teilweise zur Folge, daß der Einfluß des Untersuchers, der durch eine Standardisierung des Instruments gemindert werden sollte, das Ergebnis der Untersuchung dennoch mitbestimmt. So können Differenzen in der Einschätzung durch unterschiedliche Berufserfahrungen der Interviewer bedingt sein. Noch schwerwiegendere Unterschiede können sich jedoch aus einer unterschiedlichen Vorgehensweise ergeben. Zum einen kann nämlich versucht werden, die Symptome möglichst nur zu beschreiben, um die Übereinstimmungsreliabilität zu sichern (s. z. B. die Untersuchung von House et al. 1991), zum anderen kann mehr Wert auf die Validität gelegt werden; dann berücksichtigt der Interviewer mehr, welche Ursachen zu dem Symptom geführt haben. Dieses Problem ist zwar innerhalb einer Klinik lösbar, weil festgelegt werden kann, wie man vorgeht, schwerwiegend bleibt es jedoch beim Vergleich der Skalenwerte aus verschiedenen Institutionen.

Tabelle 13-3. Vorgaben zur Schweregradeinschätzung für einige Items der Hamilton Depression Scale

Item	Schwere-grad	Vorgabe
Nr. 7: Arbeit und sonstige Tätigkeiten	0	Keine Beeinträchtigung
	1	Hält sich für leistungsunfähig, erschöpft oder schlapp bei seinen Tätigkeiten (Arbeit oder Hobbies) oder fühlt sich entsprechend
	2	Verlust des Interesses an seinen Tätigkeiten (Arbeit oder Hobbies), muß sich dazu zwingen. Sagt das selbst oder läßt es durch Lust-losigkeit, Entscheidungslosigkeit und sprunghafte Entschluß-änderungen erkennen
	3	Wendet weniger Zeit für seine Tätigkeiten auf oder leistet weniger. Bei stationärem Aufenthalt Ziffer 3 ankreuzen, wenn der Patient weniger als 3 h an Tätigkeiten teilnimmt, ausgenommen Haus-arbeiten auf der Station
	4	Hat wegen der jetzigen Krankheit mit der Arbeit aufgehört. Bei stationärer Behandlung ist Ziffer 4 anzukreuzen, falls der Patient an keinen Tätigkeiten teilnimmt, mit Ausnahme der Hausarbeit auf der Station oder wenn der Patient die Hausarbeit nur unter Mithilfe leisten kann
Nr. 8: Depressive Hemmung	0	Sprache und Denken normal
	1	Geringe Verlangsamung bei der Exploration
	2	Deutliche Verlangsamung bei der Exploration
	3	Exploration schwierig
	4	Ausgeprägter Stupor
Nr. 13: Körperliche Symptome	0	Keine
	1	Schweregefühl in Gliedern, Rücken oder Kopf; Rücken-, Kopf-, oder Muskelschmerzen. Verlust der Tatkraft, Erschöpfbarkeit
	2	Bei jeder deutlichen Ausprägung eines Symptoms 2 ankreuzen
Nr. 15: Hypochon-drie	0	Keine
	1	Verstärkte Selbstbeobachtung (auf den Körper bezogen)
	2	Ganz in Anspruch genommen durch Sorgen um die eigene Gesundheit
	3	Zahlreiche Klagen, verlangt Hilfe etc.
	4	Hypochondrische Wahnvorstellungen

Zur Feststellung einer auffälligen Angstsymptomatik kann die State-Skala des STAI (s. Tabelle 13-1) verwendet werden. Dieser Selbstbeurteilungsbogen enthält aber eine Reihe von Items, deren Verneinung keinen erhöhten Angstzustand, sondern die begründete Besorgnis eines kranken Menschen widerspiegelt. Als Beispiele seien genannt: „Ich bin gelöst" (Nr. 5), „Ich fühle mich wohl" (Nr. 10), „Ich bin froh" (Nr. 19) oder „Ich bin vergnügt" (Nr. 20).

Bei im Vergleich zur Eichstichprobe erhöhten Werten ist deshalb bei der Interpretation Vorsicht geboten, so daß in diesen Fällen zusätzlich die Hamilton Anxiety Rating Scale (HAMA, s. Tabelle 13-1) als Fremdbeurteilung hinzugenommen werden sollte. Beurteilungsprobleme ergeben sich allerdings bei einer Reihe von Angstsymtomen wie z. B. Schwächegefühl, Schwindel, Schwitzen, Muskelschmerzen, Zittern, Konzentrationsschwierigkeiten und Gedächtnisschwäche.

Die Paranoidskala der PD-S (s. Tabelle 13-1) kann angewendet werden, um eine ausgeprägte Mißtrauenshaltung oder eine Wahnsymptomatik zu erfassen. Die Interpretation dieser sehr sensiblen Skala sollte aber nur in Verbindung mit anderen klinischen Beobachtungen und Gesprächen mit dem Patienten erfolgen.

13.4.4   Probleme der Erfassung von Persönlichkeitsmerkmalen

Daten zur Persönlichkeit hirngeschädigter Patienten werden im wesentlichen unter 2 Gesichtspunkten erhoben:
1) Inwieweit kann die prämorbide Persönlichkeit zu Prognosen für die Krankheitsbewältigung bzw. den Erfolg rehabilitativer Maßnahmen beitragen?
2) Welche Persönlichkeitsänderungen sind mit einer Hirnschädigung verbunden, und wie wirken sich diese auf den Krankheitsverlauf aus?

Für beide Fragestellungen ist es wichtig, vor allem längerfristig stabile bzw. habituelle Merkmale (traits) zu erfassen. Der Einsatz von Persönlichkeitsfragebogen, die in der Regel an Personen aus der Durchschnittsbevölkerung entwickelt und normiert wurden, ist im klinischen Bereich besonders schwierig, da der Einfluß der bestehenden psychischen Erkrankung auf die Antworten schwer abzuschätzen ist. Dies gilt sowohl für die prämorbide als auch für die postmorbide Einschätzung der Persönlichkeit. Bei Patienten mit einer Hirnschädigung können weitere Verzerrungen hinzukommen (z. B. Sprach- oder Gedächtnisprobleme).

Um dennoch Informationen zu erhalten, bietet sich die Fremdbeurteilung durch nahe Angehörige oder Bekannte an, auch wenn das grundsätzliche Problem berücksichtigt werden muß, ob eine retrospektive Fremdbeurteilung durch Angehörige ein „wahres" Bild der prämorbiden Persönlichkeit des Patienten liefern kann (s. dazu v. Zerssen et al. 1988, Dodwell 1988). Zur Fremdbeurteilung kann der Münchner Persönlichkeitstest (s. Tabelle 13-1) verwendet werden, der zur Erfassung der prämorbiden Persönlichkeit psychiatrischer Patienten eingesetzt wurde und somit im Unterschied zu den meisten gängigen Persönlichkeitstests auch in einer Fremdbeurteilungsversion vorliegt. Zudem ist bei der Entwicklung dieses Tests gezielt darauf geachtet worden, möglichst keine „state-items", die Merkmale klinischer Störungsbilder repräsentieren, zu verwenden. Darin sehen wir einen wesentlichen Vorteil gegenüber dem Gießen-Test (Beckmann et al. 1983), der zwar ebenfalls in einer

Fremdbeurteilungsversion vorliegt, aber viele Fragen bezüglich zeitvariabler Merkmale beinhaltet, was sich an den niedrigen Test-Retest-Reliabilitätskoeffizienten zeigt. Ferner enthält der MPT im Gegensatz zum Gießen-Test die in der Persönlichkeitsforschung gebräuchlichen Konstrukte der Extraversion und des Neurotizismus; dadurch wird ein Vergleich mit der Literatur zur Krankheitsbewältigung und zu ähnlichen Themen wesentlich erleichtert.

Bei der Einschätzung der postmorbiden Persönlichkeit hirngeschädigter Patienten durch Angehörige treten jedoch ähnliche Validitätsprobleme wie bei den Depressionsskalen auf. Einige Schwierigkeiten, dieses Instrument zur Beurteilung der postmorbiden Persönlichkeit hirngeschädigter Patienten anzuwenden, sollen anhand der Daten ihrer Angehörigen (n=199) illustriert werden, die anhand einer Ad-hoc-Stichprobe in der neuropsychologischen Abteilung des Städtischen Krankenhauses München-Bogenhausen erfaßt wurden.

Es handelt sich dabei um Patienten mit leichten bis mittelschweren Funktionsbeeinträchtigungen, die auf eine teilweise oder vollständige Wiedereingliederung in Beruf oder Ausbildung vorbereitet werden. Deshalb ist der Altersmittelwert von 42,5 Jahren (s=14,2) im Vergleich zu anderen Stichproben hirngeschädigter Patienten relativ niedrig; 79 Patienten (39,7%) sind weiblich, 120 Patienten (60,3%) männlich. Die Ätiologie der Hirnschädigung verteilt sich wie folgt: Schädel-Hirn-Trauma 57 Patienten (28,6%), zerebrovaskuläre Erkrankungen 108 Patienten (54,3%), sonstige Hirnerkrankungen 34 Patienten (17%). Die Zeit seit der Hirnschädigung variiert sehr stark (M=14,3 Monate mit s=21,8), bei 27% der Patienten liegt die Hirnschädigung länger als 1 Jahr zurück.

Vergleicht man in Tabelle 13-4 die prä- und postmorbiden Skalenwerte, erkennt man, daß die Extraversion stark abnimmt, die Frustrationstoleranz und die Rigidität deutlich zurückgehen und der Neurotizismus (emotionale Labilität und Selbstunsicherheit) zunimmt, während die Schizoidiewerte im Mittel gleich bleiben.

Betrachtet man jedoch den Iteminhalt, so wird deutlich, daß die postmorbide Einschätzung der Persönlichkeit des Patienten durch die Angehörigen aufgrund der rein neurologischen Auswirkungen einer Hirnschädigung stark verzerrt werden

Tabelle 13-4. Skalenwerte des MPT für die prä- und postmorbide Einschätzung

	M	**s**	**t-Wert (p)**	**Norm-M**	**r(prä/post)**
Extrav. prä.	15,0	6,3	12,0	9,3	0,46
Extrav. post.	9,6	5,5	(0,000)		
Neurot. prä.	7,6	5,7	− 8,3	6,2	0,51
Neurot. post.	11,4	7,1	(0,000)		
Frustr. prä.	8,2	3,7	7,6	7,8	0,48
Frustr. post.	6,1	3,6	(0,000)		
Rigid. prä.	10,6	4,9	3,9	9,2	0,67
Rigid. post.	9,5	4,9	(0,000)		
Schizo. prä.	4,6	4,0	− 0,7	4,0	0,80
Schizo. post.	4,7	4,0	(0,471)		

kann. Dies gilt für eine Reihe von Extraversionsitems, die in Tabelle 13-5 aufgeführt sind. Es ist somit schwer zu entscheiden, ob der Rückgang der Summenwerte eine Persönlichkeitsänderung in Richtung Introversion repräsentiert oder eine krankheitsbedingte Verminderung der Durchsetzungsfähigkeit, Lebhaftigkeit und Geselligkeit infolge körperlicher, sprachlicher oder kognitiver Beeinträchtigung widerspiegelt.

Ähnliche Probleme ergeben sich für die Rigiditätsskala, die eine Reihe von Items enthält, die sich auf die Arbeit beziehen, wie z. B. „Es scheint ihr/sein Prinzip zu sein, sich durch nichts von der Arbeit abhalten zu lassen" (Nr. 20) oder „Sie/Er betrachtet ihre/seine Arbeit gewöhnlich als todernste Angelegenheit" (Nr. 46). Im Falle stationärer oder teilstationärer Patienten, die in ihrem früheren oder in einem neuen Arbeitsgebiet noch keine Erfahrungen gesammelt haben, ist es sehr schwer zu entscheiden, worauf die Beantwortung dieser Items durch die Angehörigen in bezug auf den postmorbiden Zustand letztendlich beruht. Es finden sich bei dieser Skala auch die meisten Auslassungen. Wiederum ist im Falle der Rigidität der Rückgang der Skalenwerte nicht eindeutig als Persönlichkeitsänderung zu interpretieren.

Tabelle 13-5. Items der Extraversionsskala des MPT, die in der postmorbiden Beurteilung Validitätsprobleme aufwerfen

Item-Nr.	Itemformulierung
8	– Ich würde sie/ihn als gesprächig bezeichnen
14	– Sie/er ist voller Unternehmungsgeist und Temperament
23	– Sie/er ist sehr energisch und durchsetzungsfähig
27	– Bei gesellschaftlichen Ereignissen spielt er gern eine aktive Rolle
30	– Ich halte sie/ihn für lebhaft
50	– Bei gemeinsamen Aktionen übernimmt sie/er gerne die Führung

Eine Analyse der Zusammenhänge zwischen den Persönlichkeitsskalen und den klinischen Tests (s. Tabelle 13-1) zeigt für die Neurotizismus- und für die Frustrationsskala Korrelationen von $r=0,30$ bis $r=0,53$. Dieser Befund, der im Einklang mit anderen Ergebnissen bei psychiatrischen Patienten steht (Pössl et al. 1990), zeigt, daß die Werte der Neurotizismusskala u. U. symptomabhängig sind (s. dazu auch v. Zerssen 1979). Eine starke Zunahme des individuellen Neurotizismuswertes kann auf eine emotionale Labilität im Sinne einer organischen Persönlichkeitsänderung hindeuten, aber auch eine nur kurzfristig bestehende affektive Störung oder eine Anpassungsstörung anzeigen.

Insgesamt können die Angehörigen schwer abschätzen, welchen Einfluß die Erkrankung auf die postmorbide Persönlichkeit des Patienten hat, und damit läßt sich auch die Frage nach möglichen Persönlichkeitsveränderungen kaum beantworten.

Zuletzt sei noch darauf hingewiesen, daß die gängigen Persönlichkeitsfragebogen nicht zu dem Zweck entwickelt worden sind, die Kriterien bestimmter Persönlichkeitsstörungen, gleich welchen Klassifikationsschemas, oder einer organischen Persönlichkeitsänderung zu operationalisieren. Skalenwerte, die außerhalb des Normbereichs liegen, können zwar als Hinweise auf gestörtes Erleben und Verhalten dienen, klassifizieren lassen sich solche Störungen aber auch mit dem MPT nicht.

Wendet man bei der Untersuchung hirngeschädigter Patienten psychometrische Verfahren an, muß man u. U. Kompromisse zwischen den einzelnen Testgütekriterien machen. Unserer Ansicht nach sollten die Bogen aber unbedingt korrekt bearbeitet werden, auch wenn dadurch der Einfluß des Untersuchers zunimmt und die Objektivität gemindert wird. Auf Selbstbeurteilungsbogen ganz zu verzichten, ist unserer Meinung nach insofern von Nachteil, als damit eine wesentliche Informationsquelle zur Exploration des Patienten ungenutzt bleibt. Nur wenn trotz Hilfestellung des Untersuchers in der Bearbeitung massive Probleme auftreten, sollte auf den Einsatz psychometrischer Verfahren verzichtet werden.

Um den Einfluß neurologischer Beschwerden auf die Einschätzung psychopathologischer Symptome zu kontrollieren, wurde u. a. vorgeschlagen, die sog. neurologischen Items bei der Berechnung des Summenwertes auszuschließen. Wir halten dies für wenig sinnvoll, da dadurch ein wesentlicher Vorzug standardisierter Verfahren verlorengeht, nämlich die Vergleichbarkeit der Ergebnisse verschiedener Anwender. Derselbe Einwand gilt für Vorschläge, einen korrigierten Summenwert zu berechnen (Gass und Russell 1991). Diese beiden Vorschläge wären nur von Nutzen, wenn sie bereits bei der Konstruktion der Tests berücksichtigt und in der Handanweisung des Tests vermerkt würden.

Psychometrische Verfahren dienen in erster Linie der quantitativen Beschreibung psychopathologischer Phänomene, berücksichtigen also bei der Datenerhebung deren Ursachen nicht. Aus diesem Grund sollten unserer Meinung nach auch bei Patienten mit einer Hirnschädigung die Symptome möglichst nur beschrieben werden, wodurch die Objektivität und Reliabilität eher gesichert wird.

Dieses Verfahren führt zwar in manchen Fällen zur Überschätzung der Pathologie. Da aber in der klinischen Praxis bei erhöhten Skalenwerten immer zusätzliche diagnostische Daten erhoben werden, kann eine solche Überschätzung meist korrigiert werden. Bei Gutachten sollten die erhöhten Werte immer dahingehend kommentiert werden, inwieweit auch andere Faktoren verantwortlich zu machen sind.

Vom testtheoretischen Standpunkt aus sind weitere Untersuchungen zum Ausmaß der Überschätzung und zur differentiellen Validität der Instrumente notwendig, d. h. inwieweit sie auch für die Gruppe von hirngeschädigten Patienten zu validen Ergebnissen führen. Bisher sind vor allem Instrumente zur Messung depressiver Symptome bei hirngeschädigten Patienten eingesetzt worden. Wie die unterschiedlichen Resultate von Untersuchungen über Häufigkeit und Schwere depressiver Erkrankungen bei Schlaganfallpatienten zeigen, ist die Frage der Validität bei weitem noch nicht gelöst (House et al. 1990; Robinson u. Starkstein 1990).

Zuletzt sei nochmals darauf hingewiesen, daß die Anwendung psychometrischer Tests, die auf einer dimensionalen Betrachtungsweise psychopathologischer Phänomene basieren, nicht die Diagnosenstellung, d. h. die Klassifikation psychischer Störungen ersetzt. Klinische Tests repräsentieren keine Operationalisierung diagnostischer Kriterien. Erhöhte Werte auf einer Depressionsskala lassen z. B. für sich genommen noch keine stringente Schlußfolgerung auf die Art der depressiven

Erkrankung zu (Anpassungsstörung mit depressiver Stimmung, organisches affektives Syndrom oder Episode einer Major-Depression). Deshalb sei vor einer schematischen Anwendung von Cut-off-Scores gewarnt. Die in Tabelle 13-1 angegebenen Richtwerte für den pathologischen Bereich entstammen der klinischen Erfahrung mit unseren Patienten und basieren nicht auf systematischen Untersuchungen hinsichtlich der Sensibilität und Spezifität. Auch auffällige Werte auf Skalen, die der Erfassung von Persönlichkeitseigenschaften dienen, entsprechen nicht der Diagnose einer bestimmten Persönlichkeitsstörung.

Die Ergebnisse klinischer Tests können also nur zusätzliche Informationen im diagnostischen Prozeß liefern und müssen beim derzeitigen Stand der Kenntnis über die Validität vorsichtig interpretiert werden.

Literatur

Altshuler LL, Devinsky O, Post RM, Theodore W (1990) Depression, anxiety, and temporal lobe epilepsy. Arch Neurol 47:284–288

American Psychiatric Association (1987) Diagnostic and Statistical Manual of Mental Disorders (DSM-III-R). 3rd ed. revised. APA, Washington, DC. Deutsche Bearb.: Wittchen H-U, Saß H, Zaudig M, Koehler K (1989) Diagnostisches und Statistisches Manual Psychischer Störungen (DSM-III-R). Beltz, Weinheim

Beck AT, Ward CH, Mendelson M, Mock J, Erbaugh J (1961) An inventory for measuring depression. Arch Gen Psychiat 4:561–571

Beckmann D, Brähler E, Richter H-E (1983) Der Gießen-Test (GT). Handbuch, 3. überarb. Auflage. Huber, Bern

Bleuler E (1983) Lehrbuch der Psychiatrie. 15. Aufl. umgearb. von M Bleuler. Springer, Berlin

Bornstein RA, Kozora E (1990) Content bias of the MMPI Sc Scale in neurological patients. Neuropsychiat Neuropsychol Behav Neurol 3:200–205

Brooks DN (1991) The head-injured family. J Clin Exp Neuropsychol 13:155–188

CIPS (Collegium Internationale Psychiatrae Scalarum) (Hrsg) (1986) Internationale Skalen für Psychiatrie. Beltz, Weinheim

Cohen MR, Niska RW (1980) Localized right cerebral hemisphere dysfunction and recurrent mania. Am J Psychiat 137:847–848

Cummings JL, Mendez MF (1984) Secondary mania with focal cerebro-vascular lesions. Am J Psychiat 141:1084–1087

Dam H, Pedersen HE, Ahlgren P (1989) Depression among patients with stroke. Acta Psychiat Scand 80:118–124

Degkwitz R, Helmchen H, Kockott G, Mombour W (Hrsg) (1980) Diagnosenschlüssel und Glossar psychiatrischer Krankheiten. Fünfte Auflage, korrigiert nach der 9. Revision der ICD (International Classification of Diseases). Springer, Berlin

Dodge A, Slagle DO (1990) Psychiatric disorders following closed head injury: an overview of biopsychosocial factors in their etiology and management. Int J Psychiat in Med 20:1–35.

Dodwell D (1988) Comparison of self-ratings with informant-ratings of pre-morbid personality on two personality rating scales. Psychol Med 18:495–501

Eastwood MR, Rifat SL, Nobbs H, Ruderman J (1989) Mood disorder following cerebrovascular accident. Br J Psychiat 154:195–200

Gass CS, Russell EW (1991) MMPI Profiles of closed head trauma patients: impact of neurologic complaints. J Clin Psychol 47:253–260

Goldstein J (1991) Posttraumatic headache and the postconcussion syndrome. Medical Clinics of North America 75:641–650.

Hamilton M (1959) The assessment of anxiety states by rating. Br J Medical Psychol 32:50–55

Hamilton M (1967) Development of a rating scale for primary depressive illness. Br J Soc Clin Psychol 6:278–296

Hautzinger M (1991) Das Beck-Depressionsinventar (BDI) in der Klinik. Nervenarzt 62:689–696

Heilbronner RL, Roueche JR, Everson SA, Epler L (1989) Comparing patient perspectives of disability and treatment effects with quality of participation in a post-acute brain injury rehabilitation programme. Brain Injury 3:387–395

Hogan R (1969) Development of an empathy scale. J Cons Clin Psychol 33:307–316

House A, Dennis M, Mogidge L, Warlow C, Hawton K, Jones L (1991) Mood disorders in the year after first stroke. Br J Psychiat 158:83–92

Joseph R (1990) The frontal lobes. Neuropsychiatry, Neuropsychology and Behavioral Neurology. Plenum Press, New York, London, pp 139–193

Lauter H (1988) Die organischen Psychosyndrome. In: Kisker KP, Lauter H, Meyer J-E, Müller L, Strömgren E (Hrsg) Die Psychiatrie der Gegenwart. Bd. 6 Organische Psychosen. Springer, Berlin, S 3–56

McGlynn SM, Schacter DL (1989) Unawareness of deficits. Exp Neuropsychol 11:143–205

Michael C (1990) Die Veränderung der Lebensqualität nach Hirnschädigung. Unveröff. Diss., Universität München

Pössl J, Emrich HM, Avenarius R, Zerssen D v (1990) Störungen im Selbsterleben und in der Selbstbewertung bei psychiatrischen Patienten. Nervenarzt 61:667–675

Reich JH, Green AI (1991) Effect of personality disorders on outcome of treatment. J Nerv Ment Dis 179:74–82

Robinson RG, Starkstein SE (1990) Current research in affective disorders following stroke. J Neuropsychiat Clin Neurosci 2:1–14

Robinson RG, Kubos KL, Starr LB, Rao K, Price TR (1984) Mood disorders in stroke patients. Brain 107:81–93

Robinson RG, Bolduc PL, Price TR (1987) Two-year longitudinal study of poststroke mood disorders: Diagnosis and outcome at one and two years. Stroke 18:837–843

Spielberger CD, Gorsuch RL, Lushene RE (1970) Manual for the State-Trait Anxiety Inventory. Consulting Psychologist Press, Palo Alto

Spreen O (1963) MMPI Saarbrücken. Handbuch zur deutschen Ausgabe des Minnesota Multiphasic Personality Inventory von Hathaway SR u. McKinley JC. Huber, Bern

Starkstein SE, Pearlson GD, Boston J, Robinson RG (1987) Mania after brain injury. Arch Neurol 44:1069–1073

Stern RA, Bachman DL (1991) Depressive symptoms following stroke. Am J Psychiat 148:351–356

Stuss DT, Benson DF (1986) The Frontal Lobes. Raven, New York

Wittchen J-U, Semmler G, Zerssen D v (1985) A comparison of two diagnostic methods – Clinical ICD-Diagnoses versus DSM III and RDC using the Diagnostic Interview Schedule (Version II). Arch Gen Psychiat 42:677–684

Zerssen D v, unter Mitarbeit von Koeller D-M (1976) Klinische Selbstbeurteilungs-Skalen (KSb-S) aus dem Münchner Psychiatrischen Informations-System (PSYCHIS München), Manuale. Beltz, Weinheim

Zerssen D v (1979) Klinisch-psychiatrische Selbstbeurteilungs-Fragebögen. In: Baumann U, Berbalk H, Seidenstücker G (Hrsg) Klinische Psychologie. Trends in Forschung und Praxis. Bd. 2. Huber, Bern

Zerssen D v, Pfister H, Koeller D-M (1988) The Munich Personality Test (MPT) – a short questionnaire for self-rating and relatives' rating of personality traits: formal properties and clinical potential. Eur Arch Psychiat Neurol Sci 238:73–93

Zung WW (1965) A self-rating depression scale. Arch Gen Psychiat 12:63–70

14 Psychotherapeutische Diagnostik

U. Schneider

14.1 Problemstellung und Zielsetzung

Wie in Kap. 13 ausführlich dargestellt, kann es infolge einer Hirnschädigung zu psychischen Störungen kommen, deren Bedeutung sich aus folgenden Gründen erschließt:

- Sie haben für den Patienten selbst Krankheitswert. Dies trifft insbesondere für die Anpassungsstörungen zu.
- Angehörige und sonstige Bezugspersonen erleben sie als störend. Dies gilt insbesondere für hirnorganisch bedingte Verhaltensstörungen, die vom Patienten selbst nicht oder nur teilweise wahrgenommen werden.
- Sie behindern die neuropsychologische Rehabilitation kurz- und mittelfristig. So können sich Compliance-Probleme bei einem Patienten mit gestörter Krankheitseinsicht ergeben. Auch bei einer depressiven Antriebshemmung wird sich der Patient zurückziehen und das Behandlungsangebot nicht aktiv wahrnehmen können. Bei einer mit Vermeidungsverhalten einhergehenden Angstsymptomatik ist die Problematik ähnlich.
- Langfristig ist die Alltagsanpassung in allen Lebensbereichen gefährdet. Auch nach einer erfolgreichen medizinischen Rehabilitation ist der psychisch gestörte Patient oft unfähig, seine bisherigen oder die veränderten Rollenfunktionen im familiären, beruflichen und sozialen Bereich selbstverantwortlich zu übernehmen.

Es sind vor allem die hirnorganisch bedingten Verhaltensauffälligkeiten sowie Störungen der Krankheitsverarbeitung, die eine psychotherapeutische Intervention erfordern. Wie für alle psychischen Störungen setzt eine zielgerichtete Therapie immer eine umfassende Basis- und Prozeßdiagnostik voraus. Bei der psychotherapeutischen Diagnostik hirngeschädigter Patienten sind folgende allgemeine Gesichtspunkte wichtig:

1) Rechtzeitiges Erkennen der Störung
   - durch Hinweise aus der freien Verhaltensbeobachtung,
   - durch Monitoring bei neuen Anforderungen (Wiedereinstieg in den Beruf, Änderung im sozialen Umfeld).
2) Berücksichtigung neuropsychologischer Störungen bei der Problemidentifikation und Therapieplanung.

3) Einbeziehung der Angehörigen,
   – weil sie durch ihre Vertrautheit mit dem Patienten für Befindlichkeits- und Verhaltensänderungen besonders sensibilisiert sind,
   – weil der Patient oft nur eingeschränkt zu explorieren und zu testen oder nicht ausreichend introspektions- und reflektionsfähig ist.
4) Einbeziehung von Pflegepersonal und Therapeuten,
   – weil das Pflegepersonal den Patienten besonders häufig in alltagsnahen Situationen erlebt,
   – weil die Therapeuten ihn in jeweils unterschiedlichem situativen Kontext beobachten können.

Psychotherapeutische Diagnostik ist immer auf eine Behandlung gerichtet. Die üblichen nosologischen Klassifikationen reichen für eine individuelle Therapieplanung nicht aus, da sie die individuelle Entstehungsgeschichte und die Bedingungszusammenhänge der Störung nicht aufklären können.

Wir haben für die Diagnostik und Therapie einen verhaltenstherapeutischen Ansatz gewählt, weil verhaltenstherapeutische Diagnostik therapiebezogen ist und sich immer am Einzelfall orientiert. Sie versteht sich in 2facher Hinsicht als Prozeßdiagnostik. Sie verfolgt den intraindividuellen Verlauf; der interindividuelle Vergleich ist nachrangig bedeutsam. Die Rehabilitation ist als ein Anpassungsprozeß von sich gegenseitig beeinflussenden Personen- und Umweltbedingungen zu verstehen. Bei Hirngeschädigten verändern sich diese Beziehungen vielfältiger und kontinuierlicher als bei chronisch körperlich Erkrankten. Eine Prozeßdiagnostik macht es sich zur Aufgabe, diese Veränderungen systematisch mitzuerfassen und zu berücksichtigen. Andere Diagnostikverfahren, z. B. tiefenpsychologisch orientierte Verfahren, erscheinen uns aufgrund der häufig eingeschränkten verbalen Kommunikationsfähigkeit, möglicher kognitiver Defizite sowie der reduzierten Introspektions- und Reflexionsfähigkeit hirngeschädigter Patienten als weniger gut geeignet. Bedauerlicherweise mangelt es noch sehr an standardisierten psychotherapeutischen Diagnoseverfahren speziell für die Gruppe der hirngeschädigten Erwachsenen. Die psychotherapeutische Diagnostik führt noch immer eher ein Schattendasein unter den traditionellen standardisierten Untersuchungsverfahren der klinischen Neuropsychologie. Dieses Kapitel muß sich daher darauf beschränken, allgemeine verhaltenstherapeutische Diagnoseverfahren, die sich bei hirngeschädigten Patienten mit Verhaltensauffälligkeiten und Störungen der Krankheitsverarbeitung bewährt haben, zu beschreiben.

14.2   Diagnostik hirnorganisch bedingter Verhaltensstörungen

Eine Untersuchung von Bond (1975) belegt die besondere Bedeutung von Verhaltensstörungen. Sie kommt zu dem Ergebnis, daß Angehörige chronisch Hirngeschädigter weniger unter der körperlichen Behinderung als unter Verhaltensstörungen und damit Änderungen im Familienzusammenhalt leiden. Liegen bei einem Patienten Verhaltensauffälligkeiten vor, so muß zunächst geklärt werden, ob diese primär hirnorganische Ursachen haben (s. Kap. 13). Bezüglich der Phänomenologie ist zu unterscheiden, ob es sich um eine Verhaltensstörung oder um ein Verhaltensdefizit handelt (Hand u. Wittchen 1988). Zu den Verhaltensstörungen zählen Symptomverhalten und Verhaltensexzesse. Während es sich beim Symptomverhalten in der Regel um ein qualitativ neues, d. h. nicht zur normalen Lebensführung gehöriges Verhalten handelt (z. B. handlungsaggressives Verhalten), sind Verhaltensexzesse eskalierte normale Verhaltensweisen (z. B. Hyperphagie). Verhaltensdefizite sind die von Wood (1984) entwickelte Klassifikation hirnorganisch bedingter Verhaltensstörungen (Tabelle 14-1).

Tabelle 14-1. Klassifikation hirnorganischer Verhaltensstörungen

Positive Verhaltensstörungen	Aggressives Verhalten
	Inadäquates Sozialverhalten
	Risikoverhalten
Negative Verhaltensstörungen	Mangel an Empathie
	Reduzierte Anstrengungsbereitschaft
	Antriebsverarmung

Für die klinische Arbeit bedeutet die Strukturierung in eine Plus- und Minussymptomatik nicht nur eine diagnostisch-theoretische Zuordnung, sondern weist für die Therapieplanung auch auf die Interventionsziele und -formen hin. Während beispielsweise das Interventionsziel bei einer „Plussymptomatik" der Aufbau von Verhaltensalternativen ist, geht es bei einer „Minussymptomatik" vor allem um den Aufbau von Handlungskompetenzen.

14.2.1   Verhaltenstherapeutisches Diagnoseschema

Das folgende Bedingungsmodell (Tabelle 14-2) ist ein integrierendes diagnostisches System, das es erlaubt, die zu erhebenden Informationen zu definieren und aus den gesammelten Daten diagnostische Schlüsse sowie therapeutische Strategien abzuleiten. Es orientiert sich an neueren Ansätzen in der verhaltenstherapeutischen Diagnostik und geht über die funktionale Betrachtung des symptomatischen Verhaltens hinaus. Einbezogen werden medizinische Faktoren, die soziale Realität und die entwickelten Lernerfahrungen. Als störungsübergreifende Bedingungsmodelle sind das BASIC ID von Lazarus (1976), das MULP-Schema von Schwarz (1986), die Makro- und Mikroanalyse von Hand und Wittchen (1988) und das von Kanfer et al. (1991) entwickelte Systemmodell der Verhaltensregulation zu nennen.

ad 1) Für die Bedingungsanalyse ist zunächst zu klären, wie begleitende medizinische Faktoren und neuropsychologische Defizite das Problemverhalten beeinflussen. Bei Patienten mit Antriebsminderung muß beispielsweise die sedierende Wirkung

Tabelle 14-2. Verhaltenstherapeutisches Bedingungsmodell

1) Medizinische Faktoren und neuropsychologische Defizite
2) Analyse des Problemverhaltens
3) Analyse der auslösenden Bedingungen
4) Analyse der aufrechterhaltenden Bedingungen
5) Analyse der Umweltbedingungen und Lernerfahrungen
6) Selbstkontroll- und Motivationsanalyse

ihres Antikonvulsivums berücksichtigt werden. Außerdem ist es wichtig zu klären, ob in den Bereichen Wahrnehmung, Kognition, Sprache und Motorik die Voraussetzungen für ein adäquates Antriebsverhalten vorliegen; beispielsweise muß eine verminderte visuelle Exploration infolge einer zentralen Sehstörung berücksichtigt werden.

ad 2) Die Analyse des Problemverhaltens oder die Verhaltensanalyse umfaßt neben Häufigkeit, Intensität und Dauer die verschiedenen Manifestationsebenen: physiologisch – motorisch – emotional – kognitiv – verbal. Bei schwer ausgeprägten hirnorganisch bedingten Verhaltensstörungen ist die emotionale und kognitive Ebene eingeschränkt, so daß der Patient in der Regel sein problematisches Verhalten nicht wahrnimmt. Darüber hinaus ist es bedeutsam, die folgenden Fragen zu klären:
– Wann, in welcher Form und in welcher Situation trat das Problemverhalten erstmals auf?
– Was ist daran für das soziale Umfeld (Angehörige, Therapeuten) störend und belastend?
– Welche Verhaltenspositiva können für die Therapie genutzt werden?

ad 3) Die Analyse der auslösenden Bedingungen hat zum Ziel aufzuklären, in welchen Situationen und unter welchen Bedingungen die Verhaltensstörung auftritt. Auslösende Bedingungen sind Situationen, Personen, aber auch Gedanken. Diskriminative Reize beispielsweise für aggressives Verhalten können eine bestimmte Therapiesituation, Therapeuten oder eine plötzlich auftauchende aversive Erinnerung sein. Bei hirnorganisch bedingten Verhaltensstörungen lassen sich auch Reizgeneralisierungen feststellen. Ein Patient mit verbal aggressivem Verhalten, der von einem Mitpatienten mit grünem Pullover kritisiert wird, reagiert in der Folge auf alle Personen mit grünem Kleidungsstück aversiv. Um zu erkennen, ob das problematische Verhalten überwiegend zu Hause oder im Klinikalltag auftritt, ist es auch wichtig, die Umgebungsmerkmale genau zu beobachten und zu explorieren.

ad 4) Der größte Teil des Verhaltens wird von seinen Konsequenzen bestimmt. Bei hirnorganischen Verhaltensstörungen ist generell eine Verhaltensdisposition zu vermuten, die durch eine reaktionskontingente positive oder negative Verstärkung aufrechterhalten wird. Durch die Analyse der aufrechterhaltenden Bedingungen sollen die Konsequenzen, durch die das Problemverhalten verstärkt und damit aufrechterhalten wird, aufgedeckt werden. Es kann sich bei den positiven und negativen Verstärkern um materielle (z. B. finanzielle Mittel) oder soziale Verstärker

(z. B. Zuwendung, Aufmerksamkeit, Lob, Anerkennung) handeln. Im Alltag sind die Bedingungen sehr komplex. Verstärkende und aversive Reize ergänzen sich zu einem „reinforcement event" (Verstärkungssituation). Dies läßt sich am Beispiel von aggressivem Verhalten aufzeigen. Ein aggressiver Patient steht meist im Mittelpunkt der Aufmerksamkeit, erhält also zumindest kurzfristig eine positive soziale Verstärkung. Längerfristig wendet sich seine Umgebung aber von ihm ab, so daß die positive Verstärkung auch bei positiven Verhaltensweisen wegfällt. In der Folge tritt positives Verhalten immer seltener, problematisches Verhalten dagegen immer häufiger auf.

ad 5) Zur Bedingungsanalyse gehört eine sorgfältige Analyse der Umweltbedingungen. Hierzu zählen Informationen über die verschiedenen Lebensbereiche wie Familie, soziales Netzwerk, Beruf, Interessen und Hobbies, Wohnsituation und finanzielle Verhältnisse. Daraus lassen sich die materiellen und sozialen Ressourcen und Stressoren ableiten. Sie sind für die Diagnostik und Therapieplanung in mehrfacher Hinsicht bedeutsam:

– Sie lassen auf die aktuelle oder zukünftige Bedeutung der Verhaltensstörung für das Leben des Patienten schließen.
– Sie ergänzen die Beobachtungen im klinischen Alltag über Auslöser und Konsequenzen des Symptomverhaltens.
– Sie weisen auf zu verändernde Umweltbedingungen hin und auf Ressourcen, die für die Therapie genutzt werden können.

ad 6) Die Selbstkontrollanalyse gibt Aufschluß darüber, inwieweit der Patient Einsicht in sein problematisches Verhalten hat und dies also selbst kontrollieren kann. Bei Patienten mit hirnorganisch bedingten Verhaltensstörungen ist die Wahrnehmung und adäquate Bewertung ihres Verhaltens teilweise oder ganz eingeschränkt. Das fehlende Störungsbewußtsein wirkt sich auch negativ auf die Motivation, das Verhalten zu ändern, aus. Die Motivationsanalyse soll klären, inwieweit der Patient bereit ist, sein Verhalten zu ändern und welche Ziele er dabei anstrebt. Da er kein adäquates Störungsbewußtsein hat, steht er sowohl der Diagnostik als auch der Therapie in der Regel skeptisch bis ablehnend gegenüber. Oft besteht nur eine sekundäre Motivation; d. h. der Patient fühlt sich durch die negativen Reaktionen seiner Umwelt gestört. Er hofft, daß durch eine Therapie die für ihn negativen Konsequenzen ausbleiben, ohne daß er sein Verhalten ändern muß. Die Angehörigen wünschen hingegen, daß das Verhalten des Patienten sich ändert. Die differenzierte Betrachtung der Selbstkontrolle des Patienten und seiner Motivation sind also unverzichtbar für die Therapieplanung.

14.2.2 Untersuchungsverfahren

Es gibt Diagnoseverfahren bei hirnorganisch bedingten Verhaltensstörungen, mit denen das oben beschriebene Bedingungsmodell der Verhaltensstörung erfaßt werden kann (Tabelle 14-3).

Tabelle 14-3. Verfahren zur Diagnostik hirnorganisch bedingter Verhaltensstörungen

---

1) Verhaltenstherapeutisches Interview

   – Patient

   – Angehörige

2) Systematische Verhaltensbeobachtung

   – Fremdbeobachtung

   – Selbstbeobachtung

14.2.2.1   Verhaltenstherapeutisches Interview

Die Exploration der Verhaltensstörung umfaßt die einzelnen bereits oben beschriebenen Elemente der Bedingungsanalyse. Hirngeschädigte Patienten mit Verhaltensstörungen zeigen sich in der Regel infolge ihres fehlenden Störungsbewußtseins im Gespräch wenig kooperativ. Der Therapeut muß im Hinblick auf die spätere Therapie bereits in der diagnostischen Phase eine tragfähige Beziehung zum Patienten aufbauen. Das gelingt oft nur, wenn er sich an der jeweiligen Motivationslage des Patienten orientiert, auch wenn dies auf Kosten der eigentlich angestrebten zügigen Informationserhebung geht.

Darüber hinaus müssen assoziierte neuropsychologische Störungen, insbesondere solche der Orientierung, der Aufmerksamkeit, des Gedächtnisses und des problemlösenden Denkens, berücksichtigt werden. Aus diesen Gründen kommt der Exploration der Angehörigen besondere Bedeutung zu. Um ein möglichst objektives Bild zu erhalten, sollten mehrere Bezugspersonen interviewt werden. Wichtige Gesprächspartner sind vor allem die Angehörigen, die dem Patienten auch vor dem Krankheitsereignis nahestanden bzw. aktuell häufig Kontakt mit ihm haben.

14.2.2.2   Systematische Verhaltensbeobachtung

Die Verhaltensbeobachtung als besonders wichtiges diagnostisches Basisinstrument ermöglicht eine unmittelbare qualitative und quantitative Beobachtung des Problemverhaltens, der auslösenden Bedingungen und aufrechterhaltenden Konsequenzen. Voraussetzungen für möglichst zuverlässige Beobachtungsergebnisse sind ausreichende Operationalisierungen des zu beobachtenden Verhaltens, die Wahl des Beobachtungssettings sowie eines geeigneten Dokumentationssystems. In der neurologisch-neuropsychologischen Rehabilitation beschäftigen sich Therapeuten verschiedener Berufsgruppen mit unterschiedlichen Zielen mit dem Patienten. Dadurch ergibt sich die Möglichkeit, das Verhalten kontinuierlich und unter verschiedenen Bedingungen zu beobachten. Die Übereinstimmung der Beobachter kann dabei allerdings gering sein. Aus diesem Grund ist es notwendig, das zu beobachtende Verhalten ausreichend zu operationalisieren, so daß es der Beobachtung direkt zugänglich ist. Wenn beispielsweise das Antriebsverhalten beobachtet werden soll, könnte eine mögliche Operationalisierung sein, wie häufig der Patient in einer Gruppensitzung ohne direkte Aufforderung innerhalb einer definierten Zeit mit einer sinnvollen Wortmeldung zum Thema der Therapiestunde beiträgt.

Zur Quantifizierung des Symptomverhaltens bieten sich **Zeitstichproben** an. Hierbei werden die Beobachtungsbedingungen konstant gehalten. Das Antriebsverhalten wird beispielsweise über einen Zeitraum von 4 Wochen in regelmäßig stattfindenden Gruppensitzungen beobachtet. Zum Generieren bzw. Überprüfen von Hypothesen ist es sinnvoll, das Verhalten auch in Abhängigkeit von bestimmten Ereignissen zu beobachten. Bei diesen sog. **Ereignisstichproben** würde man das Antriebsverhalten im Kontext mit einer neuen Anforderung beobachten, wie sie z. B. eine berufsbezogene Tätigkeit innerhalb einer sog. Belastungserprobung darstellt. In der Regel sollte die Verhaltensbeobachtung möglichst unter natürlichen Bedingungen erfolgen, da unter Testbedingungen gerade die Stimuli nicht auftreten, die das Symptomverhalten auslösen (Schulte u. Kemmler 1974). Dies ist häufig bei negativen Verhaltensweisen, beispielsweise aggressivem Verhalten, zu beobachten. Andererseits kommt der Verhaltensbeobachtung unter künstlichen Bedingungen, beispielsweise im Rollenspiel, große Bedeutung zu, wenn es um Verhaltensweisen geht, die unter natürlichen Bedingungen selten oder in für die Beobachtung unzugänglichen Situationen auftreten. Ein Beispiel hierfür ist die soziale Kompetenz am Arbeitsplatz. Der Patient demonstriert im Rahmen eines Rollenspiels, wie er einen Arbeitskollegen über seine Behinderung informiert. Hier wird auch deutlich, wie sich Diagnostik und Therapie in der verhaltenstherapeutischen Diagnostik überschneiden.

Zur Dokumentation eines Verhaltens können Videoaufzeichnungen hilfreich sein. Dadurch wird der Therapeut entlastet, der in der Regel teilnehmender Beobachter ist und die Aufgabe hat, sowohl die zu beobachtende Situation als Gesprächspartner aktiv mitzugestalten als auch zugleich das Problemverhalten zu beobachten und zu registrieren. Bei der Auswertung unmittelbar nach der Aufnahme ist der Beobachter nicht zeitlich gebunden, die Verhaltensprobe kann wiederholt sowie von neutralen Beobachtern ausgewertet werden, und der Therapeut kann sein Interaktionsverhalten reflektieren. Ferner ist eine Mikroanalyse des nonverbalen Verhaltens möglich (Ellgring 1989). Dieser Aspekt spielt bei Patienten mit Hirnschädigung, die in ihrem nonverbalen Ausdrucksverhalten deutlich eingeschränkt sind, eine besonders große Rolle, um die graduellen Abstufungen ihrer mimischen und gestischen Reaktionen sowie die Stimuli zu erkennen, die eine Änderung dieser nonverbalen Reaktionen bewirken. Selbstverständlich ist vor jeder Videoaufnahme das Einverständnis des Patienten bzw. seines Betreuers für die jeweilige Aufnahme und deren Verwendung einzuholen. Nach unserer Erfahrung weichen anfängliche Vorbehalte der Patienten gegen Videoaufnahmen bei häufigerer Anwendung einer zunehmenden Akzeptanz. Zur Dokumentation erstellen wir jeweils individuelle Beobachtungsprotokolle, in denen wir je nach Bedarf das zu beobachtende operationalisierte Verhalten im situativen Kontext sowohl als Baseline als auch zur Verlaufs- und Therapiekontrolle erfassen (Tabelle 14-4).

Die Methode der Selbstbeobachtung ist bei Patienten mit hirnorganisch bedingten Verhaltensstörungen oft gar nicht oder nur eingeschränkt anwendbar. Sie erfordert die Registrierung des Zielverhaltens während oder unmittelbar nach einem

Tabelle 14-4. Beispiele für Verhaltensprotokolle

1) Protokoll Problemverhalten

Name: _____ Woche von _____ bis _____				
Situation	Vorausgehende Ereignisse	Verhalten	Kurzfristige Folgen	Langfristige Folgen

2) Protokoll Tagesaktivitäten

Tagesprotokoll   Wochentag: _____ Name_____
Vormittag:
Mittag:
Abend:

Ereignis. Dazu sind aber Patienten mit einer Antriebsminderung, kognitiven Störungen oder fehlender Störungswahrnehmung nicht oder nur eingeschränkt in der Lage, so daß nur unvollständige Beobachtungen vermittelt werden und Datenverzerrungen entstehen können. In der klinischen Neuropsychologie kann die Selbstbeobachtung auch unter therapeutischen Gesichtspunkten sinnvoll sein. Das Ziel ist, den Patienten durch Selbstbeobachtung für die Wahrnehmung seines auffälligen Verhaltens zu sensibilisieren; dies geschieht zunächst unter kontrollierten Bedingungen. Ein Patient mit mangelnder sozialer Kompetenz wird beispielsweise dazu aufgefordert, innerhalb eines vereinbarten Zeitraums zu beobachten und zu protokollieren, wie oft es ihm gelingt, andere Gruppenteilnehmer aussprechen zu lassen, ohne sie zu unterbrechen. Abhängig vom Grad der Einsichtsfähigkeit in das Problemverhalten können wir auch bei hirnorganisch bedingten Verhaltensstörungen den therapeutischen Effekt der Selbstbeobachtung erkennen: Die Registrierung positiver Verhaltensweisen führt in der Regel zur Zunahme, die negativen Verhaltens zur Abnahme entsprechender Verhaltensweisen. Dieser Effekt kann für die Verlaufsdiagnostik genutzt werden, die Aufschluß darüber gibt, inwieweit der Patient sein Problemverhalten wahrnehmen und kontrollieren kann.

Das Problemverhalten kann nicht immer unter kontrollierten Bedingungen beobachtet oder durch die „experimentelle Methode" des Rollenspiels ausgelöst werden. Besonders sozial unerwünschte Verhaltensweisen, wie beispielsweise aggressives Verhalten, treten im Klinikalltag seltener oder mit geringerer Intensität auf als in der vertrauten häuslichen Umgebung. Dies hängt mit der Schwere der Störung und mit dem Ausmaß der Selbstkontrolle des Patienten zusammen. Darüber hinaus kommen in der Klinik mit ihren „Schonräumen" die auslösenden Stimuli nicht oder zu selten vor. Aus diesen Gründen hat die Verhaltensbeobachtung durch die Angehörigen im natürlichen Lebensbereich des Patienten einen besonders hohen Stellenwert. Wie bei der Fremdbeobachtung durch die Therapeuten ist es auch bei der durch die Angehörigen wichtig, daß das Verhalten immer im situativen Kontext und unmittelbar, nachdem es auftritt, protokolliert wird.

14.3 Diagnostik der Krankheitsverarbeitung

Eine erworbene Hirnschädigung stellt im Leben der Patienten und ihrer Angehörigen eine Zäsur dar, die kurz-, mittel- und langfristige Veränderungen im Personen-Umwelt-Gefüge bewirkt. Die Betroffenen sind in der Regel auf das unerwartete Krankheits- oder Unfallereignis nicht vorbereitet. Da es sich um ein nonnormatives Lebensereignis handelt (im Gegensatz z. B. zum Ruhestand), verfügen sie in der Regel weder über eigene Erfahrungen, noch können sie sich an Gleichaltrigen orientieren. Neben der kurzen Antizipationsdauer, d. h. der Zeit vom Auftreten der Symptome bis zur endgültigen Feststellung einer (bleibenden) Hirnschädigung, kommen noch weitere Belastungsdimensionen wie die Aussicht auf langanhaltende Behinderungen und eine unsichere Lebenserwartung hinzu. Für die Betroffenen können daraus schwerwiegende psychosoziale Folgen entstehen:

- Durch Befindlichkeitsstörungen (Angst, Depression, emotionale Labilität, Reizbarkeit) wird die Kooperationsbereitschaft bei den erforderlichen intensiven Trainingsmaßnahmen beeinträchtigt, die die motorischen, kognitiven oder sprachlichen Restfunktionen erhalten oder verbessern sollen.
- Selbstvertrauen und Selbstwertgefühl werden durch die Behinderung und die Abhängigkeit von fremder Hilfe geschwächt.
- Familie und Partnerschaft erfahren belastende Veränderungen.
- Bei Sozialkontakten und Freizeitaktivitäten wird mangelndes Verständnis des sozialen Umfelds vor allem gegenüber kognitiven und kommunikativen Einschränkungen erfahren; dies begünstigt den Rückzug aus sozialen Aktivitäten.

– Berufliche Einschränkung oder vorzeitige Berentung bedeuten Statusverlust, finanzielle Einbußen und veränderte soziale Rollen.

Diese einschneidenden Veränderungen lassen vermuten, in welchem Ausmaß Neuorientierung und Anpassungsleistungen von den Betroffenen erwartet werden müssen.

Die „Coping"-Forschung beschäftigt sich zunehmend mit der Bewältigung körperlicher Erkrankungen und Behinderungen. Richtungsweisend ist das transaktionale Streßmodell von Lazarus und Folkman (1984). An diesem heuristischen Modell veranschaulichen die Autoren die Krankheitsbewältigung als einen zeitlich variablen individuellen Entwicklungs- und Lernprozeß, bei dem sich der Patient und seine Umwelt aneinander anpassen sollten. Dies bedeutet, daß Bewältigungsversuche der Betroffenen die problematische Situation verändern und umgekehrt Veränderungen der Situation künftige adaptive Bemühungen beeinflussen. Damit werden weniger die Intensität oder Häufigkeit von Belastungen akzentuiert, vielmehr steht der Prozeß der Verarbeitung im Mittelpunkt. Im folgenden Diagnoseschema sind die wesentlichen Faktoren der Krankheitsverarbeitung zusammengefaßt (Tabelle 14-5).

Tabelle 14-5. Diagnoseschema Bewältigungsverhalten

Personenmerkmale / Kontextmerkmale
1) Medizinische Faktoren und neuropsychologische Defizite
2) Prämorbide psychische Störungen
3) Kausalattribution, Kontrollerwartung
4) Lebensgeschichtlich entwickelte Lernerfahrungen
5) Soziale Realität: materielle und soziale Ressourcen/Stressoren

ad 1) Zur objektiven Einschätzung der Bewältigungsmöglichkeiten sind die jeweils vorliegenden medizinischen Faktoren und neuropsychologischen Defizite zu berücksichtigen. Bei einem Aphasiker begrenzt beispielsweise die eingeschränkte Kommunikationsfähigkeit das soziale Anschlußhandeln, d. h. sie hindert den Patienten, soziale Ressourcen aufzusuchen und für sich zu mobilisieren.

ad 2) Patienten mit prämorbiden psychischen Störungen konnten schon vor dem Krankheitsereignis Alltagsanforderungen in der Regel nur bedingt bewältigen. Die Hirnschädigung vermehrt die Stressoren und schränkt das bereits reduzierte Bewältigungsrepertoire noch mehr ein. Wir beobachten daher bei diesen Patienten häufig gravierende Anpassungsprobleme auch bei vergleichsweise geringfügigen neuropsychologischen Defiziten.

ad 3) Zur Krankheitsverarbeitung gehört das Bedürfnis des Patienten, das Krankheits- oder Unfallereignis zu verstehen und die Folgen der Hirnschädigung sowie die Möglichkeiten eigener Einflußnahme einzuschätzen. Diese als Kausalattribution und Kontrollerwartung bezeichneten Vorgänge geben Aufschluß über die subjektive Krankheitswahrnehmung des Patienten (Unfallschuldfrage, Über- oder Unterbewertung der Defizite).

ad 4) Die Coping-Forschung weist auch auf die Bedeutung der lebensgeschichtlich entwickelten Lernerfahrungen für die Krankheitsbewältigung hin. Prädiktor für eine positive Bewältigung ist ein vielfältiges Bewältigungsrepertoire, das je nach Anforderung flexibel gehandhabt werden kann (Rüger et al. 1990). Für die Diagnostik ist es deshalb wichtig, nicht nur frühere kritische Lebensereignisse zu erfragen, sondern auch die Art und Weise, wie der Patient sie bewältigt hat. Es wird vermutet, daß diese Lernerfahrungen sich zu stabilen Kontrollüberzeugungen als einem Teil des Selbstbildes ausformen. Bei chronischen körperlichen Erkrankungen hat sich gezeigt, daß generell eine internale Kontrollüberzeugung, d. h. die Überzeugung, wichtige Aspekte des eigenen Lebens selbst beeinflussen zu können, mit aktiven Bewältigungsbemühungen, höherer Lebenszufriedenheit und günstigerer emotionaler Befindlichkeit einhergehen (Beutel 1990).

ad 5) Die Krankheitsbewältigung findet nicht isoliert, sondern in einem sozialen Kontext statt. Relevante Bereiche sind die familiäre, berufliche und finanzielle Situation, die Wohnbedingungen sowie die Freizeitgestaltung. Aus dem Vergleich der prämorbiden mit den aktuellen Lebensbedingungen lassen sich die sozialen und materiellen Ressourcen und Stressoren ableiten. Infolge der Behinderung kann sich beispielsweise der sozioökonomische Status des Patienten gravierend verschlechtern. Wie viele Untersuchungen übereinstimmend zeigen, ist gerade nach einer Hirnschädigung die soziale Unterstützung für den Patienten und die Angehörigen sehr bedeutsam. Dazu gehören sowohl emotionale (Trost, Zuwendung), informative (Rat, Information) und evaluative Unterstützung (Anerkennung, Wertschätzung) als auch instrumentelle (praktische) Hilfen, die je nach Bewältigungsverlauf einen unterschiedlichen Stellenwert haben.

Die soziale Unterstützung kann neben ihrer adaptionsfördernden Wirkung auch negative Auswirkungen haben. Dies trifft dann zu, wenn das Selbstwertgefühl des Patienten durch die Abhängigkeit von externer Hilfe bedroht oder das soziale Netzwerk überlastet ist. Einen Überblick über die negativen Auswirkungen eines Schädel-Hirn-Traumas auf das Familiensystem gibt Brooks (1991). Der Autor weist darauf hin, daß Familienangehörige bei mittleren und schweren Belastungen (Pflege, Verhaltensstörungen) zunehmend unter Depressionen und Angststörungen leiden und selbst der Behandlung bedürfen. Dies wird dann zu einer zusätzlichen Belastung für den Patienten.

Das folgende Beispiel veranschaulicht, wie sich eine negative soziale Unterstützung erschwerend auf den Anpassungsprozeß des Patienten auswirken kann:

Ein 40jähriger Patient mit einer Halbseitenlähmung ist auch 1 Jahr nach intensiver medizinischer Rehabilitation nicht in der Lage, seinen Rollstuhl zu verlassen. Er nimmt mit einer hohen und anhaltenden Anstrengungsbereitschaft aktiv an den Funktionstherapien teil und ergänzt diese durch häusliche Übungen, erkennt aber schließlich, daß er lernen muß, mit der bleibenden Bewegungseinschränkung im Alltag zurechtzukommen. Dies führt zu depressiven Stimmungseinbrüchen. Die Ehefrau, die noch unverändert davon überzeugt ist, daß die Beweglichkeit ihres Mannes sich völlig wiederherstellen läßt, ist durch die depressive Reaktion beunruhigt und versucht, den Patienten zu überreden, noch intensiver als bisher die krankengymnastischen Übungen durchzuführen. Der Patient stellt seine Bemühungen resigniert wieder ein, als er erlebt, daß die Ehefrau ihn in seinem neuen „Bewältigungskonzept" nicht unterstützt. In der Folge intensivieren sich seine depressiven Stimmungseinbrüche und Insuffizienzgefühle.

Die potentielle Verfügbarkeit sozialer Unterstützung bewirkt noch keine positive Anpassung; wesentlich ist, daß der Patient zu sozialem Anschlußhandeln fähig ist, d. h. daß er das soziale Netzwerk aufsuchen und mobilisieren kann. Dies gelingt Patienten nach einem Schädel-Hirn-Trauma unabhängig von ihren prämorbiden sozialen Kompetenzen und ihrer sozialen Einbindung schlechter als beispielsweise einer Vergleichsgruppe von Patienten, die sich allein wegen Interaktionsproblemen in psychotherapeutischer Behandlung befanden (Newton u. Johnson 1985); 72 % der untersuchten Patienten, bei denen die Hirnschädigung durchschnittlich 5 Jahre zurücklag, litten unter „Sozialangst". Die Autoren vermuten, daß diese Unsicherheit sich aufgrund einer anfänglichen partiellen sozialen Isoliertheit im Klinikalltag ergab; dies kann zwar einerseits einen emotionsregulierenden Effekt haben, schränkt aber andererseits die Möglichkeiten, soziales Verhalten zu üben, stark ein. Einen derartigen Zusammenhang zwischen sozialer Isolation und geringer Therapiemotivation wies Hyman (1972) auch bei Patienten mit Hirninfarkt nach (Tabelle 14-6).

Tabelle 14-6. Diagnostische Verfahren: Bewältigungsverhalten

1) Verhaltenstherapeutisches Interview

2) Selbstbeobachtungs- und Ratingverfahren

   – Freiburger Fragebogen zur Krankheitsverarbeitung (FKV; Muthny 1989)

   – Fehlschlagangst- und Unsicherheitsfragebogen (FA/UF; Ullrich u. Ullrich 1976)

   – Marburger Angsttagebuch (Markgraf u. Schneider 1990)

   – Goal Attainment Scaling (GAS) (Kiresuk 1975)

   – Liste positiver Verstärker (LEV) (Cautela u. Kastenbaum 1967)

14.3.1 Verhaltenstherapeutisches Interview

Der Therapeut muß sich zunächst anhand der Befunde, evtl. auch durch Rücksprache mit anderen Fachkollegen (z. B. Logopäden), vergewissern, ob die kommunikativen und kognitiven Voraussetzungen für eine Exploration gegeben sind.

Einschränkungen des Sprachverständnisses oder der expressiven Sprachleistungen sowie reduzierte Gedächtnisleistungen verzögern die Untersuchung oder können zu Informationsverzerrungen führen. Grundlage für die Exploration des Bewältigungsverhaltens ist das Diagnoseschema der Tabelle 14-5. Wie auch bei der Exploration der hirnorganisch bedingten Verhaltensstörungen gilt es, den individuellen Bedingungszusammenhang aufzuklären. Das Bewältigungsverhalten mit seiner emotionalen, kognitiven und handlungsorientierten Dimension hat immer ein Ziel und eine Funktion und variiert je nach der Anforderung. Deshalb versucht der Therapeut, mit dem Patienten und den Angehörigen die subjektiv erlebten Belastungssituationen, die Bewältigungsstrategien und deren kurz- und langfristige Konsequenzen zu klären. Tagebuchaufzeichnungen und Selbstbeobachtungsprotokolle können sich dabei als hilfreich erweisen. Die Exploration der subjektiv erlebten Belastungssituationen und ihrer Bewältigung sollte aber immer ergänzt werden durch Informationen darüber, wie die Betroffenen auch objektive Anforderungen bewältigen. Wir orientieren uns dabei an den von Moos und Tsu (1977) sowie Turk et al. (1980) entwickelten Kategorien von Anpassungsaufgaben nach chronischen körperlichen Erkrankungen:

- Auseinandersetzung mit den Defiziten und störenden Symptomen: Welche Defizite nimmt der Patient bei sich wahr und welche Bedeutung haben sie für ihn und seine Angehörigen?
- Auseinandersetzung mit den Umgebungsbedingungen der Rehabilitationseinrichtung: Was erwartet der Patient/Angehörige von den unterschiedlichen Behandlungen? Wie setzt er sich mit den Behandlungsangeboten auseinander? Wie ist sein Sozialverhalten gegenüber Mitpatienten und Klinikpersonal?
- Aufrechterhaltung eines angemessenen emotionalen Gleichgewichts: Wie setzen sich Patient und Angehörige mit Insuffizienzgefühlen, Gefühlen der Einsamkeit und Entfremdung auseinander? Was macht ihnen Hoffnung?
- Erhalten eines befriedigenden Selbstbildes: Wie setzt sich der Patient mit seinem veränderten Körperbild, seiner verminderten Leistungsfähigkeit und seinen veränderten sozialen Rollen auseinander? In welcher Weise gelingt es ihm, Lebensziele neu zu bestimmen sowie eine persönlich und sozial zufriedenstellende Balance zwischen Annehmen von externer Unterstützung und Eigenverantwortlichkeit herzustellen?
- Aufrechterhalten von Beziehungen zu Familie und Freunden: Wie kommt der Patient mit den Rollenanforderungen als Partner und Elternteil zurecht? In welcher Weise nutzen Patienten und Angehörige das verfügbare soziale Netzwerk? Wie gelingt es ihnen, alte Beziehungen aufrechtzuerhalten bzw. neue Kontakte wahrzunehmen?
- Produktivität: Unter welchen Bedingungen und in welcher Weise bewältigt der Patient berufliche und schulische Anforderungen, Haushaltsaktivitäten und Hobbies?

Die Diagnostik des Bewältigungsverhaltens des Patienten bleibt unvollständig ohne Informationen darüber, wie sich die Angehörigen mit der Behinderung des Patienten und der veränderten Lebenssituation auseinandersetzen. Aus diesem Grund ist es unverzichtbar, die Angehörigen zu befragen, was sie als Belastungen erleben und wie sie damit umgehen können:

- Wie erlebt der Angehörige mögliche Verhaltensänderungen (sprachliche, kognitive und körperliche Defizite)? Welche Krankheitsfolgen belasten ihn besonders?
- Welche Belastungen ergeben sich für die Angehörigen aus Rollenänderungen innerhalb der Familie? Welche neuen Aktivitäten müssen übernommen werden?
- Wie äußert sich die mögliche Überforderung der Angehörigen (z. B. psychische, psychosomatische Beschwerden)?
- Gibt es Hinweise auf Beziehungskrisen, Trennungsabsichten?
- In welcher Weise ist der Angehörige mit der Pflege und Betreuung überfordert?
- Welche Befürchtungen bestehen um die Gesundheit des Patienten (z. B. Rezidiv, Reinfarkt, zerebrale Anfälle)?

– Beschäftigen den Angehörigen Selbstvorwürfe, an der Erkrankung oder dem Unfall mitschuldig zu sein oder sich für den Patienten nicht genug anzustrengen?
– Bestehen Sorgen um die zukünftige materielle Sicherheit?
– Gibt es einschneidende Veränderungen im Freizeit- und Sozialbereich des Angehörigen? Gibt es Hinweise auf eine soziale Isolierung?

In einem weiteren Schritt ist zu klären, ob das Bewältigungsverhalten des Patienten und des Angehörigen übereinstimmt oder gegensätzlich verläuft, d. h. durch welche Verhaltensweisen des Angehörigen die Alltagsanpassung gefördert, gestört oder verzögert wird.

Der Einschätzung der Belastungsfaktoren steht bei Patienten und Angehörigen immer auch die Einschätzung der Ressourcen gegenüber, die bei der Therapieplanung äußerst wichtig sind. Die Exploration der Patienten und Angehörigen findet zusammen und getrennt statt. Beide Formen sind sinnvoll und ergänzen sich. Die getrennte Erhebung gibt dem Patienten und den Angehörigen Gelegenheit, offen über die eigene Situation zu sprechen. Als Ergänzung bietet das gemeinsame Gespräch die Möglichkeit, das Interaktionsverhalten zu beobachten. Es können sich hier erste Hinweise auf eine Überfürsorglichkeit zeigen; so ist z. B. gerade bei aphasischen Patienten häufig zu beobachten, daß der Angehörige zum Sprachrohr des Patienten wird, auch in Situationen, in denen sich dieser, wenn auch umständlich und mit erhöhtem Zeitbedarf, selbst mitteilen könnte.

14.3.2   Selbstbeobachtungs- und Ratingverfahren

Diese Untersuchungsinstrumente sind eine sinnvolle Ergänzung zum verhaltenstherapeutischen Interview. Für sich genommen reichen sie zur Diagnostik allerdings nicht aus, weil sie nur einzelne Aspekte einer Störung in der Krankheitsverarbeitung messen. Voraussetzung ist, daß der Patient von seinen neuropsychologischen Defiziten her dazu in der Lage ist. Der Untersucher sollte während der Untersuchung unbedingt anwesend sein, damit er Hilfestellung geben kann, z. B. durch zusätzliche Instruktionen oder vergrößerte Vorlagen. Insgesamt sollte die Untersuchung immer ökonomisch bleiben, d. h. wenn sich bei der Durchführung des Verfahrens ein überdurchschnittlicher Zeitaufwand und damit Datenverzerrungen aufgrund der neuropsychologischen Defizite abzeichnen, sollte die Anwendung zurückgestellt werden.

14.3.2.1   Freiburger Fragebogen zur Krankheitsverarbeitung (FKV)

Aus der Fülle der zur Verfügung stehenden Ratingverfahren (zur Übersicht s. Olbrich 1990) haben wir den von Muthny (1989) entwickelten Freiburger Fragebogen zur Krankheitsverarbeitung ausgewählt, da dieser gut operationalisiert ist und sich als praktikabel erwiesen hat. Bei diesem reaktionsdifferenzierenden Fragebogen wird der Patient bereits in der Instruktion gebeten, den jeweiligen Belastungsfokus anzugeben, auf den sich die für ihn einzuschätzende Bewältigungsform bezieht. Der Fragebogen eignet sich sowohl zur Selbst- als auch zur Fremdeinschätzung durch Angehörige und Pflegepersonal. Die Fremdeinschätzung eröffnet vor allem bei aphasischen Patienten die Möglichkeit, über Auskünfte der Angehörigen zu einer annäherungsweisen Einschätzung des Bewältigungsverhaltens zu gelangen. Das Verfahren erlaubt eine retrospektive und eine aktuelle Erhebung. Patienten mit Gedächtnisstörungen können oft nur einen begrenzten Zeitraum überblicken und sind mit der retrospektiven Einschätzung in der Regel überfordert. Um Verzerrungen zu vermeiden, sollte diese Patientengruppe nur ihr aktuelles Bewältigungsverhalten einschätzen. Routinemäßige Verlaufsmessungen haben unserer Erfahrung nach weniger Aufschluß gebracht als die wiederholte Anwendung, wenn sich eine neue Anforderung oder ein neuer Belastungsfokus abzeichnet (Tabelle 14-7).

Tabelle 14-7. Skalen des FKV

---

1) Problemanalyse und Lösungsverhalten

2) Depressive Verarbeitung

3) Hedonismus

4) Religiosität und Sinnsuche

5) Mißtrauen und Pessimismus

6) Kognitive Vermeidung und Dissimulation

7) Ablenkung und Selbstaufwertung

8) Gefühlskontrolle und sozialer Rückzug

9) Regressive Tendenz

10) Relativierung durch Vergleich

11) Compliance-Strategien und Arztvertrauen

12) Selbstermutigung

Der Freiburger Fragebogen ist bisher noch nicht an hirnorganisch Kranken normiert. Die klinische Erfahrung hat gezeigt, daß sich das Verfahren nicht für Patienten mit schweren hirnorganisch bedingten Verhaltensstörungen eignet, da diese nicht ausreichend introspektions- und reflektionsfähig sind.

14.3.2.2 Fehlschlagangst- und Unsicherheitsfragebogen (FAF/UF)

Um den Grad sozialer Kompetenz abschätzen zu können, sind die von Ullrich und Ullrich (1976) entwickelten Fragebogen (vgl. Tabelle 14-6) auch bei Patienten anwendbar, die infolge ihrer Behinderung selbstunsicheres Verhalten zeigen. Beim Fehlschlagangst-Fragebogen handelt es sich um ein reizdifferenzierendes Verfahren, beim Unsicherheitsfragebogen um ein reaktionsdifferenzierendes. Die Fragebogen werden dann eingesetzt, wenn der Patient wieder Gelegenheit zu sozialen Aktivitäten in seinem natürlichen Umfeld hat bzw. wenn er aufgrund von Erfahrungen mit der Hirnschädigung Unsicherheiten in zwischenmenschlichen Beziehungen antizipiert. Beide Fragebogen erweisen sich als hilfreich für die Kontrolle der Therapie selbstunsicheren Verhaltens. Als Selbsteinschätzungsinstrumente eignen sie sich nicht für Patienten mit primär hirnorganisch bedingtem defizitärem Problembewußtsein.

14.3.2.3   Marburger Angsttagebuch

In dem von Markgraf und Schneider (1990) entwickelten Selbstbeobachtungsprotokoll (vgl. Tabelle 14-6) erfaßt der Patient sein Angstverhalten nicht nur quantitativ und qualitativ, sondern auch im situativen Zusammenhang. Wegen der einfachen und übersichtlichen Strukturierung ist das Protokoll auch für hirngeschädigte Patienten gut geeignet. Die zuverlässige und kontinuierliche Protokollierung bietet eine Reihe von Vorteilen. Ein Patient, der mit diesem Instrument aktiv am diagnostischen Prozeß beteiligt ist, wird auch eher für eine Therapie motiviert werden können und gewinnt durch die Einsicht in die Zusammenhänge seiner Angstproblematik immer mehr an Selbstkontrolle. Wir verwenden dieses Verfahren zur Erhebung einer Baseline sowie zur Verlaufskontrolle.

14.3.2.4   Goal Attainment Scaling (GAS)

Dieses von Kiresuk (1975) entwickelte Selbstkontrollinstrument (vgl. Tabelle 14-6) gibt, therapiebegleitend eingesetzt, Aufschluß darüber, ob ein Patient seine Hirnleistungsdefizite und Bewältigungskompetenzen realistisch einzuschätzen vermag bzw. zu Über- und Unterschätzungen neigt. Darüber hinaus können Therapiefortschritte als konkretes Verhalten evaluiert werden. Dies geschieht dadurch, daß die operationalisierten prospektiven Therapieziele in einer mehrstufigen Skala eingeschätzt werden, die vom bestmöglichen bis zum ungünstigsten Ergebnis reicht. Für den Therapeuten sind die Ergebnisse Orientierungshilfe zur realistischen und differenzierten Einschätzung weiterer Therapieziele. Dieses Instrument ist auch therapeutisch wirksam, da sich für den Patienten meist Lerneffekte in Richtung Selbstbeobachtung, Selbstkontrolle und Selbstverstärkung ergeben.

14.3.2.5   Liste zur Erfassung von Verstärkern (LEV)

Eine Reihe psychotherapeutischer Verfahren geht mit Konditionierungsmethoden einher. Aus diesem Grund ist es wichtig, die für den jeweiligen Patienten wirksamen Verstärker zu kennen. Hier bietet sich zur Therapieplanung besonders bei Patienten mit Ideenarmut oder depressiven Verstimmungen die LEV (Cautela und Kastenbaum 1967; vgl. Tabelle 14-6) mit 217 Items als Hilfsmittel an. Die Verstärkerliste ist auch für die Therapieevaluation der Depression nützlich. Der Patient protokolliert täglich seine als angenehm bewerteten Aktivitäten aus der Verstärkerliste sowie den subjektiven Stimmungswert. Das Schaubild, das aus diesen Angaben entsteht, läßt den Zusammenhang zwischen Beurteilung der Stimmung und Anzahl der Aktivitäten erkennen (Hautzinger et al. 1989).

Literatur

Beutel M (1990) Theorien zur Krankheitsverarbeitung. In: Broda M, Muthny FA (Hrsg) Umgang mit chronisch Kranken. Thieme, Stuttgart, S 43–52

Bond MR (1975) Assessment of the psychosocial outcome after severe head injury. In: Bond MR (ed) CIBA Foundation Symposium 34: Outcome of Severe Damage of the Central Nervous System. Elsevier, Amsterdam, pp 141–158

Brooks DN (1991) The head-injured family. J Clin Exp Neuropsychol 13:155–188

Cautela JR, Kastenbaum R (1967) A reinforcement survey schedule for use therapy, training and research. Psychol Rep 20:1115–1130

Ellgring H (1989) Der Wert des Videos in der Psychotherapie. In: Kügelgen B (Hrsg) Video in Psychiatrie und Psychotherapie. Springer, Berlin Heidelberg, S 11–25

Hand I, Wittchen HU (1988) Verhaltenstherapie in der Medizin. Springer, Berlin Heidelberg

Hautzinger M, Stark W, Treiber R (1989) Kognitive Verhaltenstherapie bei Depressionen. Psychologie Verlags-Union, München Weinheim

Hyman MD (1972) Social psychological determinants of patients performance in stroke rehabilitation. Phys Med Rehabil 53:217–226

Kanfer FH, Reinecker H, Schmelzer D (1991) Selbstmanagement-Therapie. Springer, Berlin Heidelberg, S 11–24 u. 96–108

Kiresuk TJ, Lund SH (1975) Process and outcome measurement using goal attainment scaling. In: Zusman J, Wursten CR (eds) Program Evaluation. Heath, Lexington, pp 207–239

Lazarus A (1976) Multimodal Behavior Therapy. Springer, New York

Lazarus RS, Folkman S (1984) Stress, Appraisal, and Coping. Springer, New York

Markgraf J, Schneider S (1990) Marburger Angst-Fragebogen. In: Markgraf J, Schneider S (Hrsg) Panik. Springer, Berlin Heidelberg, S 185–190

Moos RH, Tsu D (1977) The crisis of physical illness. In: Moos RH (ed) Coping with Physical Illness. Plenum, New York, pp 3–21

Muthny FA (1989) Freiburger Fragebogen zur Krankheitsverarbeitung (FKV). Beltz, Weinheim

Newton A, Johnson DA (1985) Social adjustment and interaction after severe head injury. Brit J Clin Psychol 24:225–234

Olbrich E (1990) Methodischer Zugang zur Erfassung von Coping – Fragebogen oder Interview? In: Muthny FA (Hrsg) Krankheitsverarbeitung. Springer, Heidelberg, S 53–78

Rüger U, Blomert AF, Förster W (1990) Operationalisierungen des Bewältigungs- und Abwehrverhaltens. In: Rüger U, Blomert AF, Förster W (Hrsg) Coping. Verlag für Medizinische Psychologie, Göttingen

Schulte D, Kemmler L (1974) Systematische Beobachtung in der Verhaltenstherapie. In: Schulte D (Hrsg) Diagnostik in der Verhaltenstherapie. Urban & Schwarzenberg, München, S 152–196

Schwarz D (1986) Verhaltenstherapie. In: von Uexküll T et al. (Hrsg) Psychosomatische Medizin. Urban & Schwarzenberg, München, S 268–276

Turk DC, Sobel HJ, Follick MJ, Youkilis HD (1980) A sequential criterion analysis for assessing coping with chronic illness. J Hum Stress 6:35–40

Ullrich R, Ullrich-de Mynck R (1976) Das Assertivenesstrainingsprogramm: Einübung von Selbstvertrauen und Sozialer Kompetenz. Pfeiffer Verlag, München

Wood RL (1984) Behaviour Disorders Following Severe Brain Injury: their Presentation and Psychological Management. Oxford University Press, Oxford New York

Sachverzeichnis

Aachener Aphasie-bedside-Test (AABT)
160 f
Aachener Aphasietest (AAT)   153 f, 158 ff
Ablenkbarkeit   73, 78
– externe   78
Abulie   291
„Act-and-react"-Testsystem   96
Adaptationsmessung   8
ADL-Skalen   242
Advanced Progressive Matrices (APM)
132 f
3-AFC-Task   58
Affektarmut   291
Affektinkontinenz   292
affektive Instabilität   290, 292
Affektstarre   291
Aggression   292
– Handlungs-   292
– verbale   292
Aggressionsausbruch   290, 292
Aggressivität   129
Agrammatismus   154 ff
Agraphie   165 f
– orthographische   166
Akalkulie   177 ff, 184 f
– Abzählen   179
– primäre   177, 180
– sekundäre   180
– Umgang mit Geld   184 f
alertness   67, 72
– kontingente negative Variation (CNV)
67
– phasische   67
– tonische   67
Alexie   164 ff
Alternate Uses Test   140
amnestisches Syndrom   91

„Amsterdam-Nijmegen-every-day-lang-
uage"-Test (ANELT)   162 f
Anagramme   140
Analogien   130 f
Anamnese, olfaktorische   54
Anosmie   54, 59
– posttraumatische   59
Anosodiaphorie   83 f
Anosognosie   82 ff
Anpassungsstörung   294 f, 311
– mit ängstlicher Gestimmtheit   294
– mit depressiver Stimmung   294
– mit gemischten emotionalen Merkmalen
294
– mit körperlichen Beschwerden   294
Antriebshemmung   291
Apathie   290 f
Aphasie   44, 153 ff, 157, 160, 276
– amnestische   276
– globale   157
– transkortikale   160
Aphasieprüfverfahren (APV)   153 f
Apraxie   196, 259 ff, 264, 266, 276 f
– Ankleide-   259
– Balken-   260 f
– bukkofaziale   196, 261
– diagonistische   261
– Gang-   260
– gliedkinetische   260
– Gliedmaßen-   261 f
– ideatorische   259, 264, 276 f
– ideomotorische   259, 264, 266
– konstruktive   259
– magnetische   260
Arithmetik   181 ff
Artikulation   154, 202 ff, 209 ff, 211 ff
Audiogramm   39

auditorische Agnosie   44
Auditory Verbal Learning Test (AVLT)   98
Aufmerksamkeit   73, 75, 78, 110
– Dauer-   78 ff
– geteilte   75 ff
– selektive   73 ff
Aufmerksamkeits-Belastungs-Test (d-2-Test)   74
Aufmerksamkeitsfragebogen FEDA   69
Aufmerksamkeitskapazität   65 f
Aufmerksamkeitsselektivität   66
Aufmerksamkeitsteilung   65 f
Aufmerksamkeitstestbatterie   72
Augenbewegung   20, 22
– Registrierung   20, 22
automatisierte Sprache   154
Automatismen   157
– sprachliche   157
awareness   82

Beck Depression Inventory (BDI)   301 f
Bedingungsanalyse   313 ff
Bedside Test of Calculation Abilities   177 f
Behaltensleistung   41, 100 ff
– akustische   41
– kurzfristige   100 f
– längerfristige   100 f
– mittelfristige   100 f
Beleuchtungseinstellung   7
Benton-Test   24, 28, 96
– visuokonstruktive Version   28
Berührungsempfindung   197
Bewältigungsverhalten   322 ff
Bewegungskoordination   236 f
Bewegungssequenz   269 f
Bildbeschreibung   171 f
bimanuelle Leistungen   247 ff
– asymmetrisch   247 ff
– symmetrisch   247 f
binaurale Interaktionstests   43
Blendgefühl   6
Blickfeldmessung   17
Blickrichtungssensitivität   33
Blockspanne   94
„Body-part-as-object" (BPO)   267 f
Bogenhausener Ratingskala (BRBV)   128 f
Booklet Category Test (BCT)   133
Boston Apraxia Test   269
Boston Diagnostic Aphasia Examination (BDAE)   172, 271 f

Bourdon-Test   74
brain mapping   47
Brown-Peterson-Technik   95

California Verbal Learning Test (CVLT)   98
Cambridge Low Contrast Grating Test   4
Cognitive Failures Questionnaire (CFQ)   69
Complex-figure-Test   101
Comprehensive Apraxia Test (CAT)   205
computergestütztes Untersuchungsverfahren   25, 68, 231, 244 ff, 249 ff
Continuous Performance Test (CPT)   79
Coping-Forschung   321
Crovitz-Technik   105

deduktives Denken   138
Denkstörung   123 ff
Design Fluency Test   141
Diadochokinese   280
Diagnosticum für Cerebralschädigung (DCS)   99
dichotische Hörtests   42
Diskrimination   40 ff, 55 ff, 227, 240, 242 f
– akustische Reize   40
– komplexe Geräuschfolgen   41
– Lautstärke   40 f
– nichtsprachliche Reize   40 f
– 2-Punkt-   227, 240, 242 f
– Qualität   58
– sprachliche Stimuli   41 ff
– Tonhöhe   40 f
divergentes Denken   138 ff
Divergent Production Test (DPT)   139
doppeltsimultane Stimulation (DSS)   14, 86
DR-2   74
DSM-III-R   289 ff
Dunkeladaptation   6 ff
Dunkelsehen   6
Durchstreichtests   16 f
Dysarthrie   112, 187 ff

EC-301-Testbatterie   178 ff
Edinburgh Handedness Inventory   234 f
Efron Shapes   25
Eigeninitiative   291
Einsichtsfähigkeit   127, 129
electric response audiometry (ERA)   46
Elektroglottographie   208
Elektrogustometrie   61 f

Elektrokochleographie 46
Elektropalatographie (EPG) 209 f
emotionale Indifferenz 291
Empathie 129
Entwicklungsdyskalkulie 177
episodischer Kontrollverlust 296
Everyday Attention Questionnaire (EAQ)
69
evozierte Potentiale 35, 39, 46, 56, 61, 67
– AEHP 46
– AEP 46
– akustisch 39, 46
– farb- 35
– gustatorisch 61
– olfaktorisch 56
– visuell 35
executive functions 124
Executive Functions Behavioral Rating
Scale (EFBRS) 128
Executive Route Finding Task 146
Extinktion 45

„Facial-recognition"-Test 33
Fahrtauglichkeit 15, 80 f
„Famous-faces"-Test 104
Farb-Wort-Interferenz-Test (Stroop-Test) 73
Feedback 214, 231, 245 ff
Fehlschlagangst- und Unsicherheitsfrage-
bogen (FAF/UF) 325
Feldmann-Test 43, 47
Finger-Nasen-Versuch 280
Florida Apraxia Screening Test (FAST)
268 f, 274
FM-100-Hue-Test 35
20-Fragen-Test 135 f
Freiburger Fragebogen zur Krankheits-
verarbeitung (FKV) 324 f
freies Kopieren 26
Frenchay-Dysarthrietest 199, 216
Fusionsschwelle 41

Gedächtnis 92 ff, 101 ff, 105, 109 ff, 113 ff
– Alt- 103
– Arbeits- 93 ff, 110
– biographisches 105
– episodisches 103
– explizites 92
– implizites 92, 102 f
– Kurzzeit- 93 ff, 111
– Langzeit- 93 ff

– prospektives 101, 110
– semantisches 103
– sensorisches 93
– -tagebuch 109
– Tests 113 ff
Gedächtnishilfen 92
– externe 92
– interne 92
Gedächtnisspanne 93 f
– figurale 93
– verbale 93 f
– visuell-räumliche 94
Gedächtnisstörung 103
– anterograde 103
– posttraumatische 103
– psychogene 103
– retrograde 103
GEMAT 96
Geräuschsinntaubheit 44
Geruchsstörung 53 ff
Geruchswahrnehmung 56 ff
– Atemreflex 56
– Hedonik 57
– Identifikation 57
– olfaktorisches Gedächtnis 57
– Qualitätsdiskrimination 57
– Schwellenwertbestimmung 57
Geschmacksstörung 53 ff
Gesichter-Namen-Test 97
Gesichterwahrnehmung 29, 110
– visuelle 29 ff
Gesichtsfeldausfälle 9 ff
Gesichtsfeldstörungen 9 ff
Gestalterfassung 31 f
Gesture Fluency Test 141 f
Gießen-Test 304 f
Gleichgültigkeit 290 f
Goal Attainment Scaling (GAS) 326
Goldenberg-Flexibilitätstest 134 f
Gollin-Figuren 102
„Go-/No-go"-Test 74 f
Graphic Pattern Generation Test 141
Griffarten 228
großformatige Suchvorlagen 17 f
Gustometer 60

Halstead Category Test (HCT) 133 f
Hamburg-Wechsler-Intelligenz-Test 136 f
Hamilton Depression Scale (HAMD) 302 f
Handfunktion 225 ff, 232 ff, 244, 247

– basale Leistungen 226 f
– Halteleistung 247 f
– Lähmung 226
– sensible Wahrnehmungsschwelle 226 f
– Standarduntersuchung 232 ff
– Variation der Bedingungen 244
Handfunktionstest von Jebsen 241
Händigkeit 233 ff
Handmotorik 235 ff
Handpräferenz 233 ff
HAWIE 93 f
Hedonik 58 f
Helladaptation 6 ff
Hinweisreiz 126
Hirnpotentiale 40
– ereigniskorrelierte 40
Hochgeschwindigkeitsaufzeichnung 195
Hörermüdung 40
Hörleistungen 39 ff
– Bedeutung 39
– Diskrimination 39
– Schwelle 39
Hörschwellenbestimmung 40 ff
Hörstörung 39 ff, 46 f
– P 300 46
– periphere 39, 41
– telenzephale 43
– zentrale 39, 46 ff
Hypernasalität 204
Hypobulie 291, 296 f
Hyponasalität 204

Identifikation 58 f
Imitation 263 f, 269 ff
induktives Denken 130 ff
Inkompatibilitätstest 75
inspektive Untersuchung 194 ff
Intelligenz-Struktur-Test 98
Introspektionsfähigkeit 295

Kategorisierung 32
Kehlkopfspiegelung 194
Klassifikations- und Konzeptbildungs-
  aufgaben 130, 133
Klickfusionsschwellen 48
kognitive Flexibilität 140
kognitive Inflexibilität 128
kognitiver Flexibilitätstest (FAT) 72 f
Kommunikationsfähigkeit 153
Kommunikationsfragebogen 193

Konfrontationstest 10
Kontrastsensitivität 3 ff
– räumliche 3
– zeitliche 5
Kontrastwahrnehmung 110
Konvertierungsleistungen 32 f
Konzentrationsleistungstest (KLT) 79 f
Kopfrechnen 179 f
Kopieren perspektivischer Zeichnungen 26
Krankheitseinsicht 311
Krankheitsverarbeitung 311, 319 ff
Kreativität 138 ff

Labyrinthaufgaben 142 f
Laryngoskopie 194 f
„lautes Denken" 126
Lernen 97 ff, 102
– prozedurales 102
Lern- und Gedächtnistest (LGT-3) 97, 114
Lesestörungen 20 ff, 164 ff
– visuelle 20
Lesetests 20 f
Linienhalbierung 23 f
Linienorientierung 23
Liste zur Erfassung von Verstärkern (LEV)
  326
LM-70-Hue-Test 35
logorrhöische Weitschweifigkeit 292
Lösungsstrategien 124
Lupenlaryngoskop 194 f

Major-Depression 293
Marburger Angsttagebuch 326
Matrizenaufgaben 130, 132
Memory Assessment Clinic Self-Report
  Scale (MAS-S) 108
Metakomponente 124
Metaphern und Sprichwörter 130, 136
Minnesota Multiphasic Personality Inven-
  tory (MMPI) 300 f
Minnesota Rate of Manipulation Test 80
Misplaced Objects Test 99
Mittel-Ziel-Problemlösungsaufgaben 140
Modified Card Sorting Test (MCST) 133 f
Modified Vygotsky Concept Formation Test
  (MVCFT) 133
Mosaiktest 28
motorische Defizite 232
Motorische Leistungsserie (MLS) 242
Multiple Errands Test (ME) 147

Münchner Akalkulieprüfung 180
Münchner Geruchstest (MGT) 57 ff
Münchner Persönlichkeitstest (MPT) 300, 304 ff
Münchner Verständlichkeitsprofil (MVP) 216 f
Muskelkraft 227, 236 f, 244 ff
– konstante Kraftproduktion 244 ff
– Kraftwechsel 244 ff, 247 f
– maximale 236
– Messung 236 f

Nacherzählen 171 f
Nasenendoskop 194
Neglect 45, 85
– somatosensible Modalität 85
– visuelle Modalität 85
Neglecttests 87 f
– „Behavioural-inattention"-Test 88
– Kopieren von Figuren 87
– Linien ausstreichen 87
– Linien halbieren 87
– Zeichnen geometrischer Figuren 87
Neologismen, semantische 154 f
Nonvocal Communication Test 278

Objektagnosie 29
– apperzeptive 29
– assoziative 29
Objektgebrauch 265, 267, 272 f, 281 f
Objektwahrnehmung 29, 110
– visuelle 29 ff
Olfaktometrie 55 ff
– Hautwiderstand 56
– Pupillenweite 56
– subjektive 55
olfaktorisches Gedächtnis 58
On-line-Konzentrationstest (OKT) 74
OPTACON 240
organisch bedingtes affektives Syndrom 293 f
organisch bedingtes Persönlichkeitssyndrom 289 ff
organisches Persönlichkeitssyndrom 288
Orientierung 107
– örtlich-geographische 107
– personale 107
– situative 107
– zeitlich-kalendarische 107

Paarassoziationen 97
Paarassoziationstests 97
Paced Auditory Serial Addition Task (PASAT) 72
Pantomime 263 f, 271 ff
Paragrammatismus 154 ff
Paragraphie 164
Paralexie 164 ff
– semantische 164
paranoide Vorstellung 290 f
Paranoidskala der PD-S 304
Paraphasie 154 ff, 159
– phonematische 154 f, 159
– semantische 154 f
Parosmie 54
Pelli-Robson-Test 4
Perimetrie 10 ff
– dynamische 10
– Farb- und Form- 12 ff
– statische 11, 14
Perseveration 128, 266 f
Persönlichkeit 304 ff
– postmorbide 304 ff
– prämorbide 304 f
Persönlichkeitsänderung 304 ff
phonematische Struktur 154
Phonetogramm 211
Photoelektroglottographie 209
Photostreßtest 7
„Picking-up"-Test 241
Planen 142 ff
Plausibilitätskontrolle 125, 128
Plus- und Minussymptomatik 313
Pneumograph 208
Pneumotachometrie 210
postkontusionelles Syndrom 297
Presbyterian Hospital Patient Competency Rating (PCR) 129 f
Problemanalyse 124
Problembewußtsein 127
Problemidentifikation 124
problemlösendes Denken 123 ff
– Hypothese 124
Problemlösungsstrategie 124
problems 124
– ill-defined 124
– well-defined 124
Promoting Aphasics' Communicative Effectiveness (PACE) 278
Prosodie 154, 206 f

Prosopagnosie   29 f
Prospective Memory Screening (PROMS)
  101
pseudodepressives Syndrom   296
psychoakustischer Musterdiskriminationstest
  (PMDT)   43 f
psychometrische Verfahren   297 ff, 307 f
PVT   80

räumlich-konstruktive Untersuchung   26 ff
reading span   94
„Recognition-memory"-Test   96
„Recurring-figures"-Test   99
Reflex   195 ff
– Husten-   195
– oraler   196
– Palatal-   195
– Pharyngeal-   195
Regan-Tafeln   4
Regelverstöße   128
Reihenergänzungsaufgaben   130 ff
Reintonschwellenaudiometrie   40
Reizverarbeitung   65 f
– automatische   65
– kontrollierte   65
Restgesichtsfeld   12 f
Rey-Osterrieth Complex Figure Test   96
Rey-Osterrieth-Figur   28
Richtungshören   45
Riechen   53 ff
Rivermead Behavioural Memory Test
  (RBMT)   95, 100, 113 f
RST-3   80 f

Schätzaufgaben   137
Schätzverfahren   130
Schluckstörung   195 f
Schmecken   53, 60 ff
– 3-AFC-Task   61
– Geschmacksqualität   60
– Speichelproduktion   53
– Wahrnehmungsschwelle   61
Schmerzwahrnehmung   240
Schreibbewegungen   231
Schreiben   247, 249 ff
– Bewegungsablauf   249
– Leistung pro Zeiteinheit   249 ff
Schreibstörungen   164 ff
schriftliches Rechnen   180
Schriftsprache   163 ff

Schwellenwahrnehmung   58
Seashore-Test   41
Sehschärfe   3 f
Selbstbeobachtung   317 f
Selbsteinschätzung   127
Selbstwahrnehmung   295
Selective Reminding Test   98
Self-Rating Depression Scale (SDS)   301
semantische Struktur   154
Sensibilität   239 ff
Silhouettentest   31
Slips of Action Inventory (SAI)   69
somatosensible Defizite   232
soziales Urteilsvermögen   290 ff
Sozialverhalten   129
Spiegelzeichnen   102
Spontansprache   154 ff
Sprachaudiometrie   41
Sprachperzeption   47
Sprachverarmung   292
Sprachverständnis   157
Sprechapraxie   111, 187, 204 ff
Sprechatmung   193, 198 ff
Sprechstörung   187 ff
Standard Progressive Matrices (SPM)   132 f
Stanford-Binet-Skalen   137
State-Skala des STAI   304
State-Trait Anxiety Inventory   300
Steigbügelreflex   46
Steuerungs- und Leitungsfunktion   126 ff
Stimme   200 ff, 208 f
Stimmfeld   211
Stimmleistung   202
Strichzeichnungen   31
Stroboskopie   195
stylus-maze   143
Subject-Ordered Pointing Task (SOPT)   145
Substitution   266 f
Syllogismen   138
– kategoriale   138
– konditionale   138
– lineare   138
syntaktische Struktur   154
Syntax   154 f
systematische Verhaltensbeobachtung   316 ff

tachistoskopisches Lesen   21
Tastleistung   239 ff
Teil-Ganzes-Vergleich   30 f
Teilung der Aufmerksamkeit   76

Temperaturwahrnehmung 240
Tempoleistung und Merkfähigkeit Erwachsener (TME) 98 f
Temporallappenläsionen 41
Temporallappenresektion 41, 43
Test zur Erfassung peripherer Wahrnehmungsleistung (PVT) 76
Text 95 f, 112, 169 ff, 173 ff
– Kohärenz 173
– Kohäsion 173
– Leistung pro Zeiteinheit 175
– Produktion 169 ff
– Reproduktion 112
– Umfang 174
– Verständnis 112, 169 ff
– Vollständigkeit 174
The Six Elements Test (SE) 146
Tinnitus 47
Tischtest 18 ff
„Token"-Test 158
Tonhöhenumfang 202
Trailmaking-Test (TMT) 71 f, 77
Transcodierungsaufgaben 178
Transformationsaufgaben 143 ff
transnasale Endoskopie 195
triarchische Theorie der Intelligenz 132
Turm von Hanoi 126, 143 f
Turm von London 143 ff

Uhrentest 79
unkonventionelle Blickwinkel 32
unvollständige Figuren 31
UPSIT 54, 56
Uses of Objects Test 140

Verarbeitungskapazität 65
Verhaltensanalyse 126 f
Verhaltensauffälligkeit 311
Verhaltensstörung 315 f
– hirnorganisch bedingte 315 f
Verlangsamung 70 ff, 206, 242 ff, 249 ff
– Handmotorik 242 ff, 249 ff
– kognitive 70 ff
– Sprechen 206

Verschwommensehen 4
Verständlichkeit 190 f, 216 f, 221
Vibrationswahrnehmung 240
Vigilanz 79
Vigilanzsystem 66
Vistech-Tafeln 4
Visual memory span 94
Visual reproduction 96
visuelle Explorationsstörung 15 ff
visuelle Reizerscheinungen 10
visuell-räumliche Untersuchungsverfahren 23 f
vorschnelles Handeln 125, 128

WDG 76
Wechsler Memory Scale-Revised (WMS-R) 113 f
Wechsler Memory Scale (WMS) 93 f, 113
Weigl Sorting Test 133
Weltwissen 104 ff
Western Aphasia Battery 269
Wiener Determinationsgerät (WDG) 71 f
Wiener Testsystem 72
Wilde-Intelligenztest 94
Willkürbewegungen 230
Wisconsin Card Sorting Test (WCST) 133 f
Wortfindungsaufgaben 130
Wortfindungsstörung 159
Wortfindungstest (WFT) 136
Wortflüssigkeit 139 f
– formallexikalische 139
– semantische 139 f
Wortformalexie 165 f
Wortkomplettierungstest 102
Wortspanne 112
Wutausbruch 290

Zahlenspanne 93 f, 111
Zahlen-Symbol-Test (ZST) 77
Zahlenverarbeitung 181 ff
Zahlenverbindungstest (ZVT) 71 f
Zeichentest nach Grossmann 28
zerebrale Farbsinnstörung 34 f